Wissenschaftliche Beiträge aus dem Tectum Verlag

Reihe Rechtswissenschaften

Wissenschaftliche Beiträge aus dem Tectum Verlag

Reihe Rechtswissenschaften
Band 120

Sabrina Steller

Ärztliche Suizidbeihilfe und aktive Sterbehilfe unter besonderer Berücksichtigung des § 217 StGB

Tectum Verlag

Sabrina Steller
Ärztliche Suizidbeihilfe und aktive Sterbehilfe unter besonderer Berücksichtigung des § 217 StGB
Zugl. Diss. Christian-Albrechts-Universität zu Kiel, 2018
Wissenschaftliche Beiträge aus dem Tectum Verlag,
Reihe: Rechtswissenschaften; Bd. 120

ISBN: 978-3-8288-4244-1
E-Book: 978-3-8288-7213-4
ePub: 978-3-8288-7214-1

Druck und Verarbeitung: Docupoint, Barleben
Printed in Germany

Informationen zum Verlagsprogramm finden Sie unter
www.tectum-verlag.de

Bibliografische Informationen der Deutschen Nationalbibliothek
Die Deutsche Nationalbibliothek verzeichnet diese Publikation in der Deutschen Nationalbibliografie; detaillierte bibliografische Angaben sind im Internet über http://dnb.ddb.de abrufbar.

Bibliographic information published by the Deutsche Nationalbibliothek
The Deutsche Nationalbibliothek lists this publication in the Deutsche Nationalbibliografie; detailed bibliographic data are available online at http://dnb.ddb.de.

Für meinen viel zu früh verstorbenen Vater

Danksagung

Der Gedanke, eine Arbeit zur Sterbehilfe zu schreiben, entstand nach dem Tod meines Vaters nach dem Vollbild einer Krebserkrankung. Die Abfassung der Arbeit hat mir sehr geholfen, den viel zu früh eingetretenen Verlust zu verarbeiten und wurde damit zu einer Herzensangelegenheit.

Mein herzlichster Dank gilt daher meinem Doktorvater, Herrn Prof. Dr. Andreas Hoyer, der mir diese Möglichkeit erst eröffnet hat. Dies, seine engagierte und stets herzliche Art sowie seine stetige Unterstützung während der langen Dauer der Anfertigung der Arbeit, weiß ich sehr zu schätzen. Dank schulde ich ebenfalls Herrn Prof. Dr. Manfred Heinrich für die zügige Erstellung des Zweitgutachtens sowie dem Verlag für die Unterstützung auf dem Weg zur Publikation.

Tiefen Dank möchte ich ferner meiner Familie und meinen Schwiegereltern aussprechen, die mir sehr viele freie Stunden für die Erstellung der Arbeit durch die Übernahme der Betreuung meiner beiden Kinder verschafft haben.

Meinem Mann, der mich über die Anfertigung dieser umfangreichen Arbeit hinaus fortwährend unterstützt hat, möchte ich besonders danken.

Sabrina Steller im Februar 2019

Eines Morgens wachst du nicht mehr auf.
Die Vögel singen, wie sie gestern sangen.
Nichts ändert diesen neuen Tagesablauf.
Nur du bist fortgegangen.
Du bist nun frei und unsere Tränen wünschen dir Glück.

Johann Wolfgang von Goethe

1. Kapitel: Erörterung der relevanten Begriffsbestimmungen der Sterbehilfe im Strafrecht

A. Einleitung

Das menschliche Leben beginnt im Sinne des Strafrechtes mit der Eröffnung der Wehen und endet mit der Feststellung des Todes.[1]

Studien zufolge wünschen sich die meisten Menschen einen sanften und rasch eintretenden Tod in der vertrauten Umgebung; ohne einen lang währenden Leidensweg, frei von psychischen und physischen Qualen und Schmerzen, selbstbestimmt nach eigenen Bräuchen, Riten und Wertvorstellungen als Ausfluss ihres ganz persönlichen und intimen Selbstbestimmungsrechtes.

Doch die Realität sieht anders aus. Die Krankenhäuser, Pflegeheime und Hospize haben heutzutage Hochkonjunktur.[2]

Die Ursachen dessen sind vielfältiger Natur. Dank der famosen Möglichkeiten der hochtechnisierten Intensivmedizin kann das Leben vieler kranker Menschen erheblich verlängert werden.[3] Ist die Grenze der Medizin erreicht, drängt sich indessen die Frage nach der sanften Beendigung auf. Der Wunsch zur Regelung seiner eigenen medizinischen Behandlung im Krankheitsfalle, insbesondere durch Erstellung einer Patientenverfügung, nimmt in unserer Gesellschaft in den letzten Jahren enorm zu. Jüngste Gesetzesänderungen[4] zeigen dies nur allzu deutlich.

Fragen der ärztlichen Lebenserhaltungspflicht, der Begrenzung und Änderung von Behandlungen und Therapien am Lebensende bis hin zur Leidminderung und Leiderlösung durch Ärztehand werden immer komplexer und vereinen mehr denn je religiöse, ethische und rechtliche Aspekte. Der gesellschaftliche Ruf nach Selbstbestimmung im Sterben prägt besonders die Sterbehilfedebatte.

In drei europäischen Nachbarländern sowie in dem Bundesstaat Oregon der USA ist die bewusste Herbeiführung des Todes, sei es durch aktive direkte Sterbehilfe oder durch die Suizidassistenz, schon seit vielen Jahren fester Bestandteil des medizinischen Leistungsapparates. Die aktive direkte Sterbehilfe

1 Rissing-van Saan, Strafrechtliche Aspekte der aktiven Sterbehilfe, ZIS 6/2011, 544; Igl /Welti, Gesundheitsrecht, Rn. 1263.

2 Deutscher Ethikrat, Selbstbestimmung und Fürsorge am Lebensende, 2006, S. 39f..

3 Statt vieler: Wessels/Hettinger, Strafrecht BT I, Rn. 30, m.w.N..

4 Zum Beispiel durch die Einführung der §§ 1901a ff. BGB durch das Dritte Gesetz zur Änderung des Betreuungsrechts aus dem Jahr 2009.

und die ärztliche Suizidassistenz sind für viele Menschen auch in Deutschland schon lange kein Tabuthema mehr.

Zahlreiche Publikationen sind mittlerweile zur rechtlichen Verortung des Behandlungsabbruches, der indirekten Sterbehilfe und der aktiven direkten Sterbehilfe sowie der ärztlichen Suizidassistenz erschienen. Warum dann noch eine Publikation?

Die Rechtsmaterie der Sterbehilfe hat in der Vergangenheit durch die das Dritte Gesetz zur Änderung des Betreuungsrechts im Jahr 2009 (Patientenverfügungsgesetz) und auch durch das Inkrafttreten des § 217 StGB im Jahr 2015 wichtige gesetzliche Änderungen erfahren.
Die letztgenannte Gesetzesänderung hat in Zeiten einer sich gesellschaftlich tendenziell entkriminalisierenden Haltung zur Sterbehilfe, eine neue rechtliche Grenze durch die Inkriminierung der geschäftsmäßigen Förderung der Selbsttötung gem. § 217 StGB[5] aufgezeigt. Ihre Wurzeln hat diese Gesetzesänderung schon vor über 10 Jahren geschlagen; legislative Realität ist sie seit Ende 2015 nach langen, intensiven und kontroversen Debatten des Bundestages. Dieser hat losgelöst vom Fraktionszwang entschieden - strafbar macht sich nun, „wer in der Absicht, die Selbsttötung eines anderen zu fördern, diesem hierzu geschäftsmäßig die Gelegenheit gewährt, verschafft oder vermittelt, [...].“[6]

Die Verfassungsmäßigkeit der Norm wird stark angezweifelt, mehrere Verfassungsbeschwerden sind derzeit noch rechtshängig. Das Bundesverfassungsgericht wird zu § 217 noch Stellung beziehen müssen. Indessen nehmen die Publikationen zur Einschätzung der Verfassungsmäßigkeit der Norm zu.[7]
Diese Arbeit beinhaltet neben der Erörterung der Gesetzeslage, Aspekte zur aktiven direkten Sterbehilfe und zur ärztlichen Suizidassistenz, die Betrachtung diverser Auslegungsmöglichkeiten des § 217 sowie die Vorstellung eines eigenen Interpretationsansatzes nebst einem Vorschlag zur Abänderung des Normtextes des § 217. Anschließend erfolgt die Erörterung jüngster Rechtsprechung zur Thematik.

Danach soll die Problematik der aktiven Sterbehilfe und der Suizidassistenz einer medizinethischen Betrachtung unterzogen werden. Denn wie *Bade*[8] einst festgestellt hat, stellen sich nicht nur rechtliche Fragen, sondern zugleich auch ethische, jedoch mit dem Unterschied, dass es dem Recht nicht nur um die Verantwortung des Menschen für sein Verhalten vor sich selbst und Gott geht, sondern insbesondere auch vor der Rechtsgemeinschaft.

---

5 Alle weiteren §§ - Zeichen ohne Angabe sind solche des StGB.

6 Wortlaut des § 217 Abs. 1 StGB.

7 Siehe hierzu allein die zahlreichen Publikationen in der Zeitschrift für Medizinstrafrecht in den vergangenen zwei Jahren, auf die im späteren Verlauf der Arbeit noch eingegangen wird.

8 Bade, S. 34.

Im Rahmen der Bearbeitung ergab sich die glückliche Gelegenheit, dass die Thematik sowohl mit einem kompetenten Medizinethiker als auch mit einem sehr erfahrenen Arzt mit der Zusatzbezeichnung Palliativmediziner erörtert werden konnte. Die Gespräche haben nachhaltig die Perspektive und das Verständnis um die Komplexität, nicht nur hinsichtlich der rechtlichen Betrachtung, der Materie bereichert.

Zudem wurde durch eine stichprobenartig durchgeführte, empirische Umfrage anhand eines eigens erstellten Fragebogens zum Thema ärztliche aktive direkte Sterbehilfe und ärztlich assistierter Suizid das Meinungsbild von Ärzten, welche im allgemeinmedizinischen und palliativmedizinischen Bereich in Schleswig – Holstein tätig sind, ermittelt. Zum Vergleich wurde zur selben Thematik ebenfalls eine freiwillige und anonyme Umfrage unter Patientinnen und Patienten zweier allgemeinmedizinisch ausgerichteter Praxen in Schleswig – Holstein in der Zeit von Oktober 2015 bis Januar 2016 durchgeführt.

Die rege Teilnahme, vor allem auch zahlreicher junger Menschen, sowie die positive Resonanz auf die Umfrage zeigten, dass die ärztliche aktive direkte Sterbehilfe und die ärztliche Suizidassistenz aktuelle gesellschaftspolitische Themen sind, welche zwar widerstreitende Gefühle bei den Befragten auslösten, aber dennoch ein beträchtliches Interesse offenbarten. Die Studie versteht sich dabei nicht als repräsentative Meinungserhebung, sondern vornehmlich als Bereicherung des hiesigen Diskurses. Ferner wird summarisch die Rechtslage der Niederlande vorgestellt, insbesondere die Zahlen und Fakten zur ärztlichen Euthanasie und Suizidassistenz.

Am Schluss der Arbeit steht eine Erörterung de lege ferenda, die zu ändernde oder nicht zu ändernde rechtliche Aspekte aufführt und mit einem Fazit abschließt.

B. Einführung in die Thematik Sterbehilfe

I. Allgemeines zur Sterbehilfe

Die Sterbehilfe vereint viele wissenschaftliche Fachgebiete wie die Rechtswissenschaft, Medizin, Philosophie, Ethik und die Religion.[9] Ihre Vielseitigkeit ist plakativ und macht sie nicht nur aus rechtswissenschaftlicher Sicht attraktiv für eine kontroverse Auseinandersetzung.

---

9 Roxin in: Medizinstrafrecht, Zur strafrechtlichen Beurteilung der Sterbehilfe, 93 (94).

Insbesondere kernstrafrechtlich relevant wird die Sterbehilfe im Rahmen der Tötungsdelikte, wenn sie zu einer realen Verkürzung des Lebens führt.[10] Das Rechtsgut Leben ist nicht nur strafrechtlich geschützt, sondern aufgrund seiner überragenden Bedeutung auch in der Verfassung in Art. 2 Abs. 2 S. 1 GG statuiert.[11] *Maurach*[12] hat das Dogma der Absolutheit des Lebensschutzes entwickelt. Dieser Lebensschutz kommt jedermann zugute, unabhängig vom Alter oder Gesundheitszustand.[13] Auf der anderen Seite trifft den Staat eine staatliche Schutzpflicht zur Erhaltung eines jeden Lebens. Diese staatliche Schutzpflicht wird nicht selten auch zur Rechtfertigung grundrechtsbeeinträchtigender Verbotsnormen herangezogen, wie die Diskussion um § 217 anschaulich zeigt.[14]

Bedeutung in der verfassungsrechtlichen Diskussion um die Legalität sämtlicher Sterbehilfehandlungen erlangen vornehmlich die Grundrechte aus Art.1 I GG - der Schutz der Menschenwürde -, das Selbstbestimmungsrecht als Ausfluss des Rechtes auf freie Entfaltung der Persönlichkeit aus Art. 2 Abs. 1 GG iVm Art. 1 I GG sowie das Recht auf Leben und körperliche Unversehrtheit aus Art. 2 Abs. 2 S. 1 GG. Nicht selten wird in der Diskussion, insbesondere um die verfassungsrechtliche Legalität des ärztlich assistierten Suizides, auch die grundrechtlich statuierte Gewissensfreiheit aus Art. 4 Abs. 1 GG benannt.

Für die verfassungsrechtliche Problematik der Sterbehilfe heißt dies, dass diese verfassungsrechtlich garantierten Güter einem angemessenen Ausgleich zugeführt werden müssen.[15]

Aus dem Grundgesetz lässt sich dagegen keine unbedingte Pflicht zum Lebenserhalt ableiten, darüber hinaus besteht jedoch ein Recht auf menschenwürdiges Sterben und ein Recht auf den selbstbestimmten Tod.[16]

Dennoch, den Schritt des begleiteten Suizides zu gehen wie es die junge Amerikanerin Brittany Maynard[17] Anfang November 2014 in Oregon getan

---

10 NK-StGB – Neumann -, Vor §§ 211 Rn. 86; Baumann/Weber/ Mitsch, Strafrecht § 15 Rn. 33.

11 Kämpfer, Die Selbstbestimmung Sterbewilliger, S. 165.

12 Maurach / Schroeder / Maiwald, Strafrecht BT, Teil 1, S. 14; Wessels/Hettinger, BT 1, Rn. 2.

13 Wessels / Hettinger, BT 1, Rn. 28.

14 Günzel, Das Recht auf Selbsttötung, seine Schranken und die strafrechtlichen Konsequenzen, S. 101 ff.; Saliger, Selbstbestimmung bis zuletzt, S. 46 ff.

15 Seibert, Rechtliche Würdigung der indirekten aktiven Sterbehilfe, S. 3.

16 Sahm, Sterbebegleitung und Patientenverfügung, S. 29.

17 Brittany Maynard beendete mit nur 29 Jahren Anfang November 2014 in dem Bundesstaat Oregeon in den USA ihr Leben. Brittany Maynard litt einer aggressiven Tumorerkrankung im Gehirn und ließ die Öffentlichkeit an ihrem Schicksal teilnehmen; näheres zu Brittany Maynard bei welt.de, Artikel vom 16.01.2015: So waren die letzten Stunden der Brittany

hat, ist nur für wenige Menschen am Ende ihres Lebens relevant. Die geringe Quantität solcher Fälle darf jedoch nicht dazu führen, dass sie von minderer Relevanz für die Sterbehilfethematik sind.
Bevor nun auf die rechtlichen Aspekte im Einzelnen zur aktiven direkten Sterbehilfe und anschließend auf die Neuerungen zur Suizidbeihilfe nach Inkrafttreten des § 217 eingegangen wird, wird in gebotener Kürze die Terminologie vorgestellt.

II. Terminologische Abgrenzungen

Terminologische Abgrenzungsfragen stellen sich natürlich auch in der Sterbehilfediskussion. In den letzten Jahren hat sich hier sehr viel verändert. Altbekannte Begriffe wie die passive Sterbehilfe haben nach vielen kontroversen Diskussionen und dem Vorwurf ihrer mangelnden Präzision seit dem Grundsatzurteil[18] des BGH in der Strafsache des Rechtsanwaltes Putz aus dem Jahr 2010 ausgedient.

Nicht selten werden in der Jurisprudenz Alltagsbegriffe kontrovers verwendet.[19] Daher soll auch dieser Arbeit ein terminologischer Vorgriff auf die eigentliche rechtliche Diskussion nicht fehlen. Zwar wurde die strikte begriffliche Trennung zwischen strafbarer aktiver direkter Sterbehilfe und strafloser passiver Sterbehilfe zumindest terminologisch durch das Urteil des 2. Strafsenates[20] partiell aufgegeben. Nach knapper Erörterung der terminologischen Neuerungen sollen die tradiotionellen Begriffe aus Gründen ihrer allgemeinen Verbreitung dennoch Anwendung finden.

1. Der Begriff der „Sterbehilfe“

a) Terminologische Bedeutung des Begriffes Sterbehilfe

Dem Strafgesetzbuch ist bislang keine spezielle Definition und vollumfängliche legislative Regelung der Sterbehilfematerie immanent, so dass dies der Wissenschaft und Rechtsprechung überlassen worden ist. Daher hat sich im

Maynard; abrufbar unter: https://www.welt.de/vermischtes/article136460622/So-waren-die-letzten-Stunden-der-Brittany-Maynard.html, letzter Abruf am 14.11.2017.

18 BGHSt 55, 191.

19 Habicht, Sterbehilfe – Wandel in der Terminologie, S. 24f.

20 Siehe hierzu die Ausführungen ab Seite 14.

Verlauf der Jahrzehnte eine breit gefächerte Terminologie herausgebildet, die zur Basis der hiesigen Arbeit gemacht werden soll. Terminologischer Kern der Diskussion ist zunächst der Begriff der Sterbehilfe.

Dabei umfasst die Sterbehilfe per definitionem medizinische Maßnahmen, die zum Ziel haben, möglichst schmerzfrei das Leben des mehr oder minder präfinalen Patienten zu verkürzen.[21]

b) „Euthanasie“ als international verwendete Begrifflichkeit

Der Begriff Sterbehilfe wird im internationalen Bereich auch als Euthanasie bezeichnet. In Deutschland ist dessen Verwendung jedoch verpönt, gleichwohl soll der Begriff „Euthanasie“ auf Grund seiner eigentlichen Bedeutung und Intention kurz vorgestellt werden. In den Niederlanden wird der Begriff – wie noch zu zeigen sein wird – dagegen angewendet.

Euthanasie ist abgeleitet von dem altgriechischen Wort „euthanasia“ und setzt sich zusammen aus den griechischen Wörtern „eu“ und „thanatos“ und heißt übersetzt „angenehmer, schöner Tod“, mithin auch leichter Tod, möglichst schmerzarm.[22]

Der Euthanasie liegt eine längere geschichtliche Entwicklung mit unterschiedlichen Wertungen je nach Mentalität und Kulturverständnis zugrunde. Erstmals in Erscheinung getreten ist die Euthanasie in der Antike und war zu jener Zeit eher philosophisch geprägt.[23] Für Sokrates (ca. 469 – 399 v.Chr.) beispielsweise war der Tod ein erstrebenswertes Ziel und die Euthanasie, die zu einer stimmigen und vernünftigen Lebensführung gehörte, die rechte Vorbereitung auf den Tod, welchen man nicht zu fürchten habe.[24] Platons Ansichten zur Euthanasie waren noch entschiedener. Er trat für die aktive und passive Sterbehilfe bei Kranken und Sterbenden ein, um so die Weitergabe schlechten Erbgutes zu verhindern.[25] In dieser Zeit entstand ebenfalls der bis heute bekannte hippokratische Eid („Corpus Hippocraticum“), welcher die Einstellung der damaligen Ärzteschaft zur Euthanasie deutlich belegt: „An niemanden werde ich tödlich wirkendes Gift abgeben, auch dann nicht, wenn man mich darum bittet, ich werde auch keinen solch verwerflichen Rat erteilen, ebenso

---

21 Mü-Ko - Schneider-, Vor §§ 211ff. Rn. 90; Roxin, Fn. 9, 93 (94).

22 Habicht, Sterbehilfe- Wandel der Terminologie-, S. 55f.; Chong, Sterbehilfe und Strafrecht, S. 4; Gründel, MedR 1985, Heft 1, S. 3.

23 Habicht, Sterbehilfe – Wandel der Terminologie-, S. 56.

24 Zimmermann, die Heiligkeit des Lebens, in „Frewer/Eickhoff“(Hrsg.), S.27; Habicht, S. 57.

25 Zimmermann, die Heiligkeit des Lebens, in „Frewer/Eickhoff“(Hrsg.), S.28; Habicht, S. 57.

wenig werde ich einem Weib ein Mittel zur Vernichtung des keimenden Lebens geben."[26] Bereits Hippokrates war gegen die Abtreibung und die Sterbehilfe. Im christlich geprägten Mittelalter wurde von den antiken Euthanasievorstellungen deutlich Abstand genommen.[27] Das Leben galt als von Gott gegeben und durfte nicht durch Menschenhand beendet werden. Krankheiten und Leiden wurden als von Gott gewollt angesehen, die es zu ertragen galt, um Vollendung zu erlangen.[28] Das von der Nächstenliebe und Barmherzigkeit geprägte Handeln galt als Ideal auch für die damalige Ärzteschaft.[29] In der darauf folgenden Epoche der Renaissance und des 19. Jahrhunderts wurden antike und stoische Wertvorstellungen zur Euthanasie wieder aufgegriffen, jedoch in einer milderen Form. Erstmals gewannen bei Thomas Morus (1478 – 1535) in seiner „Utopia" und später auch bei Francis Bacon (1561 – 1626) die Selbstbestimmung und die Linderung von Schmerzen an Bedeutung, um einen angenehmen und schönen Tod zu ermöglichen. Wenn das Leben zur Last geworden war, wurde fortan auch die Nützlichkeit des ärztlichen Handelns bedacht, so dass die Selbsttötung zur Beendigung des Lebens in Frage kam.[30] Die Ärzteschaft dagegen orientierte sich auch weiterhin am Hippokratischen Eid und lehnte die Selbsttötung sowie die Euthanasie nach wie vor ab. Auch eine Beihilfe zum Suizid kam für sie nicht in Frage.[31] Am Ende des 19. Jahrhunderts aufkommende Gedanken der Rassenhygiene und des Sozialdarwinismus führten zu einer zunehmend fanatischer werdenden Einstellung zur Euthanasie, welche ihren extremen Höhepunkt bis zur Mitte des 20. Jahrhunderts in der Zeit des Nationalsozialismus fand. Bekannte Schriften von Alfred Jost (Das Recht auf den Tod, 1895) oder von Alfred *Hoche* und Karl *Binding* (Die Vernichtung lebensunwerten Lebens. Ihr Maß und ihre Form, 1920) bezeugen dies eingehend. Während des Dritten Reiches wurde die Euthanasie als „Deckmantel für die Tötung vieler unschuldiger Menschen missbraucht".[32] Bei der zur „Vernichtung lebensunwerten Lebens" durchgeführten „Euthanasie – Aktionen" wie der „Kinderaktion", der „Aktion T 4"" oder der als „Wilde Euthanasie" bezeichneten Aktionen, fielen den Nationalsozialisten mehr als 200.000 Menschen

26 Bade, Der Arzt an den Grenzen von Leben und Recht, S. 48; Hohenstein, Die Einführung der aktiven Sterbehilfe in der BRD, S. 56; Gründel, MedR 1985, S. 3.

27 Zimmermann, die Heiligkeit des Lebens, in „Frewer/Eickhoff"(Hrsg.), S.29f..

28 Zimmermann, die Heiligkeit des Lebens, in „Frewer/Eickhoff"(Hrsg.), S.29f..

29 Habicht, Sterbehilfe – Wandel der Terminologie-, S. 60.

30 Habicht, Sterbehilfe – Wandel der Terminologie -, S. 62.

31 Zimmermann, die Heiligkeit des Lebens, in „Frewer/Eickhoff"(Hrsg.), S.32ff.; Habicht, S. 63.

32 Seibert, Aktive indirekte Sterbehilfe, S. 6.

zum Opfer, insbesondere solche mit einer geistigen Behinderung oder körperlichen Fehlbildung, unter denen auch viele Kinder und Jugendliche waren.[33] Diese „Vernichtung lebensunwerten Lebens“ wurde während der Diktatur Hitlers - trotz vieler Versuche - nicht legalisiert und blieb somit stets nach § 211 und § 212 strafbar.[34]

Viele Jahre nach dem nationalsozialistischen Despotismus rückt die Sterbehilfediskussion wieder in den Vordergrund. Anhand einiger in den letzten Jahren erhobener Umfragen sei zu beobachten, dass sich auch die Einstellung der Menschen zugunsten der Sterbehilfe geändert habe.[35] Wenngleich der angenehme und schöne Tod die wesenhafte Zielsetzung der Euthanasie ist, so wird aufgrund der grausamen Ereignisse während des Zeit des Nationalsozialismus der negativ konnotierte Begriff der Euthanasie in dieser Arbeit nicht verwendet, sondern es wird auf den geschichtsneutralen Begriff der Sterbehilfe zurückgegriffen.

2. Aktive direkte Sterbehilfe

Die aktive direkte Sterbehilfe ist auch bekannt als die direkte Tötung auf Verlangen des Patienten. Im eingebürgerten Sprachgebrauch wird in der Regel von aktiver Sterbehilfe gesprochen. Diese Einteilung ist rechtlich - terminologisch jedoch nicht ausreichend differenziert. Die aktive direkte Sterbehilfe wird als die schmerzlose, unmittelbare Lebensbeendigung eines anderen Menschen auf dessen ausdrückliches Verlangen definiert.[36] *Engisch*[37] ergänzte diese Definition noch um das Motiv des Tötenden. Dort heißt es, die aktive Sterbehilfe sei die “durch Mitleid bestimmte, direkt gewollte und aktiv ins Werk gesetzte Lebensverkürzung bei unheilbarem Leiden und mehr oder minder großer Todesnähe“. Seiner Ansicht nach sei die Sterbehilfe eine durch das Mitleid mit dem Kranken motivierte Tötung. Dementsprechend ist die Sterbehilfe nach *Engisch* ´s Verständnis nur bei einem unheilbaren Leiden anzuwenden; die Todesnähe – also ob nun noch Tage oder Wochen vor dem Moribunden lagen – war für

33 Große – Vehne, Tötung auf Verlangen (§ 216), Euthanasie und Sterbehilfe, 9. Kap. S. 125,.S. 136ff.,; Benzenhöfer, der gute Tod? Kap. 7 S. 97ff..

34 Benzenhöfer, der gute Tod? Kap. 7 S. 99; Große – Vehne, Kap. 9 S. 125, S. 163.

35 Insbesondere die Studie vom Allensbacher Institut vom Februar / März 2001, abgedruckt in der Spiegel vom 14.04.2001, S. 24, demnach befürworten 64% der Deutschen die todbringende Spritze für schwerkranke Patienten.

36 MünchKomm- StGB - Schneider -, Vor §§ 211 Rn. 91; Fischer, Vor § 211 Rn. 55f., 69ff.; Thiele in: aktive und passive Sterbehilfe, S. 9.

37 Engisch, Euthanasie und Vernichtung lebensunwerten Lebens in strafrechtlicher Beleuchtung, S. 12.

Engisch unerheblich. Die Gesinnung des Täters spielte für *Engisch* eine nicht zu unterschätzende Rolle bei der strafrechtlichen Beurteilung der aktiven Sterbehilfe.

Die Bezeichnung „aktive direkte Sterbehilfe" drückt zum einen die Handlungsform „aktiv", zum anderen die Willensrichtung „direkt" des Hilfeleistenden aus.[38]

Dabei zielt die aktive direkte Sterbehilfe primär nicht auf Linderung der Schmerzen während des sich dem Ende neigenden Lebens ab, sondern erlöst den schwer leidenden Patienten von seinen Schmerzen durch den Tod oder im Tod.[39]

Eine Schmerzbeseitigung und Leiderlösung wird folglich durch den Eintritt des Todes erreicht. Die Schmerzlinderung und Leiderlösung ist nicht Prämisse bei der aktiven direkten Sterbehilfe, sondern die Verursachung des Todes mit dolus directus 1. Grades des Patienten. Diese differente Intention des Handelnden ist daher auch das Hauptabgrenzungskriterium zwischen der aktiven direkten und indirekten Sterbehilfe. [40] Die Einteilung nach dem äußeren Handlungsmodus „aktiv" oder „passiv" ist mittlerweile obsolet, da inzwischen anerkannt ist, dass auch Maßnahmen der „passiven Sterbehilfe" aktiv durch den Handelnden vorgenommen werden.[41]

3. Aktive indirekte Sterbehilfe

Die aktive indirekte Sterbehilfe betrifft Fälle, in denen die Applizierung schmerzlindernder oder schmerzstillender Medikamente eine Verkürzung des Lebens nach sich zieht beziehungsweise nach sich ziehen kann.[42] Die indirekte Sterbehilfe wird auch als aktive indirekte Sterbehilfe bezeichnet und ist als ein Unterfall der aktiven direkten Sterbehilfe anzusehen.[43] Diese Bezeichnung rührt daher, dass durch die lebensverkürzende Wirkung der Medikamente der Tod des Patienten verfrüht eintritt; dies hat zur Folge, dass die strafrechtlichen Tötungsdelikte eröffnet sind.[44] Im Unterschied zur aktiven direkten Sterbehilfe ist die eventuell eintretende Lebensverkürzung oder Lebensbeendigung durch

---

38 Habicht, S. 33.

39 Igl / Welti - Hoyer -, Kap. 11, § 47 Rn. 1329; Seibert, rechtliche Würdigung der aktiven indirekten Sterbehilfe, S. 9; Fritsche, Der Arzt und seine Verpflichtung zur Sterbehilfe, MedR 1993, 126 (129).

40 Seibert, rechtliche Würdigung der aktiven indirekten Sterbehilfe, S. 14.

41 Die Begriffe der Thematik „Behandlungsabbruch" werden an späterer Stelle erläutert.

42 Statt vieler: Lackner / Kühl, Vor § 211 Rn. 7.

43 Verrel, Der BGH legt nach: Zulässigkeit der indirekten Sterbehilfe, MedR 1997, 248 (249).

44 Habicht, Sterbehilfe – Wandel der Terminologie -, S. 36.

die Medikamentengabe nicht primäres Ziel des Handelnden, sondern nur die unbeabsichtigte Nebenfolge, welche zum Zwecke des eigentlichen Ziels der Schmerzlinderung und -beseitigung als unvermeidlich billigend in Kauf genommen wird.[45] Dies unterscheidet die aktive indirekte Sterbehilfe somit auch von der aktiven direkten Sterbehilfe. Wird der Tod des Patienten zwar ernstlich für möglich gehalten (dolus eventualis) oder geht der Arzt sicher vom Todeseintritt aus (dolus directus 2. Grades), liegt eine straflose indirekte Sterbehilfe vor, wenn die Schmerzlinderung das primäre Ziel der Handlung war.[46] Eine Unterscheidung der beiden Sterbehilfeformen erfolgt folglich im subjektiven Bereich, in der Motivation und Vorstellungswelt, der Intention des Täters.[47] Nach der grundlegenden strafrechtlichen Dogmatik liegt zwar generell eine Strafbarkeit aktiver Sterbehilfe vor, gleichwohl ist diese anlässlich der differenten Intention des Arztes einhellig anerkannt.[48]

a) Allgemeine medizinische Aspekte

Viele Menschen leiden auch bereits vor Eintritt in das Finalstadium einer schweren Erkrankung an starken Schmerzen, Angstzuständen oder Sinnestäuschungen. Die zur Behandlung derartiger Symptome eingesetzten Pharmazeutika gehören zur Gruppe der Opioide der Stufe III, deren wohl bekanntester Vertreter das Morphin ist.[49] Opioidhaltige Schmerzmittel wie Morphin können die Nebenwirkung haben, dass das Leben des Menschen verkürzt wird und infolgedessen der Tod des Patienten früher eintritt als ohne Einsatz des Medikamentes; gleichwohl wird diese Nebenwirkung als akzeptabel hingenommen.[50] Trotz einer Vielzahl anderer vorhandener nicht opioidhaltiger Analgetika und des Fortschritts in der palliativen Operation sowie der Rückenmarksanästhesie

45 BGHSt 42, 301 (301).

46 Teilweise wird von Stimmen aus der Literatur auch die Ausdehnung auf die Vorsatzform dolus directus 2. Grades gefordert, „da die objektive Rechtfertigung der indirekten Sterbehilfe nicht von den Unsicherheiten der bei der schmerztherapeutisch erforderlichen Dosierung abhängen darf.", Zitat: Roggendorf, Indirekte Sterbehilfe: Medizinische, rechtliche und ethische Perspektiven, S. 86; so auch: Rosenau, Aktive Sterbehilfe, in: Festschrift für Claus Roxin zum 80. Geburtstag, S. 578; Mü – Ko – Schneider -, Vor §§ 211 ff. Rn. 95.

47 Roggendorf, S. 117f.; Seibert, S. 14.

48 Fischer, Vor §§ 211ff., Rn. 55ff.; Siehe hierzu auch die ausführliche Dissertation von: Seibert, m.w.N..

49 Mikus, Ist Morphin anderen Opioiden noch ebenbürtig?, in: Hessisches Ärzteblatt, 3 / 2009, S. 180, abrufbar unter: http://ww4.laekh.de/upload/Hess._Aerzteblatt/2009/2009_03/2009_03_11.pdf, letzter Abruf am 27.04.2012.

50 Seibert, S. 127 ff., PharmaWiki, Stichwort: Morphin; abrufbar unter: S. http://www.pharmawiki.ch/wiki/index.php?wiki=Morphin; letzter Abruf am 29.07.17.

gilt Morphin nach wie vor noch als das Mittel bei Behandlung starker Schmerzen, insbesondere solcher, wie sie im Finalstadium einer Tumorerkrankung auftreten können.[51]

Die Verschreibungshäufigkeit von Morphin ist in den letzten Jahren nicht nur national, sondern auch international tendenziell gesunken.[52] Deutschland verhält sich im internationalen Vergleich nach wie vor eher zurückhaltend bei dem Verbrauch von Morphin. So lag der Verbrauch 1995 in Kilogramm (gerundet) pro 1 Million Einwohner bei gerade einmal 10 kg, in Großbritannien dagegen bei 30 kg und beim Spitzenreiter Dänemark bei 83 kg pro 1 Million Einwohner, im Jahr 2000 ist zwar ein Anstieg des Verbrauchs auf 18 kg zu verzeichnen, damit liegt Deutschland aber nach wie vor weit hinten.[53] Laut *Müller – Schwefe*, Präsident des Schmerztherapeutischen Kolloquiums e.V. und Präsident des Deutschen Schmerztages 1999, ist der Bedarf damit aber noch lange nicht gedeckt.[54] Die Zurückhaltung bei der Verschreibung des Morphins mag prima facie unter anderem an dessen Nebenwirkungen liegen. Morphin wirkt unter anderem analgetisch, antitussiv und atemdepressiv. Darüber hinaus hat die Gabe von Morphin aufgrund der Dopaminfreisetzung im nucleus accumbens eine euphorisierende Wirkung und befreit den Patienten aufgrund der Steigerung des Wohlbefindens neben den Schmerzen auch von Angst und Niedergeschlagenheit.[55] Trotz der möglichen Risiken und Nebenwirkungen tritt durch den Einsatz von opioidhaltigen Analgetika wie Morphin insgesamt eine Verbesserung der Lebensqualität ein, welche gegenüber der meist nur geringfügigen Lebensverkürzung des in der verbleibenden Lebenszeit stark eingeschränkten Patienten überwiegt.[56] Zudem ist in einigen Studien bereits nachgewiesen worden, dass eine Lebensverkürzung bei korrekter und sorgfältiger Dosierung nur noch in seltenen Fällen eintritt.[57]

---

51 Mikus, Ist Morphin anderen Opioiden noch ebenbürtig?, in: Hessisches Ärzteblatt, 3 / 2009, S. 180, von Lutterotti, Menschenwürdiges Sterben, S. 121; Chong, Sterbehilfe und Strafrecht, § 10, S. 86f..

52 Mikus, Ist Morphin anderen Opioiden noch ebenbürtig?, in: Hessisches Ärzteblatt, 3 / 2009, S. 180,

53 Vgl. Deutsche Hospiz Stiftung, PDF – Datei, abrufbar unter: http://www.hospize.de/docs/stellungnahmen/15.pdf; letzter Abruf am 27.04.2012.

54 Müller – Schwefe, Deutsches Ärzteblatt 1999; 96 (14): A – 896.

55 Aktories et al., Pharmakologie und Toxikologie, S. 243 ff..

56 Igl / Welti - Hoyer -, Kap. 11 Rn. 1326.

57 Woellert / Schmiedebach, Sterbehilfe, S. 20; Schönke / Schröder – Eser -, Vor §§ 211 Rn. 26.

Da sie aber nicht in jedem Fall ausgeschlossen werden kann, ist eine rechtliche Lösung für diese Sterbehilfeform allein schon aus Gründen der Rechtssicherheit für die behandelnden Ärzte zu verlangen.

b) Rechtliche Problematik der aktiven indirekten Sterbehilfe

Der aktiven indirekten Sterbehilfe liegt das Problem zugrunde, dass die ärztliche Handlung eine Doppelwirkung erzeugt, bei der die zwar nicht beabsichtigte, aber dennoch zumindest mit *dolus eventualis* herbeigeführte, lebensverkürzende Maßnahme eigentlich strafrechtlich missbilligt ist und gerade durch die Vorschriften der §§ 211 ff. pönalisiert werden soll.[58]

Vereinzelte Autoren[59], welche nach wie vor an einer Strafbarkeit festhalten, berufen sich auf das Dogma des Lebensschutzes. Argumentiert wird mit der nicht auszuschließenden Lebensverkürzung beim Einsatz schmerzstillender Medikamente, welche der die Therapie durchführende Arzt zumindest mit *dolus eventualis* in seine Vorstellung mit aufgenommen hat. Streng dogmatisch gesehen ist in solchen Fällen von einer Strafbarkeit auszugehen. Jedoch kann es nicht Sinn und Zweck des Strafrechtes sein, eine nicht in jedem Fall vorkommende Lebensverkürzung, welche, wenn sie denn eintreten sollte, ohnehin nur so geringfügig und dazu die Nebenfolge einer wünschenswerten Schmerzlinderung ist, zu bestrafen. Als Folge dessen müssten unzählige schwerkranke Menschen und Sterbende unerträgliche Leiden durchstehen, würde an einer Strafbarkeit des Arztes festgehalten werden. Denn vermutlich würde kein Arzt aus seinem Ethos heraus eine Strafbarkeit riskieren. Dementsprechend sind sich die juristische Literatur sowie die Rechtsprechung[60] wie nur selten darüber einig, dass die aktive indirekte Sterbehilfe in der Rechtsfolge straflos bleiben soll.[61] Über die strafrechtsdogmatische Begründung dieser Straflosigkeit herrscht dagegen ein breites Meinungsspektrum. Häufig findet sich in der Literatur der Verweis auf die Doktrin der Doppelwirkung, aus der sich die Zulässigkeit der aktiven indirekten Sterbehilfe ableiten lasse.[62] Für die Herleitung der Straflosigkeit werden im Wesentlichen zwei Lösungswege beschritten.[63]

58 Münchner – Kommentar – Schneider -, Vor §§ 211 ff. Rn. 96.

59 Kohlhaas, Medizin und Recht, S. 108f.; Maurach / Schroeder, BT I, § 1 VI 2b.

60 BGH NJW 2010, 2967; BGHSt 42, 301 (305).

61 Statt vieler: Schönke / Schröder – Eser -, Vor §§ 211 Rn. 26; Igl / Welti – Hoyer -, Kap. 11 Rn. 1325 m.w.N..

62 Baer – Henney, Die Strafbarkeit aktiver Sterbehilfe -ein Beispiel für symbolisches Strafrecht, S. 62 ff..

63 Mü-Ko - Schneider -, Vor §§ 211 ff. Rn. 96; Igl / Welti – Hoyer -, Kap. 11 Rn. 1325.

Zum einen wird versucht, auf Tatbestandsebene das Problem zu lösen, zum anderen über das Eingreifen von Rechtfertigungsgründen. So werden zur Begründung der Straflosigkeit auf Tatbestandsebene verschiedene, aber zumindest dem Sinngehalt nach zusammenhängende Begründungsansätze vertreten. *Hettinger*[64] beispielsweise stellt auf das Fehlen einer Tötungshandlung nach §§ 211ff. wegen des sozialen Gesamtsinns der ärztlichen Handlung ab, wenn die Lebensverkürzung nicht vermeidbare Nebenfolge der Schmerzmittelapplikation ist und so die einzige Möglichkeit darstellt, das endende Leben noch erträglich zu gestalten. *Schumann*[65] stellt auf das erlaubte Risiko ab: „Verwirklicht sich das Risiko trotz medizinischer Indikation und Einwilligung des Patienten, so wird der unbeabsichtigt herbeigeführte vorzeitige Tod dem Arzt unter dem Aspekt des erlaubten Risikos und der einverständlichen Fremdgefährdung dann nicht zugerechnet, wenn keine alternative Behandlungsmöglichkeit bestand, d.h. die Gefährdung notwendig war, um andere schwerwiegende Eingriffe in die körperliche Integrität des Patienten abzuwenden." *Jähnke*[66] greift auf die lex artis zurück und argumentiert, dass die der lex artis entsprechenden ärztlichen Maßnahmen der indirekten Sterbehilfe nicht vom normativen Schutzbereich der §§ 212, 216 erfasst seien und so der objektive Tatbestand nicht erfüllt sei. *Eser* bringt zur Begründung der Straflosigkeit ebenfalls vor, dass die mit der indirekten Sterbehilfe verbundene Möglichkeit einer Lebensverkürzung unter das „erlaubte Risiko" falle.[67] Darunter sei zu verstehen, dass ähnlich wie im Falle sozialadäquater Handlungen der Tatbestand eines Verletzungsdelikts nicht erfüllt sein kann, wenn sich die ärztliche Handlung - für die indirekte Sterbehilfe die Medikamentenverabreichung - an den üblichen Sorgfaltsmaßstäben orientiere und sich in den Grenzen des generell erlaubten Risikos gehalten habe.[68] Gewisse gefahrgeneigte und risikobehaftete Handlungen seien als unvermeidlich von der Rechtsordnung zu tolerieren. Insbesondere im Bereich ärztlicher Handlungen sei quasi immer mit dem Risiko einer Lebensgefährdung zu rechnen, so dass nicht schon aufgrunddessen dem Patienten eine solche Maßnahme verwehrt werden könne.[69] Zur Rechtfertigung der Straflosigkeit der indirekten Sterbehilfe wird des Weiteren auf die Einwilligung des

---

64 Wessels / Hettinger, BT 1, 40. Auflage, Rn. 31a ff..

65 Schumann, DIGNITAS-VOLUNTAS-VITA, S. 33f.; abrufbar im Internet unter: http://webdoc.sub.gwdg.de/univerlag/2006/dignitas.pdf, letzter Abruf am 17.01.2018.

66 LK – Jähnke -, Vor §§ 211 ff. Rn. 16.

67 Schönke / Schröder – Eser -, Vor §§ 211ff. Rn. 26.

68 Eine konstruktive Erörterung der Thematik der aktiven indirekten Sterbehilfe findet sich bei: Seibert, Rechtliche Würdigung der aktiven indirekten Sterbehilfe, S. 104; Roxin, AT, § 10 Rn. 38.

69 Seibert, Rechtliche Würdigung der aktiven indirekten Sterbehilfe, S. 105ff.

Patienten abgestellt. Dieser Lösungsansatz kann jedoch nicht überzeugen, da ihm die aus § 216 folgende Einwilligungssperre entgegensteht.[70]

Die Einwilligung erlangt jedoch im Rahmen der nach § 34 vorzunehmenden Abwägung der betroffenen Rechtsgüter an Bedeutung.[71] Denn die Autonomie des Patienten bestimmt die Zulässigkeit der Behandlungsmaßnahmen.[72] Dogmatisch vorzugswürdig ist daher der Weg über § 34 analog: Die Abwägung gegenläufiger Interessen desselben Rechtsgutsträgers.[73]

4. Die tradierte Sterbehilfeterminologie „passive Sterbehilfe"

a) Zur Terminologie

Die vormals unter dem Terminus „passive Sterbehilfe" bezeichneten Maßnahmen unterfallen nach neuerer Terminologie dem Behandlungsabbruch von lebenserhaltenden bzw. lebensverlängernden Maßnahmen sowie dem Therapieverzicht.[74]

Seit Einführung des Patientenverfügungsgesetzes vom 29.07.2009 ist zudem prozedural in den §§ 1901a ff. BGB festgelegt, wie der Wille des einwilligungsunfähigen Patienten zu ermitteln ist. Inhaltlich umfasst der Behandlungsabbruch seit der Entscheidung des 2. Strafsenates des BGH[75] entweder die Nichtaufnahme einer lebenserhaltenden ärztlichen Behandlungsmaßnahme oder – die weit häufiger vorkommende Alternative – die Einstellung einer bereits begonnenen lebenserhaltenden Therapie (Änderung des Therapieziels). Die Bandbreite medizinisch möglicher Behandlungsabbrüche ist vielseitig und korreliert nicht selten mit der jeweiligen Grunderkrankung. Als typische Behandlungsabbrüche treten im medizinischen Alltag insbesonere die Einstellung

---

70 Rosenau, Fn. 46, S. 583, m.w.N..

71 Rosenau, Fn. 46, S. 584f.

72 Rosenau, Fn. 4, S. 585.

73 So Rosenau, Fn. 46, S. 585.; ausführlich zur Herleitung der Straflosigkeit der indirekten Sterbehilfe: Seibert, Fn. 69.

74 BGHSt 55, 191 ff.; Az: 2 StR 454/09 - Urteil vom 25. Juni 2010; zitiert nach: HRRS 2010 Nr. 704, abrufbar zum Beispiel unter: http://www.hrr-strafrecht.de/hrr/2/09/2-454-09.pdf; letzter Abruf am 29.07.2017.

75 BGHSt 55, 191 ff..

der künstlichen Beatmung, der Sondenkost, die enterale oder parenterale Substitution oder die Einstellung der Antibiose in Erscheinung.

Die tradierte Bezeichnung nach dem Handlungsmodus – passiv – ist begrifflich und sachlich auf das rechtliche Unterlassen zurückzuführen und wurde gemeinhin als die „Verhinderung des Todes durch Absehen von der Aufnahme oder durch Einstellung einer lebenserhaltenden Behandlung" definiert.[76] Die dogmatische Zuordnung zur Kategorie des Unterlassens im Sinne von § 13 führte lange Zeit zu kontroversen juristischen Auseinandersetzungen.[77] Dies lag insbesondere an der in diesem Kontext als verwirrend erscheinenden Terminologie „passiv", da sich (technische) Behandlungsabbrüche - beispielsweise die Abschaltung des Respirators - in der Regel äußerlich als eine aktive Handlung des Arztes darstellen.[78] Dies war auch einer der Aspekte, die der 2. Strafsenat[79] in seinem vielfach zitierten Putz- Urteil 2010 klargestellt hat.

Andere verfolgen ein anderes Verständnis des Adjektivs „passiv". Laut *Rissing – van Saan*[80] bezog sich dieses vielmehr auf die konstitutive Erkrankung des Patienten sowie „das Beenden kurativer oder lebenserhaltender Tätigkeiten". Des Weiteren ließe sich die Begrifflichkeit „passiv" auch als die Ergebenheit des Patienten in seiner Krankheitssituation bzw. gegenüber seiner Erkrankung auslegen, folglich in Form des passiven Gewährenlassens des Todes, ohne aktiv hiergegen anzuschreiten. *Roxin*[81] hat bereits vor der Entscheidung des 2. Strafsenates die Fälle des technischen Behandlungsabbruchs, die sich zwar äußerlich als aktives Tun darstellen, nach der „sozialen Bedeutung" aber als Unterlassen anzusehen seien, und damit den technischen Behandlungsabbruch einer normativen Bewertung unterzogen. Es komme daher nach *Roxin*[82] nicht auf eine naturalistische Betrachtung nach dem Einsatz von Energie für eine Körperbewegung an, sondern auf eine normative, ob die aktive Handlung eine Behandlungseinstellung darstelle.

Dies kann jedoch letztlich dahin stehen, da der 2. Strafsenat des BGH[83] für die Fälle des Abbruches oder der Nichtaufnahme einer medizinischen Maßnahme den „normativ – wertenden Oberbegriffs"[84] des Behandlungsabbruches

---

76 Borrmann, Akzessorietät des Strafrechts zu den betreuungsrechtlichen (Verfahrens-) Regelungen die Patientenverfügung betreffend (§§ 1901a ff. BGB), S. 19.

77 Borrmann, Fn. 76, S. 19.

78 Rissing – van Saan, Strafrechtliche Aspekte der aktiven Sterbehilfe, ZIS 6/2011, 544 (546).

79 BGHSt 55, 191 ff..

80 Rissing – van Saan, Fn. 78, 544 (546).

81 Roxin, Fn. 9, 93 (101f.).

82 Roxin, Fn. 9, 93 (102).

83 BGHSt 55, 191ff..

84 Dölling, Gerechtfertigter Behandlungsabbruch und Abgrenzung von Tun und Unterlassen, ZIS 5/2011, 345 (345).

in die Terminologie eingeführt hat. Gleichwohl hat dies auch nicht alle Probleme gelöst, zumal dem 2. Strafsenat vorgeworfen wird, die vormalige Terminologie durch einen Begriff ersetzt zu haben, welcher dem Recht ebenfalls nicht bekannt sei.[85] Die Kritik an dieser Entscheidung ist jedenfalls noch viel fundamentaler als die Konstituierung neuer Begrifflichkeiten.[86]

Von den Begrifflichkeiten abgesehen, ist das Appellativ des Behandlungsabbruches Ausdruck der Selbstbestimmung des Patienten, jedwede medizinische Behandlung abzulehnen. Der Arzt sei zwar verpflichtet, den Patienten medizinisch optimal zu versorgen, dies beinhalte jedoch nicht, dass ein ärztliches Handeln gegen den Willen des Patienten verstoßen dürfe.[87] Diese rechtliche Betrachtung steht auch im Einklang mit der Ansicht der Rechtsprechung[88], jede Behandlung gegen den Willen des Patienten als Körperverletzung gem. § 223 zu bewerten.[89]

b) Die strafrechtliche Rechtfertigung des Behandlungsabbruches

Da die Entscheidung des 2. Strafsenates eine der Kernentscheidungen zum Sterbehilfestrafrecht ist und in strafrechtsdogmatischer Sicht zumindest einen nicht unwesentlichen Beitrag zur Reduzierung des vorherrschenden Dissenses geleistet hat, soll sie in gebotener Kürze skizziert werden. Die Entscheidung des BGH verdeutlicht noch einmal mehr den Stellenwert und die Bedeutsamkeit des einzuhaltenden Patientenwillens im medizinischen Metier.

Der BGH hat in seiner Entscheidung postuliert, unter welchen Voraussetzungen er eine strafrechtliche Rechtfertigung eines Behandlungsabbruches auf Basis des Patientenwillens anzunehmen vermag. Zuvor wurde über die dogmatische Konstruktion einer Strafbarkeit wegen Unterlassen ein Leerlauf der Strafbarkeit über den Wegfall der Garantenpflicht erreicht.[90] Da der BGH eine übergeordnete normativ - wertende Fallgruppe des Behandlungsabbruches, welche sowohl aktive als auch passive Handlungen erfasst[91], ausgebildet hat, muss die Straffreiheit nunmehr auf anderem Wege erreicht werden. Eine solche

---

85 Statt vieler: Wessels / Hettinger, Strafrecht Besonderer Teil, Rn. 30d, m.w.N..

86 Wessels / Hettinger, Fn. wie vor, Rn. 30d.

87 BGHSt 32, 367 (379f.).

88 RGSt 25, 375; 38, 34; BGHSt 11, 112; 16, 309; 35, 246; BGHZ 29, 33; 85, 327; 108, 153; BGH NJW 2000, 885; NStZ 1996, 34; NStZ-RR 2007, 340 (341); NStZ 2011, 343.

89 Igl/Welti, Gesundheitsrecht, Rn. 1357, m.w.N..

90 Borrmann, Fn. 76, S. 19 ff., m.w.N..

91 BGHSt 55, 191ff., 2. Leitsatz der Entscheidung vom 25.06.2010; abrufbar unter: vom http://www.hrr-strafrecht.de/hrr/2/09/2-454-09.pdf; letzter Abruf am: 29.09.2017.

Rechtfertigung sei nach Ansicht des Senats unter Berücksichtigung der Begriffe der Sterbehilfe und des Behandlungsabbruches sowie unter Abwägung der grundrechtsbezogenen Schutzgüter herzuleiten.[92] In dem *1. Leitsatz* der Entscheidung heißt es dazu: „Sterbehilfe durch Unterlassen, Begrenzen oder Beenden einer begonnenen medizinischen Behandlung (Behandlungsabbruch) ist gerechtfertigt, wenn dies dem tatsächlichen oder mutmaßlichen Patientenwillen entspricht (§ 1901a BGB) und dazu dient, einem ohne Behandlung zum Tode führenden Krankheitsprozess seinen Lauf zu lassen."

Entscheidend sei nach dem 2. Strafsenat, dass zunächst unter Berücksichtigung der verfahrensleitenden Regelungen des BGB der Patientenwille sachgerecht ermittelt werde. Der Behandlungsabbruch muss folglich dem wirklichen oder mutmaßlichen Patientenwillen entsprechen und die begonnene medizinische Therapie müsse bei Fortführung geeignet sein, ihn am Leben zu erhalten.[93] Unerheblich sei das Stadium der Erkrankung, wie § 1901a Abs. 3 BGB zeige.[94]

Als unabdingbare gemeinsame Voraussetzung aller medizinisch denkbaren Therapieabbrüche als auch Therapieverzichte sei der Patientenwille als Bestandteil des grundgesetzlichen Selbstbestimmungsrechtes aus Art. 1 I, 2 I GG anzusehen.[95] Dem Arzt obliege stets die Pflicht zur Behandlung sowie zur Lebenserhaltung, soweit dies möglich sei und der Patient dies fordere. Wünsche er dagegen eine Beendigung der Behandlung, so sei es dem Arzt nicht gestattet, mag ihm der Wunsch des Patienten aus medizinischer Sicht noch so unvernünftig erscheinen, gegen den Willen des Patienten, der *„voluntas aegroti"*, zu handeln und eine Fortführung der Therapie anzuordnen.[96]

Die verfahrensrechtlichen Regelungen des BGB (§§ 1901 a ff. BGB) seien bei der strafrechtsautonomen Ermittlung des Willens gleichwohl zu berücksichtigen, wenngleich das Verhältnis der zivilrechtlichen Regelungen zu den strafrechtlichen Vorschriften nicht geklärt ist.[97] Der Strafsenat unterstellt zumindest eine Wirkung der Neuregelungen des Patientenverfügungsgesetzes aus dem Jahr 2009, dessen Kern die zivilrechtlichen Regelungen der §§ 1901a ff. BGB sind.[98] Ob und inwieweit diese u.a. verfahrensrechtlichen Regelungen

---

92 BGH, Fn. 91, Rn. 33.

93 BGH, Fn. 91, Rn. 33.

94 BGH, Fn. 91, Rn. 24.

95 BGH NJW 1989, 1533 (1535); Kämpfer, Die Selbstbestimmung Sterbewilliger, S. 59.

96 BGHSt 11, 111 (114); 37, 376 (378); Leonardy, DRiZ 1986, 286; Fritsche, Der Arzt und seine Verpflichtung zur Sterbehilfe, MedR 1993, Heft 4, 126 (126).

97 Eisele, Strafrecht BT, Rn. 164.

98 BGH, Fn. 91, Rn. 25.

des Betreuungsrechtes auch für das Strafrecht Verbindlichkeit erlangen können, soll vorliegend nicht erörtert werden.[99] Abschließend betonte der 2. Strafsenat ausdrücklich, dass die Wertungen des § 216 (und auch des § 228) bestehen bleiben.[100]

Dieses dogmatische Vorgehen des Senates über die Konstruktion der Einwilligung als Rechtfertigungsgrund ist seitens der Literatur heftig kritisiert worden, da es sich nicht mit der aus § 216 abzuleitenden Einwilligungssperre vereinbaren lasse.[101] Zudem konnte auch die Argumentation der Senatsrichter viele Autoren nicht überzeugen, wenn der Senat darauf abstellte, dass aus den Begriffen der Sterbehilfe und des Behandlungsabbruches sowie aus der vorzunehmenden Grundrechtsabwägung Kriterien abzuleiten seien, anhand derer sich die Frage nach einer Strafbarkeit entscheiden lasse.[102] Inwiefern sich Behandlungsabbruch und Patientenwille als quasi synonym zeigen, bleibt ebenfalls offen.[103]

Tatsächlich wirkt die Entscheidung des Senates dogmatisch gekünstelt, wenn der Senat zur Entlastung der Betreuerin von dem Vorwurf eines Tötungsdeliktes einerseits postuliert, sie sei durch mutmaßliche Einwilligung in den Behandlungsabbruch gerechtfertigt gewesen, als sie den Schlauch der Sondenernährung durchtrennte, andererseits jedoch erklärt, dass die Wertungen der sich aus § 216 ergebenden Einwilligungssperre bestehen bleiben müssen.[104] Unklar bleibt auch das Verhältnis der in Rekurs genommenen Vorschriften der §§ 1901 a ff. BGB auf das Strafrecht, die auf zivilrechtlicher Ebene vorgeben, wann und wie der Behandlungsabbruch bei einem einwilligungsunfähigen Patienten verfahrensfehlerfrei eruiert werden kann. Der BGH begnügt sich mit der bereits zitierten Begründung, dass die Vorschriften Wirkung auf das Strafrecht entfalten. Zwar soll laut den Senatsrichtern die Grenze zwischen einer noch rechtfertigungsfähigen Sterbehilfe durch Einwilligung und einer strafbaren Tötung zunächst rein nach „materiell strafrechtlichen Kriterien" zu ziehen sein; denn es sei der Wille des Gesetzgebers gewesen, dass sich durch die Neuregelungen der §§ 1901 a ff. BGB hieran auch nichts ändere, so der Senat.[105] Andererseits wird auf den Grundsatz der Einheit der Rechtsordnung verwiesen,

99 Ausführlich zur Akzessorietät des Strafrechts: Borrmann, Akzessorietät des Strafrechts zu den betreuungsrechtlichen (Verfahrens-) Regelungen die Patientenverfügung betreffend (§§ 1901a ff. BGB), 2016.

100 BGH, Fn. 91, Rn. 37.

101 Siehe hierzu instruktiv: Borrmann, Fn. 76, S. 30ff.; Walter, ZIS 2011, 76 (78).

102 So z.B. Walter, ZIS 2/2011, 76 (78).

103 Walter, ZIS 2/2011, 76 (79).

104 BGH, Fn. 91, Rn. 29; mit Verweis auf: BGHSt 13, 162 (166); 32 367 (371); Borrmann, S. 29.

105 BGH, Fn. 91, Rn. 25.

da die zivilrechtlichen Bestimmungen der §§ 1901 a ff. mit dem Ziel der Schaffung von „Orientierungssicherheit für alle Beteiligten“ gleichwohl zu berücksichtigen seien.[106]

Den Kritikern ist zuzugeben, dass zumindest der Weg über die „Einwilligungslösung“ nicht glücklich wirkt. Manche Kritiker fordern daher zur Erlangung von Straffreiheit eine teleologische Reduktion des § 216.[107] Eine teleologische Reduktion des Tatbestandes setzt nach *Walter* zunächst voraus, „dass der Wortlaut eines Tatbestandes den Fall unumgänglich erfasst, während sein Zweck (Telos) verlangt, auf die Rechtsfolge zu verzichten.“[108] Auch wenn es in der benannten Entscheidung an einem ausdrücklichen Verlangen der Verstorbenen fehlte, stellt sich die Frage, ob der Zweck des § 216 nicht in diesem Fall verlangt, dass auf die Strafbarkeit als Rechtsfolge verzichtet wird. Das Telos des § 216 benennt Walter dreifach: „Das Töten fremden Lebens soll ein Tabu sein (Tabufunktion); ein Suizident soll bis zuletzt selbst Herr des Geschehens bleiben, um bei einem Sinneswandel möglichst lange die Chance zu haben, das Ruder herumzuwerfen (Schutzfunktion), und es soll sich niemand, der einen anderen tötet, auf dessen Willen berufen können, weil dieser ex post oft schwer zu ermitteln ist und dann nach dem Grundsatz *„in dubio pro reo“* auch Täter freizusprechen wären, zu deren Gunsten sich die Aufforderung des Opfers lediglich nicht ausschließen lässt (Beweisfunktion).[109]

Walter[110] schließt in Bezug auf die zugrunde liegende Sterbehilfesituation die zweite und dritte Funktion aus und stützt sich exklusiv auf die Tabufunktion des Tötungsverbotes. Seiner Ansicht nach sei die dogmatische Absolutheit des sich aus § 216 ergebenden Tötungsverbotes durch die Verfahrensregelungen der §§ 1901 a ff. BGB überholt, so dass unter Berücksichtigung dessen die Straffreiheit logische Folge sei.[111]

Wie das vom BGH gefundene Ergebnis in der praktischen Falllösung zweckentsprechend zu verorten ist, ist letztlich sekundär, das Ergebnis, die Straffreiheit für betreuungsrechtlich korrekt vollzogene Behandlungsabbrüche, ist jedenfalls sehr zu begrüßen. Es kann nicht ein Verhalten strafbewehrt sein,

---

106 BGH, Fn. 91, Rn. 25.

107 Walter, ZIS 2011, 76 (81); so auch: Duttge, MedR 2011, 32 (37); Rissing – van Saan, ZIS 6/2011, 544 (547f.); m.w.N..

108 Walter, ZIS 2/2011, 76 (81).

109 Walter, ZIS 2/2011, 76 (81).

110 Walter, ZIS 2/2011, 76 (81).

111 Walter, ZIS 2/2011, 76 (81).

welches zivilrechtlich gestattet ist.[112] Der Entscheidung des Senates ist zuzugeben, so sehr sie auch für ihre dogmatische Begründung kritisiert worden ist, dass sie zumindest einen Pleonasmus um die Differenzierung zwischen strafbarem aktiven Tun und Unterlassen beigelegt und orientierungsfähige Prämissen für die Praxis aufgestellt hat, die der legislativen „Grauzone" Sterbehilfe etwas Unklarheit genommen haben.

C. Definition des Sterbens und des Sterbevorganges

Im Zusammenhang mit der Sterbehilfe werden häufig Begriffe wie Sterbebegleitung und Sterbevorgang verwendet, deren Bedeutung es nun zu klären gilt. Hinter dem zunächst als simpel aufzufassenden Begriff des Sterbens verbirgt sich weit mehr, als zunächst gemeinhin angenommen. So fragt sich insbesondere aus medizinischer Sicht, wann ein Mensch im Sterben liegt.

Nach den Grundsätzen der Bundesärztekammer zur Sterbebegleitung aus dem Jahr 2004[113] ist unter einem Sterbenden ein Kranker oder Verletzter mit irreversiblem Versagen einer oder mehrerer vitaler Funktionen zu verstehen, bei welchem der Eintritt des Todes innerhalb kurzer Zeit zu erwarten ist, also unmittelbar bevorsteht. Medizinisch wird der Begriff des Sterbens auch definiert als „Vorgang des Erlöschens der Lebensfunktionen; am Ende steht der Tod als Zusammenbruch integrierender Organsysteme".[114]

Anhand der dargestellten Definitionen wird schnell deutlich, dass der Beginn des Sterbevorganges nicht immer eindeutig festgelegt werden kann. Dies liegt unter anderem daran, dass der Sterbevorgang ein fortschreitender Prozess ist. Die dargestellten Definitionen lassen Beurteilungsspielräume zu, so dass

112 Rissing – van Saan, Fn. 78, 544 (548), welche die von Walter aufgestellte Lösung gleichfalls in Zweifel zieht, da bei einem Wegfall der Privilegierung direkt die §§ 211, 212 einschlägig seien. Ihrer Ansicht nach bedürfe es auch keiner teleologischen Reduktion des Tatbestandes des § 216, „wenn man mit der Rechtsprechung den Begriff des „Verlangens" i.S.d. § 216 StGB nicht schon mit einer bloßen Einwilligung gleichsetzt, [...]. Rissing – van Saan präferiert daher den Weg über den Ausschluss der objektiven Zurechnung für den Ausschluss der Strafbarkeit, da in diesen Fällen der die Behandlung abbrechende Arzt nicht für den Todeserfolg rechtlich verantwortlich gemacht werden könne.

113 Grundsätze der Bundesärztekammer zur ärztlichen Sterbebegleitung 2004, Deutsches Ärzteblatt, Heft 19 vom 07.Mai 2004, C – 1040; online abrufbar unter: http://www.bundesaerztekammer.de/downloads/Sterbebegl2004.pdf.

114 Pschyrembel, Klinisches Wörterbuch.

eine Betrachtung des Einzelfalles von besonderer Bedeutung ist. Denn die Einordnung als sterbend hat auch rechtliche Folgen. Die Rechtsprechung[115] urteilte, dass Sterbehilfe nur bei einem Patienten möglich ist, welcher irreversibel, also unumkehrbar, erkrankt ist. Als Fazit ist festzuhalten, dass eine eindeutige Definition nicht möglich ist. Je nach Fachgebiet und Kontext werden dem Sterben und dem Sterbevorgang unterschiedliche Bedeutungen beigemessen.

Nach den Grundsätzen der Bundesärztekammer von 1979 hat der Sterbevorgang dann begonnen, wenn die elementaren körperlichen Lebensfunktionen erheblich beeinträchtigt sind oder völlig ausfallen.[116] Nach dieser Definition ist ein präziser Zeitpunkt des Beginns des Sterbevorganges nur schwer zu bestimmen. Die Festlegung dieses Zeitpunktes beruht somit immer auf einer Einschätzung eines Fachmannes und beinhaltet nach wie vor eine gewisse Unsicherheit. Daher unterliegt die Entscheidung über den Beginn des Sterbevorganges auch einer wertenden Beurteilung.

D. Sterbebegleitung

Die Sterbebegleitung wird definiert als Beistand für den Sterbenden in Form palliativer ärztlicher sowie pflegerischer Versorgung und mitmenschlicher Betreuung in der Phase des Abschiednehmens.[117]

Die Sterbebegleitung ist damit weiter gefasst als die Sterbehilfe, welche sich auf die Adjektive „aktiv, passiv und indirekt“ beschränkt.[118] Sterbebegleitung umfasst beispielsweise die körperliche Pflege des Patienten, das Freihalten der Atmung und die Sicherstellung einer angemessenen Ernährung sowie hauptsächlich die Linderung von Schmerzen und anderen Krankheitsymptomen.[119] Die Sterbebegleitung wird häufig auch als „Hilfe im Sterben“, „reine Sterbehilfe“ oder „echte Sterbehilfe“ bezeichnet.[120] Sie bezeichnet folglich die Sterbehilfeform, welche keinen Einfluss auf den Sterbezeitpunkt nimmt, mithin lebenserwartungsneutral ist und daher in der strafrechtlichen Literatur kaum Beachtung findet.[121]

---

115 BGHZ 154, 205 ff.; Urteil vom 17.03.2003, Az.: -XII ZB 2/03-.

116 Grundsätze der Bundesärztekammer zur ärztlichen Sterbebegleitung, in: Sahm, S. 212ff..

117 Hohenstein, Die Einführung der aktiven Sterbehilfe in der Bundesrepublik Deutschland, S. 13; Chong, Sterbehilfe und Strafrecht, § 9 S. 61.

118 Woellert / Schmiedebach, Sterbehilfe, Kapitel 2, S. 17.

119 Hohenstein, Fn. 117, S. 13.

120 Schreiber, NStZ 1986, 337 (339); Kuschel, Der ärztlich assistierte Suizid, S. 21f..

121 Igl / Welti – Hoyer -, § 47 Rn. 1323.

Die Sterbebegleitung zählt zweifellos zu den zentralen Aufgaben und Pflichten des behandelnden Arztes, gerade auch dann, wenn sein Handeln nicht mehr kurativer Natur ist.[122] Insbesondere die Schmerzlinderung ohne Lebensverkürzung ist eine der wichtigsten ärztlichen Maßnahmen bei einem Sterbenden, sie ist standesethisch geboten.[123]

Die Sterbebegleitung ist grundsätzlich auch aus rechtlicher und ärztlicher Sicht unbedenklich. Im Weiteren ist einiges umstritten. [124] Im Ergebnis sind sich Rechtsprechung und Lehre darüber hinaus einig, dass jede medizinische Behandlung gegen den Willen des Patienten nicht zulässig ist[125]. Im Gegensatz dazu ist eine mögliche und gewünschte, aber unterlassene Schmerzbehandlung bei Vorliegen einer Garantenstellung aus §§ 223, 13 oder im Falle des Nichtvorliegens einer Garantenstellung gem. § 323c, der unterlassenen Hilfeleistung, für den Arzt strafbar.[126]

E. Das Ende des Menschenlebens

Die Sterbehilfe setzt - ausgehend von ihrem Wortlaut - bereits voraus, dass sie vor Eintritt des Todes geleistet wird. Daran erkennbar zeigt sich, dass der Tod die strafrechtlich relevante Zäsur im Bereich der Sterbehilfe bildet.[127]

Obwohl der Begriff des Todes im Rahmen der Tötungsdelikte häufiger relevant wird, existiert bislang keine Legaldefinition; eine konsensfähige Definition erscheint als schwierig.[128] Auch im Transplantationsgesetz (TPG) wird der Begriff des Todes verwendet und vorausgesetzt, ohne jedoch selbst definiert zu werden[129]. Vorab ist daher festzustellen, dass keine Legaldefinition des Todes besteht. Der Gesetzgeber hat sich nicht festgelegt, wie der Tod festgestellt wird, sondern in § 3 Abs. 2 Nr. 2 TPG auf den Stand der Erkenntnisse der medizinischen Wissenschaft verwiesen. Aus medizinischer Sicht wird der Tod allgemein als „irreversibler Funktionsverlust des Atmungs-, Kreislauf – und

122 BGH LM Nr. 6 zu § 230 StGB, zitiert nach: Schreiber NStZ 1986, 337 339 Fn.28; Auer, Menzel, Eser – Eser-, S. 84ff.

123 BGH LM Nr. 6 zu § 230 StGB, zitiert nach: Schreiber NStZ 1986, 337 339 Fn.28; Auer, Menzel, Eser – Eser-, S. 84; Chong, § 9 S. 61.

124 Nachzulesen bei: Chong, Sterbehilfe und Strafrecht, § 9, S. 65ff..

125 Chong, Sterbehilfe und Strafrecht, § 9, S. 68.

126 Auer, Menzel, Eser – Eser -, S. 85; Anschütz- Wedler – Koch-, Suizidprävention und Sterbehilfe, 101 (104f.); Chong, § 9 S. 62.

127 Thias, Möglichkeiten und Grenzen eines selbstbestimmten Sterbens, S. 39f.

128 Bode, Todeszeitpunt des Menschen – zur Notwendigkeit einer „Neudefinition", ZfL 4/2015, 111.

129 Igl / Welti – Hoyer -, Kap. 11, § 47 Rn. 1273.

Zentralnervensystems“[130]beschrieben. Es bestehen unterschiedliche Kriterien, die den Todeszustand markieren, wobei die Hirntodfeststellung das präferierte Kriterium für die Feststellung des Todes ist.[131]

130 Pschyrembel, Klinisches Wörterbuch, Stichwort: Tod.

131 Der Hirntod wird definiert als Zustand der irreversibel erloschenen Gesamtfunktion des Großhirns, des Kleinhirns und des Hirnstamms, zitiert nach: Roxin / Schroth – Oduncu -, der Hirntod als Todeskriterium, S. 200.

2. Kapitel: Die rechtliche Problematik der aktiven direkten Sterbehilfe

A. Die dogmatische Positionierung der ärztlichen aktiven Sterbehilfe

I. Einleitung

Die aktive direkte Sterbehilfe ist die absichtliche Herbeiführung des Todes eines Menschen durch gezielte Einwirkung eines Dritten auf Verlangen des Opfers.[132] Als Fremdtötungshandlung unterfällt die aktive direkte Sterbehilfe der Tötung auf Verlangen gem. § 216.[133]

Hinsichtlich der Begrifflichkeit der aktiven direkten Sterbehilfe wird teilweise angeregt, diese als einen Fall der Tötung auf Verlangen zu bezeichnen.[134] Unabhängig davon, liegt der dogmatische Unterschied zwischen einer Fremdtötung nach §§ 211ff. und der nach § 216 nach herrschender Meinung in dem normativen Merkmal des „Verlangens".[135] Rechtsfolge dieses Verlangens ist eine strafrechtliche Privilegierung des Täters, jedoch gerade keine Straffreiheit.[136] Diese durch § 216 postulierte Privilegierung des auf Verlangen Tötenden zeigt nach überwiegender Ansicht, dass dem § 216 eine Einwilligungssperre immanent ist.[137] Vielfach wird wegen der Einwilligungssperre argumentiert, dass der Mensch absolut gesehen nicht über sein Leben verfügen dürfe und deswegen eine rechtfertigende Einwilligung in die eigene Tötung nicht möglich sei.[138] Das Selbstbestimmungsrecht des Patienten vermag nicht die Wertungen des § 216 zu umgehen, da dieses nach allgemeiner Meinung zwar ein grundrechtliches Abwehrrecht gegen medizinische Heilbehandlungen

---

132 Jacob, Aktive Sterbehilfe im Rechtsvergleich und unter der Europäischen Menschenrechtskonvention, S.
24.

133 S /S - Eser -, § 216 Rn. 25; Habicht, Sterbehilfe – Wandel der Terminologie, S. 33, m.w.N.; Roxin, Fn. 1,
93 (109).

134 Siehe hierzu: Fischer, Vor §§ 211ff – 216, Rn. 35/35a.

135 Fischer, § 216 Rn. 7, 7a; S / S – Eser -, § 216 Rn. 5f..

136 S/ S – Eser -, § 216 Rn. 1; Fischer, § 216 Rn. 2; Igl / Welti - Hoyer -, § 47 Rn. 1321; Jacob, Fn. 139, S. 25f.

137 BGH NStZ 2003, S. 538; Rn. 7; Statt vieler: S/ S – Eser -, § 216 Rn. 13, m.w.N..

138 NK – StGB – Neumann -, Vorbemerkung zu § 211 Rn. 103.

biete, jedoch gerade nicht gewährleistet, dass ein Dritter die Tötung vollziehe.[139]

Die aktive direkte Sterbehilfe unterliegt daher seit jeher dem allgemeinen Tötungsverbot des StGB. Im Kern der Diskussion um die Ausübung (ärztlicher) aktiver Sterbehilfe stehen im Wesentlichen zwei korrelierende Grundrechte, denen jeweils je nach Ansicht mehr oder weniger Bedeutung in der Legalisierungsdebatte beigemessen wird.[140] Keinesfalls sind diese verfassungsrechtlichen Grundbestimmungen beschränkt auf die Diskussion um die Legalisierung der aktiven direkten Sterbehilfe, sondern lassen sich im Wesentlichen auf alle Sterbehilfearten übertragen. Für *Giesen*[141] bedeutet die Patientenautonomie, „dass ein Mensch grundsätzlich das Recht hat, in Übereinstimmung mit eigenen Werten und Prioritäten zu bestimmen, ob überhaupt etwas und gegebenfalls was mit seinem Körper oder seiner Gesundheit geschehen soll und dabei einen Weg ohne ungebetene Einmischung oder kontrollierende Zwänge von außen zu wählen."

Katzenmeier /Lipp[142] vertreten ein ähnliches Verständnis der Patientenautonomie, nämlich, dass diese „das Selbstbestimmungsrecht des Menschen über seine Person und über seine körperliche Integrität im Rahmen der ärztlichen Behandlung" umfasse, die jedoch lediglich ein Abwehrrecht gegenüber medizinischen Behandlungen und keinen eigenen Anspruch verschaffe.

II. Kurze schematische Skizzierung des Tatbestandes

§ 216 StGB besteht bereits seit der Kodifizierung des Reichsstrafrechtes im Jahre 1871 und ist in seinem wesentlichen Gehalt unverändert.[143] Relevanz erlangt die Norm insbesondere in der Sterbehilfediskussion, wenn das Postulat

139 Rissing – van Saan, Fn. 78, 544 (549).

140 Zu den Argumenten der Abwägung ab Seite 215.

141 Giesen, Ethische und rechtliche Probleme am Lebensende, JZ 1990, 929 (930).

142 Katzenmeier / Lipp – Lipp -, Rn. 95.

143 Die Norm hat im Laufe der Zeit nur geringfügige Modifikationen erfahren, hierzu: SK – StGB – Sinn -, § 216 Rn. 1; Große – Vehne, Zwölftes Kapitel, S. 235; Baer – Henney, S. 127.

nach Legalisierung der aktiven Sterbehilfe deklamiert wird. Dabei ist die eigentliche Bestimmung des § 216 in der Sterbehilfedogmatik stark umstritten.[144]

Wertungsschwierigkeiten entstehen insbesondere mit dem durch die Norm verfolgten Telos, hinsichtlich dessen schon keine Einigkeit besteht. Während der Norm teilweise paternalistische Zwecksetzungen zugesprochen werden[145], sehen andere in ihr das religiöse Statut der Unverfügbarkeit des göttlich geschenkten Lebens.[146] Gelegentlich wird auch der Vorwurf erhoben, § 216 sei ein „Fremdkörper in der strafrechtlichen Einwilligungsdogmatik."[147] Teilweise wird auch versucht, über die Menschenwürdegarantie seine Daseinsberechtigung zu begründen.[148] Ebenfalls anzutreffen ist auch die Argumentation, dass § 216 Beweisschwierigkeiten vermeide, wenn Dritte an einem Tötungsdelikt beteiligt seien, sowie „die Intention symbolischer Bekräftigung der Unverbrüchlichkeit des Lebensschutzes", hinter der Strafbewehrung des § 216 stehe.[149] Weit überwiegend wird der Norm jedoch eine generalpräventive Wirkung zugeschrieben, die es rechtfertige, ein strafrechtlich missbilligtes Verhalten unter Berücksichtigung von Missbrauchsgefahren zu sanktionieren.[150] Der damit von der Norm ausgehende Appell, dass das menschliche Leben einerseits abstrakt schutzbedürftig ist und andererseits nicht durch fremde Hand ausgelöscht werden darf, auch nicht bei einem ausdrücklichen und ernsthaften Sterbewunsch, wird damit nach allgemeiner Meinung als zulässiger Strafgrund des § 216 angesehen.[151]

Inkriminiertes Verhaltensunrecht ist, dass der Sterbewillige die Herrschaft über den letzten Vollzugsakt der Tötung einem anderen Dritten überlasst und damit die Verantwortung und Möglichkeit zur letzten Entscheidung weggibt. Hierin wird ein nicht von der Hand zu weisendes Risiko gesehen, dass ein möglicher

144 Seibert, Rechtliche Würdigung der aktiven indirekten Sterbehilfe, S. 85, der die Schwierigkeiten zwischen dem Tatbestand des § 216 und der Sterbehilfeproblematik darin begründet sieht, dass die Norm nicht auf die lebenssächliche Problematik der Sterbehilfe zugeschnitten sei und daher eine Modifizierung des § 216 fordert.

145 Besonders Jakobs, in: FS für Arthur Kaufmann, 1993, 459 (470); Neumann, Der Tatbestand der Tötung auf Verlangen (§ 216 StGB) als paternalistische Strafbestimmung, in: Grenzen des Paternalismus, 245 (254ff.)

146 Zitiert nach Seibert, S. 86, m.w.N.

147 Zitiert nach Schoppe, Der Strafgrund der Tötung auf Verlangen (§ 216), BLJ 2012, 107, der jedoch die gegenteilige Position der Gesetzeskonformität einnimmt.

148 Wilms /Jäger, ZRP 1988, 41 (44).

149 Dreier, JZ 2007, 317 (320).

150 Siehe hierzu die instruktive Auseinandersetzung bei Baer – Henney, Die Strafbarkeit aktiver Sterbehilfe- ein Beispiel für symbolisches Strafrecht, S. 69 ff.

151 SK – StGB – Sinn -, § 216 Rn. 2; S / S – Eser -, Vorbem. Vor §§ 211ff. Rn. 12; ders., § 216 Rn. 1; Schröder, Das Recht auf ein menschenwürdiges Sterben, Kapitel 3, S. 93; Thias, Möglichkeiten und Grenzen eines selbstbestimmten Sterbens durch Einschränkung und Abbruch medizinischer Behandlung, S. 91; Seibert, Fn.142, S. 86.

Sinneswandel des Sterbewilligen nicht ausreichend Beachtung finden könne, wenn er sich nicht selbst töten würde. Zudem sei auch die Hemmschwelle geringer, wenn der Sterbewillige sich der Hilfe eines Dritten bedienen und passiv – erwartend die Tötungshandlung dulden könne, anstatt diese selbst aktiv durchzuführen.[152] Daher verbleibe stets ein nicht gänzlich ausschließendes Restrisiko, dass keine völlige Willenskongruenz mit der Tötungshandlung vorliegen könne.[153] Die Norm sanktioniert daher nach herrschender Meinung das Fremdtötungsverbot als „symbolische Bekräftigung der Unverbrüchlichkeit des Lebensschutzes."[154] Infolgedessen wird § 216 dogmatisch den abstrakten Gefährdungsdelikten zugeschrieben.[155]

Bei der Tötung auf Verlangen handelt es sich um ein Vergehen gem. § 12 Abs. 2 mit einer Beteiligung an der Kriminalstatistik in Höhe von weniger als 10 Verurteilungen pro Jahr, so dass die praktische Bedeutung in der Kriminalstatistik als eher gering zu § 212 angesehen wird.[156] § 216 sei lex specialis zu § 212[157], die Rechtsprechung[158] stuft § 216 als Sonderdelikt (delictum sui generis) gegenüber §§ 211, 212 ein, während die herrschende Lehre die Vorschrift in Gleichklang zu dem Verhältnis von § 211 zu § 212 als unselbstständiges, privilegiertes Tötungsdelikt ansieht.[159]

Nicht nur hinsichtlich der systematischen Stellung des § 216 im Rahmen der Tötungsdelikte ist einiges umstritten, sondern auch die Existenzberechtigung des § 216 wird teilweise von den Befürwortern einer Legalisierung der aktiven Sterbehilfe angezweifelt.[160] Eine etwas ausführlichere Auseinandersetzung insbesondere unter rechtlicher und ethischer Würdigung der vorgebrachten Argumente erfolgt an späterer Stelle.[161]

Als wichtigste Konsequenz wird aus der Existenz des § 216 abgeleitet, dass eine „erteilte Einwilligung" in Form des ausdrücklichen und ernstlichen Verlangens des Opfers bzw. des Patienten nicht eine Strafbarkeit des Täters ausschließen kann. Diese sog. Einwilligungssperre wird in der Sterbehilfediskussion wiederholt als fundamentales Argument vorgebracht.

---

152 Igl/Welti –Hoyer-, Gesundheitsrecht, Rn. 1332.

153 Igl/Welti –Hoyer -, Gesundheitsrecht, Rn. 1332.

154 Zitiert nach Dreier, JZ 2007, 317 (320), m.w.N.

155 Dreier, JZ 2007, 317 (320)

156 Arzt et. al., - Hilgendorf -, Strafrecht Besonderer Teil, § 3 Rn. 4.

157 LK – Jähnke- , § 216 Rn. 2.

158 BGHSt 2, 258; 13 162 (165); LPK – StGB – Vor §§ 211 – 222, Rn. 9.

159 Lackner / Kühl, § 216 Rn. 1.

160 Statt vieler: Fischer, § 216 Rn. 1 m.w.N..; SK – StGB – Sinn -, § 216 Rn. 2; Lackner / Kühl, § 216 Rn. 1 m.w.N..

161 Näheres dazu in der Stellungnahme ab Seite 39.

1. Tatbestandliche Voraussetzungen des § 216 Abs. 1

Tatbestandlich fordert § 216 Abs. 1 ein ausdrückliches und ernstliches Verlangen zur Tötung, zu welcher der Täter subjektiv vom Opfer bestimmt sein muss.[162]

Dogmatisch bedeutet dies nach *Fischer*[163] eine doppelte Minderung, und zwar einerseits im Unrecht durch das vom Opfer erteilte Verlangen sowie andererseits in der Schuld durch das Bestimmen des Täters zur Tat. Die genaue dogmatische Einordnung des privilegierenden Verlangens des Opfers ist freilich umstritten.[164] Damit der Täter in der Strafbarkeit überhaupt eine Privilegierung gegenüber jedem anderen Fremdtötenden erfahren kann, muss das getötete Opfer seine eigene Tötung vom Täter ausdrücklich und ernsthaft verlangt haben. Dieses Verlangen dient zum einen der Abgrenzung zu einer Tötung nach §§ 211, 212 im materiell – rechtlichen Sinne, zum anderen darf aber seine Bedeutung für die prozessuale Beweisführung laut *Hilgendorf*[165] nicht unberücksichtigt bleiben. Das tatbestandliche Verlangen wird nach *Sinn*[166] definiert als „der Wunsch des späteren Opfers zu sterben." *Sinn* beschreibt, dass eine „aktive Willensäußerung des Opfers, die auf das Vorstellungsbild bzw. den Willen des Täters einwirkt, vorliegen bzw. vorgelegen haben muss".[167] Teilweise wird in dem Verlangen ein über die Einwilligung hinausgehendes Plus, welches mehr als ein bloßes Einverständnis des Opfers (mit seiner Tötung) verlangt, gefordert.[168] *Fischer*[169] sieht in dem Verlangen ebenfalls ein „Mehr gegenüber der Einwilligung" und argumentiert damit im Einklang mit der Rechtsprechung.[170] Eine konträre Meinung vertritt *Hilgendorf*[171], welcher in dem ausdrücklichen Verlangen eine „beweismäßige[n] Besonderheit" für die Einwilligung sieht, da das Opfer bei Erfolg der Tat dem Täter nicht mehr widersprechen könne. Laut *Hilgendorf*[172] liegt dies darin begründet, dass „die Berufung auf Einwilligung [...] schwerer zu widerlegen [ist] als die Berufung auf ein ausdrückliches (!) Verlangen."[173] „Für die Auslegung des § 216 ist daher

---

162 Lackner / Kühl, § 216 Rn. 2ff.; S/S - Eser-, § 216 Rn. 9.
163 Fischer, § 216 Rn. 7
164 S /S – Eser -, § 216 Rn. 5ff., m.w.N..
165 Arzt et. al. – Hilgendorf -, § 3 Rn. 13.
166 Sk – Sinn -, § 216 Rn. 5.
167 Sk – Sinn -, § 216 Rn. 5
168 S / S - Eser -, § 216 Rn. 5
169 Fischer, § 216 Rn. 3, 7a.
170 BGH 50, 80 (92).
171 Arzt et. al. – Hilgendorf-, Strafrecht BT, § 3 Rn.13.
172 Arzt et. al. – Hilgendorf-, Strafrecht BT, § 3 Rn.13.
173 Arzt et. al. – Hilgendorf -, Strafrecht BT, § 3 Rn. 13.

von einer Unrechtsabschwächung wegen Einwilligung des Opfers auszugehen und das „Verlangen“ in Richtung auf eine (ausdrückliche) Einwilligung zu interpretieren.“[174] Die für ihn wichtigste Schlussfolgerung: Die Initiative könne auch vom Täter ausgehen. Er könne das Opfer auffordern, den Tod zu verlangen.[175] *Hilgendorf* rekurriert für seine Ansicht auf den Fall des Kannibalen von Rothenburg.[176] Der Senat hatte in benannter Entscheidung selbst aus der Perspektive des Opfers eine bloße Einwilligung festgestellt, da dieses lediglich die Genitalverstümmelung verlangt und seinen eigenen Tod eher in Kauf genommen als denn ausdrücklich und ernsthaft vom Täter verlangt habe.[177] Zugegebenermaßen ist diese Entscheidung des Senates in diesem Kontext begrifflich nicht immer ganz klar, jedoch betont der Senat ausdrücklich, dass das Verlangen gerade „keine bloße Einwilligung“ sein könne.[178] Das Bestimmen im Sinne der Norm müsse beim Täter gerade den Tatentschluss hervorgerufen haben.“[179] Diese Schlussfolgerung bleibt auch nach näherer Betrachtung durch Auslegung richtig. Bereits nach dem reinen Wortlaut des „Verlangens“ in Abgrenzung zur „Einwilligung“ kann keine Gleichsetzung von beidem stattfinden. Nach der Definition des Verlangens im Lexikon[180], bedeutet dieses „nachdrücklich fordern, erfordern oder gebieten“. Die Einwilligung wird dagegen definiert als „seine Zustimmung zu etwas geben, sich mit etwas anderem einverstanden erklären.“[181] Genau auf diese Diskrepanz bezieht sich die vorliegende Problematik. Tatbestandlich wird von § 216 sprachlich ausdrücklich ein Verlangen statt einer Einwilligung gefordert.[182] Daher erscheint das Verständnis von *Hilgendorf* jedenfalls mit dem klaren Wortlaut des § 216 nicht vereinbar. Nichts anderes ergibt sich auch aus der systematischen Stellung des § 216 in dem Abschnitt der Straftaten gegen das Leben. Diese bezwecken den Schutz des Lebens und sind damit im Grundsatz Individualschutzdelikte.[183] § 216 nimmt jedoch eine Art „Zwitterstellung“ im System der Tötungsdelikte ein, da Strafgrund der Norm zwar der Schutz des individuellen Lebens vor fremder Tötung

174 Arzt et. al. – Hilgendorf-, Strafrecht BT, § 3 Rn.15ff..

175 Arzt et. al. – Hilgendorf-, Strafrecht BT, § 3 Rn.15ff..

176 BGHSt 50, 80ff.

177 BGH HRRS 2005 Nr. 458, Rn. 43.

178 BGH HRRS 2005 Nr. 458, Rn. 43.

179 BGH HRRS 2005 Nr. 458, Rn. 43.

180 Duden, Stichwort: Verlangen, abrufbar unter: http://www.duden.de/rechtschreibung/verlangen; letzter Abruf am 29.09.2017.

181 MüKo – StGB – Schneider -, § 216 Rn. 13, 26; LPK – Jähnke -, § 216 Rn. 4; SK - Horn -, § 216 Rn. 5, 8.

182 Wortlaut des § 216 StGB.

183 S/S – Eser-, Vorbem. §§ 211 ff., Rn. 12; Fischer, Vor §§ 211 – 216, Rn. 1; Lackner / Kühl, Vor § 211, Rn. 1.

ist, jedoch auch das Allgemeininteresse an der Aufrechterhaltung des gesellschaftlichen Fremdtötungstabus als Ausdruck der Achtung gegenüber dem fremden Leben geschützt werden soll.[184] Da § 216 eine generalpräventive Wirkung zukomme, sei es gerechtfertigt, dass der Sterbewillige nicht in seine eigene Tötung durch einen Dritten einwilligen könne.[185] Die Orientierung an prozessual geringeren Beweisschwierigkeiten, wie *Hilgendorf* sie vorschlägt, kann für sich genommen nicht überzeugen. Beweisschwierigkeiten können bei allen subjektiv geprägten Tatbestandsmerkmalen auftreten, gleichwohl kann deswegen nicht die Verwendung ausgeschlossen sein. Im Übrigen wären die Folgen auch fatal, wenn bereits durch Rekurs auf die ausdrückliche Einwilligung des Opfers Straffreiheit zu erlangen wäre.[186] Auch die für *Hilgendorf* „entscheidendste Folgerung" der nicht nur auf das Opfer reduzierten Initiativmöglichkeit kann nicht als taugliches Argument für eine Gleichsetzung überzeugen, denn dem Tatbestand des § 216 ist jedenfalls noch das Merkmal des Bestimmens immanent, welches nach herrschender Meinung[187] dem Bestimmen im Sinne des § 26 gleichzusetzen ist.[188] Die in § 216 für die Tötung eines anderen Menschen vorgesehene gesetzliche Strafmilderung ist jedoch nur haltbar, wenn eben das Verlangen des Opfers auch für den Täter leitendes Motiv war, der Täter also primär altruistisch gehandelt hat. Andernfalls ist eine Strafmilderung mit dem Lebensschutzgedanken nicht mehr in Einklang zu bringen.

Hinsichtlich der das Verlangen prägenden Adverbien sei noch angemerkt, dass dieses tatbestandlich ausdrücklich und ernstlich erteilt worden sein muss, was nur erfüllt sei, wenn das geäußerte Verlangen frei von Willensmängeln und der Verlangende sich der Tragweite seine Äußerung bewusst ist.[189] Als ausdrücklich im Sinne der Norm ist nicht nur das gesprochene Wort anerkannt, sondern

---

184 Schoppe, Der Strafgrund der Tötung auf Verlangen (§ 216 StGB), BLJ 2012, 107 (112), der instruktiv die „doppelte Schutzrichtung" des § 216 herausgearbeitet hat und festgestellt hat, dass weder paternalistische Gedanken noch durch Rekurs auf dic Menschenwürde, dass der Mensch sich nicht zum Objekt eines anderen machen könne.

185 Ausführliche Diskussion der generalpräventiven Aspekte im Hinblick auf die aktive Sterbehilfe: Baer – Henney, Die Strafbarkeit aktiver Sterbehilfe, S. 69ff..

186 Schoppe, 107 (111).

187 SK – Sinn -, § 216 Rn. 5, m.w.N.

188 Bestimmen im Sinne der Entscheidung wird dahingehend verstanden, dass der später Getötete den Täter zur Tötung angestoßen haben muss, BGHSt 50, 80 (92).

189 Fischer, § 216 Rn. 8 f..

auch die Verständigung durch Mimik, Gestik und damit vergleichbare Artikulationsweisen.[190] An die Ernstlichkeit des Willens wird dabei ein mit der Eigenverantwortlichkeit bei einem Suizidentschluss zu vergleichender Maßstab angelegt.[191]

Der tatbestandlich von § 216 vorausgesetzte und bereits erwähnte Begriff des Bestimmens erfuhr in der benannten Kannibalen – Entscheidung eine justiziable Prägung durch die vom BGH[192] erschaffene Formulierung des handlungsleitenden Motivs. Dafür sei nicht ausreichend, wenn der Täter als *omnimodo factorus* gehandelt hat oder andere Umstände als das opferbedingte Tötungsverlangen für seinen Tatentschluss ausschlaggebend waren.[193] Die außerordentliche Strafmilderung" „ist nur dann zu rechtfertigen, wenn das Bestimmen auch tatsächlich handlungsleitend war und nicht wie im Kannibalen – Fall eigensüchtige, sexuelle Motive den Täter zur Tötung (mit-) veranlasst haben.

Rekurs nahm der BGH auf den Mordtatbestand, indem er argumentierte, dass eine Strafschärfung nur gerechtfertigt sein könne, wenn das „entsprechende, zum Mordmerkmal führende Motiv handlungsleitend war". Dem Kannibalen – Fall war jedoch eine andere Konstellation immanent, so dass der Strafsenat die Anwendbarkeit des § 216 im Ergebnis abgelehnt und daher zurückverwiesen hat.

2. Vorsatz, Rechtswidrigkeit und Schuld

Hinsichtlich der subjektiven Tatbestandseite gelten bei § 216 keine Besonderheiten. Der Täter einer Tötung auf Verlangen muss sämtliche Merkmale des objektiven Tatbestandes wenigstens mit *dolus eventualis* erfüllen.[194]

Dieser muss sich dabei auf das Grunddelikt (§ 212 Abs.1) und die Privilegierung (§ 216 Abs. 1) beziehen. Die Rechtswidrigkeitsprüfung erschöpft sich in der Regel in der Prüfung möglicher Rechtfertigungsgründe, die für den Täter streiten. Diese Prüfung der Rechtswidrigkeit ist bei § 216 geprägt von dem Grundsatz der sich aus § 216 ergebenden Einwilligungssperre.[195] Nach allge-

---

190 Fischer, § 216 Rn. 8; S / S – Eser / Sternberg-Lieben-, § 216 Rn. 7.

191 LK – Jähnke-, § 216 Rn. 7.

192 BGHSt 50, 80 (91f.).

193 Fischer, § 216 Rn. 10; S / S – Eser /Sternberg – Lieben-, § 216 Rn. 9.

194 S / S – Eser /Sternberg – Lieben-, § 216 Rn. 13.

195 S /S – Eser / Sternberg –Lieben -, § 216 Rn. 15.

meiner Meinung ist eine Tötung auf Verlangen nicht rechtfertigungsfähig, insbesondere nicht durch Rekurs auf § 34.[196] Als alternative Möglichkeit zur Vermeidung einer Strafbarkeit wurde bereits in einem Fall[197] gem. § 60 von einer Strafe abgesehen.

3. Zwischenergebnis

Im Rahmen der Tötung auf Verlangen ist vieles umstritten. Die aktive direkte Sterbehilfe ist als Fall der Tötung auf Verlangen grundsätzlich legislativ durch § 216 ausgeschlossen.

In der Literatur werden teilweise Ansätze vertreten, dass in begründeten Ausnahmefällen eine Strafbefreiung für die aktive Sterbehilfe angezeigt sein müsse.[198] Die rechtliche Umsetzung indessen sieht sich fundamentalen Bedenken ausgesetzt, da mit einer partiellen Lockerung des Tötungsverbotes diverse Missbrauchsgefahren einhergehen können.[199] *Saliger*[200] betont, dass es aus der Perspektive des Selbstbestimmungsrechtes unerheblich sei, welche Art und Form der Sterbehilfe zu Grunde liege; es sei auch „unter Humanitätsaspekten […] zweifelhaft, ob die Einstellung der künstlichen Ernährung bei einem Apalliker oder das Liegenlassen schwerstgeschädigter Neugeborener stets die humaneren Alternativen gegenüber aktiver Sterbehilfe“ seien. Kritik erfährt die Beibehaltung des Verbotes der aktiven Sterbehilfe unter Verweis auf die Straflosigkeit des Suizides auch dahingehend, dass laut *Fischer*[201] eine Diskrepanz zwischen beiden hinsichtlich der Anerkennung der Art und Umsetzung des Sterbewunsches bestehe. Der sich selbst Tötende könne sich zwar die Giftspritze selbst injizieren; die Injektion aber nicht auf einen anderen delegieren, auch nicht auf seine ausdrückliche Bitte hin.[202] Dies wird jedoch seitens der Rechtsprechung explizit aus Gründen des Lebensschutzes so hingenommen; für eine Änderung bedürfe es der Tätigkeit des Souveräns.[203] Gänzlich überzeugen kann diese risgorose Haltung indes nicht, da auch den anderen Sterbehilfearten in gewisser Weise eine partielle Lebenschutzöffnung immanent ist.

---

196 Jacob, Aktive Sterbehilfe im Rechtsvergleich und unter der Europäischen Menschenrechtskonvention, S. 35, mit weiteren Ausführungen zur Begründung.

197 Zitiert nach Jacob, Fn. 196, S. 41f..

198 Jacob, Fn. 196, S. 35ff., m.w.N..

199 Verrel, MedR 1997, S. 249; Kutzer, MedR 2001, S. 78.

200 Saliger, in: KritV 2001, S. 386.

201 Fischer, Vor §§ 211 – 216, Rn. 72; § 216 Rn. 3.

202 Fischer, Vor §§ 211 – 216, Rn. 72; § 216 Rn. 3.

203 Hierzu ausführlich die Entscheidung des BGH, NStZ 2003, S. 538 Rn. 7ff..

Gleichwohl entspringt dies mehr einer innerlichen Grundattitüde, dass sich die bewusste und zielgerichtete Tötung eines Menschen nicht mit dem menschlichen Verständnis für Sterbehilfe im Einklang bringen lässt und nach wie vor ein Unbehagen auslöst.

Es lässt sich daher festhalten, dass Sterbehilfe so lange rechtlich zulässig ist, wie die Herbeiführung des Todes nicht zielgerichtet durch einen Dritten erfolgt.

III. Rechtliche Aspekte der aktiven Sterbehilfe in der Legalisierungsdebatte

Die Forderung nach Legalisierung der ärztlichen aktiven Sterbehilfe schwelt latent seit vielen Jahren, wodurch insbesondere auch die Frage nach der Legitimierung derartiger Sterbehilfehandlungen aufgeworfen wird.[204]

Die folgende Darstellung beansprucht keine Vollständigkeit, sondern beschränkt sich auf einen summarischen Überblick über die innerhalb der Diskussion im Wesentlichen vertretenen Argumente.[205] Religiöse Aspekte bleiben vorliegend außer Acht; verfassungsrechtliche finden wegen zahlreicher vorhandener Werke zu dieser Thematik nur selten eine ausdrückliche Benennung.[206] Die Diskussion wird nachfolgend unterteilt in die Argumente, die zur Differenzierung der Sterbehilfearten voneinander vorgetragen werden, und nachfolgend die konträren Positionen in der Diskussion um die Legalisierung der aktiven Sterbehilfe.

---

204 Baer – Henney, S. 130, die u.a. eine geschichtliche Betrachtung der aktiven Sterbehilfe aufzeigt.

205 Einen guten Überblick bieten: Ach/Wiesing/ Marckmann: Ethik in der Medizin, 233 (238ff.); Hochgrebe, Legalisierung der aktiven Sterbehilfe in der Bundesrepublik Deutschland?, S. 115 ff.; vertiefend: aus verfassungsrechtlicher Sicht: Antoine, Aktive Sterbehilfe in der Grundrechtsordnung; strafrechtlich: Baer – Henney, Die Strafbarkeit aktiver Sterbehilfe; Kämpfer, Die Selbstbestimmung Sterbewilliger.

206 Zu den theologischen Erwägung strafrechtlicher Sterbehilfe im internationalen Rechtsvergleich: Baer – Henney, S. 131 ff.; Hohenstein, Hohenstein, Die Einführung der aktiven Sterbehilfe in der Bundesrepublik Deutschland, lässt sich das Recht auf den eigenen Tod verfassungsrechtlich begründen?, 2003, Diss., Kiel; Seibert, indirekte Sterbehilfe, jedoch unter Würdigung der Argumente hinsichtlich der aktiven indirekten Sterbehilfe.

1. Argumente zur Abgrenzung vom Behandlungsabbruch

Zur Unterscheidung der aktiven Sterbehilfehandlung von dem Behandlungsabbruch einerseits und von der Beihilfe zur Selbsttötung andererseits, werden wiederkehrend tradierte Argumente vorgebracht.

Im Kern der Diskussion steht der Gedanke, dass die aktive Sterbehilfe strafbar sei, weil der Handelnde - in der Regel der Arzt - kausal aktiv letztinstanzlich den Tod des Patienten durch die Gabe eines letal wirkenden Medikamentes herbeiführt, während bei der passiven Sterbehilfe zwar durchaus auch aktive Handlungen vorkommen, diese jedoch nicht das letzte Glied in der Kausalkette zum Tod des Patienten darstellen und normativ der Unterlassungsdogmatik zuzurechnen sein sollen.[207] Hier trete der Tod vielmehr unmittelbar dadurch ein, dass der Natur freier Lauf gelassen werde, indem nun nicht mehr durch medizinische Intervention agiert werde - was eigentlich nichts anderes bedeutet, als das der Patient durch medizintechnische und pharmazeutische Möglichkeiten künstlich am Leben erhalten wird, während er bei der aktiven Sterbehilfe durchaus allein (über-)lebensfähig ist.[208] Diese Unterscheidung ist aus Sicht der Befürworter des Verbotes der aktiven Sterbehilfe auch moralisch höchst relevant.[209] Die Differenzierung zwischen aktiver Sterbehilfe einerseits und freiverantwortlicher Selbsttötung andererseits fußt auf einer vergleichbaren Argumentation, mit dem Unterschied zur „passiven Sterbehilfe", dass der freiverantwortliche Suizident den letzten Akt zum Tod selbst vollziehe, indem er sich die letale Medikamentendosis selbst oral zuführe und demensprechend auch jederzeit bei einem Sinneswandel abbrechen könne.[210] Es mache einen Unterschied, ob der Handelnde aktiv die letzte Bedingung des Todes herbeiführe oder dies einem Dritten überlasse.[211] Dennoch vermischt diese Abgrenzung auch wesentliche Aspekte. Denn auch bei der passiven Sterbehilfe greift ein Dritter ein, ohne dessen Handeln der Patient noch am Leben wäre, sofern er nicht zufällig aus anderer Ursache heraus gestorben wäre. Der Tod des Patienten tritt in den Fällen des Behandlungsabbruches, z.B. durch Abstellen des Respirators, durch eine Hypoxi des Patienten ein und nicht infolge der Wirkung eines Medikamentes.[212] Ob diese Kategorisierung aus moralethischer und rechtlicher Sicht tatsächlich einen derart gravierenden Unterschied macht, dass die eine Handlung strafbar ist und die andere nicht, darüber lässt sich trefflich streiten. Zumal es nach wie vor durchaus Ärzte gibt, die auch Maßnahmen des

207 Thias, S. 89 ff..

208 Thias, S. 87 ff..

209 Birnbacher in: Aktive und Passive Sterbehilfe, S. 35.

210 Roxin, Fn. 9, 93 (110ff.).

211 Birnbacher in: Aktive und Passive Sterbehilfe, S. 35.

212 Wessels / Hettinger, Strafrecht BT, Rn. 37.

Behandlungsabbruches *in praxi* als nicht legitim und unärztlich in Frage stellen und nicht mit ihrem ärztlichen Ethos vereinbaren können.[213] Hieran knüpft auch das ferner vertretene Argument des Verfügungsverbotes über fremdes Leben an.[214] Da bei der aktiven Sterbehilfe über das Leben des Patienten verfügt werde, sei die aktive Sterbehilfe zu verbieten.[215] Dieses Argument nähert sich dem theologisch begründeten Verbot der aktiven Sterbehilfe an, wonach es aus religiöser Überzeugung dem Christen untersagt sei, über göttlich geschenktes Leben aktiv zu verfügen.[216]

Mehr rechtlich geprägt, hat sich als weiteres Abgrenzungskriterium in diesem Kontext die Differenzierung nach der Intention des Handelnden durchgesetzt.[217] Da der Handelnde bei der aktiven Sterbehilfe den Tod des Patienten absichtlich herbeiführe, sei diese Handlung strafbar; in allen anderen Fällen sei der Tod des Patienten zwar die sekundäre, ins Bewusstsein aufgenommene, unausweichliche Folge, aber eben nicht das primäre Handlungsziel des Arztes.[218]

2. Argumente gegen eine Legalisierung der aktiven Sterbehilfe

Die Argumente, die gegen eine Legalisierung der aktiven direkten Sterbehilfe vertreten werden, sind bereits partiell den Abgrenzungskriterien zu den anderen Formen der Sterbehilfe immanent, daher sollen vorliegend nur noch die ergänzend vertretenen Aspekte aufgezeigt werden.[219]

Häufig wird in der juristischen Literatur gegen die Legalisierung der aktiven direkten Sterbehilfe Bezug genommen auf die Verbrechen der NS – Zeit, bei welchen eine Vielzahl an Menschen unter dem Deckmantel der Euthanasie

---

213 Diese Erkenntnis beruht auf der Mitteilung eines Palliativmediziners im Rahmen eines Gespräches, welches an späterer Stelle skizziert ist; siehe hierzu auch Birnbacher, Fn. 211, S. 36, welcher angibt, dass die Wahrnehmung der differenten Kausalität der Todesherbeiführung vielfach bei den Handelnden so nicht existiere.

214 Habicht, S. 33.

215 Birnbacher, Fn. 211, S. 35.

216 Hochgrebe, Legalisierung der aktiven Sterbehilfe in der Bundesrepublik Deutschland, S. 118; ausführlich hierzu: Baer – Henney, S. 132ff..

217 Fischer, Vor §§ 211ff., Rn. 70.

218 Siehe hierzu Birnbacher, Fn. 211, S. 37.

219 Eine weiterführende Auseinandersetzung mit den Argumenten ist nicht Gegenstand dieser Arbeit, hier soll lediglich zur Orientierung eine grobe Skizzierung erfolgen. Zur vertiefenden Auseinandersetzung sei auf die Vielzahl vorhandener Werke verwiesen, insbesondere auf: Hohenstein, Die Einfürhung der aktiven Sterbehilfe in der BRD; Baer- Henney, Die Strafbarkeit aktiver Sterbehilfe- ein Beispiel für symbolisches Strafrecht?.

auf grausame Art und Weise ihr Leben verloren haben.[220] Selbst Ärzte haben sich damals an der aktiven Tötung der als nicht mehr „lebenswert angesehener Menschenleben“ beteiligt.[221] Eng verbunden mit den Befürchtungen über „Vernichtung lebensunwerten Lebens“[222] ist das sog. Dammbruch – bzw. *Schiefe – Ebene* - Argument.[223] Dahinter verbirgt sich die Besorgnis, dass sich aus einem eigentlich in Ausnahmefällen moralisch tolerierbaren Verhalten eine Ausweitung dessen durch eine gewohnheitsrechtliche, unkontrollierbare Anpassungspraxis ergeben könne.[224] Sei die aktive Sterbehilfe erst einmal erlaubt, werde sie in Zukunft nicht mehr nur Einzelfallpraxis sein, sondern sich sowohl quantitativ als auch qualitativ ausweiten.[225] Die größte Sorge der Legalisierungsgegner ist jedoch die Sorge vor einem Missbrauch legitimierender Regelungen für nicht freiwillig geäußerte Sterbehilfeverlangen einerseits als auch die Ausdehnung auf Fälle andererseits, bei denen an der Ernsthaftigkeit und Durchdachtheit des Sterbewunsches, insbesondere wegen einer psychischen Erkrankung, gezweifelt werden müsse.[226] Diese Argumentation basiert auf dem generellen Verlust an Wertvorstellungen mit einem damit einhergehenden Verlust der Wertschätzung menschlichen Lebens, dem im schlimmsten Falle das Etikett nicht mehr lebenswert und nicht mehr tragbar für das Kollektiv aufoktroyiert werde.[227] Zudem ist diese Besorgnis nicht allein der Legalisierungsdebatte um die aktive Sterbehilfe immanent, sondern genoss auch in der rechtspolitischen Debatte im Bundestag zur Inkriminierung der geschäftsmäßigen Suizidassistenz eine hohe Schlagkraft.

In Konkordanz damit steht die Aussage einer Vielzahl an Ärzten, dass der Sterbewunsch am Lebensende stark volatil sei.[228] Es stehe zu befürchten, dass

220 Giesen, JZ 1990, 929 (933; 935);

221 Wilms in: Hilfe zum Sterben? Hilfe beim Sterben!, Die ärztliche Verantwortung in Grenzsituationen des menschlichen Lebens, 127.

222 Mit diesem Begriff wird auf die von Binding / Hoche veröffentliche Schrift – Die Freigabe der Vernichtung lebensunwerten Lebens: Ihr Maß und ihre Form“ (1920) verwiesen, in welcher der Rechtsgelehrte Binding als auch der Arzt und Neurologe Hoche sich mit der Klärung der Frage beschäftigten, ob die als „absolut wertlose[r], sondern negativ zu bewertender Existenzen“ nicht zur Tötung unter staatlicher Aufsicht freigegeben werden dürfen. Sie gelten damit als Wegbereiter für die Verbrechen der NS Zeit. Zitat: Kapitel IV, I. dritter Absatz; Schrift abrufbar unter: http://www.staff.uni-marburg.de/~rohrmann/Literatur/binding.html; letzter Abruf am 13.07.2017.

223 Ach/Wiesing/Marckmann, Ethik in der Medizin, 232 (239); Baer – Henney, S. 171 ff..

224 Baer – Henney, S. 171.

225 So auch Giesen, Fn. 220, 929 (933).

226 Baer – Henney, S. 180 f..

227 Baer – Henney, S. 185 ff..

228 Dölling, Zulässigkeit und Grenzen der Sterbehilfe, MedR 1987, 6 (8).

sich ein Wandel in der Grundattitüde der Gesellschaft ergebe, der eine Wertverschiebung hinsichtlich des Kranken und Pflegebedürftigen beinhalte, dass einerseits erneut zwischen lebenswerten und lebensunwerten kranken Menschen unterschieden werden könnte und andererseits sich in der Praxis eine Normalität von Tötungshandlungen ergebe.[229] Statt medizinisch bis zuletzt betreut und gepflegt zu werden, könne sich ein Erwartungsdruck in der Bevölkerung herausbilden, dass man sich im Falle einer schweren Erkrankung zu suizidieren oder töten zu lassen habe, um weder der Gesellschaft noch den Angehörigen zur Last zu fallen.[230] Dieses Risiko hält auch *Giesen* für durchaus realistisch und bedrohlich, insbesondere vor dem Kontext der Missstände in der Pflege und der zunehmenden Überalterung der Bevölkerung.[231] *Dölling*[232] befürchtet, dass Angehörige, die mit der Pflege und Versorgung eines Schwerkranken überfordert seien, ein solches Sterbeverlangen äußern könnten. *Montgomery*[233] betont daher, zwar in dem Kontext der ärztlichen Suizidassistenz, aber dadurch nicht minder in der hiesigen Debatte begründet, dass es auch die Angehörigen seien, die aus Mitleid, weil sie das Leiden des Kranken nicht mehr mit ansehen könnten, den Ruf nach Erlösung durch einen herbeigeführten Tod äußern würden.

Ein anderes Argument wird von der Ärzteschaft vorgebracht. Diese fürchtet durch die Entkriminalisierung der aktiven Sterbehilfe einen sich einschleichenden Rechtsanspruch der Bevölkerung auf Ausübung ärztlicher aktiver Sterbehilfe und ärztlicher Suizidassistenz sowie einen Vertrauensverlust in die Rolle des Arztes, welcher sich negativ auf das Arzt – Patientenverhältnis auswirke.[234] Die Gegner der Legalisierung lehnen die aktive ärztliche Sterbehilfe weiterhin mit dem Argument ab, dem Arzt werde zu viel Entscheidungsmacht verliehen, wenn er über die Ausübung aktiver Sterbehilfe entscheiden dürfe. Es würde das bedingungslose Vertrauen in den Arzt schwinden, wenn dieser über die „Macht, über Leben und Tod zu entscheiden“, verfügen könnte. Eine solche Handlungsweise sei desgleichen nicht mit dem ärztlichen Ethos verein-

229 Baer – Henney, S. 185 ff..

230 Dieses Argument findet sich vornehmlich aktuell auch in der Diskussion um die Geltung des § 217 wider, insbesondere stützt der Gesetzgeber sich in seinem Motiven zur Inkriminierung des § 217 im Wesentlichen auf diese Art der Argumentation; siehe hierzu: BT – Drucks. 18/5373, S. 2ff.; Koch, Inwieweit ist aktive Sterbehilfe strafwürdig, in: Sterbehilfe – Handeln oder Unterlassen?: Referate einer medizinethischen Fortbilung, 137 (149).

231 Giesen in: Hilfe zum Sterben? Hilfe im Sterben!, Der Wert des Lebens – wie weit reicht die Verpflichtung, Leben zu erhalten?, 10 (66f.).

232 Dölling, Fn. 228, 6 (8).

233 Montgomery, Wir brachen keine ärztlichen Sterbehelfer, medstra 2/2015, 65 (66).

234 Birnbacher, Fn. 211, S. 37; Giesen, Fn. 220, 929 (934).

bar. Der Heilauftrag der Ärzte bezöge sich auf die Schmerz- und Leidminderung, die kurative Therapie von Krankheiten und eine palliativmedizinische Versorgung bei der Sterbebegleitung, jedoch keinesfalls auf die direkte Tötung des Patienten.[235]

Selbiges Argument findet sich auch in der Argumentation in der Ablehnung der ärztlichen Suizidassistenz wieder.[236] *Roxin*[237] ergänzt diese Argumentation noch um den Einwand der Ärzteschaft, dass es nur sehr selten wirklich ernsthafte Tötungsverlangen der Patienten gebe, die sich nicht durch eine palliativmedizinische Versorgung ausmerzen lassen könnten und trotz optimaler Versorgung bestehen blieben.

3. Argumente für eine Legalisierung der aktiven Sterbehilfe

Die weitaus geringere Zahl an Stimmen postuliert eine Legalisierung der aktiven Sterbehilfe, wenngleich mit nicht weniger gewichtigen Argumenten.

Auf der konträren Position wird vielfach eingewandt, dass gerade keine Verschlechterung des Arzt – Patientenverhältnis im Falle einer Legalisierung der aktiven Sterbehilfe drohe, sondern es das Vertrauen des Patienten in seinen Arzt auch stärken könne, wenn er wisse, dass sein Arzt ihm am Lebensende auch über die palliativen Möglichkeiten hinaus helfen dürfe, vorausgesetzt, dass er persönlich dazu bereit sei.[238] Zur Konsolidierung dieser These wird vielfach auch Rekurs genommen auf das Schwangerschaftsabbruchsargument.[239] Der ärztlich herbeigeführte Schwangerschaftsabbruch sei zum einen trotz der ursprünglichen Missbilligung im Eid des Hippokrates heutzutage eine medizinische, abrechnungsfähige Behandlungsleistung des Arztes, ohne dass dies dem ärztlichen Ansehen geschadet hätte.[240] *Taupitz*[241] geht sogar so weit zu sagen, dass es moralethisch im Grunde keinen wesentlichen Unterschied ausmache, ob „nun werdendes Leben aktiv beendet werde oder sterbendes Leben".

---

235 Siehe hierzu die Grundsätze der Bundesärztekammer zur ärztlichen Sterbebegleitung.

236 Siehe ab Seite 223.

237 Roxin, Fn. 9, 93 (116).

238 Giesen, Fn. 231, 10 (20ff.).

239 Baer – Henney, S. 173.

240 Gavela, Ärztlich assistierter Suizid und organisierte Sterbehilfe, S. 239.

241 Zitiert nach Gavela, S. 240 mit Verweis auf Taupitz, ärztliche Suizidbeihilfe: weder verboten noch unärztlich.

Von den Befürwortern der Legalisierung wird der Eid des Hippokrates als anachronistisch bezeichnet, weshalb dessen Anpassung an die moderne Zeit und Medizin längst überfällig sei.[242]

Auch *Birnbacher*[243] betont, dass die Argumente gegen eine Legalisierung mehr eine rhetorische Farce als stichhaltige Befürchtungen seien. Insbesondere von den Befürwortern der aktiven Sterbehilfe wird vorgebracht, dass sich die Dammbruchargumente weder im europäischen Ausland noch in Oregon empirisch bestätigt hätten.[244] Zudem könne eine Legalisierung der aktiven Sterbehilfe auch dazu beitragen, dass durch eine stringente Kontrolle der Missbrauchsgefahr entgegengewirkt werden könnte.[245] Strenge Meldeverfahren sowie die Kontrolle durch eine pluralistisch besetzte Kommission würden dazu beitragen, indem sie zeigen, dass die Zahl derer, die tatsächlich durch aktive Sterbehilfe oder durch ärztliche Suizidassistenz sterben, konstant seit vielen Jahren gering sei.[246] *Giesen*[247] betont in diesem Zusammenhang, dass die Legalisierung bei einem tatsächlich eintretenden Dammbruch ja auch nicht irreversibel sei; für diesen Fall wolle er durch „entsprechende gesetzliche Vorkehrungen“ die Grenzen wieder enger stecken. Auch die Sorgen vor einem Missbrauch der gesetzlichen Regelungen werden zwar als existent anerkannt, aber im Ergebnis als unbegründet zurückgewiesen, da letztlich jede Entkriminalisierung ein vorher schwer kalkulierbares Risiko nach sich ziehen könne. Für *Giesen*[248] „kommt es nicht nur auf die Risiken, sondern auch auf die Chancen an.“

Zunehmende Liberalisierungstendenzen hinsichtlich der indirekten Sterbehilfe und des Behandlungsabbruches zeigen, dass die „generelle Unverfügbarkeit menschlichen Lebens“ bereits nicht mehr absolut gelte.[249] Kritik erntet auch die negativ assoziierte und unzulässige Verfügung über fremdes Leben als Zurückweisungsargument, denn nach *Giesen*[250] verfüge auch derjenige, „der sich einer passiven Methode der Selbsttötung bedient, etwa indem er sich

242 Wilms, Fn. 221, 127 (128).

243 Birnbacher, Fn. 213, S. 35.

244 Czerner, Das Euthanasie – Tabu, S. 43.

245 Baer – Henney, S. 173.

246 Baer – Henney, S. 175ff.; 182, die ausführlich auf die Statistik der Niederlande zur Ausübung der aktiven Sterbehilfe eingeht.

247 Giesen in: Hilfe zum Sterben? Hilfe im Sterben!, Der Wert des Lebens – wie weit reicht die Verpflichtung, Leben zu erhalten?, 10 (68).

248 Giesen, Fn. 247, 10 (65).

249 Zitat nach Czerner, Aktive Sterbehilfe auch gegenüber Kindern? MedR 2001, 354; Borrmann, S. 29.

250 Giesen, Fn. 247, 10 (56).

zu Tode hungert", über sein Leben und nicht nur derjenige, der aktiv sein Leben beende. Als Kernargument der Legalisierungsströmung wird jedoch das grundgesetzlich abgesicherte Selbstbestimmungsrecht des Menschen dargetan.[251] Der Wille des Patienten könne auch eine aktive Tötungshandlung rechtfertigen, was für den Bereich des Behandlungsabbruches fest etabliert sei.[252] Damit einher geht oft das Verständnis, dass § 216 Ausdruck eines nicht zu rechtfertigenden Paternalismus sei, „der einzig darauf gerichtet sei, den Einzelnen vor sich selbst zu schützen."[253] Für die Befürworter der Regelung liegt eben kein wertmäßig so gravierender Unterschied zwischen dem Sterbenlassen bei einem Behandlungsabbruch einerseits und bei der aktiven Tötung andererseits.[254]

Vorstehende Bewertungen nehmen einige Autoren zum Anlass zu sagen, dass die aktive Sterbehilfe als absolute „ultima ratio" – Entscheidung ausnahmsweise dann zu rechtfertigen sei, wenn sie der Beseitigung sog. Vernichtungsschmerzen diene, die häufig im Kontext einer Tumorerkrankung mit Progredienz einhergehen.[255] Die Möglichkeit der Zulässigkeit aktiver Sterbehilfe sieht auch *Koch*[256], sofern diese nur als *ultima ratio* - Lösung in Betracht komme. *Kutzer* äußert ebenfalls die Ansicht: „Bei seltenen Ausnahmesituationen halte ich auch eine gezielte Tötung nicht für strafbar, wenn die Möglichkeiten der Schmerztherapie und der ärztlichen Kunst einmal nicht ausreichen sollten, einen entwürdigenden Todeskampf zu verhindern."[257] *Jakobs*[258] hat bereits vor knapp zwei Jahrzehnten postuliert, dass der Tatbestand des § 216 eine Restriktion dahingehend erfahren müsse, dass er nur „unvernünftige Tötungen" erfasse, da der vernünftige Sterbewunsch nicht von der Art der umzusetzenden Sterbehilfe abhängen könne. Das Selbstbestimmungsrecht sei bei einer aktiven Tötung genauso zu respektieren wie bei der indirekten Sterbehilfe oder dem Behandlungsabbruch.

---

251 Baer – Henney, S. 186f..

252 Baer – Henney, S. 186 ff..

253 Baer – Henney, S. 189.

254 So besonders: Birnbacher, Fn. 211, S. 35f.; Hepp in: Hilfe zum Sterben? Hilfe im Sterben!, An der Grenze von Leben und Tod: Lebensqualität – Sterbehilfe, 139 (149), der die interessante Frage aufwirft, ob wirklich ein moralischer Unterschied dazwischen bestehe, einen Menschen durch die Vorenthaltung lebensverlängernder Mittel oder den Abbruch einer Therapie sterben zu lassen oder durch eine aktive Tötung.

255 Czerner, Das Euthanasie – Tabu, S. 24.

256 Koch, Inwieweit ist aktive Sterbehilfe strafwürdig?, 137 (149).

257 Kutzer, MedR 2001, 77 (78).

258 Jakobs, Tötung auf Verlangen, Euthanasie und Strafrechtssystem, S. 25f..

Gesetzesvorschläge für eine Legalisierung der aktiven direkten Sterbehilfe sind immer wieder unterbreitet worden.[259] *Hoerster*[260] beispielsweise hat einen § 216 a ausgearbeitet:

(a) „Ein Arzt, der einen schwer und unheilbar leidenden Menschen tötet, handelt nicht rechtswidrig, wenn der Betroffene die Tötungshandlung aufgrund freier und reiflicher Überlegung, die er in einem urteilsfähigen und über seine Situation aufgeklärten Zustand durchgeführt hat, ausdrücklich wünscht oder wenn, sofern der Betroffene zu solcher Überlegung nicht imstande ist, die Annahme berechtigt ist, daß er die Tötungshandlung aufgrund solcher Überlegung für den gegebenen Fall ausdrücklich wünschen würde.

(b) Das Vorliegen der in Abs. 1 genannten Voraussetzungen führt nur dann zum Ausschluß der Rechtswidrigkeit, wenn es von dem Arzt, der die Tötungshandlung vornimmt, sowie von einem weiteren Arzt in begründeter Form schriftlich dokumentiert worden ist.“

Desgleichen hat auch der Alternativ–Entwurf Sterbehilfe[261] einen § 216 Abs. 2 entworfen:

> „Das Gericht kann unter den Voraussetzungen des Abs. 1 von Strafe absehen, wenn die Tötung der Beendigung eines schwersten, vom Betroffenen nicht mehr zu ertragenden Leidenszustandes dient, der nicht durch andere Maßnahmen behoben oder gelindert werden kann.“

Der Beurteilung eines konkreten Gesetzesvorschlages en détail muss zunächst einmal ein grundsätzliches Anerkenntnis der Legalität der aktiven Sterbehilfe – wenngleich für Extremfälle – vorausgehen. Die nähere Ausgestaltung eines konkreten Gesetzesvorschlages kann erst dann Bestandteil des nächstfolgenden Schrittes sein. Nach wie vor sind jedoch solche Bemühungen, einen legislativen Vorschlag zur Regelung der aktiven Sterbehilfe in extremen Ausnahmefällen aufzustellen, aussichtlos, denn an dem Postulat des Verbotes der

259 Eine ausführliche Übersicht über Gesetzesvorschläge zur Sterbehilfe de lege ferenda findet sich bei Kuschel, Der ärztlich assistierte Suizid, S. 101 ff..

260 Hoerster, Sterbehilfe im säkularen Staat, S. 169f., zitiert nach Kuschel, S. 106f. und Roxin, Fn. 9, S. 110

261 Baumann et. al, Alternativ – Entwurf eines Gesetzes über Sterbehilfe, § 214 a, Anm. 4, S. 34.

aktiven Sterbehilfe soll auch *de lege ferenda* nach weit überwiegender Meinung nicht gerüttelt werden; dies haben die erst kürzlich geführten Debatten im Bundestag zur Suizidassistenz in aller Deutlichkeit bestätigt.[262]

B. Stellungnahme

Die Argumente für und wider der Legalisierung der Sterbehilfe sind zum Teil sehr stark verzahnt.

Es wurde bereits in der von *Binding/ Hoche* veröffentlichen Schrift erwähnt, dass es nicht selten die Angehörigen seien, die eine Beendigung des Leidenszustandes des Betroffenen gefordert hätten.[263] Wenngleich deutlich sein dürfte, dass die Verbrechen der NS – Zeit nichts mit den heutigen Legalisierungsbestrebungen der Befürworter der aktiven Strebehilfe gemeinsam haben, so wird dennoch von den Gegnern der Legalisierung der aktiven direkten Sterbehilfe häufig auf das Dammbruchargument Bezug genommen. Des Weiteren zeigt sich, dass es durchaus möglich ist, eine Begründung für beide Seiten fruchtbar zu machen, indem sie in ihr Gegenteil verkehrt wird. Ein anschauliches Beispiel dazu ist die Patientenautonomie. Sie wird sowohl von den Befürwortern als auch von den Gegnern der aktiven Sterbehilfe ambivalent ins Feld geführt. Gleiches gilt auch für die Unverfügbarkeit des Lebens sowie für die Geschichte Deutschlands. Dort sei das Verständnis von Euthanasie und der Selbstbestimmung schwerst missbraucht worden, was heutzutage den entscheidenden Unterschied ausmache.[264] Welcher Seite der Vorzug zu geben ist, ist sicherlich auch eine Frage der subjektiven Überzeugung, die jeder ganz persönlich für sich selbst treffen kann. Im Kern der Diskussion um die Legalisierung der aktiven Sterbehilfe stehen jedenfalls zwei Hauptargumente, die es gegeneinander abzuwägen gilt: das Fremdtötungsverbot für Dritte einerseits und das Selbstbestimmungsrecht des Einzelnen andererseits.[265] Dem Selbstbestimmungsrecht aus der Innenperspektive des Patienten ist insoweit zuzugeben, dass es aus seiner Sicht nicht nachvollziehbar erscheint, warum das Selbstbestimmungsrecht es zwar erlaubt, alle weiteren Möglichkeiten der Sterbehilfe als zulässig zu werten, es jedoch dort seine Grenze findet, wo der Patient mög-

262 Giesen, Fn. 231, S. 19f..

263 Binding/Hoche, Die Freigabe der Vernichtung lebensunwerten Lebens, II. Ärztliche Bemerkungen von Hoche, 7. Absatz ff.; abrufbar im Internet unter: https://www.staff.uni-marburg.de/~rohrmann/Literatur/binding.html; letzter Abruf am 16.01.2018.

264 Ach/Wiesing/Marckmann, Ethik in der Medizin, 232 (241).

265 Ach/Wiesing/Marckmann, Ethik in der Medizin, 232 (242).

licherweise auf die Hilfe eines anderen, um aus dem Leben zu scheiden, angewiesen ist. Diese aus Patientensicht als ungerecht erscheinende Ungleichbehandlung wird vornehmlich jedoch aus dem Aspekt des Verbotes der Fremdtötung als gerechtfertigt betrachtet. Dafür reicht es eben nicht aus, allein auf die Innenperspektive des Hilfe verlangenden Patienten abzustellen. *Engisch*[266] erinnert zu Recht an die ebenfalls vorhandene Autonomie des Arztes, die zu unterlaufen werden droht, wenn aktive Sterbehilfe de lege ferenda zum Behandlungsspektrum zählen könnte. Zwar könne kein Arzt verpflichtet werden, aktive Sterbehilfe zu leisten, jedoch erscheint es nicht fernliegend, dass gerade der Ärztenachwuchs, vielleicht erst 20 Jahre nach der Legalisierung, die ärztliche aktive Sterbehilfe als festen medizinischen Bestandteil in sein Ärzterepertoire aufgenommen hat und daher nur noch eine „geschwächte" Hemmschwelle bis zur Erbringung aktiver Sterbehilfe überwinden muss. Sollen Ärzte freiwillig aktive Sterbehilfe leisten dürfen, müsste in einem zweiten Schritt auch über die Konsequenzen nachgedacht werden. Die aktive Sterbehilfe muss genauso wie alle anderen ärztlichen Tätigkeiten, aber insbesondere wegen der drastischen Folgen, *lege artis* ausgeführt werden. Das Wissen um die „korrekte Ausführung" muss dem (jungen) Arzt aber auch vermittelt werden. Gleiches gälte selbstverständlich auch für die ärztliche Suizidassistenz.

Die Aufstellung von fest umrissenen gesetzlichen Merkmalen, unter deren Einhaltung ein bestimmtes Verhalten erlaubt sein kann, ist immer risikobehaftet. Der Rekurs auf einen „objektiv vernünftigen Sterbewunsch", wie *Jakobs* dies postuliert hat, ist hierfür ein gutes Beispiel. Die Beurteilung als objektiv vernünftig führt mehr zu einer Problemverlagerung als zu einer wirklich stichhaltigen Lösung. Auf wessen Maßstab ist bei der Bewertung als objektiv vernünftig abzustellen? Sind hierfür ethisch utilitaristische Maßstäbe heranzuziehen oder deontologische Argumente? Eine vergleichbare Problematik ist auch den meisten anderen Versuchen zur Aufstellung materieller Erlaubniskriterien immanent. Im Übrigen wird dem Arzt auch zu viel Verantwortung aufgebürdet, wenn dieser anhand objektiver Kriterien das „Todesurteil" sprechen dürfte. Die Irreversibilität der Entscheidung steht einer solchen Beurteilung eindeutig entgegen. Dazu zählen auch die Risiken, die aus einer ärztlichen Fehleinschätzung resultieren können und die dann eine Vielzahl an Fragen aufwerfen. Droht dem Arzt ähnlich wie in den Niederlanden eine Strafbarkeit, wenn er aus Respekt vor der Selbstbestimmung seines Patienten aktive Sterbehilfe leistet, jedoch einer menschlichen Fehleinschätzung erlegen war? Wird er zudem noch einem Arzthaftungsprozess ausgesetzt und zu einer Entschädigungsleistung verpflichtet, wie dies bei Arzthaftungsfehlern generell üblich ist? Gleichwohl könnte die aktive Sterbehilfe auch gewisse

266 Engisch, Konflikte, Aporien und Paradoxien bei der rechtlichen Beurteilung der ärztlichen Sterbehilfe, 309 (319).

Risiken vermeiden, und zwar solche, die in dem Patienten selbst begründet sind, indem ihm die Gewissheit verschafft wird, durch eine Medikamentengabe sicher und schmerzfrei versterben zu können und von seinem Leiden durch den absichtlich herbeigeführten Tod erlöst zu werden. Von den Gegnern der aktiven Sterbehilfe wird gezielt hieran angeknüpft und vorgebracht, dass die Palliativmedizin ausreichend Möglichkeiten zur Schmerz– und Leidlinderung bereithalte und dass der Tod nicht das präferierte Mittel der Wahl sein könne.

Dem stärksten Argument in der Diskussion, welches Rekurs auf die Patientenautonomie als integralen Bestandteil der menschlichen Selbstbestimmung nimmt, wohnt eine gewisse Ambivalenz inne. Hier die „richtige" Seite zu finden, rückt nahe an eine Aporie, da von beiden Ansätzen durchaus nachvollziehbare Argumente vertreten werden. Das individuelle Selbstbestimmungsrecht des einen kann jedoch nur so weit reichen, wie nicht das Selbstbestimmungsrecht eines anderen beschnitten wird und nicht die ureigenen moralischen Grundprinzipien unserer Werteordnung in Frage gestellt werden. Die Unantastbarkeit fremden Lebens genießt zu Recht einen sehr hohen Stellenwert in unserer Rechtsordnung, hieran sollte auch nicht durch die Praktizierung ärztlicher aktiver Sterbehilfe gerüttelt werden. Niemand kann die wirkliche Gefahr vor dem Kontext einer sich immer weiter verschiebenden Altersstruktur und eines echten Pflegenotstands, gepaart mit einer hohen Erbmasse, einschätzen. Meines Erachtens sollte und muss dies auch gar nicht ausprobiert werden. Die aktive Sterbehilfe muss keine Option sein, wenn eine ärztliche Suizidassistenz – eng begrenzt – als zulässig zu erachten wäre.[267] Der öffentliche Ruf nach Legalisierung wäre obsolet; denn die (medizin-) technischen Möglichkeiten sind durchaus vorhanden, dass nicht nur ärztliche, sondern auch technische Hilfe bei der Umsetzung des Suizidwunsches zur Verfügung stünde. Für alle jene verbleibenden Patienten sollte allenfalls, sofern diese ernsthaft, überzeugend und über einen längeren Zeitraum anhaltend den Wunsch nach aktiver ärztlicher Sterbehilfe äußern, eine Rechtfertigung gem. § 34 als *ultima–ratio*-Lösung möglich sein.

267 So auch Kuschel, S. 151, die der Ansicht ist, dass eine legislative Regelung des ärztlich assistierten Suizides eine Lösung der Sterbehilfeproblematik sein könnte und hierzu einen § 217 „Ärztlich assistierter Suizid" vorgeschlagen hat.

3. Kapitel: Die Beurteilung des ärztlich assistierten Suizides

A. Die Beurteilung der geschäftsmäßigen Förderung der Selbsttötung gem. § 217 StGB

I. Einleitung

Die neue Strafvorschrift des § 217 ist das Resultat bundespolitischer Debatten der Jahre 2014 und 2015. Die Norm wurde am 06.11.2015 beschlossen, am 03.12.2015 verkündet und ist am 10.12.2015 in Kraft getreten.[268] § 217 StGB wurde bewusst im 16. Abschnitt des Strafgesetzbuches bei den Straftaten gegen das Leben verortet und beruht auf dem obsiegenden Gesetzentwurf von *Brand / Griese* et. al..

Verboten ist nach der amtlichen Überschrift nunmehr die „geschäftsmäßige Förderung der Selbsttötung". Der Gesetzentwurf wurde im Rahmen der Debatten heftig kritisiert, die Kritik ist bis heute nicht abgeflaut. Eine einstweilige Anordnung vor dem Bundesverfassungsgericht scheiterte im Jahr 2015[269]; die Entscheidung in der Hauptsache steht zum gegenwärtigen Zeitpunkt noch aus.

Die folgenden Ausführungen widmen sich der Untersuchung des Norminhaltes des § 217, die sich wie folgt gliedert: Nach einer knappen entstehungsgeschichtlichen Darstellung des gesellschaftspoltischen Werdeganges der Norm und der Vorstellung der konkurrierenden Gesetzentwürfe, erfolgt eine summarische Tatbestandsbetrachtung. Diese soll den Einstig in die sich anschließende, differenzierte und detaillierte Auseinandersetzung mit den einzelnen Tatbestandsmerkmalen des § 217 unter besonderer Berücksichtigung der Wahrung des verfassungsrechtlichen Bestimmtheitsgebotes aus Art. 103 Abs. 2 GG, erleichtern. Insbesondere soll die Frage eruiert werden, ob die *de lege lata* bestehende Tatbestandsfassung einer verfassungskonformen Auslegung zugänglich ist, mit welcher die angeprangerte Rechtsunsicherheit für die Ärzte beseitigt werden kann.

268 Wessels/Hettinger, Strafrecht BT, Rn. 64a.

269 Beschluss des BVerfG vom 21. Dezember 2015;
Az.: - 2 BvR 2347/15 -, abrufbar im Internet unter: https://www.bundesverfassungsgericht.de/SharedDocs/Pressemitteilungen/DE/2016/bvg16-001.html; letzter Abruf am 29.07.2017.

Als Ergebnis der Auslegungsbemühungen wird ein eigener Interpretationsansatz und ein Vorschlag eines neuen Gesetzes vorgestellt. Anschließend wird der Gesetzesvorschlag noch einer kritischen Bewertung unterzogen. Das Kapitel schließt mit einem Ausblick *de lege ferenda* unter Berücksichtigung des eruierten Gesetzesvorschlages ab.

II. Allgemeines zur Selbsttötung

Jährlich sehen viele Menschen einen Suizid nach wie vor als ihren letzten Ausweg an. Nach den Angaben des Statistischen Bundesamtes[270] sind in der Bundesrepublik Deutschland im Jahr 2010 10.021 Menschen und im Jahr 2015 10.078 Menschen durch Selbsttötung zu Tode gekommen.

Die Höhe der Todesopfer durch Suizid variiert ausweislich der jährlich veröffentlichten Statistiken von Jahr zu Jahr um die 10.000 Todesopfer nur marginal.[271] Dies entspricht einem Anteil von 1,2 % an den im Jahr 2010 insgesamt Gestorbenen (858.768) und im Jahr 2015 von 1,1 % von insgesamt 925 200 Todesfällen.[272] Der Suizid als Todesursache ist bei genauer Betrachtung weitaus relevanter, als es zunächst den Anschein anhand der reinen Faktenbegutachtung erwecken mag. Die Zahl der Fremdtötungen (Mord und Totschlag, ohne Tötung auf Verlangen) lag im Jahr 2015 bei 2.116 Menschen.[273]

Die Zahl der Selbsttötungen ist damit ungefähr viereinhalb Mal höher als die der Fremdtötungen. Zum Vergleich lag die Zahl der Verkehrstoten in den vergangenen Jahren stets unter 5.000 jährlichen Todesopfern, folglich weniger als die Hälfte derjenigen, die ihr Leben durch Suizid beendeten.[274] Im Jahr 2016

270 Nachzulesen unter: https://www.destatis.de/DE/ZahlenFakten/GesellschaftStaat/Gesundheit/Todesursachen/Tabellen/EckdatenTU.html; letzter Abruf am 25.06.2012; für das Jahr 2015: https://www.destatis.de/DE/ZahlenFakten/GesellschaftStaat/Gesundheit/Todesursachen/Tabellen/EckdatenTU.html; letzter Abruf am 16.07.2017.

271 Suizidzahlen als tabellarische Übersicht seit 1998: http://www.gbe-bund.de/oowa921-install/servlet/oowa/aw92/dboowasys921.xwdevkit/xwd_init?gbe.isgbetol/xs_start_neu/&p_aid=i&p_aid=26875121&nummer=670&p_sprache=D&p_indsp=50502&p_aid=37448091; letzter Abruf am 19.07.2017.

272 Wie vor.

273 Polizeiliche Kriminalstatistik, abrufbare Publikation unter: http://www.bmi.bund.de/SharedDocs/Downloads/DE/Broschueren/2016/pks-2015.html, S. 3; letzter Abruf am 16.07.2017.

274 Statistik zur Zahl der Verkehrstoten in Deutschland im Straßenverkehr von 1991 bis 2016; abrufbar unter: https://de.statista.com/statistik/daten/studie/185/umfrage/todesfaelle-imstrassenverkehr/; letzter Abruf am: 13.07.2017.

waren es 3.206 Verkehrstote, was ungefähr 1/3 der Zahl der Suizidenten entspricht.

III. Zwischenergebnis

Angesichts der nicht unerheblichen Zahl der jährlichen Suizidfälle[275], insbesondere im Vergleich zu den jährlichen Verkehrstoten, wird der Suizid als Todesursache in unserer Gesellschaft nicht ausreichend wahrgenommen.

Auf diesen Missstand wurde auch in einem Bericht der FAZ vom 04.09.2012[276] hingewiesen. Der Autor resümiert, dass in der Altersgruppe der Zehn – bis Vierundzwanzigjährigen der Suizid sogar die dritthäufigste Todesursache sei. In Anbetracht der erschreckenden Zahlen erfolgreicher Suizide, tritt auch die Frage nach der rechtlichen Kategorisierung und Bewertung des Suizides in den Fokus. In Korrelation dazu steht die rechtliche Bewertung der Beteiligung eines Dritten an dem Suizid eines anderen, insbesondere seitdem durch die junge Norm der geschäftsmäßigen Suizidassistenz gem. § 217 ein neues Strafbarkeitskriterium eröffnet worden ist. In Bezug auf ärztliche Suizidassistenz ist vorweg anzumerken, dass diese als Teilnahme am Suizid eines anderen zunächst keiner gesonderten Bewertung zugänglich ist.

Im Folgenden sollen daher zum besseren Verständnis, vor der ausführlichen Erörterung der noch jungen Norm, die allgemeingültigen, strafrechtlichen Grundsätze sowie die Ansichten in der Rechtsprechung und Literatur zur Strafbarkeit der Beteiligung an einem Suizid vorgestellt werden.

---

275 Statistische Auswertung des Bundesamtes für Statistik, Tabelle mit Suiziden nach Sterbemonaten, abrufbar unter: https://www.destatis.de/DE/ZahlenFakten/GesellschaftStaat/Gesundheit/Todesursachen/Tabellen/Sterbefaelle_SuizidMonateZeitreihe.html; letzter Abruf am 20.04.2016 sowie eine Übersicht bei FAZ: http://www.faz.net/aktuell/gesellschaft/menschen/das-unterschaetzte-problem-todesursache-suizid-11879002/die-suizid-statistik-in-11878922.html; letzter Abruf am 19.07.2017.

276 FAZ - Artikel vom 04.09.2012, Todesursache Suizid, abrufbar unter: http://www.faz.net/aktuell/gesellschaft/menschen/das-unterschaetzte-problem-todesursache-suizid-11879002.html; letzter Abruf am 19.07.2017.

B. Die ärztliche Suizidassistenz - ein Fall der Beihilfe zur Selbsttötung

I. Einleitung

Die Diskussion um die ärztliche Suizidassistenz hat durch die Einfürhung des § 217 einen neuen Ausgangspunkt erfahren.

Gleichwohl ist § 217 keine Spezialnorm zur Strafbarkeit der ärztlichen Suizidassistenz, sondern statuiert eine bislang legislativ nicht vorgesehene, „spezifische“ Art der Strafbarkeit der Beihilfe zu einem Suizid. In der strafrechtlichen Dogmatik wird die Norm überwiegend als verselbständigtes Teilnahmeunrecht bewertet, andernfalls entstünden schwierige dogmatische Konflikte.[277] Darauf wird noch zurückzukommen sein. Aber nicht nur deswegen ist § 217 massiv in die Kritik geraten. Bevor dieser näher vorgestellt wird, wird zunächst summarisch der kontroverse Meinungsstand in der allgemeinen rechtlichen Suizidhilfediskussion aufgezeigt.

II. Der Suizid sowie die Beihilfe zum Suizid

Der Suizid ist in unserem Rechtssystem nicht mit Strafe bewehrt, da es dem StGB nach ganz herrschender Ansicht an einer legislativen Bestimmung der Strafbarkeit eines solchen Verhaltens mangelt.[278]

Aus dem Grundsatz der limitierten Akzessorietät der Teilnahme gem. §§ 26, 27 folgt, dass die Strafbarkeit einer Teilnahmehandlung eine vorsätzlich, rechtwidrig begangene Haupttat voraussetzt, aus welcher sich sodann die Strafbarkeit der Beihilfe ableiten lasse.[279] Da es bei einem Suizid jedoch nach herr-

277 Herzberg, Strafbare Tötung oder straflose Mitwirkung am Suizid?, ZIS 7/2016, 440 (442f.), der anschaulich die dogmatische Herleitung aufzeigt und § 217 normativ vergleichend mit den § 258 Abs. 1 und § 120 betrachtet, die eine vergleichbare Struktur aufweisen.

278 BGH MedR 1985, Heft 1, 40 (41); Eser, Sterbewille und ärztliche Verantwortung, MedR 1985, Heft 1, 6 (7); Fink, Selbstbestimmung und Selbsttötung, S. 15, der noch aufzeigt, dass der Weg der dogmatischen Herleitung der Straflosigkeit von der Rechtsprechung anders beurteilt wird als von der Literatur. Die Rechtsprechung stelle eher formal auf die Systematik der Tötungsdelikt und dem legislativen Willen ab, während die Literatur vornehmlich den Selbstbestimmungswillen im Blick habe; S/ S – Eser - , Vor §§ 211ff., ausführlich: Gavela, S. 14 ff. gelangt durch Auslegung der Fremdtötungsdelikte zur Tatbestandslosigkeit des Suizides. Im Ergebnis sind ist man sich jedoch darüber einig, dass der Suizid straflos bleiben muss; Roxin, Fn. 9, 93 (110).

279 Eser, Fn. 278, 6 (8); Gavela, S. 15f., Kämpfer, S. 55; Dreier, JZ 2007, 317 (319); Roxin, Fn. 9, 93 (110).

schender Meinung an einer für eine Strafbewehrung des Teilnehmers notwendigen tatbestandlichen, rechtswidrigen Haupttat fehle, sei auch die Teilnahme hieran straflos.[280] Seit Ende 2015 gilt nunmehr eine Einschränkung durch § 217 für den Fall der geschäftsmäßigen Förderung des Suizides. Liegt jedoch keine geschäftsmäßige Förderung eines Suizides vor, dann bleibt es nach dem tradierten Verständnis dabei, dass die Beihilfe zum Suizid straffrei ist, wenn der Suizident sich freiverantwortlich und ernstlich selbst tötet und sich das helfende Handeln des Dritten deshalb nicht als täterschaftliches Handeln darstellt.[281]

Das Risiko einer Strafbarkeit droht dem Helfenden gleichwohl noch durch die Ansicht der Rechtsprechung, dass bei dem Eintritt der Bewusstlosigkeit des Suizidenten ein Wechsel der Tatherrschaft vom Suizidenten auf den Dritten stattfinde, so dass der garantenpflichtige Dritte bei dem Unterlassen von möglichen Rettungshandlungen sich einer strafbaren Tötung auf Verlangen durch Unterlassen aus §§ 216, 13 ausgesetzt sieht.[282] Ferner hält der BGH noch eine unterlassene Hilfeleistung nach § 323c für einschlägig, da er den Suizid als rettungspflichtigen Unglücksfall ansieht.[283] Besonders risikobehaftet wird es für den Beteiligten eines Suizides, wenn in Bezug auf die suizidale Handlung Bedenken hinsichtlich der Freiverantwortlichkeit und Ernsthaftigkeit des Suizids aufkeimen; dann droht dem Hintermann eine Strafbarkeit gem. §§ 211 ff..[284] Das Prinzip der Eigenverantwortlichkeit ist daher von entscheidender Bedeutung, so dass dieses kurz vorgestellt wird.

1. Das Prinzip der Eigenverantwortlichkeit

Das Prinzip der Eigenverantwortlichkeit ist strafrechtsdogmatisch ein Element der objektiven Zurechnung.[285] Stellt sich ein Verhalten des späteren Opfers als bloße Selbstgefährdung oder– schädigung dar, dann bleibt die Beteiligung eines Dritten an dessen Suizid straflos.[286]

---

280 Fink, Fn. 278; S. 15f.; Dreier, JZ 2007, 317 (318).

281 Roxin, in: ders./Schroth (Hrsg.), Medizinstrafrecht, 2. Aufl. 2001, 93 (111f.); Fink, Fn. 278; S. 18; Dreier, JZ 2007, 317 (320).

282 BGHSt 32, 367; BGH MedR 1985, Heft 1, 40 (41).

283 Saliger, Freitodbegleitung als Sterbehilfe – Fluch oder Segen?, medstra 3/2015, 132 (135); Gavela, S. 41 ff.; m.w.N..

284 Wessels / Beulke/ Satzger, Strafrecht AT, Rn. 259f.; Stellungnahme der 151 Strafrechtslehrerinnen und – lehrer, abgedruckt in: medstra 3/2015, 129.

285 Wessels / Beulke/ Satzger, Strafrecht AT, Rn. 259.

286 Wessels / Beulke/ Satzger, Strafrecht AT, Rn. 260.

Daher ist bei der Beteiligung eines Dritten am Suizid eines anderen Menschen hinsichtlich der Eruierung der Eigenverantwortlichkeit besondere Sorgfalt anzuwenden.

Häufig wird in diesem Kontext vorgebracht, dass eine nicht unerhebliche Anzahl der Suizide nicht aus freier Intention, also psychopathologisch vollzogen würde.[287] Rekurriert wird auf Untersuchungen, die zeigen, dass mindestens 90 % der Suizidenten vor ihrem Suizid an einer psychotischen Störung gelitten hätten.[288] Daraus wird zum Teil von kritischen Stimmen abgeleitet, dass ein Suizid per se nicht freiverantwortlich sein könne, da dieser ja stets aus einem krankhaften Zustand heraus begangen werde, so dass gar keine straflose Teilnahme möglich sein könne. Tatsächlich dürfte anhand dieser Studien außer Frage stehen, dass in den seltensten Fällen ein Suizid in einem gesunden, lebensbejahenden Zustand vollzogen wird; häufig werden es psychopathologische Krankheitszustände wie eine Depression sein, die einen Menschen zur Überlegung, sich zu suizidieren, tendieren lassen. Zweifel an deren reiflicher Durchdachtheit haben durchaus ihre Berechtigung und bedürften mehr öffentlicher Aufmerksamkeit, besonders da viele Suizide einen appellativen Charakter aufweisen und dadurch geprägt sind, dass bis zuletzt die Hoffnung des Suizidenten besteht, dass jemand seinem eigentlichen Hilferuf folgen möge.[289] Konträr verhält es sich dagegen bei sog. Bilanzsuiziden, all jenen, die aus rationaler Erwägung heraus getroffen und vollzogen werden. Nur diese stellen die Basis der hiesigen rechtlichen Diskussion dar, insbesondere diejenigen, die der Lebenssituation eines Moribunden entspringen. Zwar ist der Suizidwunsch in dieser Situation ebenfalls Ausdruck eines krankhaften Leidenszustandes, jedoch kann an der Zurechnungsfähigkeit sowie an der Ernsthaftigkeit des Suizidwunsches eines Moribunden gewiss nicht gezweifelt werden, wenn er akzeptiert hat, dass sich an seinem Gesundheitszustand nichts mehr wesentlich verbessern lassen wird.[290]

Vorgreiflich auf die Erläuterung eines weiteren Strafbarkeitsrisikos im Rahmen der ärztlichen Suizidassistenz soll Erwähnung finden, dass das Prinzip der Eigenverantwortlichkeit nicht grenzenlos gilt, sondern zugunsten eines übergeordneten Interesses des Gemeinwohls im Bereich des Betäubungsmittel(straf-)rechts Einschränkungen erfährt.[291]

287 S / S – Eser -, Vor §§ 211 ff., Rn. 34; m.w.N..

288 Roxin, NStZ 4/2016, 185 (187), der diese Angabe jedoch für übertrieben hält.

289 Gavela, S. 19.

290 Roxin, Fn. 9, 93 (111).

291 Wessels / Beulke/ Satzger, Strafrecht AT, Rn. 261, die darauf verweisen, dass das Prinzip der Eigenverantwortlichkeit im Rahmen der objektiven Zurechnung nicht zur Entlastung im Bereich des Betäubungsmittelrechts - §§ 29 I Nr. 1, 6b, 30 I Nr. 3 BtMG - führe, wenn

2. Die inhaltlichen Kriterien der Eigenverantwortlichkeit

Eine andere Problematik ist die Art und Weise der Feststellung der Eigenverantwortlichkeit des gebildeten Willens.

Die Kriterien, die an die inhaltliche Bestimmung der Eigenverantwortlichkeit angesetzt werden, sind freilich umstritten.[292] Diese beziehen sich einerseits darauf abzugrenzen, wann das Opfer willentlich freiverantwortlich gehandelt hat und andererseits darauf, wieviel Beitrag ein Dritter leisten „darf", damit aus der eigenverantwortlichen Selbstgefährdung bzw. Selbsttötung keine Fremdtötung wird. Die Frage, wann eine suizidale Tat ausschließlich sich selbst zuzurechnen ist, wird differenziert beantwortet.

Eine stark vertretene Ansicht[293] greift auf die Maßstäbe der §§ 19, 20, 35, § 3 JGG zurück und negiert die eigenverantwortliche Selbstgefährdung und Selbsttötung dann, wenn Menschen sich selbst gefährden oder töten, denen von Gesetzes wegen die Einsicht in die Tragweite und Relevanz ihrer Entscheidung fehle. Gemeint sind vornehmlich Kinder und Jugendliche, seelisch erkrankte Menschen sowie Menschen, die sich in einer dem entschuldigenden Notstand vergleichbaren Situation befinden.

Im Vordringen befindet sich jedoch eine andere Ansicht. Diese rekurriert zur Eruierung der Freiverantwortlichkeit auf die Voraussetzungen der rechtfertigenden Einwilligung bzw. die Maßstäbe hinsichtlich der Ernstlichkeit des (Tötungs-) Verlangens im Sinne des § 216.[294] Entscheidend kommt es nach den Vertretern dieser sog. Einwilligungslösung darauf an, ob der sich selbst Tötende die nötige Einsicht und Verstandesreife besitzt, um die Irreversibiliät seines Suizides zu erkennen.

---

ein übergeordneter Schutzzweck, die Volksgesundheit, mit der Inkriminierung verfolgt werde.

292 Wessels / Beulke/ Satzger, Strafrecht AT, Rn. 265, Roxin, FS für Dreher, 331 (346f.); zum Streitstand ausführlich auch Gavela, S. 16ff.; Roxin, Fn. 9, 93 (110f.).

293 Statt vieler: Wessels / Beulke/ Satzger, Strafrecht AT, Rn. 265, m.w.N..

294 Herzberg, JuS 1974, 749 (751); zum Streitstand: Wessels / Beulke/ Satzger, Strafrecht AT, Rn. 265, m.w.N. sowie Gavela, S. 20ff..

III. Abgrenzung der Teilnahme an der Selbsttötung vom Behandlungsabbruch

Bei sämtlichen Maßnahmen, die dem Appellativ des Behandlungsabbruchs zuzurechnen sind, sind sich die Rechtsprechung und die herrschende Literatur darüber einig, dass diese als zulässig zu bezeichnen sind. Legislativ abgesichert ist diese Zulässigkeit seit dem Patientenverfügungsgesetz aus dem Jahr 2009 in den §§ 1901a ff. BGB.

Einem Behandlungsabbruch liegt per definitionem ein krankhafter Zustand des Körpers zugrunde, auf Grund dessen sich der Betroffene die Beendigung der therapeutischen Behandlung wünscht. Im Rahmen des Behandlungsabbruches wird die Manipulation des Körpers durch lebensverlängernde Maßnahmen aufgehoben und der Natur freier Lauf gelassen. Als sekundäre Folge des Behandlungsabbruches verstirbt der Patient an seiner Erkrankung. Oberste Prämisse ist daher das Handeln nach dem Willen des Patienten, an dessen Ermittlung im Falle der Einwilligungsunfähigkeit prozedurale Anforderungen gestellt worden sind. Strafrechtliche Relevanz erfährt der Behandlungsabbruch folglich dann, wenn er sich nicht mit dem Willen des Patienten deckt.

Von dem Suizid unterscheidet sich der Behandlungsabbruch dadurch, dass der Suizid stets ein aktives Handeln des Suizidenten verlangt, nämlich die Herbeiführung des eigenen Todes, während der Behandlungsabbruch sich mehr als ein passives Geschehenlassen des Todes darstellt.

IV. Abgrenzung zwischen Selbsttötung und Fremdtötung

Besondere Relevanz erfährt das Prinzip der Eigenverantwortlichkeit bei der Abgrenzung der an sich straflosen Beihilfe von den strafbaren Fremdtötungsdelikten, insbesondere der Tötung auf Verlangen gem. § 216, welche nach Ansicht der Rechtsprechung auch durch ein Unterlassen verwirklicht werden kann.[295]

Je nach Fallgestaltung kommt auch eine Abgrenzung zur Fremdtötung in mittelbarer Täterschaft gem. §§ 211, 212, 25 I Alt. 2. in Betracht, insbesondere dann, wenn das sich selbsttötende Opfer an einem Defekt litt. Ferner ist seit dem Putz–Urteil des BGH[296] eine mittäterschaftliche Fremdtötung gem. §§

295 BGHSt 55, 191ff., Fn. 74, Rn. 29.
296 BGHSt 55, 191 ff.

211, 212, 25 II zu prüfen.[297] Der Vollständigkeit halber sei noch die Möglichkeit der Beteiligung eines Dritten durch eine fahrlässige Begehungsweise (fahrlässige Tötung gem. § 222) als auch durch eine Tötung durch Unterlassen gem. §§ 211, 212, 13 I angemerkt.[298]

V. Abgrenzung von strafloser Beihilfe zur strafbaren Tötung auf Verlangen

Zunächst lässt sich die Prämisse aufstellen, dass die Beihilfe zum Suizid – die Strafbarkeit gem. § 217 außer Acht lassend – grundsätzlich straflos ist, die aktive Sterbehilfe als Fall der Tötung auf Verlangen dagegen strafwürdig und strafbar.

Die Abgrenzung der beiden Rechtsinstitute ist jedoch in concreto nicht so simpel durchzuführen. Die Abgrenzung erfolgt im Sinne der Rechtsprechung nach der letztendscheidenden Tatherrschaft des Opfers über den letalen Todesakt.[299] Maßstab ist hierbei das objektive Erscheinungsbild der Tat.[300] Verfügt das Opfer eigenverantwortlich quasi als letzter Akt über sich selbst, ist die Beteiligung des Dritten straffrei; verbleibt dem Suizidenten nicht die Letztentscheidungsbefugnis, dann stellt sich das suizidale Geschehen als strafbare Fremdverfügung dar.[301] Denn nur dann ist, wie *Gavela*[302] anschaulich formuliert hat, „die Autonomie des suizidalen Akts gegen mögliche Fremdbestimmung genügend gesichert“. Strafbar ist ebenfalls eine „Mitbeherrschung des Tötungsgeschehens“.[303] In der Literatur werden zur Abgrenzung zwischen der strafbaren Tötung auf Verlangen und der Suizidbeihilfe ebenfalls differenzierte Herangehensweisen vertreten. Teilweise wird laut *Gavela*[304] auf die Sicht des Täters abgestellt, ob dieser die (Selbst-) Tötung mitträgt, oder alternativ auf die des Opfers, ob dieses nach normativen Gesichtspunkten die Hauptverantwortlichkeit über seinen eigenen Tod behält. Im Einzelnen ist hier vieles umstritten.

297 Diese rechtsdogmatische Diskussion wird unter dem Stichwort der „quasi – mittäterschaftlichen“ Verwirklichung des Tatgeschehens diskutiert. Hierzu ausführlich: Gavela, S. 17 ff.

298 Siehe hierzu die Ausführungen bei Gavela, S. 17ff.; Wessels / Beulke/ Satzger, Strafrecht AT, Rn. 268ff.

299 Wessels / Beulke/ Satzger, Strafrecht AT, Rn. 268, ausführlich zum Streitstand sowie zur Veränderung der Rechtsprechung: Gavela, S. 24ff.; Saliger, Freitodbegleitung als Sterbehilfe – Fluch oder Segen?, medstra 3/2015, 132 (134), der den Herrschaftswechsel auch als „point of no return“ bezeichnet.

300 S / S - Eser -, § 216 Rn. 11.

301 S / S - Eser -, § 216 Rn. 11.

302 S/ S - Eser -, Vor §§ 211ff. Rn. 35ff.; Gavela, S. 17; so auch Dreier, JZ 2007, 317 (320).

303 S / S - Eser -, § 216 Rn. 11

304 Gavela, S. 17ff..

Die sich hieraus ergebenden schwierigen Abgrenzungsfragen nehmen einen breiten Raum in der theoretischen Diskussion ein, sollen vorliegend wegen der Fülle an vorhandenen instruktiven Arbeiten zu dieser Thematik aber nicht weiter erörtert werden.

C. Rechtslage *de lege lata* seit dem 10.12.2015

Der neue § 217 StGB regelt den Fall des geschäftsmäßig handelnden Sterbehelfers, der Beihilfe zum Suizid eines anderen leistet. Ein in der neueren Literatur häufig zu lesender Satz und beachtlicher Kritikpunkt zu § 217 ist, dass „§ 217 die im Wesentlichen seit der Einführung des Strafgesetzbuches im Jahr 1871 bestehende Rechtlage zum Teil verändert hat.“[305]

Der Suizid ist wie gesehen in der deutschen Strafrechtsdogmatik legal, es liegt keine für die Beihilfestrafbarkeit notwendige, vorsätzliche rechtswidrige Haupttat vor. Infolgedessen war auch die Handlung des Teilnehmers, welcher Beihilfe zu der freiverantwortlichen Selbsttötung des anderen leistete, mangels rechtswidriger Haupttat als Ausdruck des Grundsatzes der limitierten Akzessorietät stets straflos.[306] Die Rechtslage vor Inkrafttreten der Norm wird im internationalen Vergleich als eine liberale Regelung bezeichnet, denn im Gegensatz dazu ist in den Benelux Staaten sowohl die aktive Sterbehilfe als auch die Beihilfe zum Suizid grundsätzlich strafbar.[307]

Die Einschränkung der Straflosigkeit vollzieht sich besonders mit Hilfe des Merkmals der Geschäftsmäßigkeit, also stark vereinfacht, der Wiederholungsabsicht, welche an späterer Stelle noch eingehend erörtert werden wird.[308]

I. Kurze entwicklungsgeschichtliche Darstellung zu § 217

1. Einleitung

Die Diskussion um mögliche legislative Regelungsvorschläge zur Sterbehilfethematik währt in Deutschland bereits seit vielen Jahren. Keinesfalls ist diese

305 Hierzu insbesondere: Hilgendorf /Rosenau, Professorale Stellungnahme, medstra 3/2015, 129.

306 Gavela, S. 7ff..

307 Nähere Erläuterungen zu dieser Thematik, unten S.319.

308 Hillenkamp, KriPoZ 1, 2016; abrufbar unter: http://kripoz.de/2016/06/10/%C2%A7-217-stgb-n-f-strafrecht-unterliegt-kriminalpolitik/; letzter Abruf am 14.01.2017, Seite 3, 5.

Diskussion nunmehr durch die legislative Statuierung des § 217 zu einem Abschluss gekommen.[309] Der Diskurs ist vielmehr um einen weiteren legislativen Aspekt auf strafrechtlicher Ebene bereichert worden. Anstöße zur Begründung einer neuen strafbewehrten Pflicht wurden erstmals 2006 gesetzt.[310]

2. Gesetzesantrag dreier Bundesländer aus dem Jahr 2006

Im Jahr 2006 wurde in der 16. Wahlperiode des Bundestages ein Gesetzesantrag der Länder Saarland, Thüringen und Hessen diskutiert.[311]

Anlass der damaligen Gesetzesdebatte war laut *Hillenkamp*[312] „die Gründung einer Zweigniederlassung der schweizerischen „Dignitas" in Hannover." Dieser Gesetzesantrag sah bereits den Entwurf eines Verbotes der geschäftsmäßigen Vermittlung von Gelegenheiten zur Selbsttötung vor.[313] Inhaltlich sollte laut der Gesetzesbegründung im Wesentlichen ein strafrechtliches Verbot von Organisationen erwirkt werden, deren Ansinnen die Suizidunterstützung einer Vielzahl von Menschen ist, ohne die strafrechtliche Suiziddogmatik grundlegend zu verändern.[314]

Der Gesetzesantrag fand damals keine Mehrheit und wurde durch Beschluss des Bundestages vom 11.04.2014 für erledigt erklärt.[315]

3. Gesetzantrag des Bundesrates vom 04.07.08

Die Entschließung des Bundesrates vom 04.07.2008 zur Schaffung eines Gesetzes sah die Kriminalisierung der gewerblichen und organisierten Suizidbeihilfe vor.[316]

---

309 Siehe auch die Einschätzung des Bundestagspräsidenten Dr. Norbert Lammert, Plenarprotokoll 18/134, abrufbar unter: http://dip21.bundestag.de/dip21/btp/18/18134.pdf; S. 13065.

310 Eine instruktive Darstellung findet sich auch bei: Saliger, Selbstbestimmung bis zuletzt, S. 156 ff..

311 BR-Drucks. 230/06.

312 Hillenkamp, KriPoZ 1, S. 4, abrufbar unter: http://kripoz.de/wp-content/uploads/2016/06/hillenkamp-217-stgb-strafrecht-unterliegt-kriminalpolitik.pdf; letzter Abruf am 29.07.17.

313 BR – Drucksache, 230/06, S. 1.

314 BR-Drucksache, 230/06, S. 2ff..

315 Basisinformationen über den Vorgang BR-Drucks. 230/06, abrufbar unter: http://dipbt.bundestag.de/extrakt/ba/WP16/26/2616.html; letzter Abruf am 21.01.2017; BT – Drucks. 17/11126, S. 4.

316 BR – Drucks. 436/08, abrufbar im Internet unter:

Er beruhte ebenfalls auf einem Gesetzesantrag der Bundesländer Saarland, Hessen und Thüringen. Seine Zielsetzung war mit der aus dem ersten Entwurf im Wesentlichen vergleichbar. Der differente Schwerpunkt der Inkriminierung liegt ausweislich der Entwurfsbegründung jedoch auf der Kommerzialisierung (Gewerbsmäßigkeit) der Selbsttötung als regelhaftes Dienstleistungsangebot.[317] Die Länder konnten sich jedoch nicht auf ein einheitliches Regelungskonzept verständigen.[318]

4. Gesetzesantrag für die Strafbarkeit der Werbung

Mit dem Antrag des Landes Rheinland – Pfalz vom 23.03.2010[319] wurde ein Gesetzentwurf zur Änderung des Strafgesetzbuches für einen neuen § 217 vorgelegt, welcher die Strafbarkeit der Werbung für Suizidbeihilfe vorsah. Abgesehen von den ebenfalls für nicht hinnehmbar gehaltenen gewinnorientierten Suizidbeihilfeangeboten, sei die Werbung für derartige Angebote ein Risiko für die Freiverantwortlichkeit des Suizidwillens. Nach der Entwurfsbegründung steht „zu befürchten, dass die Anpreisung der Möglichkeit des scheinbar leichten Übergangs vom Leben zum Tod in Teilen der Bevölkerung eine zutiefst unmoralische und unmenschliche Erwartungshaltung gegenüber schwerstkranken und alten Menschen zu erzeugen geeignet ist."[320] Die Einbringung in den Bundestag zur Abstimmung wurde jedoch abgelehnt.[321]

5. Gesetzesvorschlag vom 22.10.2012

In der nächstfolgenden 17. Wahlperiode des Bundestages wurde erneut ein Gesetzentwurf, diesmal der Bundesregierung, zur Strafbarkeit der gewerbsmäßigen Förderung der Selbsttötung debattiert.[322] Anlass der erneuten Debatte war

---

https://www.umwelt-online.de/PDFBR/2008/0436_2D08.pdf; letzter Abruf am 29.07.2017.

317 BR – Drucks. 436/08, S. 2.

318 BT – Drucks. 17/11126, S. 6; Dokumentations- und Informationssystem des Bundestages, abrufbar unter: http://dipbt.bundestag.de/extrakt/ba/WP16/26/2616.html, letzter Abruf am 13.01.2018.

319 BR – Drucks. 149/10, abrufbar unter: http://dipbt.bundestag.de/dip21/brd/2010/0149-10.pdf; letzter Abruf am 29.07.17.

320 BR – Drucks. 149/10, S. 1.

321 Dokumentations- und Informationssystem des Bundestages, abrufbar unter: http://dipbt.bundestag.de/extrakt/ba/WP17/251/25124.html; letzter Abruf am 29.09.2017.

322 BT – Drucks. 17/11126,

auch hier die befürchtete Bedrohung der höchsten Schutzgüter der Rechtsordnung durch die ungehinderte Etablierung von Sterbehilfevereinen in Deutschland, die eine Enttabuisierung der suizidalen Taten nach sich ziehen könne.[323]

Dieser Gesetzentwurf sah abweichend von dem Gesetzesantrag der Länder aus 2006 ein Verbot der gewerbsmäßigen Förderung der Sterbehilfe vor. Begründet wurde diese begriffliche Abweichung vornehmlich damit, dass insbesondere dem gewerbsmäßigen Angebot eine besondere Gefährlichkeit innewohne, weil einem auf Gewinnerzielung ausgerichteten Angebot auch eine gewinnorientierte Handlungsweise des Sterbehelfers immanent sei, was sich verstärkend auf den Selbsttötungsentschluss des suizidgefährdeten Menschen auswirken könne.[324]

Es entstand die nach Beschluss des § 217 viel zitierte Phrase der Sterbehilfe - Debatten, dass bei suizidgeneigten Menschen „der fatale Anschein einer Normalität“ dieser Dienstleistung hervorgerufen werden könne, den es schlechterdings zu vermeiden gelte.[325]

Dieser Gesetzentwurf wählte bewusst das Tatbestandsmerkmal der Gewerbsmäßigkeit statt der Geschäftsmäßigkeit der Sterbehilfehandlung, da die Autoren des Entwurfes das Merkmal der Geschäftsmäßigkeit für problematisch hielten. Hierzu heißt es wörtlich in der hiesigen Gesetzesbegründung: „Der 2006 in den Bundesrat eingebrachte Entwurf eines Gesetzes zum Verbot der „geschäftsmäßigen“ Vermittlung von Gelegenheiten zur Selbsttötung (Bundesratsdrucksache 230/06) hätte [...] bedeutet, dass allein die Absicht, gleichartige Taten zu wiederholen und sie so zum Gegenstand der eigenen Beschäftigung zu machen, zur Tatbestandsverwirklichung ausgereicht hätte, ohne dass eine Erwerbs- oder sonstige Absicht hätte hinzukommen müssen, sich einen Vermögensvorteil zu verschaffen. Unabhängig von der wichtigen und grundlegenden Frage, ob allein die Absicht einer Wiederholung überhaupt ein hinreichender Grund sein kann, aus einer straffreien Handlung eine Straftat zu machen, würde eine solche Regelung voraussichtlich auch Abgrenzungsschwierigkeiten im Hinblick auf die weiterhin als grundsätzlich zulässig anzusehenden Formen der Sterbehilfe begründen, etwa wenn eine Ärztin einer Intensiv-oder Schwerstkrankenstation oder ein Hausarzt ausnahmsweise und mehr als einmal eine solche Hilfe anbietet.“[326]

---

abrufbar unter: http://dip21.bundestag.de/dip21/btd/17/111/1711126.pdf; letzter Abruf am 21.01.2017.

323 BT – Drucks. 17/11126, S. 1.

324 BT – Drucks. 17/11126, 2012, S. 5f..

325 Wortlaut in der Gesetzesbegründung zu BT – Drucks. 17/11126 auf S. 5.

326 BT-Drucks. 17/11126, 2012, S. 8.

Die mit dem Begriff der Geschäftsmäßigkeit verbundenen Schwierigkeiten waren dem Gesetzgeber folglich durchaus bewusst. Gleichwohl hatte dies keine Auswirkungen, wie die geltende Fassung des § 217 zeigt. Dieser Gesetzesantrag erledigte sich durch Ablauf der Wahlperiode.[327]

6. Die vier Gesetzentwürfe der 18. Wahlperiode

In der 18. Wahlperiode des Bundestages wurde die Thematik „rechtliche Rahmenbedingungen für Sterbebegleitung bzw. Sterbehilfe" abermals erörtert. Am 13. November 2014 fand eine vierstündige Orientierungsdebatte im Bundestag statt, in der die verschiedenen Positionen zur Suizidhilfe vorgestellt wurden.[328] Diese reichten von einem grundsätzlichen Verbot der Suizidbeihilfe bis hin zu einer liberalen Regelung der ärztlichen Suizidbeihilfe.[329]

Das Besondere an diesem Beratungsverfahren war, dass es losgelöst vom Fraktionszwang durchgeführt wurde, so dass jeder einzelne Abgeordnete frei und unabhängig, orientiert an seiner eigenen Gewissensentscheidung seine Stimme abgegeben konnte.[330]

Das Ergebnis dieser Orientierungsdebatte waren die nachfolgend kurz vorgestellten vier zur Abstimmung gestellten Gesetzentwürfe.

a) Gesetzentwurf von *Brand, Griese, Vogler* et.al.

Unter der Bundestagsdrucksache 18 / 5373 wurde der Gesetzesvorschlag der Abgeordneten *Brand, Griese, Vogler* et.al. debattiert. Dieser erhielt bei der Abstimmung am 06. November 2015 die entscheidende Mehrheit der Stimmen.

Wesentlicher Inhalt dieses Gesetzesvorschlages war sowohl die Aufrechterhaltung der bestehenden Straflosigkeit des Suizides als auch grundsätzlich der Teilnahme an einem freiverantwortlichen Suizid, und zwar mit der Begründung, dass „der freiheitliche Rechtsstaat keine allgemeine, erzwingbare

327 Dokumentations- und Informationsdienst des Bundestages, abrufbar unter: http://dipbt.bundestag.de/extrakt/ba/WP17/470/47094.html; letzter Abruf am 29.07.2017.

328 Textarchiv der Debatte im Bundestag vom 13.11.14, abrufbar unter: https://www.bundestag.de/dokumente/textarchiv/2014/kw46_de_sterbebegleitung/339436; letzter Abruf am 19.07.2017.

329 Eine gute kürze Übersicht findet sich auf der Internetseite des Bundestages, abrufbar unter: https://www.bundestag.de/dokumente/textarchiv/2014/kw46_de_sterbebegleitung/339436; letzter Abruf am 06.02.2017.

330 Textarchiv der Debatte im Bundestag vom 13.11.14; Fn. 324, Seite 1.

Rechtsplicht zum Leben kennt."[331] Kernaussage der Autoren des Gesetzentwurfes ist folglich, dass an der bestehenden Rechtslage durch die vorgesehene Gesetzesänderung festgehalten werden solle, da diese lang bewährte Traditionen sei.[332] Der Gesetzentwurf wolle jedoch der Gefahr begegnen, die durch kommerzielle Suizidhilfeangebote drohe, und zwar dass Suizidhilfe als normale Gesundheitsdienstleistung verstanden werde und damit dem Betroffenen den Eindruck einer Normalität und Leichtigkeit vermitteln könne. Die namensgebenden Repräsentanten des Entwurfes *Brand / Griese* et. al. sehen ihren Entwurf selbst als einen „der Mitte" an.[333]

Es tritt zwischen den Zeilen wiederkehrend hervor, dass die zunehmenden kommerziellen Suizidhilfeangebote einschlägig bekannter Einzelpersonen und bekannter Sterbehilfevereine den eigentlichen Anlass der Gesetzesdebatte bildeten.[334] Durch diese Angebote drohe eine „gesellschaftliche Normalisierung", ein „Gewöhnungseffekt an solche organisierten Formen des assistierten Suizides."[335] Ausreichend für ein solches Verbot sei daher, dass die zunehmende Verbreitung des assistierten Suizides den fatalen Anschein einer Normalität und einer gesellschaftlichen Adäquanz erwecken könne, sogar bis hin zu einer sozialen Gebotenheit der Selbsttötung.

Die Urheber des Gesetzentwurfes gehen daher davon aus, dass ohne solche Angebote besonders alte und/oder kranke Menschen eine solche Entscheidung (die der Selbsttötung) nicht erwägen würden.[336] Daher solle zum Schutze der Selbstbestimmung und des Grundrechts auf Leben das scharfe Schwert des Strafrechts eingesetzt werden. Mildere, gleichfalls erfolgversprechende Mittel seien aus Sicht der Autoren nicht vorhanden.[337]

Die Gesetzesbegründung beruft sich dazu im Wesentlichen darauf, dass gerade ältere Menschen, aber auch schwer Kranke sich selbst als Last empfinden könnten und sich so dem Erwartungsdruck ausgesetzt sähen, kommerzielle Suizidhilfeangebote zur Entlastung der Familie und der Angehörigen in Anspruch nehmen zu müssen, um niemandem zur Last zu fallen.[338]

Ferner wird ausgeführt: Grund zur Besorgnis bereite auch die steigende Tendenz in den Nachbarländern, sein Leben durch Suizidhilfe beenden zu wollen. Die Autoren nehmen Rekurs auf Medienberichte aus der Schweiz, denen

331 BT – Drucks. 18 / 5373, S. 2.
332 BT – Drucks. 18 / 5373, S. 2.
333 Plenarprotokoll 18 /115., S. 11039.
334 Offensiv: Hillenkamp, KriPoz 1/2016, S. 4.
335 BT – Drucks. 18 / 5373, S. 2.
336 BT – Drucks. 18 / 5373, S. 2.
337 BT – Drucks. 18 / 5373, S. 2f.
338 BT – Drucks. 18 / 5373, S. 8f.

zufolge die Zahlen der assistierten Suizide in den vergangenen Jahren gestiegen sein sollen.[339]

Eine wertende Betrachtung der Ursachen für die als besorgniserregend erkannte, steigende Tendenz der Suizidzahlen bleibt gleichwohl aus. Weiter heißt es, dass das in der vorigen Legislaturperiode anempfohlene Merkmal der Gewerbsmäßigkeit zu kurz greife, da nicht allein die Kommerzialisierung, also das Handeln mit Gewinnerzielungsabsicht, zur Interessenkollision führe, sondern auch das „spezifische Eigeninteresse des Suizidhelfers".[340] Dieses sei der Begründung nach auch dort gegeben, wo spezialisierte Organisationen und bekannte Einzelpersonen ein Geschäftsmodell entwickelten und künftig zu betreiben beabsichtigten. Die vormals bevorzugte Beschränkung auf die Gewerbsmäßigkeit des Handelns des Suizidhelfers verhindere, effektiv gegen die wiederkehrende oder serielle Unterstützung der Selbsttötung vorzugehen.[341]

Als logische Folge wählt dieser Gesetzentwurf stattdessen nun „das relativ einfach handhabbare, in einer Vielzahl anderer rechtlicher Zusammenhänge mit einheitlichem Begriffsverständnis verwendete formale Kriterium der Geschäftsmäßigkeit."[342] Damit genüge für die Strafbarkeit bereits, dass der „Täter die Wiederholung gleichartiger Taten zum Gegenstand seiner Beschäftigung macht."[343] Altruistisch motivierte Einzeltaten sollen nach dem Willen des Gesetzgebers nicht strafbar sein, da sie häufig aus einer besonderen persönlichen Verbundenheit resultieren.[344] Auch die Konzeption als abstraktes Gefährdungsdelikt resultiert aus der Begründung, dass die Tätigkeit eines Sterbehelfers geeignet sei, die Eigenverantwortlichkeit des Suizidenten in vulnerabler Weise zu beeinflussen, weshalb zumindest die abstrakte Gefährdung höchstrangiger Rechtsgüter der Verfassung bestehe, nämlich die des menschlichen Lebens und der Autonomie des Menschen.[345] Diese abstrakte Gefährdung der Rechtsgüter genüge bereits, um die durch das Strafrecht besonders geforderte Verhältnismäßigkeit bei der Überprüfung der Eingriffsvoraussetzungen für den vorgesehenen Grundrechtseingriff zu wahren. Die Entwurfsbegründung[346] verlautbart dazu: Die Tätigkeit eines Sterbehelfers sei an den Grundrechtsbestimmungen des Art. 12 GG zu messen. Sofern überhaupt die an sich sozial– und gemeinschaftsschädliche Tätigkeit eines Sterbehelfers in den Schutzbereich

---

339 BT – Drucks. 18 / 5373, S. 9.
340 BT – Drucks. 18/5373, S. 11.
341 BT – Drucks. 18 / 5373, S. 2ff., 9f., 16ff.
342 BT – Drucks. 18 / 5373, S. 11f..
343 BT – Drucks. 18 / 5373, S. 12.
344 BT – Drucks. 18 / 5373, S. 12.
345 BT – Drucks. 18 / 5373, S. 2f., 10f.
346 BT – Drucks. 18/5373, S. 12.

des Art. 12 GG falle, sei dessen Beschränkung jedenfalls gerechtfertigt. Unter Anwendung der bekannten Stufenlehre des Bundesverfassungsgerichtes im Rahmen der verfassungsrechtlichen Rechtfertigung des Eingriffs sei die Verbotsregelung des § 217 an den Maßstäben der objektiven Berufswahlregelung, der dritten Stufe, zu messen. Vorliegend wird durch die Regelung des § 217 an Umstände angeknüpft, die außerhalb des Einflussbereichs der Person liegen, an sogenannte objektive Zulassungsbeschränkungen. Ein Eingriff auf dieser Stufe kann nur zum Schutze eines überragend wichtigen Gemeinschaftsgutes erfolgen, und zwar dann, wenn dies zur Abwehr schwerer, nachweisbarer und höchstwahrscheinlicher Gefahren eben für dieses Gemeinschaftsgut erfolge.

Schließlich müsse der Eingriff auch noch der Verhältnismäßigkeitsprüfung standhalten. Er muss geeignet, erforderlich und angemessen sein.

Dem Gesetzetnwurf lässt sich dazu folgende Begründung entnehmen: „Die insoweit geforderten strengen Legitimationsvoraussetzungen liegen aber vor: [...]. Geschäftsmäßige Angebote der Suizidhilfe lassen den Schritt in den selbst gewählten Tod „normal“ erscheinen und können Menschen zur Selbsttötung verleiten, die dies ohne ein solches Angebot nicht tun würden.“[347]

Sodann wird Bezug genommen auf die BT-Drucksache 17/11126 aus dem Jahr 2012, welche schon 2012 hervorgehoben hatte, „dass grundsätzlich die abstrakte Gefährdung des menschlichen Lebens eine (strafrechtliche) Reaktion legitimieren kann und kein strenger Kausalzusammenhang zwischen der Anzahl der Selbsttötungen und der Möglichkeit des assistierten Suizides erforderlich ist.“[348] Vor dem Hintergrund dieser Begründung kommen den Verfassern anscheinend selbst Zweifel, dass die bloße Wahrscheinlichkeit der Gefährdung des Grundrechts auf Leben für die Rechtfertigung einer objektiven Berufswahlregelung nicht ganz unproblematisch sei. Diese Zweifel werden ausgeräumt, indem auf eine Entscheidung des Bundesverfassungsgerichtes zu dem Betrieb von Spielbanken Bezug genommen wird. Dort habe das BVerfG[349] auch für „atypische, insbesondere unerwünschte Tätigkeiten“ geurteilt, dass objektive Zulassungsschranken unter erleichterten Voraussetzungen zulässig seien, sofern nur der Verhältnismäßigkeitsgrundsatz gewahrt bleibe.[350]

Zur Rechtfertigung des Eingriffes durch die Verbotsnorm des § 217 wird sodann der zitierten Entscheidung entnommen, dass es auch für die vorliegende Konstellation ausreichend sei, dass die Verbotsnorm Eingriffszweck und Eingriffsintensität nicht außer Verhältnis stehen lasse. Eine Subsumtion erfolgt

---

347 BT – Drucks. 18 / 5373, S. 12.

348 BT – Drucks. 18 / 5373, S. 12.

349 BVerfGE, 102, 197 (214f.).

350 BT – Drucks. 18 / 5373, S. 12.

nicht, es wird abschließend festgestellt, dass angesichts der hohen Wertigkeit der gefährdeten Rechtsgüter eine zulässige Beschränkung vorliege.[351]

Für alle anderen ehrenamtlichen Suizidhelfer gelte Art. 2 Abs. 1 GG, sodass die deren Freiheit einschränkende Maßnahme an der Verhältnismäßigkeit zu messen sei. Die Begründung der Einschränkung dieses Grundrechts erschöpft sich in einer Repetition der bereits bekannten Argumente.

In der Entwurfsbegründung wird betont, dass die Neuregelung keinen Einfluss auf die autonome Entscheidung des Einzelnen über das eigene Lebensende nehmen möchte, sondern der Schutz vor Fremdbeeinflussung gestärkt werden solle.[352] Aus dem Grundgesetz lasse sich jedoch kein Anspruch des Einzelnen auf staatliche Unterstützung beim Suizid ableiten. Hinsichtlich der Erforderlichkeit der strafrechtlichen Regelungen werden keinerlei Bedenken gesehen, mildere Eingriffsmöglichkeiten werden als nicht gleich geeignet verworfen.[353]

Alternative gesetzliche Regelungsvorschläge wie ein Werbeverbot für Selbsttötungen[354] oder des Verbotes des Versuches der „Gründung einer auf die Unterstützung von Selbsttötungen ausgerichteten Vereinigung“[355] werden kurz angerissen, aber als nicht gleich geeignet abgelehnt, da gerade die Handlungen zu erfassen seien, die die freie Willensbildung des Einzelnen beeinträchtigen könnten. Die beiden Regelungsvorschläge verfehlten dieses Ziel, da sie einerseits die Handlungen, die die Willensbildung beeinträchtigen nicht erfassen und andererseits im Vorfeld der Rechtsgutsgefährdung, bei der Kommunikation, ansetzen.[356]

Weder Möglichkeiten des Polizei – und Ordnungsrechts, berufsrechtliche Regelungen noch das Betäubungsmittelrecht seien hinreichend, die Gefahr, die sich aus solchen Sterbehilfehandlungen ergebe, erfolgversprechend zu begrenzen.[357]

Als Fazit der Erläuterungen wird der Gesetzesvorschlag in dem Gesetzentwurf als verhältnismäßig deklariert.[358]

---

351 BT – Drucks. 18 / 5373, S. 12.

352 BT –Drucks. 18/5373, S. 13.

353 BT – Drucks. 18/5373, S. 13.

354 Vgl. die Initiative des Landes Rheinland – Pfalz, Bundesratsdrucksache 149/10).

355 Zitiert nach BT-Drucks. 18/5373, S. 13, mit Hinweis auf die Drucksache 14/3773 des Landes Baden-Württemberg.

356 BT – Drucks. 18/5373, S. 13f..

357 BT - Drucks. 18/ 5373, S. 14.

358 BT – Drucks. 18/5373, S. 15.

b) Gesetzentwurf von *Künast, Sitte* et.al.

Unter der Bundestagsdrucksache 18 / 5375[359] wurde der Gesetzentwurf der Abgeordneten *Künast, Sitte* et. al. diskutiert.

Dieser Gesetzentwurf plädiert für ein Gesetz, welches ausdrücklich die Straffreiheit der Beihilfe zur Selbsttötung normiert. Der Entwurf bekräftigt, dass die seit 140 Jahren bestehende Straffreiheit der Beihilfe zur Selbsttötung bewährte Tradition sei und gerade keine Strafbarkeitslücke, die es zu schließen gelte.[360] Zwar erkennt der Entwurf auch die Gefahr, die sich durch die zunehmende Tätigkeit von kommerziellen Sterbehilfevereinen ergebe, der präferierte Lösungsweg ist jedoch ein anderer: nämlich die positiv– rechtliche Normierung der Straflosigkeit der Hilfe zur Selbsttötung. Als positive Folge dessen wäre die Beseitigung der bestehenden Rechtsunsicherheit, insbesondere für die Ärzteschaft, zu sehen gewesen. Die Begrenzung der auch von den Autoren dieses Entwurfes erkannten Gefahren der Tätigkeit kommerzieller Sterbehelfer soll durch ein Verbot der gewerbsmäßigen Hilfe erreicht werden; andererseits sollen ergänzend Kriterien für die Beratung und Dokumentation aufgestellt werden.[361]

Dieser Gesetzentwurf sieht primär keine Änderung des Strafrechts vor, sondern streitet für mehr Rechtssicherheit durch eine deklaratorische Regelung in Ergänzung mit prozeduralen Kriterien.[362] Insgesamt erinnert der Entwurfsvorschlag an das gesetzliche Modell des Schwangerschaftsabbruchs sowie an den niederländischen Strafgesetzestext, welcher ein erlaubnisfähiges Verbot vorsieht, dessen Aufhebung an die Einhaltung prozeduraler Kriterien gebunden ist. Auf berufsrechtlicher Ebene wird hervorgehoben, dass die Suizidassistenz durchaus eine ärztliche Aufgabe sein kann. Entgegenstehende landesberufsrechtliche Regelungen wären fortan unwirksam. Zur Vermeidung eines Dammbruches sollte die Wirkung des Gesetzes alle vier Jahre überprüft werden.[363]

---

359 BT – Drucks. 18/5375, abrufbar unter:
http://dip21.bundestag.de/dip21/btd/18/053/1805375.pdf; letzter Abruf am 29.07.2017.

360 BT- Drucks. 18/5375, S. 1f..

361 BT – Drucks. 18/5375, S. 2.

362 Plenarprotokoll, 18/18115, S. 11042.

363 BT – Drucks. 18/5375, S. 14.

c) Gesetzentwurf Hintze, Reimann, Lauterbach et. al.

Als dritter Gesetzentwurf wurde in die Beratung der Gesetzentwurf der Abgeordneten *Hintze, Reimann, Lauterbach* et. al. unter der Bundestagsdrucksache 18 / 5374 eingebracht.[364]

Dieser Gesetzentwurf galt als besonders liberal, da er, ähnlich wie der Entwurf von *Künast* et. al., ausdrücklich die legislative Zulässigkeit der ärztlichen Suizidbeihilfe zum Gegenstand hatte.[365] Der Gesetzentwurf beruft sich primär auf die Schaffung von Rechtssicherheit für Ärzte und Patienten und auf die Stärkung des Selbstbestimmungsrechtes am Lebensende.[366] Legislatorisch umgesetzt werden sollte dieses Ansinnen durch eine Regelung im Bürgerlichen Gesetzbuch, die es Ärzten ausdrücklich ermöglicht hätte, den Wunsch nach Hilfe zur Lebensbeendigung erfüllen zu können. Die Autoren wählten bewusst eine zivilrechtliche Regelung und keine des Strafrechts, da das Arzt – Patientenverhältnis als besonders schutzbedürftig eingestuft wurde.[367] Diese Regelung versteht sich als Ergänzung zu den vorhandenen Regelungen der §§ 1901 a ff. BGB, die die Situation der Einwilligungsunfähigkeit eines Patienten beträfen, wohingegen die Regelungen zur Suizidhilfe gerade der Selbstbestimmung und der Einwilligungsfähigkeit des Patienten Rechnung tragen sollten.[368] Die Regelung versteht sich damit als zusätzliche Stärkung der Patientenautonomie.[369] Zur Begrenzung und Vermeidung von Missbräuchen wurden Voraussetzungen der ärztlichen Suizidassistenz geschaffen, und zwar die Volljährigkeit des Patienten, die vorhandene Einwilligungsfähigkeit, die freiwillige ärztliche Hilfestellung sowie die umfassende Beratung des Patienten.

Abschließende Voraussetzung ist zudem, dass eine unheilbare, unumkehrbare zum Tode führende Erkrankung vorliege, die nach dem Vier – Augen – Prinzip durch einen anderen Arzt bestätigt werden müsse.[370]

---

364 BT – Drucks. 18/5374, abrufbar unter: http://dip21.bundestag.de/dip21/btd/18/053/1805374.pdf; letzter Abruf am 29.07.2017.

365 Tolmein in: Sterbehilfe oder Sterbebegleitung? Die Debatte, Anmerkungen zu den unterschiedlichen Gesetzentwürfen zur Regelung der Suizidbeihilfe, 117 (118).

366 BT – Drucks. 18 / 5374, S. 3.

367 BT – Drucks. 18/ 5374, S. 3.

368 BT – Drucks. 18/5374, S. 3

369 BT – Drucks. 18/ 5374, S. 3.

370 BT- Drucksache, 18 / 5374, S. 2f..

d) Gesetzentwurf Sensburg, Dörflinger, Beyer et. al.

Die Urheber des vierten zur Beratung gestellten Gesetzentwurfs[371] wollten die Teilnahme an der Selbsttötung unter Strafe stellen.

Dieser Entwurf sieht sowohl inhaltlich als auch in personaler Hinsicht eine vollumfängliche Strafbarkeit von Anstiftung und Beihilfe zum Suizid vor. Ausnahmen für bestimmte Berufsgruppen oder unterschiedliche Krankheitsstadien waren nicht vorgesehen.[372] Die Autoren betonten, dass für Einzelfälle ausreichend Möglichkeiten zum Ausschluss einer Strafbarkeit vorhanden seien.[373] Dieser Gesetzesvorschlag hätte die bis dato vorhandene Rechtslage enorm verschärft. Daher fand der Entwurf auch nur wenig Zustimmung.[374]

e) Ergebnis der Abstimmungen im Gesetzgebungsverfahren

Über die vier Gesetzentwürfe zur Sterbebegleitung wurde abweichend von dem sonst üblichen Gesetzgebungsverfahren, der Reihenfolge nach über die jeweiligen Gesetzentwürfe abzustimmen, in Form eines Stimmzettelverfahrens über alle Gesetzentwürfe gleichzeitig abgestimmt.[375] Es war nur möglich, sich entweder für einen Entwurf zu entscheiden, alle abzulehnen oder sich gegenüber allen zu enthalten.[376] Eine Alternative war nicht wählbar.[377]

Im Rahmen der amtlichen Auszählung[378] wurden insgesamt 602 Stimmzettel abgegeben, 3 Stimmzettel waren ungültig, 599 folglich gültig. Drei Stimmen enthielten sich, während siebzigmal mit „Nein“ votiert wurde. Die Stimmenverteilung sah wie folgt aus: Der Gesetzentwurf von *Brand / Griese*, Drucksache 18 / 5373, erhielt 309 Stimmen, der Entwurf von der Abgeordneten *Hintze, Dr. Reimann, Lauterbach*, Drucksache 18/5374, erhielt 128 Stimmen. Für den Entwurf der Abgeordneten *Künast, Sitte,* Drucksache 18/5375, wurde mit 52 Stimmen gewertet und der Gesetzesentwurf *Sensburg et. al.*, Drucksache 18/5376, erhielt lediglich 37 befürwortende Stimmen.

---

371 BT- Drucks. 18 /5376, abrufbar unter: http://dip21.bundestag.de/dip21/btd/18/053/1805376.pdf; letzter Abruf am 29.07.2017.

372 BT – Drucks. 18 / 5376, S. 1f..

373 BT – Drucks. 18 / 5376, S. 1f..

374 Siehe die unter dem nächsten Gliederungspunkt dargestellte Stimmenverteilung.

375 Mit einer Mehrheit von 522 der 583 abgegebenen Stimmen wurde mit „Ja“ für die Abstimmung im Stimmzettelverfahren entschieden. Die nach § 126 Geschäftsordnung des Bundestages notwendige 2/3 Mehrheit für diese Vorgehensweise lag damit vor, näheres im Plenarprotokoll 18 / 134, S. 13066.

376 Plenarprotokoll 18 / 134, S. 13066.

377 Plenarprotokoll 18 / 134, S. 13066.

378 Plenarprotokoll 18 / 134, S. 13100, Anlage 2 zum Plenarprotokoll, S. 13136.

Der Gesetzentwurf von *Brand / Griese* erhielt damit bereits im ersten Abstimmungsvorgang die erforderliche Mehrheit der Stimmen und wurde damit in zweiter Lesung angenommen. Das Ergebnis der dritten Lesung war: 602 abgegebene Stimmen, 360 Ja - Stimmen, 230 Nein – Stimmen und 9 Enthaltungen, so dass der Entwurf auch in der dritten Lesung angenommen worden ist.[379]

II. Ergebnis

Angesichts der vorigen Ausführungen ist offenkundig, dass sich der Gesetzgeber zwar mehrfach bereits um eine Lösung dieser Thematik bemühte, sein Bemühen bis dato jedoch mangels mehrheitlicher Zustimmung scheiterte. Die Bestimmung des als strafwürdig angesehenen Verhaltensunrechtes stand nach den vorigen Erkenntnissen der entwicklungsgeschichtlichen Synopse von Anfang an auf wackeligem Boden.

[379] Plenarprotokoll 18 / 134, S. 13101.

„Wer etwas will, findet Wege.

Wer etwas nicht will, findet Gründe“

Götz Werner

4. Kapitel: Die geschäftsmäßige Förderung der Selbsttötung gem. § 217 – eine kritische Auseinandersetzung

A. Teil 1: Der Streit um den Schutzzweck der Norm

I. Allgemeines zur neuen Strafvorschrift

Der stark kritisierte und noch auf dem Prüfstand stehende § 217 soll im Folgenden einer eingehenden Erörterung und kritischen Auseinandersetzung unterzogen werden. Dazu ist es notwendig, mit dem Tatbestand der Norm vertraut zu sein.

§ 217 beschreibt ein abstraktes Gefährdungsdelikt.[380] Inkriminiertes Verhalten ist die geschäftsmäßige Förderung der Selbsttötung durch das Gewähren, Verschaffen oder Vermitteln einer Gelegenheit (zur Selbsttötung).

Die aktuelle Fassung des § 217 StGB lautet:

„Geschäftsmäßige Förderung der Selbsttötung"

(1) „Wer in der Absicht, die Selbsttötung eines anderen zu fördern, diesem hierzu geschäftsmäßig die Gelegenheit gewährt, verschafft oder vermittelt, wird mit Freiheitsstrafe bis zu drei Jahren oder mit Geldstrafe bestraft."

(2) „Als Teilnehmer bleibt straffrei, wer selbst nicht geschäftsmäßig handelt und entweder Angehöriger des in Absatz 1 genannten anderen ist oder diesem nahe steht."

Systematisch reiht sich § 217 in den sechzehnten Abschnitt des StGB, der Straftaten gegen das Leben, ein und wurde vom Gesetzgeber bewusst nach der Tötung auf Verlangen, aber vor dem strafbaren Schwangerschaftsabbruch, positioniert.

---

380 Taupitz, Das Gesetz zur Strafbarkeit der geschäftsmäßigen Förderung des Suizids – im Widerspruch mit sich selbst, medstra 6/2016, 323.

§ 217 Abs. 1 umschreibt die gesetzlichen Tatbestandsmerkmale, welche für eine Strafbarkeit erfüllt sein müssen, sowie die daraus resultierende Rechtsfolge, die Strafbewehrung mit Freiheitsstrafe von bis zu 3 Jahren oder mit Geldstrafe. § 217 Abs. 2 sieht einen Strafausschließungsgrund für nicht geschäftsmäßig handelnde Angehörige oder dem Suizidenten nahe stehende Personen vor.[381]

Die Vorschrift wurde noch vor ihrer Verabschiedung heftig kritisiert. Dies liegt partiell auch an den dogmatischen Besonderheiten der Norm. Bei der Mehrzahl der Delikte des Strafrechts besteht gem. § 23 die Möglichkeit der Bestrafung des Versuchs der Tatbestandsverwirklichung, ohne dass schon ein Erfolg in der Außenwelt eingetreten sein muss. Der Täter hat bereits mit der Aufnahme seiner Handlung so viel kriminelles Unrecht bewiesen, dass eine Bestrafung angemessen ist.[382]

§ 217 zählt seiner deliktstypischen Struktur nach zu jenen abstrakten Gefährdungsdelikten, bei denen die inkriminierte Handlung als generell gefährlich vom Gesetzgeber bewertet wurde und die gemäß ihrer dogmatischen Struktur keine gesonderte Versuchsstrafbarkeit aufweisen.[383] Der Tatbestand des § 217 ist seiner Konzeption nach folglich unabhängig von der Durchführung des geförderten Suizides. Diese kann infolgedessen zeitlich sehr weit entfernt liegen bzw. muss nicht einmal unternommen werden. [384] Für die Strafbarkeit des Helfenden ist es ausreichend, dass dieser in geschäftsmäßiger Absicht die Selbsttötung eines anderen durch Gewähren, Verschaffen und Vermitteln einer Gelegenheit konkret verbessert hat.

Ferner galt bis zur Inkriminierung nach herrschender Meinung die ausnahmslose Straflosigkeit der Suizidteilnahme.[385] Die Strafbarkeit des Suizidhelfers ist nunmehr verselbstständigt und nicht akzessorisch zu dem Verhalten des Suizidenten. Damit durchbricht § 217 eine für das Strafrecht wesentliche Maxime, und zwar den strafrechtlichen Rekurs auf eine vorsätzliche, rechts-

---

381 Duttge, Strafrechtliche reguliertes Sterben, NJW 3/2016, 120 (121f.); Eidam, Nun wird es also Realität: § 217 StGB n.F. und das Verbot der geschäftsmäßigen Förderung der Selbsttötung, medstra 1/2016, 17 (21); Gaede, Die Strafbarkeit der geschäftsmäßigen Förderung des Suizids, JuS 5/2016, 385 (391); Taupitz, medstra 6/2016, 323 (327f.); Magnus, Gelungene Reform der Suizidbeihilfe, medstra 4/2016, 210 (212).

382 Wessels / Beulke /Satzger, Strafrecht AT, Rn. 843.

383 Wessels/Beulke/Satzger, Strafrecht AT, Rn. 40ff..

384 BT – Drucks. 18 / 5373, S. 19; die sehr weite Fassung der Tatbestandsmerkmale führt zu verfassungsrechtlichen Bedenken, welche an späterer Stelle mehrfach noch ausführlich behandelt werden. Hier soll zunächst vorab ein Problemaufriss gegeben werden.

385 Duttge, Fn. 381, 120 (121); Gaede, Fn. 381, 385.

widrige Haupttat und damit folglich den Grundsatz der limitierten Akzessorietät der Teilnahme.[386] Der Grundsatz der limitierten Akzessorietät gem. §§ 26, 27 setzt voraus, dass die Haupttat des Täters vorsätzlich und rechtswidrig begangen wurde, jedoch gem. § 29 nicht auch schuldhaft.[387] Die Straflosigkeit der Haupttat wollte der Gesetzgeber indessen ausdrücklich beibehalten.[388]

In Bezug auf § 217 hat der Gesetzgeber einen „Sonderstraftatbestand“ geschaffen, dessen Teilnahmeunrecht sich unabhängig von der Haupttat erschöpft. Nach *Roxin*[389] soll „eine Teilnahme ohne tatbestandsmäßige Tätertat [...] zwar denkmöglich, dem deutschen Strafrecht aber unbekannt“ sein. Nicht verwunderlich ist es daher, dass diese legislative Vorgehensweise auf erhebliche Kritik aus der Strafrechtslehre gestoßen ist.[390]

In subjektiver Hinsicht orientiert sich der Tatbestand § 217 vornehmlich an der dogmatischen Struktur der Teilnahmedelikte des Allgemeinen Teils des StGB. Der Suizidhelfer muss den sogenannten doppelten Gehilfenvorsatz aufweisen.[391] Der Vorsatz des Sterbehelfers muss in Bezug auf die eigentliche Förderungshandlung in Form der Absicht (dolus directus 1. Grades) erfüllt sein; im Hinblick auf die eigentliche Tatausführung des Suizides reicht dagegen der Eventualvorsatz (dolus eventualis) des Sterbehelfers.[392]

Hinsichtlich der Rechtswidrigkeit und Schuld des Täters gelten keinerlei Besonderheiten. § 217 Abs. 2 normiert ausdrücklich einen Strafausschließungsgrund für Angehörige und sonstige nahe stehende Personen des Suizidenten.[393] Hintergrund der Regelung ist, dass altruistisch motivierte Suizidassistenzen aus dem benannten Personenkreis von einer Strafbarkeit aus Gründen der Barmherzigkeit ausgenommen werden sollten. Musterbeispiel des Gesetzgebers war der Ehemann, welcher seine todkranke und zum Suizid freiverantwortlich entschlossene Ehefrau aus reiner Empathie, Altruismus und innerer Zuneigung zu einem geschäftsmäßig handelnden Suizidhelfer fährt, um sie auf ihrem letzten Weg in den Tod zu begleiten.[394] Der Begriff des Angehörigen ist durch § 11 Abs. 1 Nr. 1 lit. a) legaldefiniert; der einer sonstigen nahestehenden

386 Wessels/Beulke/Satzger, Strafrecht AT, Rn. 793.

387 Kindhäuser, NK – Vor §§ 25-31 Rn. 17.

388 BT – Drucks. 18 / 5373, S. 2, 3.

389 Roxin, AT II, § 26 Rn. 3.

390 Siehe insbesondere die „Stellungnahme deutscher Strafrechtslehrerinnen und Strafrechtslehrer".

391 Wessels/Beulke/Satzger, Strafrecht AT, Rn. 832 ff.

392 Gaede, Fn. 381, 385 (390).

393 Gaede, Fn. 381, 385 (391).

394 BT – Drucks. 18 /5373, S. 19f.

Person über die Parallele zu § 35 sowie über die innere Verbundenheit zum Suizidenten, welchem er sich „in qualifiziertem Maße verpflichtet“ fühlt.[395]

Bemerkenswert ist in diesem Kontext noch, dass grundsätzlich auch eine Teilnahme an dem Delikt des § 217 möglich ist. Der Suizident soll dabei als notwendiger Teilnehmer aber nicht eigens wegen eines Teilnahmeunrechtes strafbar sein können. Dies hat insbesondere das BVerfG in der erlassenen einstweiligen Anordnung zu verstehen gegeben.[396]

In der Rechtsfolge sieht § 217 eine Freiheitstrafe bis zu 3 Jahren oder eine Geldstrafe vor. Damit ist § 217 gem. § 12 Abs. 2 als Vergehen einzustufen, welches auch keine im Mindestmaß erhöhte Strafe vorsieht, so dass im Rahmen der Strafverfolgung alle Möglichkeiten der Opportunitätseinstellung eröffnet sind. Dies hat insofern praktische Auswirkungen, als ein nicht unerheblicher Teil der Strafverfahren durch staatsanwaltliche Einstellung endet.[397]

II. Die Problematik des Rechtsgüterschutzes

Hinter jedem normierten Straftatbestand steht mindestens ein zu schützendes Rechtsgut, dessen Schutz es gebietet, beeinträchtigende, unrechtsbegründende Handlungen mit Strafe zu belegen.[398] Nach der Vorstellung des Souveräns soll die Kriminalisierung der geschäftsmäßigen Suizidbeihilfe dem Schutz hochrangiger Rechtsgüter unserer Rechtsordnung dienen, und zwar des menschlichen Lebens, der Menschenwürde und der Autonomie als Teil des verfassungsrechtlich garantierten Selbstbestimmungsrechtes des Individuums.[399]

Von Kritikern der Norm wird jedoch der Einwand erhoben, dass durch die geltende Tatbestandsfassung der legislativ präferierte Rechtsgüterschutz verfehlt werde.[400] Es stellt sich daher zunächst die Frage, ob mit der Pönalisierung der geschäftsmäßigen Förderung der Selbsttötung ein verfassungsrechtlich zulässiger Rechtsgüterschutz verfolgt wird. Ist dies zu bejahen, dann ist anschließend noch die Frage zu klären, ob es eine Möglichkeit gibt, das inkriminierte abstrakte Gefährdungsverhalten des § 217 im Sinne des Bestimmtheitsgebotes gem. Art. 103 Abs. 2 GG hinreichend klar auszulegen. Wie wir sehen werden, ist § 217 unter der Prämisse, dass eine Strafrechtsnorm hinreichend bestimmt

---

395 Gaede, Fn. 381, 385 (391).

396 BVerfG NJW 2016, 558 Rn. 13f..

397 Murmann, Entformalisierung des Strafrechts, S. 10 f..

398 Wessels/Beulke/Satzger, Strafrecht AT, § 1 Rn. 9f..

399 BT – Drucks. 18 / 5373, S. 2f..

400 Statt vieler: Roxin, Die geschäftsmäßige Förderung der Strafbarkeit einer Selbsttötung als Straftatbestand und der Vorschlag einer Alternative, NStZ 4 /2016, 185 (186f.), m.w.N..

und klar sein muss, heftig umstritten. Die vorliegende Arbeit macht es sich jedoch nicht zum Ziel, sämtliche Varianten eines verfassungsgemäßen Rechtsgutsverständnisses abstrakt darzulegen und zu erforschen und die seitens des Gesetzgebers durch § 217 für schützenswert erachteten Rechtsgüter verfassungsrechtlich zu würdigen. Allein diese Problematik ist eine eigene wissenschaftliche Untersuchung wert. Es soll jedoch nicht verkannt werden, dass der Norm noch viele weitere (verfassungs-) rechtliche Probleme immanent sind, daher muss zur Begrenzung des Umfanges eine Abschichtung vorgenommen werden. Vorliegend liegt der Schwerpunkt der rechtlichen Würdigung in dem zweiten Teil, der Auslegung der Norm und der Erarbeitung eines (verfassungskonformen) Auslegungsverständnisses des § 217. Der eigene Gesetzesvorschlag soll anschließend noch einer kritischen rechtlichen Bewertung unterzogen werden. Sofern es möglich ist, den § 217 verfassungskonform einschränkend auszulegen, bietet dies eine erste Einschätzung hinsichtlich dessen Verfassungsmäßigkeit, über die höchstrichterlich noch entschieden werden wird.

Da eine sinnvolle Auslegung nur in Abhängigkeit von dem Telos der Norm erfolgen kann, sollen die nächsten Ausführungen dieser Eruierung gewidmet sein. Das Telos einer Norm dient nicht allein der Erurierung eines hermeneutischen Auslegungsverständnisses, sondern verfolgt zudem übergeordnete, strafrechtsbegrenzende und kriminalpolitische Zwecke.[401] Diese spielen in der vorliegenden Untersuchung jedoch nur eine nebengeordnete Rolle.

1. Strafgrund des § 217 StGB

Unser gegenwärtiges Strafrechtssystem orientiert sich vornehmlich am zu schützenden Rechtsgut, welches durch die strafbare Handlung des Täters beeinträchtigt wird.[402] Im Umkehrschluss bedeutet dieses, dass das Fehlen eines schützenswerten Rechtsgutes auch das Fehlen eines Handlungsunrechts nach sich ziehen müsste.

Noch schwerwiegender wird es, wenn zu einem undeutlichen, nicht klar erkennbaren Rechtsgutsbezug noch eine Ausweitung der Strafbarkeit in einen weit gefassten Gefährdungsbereich hinzutritt. Genau dies ist einer der Kritikpunkte an der jungen Norm § 217. Sind dagegen ein konkret zu schützendes Rechtsgut und dessen Gefährdung klar erkennbar, bestehen an der Rechtmäßigkeit der Norm nach *Roxin* grundsätzlich keine Bedenken.[403]

---

401 Roxin, Strafrecht AT I, § 2 Rn. 2 ff.

402 Roxin, Strafrecht AT I, § 2 B Rn. 2, 4.

403 Roxin, AT I, § 2 Rn. 69f.

Die Beantwortung der Frage, welches Rechtsgut oder welche Rechtsgüter § 217 zu schützen bezweckt, hängt zunächst davon ab, was unter dem Begriff des Rechtsgutes zu verstehen ist und wie dessen Schutz durch das Strafrecht funktional verwirklicht werden kann.

Denn nach *Roxin*[404] liegt „die Aufgabe des Strafrechts […] darin, seinen Bürgern ein freies und friedliches Zusammenleben unter Gewährleistung aller verfassungsrechtlich garantierten Grundrechte zu sichern", und gerade nicht darin die grundrechtlich gesicherte Freiheit außer Verhältnis zum legitimen Schutzzweck zu beschneiden.

a) Definition Rechtsgut

Roxin[405] versteht unter Rechtsgütern „alle Gegebenheiten oder Zwecksetzungen […], die für die freie Entfaltung des Einzelnen, die Verwirklichung seiner Grundrechte und das Funktionieren eines auf dieser Zielvorstellung aufbauenden staatlichen Systems notwendig sind." *Roxin*[406] selbst bezeichnet dieses Verständnis des Rechtsgutes als ein liberales, weit gefasstes, welches freilich nach *Roxin*[407] dann an seine Grenzen stößt, wenn der Staat ein Universalrechtsgut abstrakt konstruiert, um aus Missbilligung eines bestimmten menschlichen Verhaltens dieses zu einer strafwürdigen Handlung zu avancieren. Ein ebenfalls weit gefasstes Verständnis des Rechtsgüterbegriffs vertreten *Birnbaum* und *v. Liszt*, wenn sie davon alles erfasst wissen wollen, was der staatlichen Gemeinschaft zugute kommt: nach *Birnbaum* die „Gesamtheit sittlicher und religiöser Überzeugungen" und im Sinne *von Liszt* „alle Lebensbedingungen der Gemeinschaft".[408]

Jedenfalls ist man sich einig, dass es sowohl Rechtsgüter gibt, die dem Individualschutz dienen, sog. Individualrechtsgüter wie das menschliche Leben oder die körperliche Unversehrtheit, als auch Rechtsgüter, die exemplifiziert die Organe des Staates oder Rechtsgüter der Allgemeinheit schützen, sog. Universalrechtsgüter.[409] Darüber hinaus sei nach *Roxin*[410] in den Einzelheiten vieles umstritten; ein Grundkonsens liege jedoch darin begründet, dass sich die

---

404 Roxin, AT I, § 2 C Rn. 7.
405 Roxin, AT I § 2 C, Rn. 7.
406 Roxin, AT I § 2 Rn. 10.
407 Roxin, Strafrecht AT I, § 2 Rn. 10.
408 Zitiert nach Baer – Henney, S. 193, m.w.N.
409 Roxin, AT I § 2 C, Rn. 8f.
410 Roxin, AT I § 2 B, Rn. 2ff.

Auslegung der Tatbestände an dem deliktsbezogenen, zu schützenden Rechtsgut zu orientieren habe, welches sozusagen die *ratio legis* der Norm sei.

Roxin[411] selbst hält jedoch diese bloße Reduzierung des Rechtsgutsbegriffes auf die *ratio* des Tatbestandes für zu eng. Kriminalpolitische Zweckerwägungen, die stets mit der Inkriminierung eines normativen Verhaltens verbunden seien, blieben bei dieser engen Betrachtungsweise außen vor, so dass eine stets erforderliche Begrenzung des Strafrechts nicht möglich sei.[412]

Dies ist jedoch eine der elementaren Aufgaben der Rechtsgüterdogmatik, dass der Staat mit den Mitteln des Strafrechts nur so weit die grundrechtliche freiheitliche Betätigung einschränkt, wie dies für einen effektiven Schutz eben dieser Rechtsgüter notwendig ist, um im Sinne *Roxin´s* ein friedliches Leben in Gemeinschaft zu ermöglichen. Verdeutlicht wird dies durch das Subsidiaritätsprinzip des Rechtsgüterschutzes, welches den verfassungsrechtlichen Verhältnismäßigkeitsgrundsatz ergänze.[413] Strafrecht versteht sich daher als „ultima – ratio der Sozialpolitik“.[414]

Hinsichtlich der Definition eines strafrechtlichen Rechtsgutsbegriffes werden verschiedene Ansätze vertreten. *Hassemer* plädiere für einen „personalen Rechtsgüterbegriff“, der vornehmlich den Schutz des Individuums bezwecke und Universalrechtsgüter dann anerkenne, wenn sie einen Bezug zum Individualrechtsgüterschutz aufweisen.[415] *Roxin*[416] befürwortet die Orientierung an verfassungsrechtlich verbürgten Freiheiten und lässt deren Einschränkung durch das Strafrecht nur soweit zu, wie dies für ein funktionierendes gesamtgesellschaftliches, friedliches Zusammenleben notwendig ist. Das Strafgesetz soll bei der Inkriminierung von Verhaltensweisen möglichst den breiten Konsens der Gesellschaft widerspiegeln, was jedoch in einer modernen und pluralistischen Gesellschaft durchaus schwierig sein kann.[417] Hier hilft die Abwehrfunktion der Grundrechte, die Interessen der Minderheiten mit denen der Mehrheit in Einklang zu bringen.[418] Dies beantwortet jedoch noch nicht die Frage, was unter einem schützenswerten Rechtsgut zu verstehen ist. *Roxin* wählt zur Klärung des Begriffes zunächst den Weg der Negativfeststellung und um-

---

411 Roxin, AT I, § 2 Rn. 7 ff..

412 Roxin, AT I, § 2 B Rn. 4f.; Wessels /Beulke /Satzger, Strafrecht AT, § 1 Rn. 9, m.w.N..

413 Roxin, AT I, § 2 Rn. 97ff..

414 Roxin, AT I, § 2 Rn. 97.

415 So Roxin, AT I, § 2 Rn. 11.

416 Roxin, AT I, § 2 C Rn.9f., 34ff..

417 Reimer, Suizidbeihilfe: Der verfassungsrechtliche Rahmen bundesgesetzlicher Regelungen, ZfL 3/2015, 66.

418 Reimer, Fn. 417, 66 (72).

schreibt, was aus seiner Sicht alles für eine Bestimmung des Rechtsgutsbegriffes nicht tauglich ist. Der „philosophia negativa“ wird sich auch gerne in anderen Bereichen des Strafrechtes bedient, beispielsweise bei der Bestimmung der Schuld.[419]

Aus seiner Sicht kann ein zu schützendes Rechtsgut zudem nicht auf der bloßen „Umschreibung gesetzlicher Zielvorstellungen“ gründen.[420] Zur Konkretisierung nimmt *Roxin* Rekurs auf das Betäubungsmittelstrafrecht, welches zum Schutz des abstrakten Rechtsgutes der „Volksgesundheit“ beispielsweise den Drogenbesitz mit Strafe bedroht. *Roxin*[421] sieht die in § 29 BtMG vorgesehene Strafbewehrung unter dem Vorwand des Schutzes eines abstrakten Rechtsgutes der Volksgesundheit kritisch und sieht das friedliche menschliche Miteinander nicht in strafwürdiger Weise tangiert. Überdies könnten auch Wertvorstellungen, die als unmoralisch und unethisch gelten, nicht die Inkriminierung eines durch sie motivierten Verhaltens rechtfertigen. Vor Augen hat *Roxin*[422] Verhaltensweisen, welche zwar von einer eventuell breiten Majorität der Bevölkerung missbilligt würden, durch die jedoch niemand zu Schaden komme; als „Paradebeispiel“ werde häufig Rekurs genommen auf die Homosexualität. Anlass einer Strafbewehrung könne des Weiteren nicht die „Bekämpfung der Selbstentwürdigung“ des Menschen sein.[423]

Eine mit *Roxin's* Ansicht vergleichbare Betrachtungsweise ist die Orientierung an der Sozialschädlichkeit eines Verhaltens, die sich auch in den Entscheidungen des BVerfG wiederfindet.[424] Nach *Frisch*[425] kann Gegenstand einer Strafnorm jedes sozialschädliche bzw. sozialunethische Verhalten sein, wenn es denn das friedliche Miteinander gefährdet. Gleichwohl kommt auch hier die Frage auf, an welchen Maßstäben sich der Gesetzgeber bei der Feststellung sozialschädlichen Verhaltens orientieren soll und wie dies in einer pluralistischen Gesellschaft zuverlässig ermittelt werden kann.[426] Die Einschätzungsprärogative des Gesetzgebers gilt schließlich nicht grenzenlos.[427] Verschiedenste Möglichkeiten zur Begrenzung des Ermessenspielraumes werden

419 Siehe hierzu die Ausführungen bei Schiemann, Unbestimmte Schuldfähigkeitsfeststellungen, S. 89 ff..

420 Roxin, Strafrecht AT I, § 2 Rn. 9ff., 14.

421 Roxin, AT I, § 2 Rn. 14.

422 Roxin, AT I, § 2 Rn. 17f..

423 Roxin, AT I § 2 C, Rn. 21.

424 Insbesondere BVerfG, Beschluss des Zweiten Senates vom 26.02.2008; 2 BvR 392/07 – Rn. 35; abrufbar unter: http://www.bverfg.de/e/rs20080226_2bvr039207.html; letzter Abruf am 29.07.17.

425 Frisch, NStZ 2016, 16 (20).

426 Nakamichi, Grenzen der Gesetzgebung im Kontext des § 217, ZIS 6/2017, 324 (325).

427 Gärditz, Der Staat 2010, 331; Nakamichi, Fn. 426, 324 (325).

laut *Nakamichi*[428] vertreten, eine echte Begrenzung finde seiner Ansicht nach jedoch erst durch das Verfassungsrecht statt. Werden die Vorgaben des Verfassungsrechtes nicht eingehalten, ist das Gesetz nichtig.[429] Und umgekehrt gilt laut *Nakamichi*[430] folgende anschauliche Formulierung, die sich auch für die hiesige Diskussion fruchtbar machen lässt: „Solange ein Gesetz sich im Rahmen der verfassungsgemäßen Vorgaben bewegt, ist es legitimer Ausdruck des souveränen Volkswillens, gleichgültig, ob man es für eine vernünftige und liberale Lösung oder mit guten Gründen für theoriewidrig, zweckuntauglich oder sonst verfehlt hält."

Nakamichi's Ausführungen ist zu entnehmen, dass dieser sich für die Bewertung der Legitimität einer Strafbewehrung vornehmlich an verfassungsrechtlichen Vorgaben orientiert.[431] Daher unterzieht er folgerichtig auch § 217 einer Verhältnismäßigkeitsprüfung. Ist die Verhältnismäßigkeit zum Beurteilungszeitpunkt des Erlasses der Norm offenkundig nicht mehr gewahrt, dann ist von einer Nichtigkeit der Norm auszugehen.[432] Allerdings scheint sich die neuere Rechtsprechung des BVerfG von seinem klassischen Rechtsgutsbegriff zu lösen. Nach der Entscheidung des BVerfG[433] zum Inzest ist deutlich geworden, dass eine ausschließliche Orientierung an den zu schützenden Rechtsgütern hier ausgedient hat. Das BVerfG ist tolerant, was die Bestimmung eines legitimen Zweckes betrifft. In der Inzestentscheidung heißt es hierzu: „Strafnormen unterliegen von Verfassungs wegen keinen darüber hinausgehenden, strengeren Anforderungen hinsichtlich der mit ihnen verfolgten Zwecke. Insbesondere lassen sich solche nicht aus der strafrechtlichen Rechtsgutslehre ableiten. Schon über den Begriff des Rechtsguts besteht keine Einigkeit."[434] *Nakamichi*[435] betont daher, dass es nicht mehr nur um die Frage gehen könne, welches zu schützende Rechtsgut hinter einer Strafnorm stehe, sondern auch darum, welches menschliche Verhalten mit Strafe bewehrt werden dürfe.

---

428 Nakamichi, Fn. 426, 324 (325).

429 Nakamichi, Fn. 426, 324 (325).

430 Zitiert nach Nakamichi, Fn. 426, 324 (325), mit Verweis auf Stuckenberg, GA 2011, 653 (658).

431 Nakamichi, Fn. 426, 324 (325ff.)

432 Zitiert nach Roxin, AT I, § 2 Rn. 87.

433 BVerfGE 120, 224 ff.

434 BVerfG, 2 BvR 392/07 – Rn. 39; abrufbar unter: https://www.bundesverfassungsgericht.de/SharedDocs/Entscheidungen/DE/2008/02/rs20080226_2bvr039207.html, letzter Abruf am 21.07.2017.

435 Nakamichi, Fn. 426, 324.

b) Zwischenergebnis

Die obige Darstellung hat gezeigt, dass selbst das BVerfG eine konsensfähige Definition des Rechtsgutsbegriffes für schwierig hält.

Festzuhalten ist, dass als schützenswerte Rechtsgüter zumindest zweierlei Formen anerkannt sind: einerseits die verfassungsrechtlich und grundrechtlich verbürgten, individuellen Freiheiten unterschiedlichster Schutzbereiche (Individualrechtsgüter) und andererseits Einrichtungen der Allgemeinheit, die für ein funktionierendes Gesellschaftsleben notwendig sind (Kollektivrechtsgüter), wie z.B. die staatliche Rechtspflege. In diesem Rahmen steht es im Ermessen des Gesetzgebers, Verhaltensweisen zu inkriminieren, die er für zu gefährlich hält, als das sie weiterhin unbestraft bleiben könnten. Freilich muss der Gesetzgeber sich dabei am verfassungsrechtlichen Verhältnismäßigkeitsgrundsatz orientieren, denn wie *Merkel* im Hinblick auf § 217 gesagt hat: Der Gesetzgeber dürfe zwar kollektive Gefahren definieren, erfinden dürfe er sie aber nicht.[436] Ob dies im Rahmen des § 217 tatsächlich der Fall ist oder ob der Gesetzgeber sich im verfassungsrechtlich abgesteckten Rahmen gehalten hat, soll im Folgenden betrachtet werden.

2. Rechtsgut bzw. Rechtsgüter des § 217

Losgelöst von der abstrakten Diskussion um ein taugliches Begriffsverständnis des Rechtsgutes, bezweckt der Gesetzgeber mit der Strafbewehrung vornehmlich den Schutz mindestens eines hinter der Norm stehenden Rechtsgutes bzw. des Rechtsgutsträgers.

Der Gesetzgeber bemüht in den Motiven zu § 217 als zu schützende Rechtsgüter das Leben des Suizidenten und dessen Autonomie als Teil des verfassungsrechtlichen Selbstbestimmungsrechtes.[437] Es ist ohne Zweifel, dass die vom Gesetzgeber zitierten Rechtsgüter zu den höchsten unserer Verfassung zählen. Wie gesehen, trifft die Kritik an § 217 auch mehr einen anderen Punkt, nämlich, ob der Gesetzgeber mit der nunmehr eingeführten Strafnorm, die von ihm als schützenswert deklarierten Rechtsgüter tatsächlich schützt oder ob die intendierte Schutzbestimmung den Schutzzweck verfehlt.

---

436 Merkel, Stellungnahme für die öffentliche Anhörung am 23. September 2015, S.3.

437 BT – Drucks. 18 / 5373, S. 2f., 10, 13.

Dabei kann zunächst unter den Verfassungsrechtlern als weitgehend anerkannt statuiert werden, dass der Staat als Ausfluss seines Ermessensspielraumes neue Verbote statuieren darf, also auch ein Verbot der Suizidbeihilfe.[438] Namentlich sind jedoch an die Ausgestaltung eines solches partiellen oder generellen Verbotes einer Suizidbeihilfe wegen des grundrechtstangierenden Charakters erhöhte Anforderungen zu stellen.[439] Deutlich wird dieses insbesondere daran, dass die Strafbewehrung der Beteiligung eines Dritten am Suizid eines anderen mit verfassungsrechtlich verbürgten Grundrechten sowohl des Suizidenten selbst als auch des Suizidhelfers kollidiert.[440] Wenngleich umstritten ist, ob die Verfassung ein Recht auf Selbsttötung gewährt[441], so besteht jedenfalls Einigkeit darüber, dass der Einzelne ein Recht auf einen selbstbestimmten Tod hat, welches ihm die Entscheidungshoheit über den Zeitpunkt des eigenen Ablebens einräumt.[442]

3. Schutzzweck der Norm des § 217

a) Legitimer Schutzzweck der Strafbewehrung

Die Entwurfsverfasser des § 217 haben in den Motiven gleich auf mehrere zu verfolgende Schutzzwecke abgestellt. Zunächst leiten die Autoren in die eigentliche Problematik des Schutzzweckes ein.

Die Bevölkerung sei zunehmend von Ängsten und Unsicherheiten im Hinblick auf das eigene Lebensende geprägt, insbesondere aus Sorge vor Schmerz und Leid.[443] Studien würden belegen, dass „sich Menschen fürchten, als Last wahrgenommen zu werden, auf die Hilfe Dritter angewiesen zu sein und ihre eigene Autonomie zu verlieren"[444] Unter Hinweis auf die besorgniserregende

---

438 Siehe hierzu die Ausführungen bei Gärditz, Das Verbot der geschäftsmäßigen Sterbehilfe – Anmerkungen zu einem neuen Straftatbestand, ZfL 4/2015, 114 (115); Reimer, Suizidbeihilfe: Der verfassungsrechtliche Rahmen bundesgesetzlicher Regelungen, ZfL 3/2015, 66 (69ff.).

439 BT – Drucks. 18/5373, S. 12.

440 Eine verfassungsrechtliche Auseinandersetzung zu dieser Thematik findet sich bei: Gärditz, Fn. 427, 114 (115); Nakamichi, Fn. 426, 324; Reimer, Fn. 417, ZfL 3/2015, 66 (69ff.); Kubiciel, Zur Verfassungskonformität des § 217 StGB, ZIS 6/2016, 396.

441 Siehe hierzu die instruktive Auseinandersetzung zu der Thematik bei: Günzel, Das Recht auf Selbsttötung, seine Schranken und die strafrechtlichen Konsequenzen, welcher dem Suizidenten ein verfassungsrechtliches Recht auf Selbsttötung zuschreibt.

442 Statt vieler: Roxin, NStZ 4/2016, 185 (186); m.w.N.; Günzel, S. 25; Reimer, Fn. 417, 66 (71).

443 BT – Drucks. 18 / 5373, S. 8.

444 BT-Drucks. 18 / 5373, S. 8.

Entwicklung der Suizidrate in Deutschland solle im Einklang mit dem Deutschen Ethikrat[445] die „Suizidbeihilfe, die keine individuelle Hilfe in tragischen Ausnahmesituationen“ sei, „sondern eine Art Normalfall“ wäre, etwa im Sinne eines „wählbaren Regelangebotes“ von Ärztinnen und Ärzten oder im Sinne der „Dienstleistung eines Vereines“, untersagt werden.[446] Denn eine solche sei geeignet, den „gesellschaftlichen Respekt vor dem Leben zu schwächen“ [447]. Es müsse der „fatale Anschein einer Normalität“ [448] der Suizidbeihilfe vermieden werden und stattdessen ein verstärkter Ausbau der Hospiz-und Palliativversorgung stattfinden.

Aus diesen Ausführungen leiten die Autoren[449] eine durchaus legitim klingende Zielsetzung ab, nämlich die Notwendigkeit des Verbotes der geschäftsmäßigen Suizidassistenz. Ferner wird ausgeführt: Es seien gerade ältere und kranke Menschen, die sich durch die Zuhilfe-nahme von geschäftsmäßigen Suizidassistenzangeboten verleitet fühlen könnten, dem Erwartungsdruck der Gesellschaft nachzugeben und infolgedessen ein solches Angebot auf Suizidbegleitung in Anspruch zu nehmen, während sie ohne die Existenz eines solchen gerade keinen Suizidentschluss gefasst hätten.[450] Ein „Gewöhnungseffekt“ in der Bevölkerung solle unbedingt vermieden werden.[451]

Klarer wird die verlautbarte Kritik an den legislativ angeführten Schutzwecken des § 217, wenn man sich zunächst als Ausgangspunkt vergegenwärtigt, dass nach herrschender strafrechtlicher und verfassungsrechtlicher Meinung jeder mündige Mensch das Recht auf einen selbstbestimmten Tod hat.[452] Der Gesetzesbegründung selbst ist dabei zu entnehmen, dass eine grundrechtsbasierte, autonome Entscheidung über das eigene Lebensende anzuerkennen sei.[453] Dazu heißt es wörtlich in der Gesetzesbegründung: „Der grundgesetzlichen Garantie der körperlichen Integrität, Art. 2 Abs. 2 des Grundgesetzes

445 Stellungnahme des Deutschen Ethikrates, 2006

446 BT – Drucks. 18 /5373, S. 9f..

447 BT – Drucks. 18/5373, S. 9f.; mit Verweis auf Deutscher Ethikrat, Ad-hoc-Empfehlung vom 18.12.2014, S.4.

448 BT – Drucks. 18 / 5373, S. 11.

449 Deutscher Ethikrat, Ad – hoc – Empfehlung, 2014.

450 BT – Drucks. 18 / 5373, S. 2.

451 BT – Drucks. 18/5373, S. 2.

452 Siehe hierzu Günzel, S. 101ff., der nach eingehender Untersuchung der verfassungsrechtlichen Aspekte zu einem solchen Entschluss gelangt; Rosenau /Sorge, Gewerbsmäßige Suizidförderung als strafwürdiges Unrecht, NK – 2/2013, 108 (110); die noch darauf hinweisen, dass das Recht auf einen selbstbestimmten Tod sich seit dem bekannt geworden Fall von Diane Pretty aus dem Jahr 2002, EG MR NJW 2002, 2851 (2854), in Art. 8 Abs. 1 EMRK verorten lasse und damit auch auf europäischer Ebene anerkannt ist. National wurde dieses mit der Einführung der §§ 1901 a ff. BGB spätestens anerkannt.

453 BT – Drucks. 18 / 5373, S. 10.

(GG), und des Persönlichkeitsschutzes, Art. 2 Abs. 1 i.V.m. Art. 1 Abs. 1 GG, ist ein umfassendes Grundrecht auf Selbstbestimmung zu entnehmen, das sich auch im Bereich der Medizin auswirkt und unter anderem die Verbindlichkeit autonom getroffener Behandlungsentscheidungen verlangt. Dieses Selbstbestimmungsrecht umfasst auch das Recht, über den eigenen Tod zu entscheiden."[454] Dieses zeige sich, wie in den Motiven weiter ausgeführt wird, insbesondere auch im Bereich des medizinischen Behandlungsabbruches, denn eine „Weiterbehandlung gegen den erklärten Willen der Betroffenen ist auch dann verfassungsrechtlich untersagt, wenn die Nichtbehandlung zum Tode führt."[455] In Anerkennung des Selbstbestimmungsrechtes über den eigenen Tod halten die Entwurfsverfasser daran fest, dass an der grundsätzlichen Zulässigkeit des Suizides sowie der im Einzelfall geleisteten Beihilfe zum Suizid nichts geändert werden solle.[456] Der Gesetzgeber fühle sich jedoch gemäß seiner staatlichen Schutzpflicht dazu gehalten, sich schützend vor das Leben eines Suizidenten zu stellen, wenn dieses durch unlautere Beeinflussung von geschäftsmäßig handelnden Sterbehelfern beeinträchtigt zu werden drohe.[457] Denn ein „spezifische Eigeninteressen" verfolgender Sterbehelfer sei als abstrakt gefährlich einzustufen, insbesondere dann, wenn dieser ein „Geschäftsmodell entwickeln und kontinuierlich betreiben" wolle.[458]

Aus den vorangegangenen Überlegungen ergibt sich das inkriminierte Unrecht des neuen § 217. Wie *Roxin*[459] anschaulich dargestellt hat, bestehen hinsichtlich der Tatbestandsfassung eines abstrakten Gefährdungsdeliktes an die Bestimmung des legitimen Schutzzwecks gesteigerte Anforderungen, da nicht erst die Verletzung des Rechtsgutes zum Erfolg bzw. zur Vollendung des Deliktes führt, sondern bereits die Vornahme des gefährdenden Verhaltens. Ob der Suizidwillige tatsächlich noch die eigentliche Rechtsgutsverletzung vornimmt, ist dann für die Strafbarkeit gleichgültig.

---

454 BT – Drucks. 18/5373, S. 10.
455 BT – Drucks. 18/5373, S. 10.
456 BT – Drucks. 18/5373, S. 2, 10.
457 BT – Drucks. 18/5373, S. 10f..
458 BT – Drucks. 18/5373, S. 11.
459 Roxin, Strafrecht AT I, § 2 Rn. 69f..

b) Zwischenergebnis

Es lässt sich festhalten, dass der Gesetzgeber mit der Inkriminierung des § 217 gleich mehrere Rechtsgüter zu schützen intendiert hatte; es liegt folglich eine Schutzbereichsdoppelung vor.

Die strafrechtliche Verbotsnorm dient kumulativ dem „Schutz der Selbstbestimmung und des Grundrechts auf Leben".[460] Der Gesetzgeber fühlte sich anlässlich der zunehmenden Tätigkeit der Sterbehilfevereine auch in Deutschland verpflichtet, sich schützend vor den potenziellen Suizidenten zu stellen und diesen möglichst vor unlauteren Einflussnahmen auf seine Willensbestimmung zu schützen. Denn die Gruppe der potenziell Suizidgefährdeten sei besonderes vulnerabel. Ein gänzliches Beihilfeverbot geht jedoch auch den Autoren des hiesigen Entwurfes zu weit; den Kreis der ausgeschlossenen Helfer begrenzt er auf all diejenigen, die die Absicht hegen, auch ein weiteres Mal Suizidbeihilfe zu leisten.

Angehörige sind freigestellt von der Strafbarkeit gem. § 217 Abs. 2 – sofern sie denn ebenfalls nicht geschäftsmäßig handeln -, um der besonderen emotionalen Belastung in der Tatsituation und der persönlichen Verbindung zum Suizidenten gerecht werden zu können.

c) Kritik am fehlenden Schutzzweck

Bevor zu den Schutzzweckerwägungen des Gesetzgebers Stellung bezogen wird, soll zunächst die seitens der Literatur erhobene Kritik vorgestellt werden.

Wegen des entwicklungsgeschichtlich bedingten, längeren Werdeganges der Norm ist die Zahl der Stellungnahmen kaum noch unüberschaubar. Erste Stellungnahmen, bezogen auf Gesetzesbestrebungen, die erst im Jahr 2014 für erledigt erklärt worden sind, erschienen bereits im Jahr 2006.[461] Es wird daher im Folgenden versucht, die wesentlichen Kritikpunkte gebündelt vorzustellen. Eine abschließende Darstellung ist nicht beabsichtigt und für die vorliegende Ausrichtung der Bearbeitung auch nicht notwendig. Wenngleich bereits zu dem Gesetzesantrag aus dem Jahr 2006 zahlreiche kritische Stellungnahmen erfolgten, so erzürnte doch der Entwurf zur aktuellen Fassung des § 217 in besonderer Weise die Wissenschaft. Eine Resolution von 151 Strafrechtslehrern/-innen ist nur ein Beispiel, wie bereits frühzeitig Widerstand gegen das geplante Verbot geleistet wurde. In der Stellungnahme heißt es beispielsweise:

---

460 BT – Drucks. 18/5373, S. 2f..

461 Deutscher Bundestag – DIP -, abrufbar unter: http://dipbt.bundestag.de/extrakt/ba/WP16/26/2616.html; letzter Abruf am 22.07.2017.

„Mit Sorge beobachten wir politische Bestrebungen, im Zusammenhang mit der Sterbehilfe den Anwendungsbereich des Strafrechts auszuweiten. Mit der Strafbarkeit des assistierten Suizids würde die in den letzten Jahren durch den Bundesgesetzgeber und die Gerichte erreichte weitgehende Entkriminalisierung des sensiblen Themas Sterbehilfe konterkariert."[462] Genützt hat es nichts, der Entwurf hat in der Abstimmung die entscheidende Mehrheit der Stimmen erhalten. Die Kritik zielt vornehmlich darauf ab, dass die Norm nicht verfassungsgemäß sei. Sie verfolge keinen legitimen Schutzzweck, sei zur Erreichung dieses nicht geeignet und außerdem nicht erforderlich, da es mindestens gleich effektive Mittel gebe. Schlussendlich sei sie auch nicht angemessen. Der Inkriminierung mangele es folglich auf jeder zu prüfenden Stufe an Legitimität.[463]

Dabei setzt die Kritik an verschiedenen Punkten an. *Roxin*[464] kritisiert, dass es für die Inkriminierung der Beihilfehandlung an einer Haupttat fehle, da der Suizid als Ausprägung des verfassungsrechtlich gesicherten Selbstbestimmungsrechts des Suizidenten nach allgemeiner Meinung in Straf-und Verfassungsrecht als rechtmäßig anerkannt sei, so dass der Suizid auch im strafrechtlichen Sinne keine rechtswidrige Haupttat sein könne. Die Grundrechtsordnung räume dem Suizidenten das Recht ein, als „Ausübung grundrechtlicher Freiheit" über seinen eigenen Tod (-eszeitpunkt) entscheiden zu dürfen; eine staatliche Pflicht zum Leben gebe es nicht.[465] Der freiverantwortlich gebildete Sterbewunsch könne laut *Roxin*[466] weder mit Rücksicht auf die „Unverfügbarkeit gottgeschenkten Lebens" noch unter „Berufung auf die Menschenwürde" des Suizidenten verboten werden, da die in Art. 4 Abs. 1GG garantierte Glaubensfreiheit keine theologisch motivierten Verbote akzeptiere und die Menschwürdegarantie nicht zur Einschränkung selbstbestimmten Handelns dienen dürfe. Ein rechtlich zulässiger Suizid – und daran sollte auch laut Gesetzesbegründung nichts geändert werden – vermöge nicht die Strafbewehrung einer Förderungshandlung zu legitimieren.[467] Dies widerspräche schon strafrechtlichen Grundstrukturen. Die seitens der Gesetzesbegründung beanspruchte Legitimierung der Norm aufgrund des Schutzes vor der abstrakten Gefährdung

462 Professorale Stellungahme, III, medstra 3/2015, 129.

463 Ausführliche Auseinandersetzungen mit der Verhältnismäßigkeit der Norm finden sich beispielsweise bei: Gärditz, Fn. 427; Kubiciel, Fn. 440; Nakamichi, Fn. 426, Reimer, Fn. 417; Roxin, NStZ 4/2016, 185; jeweils mit weiteren Nachweisen.

464 Roxin, NStZ 4/2016, 185 (186).

465 Roxin, NStZ 4/2016, 185 (186).

466 Roxin, NStZ 4/2016, 185 (186).

467 Roxin, NStZ 4/2016, 185 (186).

ranghöchster Rechtsgüter - des menschlichen Lebens und der Selbstbestimmung - durch unlautere Einflussnahme der Sterbehelfer auf die personale Eigenverantwortlichkeit des Suizidenten hält *Roxin* für unhaltbar, „wenn man, was die konkrete Entwurfsbegründung offenlässt, darauf abstellt, dass die Zulassung geschäftsmäßiger Suizidförderung die Bereitschaft, aus dem Leben zu scheiden, bei alten und kranken Menschen verstärken könnte. Denn eine selbstbestimmte Entscheidung müsste bei jeder – auch der geschäftsmäßigen – Suizidförderung vorausgesetzt werden und steht einer Strafbarkeit des Helfenden entgegen.“[468] Seiner Auffassung nach kann die Gesetzesbegründung keinen „diskutablen Grund“ für die in § 217 StGB getroffenen Schutzmaßnahmen gegen eine „irgendwie geartete Lebensgefährdung“ vorbringen, sondern beruhe allein auf gesellschaftspolitischen Erwägungen, nämlich, dass die Zunahme freiverantwortlicher Suizide durch die Förderung öffentlicher Suizidhilfeangebote unerwünscht sei.[469] Wobei *Roxin*[470] in diesem Zusammenhang in aller Deutlichkeit darauf hinweist, dass die vom Gesetzgeber befürchtete Zunahme von Suiziden bislang empirisch nicht belegt sei, was einen weiteren Kritikpunkt darstellt, der auch von anderen Autoren aufgegriffen wird.[471] Dieser „wahre Strafgrund“ des § 217 ist seiner Ansicht nach durchaus plausibel und der Gesetzgeber sei auch berechtigt, einer fortschreitenden Zunahme öffentliche Suizidhilfeangebote entgegenzuwirken.[472] Die legislatorische Umsetzung im Bereich des Strafrechtes hält er jedoch für nicht gelungen, was jedoch mehr an der Art der Tatbestandsfassung liege als alleine an dem mit der Norm verfolgten Schutzzweck. Im Ergebnis lässt sich festhalten, dass *Roxin* die eigentliche Intention des Gesetzgebers zur Schaffung des § 217, die Tätigkeit von Sterbehelfern und Sterbehilfevereinen zu verbieten, für gesellschaftspolitisch billigenswert hält, er jedoch lieber einen alternativen Weg über die Konstruktion einer Ordnungswidrigkeit gegangen wäre.[473]

Mit *Roxin* im Ergebnis konform urteilt auch *Merkel*[474], wenn er in seiner Stellungnahme für die Expertenanhörung im Rahmen des Gesetzgebungsver-

468 Roxin, NStZ 4/2016, 185 (186).

469 Roxin, NStZ 4/2016, 185 (186f.).

470 Roxin, NStZ 4/2016, 185 (187).

471 Duttge, NJW 2016, 120 (122f.); Eidam, medstra, 1/2016, 17 (19); Gaede, JuS 5/2016, 385 (387); Merkel, Stellungnahme im Gesetzgebungsverfahren, Fn. 436.

472 Roxin, NStZ 4/2016, 185 (187).

473 Roxin, NStZ 4/2016, 185 (186):
Ein Ordnungswidrigkeitentatbestand soll nach Roxin wie folgt aussehen:
„Ordnungswidrig handelt, wer öffentlich eine Förderung von Selbsttötungen anbietet. Die Ordnungswidrigkeit kann mit einer Geldbuße bis zu … Euro geahndet werden.“

474 Merkel, Stellungnahme für die öffentliche Anhörung am 23. September 2015

fahrens einen Strafgrund für das selbstständige, strafbewehrte Unrecht der geschäftsmäßigen Suizidbeihilfe sucht. Eine Verletzung des Rechtsgutes Leben erkennt *Merkel*[475] nicht an, da es einerseits bereits an einer allgemeinen Rechtspflicht zum Leben fehle und andererseits der so vollzogene Suizid als freiverantwortlich eingestuft und damit als rechtmäßig angesehen werden müsse. Dies folge aus einem Umkehrschluss aus den Tötungsdelikten, die ihrerseits - zwar nicht ausdrücklich - jedoch im Wege der Auslegung stets eine Fremdtötung als Unrechtsbestandteil voraussetzen würden.[476] Eine Strafbewehrung infolge einer bloßen Gefährdung des Rechtsgutes Leben des Suizidenten kann erst recht nicht vorliegen, denn dann müsse konsequenterweise jede Suizidhilfe unter Strafe gestellt werden und nicht nur die geschäftsmäßige Suizidbeihilfe. Dieses einem Totalverbot gleichzusetzende Vorgehen wäre jedoch völlig illegitim. Auch der Schutz gesellschaftlicher Schutzinteressen kann laut *Merkel*[477] keinen zulässigen Schutzzweck bieten, da sie für den Fall der Suizidbeihilfe überhaupt nicht erkennbar seien. Die unter dem Stichwort „Schiefe Ebene“ (slippery – slope) befürchtete Entwicklung droht, aufgrund der bereits seit 150 Jahren bestehenden Rechtslage nicht, denn dann hätte sie als Beweis längst eingetreten sein müssen.[478] In *conclusio* vermag auch *Merkel*[479] kein zu schützendes Rechtsgut feststellen, so dass er demzufolge feststellt: Der Gesetzgeber darf kollektive Risiken definieren und ggf. unterbinden; erfinden darf er sie aber nicht.

Eidam[480] fasst seine Kritik noch etwas weitgreifender und setzt bereits an der gesetzgeberischen Wahl eines abstrakten Gefährdungsdeliktes an, welche im Strafrecht zwar mittlerweile häufiger anzutreffen, im Bereich der Tötungsdelikte jedoch neu seien. Die Notwendigkeit solcher abstrakten Gefährdungsdelikte innerhalb der sonst als Verletzungsdelikte ausgestalteten Tötungsdelikte ergibt sich laut der Gesetzesbegründung daraus, dass „durch die Einbeziehung solcher geschäftsmäßig handelnden Personen und Organisationen die personale Eigenverantwortlichkeit, welche die Straflosigkeit des Suizids begründet, beeinflusst“ werde, was „eine zumindest abstrakte Gefährdung höchstrangiger Rechtsgüter, nämlich des menschlichen Lebens und der Autonomie

---

im Ausschuss des Deutschen Bundestages für Recht und Verbraucherschutz, abrufbar unter: https://www.bundestag.de/blob/388404/ad20696aca7464874fd19e2dd93933c1/merkel-data.pdf; letzter Abruf am 22.07.2017.

475 Merkel, Fn. 471, S. 1ff.

476 Merkel, Fn. 471, S. 2f.

477 Merkel, Fn. 471, S. 2ff.

478 Merkel, Fn. 471, S. 3.

479 Merkel, Fn. 471, S. 3.

480 Eidam, Verbot der geschäftsmäßigen Förderung der Selbsttötung, medstra 1/2016, 17.

des Individuums" bedeute.[481] Es bestehe von Seiten des Gesetzgebers die dringende Besorgnis, dass solche „geschäftsmäßige[n] Angebote der Suizidhilfe [...] den Schritt in den selbst gewählten Tod normal erscheinen [lassen] und Menschen zur Selbsttötung verleiten, die dies ohne ein solches Angebot nicht tun würden."[482] Der Gesetzgeber fühle sich daher im Rahmen seiner staatlichen Schutzpflicht verpflichtet, diesem Verlauf mit den Mitteln des Strafrechts entgegenzutreten. *Eidam*[483] benennt es aus soziologischer Sicht: Der Gesetzgeber befürchte einen altruistischen Selbsttod des Sterbewilligen zur Entlastung der Angehörigen und des gesellschaftlichen Systems. Überzeugen könne diese Begründung indes die meisten Kritiker nicht, was zunächst darauf zurückzuführen sei, dass es keinerlei empirisch belegte Basis für diese Annahme des Gesetzgebers gebe, die es rechtfertigen könnte, einen unerwünschten „Trend" durch Androhung von Strafe für geschäftsmäßig handelnde Sterbehelfer zu stoppen.[484] Dahinter verbirgt sich sogleich die nächste kritisierte Inkonsequenz des Gesetzgebers, nämlich, dass die Teilnahme am Suizid eines anderen nur für diejenigen Sterbehelfer verboten worden ist, die geschäftsmäßig handeln. Laut *Merkel*[485] könne „aus Null-Unrecht" auch nicht durch die bloße Wiederholung (-sabsicht) oder durch die schiere Organisation mehr als nur „Null-Unrecht" werden.

Duttge[486] empfindet insbesondere durch den Strafbarkeitsausschluss des Abs. 2 den Rechtsgüterschutz unzureichend. *Duttge* schreibt: „Wie sich das aber im Lichte des vom Gesetzgeber betonten Schutzes der hochrangigen Rechtsgüter von „Selbstbestimmung und Grundrecht auf Leben" rechtfertigen lassen soll, bleibt unerfindlich." Aus seiner Sicht sind es gerade die laienhaften Suizidhelfer, die mangels Sachkunde ein Risiko für den Suizidenten darstellen können. Der Gesetzgeber nehme es angesichts der hohen Wertigkeit der benannten Rechtsgüter dennoch in Kauf, „dass von Jedermann privatissimo „aus Mitleid und Mitgefühl" ohne verlässliche Aufklärung der Sachlage erbrachte Unterstützungsleistungen im Umkehrschluss als erlaubt gelten dürfen"; dies spreche dem „intendierten Rechtsgüterschutz Hohn".[487] Insbesondere kann *Duttge*[488] der Norm kein strafwürdiges zu inkriminierendes Unrecht entneh-

481 Eidam, Fn. 480, 17 (18).
482 Eidam, Fn. 480, 17 (18).
483 Eidam, Fn. 480, 17 (18).
484 Eidam, Fn. 480, 17 (19).
485 Merkel, Fn. 471, S. 4.
486 Duttge, Strafrechtlich reguliertes Sterben, NJW 3/2016, 120 (122).
487 Duttge, Fn. 486, 120 (123).
488 Duttge, Fn. 486, 120 (123).

men. Zwar verstünden sich Normen stets auch als Beschreibung sozial unethischen Verhaltens, welches aber bei § 217 nach seiner Ansicht nicht vorliege. Eine „schwerwiegende Rechtsfriedensstörung“ liege hier jedenfalls nicht begründet. Anders sähe dies für *Duttge*[489] nur dann aus, wenn die Selbsttötung sich nicht mehr „als ein Akt der Freiheit“ erweise. Für ihn erfährt der Anwendungsbereich des § 217 daher eine Begrenzung auf alle Suizidtaten, in denen die „Unterlegenheit“ des Suizidenten ausgenutzt werde. Damit sei § 217 aber an sich überflüssig, da für solche Defektsituationen bereits das Instrumentarium der mittelbaren Täterschaft vorhanden sei.[490] *Duttge* spricht der Norm sozusagen jede „Daseinsberechtigung“ ab. Strafrechtslegitimatorisch sei sie verfehlt, da sie durch die weite Tatbestandsfassung eine „überschießende Kriminalisierung“ beinhalte und der erforderliche Rechtsgutsbezug durch die weite Vorfeldkriminalisierung nicht mehr klar erkennbar sei.[491] Ein sozialschädliches Verhalten sei nicht kriminalisiert, allenfalls eine abstrakt gefährliche Gesinnung des Täters.[492] Hieraus resultiere eine unzulässige Vermischung von Gesinnung und Moral, welches einem „liberalen Rechtsstaat“ fremd sein müsse.[493] Auch *Gaede*[494] schließt sich der grundsätzlichen Kritik an § 217 an, indem er die Verfassungsmäßigkeit der Norm insgesamt in Frage stellt. Die Schutzzweckerwägungen des Gesetzgebers sieht er tiefgreifenden Bedenken ausgesetzt, was insbesondere daraus resultiere, dass der intendierte Rechtsgüterschutz unverhältnismäßig durch Autonomiebegrenzungen belastet werde.[495] Der Verweis potenzieller Suizidenten auf die Hilfe ihrer Angehörigen ließe sich aus seiner Sicht schwerlich mit deren Autonomie und Lebensschutz vereinbaren.[496] Die autonome Entscheidungsfreiheit werde in unzulässiger Weise verkürzt, „ die Gestaltung des eigenen Lebensendes massiv eingeschränkt.[497] Die Autonomie müsse jedoch besondere Berücksichtigung finden, da es vorliegend um eine Beteiligung an einer Selbsttötung gehe und nicht wie sonst in den §§ 211ff. um eine Fremdtötung.[498] Auch für *Gaede*[499] wurde eine „bestimmte Moralvorstellung“ des Gesetzgebers „strafrechtlich verbindlich.“

489 Duttge, Fn. 486, 120 (123).
490 Duttge, Fn. 486, 120 (123).
491 Duttge, Fn. 486, 120 (123).
492 Duttge, Fn. 486, 120 (123).
493 Duttge, Fn. 486, 120 (124).
494 Gaede, Die Strafbarkeit der geschäftsmäßigen Förderung des Suizids - § 217 StGB, JuS 5/2016, 385.
495 Gaede, Fn. 494, 385 (386f.).
496 Gaede, Fn. 494, 385 (387).
497 Gaede, Fn. 494, 385 (387).
498 Gaede, Fn. 494, 385 (387).
499 Gaede, Fn. 494, 385 (387).

Herzberg[500] kritisiert insbesondere im Einklang mit *Merkel*, dass es der Norm an einem ethisch zu missbilligenden Verhalten fehle. Das Akzessorietätsargument der professoralen Stellungnahme halte er für verfehlt[501], gleichwohl sieht *Herzberg*[502] die Strafwürdigkeit aus einem anderen Grund als nicht gegeben an: Es sei im Strafrecht zwar anerkannt, dass eine Wiederholungsabsicht wie die Geschäftsmäßigkeit des Handelns eine strafschärfende Funktion übernehmen könne, bei § 217 lägen die Dinge jedoch anders. Hier werde durch das Merkmal der Geschäftsmäßigkeit erst eine Strafbarkeit begründet, und zwar für eine Beihilfehandlung, die, wenn sie nur im Einzelfall geleistet werde, allgemein als straflos gelte. Diese gesetzgeberische Einschätzung hält er insbesondere auch aus ethischer Sicht für eine Fehleinschätzung.

Abschließend sei noch auf die Ansicht von *Rosenau/Sorge*[503] hingewiesen, welche sich in der Debatte ebenfalls klar positioniert haben. Nach *Rosenau/Sorge*[504] fehlt es dem Entwurf bereits an einer zur Normsetzung berechtigenden abstrakten Gefahr. *Rosenau/Sorge*[505] stützen sich zunächst auf das Recht des Einzelnen zum Suizid. Ist ein solches verfassungsrechtlich abgesichert, müsse der potenzielle Suizident sich denklogisch auch der Hilfe Dritter bedienen können, insbesondere dann, wenn er sonst den Suizid nicht verwirklichen könne.[506] Der Lebensschutz greife sonst zu kurz. Zwar erkennen *Rosenau/Sorge*[507] den gesetzgeberisch bezweckten Schutz der freien Willensbildung des Suizidenten sehr wohl an, jedoch gehen sie nicht konform mit dem Gesetzgeber, wenn er die Tätigkeit der Sterbehilfevereine als abstrakte Gefahr für das Rechtsgut des Suizidenten einschätzt. Es fehlt den beiden Autoren gleichfalls an einer empirischen Basis, da die Zahlen der mit Hilfe eines Ster-

500 Herzberg, Strafbare Tötung oder straflose Mitwirkung am Suizid, ZIS 7/2016, 440.

501 Herzberg, Fn. 500, 440 (441) kritisiert an der Stellung 151 Strafrechtlehrer /-innen vornehmlich, dass diese zur Begründung des Postulates der Straffreiheit Rekurs nehmen auf die Akzessorietät der §§ 26, 27 StGB. In der Stellungnahme heißt es dazu: „Aus der Straflosigkeit des Suizides ergibt sich nach bewährten strafrechtsdogmatischen Regeln, dass auch die Beihilfe zum Suizid nicht strafbar ist. Dies zu ändern würde zu einem Systembruch führen, dessen Auswirkungen nicht absehbar sind.“ Die Stellungnahme vermische den eigentlichen Aspekt der Akzessorietät gem. §§ 26, 27, denn die Suizidbeteiligung könne nur „auf der Grundlage der §§ 26, 27 strafbar sein“, sie sei es nicht –„deswegen“. Dies suggeriere jedoch die professorale Stellungnahme.

502 Herzberg, Fn. 500, 440 (449).

503 Rosenau/Sorge, Gewerbsmäßige Suizidförderung als strafwürdiges Unrecht, NK 2/2013, 108.

504 Rosenau/Sorge, Fn. 503, 108 (113).

505 Rosenau/Sorge, Fn. 503, 108 (112f.).

506 Rosenau/Sorge, Fn. 503, 108 (113).

507 Rosenau/Sorge, Fn. 503, 108 (113).

behilfevereines verwirklichten Suizide tendenziell abgenommen hätten, währenddessen die Suizidzahlen in den vergangenen Jahren angestiegen seien.[508] Andererseits hätten sich auch die Dammbruch – Befürchtungen aus dem Ausland nicht bestätigt, da dort die Sterbehilfezahlen durch Ärzte sich weiter auf gleichbleibendem Niveau halten würden.[509] Vielmehr sehen die Autoren die Tätigkeit eines Sterbehilfevereines nicht als per se verachtenswert an; ein Sterbehilfeverein könne nach Meinung der beiden Autoren sehr viel zur Suizidprävention sowie zur Verringerung der „Brutalsuizide" beitragen. Sterbewillige seien daher nach Meinung von *Rosenau/Sorge* zurzeit genötigt, „brutalere" Formen des Suizides wie Erhängen, Strangulieren oder Vor-den-Zug-Werfen zu wählen.[510] Die gegenwärtige Rechtslage käme daher einer absoluten Lebenspflicht gleich. Jedenfalls führe die sehr weite Tatbestandsfassung unter Berücksichtigung der vorstehenden Aspekte zu einer Beschneidung des „ultima-ratio-Prinzips" des Strafrechts, welches auch nach Ansicht des BVerfG die äußere Grenze der legitimen Zwecksetzung markiere.[511] Der Gesetzgeber habe mit dem zugrundeliegenden Entwurf vielmehr bloße Moralvorstellungen zu einem strafbaren Verhalten avanciert, welches jedoch einer legitimen abstrakten Zwecksetzung entbehre. Vor dem Hintergrund des Rückzuges der Ärzteschaft aus dem Feld der Suizidassistenz halten die Autoren die Entscheidung des Gesetzgebers daher für ein „fatales Signal".[512]

d) Zustimmung zum legitimen Schutzzweck der Neuregelung

Gleichwohl hat die Intention des Gesetzgebers auch Zustimmung in der Jurisprudenz gefunden.

Rissing – van Saan[513] befürwortet den Gesetz gewordenen Entwurf zur geschäftsmäßigen Förderung der Selbsttötung und erkennt die Zwecksetzung des Gesetzgebers als legitim an. Diese wäre nach Ansicht von *Rissing – van Saan*[514] nur dann nicht respektabel, wenn alle Suizide freiverantwortlich vollzogen

---

508 Rosenau/Sorge, Fn. 503, 108 (114).

509 Rosenau/Sorge, Fn. 503, 108 (114).

510 Rosenau/Sorge, Fn. 503, 108 (116).

511 Rosenau/Sorge, Fn. 503, 108 (115); mit Verweis auf die Inzest – Entscheidung des BVerfGE, 120, 224.

512 Rosenau/Sorge, Fn. 503, 108 (116).

513 Rissing – van Saan, Stellungnahme vor dem Ausschuss für Recht und Verbraucherfragen vom 23.09.2015, abrufbar unter: https://www.bundestag.de/blob/387620/d86b50a3fe9d9b834127889ce5da3677/rissing_van-saan-data.pdf; letzter Abruf am 23.07.2017.

514 Rissing – van Saan, Fn. 513, S. 12.

würden, was jedoch diversen Studien zufolge nachweisbar nicht der Fall sei. Daher sei der Übereilungsschutz eine berechtigte Zwecksetzung des Gesetzgebers.[515] Auch sie befürchtet, dass wenn es erstmal eine im „alltäglichen Leben akzeptierte und gewöhnliche Dienstleistung" des „Selbsttötungsservice" gäbe, das dann „Weiterleben – Wollen" „begründungspflichtig" würde.[516] Dies hielte *Rissing - van Saan* für eine „Pervertierung des individuellen Selbstbestimmungsrechtes".[517] Für *Kubiciel*[518] rechtfertigt sich die Norm des § 217 insbesondere aus paternalistischen Schutzzweckgedanken, und zwar dahingehend, dass der Sterbewillige vor einem übereilten Handeln geschützt werden müsse. *Kubiciel*[519] zieht zur Begründung seiner Ansicht eine Parallele zu § 216. Hier wie dort sei Hintergrund der Norm „die Kriminalisierung des Sterbehelfers, der den ausdrücklichen und ernstlichen Willen des Sterbewilligen vollzieht, und damit als Vertypung eines Teilnahmeunrechts" darstehe.[520]

Als positiv bewertet auch *Magnus*[521] die Intention des Gesetzgebers. Bedenken hinsichtlich fehlender empirischer Nachweise, ob die Tätigkeit geschäftsmäßiger Sterbehelfer tatsächlich eine unlautere Einflussnahme auf den Willen des Suizidenten bilden könnte, hegt auch sie, gleichwohl hält sie es für verfehlt, anlässlich der bis dato als liberal geltenden Rechtslage von einem „suizidfreundlichen Klima" zu sprechen.[522] Tatsache sei für sie allerdings, dass aufgrund der Tätigkeit von Sterbehilfevereinen die Durchführung eines Suizides mit Hilfe von Dritten auf recht einfache Art möglich sei. Sie hält daher das Einschreiten des Gesetzgebers für gerechtfertigt.[523] Nicht direkt juristischer Natur, aber gleichwohl in den Kontext gehörend ist die Sicht des Deutschen Ethikrates, auf welche die Gesetzesbegründung maßgeblich Bezug nimmt. Zwar möchte der Deutsche Ethikrat grundsätzlich an der tradierten Rechtslage festhalten, gleichwohl sollten „nach Auffassung der Mehrheit des Ethikrates Suizidbeihilfe sowie ausdrückliche Angebote dafür untersagt werden, wenn sie auf Wiederholung angelegt sind, öffentlich erfolgen und damit den Anschein einer sozialen Normalität ihrer Praxis hervorrufen könnten."[524]

---

515 Rissing – van Saan, Fn. 513, S. 12.

516 Rissing – van Saan, Fn. 513, S. 13.

517 Rissing – van Saan, Fn. 513, S. 13.

518 Kubiciel, Mordtatbestand und Suizidbeihilfe, ZRP 7/2015, 194 (197).

519 Kubiciel, Fn. 518, 194 (197).

520 Kubiciel, Fn. 518, 194 (197).

521 Magnus, Gelungene Reform der Suizidbeihilfe?, medstra 4/ 2016, 210.

522 Magnus, Fn. 521, 210 (213).

523 Magnus, Fn. 521, 210 (213).

524 Deutscher Ethikrat, Ad – hoc – Empfehlung vom 18.12.2014: Zur Regelung der Suizidbeihilfe in einer offenen Gesellschaft: Deutscher Ethikrat empfiehlt gesetzliche Stärkung der Suizidprävention, S. 3.

Ferner heißt es: „Eine Suizidbeihilfe, die keine individuelle Hilfe in tragischen Ausnahmesituationen, sondern eine Art Normalfall wäre, etwa im Sinne eines wählbaren Regelangebots von Ärzten oder im Sinne der Dienstleistung eines Vereins, wäre geeignet, den gesellschaftlichen Respekt vor dem Leben zu schwächen. Des Weiteren und vor allem ist der Gefahr fremdbestimmender Einflussnahme in Situationen prekärer Selbstbestimmung vorzubeugen. Schließlich könnte es die Anstrengungen der Suizidprävention unterlaufen, wenn eine Beihilfe den Charakter einer gesellschaftlich akzeptierten Üblichkeit erhielte. Dabei ist es unerheblich, ob die Beihilfe durch eine Organisation oder eine Einzelperson erfolgt.“[525]

4. Stellungnahme

In *conclusio* besteht in der Literatur ein breiter Konsens dahingehend, dass der Übereilungsschutz als gesetzgeberische Zwecksetzung durchaus Anerkennung verdient.

Sowohl die Autoren, die eine legitime Zwecksetzung des § 217 bezweifeln, als auch diejenigen, die der neuen Regelung offen gegenüberstehen, halten eine Beeinflussung des Willens eines potenziell Suizidwilligen für gefährlich. Wie die Autoren betonen, wird eine Vielzahl der Suizide in einem psychopathologischen Ausnahmezustand vollzogen, so dass die freiverantwortliche und auch die reifliche Durchdachtheit des Sterbewunsches durchaus angezweifelt werden kann. Der in Form des § 217 verwirklichte paternalistische Schutz des Lebens des Suizidenten ist dagegen meines Erachtens nicht mit der Selbstbestimmung des Menschen in Einklang zu bringen. Wo wirklich autonome Beweggründe für einen Suizid vorliegen, sollte der Staat sich nicht in der vorgesehenen Weise schützend vor den potenziell Sterbewilligen stellen, so dass ihm nahezu jegliche Hilfe kompetenter Menschen abgeschnitten wird. Die Forderung nach einer Stärkung der Suizidprävention ist anlässlich der jährlichen, konstant hohen Suizidzahlen, insbesondere im Vergleich zu den jährlichen Verkehrstoten, dringend zu unterstützen. Eine strafrechtliche Regelung, die jedoch die Hilfe eines Dritten abschneidet, ohne auf der anderen Seite eine alternative Hilfe anzubieten, ist meines Erachtens falsch verstandener Lebensschutz.

Auch die partielle Legitimierung der Suizidassistenz durch den in § 217 Abs. 2 statuierten Strafbarkeitsausschluss kann nicht ausgleichen, dass der legislativ geschaffene Lebensschutz fehlgeht. Zwar sind Angehörige und ähnlich

---

525 Deutscher Ethikrat, Ad – hoc - Stellungnahme, 18.12.2014, S. 3.

nahe stehende Personen von der Strafbarkeit ausgeschlossen, dies ist im Hinblick auf Art. 6 GG auch richtig, aber auf der anderen Seite auch zu kurz gedacht. Die wenigsten Menschen verfügen über einen Angehörigen, der ihnen kompetent bei dem Vollzug eines Suizides zur Seite stehen könnte. In den allermeisten Fällen wird es den Angehörigen schwer fallen, den Suizidwunsch des Betroffenen zu teilen und zu unterstützen. Es verlangt sehr viel an innerer Stärke, diesen Schritt mit einem geliebten Menschen zu gehen. Wenn dann „milde Suizidmöglichkeiten" innerhalb Deutschlands nicht zur Verfügung stehen, droht dies zu einer enormen Belastung für das Angehörigen–Suizidenten–Verhältnis zu werden. Schlimmer wird die Situation noch, wenn der potenziell Sterbewillige den Suizid heimlich begeht, weil diese Thematik in der Öffentlichkeit nicht gern besprochen wird. Eine andere Problematik des Strafbarkeitsausschlusses in Absatz 2 liegt noch darin, dass, wie viele Autoren[526] kritisieren, die Angehörigen nicht stets altruistisch handeln, wie es sich der Gesetzgeber bei der Inkriminierung vorgestellt hat. Ob die reale Lebenssituation dem gesetzgeberischen Leitbild gerecht wird, ist daher eine ganz andere Frage. Zudem wiegt auch der Vorwurf schwer, „es fehle an einer gesicherten empirischen Basis" für die verfolgte legitime Zwecksetzung. Keinesfalls erwecken die von *Rosenau/Sorge* benannten Zahlen den Eindruck, als hätte sich in diesem Metier eine neue Form der Kriminalität gegenüber Suizidwilligen breit gemacht. Gleichwohl ändern auch Zahlen nichts daran, dass die Beeinflussung eines potenziell Sterbewilligen einfacher möglich ist als die eines nicht suizidgefährdeten Menschen. Ob jedoch im konkreten Einzelfall tatsächlich eine Willensbeeinflussung des Suizidenten durch den Sterbehelfer vorliegt, mag ebenso in Frage gestellt werden wie das seitens der Entwurfsverfasser ohne näherer Erläuterung unterstellte „Eigeninteresse des Sterbehelfers". Wenn es denn kein finanzielles sein sollte, fragt sich doch, welches Eigeninteresse es dann sein könnte. Dies bleibt aber im Verborgenen. Man muss jedoch zugestehen, dass es dem Gesetzgeber nicht konkret auf eine tatsächliche Willensbeeinflussung des Suizidenten ankam, genauso wenig wie auf einen realen Suizidvollzug. Es obliegt dem Gesetzgeber, als Volksvertreter mehrheitlich festzulegen, welches Verhalten er als abstrakt gefährlich ansieht. Dem Gesetzgeber steht hier ein breites Ermessen zur Verfügung. Auf der Stufe der Eruierung eines legitimen Schutzzwecks wird man anerkennen müssen, dass es zumindest nicht völlig abwegig erscheint, dass ein objektiv und eher emotionsbefreiter Dritter anders aufklärt und berät als der emotional befangene altruistische Angehörige, bei welchem immerhin noch bis zum letzten Akt eine gewisse Wahrscheinlichkeit

526 Statt vieler: Taupitz, medstra 6/2016, 323 (327f.).

besteht, dass er den Sterbewilligen umstimmen kann. Kann er dies nicht, dürften an der Ernsthaftigkeit des Suizidwunsches jedenfalls keine fundamentalen Bedenken bestehen.

Eine von der legitimen Zwecksetzung zu unterscheidende Fragestellung ist die, ob der Schutzgedanke des Gesetzgebers auch in verhältnismäßiger Weise umgesetzt wurde, was genau den eigentlichen Kritikpunkt an der Norm darstellt - nämlich, dass die Konstruktion als abstraktes Gefährdungsdelikt mit der Wahl der Geschäftsmäßigkeit als unrechtsbegründendes, weichenstellendes Merkmal dem gesetzgeberisch intendierten Schutzzweck nur partiell gerecht werden könne.

III. Gesamtergebnis

An die Festlegung eines schützenswerten Rechtsgutes werden unterschiedliche Anforderungen gestellt.

Die klassische Rechtsgutslehre orientiert sich vornehmlich an den Werten der Verfassung, währenddessen das BVerfG eine weniger strenge Vorgehensweise vertritt: Dem Gesetzgeber wird ein weiter gefasster Ermessensspielraum zugestanden, welcher erst durch die *ultima–ratio* Funktion des Strafrechts begrenzt wird. Im Hinblick auf § 217 ist der vom Gesetzgeber vorgesehene paternalistische Rechtsgüterschutz scharf kritisiert worden. Weitgehende Einigkeit kann jedoch dahingehend erzielt werden, dass der potenziell Sterbewillige jedenfalls vor unlauterer Einflussnahme seiner Willensbildung geschützt werden müsse, um zu vermeiden, dass dieser infolgedessen eine nicht mehr zu revidierende, fatale Entscheidung trifft.

Der Übereilungsschutz und damit einhergehende Schutz des Lebens und der Autonomie des Suizidenten ist damit zumindest das konsensfähige Minimum an Rechtsgüterschutz des § 217.

B. Teil 2: Die Auslegung des § 217 StGB

I. Interpretation einer Norm

1. Einleitung

§ 217 sieht sich weiteren strafrechtsdogmatischen und verfassungsrechtlichen Bedenken ausgesetzt, von denen hier nur einige enumerativ benannt werden können.

Wie gesehen, ist ein nicht unwesentlicher Kritikpunkt an der Norm der Gesichtspunkt des fehlenden Rechtsgutes. In der Prüfung der Verfassungsmäßigkeit des Gesetzes werden nachfolgende Gesichtspunkte geprüft: Die Norm sei als Strafgesetz nicht erforderlich, da es mildere Mittel wie einen Ordnungswidrigkeitentatbestand gegeben hätte, der gleich effektiv gewesen wäre.[527] Die amtierende Fassung stehe weiterhin auch außer Verhältnis zu dem verfolgten Schutzzweck, da durch das gegenwärtige Verbot der geschäftsmäßigen Förderung nahezu keine Möglichkeiten mehr für einen potenziell Sterbewilligen vorhanden seien, friedlich und sanft aus dem Leben zu scheiden. Dieser Einwand wiegt schwer, zumal die Ärzteschaft sich zu einer Suizidassistenz nicht legitimiert fühlt und zum Ausdruck dessen ein weitreichendes Verbot in der Musterberufsordnung verankert hat.[528] Zwar ist dies nicht von allen Länderärztekammern einheitlich übernommen worden[529], die Signalwirkung ist jedoch deutlich geworden. Weniger konkretisiert, aber nicht weniger tiefgreifend ist auch der Vorwurf, dass mit der seit ungefähr 140 Jahren bestehenden Rechtslage durch die Inkriminierung der geschäftsmäßigen Förderung der Selbsttötung gebrochen wurde. Denn bis dato galt die Beihilfe zu einem Suizid mangels rechtswidriger Haupttat als straffrei. Die Haupttat, der Suizid, ist zwar straffrei geblieben, jedoch wurde mit der Normierung der geschäftsmäßigen Förderung der Selbsttötung ein verselbstständigtes Teilnahmeunrecht zu einem Suizid, wie dies bereits gem. § 120 StGB für die Gefangenenbefreiung oder gem. § 258 Abs. 1 für die Hilfe zur Strafvereitelung bekannt ist, geschaffen.

Ein weiterer, nicht unerheblicher Kritikpunkt ist die gegenwärtige Tatbestandsfassung, die auf Grund ihrer geringen Konturenschärfe eine weite Vor-

---

527 Eine ausführliche Darstellung findet sich beispielweise bei: Hecker, Das strafrechtliche Verbot geschäftsmäßiger Förderung der Selbsttötung (§ 217 StGB); Kubiciel, Zur Verfassungskonformität des § 217 StGB, ZIS 6/2016, 396, jeweils m.w.N..

528 § 16 MBO.

529 Brose, Ärztliche Beihilfe zur Selbsttötung – rechtswidrig und strafwürdig, ZRP 8/2014, 235.

feldkriminalisierung ermöglicht; insbesondere die Wahl des unrechtsbegründenden Merkmals der Geschäftsmäßigkeit ist Ausdruck dessen. Daher wird auch häufig der Vorwurf der mangelnden Bestimmtheit der Norm erhoben. Hieraus folge eine vornehmlich für die Ärzteschaft untragbare Rechtsunsicherheit, die sich auch in einer jüngsten Studie[530] bestätigt hat. Untersucht wurde mittels einer anonymen Befragung die Einstellung von Fachpersonal der Pflege, Ärzten und Ärztinnen zu dem neuen Gesetz sowie dessen Einfluss auf das persönliche Handeln. Ergebnis der durchgeführten Studie war, dass „eine unpräzise Formulierung des Gesetzes und eine unzureichende Rechtssicherheit [...] kritisiert [wurden]. Immerhin kannte die Mehrheit der Befragten das Gesetz. Etwa 40 % der Ärzte und Pflegekräfte hielten das Gesetz nicht für sinnvoll.“ [531] Ein wesentlicher Aspekt der Kritik lag dabei in der Verwendung des Merkmales der Geschäftsmäßigkeit. Nach Angaben der Autoren konnte als Kernaussage der Studie entnommen werden, dass den Befragten nicht klar gewesen sei, welche Art der Sterbehilfe mit dem neuen Gesetz gemeint sei. Im weiteren Verlauf der Arbeit soll sich daher der Frage gewidmet werden, ob § 217 gegen den Bestimmtheitsgrundsatz des Art. 103 Abs. 2 GG verstößt.

Hier liegt der Schwerpunkt der nachfolgenden Bearbeitung. Ausblickend wird gezeigt werden, dass eine andere Formulierung des § 217 zwar ebenso zwecktauglich wäre, aber weit weniger Rechtsunsicherheit mit sich bringen würde.

2. Die „Bestimmtheit“ der Verhaltensinkriminierung des § 217 im Sinne des Art. 103 Abs. 2 GG

a) Einführung in die Thematik

Im Folgenden wird sich die Untersuchung der Konformität der Tatbestandsmerkmale des § 217 mit dem verfassungsrechtlichen Bestimmtheitsgrundsatz aus Art. 103 Abs. 2 GG widmen.

Die bisherigen Ausführungen haben gezeigt, dass § 217 Abs. 1 eine Norm mit dogmatischen Schwächen und Widersprüchen ist. Im Zentrum der Kritik steht eindeutig das Merkmal der Geschäftsmäßigkeit, wobei auch die übrigen

---

530 Publiziert von: Zenz J. et al., Ärztlich assistierter Suizid DtschMedWochenschr. 2017; 142: 340; abstract herunter zu laden im Internet unter: https://www.thieme-connect.de/media/dmw/201705/supmat/10-1055-s-0042-122119-s.pdf; ausführliche Darstellung der Ergebnisse abrufbar unter: https://www.thieme-connect.com/products/ejournals/html/10.1055/s-0042-122119; letzter Abruf am 23.07.2017.

531 Zitiert nach dem abstract zur Studie, Fn. 530, S. 1.

Merkmale – so viel sei schon angemerkt – nicht unproblematisch sind. Grundrechtssystematische Erwägungen spielen jedoch in dieser Arbeit keine primäre Rolle, sondern finden dann Erwähnung, wenn es für die hiesige Bearbeitung von Bedeutung ist.

Bereits im Gesetzgebungsverfahren wurden erste Zweifel an der Bestimmtheit der Norm kundgetan. Der Wissenschaftliche Dienst des Bundestages gelangt insoweit in seiner kritischen Stellungnahme[532] zu dem Ergebnis, dass hinsichtlich der Bestimmtheit des Begriffes der Geschäftsmäßigkeit durchaus verfassungsrechtliche Bedenken bestehen, da die Formulierung „geschäftsmäßig, [...], eine Straflosigkeit von Suizidhilfe leistenden Ärzten wohl nicht hinreichend klar“[533] mache.

Aus ärztlicher/palliativmedizinischer Sicht sei nicht vorhersehbar, wann im Rahmen ihrer Tätigkeit eine strafbare Handlung vorliege.[534] Die Gesetzesbegründung hierzu sei jedenfalls argumentativ nicht überzeugend. Dass ärztliche Suizidhilfe typischerweise nicht geschäftsmäßig vorgenommen werde, da sie nicht zum ärztlichen Berufsverständnis gehöre und nicht abgerechnet werden könne, räume im Hinblick auf die Bestimmtheit der Norm bestehende Zweifel nicht aus.

b) Einheit der Rechtsordnung oder Relativität der Rechtsbegriffe?

aa) Einleitung

Wenn der Streit um die Auslegung von Tatbestandsmerkmalen eröffnet wird, stellt sich zunächst die Frage, ob es sich um ein vom Gesetzgeber neu geschaffenes Tatbestandsmerkmal handelt oder ob bereits eine ausreichende Kasuistik zur Konkretisierung vorhanden ist.

Im Idealfall entstammt der auszulegende Begriff aus einer tradierten Kasuistik, so dass ein Rückgriff auf bekannte Strukturen möglich ist. Denn die Neuschaffung eines Merkmales führt naturgemäß dazu, dass sich erstmal ein inhaltliches Verständnis entwickeln muss. Es sind auch nicht selten die sprachlichen Anforderungen, die an die Bestimmtheit des Gesetzestextes zu stellen sind, welche den Gesetzgeber veranlassen, allzu gern auf längst bekannte Termini zurückzugreifen. Ist das vom Gesetzgeber ins Auge gefasste Merkmal bereits aus anderen Tatbeständen bekannt, schließt sich daran die Klärung an, ob

---

532 Wissenschaftlicher Dienst des Bundestages, WD – 3 – 3000-188/15.

533 Wissenschaftliche Dienste des Bundestages, WD – 3 – 3000-188/15, S. 11.

534 WD des Bundestages, WD – 3 – 3000-188/55, S. 10.

dieser Begriff im Sinne der althergebrachten Verständnisse, akzessorisch ausgelegt werden kann oder ob nicht ein eigenes relatives, kontextbezogenes Verständnis angezeigt ist. [535] Diskutiert wird diese Thematik häufig unter dem Stichwort der Relativität der Rechtsbegriffe, während deren Gegenteil mit dem Begriff der Einheit der Rechtsordnung bezeichnet wird.[536]

bb) Kongruenz oder Inkongruenz der legislativ verwendeten Begriffe

Das Prinzip der Einheit der Rechtsordnung genießt bereits seit vielen Jahrzehnten in der Jurisprudenz einen hohen Stellenwert.

Seine historischen Wurzeln hat das Prinzip der Einheit der Rechtsordnung in der Erörterung von *Engisch,* welcher sich als einer der Ersten dieser Thematik in seiner Heidelberger Antrittsvorlesung im Jahre 1935 widmete[537]; ihm folgten diverse namhafte Autoren nach.[538] Das Prinzip[539] der „Einheit der Rechtsordnung“ dient in vielerlei Fallgestaltungen als „Argumentationsfigur“[540] „zur Begründung der jeweils vertretenen Auffassung“[541]. Dabei ist umstritten, als was die Einheit der Rechtsordnung zu charakterisieren ist; über ihre Existenz herrscht jedoch weitgehend Einigkeit.[542] Der Gesetzgeber bedient sich ihrer in diversen Rechtsgebieten[543] zur Schaffung einheitlicher Definitio-

---

535 Zu dieser Thematik sei auf die konstruktive Dissertation von Borrmann, Die Akzessorietät des Strafrechts- als auch von Wagner, Die Akzessorietät des Wirtschaftsstrafrechts – zugleich ein Beitrag zu Begriff und Wesen des Wirtschaftsstrafrechts, Juli 2016, verwiesen.

536 Siehe hierzu: Felix, Die Einheit der Rechtsordnung, S. 189 ff..

537 Engisch, Die Einheit der Rechtsordnung, 1935.

538 Siehe zum Beispiel: Canaris, Systemdenken und Systembegriff in der Jurisprudenz, 2. Aufl. Berlin 1983; Hanack, Der Ausgleich divergierender Entscheidungen in der oberen Gerichtsbarkeit, Hamburg 1962; Ehrlich, Die juristische Logik, Tübingen 1925; Kirchhof, Unterschiedliche Rechtswidrigkeiten in einer einheitlichen Rechtsordnung, Heidelberg 1978; Koller, ZfSR 1990, S. 41ff.. das „richtig verstandene Prinzip der Einheit der Rechtsordnung“; Ostendorf, JZ 1981, S. 165ff.; Samson, JZ 1988; S. 800f..

539 Die begriffliche Umschreibung der „Einheit der Rechtsordnung“ ist sehr vielfältig; Engisch bezeichnete es als „Prinzip“ in: Einführung in das juristische Denken, 8. Auflage, Stuttgart 1983, S. 160.

540 Siehe hierzu die Habilitationsschrift von Dagmar Felix, Einheit der Rechtsordnung, Tübingen 1998, die sich eingehend mit verfassungsrechtlichen Relevanz der Argumentationsfigur „Einheit der Rechtsordnung“ in dem Kontext des Umweltstrafrechts beschäftigt.

541 Felix, S. 5.

542 Felix, S.7f.; m.w.N. auch hinsichtlich der Gegner des Prinzips der Einheit der Rechtsordnung, die eine Abschaffung dieser Einheitsvorstellung fordern.

543 Hierzu instruktiv die Beispiele bei Felix, S. 190; Schmidt in: Vielfalt des Rechts – Einheit der Rechtsordnung?, Berlin 1994, S. 9, 12f..

nen und Wortinterpretationen semantisch kongruent zu verwendender Rechtsbegriffe aus unterschiedlichen (Teil-) Rechtsgebieten der Rechtsordnung.[544] Diese Vorgehensweise sei laut *Felix*[545] allgemein als „rechtlich unbedenklich"[546] anerkannt, da sie als Ausdruck des Dogmas der „Einheit der Rechtsordnung" auch eine „Einheit der Rechtsbegriffe" fordere. Diese auch als begriffliche Akzessorietät bezeichnete Vorgehensweise[547] wurde insbesondere im Bereich des Umweltstrafrechtes vielfach diskutiert, da das Strafrecht hier zur Unrechtsbeschreibung in einigen Tatbeständen auf Begriffe aus dem Umweltverwaltungsrecht zurückgreift.[548] Ähnlich verfuhr auch die amtliche Gesetzesbegründung zu § 217, indem sie zwecks Definition des Begriffes der Geschäftsmäßigkeit ausdrücklich auf die Legaldefinitionen aus dem TKG und PostG zurückgegriffen hat. Inwiefern diese Vorgehensweise im Hinblick auf die Auslegung der hiesigen Tatbestandsmerkmale hilfreich sein kann, wird an späterer Stelle gezeigt werden.

Statt einer inhaltlich kongruenten, deckungsgleichen Verwendung zweier gleichlautender Rechtsbegriffe in verschiedenen Rechtsgebieten ist auch der umgekehrte Fall denkbar, und zwar der des sogenannten „technischen Widerspruchs".[549] Dieser von *Engisch*[550] eingeführte Terminus bedeutet, dass gleichlautende Rechtsbegriffe auch einen unterschiedlichen, systemimmanenten Wortsinn aufweisen können und entgegen der „Einheit der Rechtsbegriffe" durchaus auch ein differentes Begriffsverständnis ermöglichen. Denn nach *Felix*[551] sei es gerade nicht obligatorisch, dass gleichlautenden Rechtsbegriffen verschiedener Rechtsgebiete stets eine identische sprachliche Begriffsbedeutung beigemessen werde[552], vielmehr sei es für ein korrektes Begriffsverständnis nötig, dass sachliche Widersprüche vermieden werden, also auch zulasten eines für den Normadressaten einheitlichen Verständnisses.[553]

---

544 Felix, S. 189 ff.; solche gebietsübergreifenden Terminologien finden sich beispielsweise im Straf-und Steuerrecht, innerhalb der Verfassung, innerhalb des BGB.

545 Felix, S. 189

546 Felix, S. 191.

547 Felix, S. 20f..

548 Otto, Grundkurs Strafrecht, Band 2, Rn. 6, S. 461; beispielsweise für die Tatbestandsmerkmale „Abfallbeseitigungsanlage".

549 Felix, S. 190.

550 Engisch, S. 43ff.; Felix, S. 190f..

551 Felix, S. 190, die zurückgehend auf Engisch´s Terminus des technischen Widerspruchs, diesen als rechtlich unbedenklich bezeichnet.

552 Felix, S. 189ff., die sich ausführlich mit der Argumentationsfigur der Einheit der Rechtsordnung auseinandersetzt und beide Vorgehensweise als rechtlich unbedenklich wertet; Engisch, Die Einheit der Rechtsordnung, Heidelberg 1935, S. 43ff..

553 Engisch, S. 45ff.; Felix, S. 190.

Dies wird in der Rechtsprechung und Wissenschaft unter dem Stichwort der „Relativität der Rechtsbegriffe“ diskutiert.[554] Abweichend von dem Prinzip der Einheit der Rechtsordnung schreibt *Felix*[555], dass „innerhalb ein und derselben Rechtsordnung [...] Rechtsbegriffe – unabhängig davon, in welchem Teilrechtsgebiet sie verwendet würden – dieselbe Bedeutung“ hätten. Jedoch sei man sich früh darüber einig gewesen, dass dieses Prinzip relativiert werden müsse, denn ein juristischer Begriff dürfe „nicht als bestimmte, ein für allemal gegebene Größe angesehen werden, sondern müsse nach Maßgabe des gesetzlichen Regelungszwecks ausgelegt werden.“[556] Bedenken, dass diese gesetzgeberische Vorgehensweise für eine zu große Verwirrung bei den Normadressaten sorgen könnte, werden durchaus geäußert. Schließlich müsse sich der juristisch unkundige Bürger darauf verlassen können, dass Tatbestandsmerkmale im Hinblick auf die sich aus Art. 103 Abs. 2 GG notwendige Rechtssicherheit im Rechtsverkehr einschätzbar seien und nicht regelmäßig eine andere Bedeutung - trotz semantischen Gleichklangs - erfahren könnten.[557]

In Bezug auf § 217 ergibt sich aus diesem Wissen nun folgendes Problem. Zwar hat der Gesetzgeber vorliegend zur Inkriminierung durchweg auf tradierte Merkmale zurückgegriffen, so dass man grundsätzlich unterstellen könnte, dass ein kongruentes Begriffsverständnis sehr wohl in der Lage wäre, die notwendige Bestimmtheit der Strafnorm durch Rekurs auf die bekannten Bezugsnormen herzustellen. Bei § 217 verhält sich die Situation jedoch in einem elementaren Punkt anders: Die Zweifel an einer Verfassungsmäßigkeit der Norm resultieren dabei gerade aus der seitens des Gesetzgebers in der Gesetzesbegründung zu § 217 getroffenen Verweisung auf die Definitionen aus dem Telekommunikationsgesetz (TKG) und dem Postgesetz (PostG). Dieses deckungsgleiche Begriffsverständnis der „Geschäftsmäßigkeit“ für den Tatbestand des § 217 gerät jedoch - wegen noch aufzuzeigender Bedenken - in Konflikt mit dem Gesetzlichkeitsprinzip, insbesondere mit dem Bestimmtheitsgrundsatz des Art. 103 Abs. 2 GG.

Unabhängig von den zuvor dargestellten Grundsätzen soll im Folgenden erörtert werden, ob sich einerseits der gesetzgeberische Verweis auf die Legaldefinitionen des TKG und des PostG und andererseits die gleichnamige Begriffsverwendung im Tatbestand des § 206 Abs. 1 StGB für die Eruierung eines

---

554 Felix, S. 190, m.w.N.; Gegen ein solches Verständnis spricht sich Bruns aus, die Befreiung des Strafrechts vom zivilistischen Denken, 1937, S. 116f., der die Bezeichnung als „Relations-oder Beziehungscharakter der Rechtsbegriffe“ in diesem Zusammenhang als vorzugswürdig ansieht.

555 Felix, S. 189 ff.

556 Felix, S. 190.

557 Felix, S. 192.

konkretisierten Normverständnisses fruchtbar machen lässt. Greifbarer wird die Problematik, wenn man sich vergegenwärtigt, dass Legaldefinitionen den Rechtsanwender grundsätzlich an die gesetzlich vorgegebene Begriffsbedeutung binden.[558] Fraglich ist, ob von diesem Grundsatz nicht sodann eine Ausnahme - z.B. im Wege einer verfassungskonformen oder teleologischen Reduzierung des Tatbestandes - zuzulassen ist, wenn durch die kongruente Begriffsanwendung eine verfassungsrechtliche Nichtigkeit der Norm droht. Zur Beantwortung dessen ist zunächst allgemein auf das grundgesetzlich verankerte Gesetzlichkeitsprinzip einzugehen, denn ohne die Kenntnis, was sich verfassungsrechtlich hinter diesem Prinzip verbirgt, lässt sich dieses nicht auf die vorliegende Fallkonstellation des § 217 übertragen.

c) Die verfassungsgemäße Auslegung des Gesetzes

Damit eine Norm dem Verdikt der Nichtigkeit entgehen kann, muss sie im Lichte der Verfassung auszulegen sein.[559]

Kuhlen[560] unterscheidet drei ergebnisorientierte Konstellationen, die miteinander korrelieren. Eine Möglichkeit ist die verfassungskonforme Auslegung, welche voraussetzt, dass zwar mehrere Auslegungsmöglichkeiten einer Norm bestehen, von diesen aber „mindestens eine zur Verfassungsmäßigkeit, mindestens eine andere zur Verfassungswidrigkeit der Norm führen würde."[561] Davon abzugrenzen ist die verfassungsorientierte Auslegung, die fordert, dass unter mehreren möglichen verfassungsgemäßen Verständnisvarianten einer Norm diejenige gewählt wird, die sich am stärksten an den Verfassungsprinzipien anlehnt.[562] Die letzte Variante ist die der Verfassungswidrigkeit, welche dann eintritt, wenn keine verfassungsgemäße Interpretation der Norm möglich ist.[563] Allen Konstellationen ist immanent, dass sie sich die Eruierung eines verfassungsgemäßen Auslegungsergebnisses zur Aufgabe gemacht haben.[564] Gelangt die hier vorzunehmende Interpretation der Merkmale des § 217 zu dem Ergebnis, dass mehrere Verständnisvarianten möglich sind, soll entsprechend

558 Felix, S. 205.

559 Hager, Gesetzes – und sittenkonforme Auslegung von Rechtsgeschäften, 1983, S. 6, Dissertation, abrufbar unter: https://epub.ub.uni-muenchen.de/5666/1/5666.pdf, letzter Abruf am 11.04.2017.

560 Kuhlen, Die verfassungskonforme Auslegung von Strafgesetzen, S. 10 ff..

561 Kuhlen, Fn. 560, S. 1.

562 Kuhlen, Fn. 560, S. 2.

563 Kuhlen, Fn. 560, S. 4.

564 Kuhlen, Fn. 560, S. 5.

der verfassungsorientierten Auslegung auf diejenige Verständnisvariante abgestellt werden, die der Wahrung der Prinzipien der Verfassung und dem Willen des Gesetzgebers am nächsten steht. Bei jeder Auslegung stellt sich laut *Kuhlen*[565] das Problem, ob sich das gefundene Auslegungsergebnis noch als zulässige Gesetzesinterpretation darstellt oder ob nicht ein Interpretationsergebnis contra legem durch eine unzulässige „gerichtliche Normsetzung" vorliegt. Die Grenzziehung wird noch schwieriger, wenn berücksichtigt wird, dass auch eine verfassungskonforme Rechtsfortbildung durch den Rechtsanwender als zulässig erachtet wird.[566] Dass hieraus ein Gewaltenteilungskonflikt entstehen kann, wird von vielen Autoren kritisiert.[567] Generell lässt sich statuieren, dass nach wohl einhelliger Auffassung die äußerste Auslegungsgrenze im Strafrecht der Wortlaut einer Norm ist.[568] Daher ist der Erforschung des Wortsinnes einer Norm besondere Aufmerksamkeit zu widmen, da sich innerhalb des begrenzenden Gesetzeswortlautes oftmals mehrere Verständnismöglichkeiten einer Norm verbergen.[569] Die Interpretation eines Gesetzes ist nach *Kuhlen* auf zweierlei Art und Weise möglich: einerseits mit den üblichen juristischen Auslegungsmethoden; parallel dazu gelangt die verfassungskonforme und verfassungsorientierte Auslegung zur Anwendung. Andererseits, so *Kuhlen*[570], ist der Rechtsanwender auch zur Analogienbildung sowie zur teleologischen Reduktion der Norm im Sinne einer Rechtsfortbildung *praeter legem* befugt. Aber auch der umgekehrte Weg ist nach *Kuhlen* als Erweiterung der verfassungskonformen Auslegung denkbar, und zwar in der Weise, dass auch Normverständnisse mit in die Begutachtung einfließen können, die die Wortlautgrenze überschreiten.[571] *Kuhlen*[572] bezeichnet dies als verfassungskonforme Rechtsfortbildung, welche dann möglich ist, „wenn sie nicht gegen den klar erkennbaren Willen des Gesetzgebers verstößt und die allgemeinen Grenzen der richterlichen Rechtfortbildung wahrt."[573] *Kuhlen*[574] deutet hier die Vor-

565 Kuhlen, Fn. 560, S. 11 f.
566 Kuhlen, Fn. 560, S. 10f.
567 Statt vieler: Kuhlen, Fn. 560, S. 11f.; mit weiteren Nachweisen auf andere Literaturstimmen.
568 BVerfGE, 87, 209 (223f.), 105, 135 (157); BGHSt 37, 220 (230), 48, 354 (357); Roxin, AT I § 5 Rn. 26ff. m.w.N., Zippelius, Juristische Methodenlehre, S. 39.
569 Kuhlen, Fn. 560, S. 12.
570 Kuhlen, Fn. 560, S. 12.
571 Kuhlen, Fn. 560, S. 12f.
572 Kuhlen, Fn. 560, S. 13.
573 Kuhlen, Fn. 560, S. 13.
574 Kuhlen, Fn. 560, S. 13.

gehensweise des BVerfG an, dessen Auffassung auf Grund der Normverwerfungskompetenz die größte Bedeutung zukommt.[575] Auf dem Weg zu einem verfassungsgemäßen Auslegungsergebnis ist auch der Bestimmtheitsgrundsatz als Unterfall des Gesetzlichkeitsprinzips als eines der wichtigsten Prinzipien besonders für das Strafrecht zu beachten.

d) Das Gesetzlichkeitsprinzip des Art. 103 Abs. 2 GG

aa) Allgemeines zum Bestimmtheitsgrundsatz

Zu einem der wesentlichen Prinzipien der Rechtsordnung zählt der aus Art. 20 Abs. 3 GG abgeleitete Vorbehalt des Gesetzes, welcher für den Bereich des materiellen Strafrechtes eine speziellere Ausgestaltung als Gesetzlichkeitsprinzip in den Art. 103 Abs. 2 GG, § 1 StGB erfahren hat.[576]

Aus dem Gesetzlichkeitsprinzip werden vier[577] für das Strafrecht fundamentale, rechtsstaatliche Grundsätze abgeleitet: Das Analogieverbot, das Verbot strafbegründenden und strafschärfenden Gewohnheitsrechtes, das Rückwirkungsverbot und das Verbot unbestimmter Strafgesetze und Strafen.[578] Laut *Roxin*[579] dient das Gesetzlichkeitsprinzip des Art. 103 Abs. 2 GG „der Vorbeugung gegen eine willkürliche, nicht berechenbare Bestrafung ohne Gesetz oder auf Grund eines unbestimmten oder rückwirkenden Gesetzes.“ Daraus folgen nun zwei wesentliche Funktionen des Bestimmtheitsgebotes, und zwar einerseits den Bürger vor willkürlicher Bestrafung durch die Gerichte zu schützen und andererseits den Gesetzgeber anzuhalten, klare und bestimmte Gesetze zu fassen.[580] Diese beiden Schutzrichtungen werden in der strafrechtlichen Wissenschaft gemeinhin als Doppelnatur des Bestimmtheitsgebotes bezeichnet.[581] Der Grundsatz „*nullum crimen sine lege*“ nimmt eine herausragende Stellung

---

575 Kuhlen, Fn. 560, S. 8f., 11ff.

576 Roxin, Strafrecht AT I, § 5 Rn. 27; Murmann, Entformalisierung des Strafrechts, Göttingen 2011, S. 5f..

577 Dannecker in: LP – Kommentar, § 1 Rn. 108; Roxin, Strafrecht AT I, § 5 Rn. 7; Schiemann, Unbestimmte Schuldfähigkeitsfeststellungen, S. 9.

578 Jede einzelne Ausprägung ist für sich von herausragender Bedeutung für das Strafrecht; Gegenstand der Erörterungen im Rahmen der Verfassungsmäßigkeit des § 217 ist nicht das Rückwirkungsverbot und das Verbot strafbegründenden und strafschärfenden Gewohnheitsrechts. Zweifelsohne sind dies elementare Grundsätze der Rechtsordnung, die jedoch nicht durch die Existenz des § 217 berührt werden. Zur Einarbeitung und Vertiefung in die Thematik wird daher auf die umfangreich vorhandene Literatur verwiesen.

579 Roxin, Strafrecht AT I, § 5 Rn. 1.

580 Dannecker in: LP – Kommentar, § 1 Rn. 110.

581 Dannecker in: LP – Kommentar, § 1 Rn. 179; Schiemann, S. 32.

in der (Straf-) Rechtsdogmatik ein, so dass er neben der Normierung in § 1 StGB zusätzlich grundgesetzlich in Art. 103 Absatz 2 GG abgesichert sowie mit internationaler Bedeutung in Art. 7 Abs. 1 MRK festgeschrieben worden ist. Der Grundsatz *„nullum crimen sine lege"* wird durch den Grundsatz *„nulla poena sine lege"* auch auf die Folgen der Tat erstreckt.[582] Nach § 2 Abs. 1 bestimmen sich die Strafe und ihre Nebenfolgen nach dem Gesetz, das zur Zeit der Tat gilt. In der Strafrechtswissenschaft wird diskutiert, ob sich diese Vorschrift auch auf die Strafrechtsfolgen erstreckt.[583] Das BVerfG[584] wendet den Bestimmtheitsgrundsatz jedenfalls auch auf die strafrechtliche Rechtsfolgenseite an.

In Art. 103 Abs. II GG, § 1 StGB heißt es:

„Eine Tat kann nur bestraft werden, wenn die Strafbarkeit gesetzlich bestimmt war, bevor die Tat begangen wurde."

Aus diesem Satz fließt eines der wesentlichen staatsrechtlichen Axiome der Rechtsordnung, welches in Art. 103 II GG, § 1 seine spezielle strafrechtliche Ausgestaltung erfahren hat. Danach kann eine Straftat nur dann bestraft werden, wenn die Voraussetzungen der materiellen Strafbarkeit und deren Rechtsfolgen vor Begehung der Tat in einem formellen Gesetz festgeschrieben waren.[585] Denn bereits die Funktion des Strafrechtes als *„ultima ratio"* fordert dies, andererseits aber auch das Prinzip der materiellen Gerechtigkeit.[586]

bb) Die Problematik der Bestimmtheit bei § 217

Die tatbestandliche Konzeption des § 217 wirft erhebliche rechtsstaatliche Zweifelsfragen auf.

---

582 Roxin, AT I, § 5 Rn. 8ff..

583 Siehe hierzu sehr ausführlich die Dissertation von Jörg – Thomas Schier, Die Bestimmtheit strafrechtlicher Rechtsfolgen, Bonn 2011.

584 Siehe hierzu die sehr konstruktive Entscheidung des BVerfG zur Vermögensstrafe gem. § 43a (a.F.). Eine der sehr wenigen Normen, die wegen Unbestimmtheit für nichtig seitens des BVerfG erklärt wurden; BVerfGE 105, 135 (153ff.). Das BVerfG hat entschieden, dass die Strafe in Art und Maß bestimmt sein müsse; die Frage der inhaltlichen Anforderung an den Bestimmtheitsgrad ist nach wie vor strittig.

585 Dannecker in: LP – Kommentar, § 1 Rn. 117; Roxin, Strafrecht AT, § 5 A Rn. 1 ff..

586 Roxin, Strafrecht AT I, § 5 Rn. 1ff..

Von einem Gesetz wird verlangt, dass es ein hohes Maß an materieller Normbestimmtheit und Gesetzesklarheit erreicht. Während die Existenz des verfassungsrechtlich gewährleisteten Bestimmtheitsgebotes eine Selbstverständlichkeit ist, wird dessen inhaltliche Reichweite kontrovers diskutiert und bleibt ein „Diskussionsfeld mit Zukunftsperspektive".[587] *Murmann*[588] zufolge liegt dies daran, dass zum einen bislang noch keine „konsensfähige Präzisierung"[589] des Bestimmtheitsgebots gefunden worden ist und zum anderen die Wissenschaft über die zunehmende Tendenz des Gesetzgebers klagt, unbestimmte Normen zu erschaffen, deren Auslegung und Umgrenzung anschließend richterlicher Hand obliegt.[590] Dieser „Trend"[591] führe wegen der generellen Aufgabe des Strafrechtes als *ultima– ratio-* Regelung zunehmend zu verfassungsrechtlichen Bedenken, wie auch die gegenwärtige Diskussion um die Geltung des § 217 zeigt. Verstärkt wird die Diskussion noch durch die tradierte Rechtsprechung des Bundesverfassungsgerichtes, der vorgeworfen wird, den Bestimmtheitsgrundsatz „wirkungslos gemacht zu haben".[592] Dieser Streit um die inhaltliche Reichweite ist nicht nur theoretischer Natur, sondern hat – in besonderer Weise – auch praktische Relevanz. Dies wird deutlich, wenn man sich nochmals den Zweck des Bestimmtheitsgebotes vergegenwärtigt, nämlich den Bürger einerseits vor willkürlicher Bestrafung durch tatbestandlich unbestimmte Gesetze zu schützen sowie andererseits einer ausufernden Auslegung durch den Richter entgegenzuwirken und die Legislative dort zu lassen, wo sie dem Gewaltenteilungsprinzip zufolge hingehört, und zwar in die Hand des Gesetzgebers.[593]

Daher wird allgemein von dem Gesetzgeber gefordert, dass insbesondere das materielle Strafrecht die Voraussetzungen und Rechtsfolgen strafbaren Unrechtes so klar und bestimmt in einem Tatbestand umschreibt, dass jeder Bürger - auch aus Gründen der Rechtssicherheit - unschwer in der Lage ist zu erkennen, für welches Verhalten ihm möglicherweise strafrechtliche Sanktionen

---

587 Murmann, Entformalisierung des Strafrechts, S. 22.

588 Murmann, Fn. 587, S. 22

589 Murmann, Fn. 587, S. 22.

590 Siehe hierzu ausführlich die Tagungsberichte des Kolloquiums des Kriminalwissenschaftlichen Instituts Göttingen aus dem Jahr 2011, die sich mit der Entformalisierung des Strafrechts ausführlich auseinander gesetzt haben. Das Buch ist als freie Onlineversion im Internet abrufbar unter: http://resolver.sub.uni-goettingen.de/purl?isbn-978-3-86395-001-9 ; letzter Abruf am 11.03.2017, zitiert S. 5f..

591 Murmann, Die Entformalisierung des Strafrechts, S. 5.

592 Seebode, JZ 2004, 306f.; Otto in: FS für Manfred Seebode, Bestimmtheitsgrundsatz und allgemeine Grundsätze des Strafrechts, S. 81.

593 Roxin, Strafrecht AT I, § 5 Rn. 67.

drohen und für welches nicht.[594] Dabei kommt es vornehmlich auf den „Verständnishorizont“ des Bürgers an, da dieser sich letztendlich darauf einstellen können muss, welches Verhalten mit Strafe bedroht ist. [595]

Zudem verfolgt das Bestimmtheitsgebot aber auch den generalpräventiven Zweck, den Bürger durch Normstatuierung von zukünftiger Strafbegehung abzuhalten.[596] Dieser Zweck droht durch eine unverständliche und unbestimmte Tatbestandsfassung unterlaufen zu werden.[597]

(1) Die Anforderungen an das Bestimmtheitsgebot des Bundesverfassungsgerichtes an eine Norm

Das Bundesverfassungsgericht ist als einziges Gericht zur Normverwerfung als Folge der Feststellung der Nichtigkeit der Norm befugt.

Aber auch der BGH und die Fachgerichte sind aufgerufen, Strafgesetze verfassungskonform auszulegen, wenn dies erforderlich ist.[598] Grundsätzlich ist es in der Rechtsprechung des Bundesverfassungsgerichts anerkannt, dass der Wortlaut einer Norm die Grenze der Interpretation als Ausdruck der Respektierung des Gewaltenteilungsprinzips bildet.[599] Dabei ist zu berücksichtigen, dass das BVerfG das Bestimmtheitsgebot je nach dem Gebotsadressaten unterschiedlich bewertet. Richtet sich dieses an den Gesetzgeber, so statuiert es die Pflicht des Gesetzgebers, bei der Schaffung eines neuen Gesetzes, „Tatbestände so genau zu umschreiben, dass Tragweite und Anwendungsbereich der Straftatbestände für den Normadressaten schon aus dem Gesetz selbst zu erkennen sind und sich durch Auslegung ermitteln und konkretisieren lassen.“[600] Es ist damit „Handlungsanweisung an den Strafgesetzgeber.“[601] Für den Strafrichter ist das Bestimmtheitsgebot als Handlungsbegrenzung aufzufassen.[602] Die Rechtsprechungshistorie des BVerfG zeigt, dass das BVerfG mit zweierlei Maß richtet.[603] Richterliche Gesetzesauslegungen werden mit sehr

---

594 Felix, S. 195; Roxin, Strafrecht AT I, § 5 Rn. 1ff., 67ff. bringt damit einen weiteren wichtigen Aspekt des Bestimmtheitsgebotes zum Ausdruck, nämlich den auf Prävention ausgelegten Strafzweckgedanken. So auch: Schünemann, S. 11ff..; Schiemann, S. 15.

595 Dannecker in: LP – Kommentar, § 1 Rn. 182.

596 Dannecker in: LP – Kommentar, § 1 Rn. 59ff., 179.

597 Schiemann, S. 15ff..

598 Dannecker in: LP – Kommentar, § 1 Rn. 193.

599 Dannecker in: LP – Kommentar, § 1 Rn. 59 ff., 179; Schiemann, S. 43.

600 BVerfGE 105, 135 (152f.); Dannecker in: LP – Kommentar, § 1 Rn. 180.

601 Dannecker in: LP – Kommentar, § 1 Rn. 180; Schiemann, S. 43f..

602 BVerfGE 105, 135 (153); Dannecker in: LP – Kommentar, § 1 Rn. 180.

603 Schiemann, S. 43ff.; 57ff.

strenger Hand geprüft.[604] Das Urteil, die vom Fachrichter vorgenommene Interpretation sei zu unbestimmt, werde weit häufiger gefällt, als dass ein Gesetz wegen fehlender verfassungsrechtlicher Bestimmtheit für formell verfassungswidrig erklärt werde.[605] Andererseits sei der Gesetzgeber laut BVerfG[606] durch das rechtsstaatliche Bestimmtheitsgebot gerade nicht gezwungen, „maßgeschneiderte Unrechtsumschreibungen“[607] hervorzubringen, „er sei jedoch gehalten, seine Regelungen so bestimmt zu fassen, wie es nach der Eigenart der zu ordnenden Lebenssachverhalte und mit Rücksicht auf den Normzweck möglich sei“.[608] Es ist daher gerade nicht notwendig, dass der Gesetzgeber nur deskriptive Begriffe in einem Tatbestand verwendet, sondern er ist durchaus auch frei darin, normative und generalklauselartige Begrifflichkeiten zur Unrechtsbeschreibung einzusetzen.[609] Das Strafrecht kommt nach dem Verständnis des *BVerfG*[610] nicht umhin, „allgemeine Begriffe zu verwenden, die nicht eindeutig allgemeingültig umschrieben werden können und daher der besonderen Auslegung durch den Richter bedürfen“. *Schröder*[611] stellt nach alledem fest, dass eindeutig zu umschreibende Begriffe eine Ausnahmeerscheinung seien, wie die Begriffe „bestimmt“ und „unbestimmt“ selbst anschaulich verdeutlichen würden. Überdies ist es allgemein anerkannt, dass es zulässig ist, den näheren Bedeutungsgehalt eines Gesetzes bzw. eines normativen Tatbestandsmerkmales mittels der bekannten Auslegungsmöglichkeiten zu konkretisieren.[612] Unabhängig davon, welcher Maßstab angelegt wird, ein abstrakt gefasstes Gesetz kann trotz aller Bestimmtheit nicht in der Lage sein, die individuelle Tat und ihre Folgen einer individuellen Einzelfallgerechtigkeit ohne die wertende Hand eines sich die Eigenheiten des Falles vor Augen führenden Richters zuzuführen.[613] Insbesondere dem Bundesverfassungsgericht wird jedoch seit geraumer Zeit von Stimmen aus der Literatur vorgeworfen, die Grenzen des Wortlautes des Gesetzes zu überschreiten, ohne dies eigens kenntlich zu machen und die Bedeutung des Bestimmtheitsgrundsatzes mehr und mehr

---

604 Siehe hierzu besonders die Urteile des BGH: BGHSt 30, 105 (109); BGHSt 35, 270 (279); BGH StV 2005, 330 (332).

605 Kuhlen, Fn. 560, S. 15f.

606 BVerfGE 59, 104 (114); 78, 205 (212); 83, 130 (145).

607 Felix, S. 193 mit Verweis auf die Rechtsprechung des BVerfG.

608 Felix, S. 193.

609 Dannecker in: LP – Kommentar, § 1 Rn. 183, 198; Schiemann, S. 33f.

610 BVerfGE 11, 234 (237); BVerfGE 26, 41 (42); BVerfGE 26, 41 (43).

611 Schröder JZ 1969, 775 (777); Engisch; S. 54ff.; 108ff..

612 Zippelius, S. 9.

613 Schiemann, S. 33; Zippelius, S. 9.

zu vernachlässigen.[614] *Dannecker*[615] nennt speziell die Prämisse des BVerfG, wonach sich mit sinkender Strafdrohung auch die Anforderungen an die Bestimmtheit reduzieren würden, oder treffender umgekehrt, dass die Anforderungen an die Bestimmtheit einer Norm oder eines Merkmals mit der Schwere der angedrohten Strafe bzw. der mit ihr einhergehenden Grundrechtsbeeinträchtigung steigen würden.[616] Ferner soll auch das normbezogene Wissen des Adressatenkreises zu berücksichtigen sein. Teilweise wird die von dem BVerfG vorgenommene Konkretisierungsmöglichkeit durch den Fachrichter mittels Auslegung eines unbestimmten Merkmales kritisch beurteilt.[617] Die Kritik zielt vornehmlich darauf ab, dass sich durch die gerichtliche Konkretisierung eines Merkmales zwar eine Art gewohnheitsrechtliche Bedeutungsverwendung eines Begriffes etablieren lässt, dies aber im Grunde nicht mit dem Bestimmtheitsgrundsatz in Einklang zu bringen ist, welcher festlegt, dass eine Norm von sich aus bereits bestimmt genug im Sinne Art. 103 Abs. 2 GG sein müsse.[618] Den Kritikern zufolge droht eine Aufweichung des Gewaltenteilungsprinzips.[619]

Die Kritik ist insbesondere dann nicht von der Hand zu weisen, wenn der fachgerichtlichen Rechtsprechung zur Konkretisierung ein völlig konturenloses, weit gefasstes und bis dato unbekanntes Merkmal überlassen wird, welches vom Gesetzgeber nicht näher dargelegt worden ist. Kumulieren sich hierzu noch weitere Restriktionen des Bestimmtheitsgebotes wie eine zweifelhafte Schutzzweckerwägung des Gesetzgebers, dann erscheint die Erkenntnis der Verfassungswidrigkeit geradezu antizipiert.[620] Retrospektiv betrachtet sah sich bereits eine große Anzahl der (geltenden) Strafgesetze dem Vorwurf der mangelnden gesetzlichen Bestimmtheit durch die Literatur ausgesetzt[621], doch nur

614 Dazu näher: Kuhlen, Unbestimmtheit und unbegrenzte Auslegung des Strafrechts, S. 20ff.; ausführliche Darstellung der kritischen Stimmen auch bei Schiemann, S. 37 ff. mit Verweis auf die Sitzblockaden – Entscheidung des BVerfG zur Auslegung des Gewaltbegriffes, BVerfGE, 92, 1; zur Auslegung des § 266 Abs. 1, BVerfG, NJW 2009, 2370.

615 Dannecker in: LP – Kommentar, § 1 Rn. 185 ff..

616 BVerfGE 17, 306 (314); 83, 130, 145.

617 Wobei Schiemann, S. 33, 38, diese Möglichkeit der Stabilisierung eines Normverständnisses durch eine tradierte Rechtsprechung als schwierig ansieht, da diese nicht per se nicht volatil sei könne wie einige Beispiele aus der Rechtsprechung schon gezeigt hätten.

618 BGHSt 37, 89; BGH NJW 2010, 2291.

619 Hierzu: Dannecker in: LP – Kommentar, § 1 Rn. 201; Hermann, S. 74ff.; Schiemann, S. 33, 38, jeweils m.w.N..

620 Dannecker in: LP – Kommentar, § 1 Rn. 190.

621 Siehe hierzu bespielhaft: Dannecker in: FS- Manfred Seebode, Rn. 330; Roxin, Strafrecht AT I, § 5 Rn. 69ff..; sowie auch bei Kuhlen, Unbestimmtheit und unbegrenzte Auslegung des Strafrechts, S. 23.

wenige wurden seitens des Bundesverfassungsgerichtes tatsächlich für verfassungswidrig erklärt.[622]

(a) Unbestimmtheit eines Auslegungsergebnisses

Eine anschauliche Entscheidung zur Unbestimmtheit eines gerichtlichen Auslegungsverständnisses ist die des BVerfG[623] zur erheblichen Ruhestörung nach §§ 4, 15 I Nr. 4 BerlImSchG.

Das BVerfG urteilte, dass das von dem Amtsgericht vertretene Auslegungsverständnis nicht mit Art. 103 Abs. 2 GG zu vereinbaren sei.[624] Inhaltlich ging es um die Frage, wie das Tatbestandsmerkmal der erheblichen Ruhestörung auszulegen sei und ob der konkret zu entscheidende Fall darunter zu subsumieren möglich sei. Die von dem Amtsgericht getroffenen Erwägungen hielten jedenfalls der Prüfung des BVerfG nicht stand. Der Bestimmtheitsgrundsatz sei verletzt, da für den Beschwerdeführer nicht hinreichend erkennbar sei, wann sein Verhalten - hier das Musizieren - eine erhebliche Ruhestörung im Sinne der Norm darstelle.[625] Das Amtsgericht habe sich lediglich darauf gestützt, dass die störende Handlung objektiv störend sei und es unterlassen, das Tatbestandsmerkmal näher zu konkretisieren.[626] Das Amtsgericht habe sich bei seiner Entscheidung nicht auf eigene Wahrnehmungen gestützt, sondern auf die Einschätzung des vor Ort anwesend gewesenen Polizeibeamten. Die Entscheidung über die Sanktionswürdigkeit des Verhaltens wurde so auf die Exekutive und deren Störungsempfinden übertragen, so dass infolgedessen für den Normadressaten nicht erkennbar gewesen sei, wann sei Verhalten nun tatsächlich sanktionsbedroht war.[627]

Was jedoch mehrfach anklingt, ist, dass das BVerfG zudem Zweifel an der Verfassungsmäßigkeit des Merkmals der „erheblichen Ruhestörung" an sich hegt, indem es betont, dass das Merkmal „eigentlich einer verfassungsrechtlichen Prüfung bedürfe", diese jedoch unter Verweis auf die Begründetheit der Verfassungsbeschwerde aus dem Aspekt der fehlenden Vereinbarkeit des

622 Beispiele zur Kasuistik bei: Dannecker in: LP- Kommentar, § 1 Rn. 191 f.; Kuhlen, Fn.533, S. 15f..

623 BVerfG, Beschluss der 3. Kammer des Ersten Senats vom 17. November 2009 – 1 BvR 2717/08 - Rn. (1-41), http://www.bverfg.de/e/rk20091117_1bvr271708.html; letzter Abruf am 12.06.2017.

624 BVerfG (Fn. 623), Rn. 10ff., 25; Schiemann, S. 49.

625 BVerfG, (Fn. 623), Rn. 28; Schiemann, S. 49.

626 BVerfG, (Fn. 623), Rn. 29f.; Schiemann, S. 49.

627 BVerfG, (Fn. 623), Rn. 33; Schiemann, S. 49 .

amtsgerichtlichen Auslegungsergebnisses mit Art. 103 Abs. 2 GG dahinstehen könne.[628] Klar ist jedenfalls, dass es der Gesetzgeber nicht Dritten überlassen darf, die Festlegung von Voraussetzungen und Grenzen strafbaren Verhaltens zu treffen. Fasst der Gesetzgeber einen Tatbestand sehr weit, so muss er dem Rechtsanwender zumindest Kriterien an die Hand geben, die ihn bei der Auslegung leiten. Fehlen auch diese, dann ist eine Verletzung des Bestimmtheitsgrundsatzes nahezu antizipiert.

(b) Unbestimmtheit eines Tatbestandsmerkmals

Mit der Unbestimmtheit eines Tatbestandsmerkmals hat sich das BVerfG[629] auch in seinem Urteil zum Geldwäschetatbestand auseinandergesetzt.

Auf dem Prüfstand stand das Merkmal des „Herrührens". Als zusätzlich problematisch erwies sich, dass der Gesetzgeber ein neues Merkmal in den Tatbestand übernommen hat, also eines, zu dem noch keine Konkretisierungsansätze vorhanden sind.[630] Hierzu heißt es bei *Schiemann*[631]: „Da es sich bei dem Merkmal „Herrühren" um ein gänzlich neues, noch nicht definiertes Merkmal handelt, kann die Rechtsprechung hier nicht auf Auslegungsvorgaben in anderen Tatbeständen zurückgreifen. Der Wortlaut des Herrührens ist dermaßen weit gefasst, dass nähere Vorgaben vom Gesetzgeber geboten wären und zumindest in den Materialien wäre eine Präzisierung möglich und auch notwendig gewesen."

Schiemann[632] gelangt daher zu dem Ergebnis, dass das Merkmal des Herrührens dem Bestimmtheitsgrundsatz nach den vorigen Erwägungen nicht genügen kann. Der Wortsinn lasse sich auch nicht durch Auslegung hinreichend ermitteln. Die lexikalische Wortlauterforschung bringt nicht weiter; ein Ende der „Verwertungskette im Sinne des Tatbestandes"[633] sei nicht erkennbar. Daher sei es laut *Schiemann* auch nicht verwunderlich, dass es der Rechtsprechung bislang nicht gelungen sei, „eine Eingrenzung des Begriffs durch eine

---

628 BVerfG, (Fn. 623), Rn. 19; Schiemann, S. 49 .
629 BVerfG, NJW 2002, 1779 (1780).
630 Schiemann, S. 63.
631 Schiemann, S. 63.
632 Schiemann, S. 64.
633 Schiemann, S. 64.

konkretisierende Rechtsprechung vorzunehmen."[634] „Eine zuverlässige Grenzziehung zwischen legalem und illegalem Verhalten ist im Bereich der Geldwäsche daher nicht möglich."[635]

Als Fazit aus den Überlegungen von *Schiemann* ist festzuhalten, dass ein von vornherein konturenloses Merkmal nicht durch den Richter bestimmt gemacht werden kann und darf, wie auch das BVerfG regelmäßig in seinen Entscheidungen betont. Als besonders problematisch erweisen sich dabei normative Rechtsbegriffe, die keinen direkten Wirklichkeitsbezug aufweisen, sondern deren Wahrheitsgehalt durch besondere Zuordnungsregeln ermittelt werden müsse.[636] Folglich müssen alle Begriffe durch Auslegung mit Leben gefüllt werden, die nicht mit einer klaren „Ist-so-Beschreibung", also durch ein „Ja oder nein", bestätigt werden können. Der Richter muss klare Vorgaben durch das Gesetz oder dessen Motive erhalten, wie dieses „Ausfüllen" vonstatten gehen soll, damit dem Willen des Souveräns hinreichend Geltung verschafft werden kann. Denn das Gesetz ist das „Sprachrohr" des Gesetzgebers.

(2) Die Stimmen aus der Literatur

Die Literatur nimmt dagegen einen zur Ansicht des BVerfG konträren Standpunkt ein und hat eigene Kriterien zur inhaltlichen Beschreibung der Anforderungen an das Bestimmtheitsgebot aufgestellt.

Gleichwohl bietet sich hier ein wenig einheitliches Bild. *Seel* beispielsweise stellt auf den Gerechtigkeitsgedanken und das Gemeinwohl als Bestimmungsinhalt des Bestimmtheitsgebotes ab. Danach sei ein Strafgesetz immer dann bestimmt, „wenn es aus überwiegenden Gründen des Gemeinwohls und der Gerechtigkeit erforderlich erscheint."[637] Diese Argumentation erinnert mehr an die Begründung eines legitimen Schutzzwecks als an eine inhaltliche, falllösungsorientierte Definition des Bestimmtheitsgebotes. Es bleibt bei *Seel* auch offen, wann im Sinne seiner Definition die Norm überwiegend dem Gemeinwohl zu dienen bestimmt ist und aus welchen überwiegenden Gerechtigkeitserwägungen sie erforderlich sein soll. Danach lässt sich im Prinzip nahezu

---

634 Schiemann, S. 64.
635 Schiemann, S. 64.
636 Schiemann, S. 57.
637 Zitiert nach Schiemann, S. 54; mit Verweis auf Seel, Unbestimmte Tatbestandsmerkmale, S. 126.

jede Norm als überwiegend dem Gemeinwohl und dem Gerechtigkeitsgedanken dienend zuordnen. Auch die von *Schünemann*[638] vertretene, von quantitativen Erwägungen ausgehende Ansicht, das Bestimmtheitsgebot sei immer dann eingehalten, wenn mindestens 50% der Merkmale des Tatbestandes als bestimmt gelten, vermag nicht als für die praktische Falllösung tauglich zu überzeugen. Eine inhaltliche Präzisierung, wann konkret ein Merkmal als bestimmt gelten soll, ist der quantitativen Angabe gerade nicht zu entnehmen, sondern eben nur, dass der Gesetzgeber sich in mindestens der Hälfte des im Tatbestand verwendeten Merkmale am Bestimmtheitsgrundsatz zu orientieren habe. Dies kann allenfalls als Indiz für die Verfassungsmäßigkeit einer Norm taugen, aber jedenfalls nicht zum inhaltlichen Maßschneidern des Bestimmtheitsgebotes. *Schiemann*[639] verweist insoweit in diesem Kontext ferner noch auf die Ansicht von *Ransiek*[640], welcher zur inhaltlichen Festlegung der Bestimmtheit an die „Intersubjektivität der Begriffe" anknüpft.[641] Danach seien Begriffe dann bestimmt, wenn eine „intersubjektive Übereinstimmung" vorliege.[642] Wie dies zu verstehen ist, erläurtert *Hermann*[643]: Ein Gesetz sei immer dann bestimmt, „wenn es der Gesetzgeber ist, der die Wertentscheidung über die Strafwürdigkeit eines bestimmten Verhaltens trifft." „Unbestimmt sei die Norm hingegen dann, wenn diesbezügliche Zweckmäßigkeitserwägungen dem Rechtsanwender überlassen blieben."[644] Ausschlaggebend hierfür seien interpluralistische Meinungsbilder, die die „Konsensbasis des Begriffes" bildeten.[645]

Für den Rechtsanwender lassen sich hieraus schwerlich handfeste Prüfungskriterien für die Rechtsanwendung festlegen.

In der Literatur wird das Bestimmtheitsgebot weiterhin auch als Optimierungsgebot aufgefasst, welches laut *Dannecker*[646] darauf abziele, dass dem Bestimmtheitsgebot als Grundrecht zumindest ein legitimer Schutzzweck der Norm zu entnehmen sein müsse, anhand dessen Bewertungskriterien für die

638 Schünemann, Nulla poena sine lege?, S. 35f.; ähnlich: Hermann, Begriffsrelativität im Strafrecht und das Grundgesetz: Strafrechtliche Bedeutungsdivergenzen auf dem verfassungsrechtlichen Prüfstand, S. 75f.; Schiemann, S. 54.

639 Schiemann, S. 55 f..

640 Schiemann, S. 55f..

641 Zitiert nach Schiemann, 54 f., mit Verweis auf Ransiek, Gesetz und Lebenswirklichkeit, S. 72.

642 Schiemann, S. 54f..

643 Hermann, Fn. 638, S. 76.

644 Hermann, Fn. 638, S. 76.

645 Hermann, Fn. 638, S. 76f..

646 Dannecker, in LP – Kommentar, § 1 Rn. 196.

vorzunehmende Auslegung entwickelt werden könnten. Ferner müsse der Gesetzgeber sich bei der Wahl der Begrifflichkeiten daran orientieren, dass er den Begriff mit der größtmöglichen Bestimmtheit wähle, was heiße, dass er notfalls auch ein anderes „Regelungsmodell" erkiesen müsse.[647]

cc) Ergebnis und Ausblick

Die vorigen Ausführungen haben gezeigt, dass die inhaltliche Konkretisierung des Bestimmtheitsgebotes mit Problemen vielfältiger Art verbunden ist.

Unter welchen Voraussetzungen nun ein Strafgesetz als zu unbestimmt zu charakterisieren ist, wird von Rechtsprechung und Lehre unterschiedlich beantwortet. Die aufgezeigten Ansichten der Literatur erweisen sich als wenig hilfreich für die konkrete Rechtsanwendung, da sie eher abstrakte Sollvorschriften enthalten als konkrete, handhabbare Bewertungskriterien. Auch *Dannecker*[648] betont, dass sich keine allgemeine Festlegung treffen lasse, „welchen Grad an gesetzlicher Bestimmtheit der einzelne Straftatbestand haben muss, [...]". „Daran mangelt es, wenn erst eine über den Wortsinn hinausgehende Interpretation zu dem Ergebnis führt, dass ein Verhalten strafbar sei."[649]

Das Gebot der Normenklarheit kann den Gesetzgeber durchaus vor eine schwierig zu bewältigende Aufgabe stellen, denn ein hinreichend bestimmtes Strafgesetz muss abstrakt – generell, aber zugleich individuell – konkret genug sein, um eine möglichst große Vielzahl an gleichgelagerten Fällen erfassen zu können.[650] Daher sollten die Anforderungen an hinreichende gesetzliche Bestimmtheit in Anbetracht einer pluralistischen Gesellschaft nicht überzogen werden.

II. Interpretation des Tatbestandes des § 217

1. Einleitung

Ein erheblicher, insbesondere verfassungsrechtlicher Streit entzündet sich an dem Merkmal der Geschäftsmäßigkeit.

Kritisiert wird insbesondere, dass das Merkmal der Geschäftsmäßigkeit zu weit geraten sei und dadurch den Bestimmtheitsgrundsatz gem. Art. 103 II GG

647 Dannecker, in LP – Kommentar, § 1 Rn. 196.
648 Dannecker in: LP – Kommentar, § 1 Rn. 200.
649 Dannecker in: LP – Kommentar, § 1 Rn. 200.
650 Gusy, DVBl. 1979, 575 (576).

verletze.[651] Ob dies so ist, ist nach Ansicht des BVerfG letztendlich eine Frage der Konkretisierbarkeit des für zu unbestimmt gehaltenen Merkmals mittels einer zulässigen Auslegungsmethodik.[652] Dieses Präzisierungsgebot des BVerfG führt im Grunde genommen dazu, dass ein an sich unbestimmtes Merkmal durch eine konkretisierende, verfassungskonforme Auslegung für die Rechtsanwendung hinreichend bestimmt (gemacht) wird. An der normativen Beurteilung des Merkmales seitens des rechtsunkundigen Normadressaten ändert die Konkretisierung durch Auslegung dagegen nichts; das unbestimmte und schwer verständliche Merkmal bleibt im Tatbestand genauso stehen. Inwiefern dieses der eigentlichen Schutzfunktion des Bestimmtheitsgebots noch gerecht werden kann, mag vorliegend dahingestellt bleiben, Zweifel bestehen gleichwohl.

In Bezug auf § 217 gilt es nun, den Versuch zu unternehmen, den Tatbestand einer Konkretisierung mittels Auslegung zuzuführen. Vorweggenommen sei angemerkt, dass die Kritik an der neuen Strafvorschrift verständlicher wird, wenn man sich vergegenwärtigt, dass durch die gesetzgeberische Disposition auch weit entfernt liegende Handlungen des Täters erfasst werden können, die für sich betrachtet grundsätzlich als nicht strafwürdige Verhaltensweisen anzusehen sind. Die hiesige Diskussion um die Verfassungsmäßigkeit der gesetzlichen Merkmale intensiviert sich dann, wenn durch die Begriffsverwendung „geschäftsmäßig“ auch Verhaltensweisen und Handlungen des (medizinischen) Alltags eingefangen werden.[653] Der Gesetzgeber selbst war sich dieser Gefahr durchaus bewusst. Im Laufe der entstehungsgeschichtlichen Entwicklung zu § 217 schwankte der Gesetzgeber selbst, als er stattdessen das Merkmal der Gewerbsmäßigkeit, mit dem Argument, die Geschäftsmäßigkeit sei zu problematisch, normieren wollte.[654] Dieses wurde jedoch gleichfalls als ungeeignet verworfen, weil es durch die Reduzierung auf rein monetäre Interessen des Sterbehelfers, die sich allzu leicht verschleiern ließen, als zu eng angesehen wurde.[655] Schließlich fand die Geschäftsmäßigkeit Eingang ins Gesetz.

Ob die Tatbestandsmerkmale des § 217 tatsächlich im Sinne des Art. 103 Abs. 2 GG zu unbestimmt sind, hängt von der Möglichkeit der Normkonkretisierung durch eine zulässige Auslegung des jeweiligen Merkmals ab.[656] Laut

---

651 Statt vieler: Roxin, NStZ 4/ 2016, 185, m.w.N..

652 Dannecker in: LP – Kommentar, § 1 Rn. 201.

653 Mit der BT – Drucks. 11726 / wurde das Merkmal der Geschäftsmäßigkeit gegen das Merkmal der Gewerbsmäßigkeit ausgetauscht.

654 BT Drucks. 17/11126.

655 BT – Drucks. 18/5373, S.

656 Kuhlen, Fn. 560, S. 90; Schiemann, S. 35.

BVerfG ist der Bestimmtheitsgrundsatz dann gewahrt, „wenn sich mit den üblichen Auslegungsmethoden eine zuverlässige Grundlage für die Auslegung und Anwendung der Norm“ eruieren lässt.[657] Daher widmen sich die nachfolgenden Ausführungen der Erforschung eines Interpretationsverständnisses der Merkmale der Norm. Das Kapitel schließt mit der Darstellung eines eigenen Interpretationsverständnisses der Norm und einem Vorschlag zu einer neuen Fassung des Tatbestandes ab.

2. Die verschiedenen Methoden der Auslegung

Die juristische Hermeneutik bedient sich einer tradierten Auslegungsmethodik, deren wichtigste die grammatikalische Auslegung ist, also die, die nach dem Wortsinn einer Norm fragt, da dieser vornehmlich zur Begrenzung des Tatbestandes und damit der Strafgewalt des Staates dient.

Als bedeutsam anerkannt ist ebenfalls die subjektive bzw. die historische Auslegung, wohingegen die objektive Auslegung zwar als fester Bestandteil jeder Auslegung etabliert ist, deren Ergiebigkeit für die Falllösung jedoch stark umstritten ist.[658] Das Resultat einer fehlgeschlagenen, einschränkenden Auslegung eines zu weit geratenen Tatbestandes ist die Verfassungswidrigkeit der Norm und damit in der Regel auch deren Nichtigkeit.[659]

Zur Findung des Norminhaltes hinter dem Normtext wird in der Jurisprudenz auf die klassische Methodenlehre zurückgegriffen.[660] Sie geht auf *v. Savigny* zurück, welcher „es für die Aufgabe der Auslegung“ hielt, „sich in Gedanken auf den Standpunkt des Gesetzgebers [zu] versetzen, und dessen Tätigkeit in sich künstlich [zu] wiederholen.“[661] *V. Savigny* bediente sich verschiedener Auslegungskriterien, die gegenwärtig noch als Argumentationshilfe in der Diskussion auf dem Weg zur „richtigen“ Wortsinnermittlung des Gesetzes dienen.[662]

---

657 BVerfGE 45, 363 (372).

658 Siehe hierzu Schiemann, S. 36f., die im Wesentlichen an der objektiven Auslegung kritisiert, dass Aufgabe der Auslegung die Erforschung eines Interpretationsverständnis der Norm sei, dessen Verständnis maßgeblich vom Sinn und Zweck der Norm abhänge, dieses aber nicht mittels der Frage nach dem Sinn und Zweck beantwortet werden könne. Schiemann wertet dies als einen Zirkelschluss. Die normative Auslegung könne zudem so weit zu einer Interpretationsbeliebigkeit führen, die sich an dem zu findenden Ergebnis orientiere und nicht das Ergebnis zu finden suche.

659 Kuhlen, Fn. 560, S. 97.

660 Zippelius, S. 9.

661 Zippelius, S. 35.

662 Zippelius, S. 9, 10.

Im Kern werden vier Auslegungskriterien, die „canones“, unterschieden, und zwar die grammatikalische, die gesetzessystematische, die gesetzeshistorische (subjektive) Auslegung und die Auslegung nach dem Sinn und Zweck, die sogenannte teleologische Auslegungsmethode.[663]

Von zentraler Bedeutung für die Gesetzesinterpretation ist wie gesagt zunächst die grammatikalische Auslegung, so dass diese am Anfang jeder Gesetzesinterpretation steht.[664] Diese sucht nach dem möglichen Wortsinn einer Norm, welcher laut BVerfG die „zulässige Grenze jeglicher Auslegung bildet.“[665] Interpretationen, die sich nicht mehr in den zulässigen Grenzen des Wortlautes der Norm halten, verstoßen gegen das ebenfalls aus dem Gesetzlichkeitsprinzip abgeleitete Analogieverbot.[666] Eine Analogienbildung ist im Strafrecht jedoch nur dann erlaubt, wenn die Rechtfortbildung durch Wortlautüberschreitung im Wege der verfassungskonformen Normerhaltung allein zugunsten des Täters erfolgt.[667]

Ergänzend zur grammatikalischen Auslegung wird laut BVerfG auf den Willen des Gesetzgebers abgestellt, welcher sich vornehmlich aus dem Studium der Gesetzesmaterialien zu der jeweiligen Norm ergibt. Diese Interpretationsmethode wird auch als subjektive Auslegung bezeichnet, eben jene, die den Willen des Gesetzgebers hinsichtlich des materiellen Normgehaltes zu erforschen sucht, um damit näheren Aufschluss über die legislative Intention zur Strafbarkeit und Strafwürdigkeit des inkriminierten Verhaltens zu erhalten.[668] Denn über die Frage, welches Verhalten als strafwürdig und damit zukünftig als strafbar anzusehen ist, hat, wie bereits erwähnt, alleine der Gesetzgeber im Rahmen seiner Gesetzgebungskompetenz zu entscheiden.[669] Ohne Kenntnis der Motive des Gesetzgebers kann vom Rechtsanwender kein richtiges Auslegungsergebnis gefunden werden, denn wie *Schiemann*[670] treffend schreibt: „Der Gesetzgeber wird wohl noch am ehesten [wissen], was er gewollt hat.“ Erst recht gilt dies für ein noch junges Gesetz. Denn je jünger eine Norm ist, desto stärker tritt der Wille des Gesetzgebers in den Vordergrund.[671]

Ferner muss die gesetzessystematische Auslegung zum Einsatz gelangen, die zur Interpretation des Norminhaltes die systematische Einordnung in den

663 Zippelius, S. 35; Schiemann, S. 35.
664 Schiemann, S. 58.
665 BVerfGE 71, 81 (105); 90, 263 (275); 92, 1 (14); 93, 37 (81); 105, 135 (157); 110, 226 (267); Kuhlen, Fn. 560, S. 93; Schiemann, S. 35, 43,58.
666 Kuhlen, Fn. 560, S. 93; Schiemann, S. 35f.
667 Kuhlen, Fn. 560, S. 94.
668 Schiemann, S. 36.
669 Dannecker in: LP- Kommentar, § 1 Rn. 197 ff.
670 Schiemann, S. 36.
671 Zippelius, S. 36.

Gesetzeskontext, in welchen die Norm steht, heranzieht. Laut *Schiemann*[672] wird hier nach der sachlichen Übereinstimmung der im Zusammenhang stehenden, einzelnen Normen gesucht, wonach derjenigen Auslegung der Vorzug zu gewähren ist, die die größtmögliche Kongruenz mit einer anderen Norm aufweist.

Schließlich wird noch die teleologische Auslegung zur Gesetzesinterpretation herangezogen. Diese sucht nach dem objektiven Sinn und Zweck des Gesetzes.[673] In der Literatur wird diese Auslegungsmethode kritisiert.[674] Die Kritik beruht darauf, dass Aufgabe dieser Auslegungsmethode ja gerade ist, den objektiven Sinn und Zweck einer Norm zu erforschen, dass dieser objektive Sinn und Zweck aber nicht unter Zugrundelegung des objektiven Sinns und Zwecks gesucht werden könne.[675] Auf diesen Zirkelschluss weist *Schiemann*[676] treffend hin, der im Ergebnis auf eine Interpretationsbeliebigkeit des Gerichtes hinausläuft, da praktisch jeder objektive, sachgemäße Zweck in die Norm hineingelesen werden könne.

Dennoch wird diese Methode seitens des BVerfG und weiterer Autoren angewandt.[677] Besondere Bedeutung erlangt die objektive Auslegung bei älteren Gesetzen, deren Gesetzesgeist einem kriminalpolitischen Wandel unterlegen ist - was jedoch auf § 217 unzweifelhaft (noch) nicht zutrifft, so dass diese Auslegungsmethode im Folgenden zu vernachlässigen ist.

Laut BVerfG[678] ist ein Auslegungsverständnis immer dann verfassungsgemäß, also bestimmt genug im Sinne des Grundgesetzes, wenn dieses nicht gegen den Wortsinn und den klar erkennbaren Willen des Gesetzgebers verstößt.[679] Damit hat das BVerfG festgelegt, wann eine Interpretation formell verfassungsgemäß ist, freilich hat es noch nicht gesagt, wann genau die mögliche Wortsinngrenze einer Norm auch tatsächlich überschritten ist. Diese Grenze zu finden, ist gerade auch Sinn der Auslegung. Die Rechtsprechung des BVerfG einerseits und die des BGH andererseits dienen hier allenfalls als grobe Richt-

672 Schiemann, S. 36.
673 Schiemann, S. 36f..
674 Siehe hierzu den lehrreichen Aufsatz von Walz, ZJS 4/2010, 482 (485); Schiemann, S. 37 f.
675 Schiemann, S. 36f.; Puppe, S. 80; Larenz / Canaris, S. 153.
676 Schiemann, S. 36f..
677 Siehe hierzu die Ausführungen von Schiemann, S. 37ff., m.w.Nw..
678 Z.B.: BVerfGE 87, 209 (224ff.); 92, 1 (16ff.).
679 Kuhlen, Fn. 560, S. 102.

schnur, da sich die Maßstäbe der Bestimmtheit jeweils am einzelnen Strafgesetz bemessen lassen müssen.[680] Keinesfalls darf jedoch der Eindruck entstehen, dass stets stoisch sämtliche Auslegungskriterien angewandt werden müssen. Im Rahmen der verfassungskonformen Auslegung eines Gesetzes ist sowohl die Wortlautauslegung als auch die historische Auslegung maßgeblich; alle anderen Auslegungsmethoden gelangen nur dann zum Einsatz, wenn mit Hilfe der vorgenannten Methoden kein eindeutiges Ergebnis erzielt werden konnte.[681]

3. Bestimmtheit der einzelnen Merkmale des § 217 Abs. 1

Bestimmtheits- und Präzisierungsgebot sind laut BVerfG eng miteinander verknüpft. Unbestimmte Gesetzesmerkmale sind nach der Rechtsprechung mittels der Auslegungsmethodik zu präzisieren.[682] Ausgegangen wird im Einklang mit der Anschauung des BVerfG davon, dass eine Norm verfassungskonform auszulegen ist, wenn dies nicht zu „dem Wortlaut und dem klar erkennbaren Willen des Gesetzgebers in Widerspruch" träte.[683]

Ausgangspunkt der hiesigen Auslegung ist der Tatbestand des § 217. Danach begeht strafbare Handlungen im Sinne des § 217, „wer einem anderen die Gelegenheit zur Selbsttötung geschäftsmäßig gewährt, verschafft oder vermittelt, wenn dies in der Absicht geschieht, die Selbsttötung eines anderen zu fördern."[684]

a) Die „Selbsttötung"

Die Selbsttötung wirft hinsichtlich der Anforderungen an die verfassungsrechtliche Bestimmtheit keine Bedenken auf, daher soll sie vorab knapp erörtert werden. Es wurden bereits die Herleitung der Straflosigkeit des Suizides und die unterschiedlichen Ansichten zur Abgrenzung des Suizides von der Fremdtötung erörtert. Es bleibt daher vorliegend die Erörterung der Selbsttötung im spezifischen Kontext des § 217 übrig.

---

680 Dannecker in: LP – Kommentar, § 1 Rn. 201 ff.; zur Vertiefung dieser Thematik sei auf die weiterführenden, literarischen Werke verwiesen, siehe zum Beispiel, Kuhlen, Die verfassungskonforme Auslegung von Strafgesetzen, Heidelberg 2006.

681 Kuhlen, Fn. 560, S. 44ff.; mit weiteren Nachweisen.

682 Ständige Rechtsprechung des BVerfGE (Präzisierungsgebot); Siehe hierzu die umfangreichen Fundstellen bei Kuhlen, S. 17ff.; 39ff.

683 Kuhlen, Fn. 560, S. 13.

684 BT –Drucks. 18 / 5373, S. 16.

Diese ist seit der Kodifikation des Strafgesetzbuches im Jahr 1871 nach wohl einhelliger Auffassung straflos, da es der Selbsttötung an einem tatbestandsmäßigen, rechtswidrigen Verhalten fehlt.[685] Der *Deutsche Ethikrat*[686] spricht namentlich von einer Selbsttötung, „wenn sich jemand in eigener Verantwortung tötet und dabei das zum Tode führende Geschehen tatsächlich beherrscht."

Ist die Selbsttötung straffrei, so ergibt sich wegen der Forderung des § 27 nach einer rechtswidrigen und vorsätzlichen Haupttat zur Kriminalisierung der Beihilfehandlung, dass diese bei Fehlen einer solchen an sich straffrei bleiben muss. In die Kritik geraten ist dabei die Stellungnahme der 151 Strafrechtslehrer-/innen, die von einer geplanten Ausweitung der Strafbarkeit spricht. *Herzberg*[687] betont dabei eindringlich, dass die Straflosigkeit der Suizidbeihilfe nicht wegen des Grundsatzes der limitierten Akzessorietät bestehe, sondern § 217 eben wegen dieses Grundsatzes erforderlich sei, da sich die Strafbarkeit der Teilnahmehandlung an der Haupttat orientiert, die im Falle des Suizides straffrei ist. Im Rahmen des § 217 Abs. 1 bleibt die Selbsttötung aber außer Betracht. Der Strafgrund des § 217 beruht vielmehr auf dem „verselbstständigten Teilnahmeunrecht"[688], so dass die Suizidbeihilfe nunmehr Haupttat ist, an der auch strafbar teilgenommen werden kann.[689]

Ferner ist für die Strafbarkeit des Teilnehmers aus Sicht des Gesetzgebers völlig unbeachtlich, ob der Sterbewillige tatsächlich als Ergebnis der Förderungshandlungen den Suizidwunsch verwirklicht. Damit bleibt auch die sonst übliche, schwierige Feststellung der Freiverantwortlichkeit des Suizidenten zumindest für die Beurteilung des § 217 außen vor. Es fragt sich, ob nicht der eigentliche Schutzzweck des § 217, nämlich der Schutz des Suizidenten vor dem Vollzug eines übereilten Sterbewunsches und vor einer schädlichen Beeinflussung des Willens des Suizidenten, stärker bei der Auslegung Berücksichtigung finden müsste. Hier entsteht nunmehr wegen der dogmatischen Konstruktion des § 217 als abstraktes Gefährdungsdelikt ein Konflikt. Die „Haupttat" des Suizides verliert nahezu gänzlich an Bedeutung, obwohl das legislative Ansinnen von vielen Autoren gebilligt wird. Ist die Suizidvornahme aber unerheblich für die strafrechtliche Beurteilung des Sterbehelfers, sind le-

---

685 Statt vieler: BGH St 32, 367 (371); Gavela, S. 7ff., m.w.N..

686 Deutscher Ethikrat, Selbstbestimmung und Fürsorge am Lebensende, Stellungnahme, 2006, abrufbar unter: http://www.ethikrat.org/dateien/pdf/selbstbestimmung-und-fuersorge-am-lebensende.pdf; letzter Abruf am 21.02.2017.

687 Herzberg, ZIS 7/2016, 440 (441).

688 Dogmatische Herleitung bei: Herzberg, Fn. 687, 440 (442ff.).

689 Siehe hierzu: Gaede, JuS 5/2016, 385 (391).

gislative Intention und strafrechtliche Rechtsfolgenwirkung der Inkriminierung nicht mehr kongruent. Wie noch zu zeigen sein wird, entscheidet die Geschäftsmäßigkeit des Sterbehelfers über die Unrechtsbegründung und nicht der potenzielle Erfolg der Tat, die manipulative Willensbeeinflussung des Suizidenten, die der Gesetzgeber berechtigterweise missbilligt hat. Der legitime Schutzzweck muss sich daher auch bei der Eruierung eines Interpretationsansatzes wiederfinden.

Ein anderer Kritikpunkt ist, dass durch die Normierung dem Suizidenten eine Möglichkeit der schmerzfreien und sanften Selbsttötung genommen werde. *Rosenau/Sorge* gehen in ihrer Kritik sogar so weit, dass Sterbewillige nunmehr gedrängt werden würden, nur „brutale" Arten der Suizidierung in Betracht zu ziehen, so dass dadurch dem Suizidenten eine Lebenspflicht aufoktroyiert werde. Wenngleich diese Formulierung sehr polemisch gewählt wurde, so offenbart sie doch, dass dem Suizidenten seit der Inkriminierung tatsächlich droht, dass ihm nahezu jede legale Möglichkeit des schmerzfreien und sicheren Suizides entzogen wird. Dies ist auch aus ethischer Sicht ein ernstzunehmender Aspekt, der hinsichtlich der gesellschaftlichen Folgewirkungen eines fehlgeschlagenen Suizides berücksichtigt werden muss. Über die Zahl derer, die durch einen frei zugänglichen Suizid in physische oder psychische Mitleidenschaft gezogen worden sind, wird noch seltener gesprochen als über die Suizid(versuchs)zahlen.

Wenngleich auch *Kant*[690] noch die Selbsttötung als Verbrechen gegen sich selbst gewertet hat, so sprechen doch heutzutage viele Erwägungen für eine tolerante Sichtweise. Ist aber die Selbsttötung kein „Verbrechen", kann folgerichtig auch die Hilfe dazu keines sein.

b) Die Tathandlungsvarianten des § 217 Abs. 1

aa) Definition des „Gewährens" und „Verschaffens" nach dem legislativen Verständnis

§ 217 setzt nach seinem Wortlaut das Gewähren, Verschaffen oder Vermitteln einer Gelegenheit voraus, welches laut Gesetzesbegründung so zu verstehen ist, „dass der Täter äußere Umstände herbeiführt, die geeignet sind, die Selbsttötung zu ermöglichen oder wesentlich zu erleichtern."[691]

690 Zur Pflichtenethik Kant´s: Maio, Mittelpunkt Mensch, Ethik in der Medizin, S.. 23 ff..
691 BT – Drucks. 18 / 5373, S. 18.

Im Rahmen des § 217 Abs. 1 wird die Beihilfehandlung in der Weise näher beschrieben, dass der Sterbehelfer dem Suizidenten eine Gelegenheit zum Suizid gewährt, verschafft oder vermittelt. Nach Ansicht der Entwurfsverfasser der geltenden Fassung des § 217 sollen sehr weite Vorfeldkriminalisierungen ohne jegliche Rechtsgutsgefährdung ausgeschlossen sein.[692] Die Gesetzesverfasser hatten dabei den bloßen Informationsaustausch und die reine Kommunikation über die Selbsttötung im Blick.[693] Dennoch bleibt im Übrigen im Unklaren, wo genau die Grenze zwischen nicht mehr strafbarer Vorfeldkriminalisierung und strafbarer Beihilfehandlung liegt.

Die Tathandlungen des Gewährens und des Verschaffens knüpfen beide an äußere Gegebenheiten an und grenzen sich so von der Vermittlungstätigkeit des Täters ab.[694] „Beim Gewähren stehen die äußeren Umstände dem Täter schon zur Verfügung, beim Verschaffen sorgt er dafür, dass die notwendigen äußeren Umstände für den Suizid gegeben sind."[695] Die Gesetzesbegründung nennt sodann die Besorgung bzw. Überlassung einer Räumlichkeit oder die Bereitstellung von letalen Mitteln für die Selbsttötung.[696] Mit der Verbesserung der äußeren Umstände für die Selbsttötung sei die Vollendung des Delikts eingetreten.[697] Der Täter muss lediglich dafür gesorgt haben, dass dem Suizidwilligen die Umsetzung seines Suizidwunsches entweder wesentlich erleichtert oder gar erst ermöglicht worden ist.[698] Aufschluss gibt die Gesetzesbegründung dagegen nicht, wann in Bezug auf die Gelegenheit zur Selbsttötung eine „wesentliche Erleichterung der äußeren Umstände" durch die Förderungshandlung des Täters in concreto eingetreten ist, da die Selbsttötung im Grundsatz für jedermann möglich ist.

Die Gesetzesbegründung rekurriert zur Definition der Tatbestandsmerkmale auf die Termini technici aus dem bekannten § 180 Abs. 1 S. 1 Nr. 2, der Förderung sexueller Handlungen Minderjähriger, sowie den Bestimmungen zu § 29 Abs. 1 Nr. 10 BtMG. Dieser bleibt bei der nachfolgenden Erörterung jedoch außer Betracht.[699]

692 BT – Drucks. 18 / 5373, S. 18.
693 BT – Drucks. 18 / 5373, S. 18.
694 S / S – Perron /Eisele -, § 180 Rn. 8,9.
695 BT – Drucks. 18 / 5373, S. 18.
696 BT – Drucks. 18 / 5373, S. 18.
697 BT – Drucks. 18/ 5373, S. 18; S /S – Perron /Eisele -, § 180 Rn. 9.
698 BT – Drucks. 18 / 5373, S. 18.
699 Ausführlich zur Strafbarkeit gem. § 29 Abs. 1 Nr. 10 BtMG ab S. 202.

bb) Verständnis der Tatbestandsmerkmale des Gewährens und Verschaffens im Sinne des § 180 Abs. 1

Da die Gesetzesbegründung ausdrücklich auf die Begriffe des § 180 Abs. 1 Bezug nimmt[700], sollen die für die Auslegung im Kontext des § 217 hilfreichen Erkenntnisse aufgezeigt werden.

Strafbar gem. § 180 Abs. 1 macht sich, „wer sexuelle Handlungen einer Person unter sechzehn Jahren an oder vor einem Dritten oder sexuellen Handlungen eines Dritten an einer Person unter sechzehn Jahren

1. durch seine Vermittlung oder
2. durch Gewähren oder Verschaffen von Gelegenheit

Vorschub leistet, […].“

Die Norm des § 180 Abs. 1 wird verständlicher, wenn man strukturell von einer Drei – Personen – Konstellation ausgeht. Notwendiger Tatbeteiligter ist stets das minderjährige, unter sechzehn-jährige Tatopfer[701] sowie die Person, die die Handlungen an oder vor sich vornehmen lässt bzw. an der minderjährigen Person vornimmt.[702] Dagegen sind Handlungen Dritter vor Minderjährigen nicht von § 180 Abs. 1 erfasst.[703] Strafbar gem. § 180 Abs. 1 ist derjenige, der mindestens einer dieser drei Möglichkeiten Vorschub leistet.[704] Der Struktur nach handelt es sich um eine verselbstständigte Beihilfe im Sinne von § 27[705], nämlich die unerlaubte Förderung sexueller Handlungen Minderjähriger, die eine vergleichbare Deliktsstruktur aufweist wie § 217 Abs. 1.[706] Hier wie dort muss es nicht zu einem tatsächlichen sexuellen Kontakt bzw. zu einem Suizid gekommen sein, was sich zwar nicht unmittelbar aus dem Wortlaut der Vorschrift ableiten lasse, sich aber insoweit aus der eindeutigen Entstehungsgeschichte zu § 180 Abs. 1 ergebe.[707] Die Konzeption des § 180 ist nach allgemeiner Ansicht jedoch kein Unternehmensdelikt im Sinne von § 11 Abs. 1 Nr.

---

700 BT – Drucks. 18/5373, S. 18.

701 Fischer, § 180 Rn. 3; S / S – Perron /Eisele -, § 180 Rn. 3.

702 Lackner / Kühl, § 180 Rn. 1a; Fischer, § 180 Rn. 3.

703 Fischer, § 180 Rn. 3.

704 Fischer, § 180 Rn. 4; S / S – Perron/Eisele -, § 180 Rn. 3.

705 Fischer, § 180 Rn. 12; S / S – Perron / Eisele -, § 180 Rn. 6ff..

706 S / S – Perron / Eisele -, § 180 Rn. 6, 9.

707 S / S – Perron / Eisele -, § 180 Rn. 6.

6[708], sondern ein Delikt, welches zwar erfolgsorientierte Handlungen voraussetzt, aber keine gesonderte Versuchsstrafbarkeit vorsieht.[709] Strafbare Handlungen des § 180 Abs. 1 sind beihilfetypische Handlungen, die einen engen Erfolgsbezug aufweisen, und nicht generell nur Handlungen, die einem Versuch der Erfolgsverursachung gleichkämen.[710] Letztere sind zwar mit in den Tatbestand einbezogen, jedoch nicht ausschließlich. Zudem sollen entgegen der für Unternehmensdelikte typischen Struktur untaugliche Förderungshandlungen gerade nicht mit sanktioniert werden.[711]

Bei § 180 Abs. 1 wird unter Gewähren und Verschaffen „das Bereitstellen oder Herbeiführen der äußeren Bedingungen für die Ermöglichung oder wesentliche Erleichterung der Vornahme von sexuellen Handlungen" verstanden.[712] Dabei wird klargestellt, dass sich das Gewähren vom Verschaffen lediglich dadurch abgrenze, dass bei dem Gewähren dem Handelnden schon eine Gelegenheit zur Vornahme von sexuellen Handlungen zur Verfügung stehe, währenddessen das Verschaffen gerade darauf abziele, dem Handelnden die äußeren Umstände für die Begehung von sexuellen Handlungen zu „erschaffen".[713] Nach allgemeiner Ansicht sollen nur unmittelbar förderliche Umstände zur Tatbestandsverwirklichung führen; mittelbare Förderungen seien ebenso wenig ausreichend[714] wie psychische Einwirkungen auf das eigentliche Tatopfer.[715] Als Beispiele für solche mittelbaren, nicht strafbaren Förderungen werden Handlungen angeführt, die nicht in enger Beziehung mit der sexuellen Handlung stehen, wie der Betrieb eines Lokals mit sexuellen Darbietungen oder das bloße Unterhalten eines Homosexuellenlokals, das Erbringen allgemeiner Dienstleistungen im Bordell[716] und im Kern damit vergleichbare Handlungen.[717] Zur Verdeutlichung werden in der Kommentarliteratur[718] beispielhaft tatbestandsmäßige Handlungen wie das Zurverfügungstellen von Räumlichkeiten, die Benennung von „Dirnenunterkünften", das Verbringen der von § 180 geschützten Person an einen Ort, an dem diese der Prostitution nachgehen

708 S / S – Perron / Eisele -, § 180 Rn. 6.
709 S / S – Perron / Eisele-, § 180 Rn. 6.
710 S / S – Perron / Eisele -, § 180 Rn. 6, 9
711 S / S – Perron / Eisele -, § 180 Rn. 6ff.; § 11 Rn. 48.
712 S / S – Perron /Eisele -, § 180 Rn. 9.
713 BT – Drucks. 18/ 5373, S. 18: S /S – Perron /Eisele -, § 180 Rn. 9.
714 S / S – Perron /Eisele - § 180 Rn. 10; Lackner / Kühl, § 180 Rn. 6; LPK – Kindhäuser, § 180 Rn. 3; Fischer, § 180 Rn. 5.
715 Lackner / Kühl, § 180 Rn. 6; aA: BGHSt 9, 71; Fischer, § 180 Rn. 5.
716 Siehe hierzu die Beispiele in der Kommentarliteratur bei Lackner / Kühl, § 180 Rn. 6; S / S – Perron /Eisele -, § 180 Rn. 10.
717 S / S – Perron /Eisele - § 180 Rn. 10.
718 Lackner /Kühl, § 180 Rn. 6.

kann, genannt. § 180 inkriminiert damit grundsätzlich nur Handlungen, die in einem engen Zusammenhang mit der eigentlichen, verpönten sexuellen Handlung stehen.[719] Im Rahmen der konkreten Fallösung sei eine Einzelfallentscheidung für jede Tat zu treffen.[720] Zur Präzisierung der Merkmale wird teilweise ein tatbestandlicher Erfolg, nämlich die Vornahme sexueller Handlungen, postuliert, welcher als Folge der Förderungshandlung eingetreten sein muss, obwohl der Formulierung des Tatbestandes dies gerade nicht immanent ist.[721] Im Gegensatz dazu verlangt die herrschende Ansicht zu § 180 Abs. 1 für die Vollendung des Deliktes gerade keinen Erfolg der tatsächlichen Vornahme der sexuellen Handlung, jedoch zumindest eine konkrete Gefährdung des Opfers.[722] Für die herrschende Ansicht ist es, obwohl keine sexuelle Handlung vorausgesetzt wird, immerhin notwendig, dass sich das Gesamttatgeschehen hinreichend in diese Richtung konkretisiert hat.[723] Andernfalls wären auch weit im Voraus liegende Handlungen strafbar, die überhaupt keinen Tatbezug mehr aufweisen. Die einen Erfolg fordernden Literaturstimmen rekurrieren für ihre Ansicht auf die gesetzliche Systematik. Bei *Fischer* heißt es hierzu: Die konkrete Gefährdung des Opfers reiche zur Konkretisierung gerade nicht aus. Dies verstehe sich bereits daraus, dass derselbe Begriff des Vorschubleistens in Abs. 2 im Gegensatz zum Abs. 1 einen tatbestandlichen Erfolg voraussetze.[724] Es liefe der Systematik zuwider, wenn die herrschende Meinung für Abs. 1 das Gegenteil annehme. „Für die Auslegung desselben Begriffs in Abs. II nimmt die herrschende Meinung gerade das Gegenteil an und begründet dies zutreffend damit, dass eine Gleichstellung erfolgloser Anstiftung mit versuchter Beihilfe sachwidrig wäre." „Hieraus kann nicht im Gegenschluss abgeleitet werden, in Abs. I sei auch nur versuchte Beihilfe schon vollendetes Vorschubleisten, weil hier das Bestimmen nicht aufgeführt ist. Wenn Abs. IV den Versuch des Vorschubleistens nach II unter Strafe stellt, so macht dies deutlich, dass eine für Abs. I nicht vorgesehene Versuchsstrafbarkeit nicht über eine Ausweitung des Beihilfe-Begriffs erreicht werden darf."[725] Abschließend sei noch ein Blick auf den Anwendungsbereich der Norm gewagt. § 180 bezweckt vornehmlich den Schutz des sexuellen Selbstbestimmungsrechts der Tatopfer.[726]

---

719 Fischer, § 180 Rn. 7.

720 S / S – Perron / Eisele -, § 180 Rn. 9.

721 S / S – Perron / Eisele -, § 180 Rn. 6; Fischer, § 180 Rn. 6; LPK – StGB, § 180 Rn. 2.

722 BGHSt 24, 249; BGH 1, 115; 10, 386.

723 Fischer, § 180 Rn. 6; S / S – Perron / Eisele -, § 180 Rn. 6.

724 Siehe hierzu die Kommentierungen bei Fischer, § 180 Rn. 7; S / S – Perron / Eisele -, § 180 Rn. 6; Lackner / Kühl, § 180 Rn. 4, jeweils m.w.N..

725 Fischer, § 180 Rn. 9.

726 Fischer, § 180 Rn. 2.

Dabei differenziert der Tatbestand zwischen den Altersgruppen. Die unter 16 – jährigen gelten allein auf Grund ihres Alters als besonders schutzbedürftig, so dass § 180 Abs. 1 einen verselbstständigten Tatbestand darstellt.[727] § 180 Abs. 2, welcher die Altersgruppe zwischen 16 und 18 Jahren im Blick hat, schwächt den tatbestandlichen Schutz dahingehend ab, dass „nur" noch die Förderung kommerzieller sexueller Handlungen" sanktioniert wird, da dieser Altersgruppe generell eine andere Einsichtsfähigkeit zugeschrieben wird.[728] Es ist daher auf Grund der unterschiedlichen Schutzrichtungen und der Ausgestaltung eines selbstständigen Tatbestandes auch vorstellbar, dass die einzelnen Tatbestandsmerkmale inkongruent ausgelegt werden können. Gleichwohl sollte die Auslegung desselben Begriffes, besonders auch aus Gründen der Rechtssicherheit, intrasystematisch nicht widersprüchlich sein. Dies gebietet schon der Schutz des Normadressaten aus der Funktion des Bestimmtheitsgebotes. Dennoch darf im Gegensatz zum Gewähren und Verschaffen das Vorschubleisten nicht so verstanden werden, dass nur der Erfolg – also die Vornahme von sexuellen Handlungen – zur Vollendung des Deliktes führt. Die fehlende Versuchsstrafbarkeit zeigt zwar, dass versuchte Beihilfehandlungen grundsätzlich nicht erfasst sein sollen. Es erscheint aus kriminalpolitischer Sicht jedoch sinnvoll, die Grenze zu den nicht inkriminierten „Versuchshandlungen" dort zu ziehen, wo es nicht einmal zu einer konkretisierten Gefährdung des Opfers gekommen ist. Die Nichtvornahme der sexuellen Handlung sollte lediglich zur strafrechtlichen Privilegierung des auf die Handlung Verzichtenden führen, nicht jedoch nicht zu der Privilegierung des Vorschubleistenden. Andernfalls liefe die Strafvorschrift gänzlich ins Leere. Ferner hat dieser durch die Förderungshandlung bereits eigenes, strafwürdiges Unrecht im Sinne von § 180 Abs. 1 verwirklicht. Dass der Erfolg seiner Förderungshandlung ausgeblieben ist, kann auch auf reinen Zufällen beruhen. Zufälle eignen sich jedoch nicht für die Entscheidung für oder gegen eine Strafbarkeit. Im Übrigen kann im Rahmen der Strafzumessung der individuelle Unrechtsbeitrag ausreichend berücksichtigt werden.

Eine vertiefende Erörterung des Streites kann vorliegend dahinstehen, da dies für die hiesige Erörterung nicht weiter von Bedeutung ist. Festzuhalten ist, dass die herrschende Meinung die Grenze bei der konkreten Gefährdung des Opfers zieht und keinen tatbestandlichen Erfolg der tatsächlichen Vornahme sexueller Handlungen für eine Vollendung des Deliktes voraussetzt. Als *argumentum e contrario* ist daher die Strafbarkeit des Vorschubleistenden zu ver-

---

727 Fischer, § 180 Rn. 2, 2a.
728 Fischer, § 180 Rn. 2, 2a.

neinen, wenn es nicht wenigstens zu einer konkretisierten Gefährdung des Opfers gekommen ist. Durch ein solches Auslegungsverständnis werden folglich auch diejenigen Fälle erfasst, in denen es auf Grund einer Vielzahl an für den Förderer unbekannten Gründen (z.B. den Dritten überkommt in der konkreten Situation doch Reue oder ein Schamgefühl gegenüber dem Minderjährigen) nicht zu der tatsächlichen Vornahme von sexuellen Handlungen gekommen ist. Der Förderer dieser Tat hat seine konkrete Förderungshandlung abgeschlossen, wenn er beispielsweise bereits das „Tatzimmer" zur Verfügung gestellt hat.

Was sich genau darin abgespielt hat, dürfte für die Bemessung seiner Strafe nachrangig sein, gegenüber dem, was er sich vorgestellt hat, dass es sich darin abspielen wird.

(1) Das tradierte Begriffsverständnis

Möglicherweise kann die tradierte Begriffsbestimmung der Merkmale des § 180 Abs. 1 hilfreich für die Auslegung sein. Entstehungsgeschichtlich[729] geht § 180 Abs. 1 auf die Bestrafung der Kuppelei zurück, wobei mit dem Begriff der Kuppelei „Handlungen bezeichnet wurden, mit denen der Täter durch Vermittlung oder durch Gewähren oder Verschaffen von Gelegenheit zur Unzucht zwischen Dritten Vorschub leistete."[730]

Hinzutreten musste als weiteres einschränkendes Kriterium, dass der „Täter gewohnheitsmäßig oder aus Eigensucht handelte."[731] Laut *Laufhütte*[732] war die Fassung des alten Tatbestandes des § 180 Abs. 1 sehr weit und erfasste auch schon die Ehegattenkuppelei und andere Arten der Kuppelei als Straftat, was der Gesetzgeber aber hingenommen habe. *Jescheck*[733] habe bereits damals eingewandt, dass „er [der Tatbestand] dem Ziele [diene], die Form zu wahren, wenn sie auch vielfach nur Fassade sein mag" - Fassade deshalb, weil § 180 Abs. 1 schon vor der Reform vorgeworfen wurde, Handlungen zu inkriminieren, die zwar kriminalpolitisch unerwünscht gewesen seien, jedoch keinesfalls

---

729 Laufhütte in: Leipziger Kommentar zum Strafgesetzbuch, Stand: 1.8.1994, §§ 146 – 222, S. 105.

730 Laufhütte in: Leipziger Kommentar zum Strafgesetzbuch, Stand: 1.8.1994, §§ 146 – 222, S. 105

731 Laufhütte in: Leipziger Kommentar zum Strafgesetzbuch, Stand: 1.8.1994, §§ 146 – 222, S. 105

732 Laufhütte in: Leipziger Kommentar zum Strafgesetzbuch, Stand: 1.8.1994, §§ 146 – 222, S. 106.

733 Zitat: Laufhütte in: Leipziger Kommentar zum Strafgesetzbuch, Stand: 1.8.1994, §§ 146 – 222, S. 106.

in strafwürdiger Weise.[734] Mit dem 4. Strafrechtsänderungsgesetz wurde § 180 Abs. 1 in einigen Teilen eingeschränkt und die Strafbarkeit auf den Schutz von Minderjährigen fokussiert. Dies hatte zur Folge, dass die einschränkenden Kriterien der gewohnheitsmäßigen Handlung und des Handelns aus Eigennutz weggefallen sind.[735] Der § 180 Abs. 1 (n.F.) inkriminiert die heute noch bekannte Form des Tatbestandes. Danach machte sich strafbar, „wer sexuellen Handlungen einer Person unter 16 Jahren in bestimmter Weise Vorschub leistet."[736] „Vorschubleisten bedeutet jede Förderung durch objektiv günstigere Gestaltung der Bedingungen für die Vornahme sexueller Handlungen eines Minderjährigen mit einem Dritten."[737] *Laufhütte*[738] stellte damals klar, dass dieser Tatbestand verselbstständigtes Teilnahmeunrecht an einer fremden Tathandlung erfasse und (wie gegenwärtig noch) zur Vollendung die tatsächliche Vornahme der sexuellen Handlung nicht benötige, jedoch zumindest eine Gefährdung des Minderjährigen durch die Förderungshandlung.[739] Klar war aber auch, dass das Vorschubleisten einer Konkretisierung bedurfte, und zwar hinsichtlich der Zeit und des Ortes der sexuellen Handlung.[740] Das Vorschubleisten des Förderers war und ist nur dann strafbar, wenn es durch eine der inkriminierten Tathandlungsvarianten, das Gewähren, Verschaffen oder Vermitteln, vorgenommen wurde. „Das Gewähren oder Verschaffen von Gelegenheit bedeutet das Bereitstellen äußerer Bedingungen, die unmittelbar zur Förderung der sexuellen Handlung geeignet sind; es kommt dabei auf eine enge, in Bezug auf die sexuellen Handlungen typische Förderungshandlung an."[741] „Beim Gewähren stehen dem Täter die Mittel, die er bereitstellt, bereits zur Verfügung, beim Verschaffen sorgt er für die äußeren Umstände, die der sexuellen Handlung förderlich sind." Dabei umfasst das Gewähren insbesondere die Überlassung von Räumlichkeiten für die Vornahme von sexuellen Handlungen, das

734 Laufhütte in: Leipziger Kommentar zum Strafgesetzbuch, Stand: 1.8.1994, §§ 146 – 222, S. 106.

735 Laufhütte in: Leipziger Kommentar zum Strafgesetzbuch, Stand: 1.8.1994, §§ 146 – 222, S. 109.

736 Laufhütte in: Leipziger Kommentar zum Strafgesetzbuch, Stand: 1.8.1994, §§ 146 – 222, S. 109.

737 Laufhütte in: Leipziger Kommentar zum Strafgesetzbuch, Stand: 1.8.1994, §§ 146 – 222, S. 109.

738 Laufhütte in: Leipziger Kommentar zum Strafgesetzbuch, Stand: 1.8.1994, §§ 146 – 222, S. 109.

739 Laufhütte in: Leipziger Kommentar zum Strafgesetzbuch, Stand: 1.8.1994, §§ 146 – 222, S. 109.

740 Laufhütte in: Leipziger Kommentar zum Strafgesetzbuch, Stand: 1.8.1994, §§ 146 – 222, S. 109f..

741 Laufhütte in: Leipziger Kommentar zum Strafgesetzbuch, Stand: 1.8.1994, §§ 146 – 222, S. 111.

Verschaffen eines Arrangements durch Bezahlen der Prostituierten oder die Entfernung der Aufsichtsperson.[742] *Laufhütte*[743] weist darauf hin, dass der BGH zur Strafbarkeit sogar eine Taxifahrt zu der Tatörtlichkeit hat genügen lassen. In die sehr weite Fassung des Tatbestandes wurde seitens der Rechtsprechung laut *Laufhütte*[744] zur Eingrenzung des Gewährens ein weiteres Kriterium hineingelesen, nämlich dass der Bitte eines der Beteiligten entsprochen worden sein müsse, was jedoch von einigen Autoren als zu weitgehend abgelehnt wurde, da es dem Merkmal des Gewährens nicht zu entnehmen sei. Deren Ansicht nach setzten die beiden Tathandlungen vielmehr eine enge Verbindung zu den sexuellen Handlungen zweier individualisierbarer Tatbeteiligter voraus.[745]

Vollendung der Tat lag daher mit der Vornahme des Gewährens und Verschaffens der Gelegenheit vor. In subjektiver Hinsicht ist es damals wie heute ausreichend, wenn der Täter mit dolus eventualis gehandelt hat.[746] Er musste das Alter in seine Vorstellungswelt mit aufgenommen haben, und zwar dahingehend, dass sich das Opfer zumindest seiner Vorstellung nach unterhalb der Altersgrenze von 16 Jahren befunden haben könnte, was dem Förderer auch „gleichgültig" gewesen sein konnte.[747] Zudem musste dem Täter in groben Zügen bekannt gewesen sein, welche sexuellen Handlungen ausgeübt werden sollten.[748] Hinsichtlich der drei Tathandlungsvarianten musste der Täter sich indessen bewusst gewesen sein, dass seine Handlung förderlich für die Vornahme der sexuellen Handlung gewesen sein könnte, womit er einverstanden gewesen sein müsse.[749]

742 Laufhütte in: Leipziger Kommentar zum Strafgesetzbuch, Stand: 1.8.1994, §§ 146 – 222, S. 111.

743 Laufhütte in: Leipziger Kommentar zum Strafgesetzbuch, Stand: 1.8.1994, §§ 146 – 222, S. 111.

744 Laufhütte in: Leipziger Kommentar zum Strafgesetzbuch, Stand: 1.8.1994, §§ 146 – 222, S. 111.

745 Laufhütte in: Leipziger Kommentar zum Strafgesetzbuch, Stand: 1.8.1994, §§ 146 – 222, S. 111.

746 Laufhütte in: Leipziger Kommentar zum Strafgesetzbuch, Stand: 1.8.1994, §§ 146 – 222, S. 117.

747 Laufhütte in: Leipziger Kommentar zum Strafgesetzbuch, Stand: 1.8.1994, §§ 146 – 222, S. 117.

748 Laufhütte in: Leipziger Kommentar zum Strafgesetzbuch, Stand: 1.8.1994, §§ 146 – 222, S. 117.

749 Laufhütte in: Leipziger Kommentar zum Strafgesetzbuch, Stand: 1.8.1994, §§ 146 – 222, S. 117.

(2) Zwischenergebnis

Wie die vorstehenden Erläuterungen gezeigt haben, haben die Merkmale des Gewährens und Verschaffens im Laufe der Zeit eine gewisse Konkretisierung erfahren, die auch heute noch in der Kommentarliteratur anerkannt ist.

Besondere Erkenntnisse haben sich durch einen Blick auf die frühere Begriffsbedeutung nicht ergeben. Vielmehr hat sich gezeigt, dass der Tatbestand des § 180 Abs. 1 sowohl in der alten Fassung als auch nach deren Überarbeitung sehr viel weiter griff als dies für die gegenwärtige Fassung gilt. Eine Einschränkung hat der Tatbestand durch das 4. Strafrechtsänderungsgesetz erfahren, welches einerseits den Blick auf den Schutz von Minderjährigen, die sexuelle Handlungen vornehmen, gerichtet hat und andererseits nun nicht mehr die Kuppelei generell unter Strafe stellt.[750] Ausschlaggebend soll die fehlende Strafwürdigkeit des moralisch zwar anstößigen Verhaltens gewesen sein, welches jedoch erst durch das Kriterium der Sozialschädlichkeit strafrechtsrelevant werde.[751] Kritiker der Reform forderten noch eine deutlich weitgehendere Einengung des Tatbestandes als sie durch das 4. StrRG erreicht worden ist.[752] Dennoch sollte dies nicht dazu führen, dass eine Strafbarkeit des Förderers ausbleibt, nur weil der Dritte, der die sexuellen Handlungen vorzunehmen begehrt, aus möglicherweise dem Förderer unbekannten Gründen seine sexuelle Handlung dann doch nicht umsetzt. Das eigene Unrecht, welches der Förderer durch die Förderung der sexuellen Handlungen begeht, darf nicht gänzlich abhängig von der Vornahme dieser Handlungen gestellt werden, sondern muss – und zwar für die Fälle des § 180 Abs. 1 – auch eine eigene strafrechtliche Würdigung erfahren. Denn es kann nicht sein, dass, wenn jemand in voller Kenntnis der Absicht des Handelnden dessen Tat unterstützt, dafür nicht belangt wird, nur weil rein zufällig die sexuellen Handlungen ausgeblieben sind.

Als Quintessenz aus den vorigen Erörterungen ist mitzunehmen, dass der Tatbestand des § 180 Abs. 1 sowohl in der alten Fassung als auch nach der Reform durch das 4. StrRG einschränkend ausgelegt wird.

Inwiefern diese Erkenntnisse zur Erforschung eines Auslegungsverständnisses des § 217 fruchtbar gemacht werden können, wird sich noch zeigen. Zumindest entspricht es dem Willen des Gesetzgebers auf die Auslegungsergebnisse zu § 180 Abs. 1 Rekurs zu nehmen.

---

750 S / S – Lenckner/Bosch, Perron / Eisele-, Vorbem. §§ 174ff., Rn. 1.
751 S / S – Lenckner/Bosch, Perron / Eisele-, Vorbem. §§ 174ff., Rn. 1.
752 S / S – Lenckner/Bosch, Perron / Eisele-, Vorbem. §§ 174ff., Rn. 2.

cc) Verständnis der Tatbestandsmerkmale des Gewährens und Verschaffens im Sinne des § 217 Abs. 1

Wie gezeigt, wird sämtlichen Tatbestandsmerkmalen des § 217 Abs. 1 vorgeworfen, zu unbestimmt zu sein.

Das BVerfG neigt jedoch in seiner tradierten Rechtsprechung generell dazu, das strafrechtliche Bestimmtheitsgebot zu relativieren. Einige Autoren fordern dagegen zunehmend eine strengere Beachtung des Bestimmtheitsgebotes.[753] Wiederholend sei gesagt, dass laut BVerfG Bedenken hinsichtlich einer Wahrung des Bestimmtheitsgebots entkräftet werden können, „wenn sich durch den Normzusammenhang sowie die gefestigte Rechtsprechung eine zuverlässige Grundlage für die Auslegung und Anwendung gewinnen ließe.“[754] „Entscheidend sei letztlich, dass die interpretationsbedürftigen Merkmale mit den Mitteln herkömmlicher Gesetzesanwendung verfassungskonform ausgelegt würden.“[755]

Bei einer jungen Norm dürfte das Gebot des Rückgriffes auf eine tradierte Rechtsprechung zweifelhaft sein. Anders mag dies dann sein, wenn – wie im Fall des § 217 Abs. 1 – ausdrücklich auf die Auslegung anderer, in diesem Fall sogar wortgleicher Tatbestandsmerkmale wie in § 180 Abs. 1 rekurriert wird. In diesem Fall könnte der zu der anderen Norm entwickelte Interpretationsansatz herangezogen werden. Die Frage, die sich sodann stellt, ist die, ob ein solcher Rückgriff sachgerecht ist. Dies soll im Folgenden erörtert werden.

(1) Sachgerechter Rekurs auf die Interpretationsergebnisse zu § 180 Abs. 1?

Nachdem zuvor ausführlich erörtert wurde, wie die Tatbestandsmerkmale des Gewährens und Verschaffens im Rahmen des § 180 Abs. 1 ausgelegt und verstanden werden, stellt sich nun im Hinblick auf § 217 Abs. 1 die Frage, ob die Begriffe in den Tatbeständen des § 217 Abs. 1 und § 180 Abs. 1 sinnvollerweise kongruent auszulegen sind.

Zwar ist ein solches kongruentes Verständnis der Merkmale ausdrücklich durch die Entwurfsverfasser in der Gesetzesbegründung zu § 217 vorgesehen, indem die Verfasser zur Definition der Merkmale Bezug auf das Verständnis im Rahmen des § 180 genommen haben.[756] Die legislativ vorgesehene Übertragung des zu § 180 Abs. 1 entwickelten Begriffsverständnisses, stößt dann

---

753 Kuhlen, Unbestimmtheit und unbegrenzte Auslegung des Strafrechts?, S. 20f., m. w. Nw..

754 Felix, S. 199.

755 Felix, S. 199

756 BT – Drucks. 18 / 5373, S. 18.

auf Schwierigkeiten, wenn es im Rahmen des § 217 aus dem Kontext der Strafbarkeit der Förderung einer sexuellen Handlung von Minderjährigen in den Kontext der Förderung eines rechtmäßigen, aus menschlicher Sicht möglicherweise sogar nachvollziehbaren Suizidwunsches transferiert wird.

Tatbestandlich liegt beiden Delikten zwar eine vergleichbare Struktur zugrunde, jedoch entstammen sie aus zwei völlig unterschiedlichen Lebensbereichen, die doch schwer daran zweifeln lassen, dass es sinnvoll möglich ist, die Begrifflichkeiten kongruent auszulegen.[757] Bevor jedoch auf systematische Erwägungen eingegangen werden soll, ist zunächst allen voran der Wortsinn aus der Sicht des Empfängerhorizontes zu erforschen. Denn wie bereits mehrfach erwähnt, ist dieser das Kernstück im Rahmen der Auslegung eines strafrechtlichen Begriffes.

Zur Bestimmung der „verbalen Ausgangsbasis“[758] sind laut *Zippelius*[759] zunächst die Legaldefinitionen zu bemühen, sofern denn solche im Gesetzestext vorhanden ist. Eine Legaldefinition „übersetzt also einen Terminus in eine gleichbedeutende Kombination mehrerer Merkmale, die eine genauere Abgrenzung des Begriffs ergeben.“[760] Das heißt, ein Begriff wird in dem konkreten Gesetzestext erklärt. Das Strafrecht kennt einige solcher Legaldefinitionen, wie das Beispiel des § 12 zeigt. In § 217 Abs. 1 selbst findet sich keine Legaldefinition der Begrifflichkeiten, genauso wenig wie in § 180 Abs. 1. An dieser Stelle können nun die obigen rechtstheoretischen Erläuterungen zu dem Stichwort der Relativität der Rechtsbegriffe bei der Auslegung eines konkreten Rechtsbegriffes praktisch angewendet werden. Es hatte sich im Rahmen dieser Ausführungen gezeigt, dass die Relativität der Rechtsbegriffe der wohl herrschenden Meinung entspricht und zudem keine grundsätzlichen verfassungsrechtlichen Bedenken aufwirft. *Wagner*[761] geht sogar davon aus, „dass eine relative Begriffsverwendung [...] demnach kein Widerspruch zu einer [...] einheitlichen Rechtsordnung [ist], sondern gerade ein Zeichen derselben.“ Ein Begriff ist in dem Kontext auszulegen, in welchem er verwendet wird, da die Begriffsverwendung sich in verschiedenen Lebensbereichen abspielt, die die Bedeutung des Begriffes maßgeblich prägen.[762] Die Grenze der Relativität der Rechtsbegriffe sei laut *Wagner* jedoch dann erreicht, wenn durch ein unter-

757 So auch Weigend / Hoven, ZIS 10/2016, 681 (682).

758 Zippelius, S. 37.

759 Zippelius, S. 37.

760 Zippelius, S. 37.

761 Wagner, Die Akzessorietät des Wirtschaftsstrafrechts, Rn. 130.

762 Wagner, Rn. 129.

schiedliches Begriffsverständnis ein nicht mehr tolerabler Grad an Rechtsunsicherheit für den Normadressaten erreicht werde[763] oder der Gesetzgeber zur Definition von Rechtsbegriffen Legaldefinitionen verwende.[764] „Liegt eine Legaldefinition vor, ist diese grundsätzlich für den Rechtsanwender verbindlich."[765] Dies gilt dann insbesondere auch für die Auslegung durch den Rechtsanwender, so dass dieser dann die übergeordnete Definition zu berücksichtigen habe.[766] Laut *Wagner* gelte jedoch auch eine Legaldefinition nicht unbegrenzt, vielmehr sei es möglich, ihren Anwendungsbereich durch drei Kriterien einzuschränken, und zwar durch die Möglichkeit, die Legaldefinition mit einer Bedingung zu versehen, durch eine Einschränkung der Legaldefinition mithilfe des Zusatzes „im Sinne dieses Gesetzes" und schließlich noch durch die Verwendung einer spezielleren Legaldefinition im betreffenden Gesetz.[767]

Übertragen auf die gegenwärtige Situation ist weder der Tatbestandsfassung des § 180 Abs. 1 noch der des § 217 Abs. 1 eine Legaldefinition zu entnehmen. Vielmehr ist vorliegend die Situation so, dass die Gesetzesbegründung zu § 217 zur Definition der Merkmale des Verschaffens und Gewährens auf die gängige Kommentarliteratur zu § 180 Abs. 1 verweist, welche wiederrum auf die zugehörige Rechtsprechungsdogmatik Bezug nimmt. Der Gesetzesbegründung ist zu entnehmen, dass es dem Willen des Gesetzgebers entspricht, die Begriffe des Gewährens und Verschaffens in den verschiedenen Tatbeständen kongruent auszulegen. Eine etwaige Loslösung von dieser einheitlichen Begriffsauslegung innerhalb der Rechtsordnung wird auch als ein Verstoß gegen das Bestimmtheitsgebot des Art. 103 II GG angesehen. Ein solcher Verstoß könne daraus resultieren, dass zwei identische Begriffe innerhalb der Rechtsordnung uneinheitlich ausgelegt werden und dies für Unsicherheit und Verwirrung beim Normadressaten sorge, der sich zum einen an einer gefestigten Rechtsprechung orientiere und zum anderen an der gesetzgeberisch gewollten Übertragung dieses Begriffsverständnissess.[768] Der Frage, ob ein solches inkongruentes Begriffsverständnis einen Verstoß gegen das Bestimmtheitsgebot aus Art. 103 Abs. 2 GG darstellt, soll in dieser Arbeit nicht weiter nachgegangen werden, da es nicht die hiesige Problematik betrifft.[769] Ein möglicher Verstoß gegen das Bestimmtheitsgebot kommt hier nicht wegen

763 Wagner, Rn. 136.
764 Wagner, Rn. 138.
765 Wagner, Rn. 138.
766 Wagner, Rn. 138.
767 Wagner, Rn. 139ff.
768 Felix, S. 189 f..
769 Siehe hierzu ausführlich die Habilitationsschrift von Felix, S. 189ff..

einer inkongruenten Auslegung der Begriffe in Betracht, die eben nicht vorliegt, sondern, weil die Begriffe selbst sich dem Vorwurf der Unbestimmtheit ausgesetzt sehen.

Da ein gesetzgeberisches Vorverständnis der Begriffe vorliegt, kann die sonst übliche Ermittlung des konventionellen Sprachgebrauches[770] der Rechtsgemeinschaft als nächster Schritt der Auslegungsbemühungen dahinstehen.

Alle weiteren Auslegungsbemühungen knüpfen vorliegend an das von der Rechtsprechung und Literatur zu § 180 Abs. 1 vorgeprägte, gesetzgeberisch in Bezug genommene Begriffsverständnis des Gewährens und Verschaffens an, welches - zur Erinnerung - laut Gesetzesbegründung[771] zu § 217 Abs. 1 wie folgt definiert wird:

„Gewähren oder Verschaffen einer Gelegenheit setzt voraus, dass der Täter äußere Umstände herbeiführt, die geeignet sind, die Selbsttötung zu ermöglichen oder wesentlich zu erleichtern.“ „Beim Gewähren stehen die äußeren Umstände dem Täter schon zur Verfügung, beim Verschaffen sorgt er dafür, dass die notwendigen äußeren Umstände für den Suizid gegeben sind.“

An dieser Stelle soll nun der Frage nachgegangen werden, ob dieses gesetzgeberische Begriffsverständnis dem Bestimmtheitsgebot des Art. 103 Abs. 2 GG standhält und ob seine sachgerechte Übertragung auf den Tatbestand des § 217 denkbar ist. Der Wortlaut ist als die Grenze der Auslegung ist diesem Fall gesetzlich vorgegeben. Bevor nun die Feststellung getroffen werden kann, dass der Wortlaut des Gesetzes gegen das Bestimmtheitsgebot verstöße, muss nach dem BVerfG zunächst versucht werden mittels der verschiedenen Auslegungsmethoden einen hinreichend bestimmten Sinn des Gesetzeswortlautes zu ermitteln. Erst wenn dieses fehlschlägt, liegt eine verfassungswidrige Unbestimmtheit vor.

770 Zippelius, S. 38.
771 BT – Drucks. 18 / 5373, S. 18.

(2) Restriktive Auslegungsbemühungen zu § 217

Die noch junge Strafvorschrift ist seit Ende 2015 in Kraft; bereits in den Jahren zuvor gab es eine Vielzahl an Autoren, die sich zu den Bestrebungen des Gesetzgebers kritisch geäußert haben.[772] Im Folgenden sollen die wesentlichen Auslegungsbemühungen seit dem Inkrafttreten der Norm aufgezeigt werden.[773]

(a) Erste Auslegungsansätze in der Literatur

Weigend / Hoven[774] haben erste Auslegungsbemühungen zu der neuen gesetzlichen Regelung angestellt. Abgesehen von der sich grundsätzlich stellenden, moralischen Frage der Inkriminierung der Suizidbeihilfe, der an späterer Stelle noch nachgegangen werden soll, halten *Weigend / Hoven*[775] die Vorgabe des Gesetzgebers, zur Definition der Begriffe Rekurs auf § 180 Abs. 1 zu nehmen, für „keine glückliche Entscheidung".

Erster Kritikpunkt der beiden Autoren ist das äußere Erscheinungsbild beider Delikte.[776] § 180 Abs. 1 inkriminiere die Förderung sexueller Handlungen von Minderjährigen[777] und § 217 die Förderung eines an sich rechtmäßigen Suizides.[778] Die Tatbestände zielen damit auf zwei völlig unterschiedliche Verhaltensweisen ab.[779] Nach *Weigend / Hoven*[780] erhält die Förderung - durch Verschaffen oder Gewähren einer Gelegenheit - eine völlig andere soziale und

---

772 Siehe hierzu beispielsweis die Hinweise bei Roxin, NStZ 4/2016, 185; Duttge, Zehn Thesen zur Regelung des (ärztlich) assistierten Suizids, medstra 5/2015, 257, jeweils m.w.N; Taupitz, medstra 6/2016, 323.

773 Es wurden die anschaulichsten Auslegungsansätze berücksichtigt, die während der Erstellung der Arbeit veröffentlicht worden sind. Eine abschließende Darstellung aller Autoren beinhaltet die Arbeit allerdings nicht, da dies den Rahmen der Arbeit überschreiten würde. Vorliegend sollte es primär um die Herbeiführung eines eigenen Ansatzes gehen, bei dem die bisher in Erscheinung getretenen Ansichten eine Orientierungshilfe bieten konnten.

774 Weigend / Hoven, § 217 StGB – Bemerkungen zur Auslegung eines zweifelhaften Tatbestandes, ZIS 10 / 2016, 681 (682).

775 Weigend / Hoven, ZIS 10 / 2016, 681 (682).

776 Weigend / Hoven, ZIS 10 / 2016, 681 (682).

777 Nach § 180 Abs. 1 macht sich strafbar, wer sexuellen Handlungen einer Person unter sechzehn Jahren an oder vor einem Dritten oder sexuellen Handlungen eines Dritten an einer Person unter sechzehn Jahren durch seine Vermittlung, oder durch das Gewähren oder Verschaffen von Gelegenheit Vorschub leistet. § 180 Abs. 1 ist ein verselbstständigtes Teilnahmedelikt, welches die Teilnahme an straflosen oder nur nach anderen Vorschriften strafbaren sexuellen Handlungen des Minderjährigen (§§ 176ff.) mit Dritten unter Strafe stellt, LPK–StGB, § 180 Rn. 1.

778 Weigend / Hoven, ZIS 10 / 2016, 681 (682).

779 Weigend / Hoven, ZIS 10 / 2016, 681 (682).

780 Weigend / Hoven, ZIS 10 / 2016, 681 (683).

normative Bedeutung, wenn der Förderer einen an sich „psychologisch nachvollziehbaren und ethisch neutralen Aktes der Selbsttötung" unterstütze, so dass nach Ansicht von *Weigend/Hoven* die Begriffe nicht einfach kongruent übertragen werden können. *Oglakcioglu*[781] stellt in diesem Kontext zunächst in Frage, warum der Gesetzgeber gerade auf einen Tatbestand zurückgegriffen habe, welcher der „Rotlichtkriminalität" entstammt. Er hält den Tatbestand des § 180 Abs. 1 für „unausgegoren"[782] und „unpassend"[783].

Nach der allgemein gültigen Definition der Merkmale erfassen laut *Oglakcioglu*[784] die beiden Tatbestandsalternativen des Gewährens und Verschaffens Handlungen, die zeitlich unmittelbar vor der eigentlichen Haupttat, dem Suizid, liegen. *Oglakcioglu*[785] spricht in diesem Zusammenhang auch von der „letzten Hürde", die der Helfende für den Suizidwilligen zu beseitigen habe.[786] Er fordert daher im Ergebnis, dass alle Handlungen, die kurz vor dem Suizid vorgenommen werden, vom Tatbestand erfasst seien.[787] Exemplifiziert benennt *Oglakcioglu* Tathandlungen wie das Überlassen des Giftes[788], der Räumlichkeit für die Vornahme des Suizides[789], das Präparieren der Giftinjektion[790] und damit vergleichbare Vorbereitungshandlungen. Nach *Oglakcioglu's*

781 Oglakcioglu in: v. Heintschel-Heinegg (Hrsg.), Beck'scher Online Kommentar, StGB, Stand: 01.12.2016, Rn. 16.

782 Oglakcioglu in: v. Heintschel-Heinegg (Hrsg.), Beck'scher Online Kommentar, StGB, Stand: 01.12.2016, Rn. 16.

783 Oglakcioglu in: v. Heintschel-Heinegg (Hrsg.), Beck'scher Online Kommentar, StGB, Stand: 01.12.2016, Rn. 16.

784 Oglakcioglu in: v. Heintschel-Heinegg (Hrsg.), Beck'scher Online Kommentar, StGB, Stand: 01.12.2016, Rn. 18.

785 Oglakcioglu in: v. Heintschel-Heinegg (Hrsg.), Beck'scher Online Kommentar, StGB, Stand: 01.12.2016, Rn.18.

786 Seine Ansicht rekurriert er auf die bisher seltenen gerichtlichen Entscheidungen zu diesen beiden Tathandlungsmerkmalen. Das BayOLG (BayOLG NStZ 1991, 85) fordere ebenfalls eine restriktive Auslegung der beiden Tathandlungsalternativen, dies sehe das BayOLG darin, dass das Verschaffen unmittelbar dem Verbrauch förderlich sein müsse. Eine Entscheidung des KG (KG NJW 1988, 3791) konkretisiert dieses Unmittelbarkeitskriterium dahingehend, „dass sich die günstigen Bedingungen gerade auf eine nach Ort und Zeit konkretisierte Handlung beziehen müssen."

787 Oglakcioglu in: v. Heintschel-Heinegg (Hrsg.), Beck'scher Online Kommentar, StGB, Stand: 01.12.2016, Rn.19.

788 Oglakcioglu in: v. Heintschel-Heinegg (Hrsg.), Beck'scher Online Kommentar, StGB, Stand: 01.12.2016, Rn.19.

789 Oglakcioglu in: v. Heintschel-Heinegg (Hrsg.), Beck'scher Online Kommentar, StGB, Stand: 01.12.2016, Rn.19, 37.

790 Oglakcioglu in: v. Heintschel-Heinegg (Hrsg.), Beck'scher Online Kommentar, StGB, Stand: 01.12.2016, Rn.37.

Ansicht zählen insbesondere psychische und informatorische Vorbereitungshandlungen der Sterbehilfevereine wie das Versenden der Unterlagen, die Korrespondenz im Allgemeinen, die Vorbereitung der Suizidassistenz, die Eingliederung in den Sterbehilfeverein nicht zum tatbestandsmäßigem Handeln; vielmehr unterfallen diese den straflosen Vorbereitungshandlungen.[791] Typische Tätigkeiten der Sterbehilfevereine bedürften eines konkreten Bezuges zur Tat.[792] Daher seien auch organisatorische Tätigkeiten wie Buchhaltung, Verwaltung, Websitepflege nicht zu den strafbaren Handlungen zu zählen. Das Telefonat mit dem interessierten Suizidenten zur „Ermöglichung der Wahrnehmung des Angebotes (auch im Ausland)“ genüge dagegen für eine Strafbarkeit ebenso wie der Briefverkehr, welcher der unmittelbaren Einbindung des Suizidenten in den Verein diene.[793] Ganz klar ist die vorliegende Abgrenzung jedoch nicht. Die „bloße Eingliederung des Suizidwilligen in den Verein“ genüge zwar nicht für die Strafbarkeit, aber die postalische „unmittelbare Einbindung des Suizidwilligen in den Verein“ dagegen schon. Der konkrete, nicht unerhebliche Unterschied der beiden Situationen, bleibt verborgen.

In diesem Zusammenhang drängt sich die Frage nach der konkreten Einordnung der für jeden Suizid notwendigen Medikamentenbestellung auf. Stellt man mit der Ansicht von *Oglakcioglu* auf den Unmittelbarkeitszusammenhang ab, so dürfte dieser bei der Medikamentenbestellung grundsätzlich fehlen, da weder der zeitliche Zusammenhang noch der Bezug zur konkreten Tat vorliegt. Dies gilt zumindest dann, wenn die Bestellung unabhängig von einem „gebuchten“ Suizidtermin als reine Bestandserhaltungsmaßnahme erfolgt. Sofern die Bestellung jedoch unmittelbar vor einem anstehenden Suizidtermin erfolgt, dürfte die Medikamentenbestellung in ihrem Unrechtsgehalt vergleichbar sein mit Tätigkeiten, wie das das Angebot erst ermöglichende Telefonat und daher als strafbar wegen des gegebenen Unmittelbarkeitszusammenhanges anzusehen sein. *Oglakcioglu*[794] weist daher abschließend noch auf einen in der Falllösung berücksichtigungswürdigen Aspekt hin, nämlich die Beachtung des eigentlichen Willens des Gesetzesgebers, nämlich die Unterbindung der Tätigkeiten der Sterbehilfevereine, so dass im Zweifelsfalle eher von einer Ausweitung der Strafbarkeit auszugehen sei.

---

791 Oglakcioglu in: v. Heintschel-Heinegg (Hrsg.), Beck´scher Online Kommentar, StGB, Stand: 01.12.2016, Rn. 19f.; 37f..

792 Oglakcioglu in: v. Heintschel-Heinegg (Hrsg.), Beck´scher Online Kommentar, StGB, Stand: 01.12.2016, Rn. 38.

793 Oglakcioglu in: v. Heintschel-Heinegg (Hrsg.), Beck´scher Online Kommentar, StGB, Stand: 01.12.2016, Rn. 38.

794 Oglakcioglu in: v. Heintschel-Heinegg (Hrsg.), Beck´scher Online Kommentar, StGB, Stand: 01.12.2016, Rn. 38.1.

Als problematisch sieht *Oglakcioglu*[795] die Beteiligung am Suizid durch eine psychische Unterstützung des Suizidenten durch den Förderer an. Das Augenmerk richtet er auf das in der Gesetzesbegründung zitierte Beispiel des Ehemannes, welcher seine todkranke Ehefrau zum Sterbehelfer fährt, um diese dort auf ihrem Weg in den Tod zu begleiten.[796] Erfasst seien damit typischerweise diejenigen psychischen Unterstützungshandlungen, die eher den Charakter einer menschlichen Geste auf dem letzten Weg des Suizidenten aufweisen.[797] Gemeint seien damit das „Festhalten der Hand“ oder das „Zureden“. Unterfallen diese Beihilfehandlungen dem Angehörigenprivileg des § 217 Abs. 2, so sind sie nach dem Willen des Gesetzgebers nicht strafbar. In allen anderen Fällen solle laut *Oglakcioglu*[798] die Förderungsabsicht das die Strafbarkeit ausschließende Merkmal sein.

Eine ähnliche Ansicht wie *Oglakcioglu* vertritt auch *Kubiciel*[799]. Dieser kritisiert grundsätzlich wie auch *Oglakcioglu* und *Weigend /Hoven* den zu weit geratenen Tatbestand des § 217 im Hinblick auf seinen ihn legitimierenden Schutzzweck.[800] Dennoch sei laut *Kubiciel* eine verfassungskonforme Auslegung des Tatbestandes möglich, welche die außerordentlich weitreichende Erfassung sämtlicher Vorfeldaktivitäten eingrenze. *Kubiciel*[801] erreicht dies ähnlich wie *Oglakcioglu* durch die Eingrenzung der Merkmale des Gewährens und Verschaffens einer Gelegenheit zum Suizid. Er fordert dazu einen „tatbestandstypischen Unmittelbarkeitszusammenhang zwischen der Förderungshandlung und dem (beabsichtigten) Suizid“. Seine Ansicht stützt *Kubiciel* im Wesentlichen auf die durch seine Struktur vorgegebene Weite des § 217, welcher – ähnlich wie § 180 Abs. 1 – keine Versuchsstrafbarkeit anordne und daher auch zeitlich und kausal weit entfernte Ursachen in die Strafbarkeit mit einbeziehe.[802] Jedoch seien nach *Kubiciel* nur Handlungen des Sterbehelfers strafwürdig, die dem Suizid unmittelbar vorausgegangen seien.[803] *Weigend / Hoven*[804] greifen den Ansatz von *Kubiciel* auf, sehen seine Ansicht jedoch eher

795 Oglakcioglu in: v. Heintschel-Heinegg (Hrsg.), Beck´scher Online Kommentar, StGB, Stand: 01.12.2016, Rn. 37f.

796 BT – Drucks. 18 / 5373, S. 20.

797 Oglakcioglu in: v. Heintschel-Heinegg (Hrsg.), Beck´scher Online Kommentar, StGB, Stand: 01.12.2016, Rn. 37.1.

798 Oglakcioglu in: v. Heintschel-Heinegg (Hrsg.), Beck´scher Online Kommentar, StGB, Stand: 01.12.2016, Rn. 37.1.

799 Kubiciel, Zur Verfassungskonformität des § 217 StGB, ZIS 6/2016, 396 (402).

800 Siehe hierzu die grundsätzliche Kritik am Tatbestand des § 217.

801 Kubiciel, ZIS 6/2016, 396 (402).

802 Kubiciel, ZIS 6/2016, 396 (402).

803 Kubiciel, Zur Verfassungskonformität des § 217 StGB, ZIS 6/2016, 396 (402).

804 Weigend / Hoven, ZIS 10 / 2016, 681 (682).

kritisch. Ihrer Ansicht nach verstoße ein solches Vorgehen gegen die gesetzgeberische Intention zu § 217. Kubiciel´s Interpretationsverständnis der Tatbestandsmerkmale hätte nach *Weigend / Hoven*[805] zur Folge, dass in § 217 Abs. 1 ein ungeschriebenes Tatbestandsmerkmal hineingelesen werden müsste, „nämlich die (konkrete) Eignung der Tat zur Beeinflussung des Willens des Suizidenten." Um straflos zu bleiben, müsse sich der Sterbehelfer folglich sicher sein, dass an dem Suizidumsetzungswunsch des Suizidenten keine Zweifel bestehen und dieser hinreichend gefestigt sei.[806] Ein solcher Ansatz nimmt zwar Bezug zu der Intention des § 217, nämlich dem Schutz des Suizidenten vor fremder Beeinflussung des eigenen Sterbewillens, jedoch wirft ein solches rein subjektiv geprägtes Tatbestandsmerkmal, von dem die Strafbarkeit entscheidend abhängt, einige Fragen auf. Zwar wird zuvörderst nach einer materiell – rechtlichen Lösung der Auslegungsproblematik gesucht, dennoch sollten auch die praktischen Schwierigkeiten, die sich durch eine solche Auslegung ergeben, nämlich die Beweisbarkeit im Strafprozess, nicht gänzlich unberücksichtigt bleiben. Daher ist es wenig praktikabel, eine Auslegung heranzuziehen, durch die § 217 Abs. 1 praktisch ins Leere läuft. Sofern man ein solches Kriterium der subjektiven Bewertung des Sterbewunsches im Einzelfall dennoch als Kriterium zur Eingrenzung heranzieht und der tatrichterlichen Prüfung unterzieht, sollten zumindest in einem weiteren Schritt materiell – rechtliche Kriterien für die Bestimmung des Sterbewunsches aufgestellt werden. Andernfalls entstehen die sich auch in der Abgrenzung einer freiverantwortlichen von einer fremdbestimmten Selbsttötung zeigenden Abgrenzungsschwierigkeiten als Folgekonflikte einer solchen Betrachtungsweise.

Im Ergebnis lehnen auch *Weigend / Hoven* die Ansicht *Kubiciel`s* unter Berufung auf die gesetzgeberische Intention ab, wonach der Gesetzgeber „§ 217 als abstraktes Gefährdungsdelikt konzipiert [hat], dessen Tatbestand eine Einzelfallprüfung der „Vollzugsreife" des Suizidwunsches nicht vorsieht."[807] Auch sehen *Weigend /Hoven* die Schwierigkeit der Beweisbarkeit im Strafverfahren.[808]

Ihrer Ansicht nach verstoße das Auslegungsverständnis von *Kubiciel* zwar nicht gegen das Verbot einer täterbelastenden Analogie, es entferne sich jedoch durch das zusätzliche Kriterium der „Vollzugsreife des Sterbewunsches"[809] sehr weit vom Wortlaut der Norm und den Motiven zu § 217.[810] *Weigend /*

805 Weigend / Hoven, ZIS 10 / 2016, 681 (682).
806 Weigend / Hoven, ZIS 10 / 2016, 681 (682).
807 Weigend / Hoven, ZIS 10 / 2016, 681 (682).
808 Weigend / Hoven, ZIS 10 / 2016, 681 (682).
809 Weigend / Hoven, ZIS 10 / 2016, 681 (682).
810 Weigend / Hoven, ZIS 10 / 2016, 681 (682).

Hoven bevorzugen einen anderen Weg der engen Auslegung unter Beachtung der Ratio der Norm.[811]

Das Gewähren und das Verschaffen einer Gelegenheit wird von den Autoren auf folgende Weise restriktiv ausgelegt: „Eine Gelegenheit verschafft der Täter dem Suizidwilligen [...] dann, wenn er ihm Umstände bietet, die es ihm möglich oder leichter machen, in der gerade von ihm bevorzugten Art und Weise aus dem Leben zu scheiden, z.B. weil er sich (nur) von der gewählten Methode einen sanften Tod verspricht oder weil sie das „Überlebensrisiko“ weitgehend ausschließt.“[812]

Nach *Weigend / Hoven* sind daher als Fälle der Verschaffung oder Gewährung einer Gelegenheit nur solche zu verstehen, die dem Suizidenten spezielle Möglichkeiten zu einem „nicht brutalen“ Suizid eröffnen, zum Beispiel durch Beschaffung von Betäubungsmitteln oder sonstigen, todbringenden Medikamenten[813], alternativ und in Ergänzung dazu auch durch Verschaffung von Spezialwissen zur friedlichen Selbsttötung[814]. Ein solches Verständnis des Merkmals der Gelegenheit konkretisiert damit zugleich auch die Merkmale des Verschaffens und Gewährens, und zwar unabhängig von einer zeitlichen Unmittelbarkeitskomponente, wie sie *Kubiciel* zur Einschränkung fordert. Nach Ansicht von *Weigend / Hoven* „kann § 217 Abs. 1 nur solche Handlungen verbieten, die das Potenzial haben, die Autonomie der Entscheidung über die Fortsetzung des eigenen Lebens zu beeinträchtigen.“ Daher seien nach Ansicht beider Autoren die Grenzen deutlich enger zu ziehen als bei den Vorbild – Strafnormen § 180 Abs. 1 und § 29 Abs. 1 Nr. 10 und 11 BtmG, bei denen es um die Förderung verbotener Handlungen geht.[815] Diese Einschränkung gehe dahin, dass nur solche Gelegenheiten im Sinne des § 217 Abs. 1 gewährt oder verschafft werden, „ die diesem [dem Suizidenten] sonst nicht zur Verfügung stünde[n].“[816]

Weigend / Hoven haben daher das Verständnis der Gewährens oder Verschaffens einer Gelegenheit zum Suizid auf die Möglichkeiten der „sanften“ Selbsttötung reduziert, und zwar mit dem im Kern zutreffenden Argument, dass die Gelegenheit zum Suizid an sich jedem, jederzeit und an jedem Ort frei zugänglich zur Verfügung stehe. Diesem Verständnis nach kann gerade nicht von der Norm als strafbar erfasst sein, was generell zur Verfügung steht oder jedenfalls mit einfachen Mitteln erlangt werden könnte.

---

811 Weigend / Hoven, ZIS 10 / 2016, 681 (682).
812 Weigend / Hoven, ZIS 10 / 2016, 681 (683).
813 Weigend / Hoven, ZIS 10 / 2016, 681 (683).
814 Weigend / Hoven, ZIS 10 / 2016, 681 (685).
815 Weigend / Hoven, ZIS 10 / 2016, 681 (684).
816 Weigend / Hoven, ZIS 10 / 2016, 681 (685).

Dieser an sich einleuchtende Gedanke führt im Ergebnis dazu, dass – wie von den Autoren hervorgehoben – die von der Gesetzesbegründung geforderte Beeinflussung der Willensfreiheit des Suizidenten nur dann in strafrechtlich relevanter Weise erfolgt, wenn diesem „besonders attraktive, „verführerische“ Angebote zur raschen und unkomplizierten Verwirklichung seines Sterbewunsches unterbreitet werden, so dass dem potenziellen Suizidenten der Weg zum eigenen Tod in spezifischer Weise geebnet wird.“[817]

Als Folge dieses engen Auslegungsverständnisses wird unweigerlich der Kreis der Personen eingegrenzt, die für eine Strafbarkeit nach § 217 in Betracht kommen, nämlich zum einen auf diejenigen, die in der konkreten Situation eine „spezifizierte“ Gelegenheit zum Suizid verschaffen oder gewähren können, und zum anderen auf die in der Kausalkette unmittelbar vor dem Suizidwilligen handelnden Personen.[818]

Der Hersteller der Medikamente, der grundsätzlich nach einem weiten Verständnis der Tatbestandsmerkmale dem Suizidenten durch die Herstellung der todbringenden Medikamente den Suizid ermöglicht und damit auch als „Vorfeld-Täter“ des § 217 Abs. 1 in Betracht käme, falle so aus dem Täterkreis des § 217 Abs. 1 raus.[819] Dies ist auch angemessen, denn durch die bloße Herstellung der letal wirkenden Medikamente liegt richtigerweise noch keine zweckorientierte Gewährung oder Verschaffung einer Suizidgelegenheit vor.[820] Erst derjenige, der auch in Kenntnis des Suizidwillens des Suizidenten die Gelegenheit zur Selbsttötung gewährt oder verschafft, ist auch faktisch strafwürdig.

Die Ansicht von *Weigend / Hoven* impliziert auch den von *Kubiciel* geforderten Unmittelbarkeitszusammenhang, jedoch nicht zwingend in zeitlicher Hinsicht. Denn wann der potenzielle Täter des § 217 Abs. 1 dem Suizidenten die letal wirkenden Medikamente verschafft oder gewährt, ist nach deren Sichtweise gerade irrelevant.[821]

Ein weiterer Vorteil liegt darin, dass durch die Art und Weise des Todes des Suizidenten die Strafbarkeit beweisbar wird. Daher verbleibt wie üblich die Problematik nach der Suche des Täters, die allen Strafverfahren immanent ist. Durch diese Interpretation wird zudem kein weiteres Tatbestandsmerkmal in den Tatbestand hineingelesen, welches sodann konkretisiert werden muss, sondern die bestehenden werden begrenzt. Dieses Verständnis steht auch im Einklang mit dem Willen des Gesetzgebers, welcher vornehmlich die Tätigkeit der Sterbehilfevereine nahezu unmöglich machen wollte, ohne eigens ein Verbot

817 Weigend / Hoven, ZIS 10 / 2016, 681 (685).
818 Weigend / Hoven, ZIS 10 / 2016, 681 (685).
819 Weigend / Hoven, ZIS 10 / 2016, 681 (685).
820 Weigend / Hoven, ZIS 10 / 2016, 681 (685).
821 Weigend / Hoven, ZIS 10 / 2016, 681 (685).

der Sterbehilfevereine zu statuieren. Ein solches Verbot hätte sich zudem auch an grundrechtlichen Erwägungen messen lassen müssen, was summarisch betrachtet wohl eher zu einem negativen Ergebnis geführt hätte.

Oglakcioglu zieht zur Auslegung der Tathandlungsalternativen die Rechtsprechung zu den „Ursprungsnormen" heran, bei denen die Gerichte die Begriffe restriktiv auslegen.[822] Danach müsse „das Verschaffen einer Gelegenheit eine Tätigkeit beinhalten, die günstige äußere Bedingungen [...] schafft, die dem Verbrauch [von BtM] unmittelbar förderlich ist."[823] Des Weiteren verweist er auf die obergerichtliche Rechtsprechung[824], wonach das „Unmittelbarkeitskriterium" fordert, „dass sich die günstigen Bedingungen gerade auf eine nach Ort und Zeit konkretisierte Handlung beziehen müssen."[825] Der BGH dagegen habe keine Stellung dazu bezogen, ob das Unmittelbarkeitskriterium zur Konkretisierung der Merkmale auch tatsächlich tauglich sei. Laut *Oglakcioglu*[826] stelle der BGH[827] vielmehr auf typische Ermöglichungshandlungen ab und präferiere eine kasuistische Lösung unter Berücksichtigung der Gesetzesmotive. *Oglakcioglu*[828] stellt im Ergebnis fest, dass zumindest eine restriktive Auslegung - in Bezug auf § 180 Abs. 1 - und damit auf Grund der Verweisung in den Gesetzesmaterialien auch auf § 217 Abs.1 angeraten ist. *Oglakcioglu*[829] möchte allein die zeitlich kurz vor der eigentlichen Suizidtat liegenden Handlungen inkriminiert wissen. Dies gebiete aus seiner Sicht bereits die typische Arbeitsweise der Sterbehilfevereine, die sich nicht allein in der unmittelbaren Unterstützung des Suizides erschöpfe. Administrative Tätigkeiten des Vereins können nach Ansicht von *Oglakcioglu*[830] nicht strafbar im Sinne der Vorschrift sein, da der Suizident hier noch die Herrschaft über das Tatgeschehen, die eigentliche Gelegenheit zum Suizid, habe. Vollendung des Deliktes sei möglich, wenn der Sterbehelfer im Sinne von § 22 unmittelbar

---

822 Oglakcioglu in: v. Heintschel-Heinegg (Hrsg.), Beck´scher Online Kommentar, StGB, Stand: 01.12.2016, Rn.18.

823 Oglakcioglu in: v. Heintschel-Heinegg (Hrsg.), Beck´scher Online Kommentar, StGB, Stand: 01.12.2016, Rn.18.

824 KG NJW 1988, 3791.

825 Oglakcioglu in: v. Heintschel-Heinegg (Hrsg.), Beck´scher Online Kommentar, StGB, Stand: 01.12.2016, Rn.18.

826 Oglakcioglu in: v. Heintschel-Heinegg (Hrsg.), Beck´scher Online Kommentar, StGB, Stand: 01.12.2016, Rn.18.1.

827 BGH GA 1966, 337 = bei Dallinger MDR 1966, 558.

828 Oglakcioglu in: v. Heintschel-Heinegg (Hrsg.), Beck´scher Online Kommentar, StGB, Stand: 01.12.2016, Rn.18.1.

829 Oglakcioglu in: v. Heintschel-Heinegg (Hrsg.), Beck´scher Online Kommentar, StGB, Stand: 01.12.2016, Rn.19.1.

830 Oglakcioglu in: v. Heintschel-Heinegg (Hrsg.), Beck´scher Online Kommentar, StGB, Stand: 01.12.2016, Rn.19.1.

ansetze: „Denn erst wenn der Sterbewillige mitteilt – sozusagen als „Zwischenakt“, – er wolle von dem „Grünen Licht“ Gebrauch machen, werden die Mittel im Einzelfall vorbereitet und ein Termin vereinbart. Eine Gelegenheit kann erst gewährt werden, wenn der Nutznießer überhaupt von dieser Gebrauch machen will und damit unmittelbar zur Nutzung ansetzt.“[831] Für seine Ansicht rekurriert *Oglakcioglu*[832] vornehmlich auf die Systematik; § 217 knüpfe als „verselbstständigtes Teilnahmeunrecht“ an das Handeln Dritter an, so dass ein Vorfeldhandeln solange nicht strafbar sein kann, wie eine Lücke bis zur Entstehung der Suizidgelegenheit verbleibt.

(b) Zwischenergebnis

Allen Auslegungsbemühungen ist immanent, die Handlungsmerkmale restriktiv auszulegen.

Im Hinblick auf das Bestimmtheitsgebot, welches auch unstreitig für ein Auslegungsergebnis gilt, heißt dies, dass die Restriktion nicht zu einer wortlautüberschreitenden Einengung der Strafbarkeit führen darf, die den Willen des Gesetzgebers unzulässig beschneidet. Die Ansicht von *Weigend/Hoven* jedenfalls ließe sich mit dem Willen des Gesetzgebers durchaus vereinbaren, da dieser in der Gesetzesbegründung vornehmlich auf die Tätigkeit der Sterbehilfevereine und einzelner Personen Bezug nimmt, die „besondere Gelegenheiten“ zum Suizid anbieten. Sämtliche Suizidbeihilfehandlungen sollten gerade nicht sanktioniert werden. Die Ansicht von *Kubiciel*, der ein ungeschriebenes Tatbestandsmerkmal in den Tatbestand hineinliest, nimmt ebenfalls eine Begrenzung konform zu dem Tatbestand des § 180 Abs. 1 in zeitlicher Hinsicht vor. Die Rechtsprechung hat bei § 180 Abs. 1 dieses Vorgehen zur Begrenzung gebilligt, so dass infolge des ausdrücklichen gesetzgeberischen Rekurses auf diese Vorschriften auch von einer kongruenten Begriffsverwendung in § 217 Abs. 1 auszugehen ist. Ein Verstoß gegen das Bestimmtheitsgebot kann damit vorliegend nicht einhergehen. Das Verständnis von *Oglakcioglu* ist ähnlich, wenngleich dieser Parallelen zur Versuchskriminalität zieht und dann eine Strafbarkeit entfallen lässt, wenn der Sterbehelfer noch nicht unmittelbar zur Sterbehilfehandlung angesetzt hat. Die verwaltende Tätigkeit der Sterbehil-

831 Oglakcioglu in: v. Heintschel-Heinegg (Hrsg.), Beck´scher Online Kommentar, StGB, Stand: 01.12.2016, Rn.19.1.

832 Oglakcioglu in: v. Heintschel-Heinegg (Hrsg.), Beck´scher Online Kommentar, StGB, Stand: 01.12.2016, Rn.19.1.

fevereine bleibt dann weiter straflos möglich, jedoch keine konkretisierte Hilfeleistung mehr. Hätte der Gesetzgeber sämtliche Tätigkeiten der Vereine untersagen wollen, hätte er auch direkt ein Vereinsverbot aussprechen können. Da dies offenkundig nicht gewollt war, ist auch die Ansicht von *Oglakcioglu* mit dem Willen des Gesetzgebers vereinbar.

Eine offensichtliche Überschreitung der Wortlautgrenze ist darin ebenfalls noch nicht zu sehen. Es ist daher durchaus möglich, die Tathandlungen des Gewährens und Verschaffens restriktiv auszulegen, ohne gegen das Bestimmtheitsgebot zu verstoßen.

dd) „Vermitteln"

Das „Vermitteln" einer Gelegenheit zur Selbsttötung ist die dritte Tathandlungsvariante des § 217 Abs. 1. Zur Verwirklichung des Tatbestandes in dieser Tatbestandsvariante ist wie im Fall des § 180 Abs. 1 ein Drei – Personen – Verhältnis Voraussetzung.

(1) Das legislative Verständnis des „Vermittelns"

Laut Gesetzesbegründung setzt „Vermitteln einer Gelegenheit voraus, dass der Täter den konkreten Kontakt zwischen einer suizidwilligen Person und der Person, die die Gelegenheit zur Selbsttötung gewährt oder verschafft, ermöglicht, wobei allein der Hinweis auf eine ohnedies allgemein bekannte Stelle nicht ausreicht."[833]

Die Gesetzesbegründung stellt sich dabei folgende Konstellation vor: „Der Täter wird dabei mit beiden Personen in Verbindung stehen und deren zumindest grundsätzliche Bereitschaft für eine solche Hilfe abgeklärt haben müssen; da es hier – anders als bei § 180 Abs. 1 Nummer 1 StGB – nur um die Vermittlung einer Gelegenheit geht, müssen allerdings für die Vollendung der Tat diese beiden Personen noch nicht selbst miteinander in Kontakt getreten sein."[834]

Das Vermitteln beinhaltet daher nach dem Willen des Gesetzgebers keine Form der Suizidbeihilfehandlung im engeren Sinne, sondern richtet sich auf die Ermöglichung des Kontaktes zwischen zwei anderen Personen, dem Suizidwilligen und dem Sterbehelfer.

---

833 BT – Drucks. 18 / 5373, S. 18.
834 BT – Drucks. 18 / 5373, S. 18.

(2) Verständnis des Vermittelns im Sinne des § 180 Abs. 1

Die dritte Tathandlung betrifft folglich den Fall, dass ein Dritter den Kontakt zwischen zwei Personen anbahnt, die sodann zueinander in Kontakt treten (können), um zukünftig sexuelle Handlungen miteinander vorzunehmen.[835]

Perron / Eisele[836] sprechen auch von der Partnervermittlung. Tatbestandstypische Vermittlungshandlungen seien die Mitteilung von Kontaktdaten zu der Person oder das Arrangement eines Treffens.[837] Der Kommentarliteratur zu § 180 Abs. 1 ist für das Vermitteln zu entnehmen, dass dieses gegenüber dem Verschaffen der Gelegenheit in Nr. 2 der engere Begriff sei und nur die Partnervermittlung umfasse, d.h. „die Herstellung einer – bisher nicht bestehenden – persönlichen Beziehung zwischen dem Jugendlichen und einem Dritten, welche sexuelle Handlungen zum Gegenstand hat."[838] Vorausgesetzt sei ferner, dass beide Seiten von dem beabsichtigten Inhalt des angebahnten Kontaktes konkret Kenntnis haben müssen.[839] Die Unkenntnis des Minderjährigen von der hinter dem Treffen stehenden Absicht führt zur Nichterfüllung des Merkmals, vielmehr müsse dieser mit der Vornahme von gemeinsamen sexuellen Handlungen einverstanden sein.[840] Nach Ansicht der h.L. setze das Vermitteln einen Erfolg voraus, nämlich, dass der Kontakt auch tatsächlich zustande gekommen ist, wobei es hier wie bei den beiden anderen Tathandlungsmöglichkeiten nicht tatsächlich auch zu sexuellen Handlungen gekommen sein muss.[841] Insoweit müssen also die beiden Handlungspartner schon – wenngleich nicht zwangsläufig persönlich – in Kontakt zueinander getreten sein.

Nach Ansicht der Rechtsprechung ist die tatsächliche Vornahme sexueller Handlungen für die Vollendung des Tatbestandes nicht erforderlich; es genüge wie auch bei dem Gewähren und Verschaffen wiederum die konkrete Gefährdung des Minderjährigen.[842] Die Grenze zieht diese Ansicht folglich dort, wo es anlässlich der Vermittlungstätigkeit nicht einmal zu einer konkreten Gefährdung des Opfers gekommen ist.[843] Wann eine solche Gefährdung vorliegt, ist der Einzelfallbestimmung des Rechtsanwenders überlassen.

---

835 S / S – Perron /Eisele-, § 180 Rn. 8.
836 S / S – Perron /Eisele-, § 180 Rn. 8.
837 S / S – Perron /Eisele-, § 180 Rn. 8.
838 S /S – Perron / Eisele -, § 180 Rn. 8.
839 S / S – Perron /Eisele, § 180 Rn. 8.
840 S / S – Perron /Eisele, § 180 Rn. 8.
841 S / S – Perron /Eisele, § 180 Rn. 8.
842 Fischer, § 180 Rn. 4, 7.
843 Fischer, § 180 Rn. 4, 7.

(3) Interpretationsmöglichkeiten des Vermittelns nach § 217 Abs. 1

Die Vermittlungstätigkeit eines Dritten wurde ebenfalls als strafbare Handlung in den Tatbestand des § 217 Abs. 1 aufgenommen. Daher ist im Folgenden eine Verständnismöglichkeit dieser Vermittlungstätigkeit im Rahmen des § 217 Abs. 1 zu erarbeiten. Zunächst sollen jedoch erste Auslegungsansätze aus der Literatur aufgezeigt werden.

Weigend / Hoven stellen als Ausgangspunkt ihrer Auslegungsüberlegungen zunächst auf die Drei - Personen - Konstellation dieses Tatbestandsmerkmales ab:

„Das Spezifikum des Vermittelns gegenüber den beiden anderen Modalitäten liegt darin, dass der Täter beim Vermitteln nicht selbst über die Gelegenheit zum Suizid verfügt, sondern eine dritte Person ins Spiel bringt, die ihrerseits die Suizidgelegenheit verschaffen oder gewähren soll.“[844] Nach *Weigend / Hoven* ist das gesetzgeberische Verständnis in mehrfacher Hinsicht klärungsbedürftig. Zunächst ist fraglich, was der Gesetzgeber sich inhaltlich unter dem „konkreten Kontakt zwischen dem Suizidwilligen und dem Sterbehelfer“ vorgestellt hat. Insoweit wirken die legislatorischen Motive widersprüchlich, denn einerseits soll die Ermöglichung des konkreten Kontakts nötig sein, andererseits brauchen die beiden Personen nach den Ausführungen in den Gesetzesmotiven faktisch (noch) nicht zueinander in Kontakt getreten zu sein.

Dieses sehr weite Verständnis der Vermittlungstätigkeit führe nun laut *Weigend/Hoven*[845] dazu, dass das Merkmal des Vermittelns einen von den beiden anderen Modalitäten abweichenden Unrechtsgehalt aufweise. Die konkrete Kontaktaufnahme zwischen dem Sterbehelfer und dem Suizidenten, welche beim Vermitteln eine Strafbarkeit auslöse, bleibe bei der Tathandlungsmodalität des Gewährens als bloße Vorfeldhandlung straflos. Nicht zu Unrecht kritisieren *Weigend/Hoven* diese Diskrepanz innerhalb des Tatbestandes. Ihre Überlegungen zur Lösung des Konfliktes führen zu einer Eingrenzung des Merkmals des Vermittelns.[846] Hierzu rekurrieren *Weigend/Hoven* auf das sprachliche Verständnis des Begriffes. „Vermitteln“ ermögliche ein sprachliches Verständnis dahingehend, dass eine bloße Vermittlungstätigkeit gemeint ist, zum anderen kann „Vermittlung“ auch im Sinne eines Vermittlungserfolges verstanden werden, wie dies von den zivilrechtlichen Maklerverträgen bekannt sei.[847] *Weigend/Hoven* nennen für das Vermitteln folgende drei Auslegungsvarianten:

844 Weigend / Hoven, ZIS 10/2016, 681 (685).
845 Weigend / Hoven, ZIS 10/2016, 681 (685).
846 Weigend / Hoven, ZIS 10/2016, 681 (685).
847 Weigend / Hoven, ZIS 10/2016, 681 (685).

1. „Die Weitergabe einer Information an den Suizidwilligen, mit deren Hilfe dieser Kontakt mit dem Suizidhelfer aufnehmen kann."
2 „Die erfolgreiche Herstellung eines Kontaktes durch tatsächliche Kontaktaufnahme zwischen dem Sterbehelfer und dem Suizidwilligen."
3. „Das tatsächliche Verschaffen einer Gelegenheit zum Suizid mit Hilfe eines Dritten."

Die erste orientiere sich an dem legislatorischen Verständnis, wonach zwar ein Hinweis auf eine allgemeinbekannte Stelle nicht ausreiche, aber andererseits keine tatsächliche Kontaktaufnahme zwischen dem Suizidwilligen und dem Sterbehelfer zur Erfüllung des Tatbestandes gefordert werde.[848] Der Gesetzgeber selbst rückt hier ein Stück von der strengen Anlehnung an den § 180 Abs.1 ab, indem er darauf hinweist, dass „es hier – anders als bei § 180 Absatz 1 Nummer 1 StGB – nur um die Vermittlung einer Gelegenheit geht"[849] und eben nicht um die Vermittlung eines sexuellen Kontaktes.[850]

Dennoch entnehmen *Weigend/Hoven* dem Merkmal ein „transitives Element", welches einen Vermittlungserfolg fordere, der im Gesetzestext in dem „hierzu" angelegt sei.[851] Das „hierzu" meine eindeutig die Selbsttötung und nicht schon die dem Suizidenten eröffnete Gelegenheit, die er dann noch selbst wahrnehmen müsse.[852] *Weigend/Hoven* rekurrieren für ihre Ansicht auf den sprachlich ähnlich gestalteten Tatbestand des § 29 Abs. 1 Nr. 10, 11 BtMG, in welchem gerade gesondert das einseitige Mitteilen einer Gelegenheit zum Drogenkonsum erfasst sei.[853] „Hätte der Gesetzgeber [...] bereits die einseitge Information des Suizidenten erfassen wollen", so hätte er nach Ansicht von *Weigend/Hoven* § 217 Abs. 1 auch gleich wie § 29 Abs. 1 Nr. 10 und 11 BtMG fassen können.[854] Es trete hinzu, dass alle drei Tathandlungsvarianten „gleichrangig nebeneinander stehen"[855], so dass ein „vollendetes Vermitteln [....] erst dann [vorliegt], wenn der Suizident das Mittel oder die Methode tatsächlich

848 Weigend / Hoven, ZIS 10/2016, 681 (686).
849 BT – Drucks. 18/5373, S. 18.
850 Weigend / Hoven, ZIS 10/2016, 681 (686).
851 Weigend / Hoven, ZIS 10/2016, 681 (686).
852 Weigend / Hoven, ZIS 10/2016, 681 (686).
853 Weigend / Hoven, ZIS 10/2016, 681 (686).
854 Weigend / Hoven, ZIS 10/2016, 681 (686).
855 Weigend / Hoven, ZIS 10/2016, 681 (686).

zur Verfügung hat.“[856] Auslegungsmöglichkeit Nr. 3 sei nach *Weigend/Hoven* die richtige.[857]

Das heißt folglich, dass *Weigend/Hoven* fordern, dass der Sterbehelfer den Tatbestand des § 217 Abs. 1 bereits entweder durch die Modalität des Gewährens oder des Verschaffens vollendet haben muss. Der damit ausgesprochene Umstand, dass der Vermittler sich erst dann strafbar machen könne, wenn der Sterbehelfer und der Suizident tatsächlich interagiert haben, sei für Delikte mit Erfolgselement schließlich nicht ungewöhnlich.[858] Abschließend ist noch darauf hinzuweisen, dass der Vermittler auch noch in seiner Person das Merkmal der Geschäftsmäßigkeit verwirklicht haben muss; ob der Sterbehelfer dies für seine „eigene“ Strafbarkeit verwirklicht, ist diesbezüglich ohne Belang.[859]

Oglakcioglu[860] hält die gesetzgeberische Konzeption des Vermittelns für „eine mehr als bedenkliche Ausgestaltung“. Dies begründet er damit, dass einem strafbaren Vermitteln „noch zahlreiche Handlungen folgen können, die für sich gesehen erlaubt sind.“[861] *Oglakcioglu* befürwortet daher eine „verfassungskonforme“ Auslegung dahingehend, dass „hierunter nur Fälle des erfolgreichen Vermittelns fallen, in denen der Haupttäter [der Sterbehelfer] den Tatbestand des Gewährens bzw. Verschaffens verwirklicht.“

(4) Zwischenergebnis

Im Ergebnis sind zwischen beiden Auslegungsansätzen keine nennenswerten Unterschiede festzustellen.

Deutlich geworden ist, dass auch das Merkmal des Vermittelns sehr weit gefasst ist und daher einer Einschränkung bedarf. Die vorstehenden Auslegungsansätze knüpfen an das tatbestandliche Erfordernis eines Vermittlungserfolges an. Dies erscheint durchaus sachgerecht und weicht dementsprechend nicht von dem Verständnis der beiden anderen Handlungsmodalitäten ab. Aus Gründen der Rechtssicherheit für den Normadressaten sowie um die Einhaltung des Bestimmtheitsgebotes gewährleisten zu können, ist ein Gleichlauf

---

856 Weigend / Hoven, ZIS 10/2016, 681 (686).

857 Weigend / Hoven, ZIS 10/2016, 681 (686).

858 Weigend / Hoven, ZIS 10/2016, 681 (687), die zum Vergleich das Beispiel der mittelbaren Täterschaft heranziehen. Dort trete der Erfolg auch erst ein, wenn der Tatmittler mit dem Opfer in Kontakt getreten sei.

859 Weigend / Hoven, ZIS 10/2016, 681 (687).

860 Oglakcioglu in: v. Heintschel-Heinegg (Hrsg.), Beck´scher Online Kommentar, StGB, Stand: 01.12.2016, Rn. 22.

861 Oglakcioglu in: v. Heintschel-Heinegg (Hrsg.), Beck´scher Online Kommentar, StGB, Stand: 01.12.2016, Rn. 22.

zwischen den Tathandlungsvarianten des § 217 Abs. 1 erforderlich. Die Anknüpfung an einen Vermittlungserfolg entspricht einem Interpretationsansatz zu § 180 Abs.1, wonach eine konkrete Gefährdung des Suizidenten aufgrund der Vermittlungshandlung eingetreten sein muss. Diese Interpretation läuft ebenfalls nicht dem legislativen Verständnis zuwider, da der Gesetzgeber in den Motiven zu § 217 Abs. 1 selbst betont hat, dass es um den „konkreten Kontakt" zwischen dem Suizidenten und dem Sterbehelfer geht - wohingegen nur einige Sätze später die Rede davon ist, es sei nicht nötig, dass die beiden Personen zueinander in Kontakt getreten seien. Wie nun ein konkreter Kontakt aussehen soll, der sich aber faktisch noch nicht realisiert hat, bleibt im Grunde genommen offen. Der Gesetzgeber äußert sich lediglich dahingehend, dass „der Täter [wird] dabei mit beiden Personen in Verbindung stehen und deren zumindest grundsätzliche Bereitschaft für eine solche „Hilfe" abgeklärt haben müssen." Eine gewisse Festigkeit des Kontaktes ist daher auch für den Gesetzgeber von Bedeutung.

Im Sinne der von *Weigend/Hoven* sowie von *Oglakcioglu* vertretenen Ansicht schließt der „konkrete Kontakt" nicht per se aus, dass damit auch der tatsächliche Vermittlungserfolg gemeint sein kann. Auf welche mediale Art und Weise dieser Kontakt dann umgesetzt wurde, kann ebenso dahingestellt bleiben wie, ob der Suizident sich realiter den Sterbewunsch erfüllt hat. Erfolgreich ist damit jedenfalls der Kontakt, der dem Suizidenten eine neue Möglichkeit zur Umsetzung seines Sterbewunsches eröffnet hat.

ee) „Gelegenheit" zur Selbsttötung

Nachdem die Tathandlungsvarianten im Einzelnen vorgestellt wurden, soll nunmehr noch auf die „Gelegenheit" zur Selbsttötung eingegangen werden. Der Begriff „Gelegenheit" verdeutlicht, dass es dem Gesetzgeber gerade nicht auf die Ausführung der Selbsttötung als Haupttat ankam, sondern auf die vorgelagerte, unterstützende Ermöglichung der Selbsttötung eines anderen. Es ist daher nicht erforderlich, dass der Sterbehelfer beim eigentlich ausführenden Akt Hilfe leistet, stattdessen kann er vielmehr auch im Vorbereitungsstadium in strafbarer Weise tätig werden.

(1) Das legislative Verständnis der Gelegenheit (zur Selbsttötung)

Der Begriff der Gelegenheit wird in den Motiven zu § 217 Abs. 1 nicht eigens ausführlich behandelt, sondern stets im Kontext zu den Tathandlungsvarianten des § 217 gesehen. Dies beruht darauf, dass beide in einem unmittelbaren Sachzusammenhang stehen und sich nicht eigenständig erschließen. Gleichwohl betont der Gesetzgeber, dass er die Gelegenheit so verstanden wissen will, dass sie „durch das Überlassen einer Räumlichkeit oder von zur Selbsttötung geeigneten Mitteln“ gewährt werde.[862] Durch die Förderungshandlung müsse sich zumindest die Ausgangssituation für den Sterbewilligen irgendwie verbessert haben.[863]

(2) Verständnis im Sinne des § 180 Abs. 1

Die „Gelegenheit“ zur Selbsttötung wirft ebenfalls einige Verständnisprobleme auf. *Weigend/Hoven* [864] werfen zunächst den Blick auf § 180 Abs.1, in welchem es um die Gelegenheit zur Vornahme von sexuellen Handlungen an unter 16 – jährigen geht. Unterschiede ergeben sich offenkundig aus den zwei völlig unterschiedlichen Lebensbereichen, aus welchen die inkriminierten Handlungen herrühren. *Weigend/Hoven* betonen, dass der sexuelle Kontakt zu Minderjährigen im Sinne des § 180 Abs.1 generell sozial missachtet sei, während dieses gesellschaftliche Negativurteil der Selbsttötung (auch nach dem Willen des Gesetzgebers) gerade nicht anhaften solle.[865] „Die Selbsttötung steht demgegenüber rechtlich jedermann frei.“[866] Die Gelegenheit, die jemandem gewährt oder verschafft wurde, wird auch als Gesamtheit der äußeren Bedingungen bezeichnet, die sich durch die Förderungshandlung verbessert haben. Es zeigt sich zudem in den einschlägigen Kommentierungen, dass der Begriff der Gelegenheit keine eigenständige, sich von den Tathandlungsmöglichkeiten abhebende Auslegung erfahren hat.

(3) Interpretationsmöglichkeit im Sinne des § 217 Abs. 1

Infolgedessen gelangen *Weigend/Hoven* zu dem Ergebnis, dass die „Gelegenheit“ dahingehend verstanden werden müsse, dass sie gegenüber der für jedermann, jederzeit gegebenen Möglichkeit zur Selbsttötung eine Besonderheit aufzuweisen haben müsse.

---

862 BT – Drucks. 18/5373, S. 18.

863 BT – Drucks. 18/5373, S. 18.

864 Weigend / Hoven, ZIS 10/2016, 681 (682f.).

865 Weigend / Hoven, ZIS 10/2016, 681 (683).

866 Weigend / Hoven, ZIS 10/2016, 681 (683).

„Eine Gelegenheit verschafft der Täter dem Suizidwilligen nach den hier angestellten Überlegungen (nur) dann, wenn er ihm Umstände bietet, die es ihm möglich oder leichter machen, in der gerade von ihm bevorzugten Art und Weise aus dem Leben zu scheiden, z.B. weil er sich (nur) von der gewählten Methode einen sanften Tod verspricht oder weil sie das „Überlebensrisiko“ weitgehend ausschließt.“[867]

Weigend/ Hoven konkretisieren den Begriff der Gelegenheit dahin, dass sie ihn spezifizieren auf Gelegenheiten, zu denen der Normalbürger sonst keinen Zugang habe, also zu einem Suizid durch Einnahme von letal wirkenden Medikamenten, die „seinen Wunsch nach einem friedlichen Einschlafen verwirklichen“.[868]

(4) Zwischenergebnis

Die „Gelegenheit“ einem eigenen, einzelfallbezogenen Verständnis zuzuführen, ist schwerlich möglich, da sie in der Regel im Zusammenhang mit dem Gewähren oder Verschaffen interpretiert wird.

Hinsichtlich des von *Weigend/Hoven* präferierten Verständnisses ist festzustellen, dass die häufig genannte Bedingung der Überlassung von Räumlichkeiten danach nicht als strafbare Handlung zu bewerten wäre. Als notwendige Anschlusshandlung müsste noch die Suizidgelegenheit durch Medikamenteneinnahme hinzutreten, zu deren Ermöglichung die Räumlichkeiten überlassen worden sind. Denn die reine Überlassung von Räumlichkeiten schafft für sich gesehen noch keine spezifische Möglichkeit der Selbsttötung, die *Weigend/ Hoven* zur Eingrenzung des Tatbestandes jedoch fordern.

Richtigerweise pönalisiert § 217 Abs. 1 nicht die wie auch immer vollzogene Selbsttötung, sondern nur die Handlung des anderen zur Unterstützung des Suizidenten. Die Beschränkung auf „spezifische Gelegenheiten“ zur Selbsttötung ist dem Gesetzestext und auch den Motiven indessen nicht zu entnehmen. Dem Gesetzgeber kam es insbesondere auch auf die Erfassung unter Umständen weit vorgelagerter Tathandlungen an. Unter Berücksichtigung dieses Aspektes könnte die Reduzierung des Tatbestandes auf die spezifische Gelegenheit als zu einschränkend und nicht mehr mit dem gesetzgeberischen Willen vereinbar anzusehen sein. Das Wort „Gelegenheit“ selbst steht dieser Ansicht indes nicht entgegen. Zwar sind unter dieses Wort diverse Fallgestaltungen subsumierbar, jedoch stellt die Einschränkung auf eine bestimmte Art und

867 Weigend / Hoven, ZIS 10/2016, 681 (683).
868 Weigend / Hoven, ZIS 10/2016, 681 (683).

Weise der Gelegenheit keinen Verstoß gegen den reinen Wortlaut dar. Der scheinbare Konflikt mit einem entgegenstehenden legislatorischen Willen ist dadurch aufzulösen, dass man sich – wie dies viele Autoren auch verlautbaren – die eigentliche Intention für die Schaffung des § 217 Abs. 1 vergegenwärtigt, nämlich die Inkriminierung der Tätigkeiten der Sterbehilfevereine und zweier namhafter Sterbehelfer.[869] In den Motiven zu § 217 wird diese Intention an mehreren Stellen angedeutet: „Ziel des vorliegenden Gesetzentwurfes ist es, die Entwicklung der Beihilfe zum Suizid (assistierter Suizid) zu einem Dienstleistungsangebot der gesundheitlichen Versorgung zu verhindern."[870] Ferner heißt es: „In Deutschland nehmen Fälle zu, in denen Vereine oder auch einschlägig bekannte Einzelpersonen die Beihilfe zum Suizid regelmäßig anbieten, beispielsweise durch Gewährung, Verschaffung oder Vermittlung eines tödlichen Medikamentes."[871]

Diese Tätigkeit wird als Gefahr für die Freiheit der Selbstbestimmung angesehen, denn „ohne die Verfügbarkeit solcher Angebote würden sie eine solche Entscheidung nicht erwägen, geschweige denn treffen."[872] „Solchen nicht notwendig kommerziell orientierten, aber geschäftsmäßigen, also auf Wiederholung angelegten Handlungen ist deshalb zum Schutz der Selbstbestimmung und des Grundrechts auf Leben auch mit den Mitteln des Strafrechts entgegenzuwirken."[873] Ausdrücklich findet sich nachfolgend, zumindest in Teilen relativierend, der Hinweis auf die Ausnahme der „Suizidhilfe, die im Einzelfall in einer schwierigen Konfliktsituation gewährt wird."[874] Damit lässt sich zumindest unterstellen, dass es dem Gesetzgeber auf die durch die Sterbehilfevereine eröffnete Möglichkeit des Suizides mit Hilfe einer toxischen Medikamenteneinwirkung ankam, die einer nicht von vornherein bestimmten Anzahl an Suizidwilligen öffentlich angeboten wird. Wird folglich die Verfügbarkeit suizidgeeigneter Medikamente als „Gelegenheit" zum Suizid eingestuft, dann dürfte dieses Verständnis zumindest nicht gegen den Willen des Gesetzgebers verstoßen. Dieses Verständnis ist jedenfalls geeignet, der Weite des Tatbestandes Eingrenzung im Einklang mit dem Willen des Gesetzgebers zu bieten.

---

869 Siehe die Äußerungen zu der eigentlichen Intention der Inkriminierung des § 217 Abs. 1: Hillenkamp, § 217 n.F.: Strafrecht unterliegt Kriminalpolitik, S. 4.

870 BT – Drucks. 18/5373, S. 2.

871 BT – Drucks. 18/5373, S. 2.

872 BT – Drucks. 18/5373, S. 2.

873 BT – Drucks. 18/5373, S. 2f..

874 BT – Drucks. 18/5373, S. 3.

4. Ergebnis zu den Tathandlungsvarianten

Im Ergebnis ist festzustellen, dass es nach der Kritik, die § 217 Abs. 1 bereits im Gesetzgebungsverfahren erfahren hat, nicht verwunderlich ist, dass alle Auslegungsansätze den Tatbestand des § 217 Abs. 1 als zu weit geraten ansehen und infolgedessen Interpretationen zur Einschränkung entwickeln.

Tatsächlich macht dies auch Sinn, denn die Fassung der Tatbestandsmerkmale ermöglicht es, unter sie vielerlei Handlungen zu subsumieren, die zum einen keinen zeitlichen oder inhaltlichen Bezug zur angedachten Selbsttötung aufweisen müssen, zum anderen eher als nicht strafwürdige „Alltagshandlungen" einzuordnen sind und damit der Kategorie der Sozialadäquanz zuzuordnen wären. Zudem ist noch zu berücksichtigen, dass die Zahl der „Zweifelsfälle" – also der weder positiv noch negativ eindeutig zu beurteilenden Fälle -, zu den eindeutig strafbaren oder straflosen Fällen auf Grund der vorgesehenen tatbestandlichen Weite recht hoch ausfallen dürfte.

Abgesehen davon, dass von vielerlei Autoren mit nicht von der Hand zu weisenden Argumenten die Strafwürdigkeit der Suizidbeihilfe per se in Frage gestellt wird, ist allein auf Grund der grundrechtlichen Relevanz eine Einschränkung geboten. Darauf soll jedoch an späterer Stelle noch etwas differenzierter eingegangen werden.

5. Eigene Auslegungsbemühungen

Suizidbeihilfe – sei es durch die Tätigkeit eines Sterbehilfevereines oder durch ärztliche Unterstützung – stellt in jedem Einzelfall eine in einer schwierigen Konfliktsituation gewährte Hilfe dar, auch wenn offiziell keine tatsächlichen Zahlen bekannt sind.

Dies wird durch die Tatsache untermauert, dass die Befürchtungen des Gesetzgebers, dass sich durch ein solches Angebot auch die Nachfrage nach Sterbehilfe erhöhen könnte, empirisch nicht belegt sind. Dies soll an dieser Stelle jedoch nicht weiter erörtert werden. Die vorstehenden Überlegungen können jedoch zur Auslegung der benannten Merkmale genutzt werden. Eine Gelegenheit zum Suizid gewährt oder verschafft, wer dem Sterbewilligen die Mittel für einen Suizid entweder aus seiner eigenen Verfügungsgewalt überlässt (dann Gewähren) oder aus fremder Verfügungsgewalt zugänglich macht (dann Verschaffen). Andernfalls käme noch die dritte Tathandlungsvariante des Vermittelns in Betracht, die jedoch mit denen des Gewährens und Verschaffens nicht vergleichbar ist, da sie nicht selbst die Gelegenheit zum Suizid eröffnet; diese nimmt in dieser Variante ein anderer vor. Daher soll diese Tathandlungsmodalität für die Findung eines Auslegungsverständnisses des Gewährens oder Verschaffens einer Gelegenheit in den Hintergrund treten.

Selbstverständlich kann ein Sterbehelfer dem Suizidwilligen auch die Möglichkeit zum Suizid verschaffen, indem er ihm beispielsweise den Zugang zum Hochhaus ermöglicht, von dem dieser sich stürzen möchte, oder die spezifisch geknotete Halsschlinge vorbereitet, falls der Suizidwillige seinerseits dazu nicht in der Lage ist. Diese Konstellationen dürfte der Gesetzgeber jedoch nicht im Blick gehabt haben, denn dann wäre - wie es auch ein Entwurf vorgesehen hat - die Beihilfe zum Suizid generell strafrechtlich zu verbieten gewesen. Daher muss es sich tatsächlich um eine andere Art der Gelegenheit zum Suizid handeln, die mit § 217 Abs. 1 verboten werden sollte. Klar wird dies, wenn der subjektive Wille des Gesetzgebers zur Auslegung herangezogen wird, der die Tätigkeit geschäftsmäßig handelnder Sterbehilfevereine und Einzelpersonen verbieten wollte. Daher ist konform zu dem Verständnis von *Weigend/Hoven* die „Gelegenheit" zum Suizid einschränkend auszulegen, so dass nur solche Gelegenheiten zum Suizid gemeint sein können, die typischerweise von einem Sterbehilfeverein oder einem geschäftsmäßigen Sterbehelfer gewährt oder verschafft werden können. Die Gelegenheit zum Suizid beschränkt sich nach diesem Verständnis im Wesentlichen auf die bewusste und zweckgerichtete Zurverfügungstellung tödlich wirkender Medikamente im Rahmen einer Sterbehilfeorganisation oder einer vergleichbaren Struktur. Dies dürfte von der Verschreibung bzw. Verschaffung eines Barbiturates zum Suizid bis hin zur Zubereitung des Getränkes mit den tödlichen Substanzen reichen. Die Situation ist damit vergleichbar mit den inkriminierten Verhaltensweisen der §§ 29 Abs. 1 Nr. 6, 6a iVm § 13 BtMG. § 29 BtMG ist gerade kein Sonderdelikt - wie noch gezeigt werden wird -, sondern grundsätzlich von jedermann begehbar. Dass dies in Deutschland in der Regel der Arzt sein wird, kann vorliegend dahingestellt bleiben. Erfasst wird davon jedenfalls auch die Tätigkeit eines vereinstätigen Sterbehelfers. Die von der Gesetzesbegründung geforderte partielle Sanktionierung der Überlassung von Räumlichkeiten zum Suizid kann nach hiesiger Ansicht nur dann strafbar sein, wenn kumulativ zur Überlassung der Räumlichkeiten noch mindestens eine inkriminierte Handlung im Sinne des § 29 Abs. 1 iVm § 13 BtMG hinzutritt. Zwar steht ein solches Auslegungsverständnis zunächst konträr zu der höchstrichterlichen Rechtsprechung[875] zu § 180 Abs. 1, da diese für das Merkmal des „Gewährens" anerkannt hat, dass die Überlassung von Räumlichkeiten zur Vornahme sexueller Handlungen mit

875 BGH NJW 59, 1284.

Minderjähren ausreichend für eine Strafbarkeit ist.[876] Hier muss jedoch anhand des jeweiligen Schutzzweckes differenziert werden, wie dies *Weigend / Hoven* zutreffend vorgegeben haben, was aus hiesiger Sicht noch zu kurz greift.

§ 180 Abs. 1 bezieht sich nämlich auf sexuelle Handlungen mit Minderjährigen, die grundsätzlich moralisch von der Gesellschaft missbilligt sind. Dies trifft jedoch auf die eigentliche „Haupttat" zu § 217 Abs. 1, die Suizidtat, nicht zu. Es mag durchaus eine größere Anzahl von Menschen geben, die einen Suizid moralisch verurteilen, insbesondere die kirchlichen Anhänger, die große Mehrheit der Bürgerinnen und Bürger dürfte dies jedoch nicht so sehen wie auch die Umfrageergebnisse zeigen.[877] Zu Recht wird daher der Suizid seit jeher strafrechtlich nicht geahndet, wenngleich solche Tendenzen immer wieder aufkommen. Diese konnten sich letztendlich jedoch nicht durchsetzen.

Die Gruppe der unter 16 – jährigen, die § 180 Abs. 1 im Blick hat, ist per se schutzbedürftig in ihrer sexuellen Selbstbestimmung und ungestörten Entwicklung. Daher bezweckt § 180 Abs. 1 zu Recht den Schutz des Minderjährigen sowohl in seiner sexuellen Selbstbestimmung als auch vor schädlichen Einflussnahmen durch Dritte auf seine sexuelle Entwicklung.

§ 217 Abs. 1 zielt in vergleichbarer Weise auf den Schutz des Suizidwilligen in seiner Selbstbestimmung und Autonomie am Lebensende ab. Beiden Tatbeständen ist folglich gemeinsam, besonders schutzbedürftige Personenkreise vor schädigenden Einflüssen Dritter schützen zu wollen. Nichtsdestotrotz betreffen beide Tatbestände völlig unterschiedliche soziale Regelungskontexte, die auch Einfluss auf den Schutzzweck der Norm nehmen.

Das jeweilige Telos der Norm spricht zwar eher für ein kongruentes Auslegungsverständnis, wohingegen der systemimmanente Gesetzeszusammenhang der jeweiligen Tatbestände dagegen spricht. Es besteht nicht einmal ein kongruentes Verständnis der Begriffe innerhalb des § 180 Abs. 1 und Abs. 2. Grundsätzlich erscheint es daher möglich, die wortgleichen Tatbestandsmerkmale unterschiedlich auszulegen. Diametral dazu verhält sich die Entstehungsgeschichte zu § 217, die ausdrücklich eine Kongruenz zu § 180 Abs. 1 vorsieht. Zwar ist seitens der Gesetzesbegründung zu § 217 nicht gänzlich bestimmt, auf welchen Absatz von § 180 konkret Bezug genommen wird. Rückschlüsse sind jedoch daraus möglich, dass auf die Kommentierungen zu § 180 Abs. 1 Bezug genommen wird und nicht auf die zu Abs. 2.

Da im Rahmen der verfassungskonformen Auslegung jedoch primär auf den Wortlaut der Norm und den Willen des Gesetzgebers abgestellt wird, ist von einer Kongruenz der Begriffe auszugehen. Zur Einschränkung des weiten

---

876 LPK-StGB, § 180 Rn. 3.

877 Die Vorstellung der Ergebnisse der durchgeführten Studie findet sich in Kapitel 6.

Tatbestandes wird nach hiesiger Ansicht jedoch zumindest für die Möglichkeit der Überlassung der Räumlichkeiten kumulativ die Vornahme einer strafbaren Handlung im Sinne des § 29 Abs. 1 Nr. 10 und 11 iVm § 13 BtMG gefordert, so dass konform mit *Kubiciel* und *Oglakcioglu* ein deliktstypischer Zusammenhang gegeben sein muss.

6. Die Geschäftsmäßigkeit des Handelns

Die wohl heftigste Kritik hat die Entscheidung des Gesetzgebers erfahren, den Begriff der Geschäftsmäßigkeit zu normieren. Wenngleich nahezu allen Tatbestandsmerkmalen des § 217 eine sehr weit reichende Strafbarkeit zu entnehmen ist, so dürfte das Merkmal der Geschäftsmäßigkeit, dasjenige Tatbestandsmerkmal sein, das am meisten für Verwirrung und Unsicherheit gesorgt hat, und zwar insbesondere, aber nicht nur beim Normadressaten. Auch die Rechtsanwender sehen sich zukünftig der Aufgabe ausgesetzt, die weitgreifende Strafbarkeit einzudämmen.

Als nächstes soll nach allgemeinen Erläuterungen schrittweise, ausgehend von der Erforschung des konventionellen Sprachsinnes, die Geschäftsmäßigkeit einer Begriffsbestimmung im strafrechtlichen Kontext bis hin zu einer Konkretisierung und Präzisierung im Rahmen des § 217 Abs. 1 zugeführt werden, um die Frage zu beantworten, ob dieses Merkmal tatsächlich gegen das Bestimmtheitsgebot verstößt.

a) Allgemeines zur Geschäftsmäßigkeit

Der Begriff der Geschäftsmäßigkeit ist ein normativ geprägter Rechtsbegriff. Normative Rechtsbegriffe sind keine bloßen Tatsachenbeschreibungen, sondern müssen wertend mit Leben durch den Rechtsanwender gefüllt werden.[878] Den Gegensatz dazu bilden deskriptive Tatbestandsmerkmale, die als sachbeschreibende Merkmale bezeichnet werden können.[879] Ob die normativen Tatbestandsmerkmale gegen das Bestimmtheitsgebot verstoßen, ist eine Frage des Präzisierungsgebotes.[880] Per se wird man dieses nicht annehmen können.

---

878 Wessels /Beulke, Strafrecht AT, § 5 Rn. 190.
879 Wessels/Beulke, Strafrecht AT, § 5 Rn. 189.
880 Dannecker in: LP – Kommentar, § 1 Rn. 201.

Wie erkennbar ist, erschließen sich deskriptive Tatbestandsmerkmale dem Rechtsanwender in der Regel wertungsfrei. Insbesondere bei normativen Tatbestandsmerkmalen gilt es den Bedeutungsgehalt zu ergründen.[881] Der Vorsatz erfordert in Bezug auf normative Merkmale, im Gegensatz zu den deskriptiven, nicht nur die rein sinnliche Wahrnehmung durch den Täter, sondern ein geistiges Verstehen.[882] Zwar ist anerkannt, dass das geistige Verstehen eines normativen Tatbestandsmerkmals zur Bejahung des Vorsatzes keine exakte juristische Kenntnis von seiner Bedeutung voraussetzt, denn dann könnten sich theoretisch nur noch juristisch geschulte Menschen strafbar machen - vielmehr ist es ausreichend, wenn sich der Täter „den mit diesen Begriffen umschriebenen sozialen Bedeutungsgehalt des inkriminierten Vorganges [...] erschließt."[883] Der Täter muss daher „die äußeren Gegebenheiten mitsamt ihrer sozialen Bedeutung erfasst haben."[884] Dabei ist anerkannt, dass Irrtümer hinsichtlich der Definition eines Tatbestandsmerkmales in der Regel als Subsumtionsirrtum unschädlich für den Vorsatz sind.[885] In Bezug auf das Tatbestandsmerkmal der Geschäftsmäßigkeit heißt dies, dass der Täter des § 217 die Bedeutung nicht exakt erfasst haben muss.

Dies wirft jedoch vorliegend Probleme auf, da „Geschäftsmäßigkeit" im alltäglichen Sprachgebrauch dem Normadressaten eine Gewinnerzielungsabsicht suggeriert und der mutmaßliche Täter geneigt sein könnte, diese für sich zu negieren und deshalb von der eigenen Straflosigkeit bei Vornahme der Tathandlung ausgeht.

b) Der konventionelle Sprachsinn der Geschäftsmäßigkeit

Laut *Zippelius*[886] ist der konventionelle Sprachsinn im Rahmen der Auslegung ebenfalls zu berücksichtigen, sofern sich der Wortsinn nicht bereits durch eine Legaldefinition hat bestimmen lassen. Grundsätzlich wäre daher die Auslegung und Erforschung des Wortsinnes der Geschäftsmäßigkeit an diesem Punkt zu Ende, da bereits eine dem Strafrecht immanente Legaldefinition der Geschäftsmäßigkeit in § 3 Abs. 1 TKG und § 4 Abs. 4 PostG existiert. Dennoch soll in gebotener Kürze auf den herkömmlichen Sprachgebrauch eingegangen

881 Wessels / Beulke, Strafrecht AT, § 5 III 1, Rn. 189ff.
882 Roxin, AT I, § 10 Rn. 57ff.
883 Roxin, AT I § 12 Rn. 101.
884 Roxin, AT I § 12 Rn. 101.
885 Roxin, AT I, § 12 Rn. 101.
886 Zippelius, S. 38.

werden, da noch nicht geklärt ist, ob die Begriffe kongruent auszulegen sein werden.

Das Wort „geschäftsmäßig" ist ein Adjektiv, welches nicht ausschließlich im juristischen Jargon verwendet wird, sondern auch einen allgemeingültigen Bedeutungsumfang beinhaltet. Nach dem lexikalischen Verständnis bedeutet geschäftsmäßig „im Rahmen von Geschäften; geschäftlich" und suggeriert dem Adressaten, dass eine Handlung im Rahmen eines Geschäftes bzw. bezogen auf ein Geschäft vorliegt.[887] „Geschäftsmäßig" beschreibt des Weiteren auch Verhaltensweisen, die als „unpersönlich, kühl, sachlich und objektiv" bezeichnet werden.

c) Die legislative Begriffsbestimmung der Geschäftsmäßigkeit

Geschäftsmäßig im Sinne des § 217 Abs. 1 soll dem Gesetzgeber zufolge handeln, „wer die Gewährung, Verschaffung oder Vermittlung der Gelegenheit zur Selbsttötung zu einem dauernden oder wiederkehrenden Bestandteil seiner Tätigkeit macht, unabhängig von einer Gewinnerzielungsabsicht und unabhängig von einem Zusammenhang mit einer wirtschaftlichen oder beruflichen Tätigkeit." [888] Stark vereinfacht wird vielfach auch von der Absicht zur Wiederholung bzw. von der Wiederholungsabsicht gesprochen.[889]

Die Normierung der Geschäftsmäßigkeit als Tatbestandsmerkmal ist daher ausgehend vom herkömmlichen Sprachgebrauch eine irreführende Bezeichnung. Es wird daher eine Frage des Einzelfalls sein, ob der Täter des § 217 einem Verbotsirrtum gem. § 17, welcher möglicherweise als vermeidbar und damit nicht strafausschließend wird, oder einem im Ergebnis unbeachtlichen Subsumtionsirrtum unterliegt. An dieser Stelle ist zunächst festzuhalten, dass die konventionelle Begriffsbestimmung nicht kongruent mit der juristischen Bedeutung der Geschäftsmäßigkeit ist.

d) Legislativ angeordneter Rekurs auf die Definitionen des TKG und PostG

Wie oben gezeigt, bezieht sich die Gesetzesbegründung zur Definition des Rechtsbegriffes der Geschäftsmäßigkeit auf die Begriffsverwendung in § 206

887 Siehe hierzu die Bedeutungsumschreibung im Duden, Stichwort: geschäftsmäßig, abrufbar unter: http://www.duden.de/rechtschreibung/geschaeftsmaeszig; letzter Abruf am: 26.07.2017.

888 BT – Drucks. 18/5373, S. 17.

889 Rissing – van Saan, Stellungnahme zur Sterbebegleitung, S. 10.

Abs. 1, dessen Kommentierungen ausdrücklich auf die Legaldefinitionen des § 3 Nr. 10 TKG sowie § 4 Abs. 4 PostG Bezug nehmen.[890]

Fraglich dürfte an dieser Stelle jedoch sein, ob die Legaldefinitionen aus dem Telekommunikationsdienstleistungsgesetz und dem Postgesetz einerseits sowie die Auslegungsvorgaben aus den Kommentierungen zu § 206 Abs. 1 andererseits auf das Merkmal der Geschäftsmäßigkeit im Regelungskontext der Suizidassistenz sachgerecht übertragen werden können. Um die aufgeworfene Frage beantworten zu können, ob die Begriffsbedeutung der Geschäftsmäßigkeit aus dem öffentlich - rechtlichen Telekommunikations– und Postwesen und die Begriffsbedeutung im Kontext der strafrechtlich geregelten, geschäftsmäßigen Suizidhilfe des § 217 kongruent ausgelegt werden können oder ob Modifikationen nach dem jeweiligen Sinn und Zweck des Gesetzes geboten sind, ist zunächst der Begriff der Geschäftsmäßigkeit aus dem Telekommunikations- und Postwesen vorzustellen.

Anschließend soll der Frage nachgegangen werden, ob eine Kongruenz der Begrifflichkeiten aus dem Tatbestand des § 206 Abs. 1 und dem des § 217 Abs. 1 vorliegt und damit eine Übertragung nach dem Sinn und Zweck beider Normen möglich und angemessen erscheint.

aa) Die Geschäftsmäßigkeit im Telekommunikations- und Postwesen

Die Definition der Geschäftsmäßigkeit geht zurück auf die Legaldefinitionen aus dem Telekommunikations-und Postwesen. Daher ist zunächst zu klären, ob und wie die Geschäftsmäßigkeit in diesem Kontext zu definieren und auszulegen ist.

(1) Grammatische und historische Auslegung

Die Geschäftsmäßigkeit als juristisches Tatbestandsmerkmal ist im Rahmen des § 217 nicht neu. Die Entwurfsverfasser haben ausdrücklich zur Definition der hiesigen Begrifflichkeit „Geschäftsmäßigkeit" Bezug genommen auf das im Rahmen des § 206 Abs. 1 bereits bekannte Begriffsverständnis der Geschäftsmäßigkeit sowie auf die Legaldefinitionen der § 3 Abs.1 TKG und § 4 Abs. 4 PostG.

Wie bereits festgestellt, ist eine seitens des Gesetzes vorgegebene Legaldefinition Richtmaß für die weiteren folgenden Auslegungsbemühungen des

890 BT – Drucks. 18/5373, S. 16.

Rechtsanwenders, denn der Wortlaut einer Norm bildet die zulässige Grenze der Auslegung. Daher ist darzutun, dass § 3 Abs. 1 Nr. 10 TKG folgende Legaldefinition beinhaltet: „Geschäftsmäßiges Erbringen von Telekommunikationsdiensten [ist] das nachhaltige Angebot von Telekommunikation für Dritte mit oder ohne Gewinnerzielungsabsicht.“ An dieser Legaldefinition ist zunächst erkennbar, dass es sich um ein nachhaltiges Angebot der Telekommunikation für Dritte handeln soll. Ein fortschweifender Blick in die weiteren Begriffsbestimmungen des § 3 TKG offenbart unter der Nr. 22 eine Legaldefinition der Telekommunikation, worunter im Sinne des Gesetzes „der technische Vorgang des Aussendens, Übermittelns und Empfangens von Signalen mittels Telekommunikationsanlagen“ zu verstehen sei.

Des Weiteren wurde laut der Gesetzesbegründung zu § 217 Bezug genommen auf die amtliche Definition aus dem Postgesetz. In § 4 Nr. 4 heißt es dazu: „Geschäftsmäßiges Erbringen von Postdiensten ist das nachhaltige Betreiben der Beförderung von Postsendungen für andere mit oder ohne Gewinnerzielungsabsicht.“ Die Wortlautinterpretation liefert ein eindeutiges Ergebnis, welches auch durch einen Blick in die entstehungsgeschichtliche Entwicklung bestätigt wird. Die zitierten Normen des Telekommunikationsgesetzes gehen auf die Gesetzesbegründung zum Entwurf eines Begleitgesetzes zum Telekommunikationsgesetz aus dem Jahr 1997 zurück.[891] Dort heißt es in der amtlichen Begründung, dass unter dem „geschäftsmäßigen Erbringen von Telekommunikationsdienstleistungen das nachhaltige Angebot von Telekommunikation einschließlich des Angebots von Übertragungswegen für Dritte mit oder ohne Gewinnerzielungsabsicht" zu verstehen ist. Ein Blick noch weiter in der Entstehungsgeschichte zum Telekommunikationsgesetz zurück zeigt, dass in dem Entwurf der Fraktionen CDU/CSU, SPD und F.D.P. zu einem Telekommunikationsgesetz vom 13.01.1996[892] in den Begriffsbestimmungen des § 3 TKG noch von einem Begriffsverständnis der Telekommunikationsdienstleistung als gewerblich ausgegangen wurde. Im Gegensatz dazu sah der Gesetzentwurf der Bundesregierung[893] vom 23.04.1996 die Verwendung des Begriffes der Gewerbsmäßigkeit in diesem Zusammenhang als zu eng an und regte folglich die Verwendung des weitergehenden Begriffes der Geschäftsmäßigkeit an.[894] Die

891 S / S – Lenckner / Eisele -, § 206 Rn. 1.

892 BT – Drucks. 13/3609, abrufbar unter: http://dip21.bundestag.de/dip21/btd/13/036/1303609.pdf; letzter Abruf am 29.07.2017.

893 BT – Drucks. 13/4438, abrufbar unter: http://dipbt.bundestag.de/doc/btd/13/044/1304438.pdf; letzter Abruf am 29.07.2017.

894 BT – Drucks. 13/ 4438, S. 7 (Punkt 12, zu § 3).

nahezu deckungsgleich verwendete Definition aus § 4 Nr. 4 Postgesetz unterscheidet sich von derjenigen im TKG lediglich durch die in Bezug genommenen differenten Dienstleistungen aus dem Postwesen.

Im Gesamtergebnis ist daher festzuhalten, dass die Begriffsbedeutung der Geschäftsmäßigkeit in diesem Normenkontext sowohl nach der grammatischen Auslegung als auch unter Berücksichtigung des Willens des historischen Gesetzgebers als deckungsgleich anzusehen ist, so dass unter Geschäftsmäßigkeit übereinstimmend ein nachhaltiges Angebot der jeweils in Bezug genommenen Dienstleistung (Beförderung von Postsendungen bzw. Möglichkeit der Telekommunikation) mit oder ohne Gewinnerzielungsabsicht im Sinne der öffentlich – rechtlichen Gesetze, des Telekommunikationsgesetzes sowie des Postgesetzes, zu verstehen ist. Wie das Merkmal der Nachhaltigkeit in diesem Kontext zu verstehen ist, wird noch an späterer Stelle aufgezeigt werden.

(2) Zwischenergebnis zur Begriffsbedeutung nach den TKG und PostG

Im Ergebnis ist daher festzuhalten, dass auch die Betrachtung der Entstehungsgeschichte der jeweiligen Legaldefinition der Geschäftsmäßigkeit im Kontext des § 3 Abs. 1 Nr. 10 TKG sowie § 4 Nr. 4 PostG kein anderes Wortverständnis als vom Gesetzgeber vorgestellt, ergeben hat.

bb) Die Geschäftsmäßigkeit im Tatbestandskontext des § 206 Abs. 1

Der Begriff der Geschäftsmäßigkeit wird neben der Verwendung in den öffentlich-rechtlichen Regelungen des TKG und des PostG noch in einem strafrechtlichen Kontext verwendet, und zwar in § 206 Abs. 1, welcher seinerseits die strafrechtlichen Folgen der Verletzung des Post– und Fernmeldegeheimnisses betrifft. § 206 löste den vorherigen § 354 a.F. ab, da durch weitreichende Änderungen im Telekommunikations– und Postgesetz auch die strafrechtliche Regelung simultan angepasst werden musste.[895] § 206 inkriminiert in seinem mehrere Absätze umfassenden Tatbestand Handlungen, welche die jeweiligen unterschiedlichen Schutzzwecke der Norm in strafrechtlich relevanter Weise berühren.[896] Für die vorliegende Arbeit ist lediglich § 206 Abs. 1 relevant, da dieser Handlungen von Personen inkriminiert, welche unbefugt Informationen, die dem Post – und Fernmeldegeheimnis unterliegen und die ihnen in ihrer

895 S/S – Lenckner / Eisele -, § 206 Rn. 1.
896 Lackner / Kühl, § 206 Rn. 2; S/S – Lenckner / Eisele -, § 206 Rn. 1.

Funktion als Mitarbeiter oder Inhaber eines geschäftsmäßig handelnden Unternehmens mitgeteilt worden sind, an andere weitergeben. Hervorzuheben ist, dass § 206 nur einen bestimmten Täterkreis anspricht, namentlich die Beschäftigten bzw. die Inhaber geschäftsmäßig handelnder Unternehmen, so dass § 206 als ein Sonderdelikt zu qualifizieren ist.[897] Strafbar können sich folglich nur Mitarbeiter bzw. Inhaber von geschäftsmäßig handelnden Unternehmen machen und nicht jeder Bürger. Dies beruht darauf, dass der benannte Täterkreis des § 206 eine besondere Vertrauensstellung in der Allgemeinheit und bei den betroffenen Individuen genießt, dass vom Absender an den jeweiligen Empfänger gerichtete, nicht zur Kenntnisnahme von anderen bestimmte Informationen nicht unbefugt weitergegeben werden.[898] Die Regelung ist auch sachgerecht, da dieser Personenkreis durch die geschäftsmäßige Beförderung und Erbringung von Leistungen aus diesem Sektor nahezu freien Zugriff auf die dem Fernmelde-und Postgeheimnis unterfallenden Informationen hat.[899] Klarstellend sei betont, dass das bloße Mitteilen der erlangten Informationen strafbar ist und gerade nicht die Kenntnisnahme des Täters von dieser Information. Daraus folgt, dass so lange keine Strafbarkeit nach § 206 Abs. 1 gegeben ist, wie der Täter die erlangten Informationen für sich behält.[900]

Schutzgut des § 206 Abs. 1 ist das Post – und Fernmeldegeheimnis, welches einerseits Individualinteressen - Interesse der am Post– und Fernmeldeverkehr Beteiligten vor unbefugter Informationsweitergabe an Dritte - und andererseits ein Kollektivrechtsgut - Sicherheit und Zuverlässigkeit des Post – und Telekommunikationsverkehrs - schützt.[901] Das Post – und Fernmeldegeheimnis ist ein Rechtsgut von Verfassungsrang, welches in Art. 10 GG grundgesetzlich abgesichert ist. Mit Strafe bedrohte Tathandlung ist dabei das unbefugte Mitteilen einer dem Post – und Fernmeldegeheimnis unterliegenden Tatsache an einen anderen.

(1) Grammatische und historische Auslegung des Begriffes der Geschäftsmäßigkeit

Die Definition des Begriffes der Geschäftsmäßigkeit orientiert sich an § 3 Abs. 1 Nr. 10 TKG sowie § 4 Nr. 4 PostG, wonach unter geschäftsmäßigem Erbringen von Postdiensten das nachhaltige Betreiben der Beförderung von Postsendungen für andere mit oder ohne Gewinnerzielungsabsicht zu verstehen ist; im

897 SK – Hoyer -, § 206, Rn. 6; S/S – Lenckner / Eisele -, § 206 Rn. 8.
898 SK – Hoyer -, § 206 Rn. 4; S/S – Lencker / Eisele -, § 206 Rn. 2.
899 S/S – Lenckner / Eisele -, § 206 Rn. 10.
900 S/S -Lenckner / Eisele -, § 206 Rn. 1.
901 S /K - Hoyer -, § 206 Rn. 4; S / S – Lenckner /Eisele-, § 206 Rn. 2.

Hinblick auf die Dienstleistung der Telekommunikation ist dies anzupassen auf Angebote von Telekommunikationsdiensten.

Eine abweichende Wortbedeutung könnte sich ergeben, wenn der Wille des Gesetzgebers eine andere Auslegung des Begriffes der Geschäftsmäßigkeit im Rahmen des § 206 Abs. 1 fordert. Eingefügt wurde § 206 durch Art. 2 XIII Nr. 6 BegleitG zum Telekommunikationsgesetz vom 17.12.1997 als Nachfolger des § 354 a.F.. Dieser Tatbestand musste wegen umfangreicher Änderungen im Telekommunikationswesen angepasst werden, da er seinen Charakter als Amtsdelikt verloren hatte.[902] Den legislatorischen Motiven[903] lässt sich entnehmen, dass der Gesetzgeber bei der Einführung des § 206 Abs. 1 in das Strafgesetzbuch eine Anlehnung an die Definition des § 3 Nr. 10 TKG vorgesehen hat.[904] Des Weiteren stellt die Gesetzesbegründung klar, dass dieses Verständnis auch für geschäftsmäßig handelnde Täter in Bezug auf das Postwesen gelten soll.

Die Kommentierungen zu § 206 Abs. 1 nehmen vornehmlich Rekurs auf Legaldefinitionen aus dem Telekommunikations- und Postgesetz, so dass ein abweichendes Begriffsverständnis nicht angezeigt ist.

(2) Systematische und teleologische Auslegung

Ein abweichendes Wortverständnis der Geschäftsmäßigkeit im Rahmen des § 206 Abs. 1 ergibt sich auch nicht aus systematischen und teleologischen Erwägungen.

§ 206 Abs. 1 wurde bewusst durch das BegleitG zum Telekommunikationsgesetz in den fünfzehnten Abschnitt des StGB eingefügt.[905] Dieser Abschnitt normiert die Voraussetzungen und Folgen der Verletzung des persönlichen Lebens- und Geheimnisbereichs. Von der Regelungsmaterie her ist die systematische Einordnung des § 206 in den 15. Abschnitt zutreffend. Der Post– und Telekommunikationsbereich verlangt zum Zwecke des besonderen Schutzes vertraulicher Informationen aus der Privat-und Intimsphäre, unabhängig davon, wie diese Informationen weitergegeben werden (via Postsendung oder via Telekommunikationsmitteln) strafrechtlichen Schutz. Zur Verwirklung des

---

902 Fischer, § 206 Rn. 1.

903 BT – Drucks. 13/8016, abrufbar unter: http://dipbt.bundestag.de/doc/btd/13/080/1308016.pdf; letzter Abruf am 30.07.2017.

904 Legaldefinition des § 3 Nr. 10 TKG: „geschäftsmäßiges Erbringen von Telekommunikationsdiensten" das nachhaltige Angebot von Telekommunikation für Dritte mit oder ohne Gewinnerzielungsabsicht".

905 BT Druck. 13 / 8776, S. 18; S / S - Lenckner /Eisele-, § 206 vor Rn. 1/Rn. 1.

Tatbestandes genügt - wie bereits erwähnt - grundsätzlich die Mitteilung an interne Kollegen, also Mitarbeiter desselben Betriebes oder Unternehmens. In der Regel sei der kollegiale, interne Austausch vertraulicher Informationen jedoch zulässig.[906] Besonders Beschäftigte bzw. Inhaber von Unternehmen, die auf Nachhaltigkeit und Dauer angelegt sind, haben unkontrolliert Zugang zu einer Vielzahl an empfindlichen Informationen des Bürgers, mit deren Preisgabe dieser in der Regel nicht einverstanden ist.[907] Genau aus dieser Eröffnung einer besonderen „Gefahrenquelle“ wird die Verwirklichung des Unwertes der Tathandlung des § 206 Abs. 1 abgeleitet. Der Unwert liegt dabei gerade nicht in der Inkriminierung des geschäftsmäßigen Handelns des Unternehmens, sondern in der unbefugten Mitteilung von Tatsachen an andere, die den Mitarbeitern innerhalb der geschäftsmäßig organisierten Struktur zur Kenntnis gelangt sind.

Korrekturen des Begriffsverständnisses ergeben sich auch nicht aus dem objektiven Sinn und Zweck der Regelung des § 206 Abs. 1. Wie bereits erwähnt, ist Schutzzweck der Tatbestände des fünfzehnten Abschnittes der Schutz des Bürgers vor Eingriffen in seine Privat-oder Intimsphäre, wobei diese naturgemäß nicht sämtliche Verletzungen des persönlichen Lebens- und Geheimbereichs erfassen können, sondern nur ausgewählte, spezifische Schutzzweckverletzungen.[908] Dieser Schutz ist vorliegend jedoch notwendig, denn wie gesehen ermöglicht gerade die Verfügbarkeit einer regelmäßigen und auf Wiederholung angelegten Unternehmensstruktur dem Täter die einfache Umsetzung der inkriminierten Tathandlung.

In Bezug auf die Geschäftsmäßigkeit des § 206 Abs. 1 ist hervorzuheben, dass diese sich vornehmlich auf das Unternehmen, in welchem der potenzielle Täter beschäftigt ist, bezieht und nicht auf die spezifische, unrechtsauslösende Handlung des Täters. Dies stellt einen noch auf seine Wichtigkeit zu überprüfenden Unterschied zum Tatbestand des § 217 dar.

Strafbar machen kann sich folglich nicht nur der geschäftsmäßig handelnde Mitarbeiter, sondern bereits derjenige, der in einem geschäftsmäßig Dienstleistungen erbringenden Unternehmen beschäftigt ist.[909]

Konkret für § 206 Abs. 1 heißt dies, dass das Unternehmen sich auf das nachhaltige Erbringen entweder von Telekommunikations- oder von Postdienstleistungen ausgerichtet haben muss. Damit dürften die gemeinhin be-

---

906 S / S - Lenckner / Eisele -, § 206 Rn. 10 ff.

907 S / S - Lenckner / Eisele -, § 206 Rn. 10 ff.

908 Siehe hierzu die differenten Schutzzwecke der Delikte des fünftzehnten Abschnittes des StGB.

909 S / S – Lenckner /Eisele -, § 206 Rn. 8 f..

kannten Unternehmen wie die Deutsche Post AG sowie deren Konkurrenzbetriebe von der Strafbarkeit problemlos erfasst sein, aber letztlich auch alle weiteren Unternehmen, die auch nur im entferntesten Sinne Dienstleistungen dieser Art erbringen. Denn im Sinne eines effektiven Rechtsgüterschutzes müssen von der Regelung alle Personen erfasst sein, die weisungsgemäß Dienste dieser Art ausführen. Laut *Lenckner/Eisele*[910] ist der Begriff des Unternehmens ebenfalls entsprechend dem Schutzzweck weit auszulegen, so dass alle Unternehmensformen erfasst seien, die sich auch nur ansatzweise geschäftsmäßig mit dem Betreiben von Telekommunikations-oder Postdienstleistungen befassen. Eine teleologische Reduktion auf ausnahmslos in diesem Sektor tätige Unternehmen erscheine dagegen als nicht geboten.[911]

Die zuvor aufgezeigte Differenz hinsichtlich des jeweiligen Bezugsobjektes des Adjektivs Geschäftsmäßigkeit führt vorliegend nicht zu einem anderen Begriffsverständnis der Geschäftsmäßigkeit. Diese Erkenntnis wird sich jedoch in noch zu zeigender Weise für die Interpretation des § 217 fruchtbar machen lassen.

(3) Zwischenergebnis zur Auslegung

Der Begriff der Geschäftsmäßigkeit im Sinne des § 206 Abs. 1 ist akzessorisch zu den Definitionen im TKG und PostG auszulegen. Eine abweichende Bedeutungsbestimmung durch den Gesetzgeber ist weder gewollt noch nach systematischen und teleologischen Erwägungen angezeigt.

Als wesentliches Ergebnis der Darstellung lässt sich festhalten, dass der Begriff der Geschäftsmäßigkeit in seiner gesetzlichen Ursprungsform im Vergleich zu § 217 Abs. 1 zwar begrifflich eine gleichbedeutende Verwendung erfahren hat, sich jedoch auf einen anderen Bezugspunkt richtet. Die Geschäftsmäßigkeit bezieht sich in den genannten Gesetzen gerade nicht auf die Tathandlung des Täters, sondern charakterisiert den Unternehmenstypus.[912]

Wie *Taupitz*[913] lehrreich darstellt, geht es den Ursprungsnormen der Geschäftsmäßigkeit darum, einen besonders sensitiven Geschäftsbereich einem dessen Anforderungen gewachsenen, besonderen Personenbereich zuzuordnen und „Rechtsbrecher" aus diesem Bereich zu selektieren, indem rechtswidriges Verhalten mit Strafe bedroht wird. Die Geschäftsmäßigkeit bezieht sich im Fall

910 S / S – Lenckner / Eisele -, § 206 Rn. 8.

911 S / S – Lenckner / Eisele -, § 206 Rn. 8.

912 So auch Taupitz, Strafbarkeit der geschäftsmäßigen Förderung des Suizids-im Widerspruch mit sich selbst, medstra 6/2016, 323 (326).

913 Taupitz, medstra 6/2016, 323 (326).

des § 206 Abs. 1 daher auf das Unternehmen, in welchem der Rechtsbrecher arbeitet.

Taupitz[914] kritisiert jedoch, dass sich die tatbestandliche Situation bei § 217 Abs. 1 anders darstelle, so dass – die obigen Ausführungen streng genommen – eine Strafbarkeit bei Anwendung der Ursprungsdefinition ins Leere liefe. Der Widerspruch liege nun darin begründet, dass es für *Taupitz*[915] schwer vorstellbar ist, ein und derselben Person geschäftsmäßig mehr als einmal Suizidhilfe zu leisten. In *conclusio* kann sich laut *Taupitz*[916] die Geschäftsmäßigkeit damit nicht auf den Suizidwilligen beziehen. Auf welchen Bezugspunkt sich die Geschäftsmäßigkeit dann richten kann, soll an späterer Stelle gezeigt werden.

cc) Der Begriff der Geschäftsmäßigkeit im Tatbestandskontext des § 217 Abs. 1

Der Begriff der Geschäftsmäßigkeit ist derjenige, der wohl am meisten zu Unmut in der Jurisprudenz geführt hat. Dies ist auch nicht verwunderlich, denn die Geschäftsmäßigkeit der Förderungshandlung ist das Tatbestandsmerkmal, mit welchem die Strafbarkeit des Täters steht und fällt.[917] Daher soll auch hier der Schwerpunkt auch auf den nachfolgenden Erläuterungen liegen.

(1) Das legislative Verständnis der Geschäftsmäßigkeit

Der Wille des Gesetzgebers nimmt eine herausragende Bedeutung im Rahmen der Auslegung eines Begriffes ein, umso mehr noch, je jünger eine Norm ist.[918] Der Gesetzesbegründung zu § 217 Abs. 1 ist zu entnehmen, dass es dem Gesetzgeber gerade auf das Kriterium der Geschäftsmäßigkeit ankam, da die Tätigkeit eines Sterbehelfers häufig nicht in der Absicht der Gewinnerzielung ausgeübt bzw. diese ohne größere Umstände als Verwaltungsaufwand verschleiert werden könne; daher greife das Merkmal der Gewerbsmäßigkeit zu

---

914 Taupitz, medstra 6/2016, 323 (326).
915 Taupitz, medstra 6/2016, 323 (326).
916 Taupitz, medstra 6/2016, 323 (326).
917 Wessels /Beulke, Strafrecht BT, Rn. 64f.; Weigend/Hoven, ZIS 10/2016, 681 (687).
918 Walz, ZJS 4/2010, 482 (486).

kurz.[919] Legislative Bestrebungen, die Geschäftsmäßigkeit der Förderungshandlung zu inkriminieren, wurden bereits in dem Gesetzesantrag der drei Länder im Jahr 2006 formuliert.[920]

Das Kriterium der Geschäftsmäßigkeit entstammt dem § 206 Abs. 1 und dient dort zur Bestimmung des „wiederholten bzw. nachhaltigen Betreibens der Beförderung von Postwurfsendungen für andere mit oder ohne Gewinnerzielungsabsicht".[921] Demnach genüge es vorliegend bereits, wenn der Täter „die Wiederholung gleichartiger Taten zum Gegenstand seiner Beschäftigung machen will."[922] Ein erstmaliges und vor allem einmaliges Angebot soll „grundsätzlich" nicht reichen. Die direkte Einschränkung folgt diesem Verständnis ohne Umwege:

„Anders verhält es sich aber, wenn das erstmalige Angebot den Beginn einer auf Fortsetzung angelegten Tätigkeit darstellt," was wohl so viel heißen soll, dass derjenige, dem bei der ersten Hilfeleistung klar ist, dass er diese Hilfe unter den gleichen Bedingungen auch einem anderen zuteil lassen werden würde, sich nunmehr strafbar nach § 217 Abs. 1 macht (vorausgesetzt, er erfüllt auch alle anderen (zu) weit geratenen Merkmale).

Die „wirtschaftliche oder berufliche Konnotation des Begriffes", die für das Verständnis der Geschäftsmäßigkeit zumindest im Rahmen des § 206 Abs. 1 von Teilen der Rechtsprechung und Literatur vertreten werden, passen nicht in den Kontext der Suizidbeihilfe.[923] Zur Erläuterung deutet sich die eigentliche Intention des Gesetzgebers an: „Erfasst werden soll [mit dem Begriff der Geschäftsmäßigkeit] jedoch gerade auch eine planmäßige Betätigung in Form eines regelmäßigen Angebotes durch Organisationen oder Einzelpersonen."[924] Diese Suizidhelfer wiesen ein „spezifisches Eigeninteresse" an der Selbsttötung des anderen auf, woraus eine das Leben gefährdende Interessenkollision entstehe, welche die autonome Entscheidung des Suizidenten in Frage stelle.[925]

Infolgedessen ergibt sich für den Gesetzgeber folgendes Verständnis von der Geschäftsmäßigkeit des Handelns:

„Geschäftsmäßig im Sinne der Vorschrift handelt daher, wer die Gewährung, Verschaffung oder Vermittlung der Gelegenheit zur Selbsttötung zu einem dauernden oder wiederkehrenden Bestandteil seiner Tätigkeit macht, un-

919 BT – Drucks. 18/5373, S. 13f..
920 BT – Drucks. 18/5373, S. 17.
921 BT – Drucks. 18/5373, S. 16.
922 BT – Drucks. S. 16, Roxin, NStZ 4 /2016, 185 (189).
923 BT – Drucks. 18/5373, S. 17.
924 BT – Drucks. 18/5373, S. 17.
925 BT – Drucks. 18/5373, S. 17.

abhängig von einer Gewinnerzielungsabsicht und unabhängig von einem Zusammenhang mit einer wirtschaftlichen oder beruflichen Tätigkeit."[926] Auf der Grundlage eines solchen Begriffsverständnisses wisse der Gesetzgeber den Schutzzweck der Norm „autonomiegefährdende Interessenkonflikte" zu vermeiden, hinreichend vor Eingriffen gewahrt.

(2) Ansichten in der Literatur

Die Sterbehilfediskussion in Deutschland blickt schon auf eine lange Geschichte zurück. Was speziell die Suizidbeihilfe betrifft, war diese zwar des Öfteren Gegenstand lebhafter Diskussionen, aber eine verbindliche Regelung hatte sich nicht durchgesetzt.[927]

Mit Beginn der Regelungsvorschläge meldeten sich auch die Stimmen aus der Literatur. Die Veröffentlichungen bis zum Inkrafttreten des § 217 beziehen sich allerdings vorwiegend auf die Kritik an der angeblich verfehlten gesetzgeberischen Intention und Einmischung in den sensiblen Bereich der Sterbehilfe. Bemühungen um eine verfassungskonforme Auslegung des Begriffes der Geschäftsmäßigkeit sind demgegenüber so richtig erst seit der Beschlussfassung des Bundestages in Angriff genommen worden. Was sich folglich während der Gesetzesdebatten als vergeblicher Versuch zur Vermeidung der Inkriminierung der Suizidhilfeassistenz dargestellt, hat sich seitdem auf einen anderen Kritikpunkt verschoben: auf die Zweifel an der Verfassungsmäßigkeit der Norm. Dennoch sind auch Autoren anzutreffen, die keine Verfassungswidrigkeit der Norm sehen, da deren verfassungskonforme Auslegung durchaus möglich sei.[928]

Wenngleich gegenwärtig noch mehrere Verfassungsbeschwerden zu § 217 Abs.1 offen sind, so wird nach dem gescheiterten Antrag auf eine einstweilige Anordnung durch zwei Sterbewillige vor dem Bundesverfassungsgericht von Seiten etlicher Autoren nur noch eine geringe Wahrscheinlichkeit dafür gesehen, dass § 217 als nicht verfassungsgemäß vom BVerfG verworfen wird.[929]

---

926 BT – Drucks. 18/5373, S. 17.

927 Siehe hierzu die Erläuterungen bei Gavela, S. 217.

928 Kubiciel, ZIS 6/2016, 396; ders. in ZRP 7/2015, 194 (197); Lüttig, Begleiteter Suizid durch Sterbehilfevereine: Die Notwendigkeit eines strafrechtlichen Verbotes, ZRP 2/ 2008, 57 (59); Nakamichi, ZIS 6/2017, 324 (325ff.); Reimer, ZfL 3 /2015, 66 (74).

929 Statt vieler: Herzberg, Strafbare Tötung auf Verlangen oder straflose Mitwirkung am Suizid, ZIS 7/2016, 440 (449), der allerdings den Tatbestand gerne aus anderen aufgehoben wissen möchte; Kudlich/Hoven, Muss am deutschen Strafrechtswesen denn unbedingt die Welt genesen? ZIS 6/2016, 345 (347), die unter Rekurs auf das Selbstbestimmungsrecht des Menschen mangels empirischer Basis in Deutschland kein „suizidfreundliches Klima"

Zu diesem Ergebnis gelangt das BVerfG bekanntermaßen höchst selten, eben nur dann, wenn trotz vorgenommener Auslegung der Gesetzesbegriffe kein verfassungskonformes Verständnis gefunden werden konnte. Wie gesehen, ist jedoch grundsätzlich ein Rekurs auf eine sowohl gerichtliche als auch gesetzgeberische Auseinandersetzung mit dem Begriff der Geschäftsmäßigkeit möglich. Die Frage ist daher, ob ein sachgerechter Rekurs auf die zu anderen Normen erzielten Ergebnisse durch eine kongruente Begriffsauslegung unter Berufung auf die Einheit der Rechtsordnung möglich ist.

Auf Grund der inzwischen beachtlichen Fülle an Stellungnahmen zu § 217[930] soll auf dem Weg zur Erarbeitung eines eigenen Verständnisses zu den Merkmalen des § 217 Abs.1 nach der *groben* Strömung hinsichtlich der Restriktion des Tatbestandes und der generellen Ablehnung des Tatbestandes differenziert werden. Nach hiesigem Kenntnisstand wird bislang noch von keinem Autor die Auffassung vertreten, dass § 217 Abs. 1 uneingeschränkt wie vom Gesetzgeber vorgesehen angewandt werden kann.

Es wird an dieser Stelle darauf verzichtet, jede bisher in Erscheinung getretene einzelne Lehrmeinung *en détail* vorzustellen, dies würde den Umfang der Arbeit erheblich sprengen. Wenngleich nicht jede Lehrmeinung zitiert werden kann, ändert dies nichts an deren prinzipieller Aussagekraft. Ein Verweis auf gleichgelagerte Ansichten erfolgt, soweit möglich, in den Fußnoten.

Innerhalb der restriktiven Interpretationsmöglichkeiten wird freilich eine Vielzahl facettenreicher Ansätze vertreten, die zumindest partiell im Folgenden vorgestellt werden sollen. Die weitere Vorgehensweise vollzieht sich dabei so, dass die jeweilige Interpretationsmöglichkeit vorgestellt und präzisiert wird. Unmittelbar anschließend erfolgt jeweils die Bewertung dieses Interpretationsverständnisses unter besonderer Berücksichtigung des Bestimmtheitsgebotes im Sinne des Art. 103 Abs. 2 GG und des intendierten Schutzzwecks der Norm.

---

sehen und die Strafbewehrung daher für unverhältnismäßig halten, sich dessen aber bewusst sind, dass es Möglichkeiten zur restriktiven Auslegung des Tatbestandes gibt; dazu insbesondere auch: Weigend/Hoven, § 217 – Bemerkungen zur Auslegung eines zweifelhaften Tatbestandes, ZIS 10/2016, 681; Kubiciel, Zur Verfassungskonformität des § 217, ZIS 6/2016, 396, der anlässlich der Möglichkeit einer teleologischen Reduktion des Tatbestandes von dessen Verfassungsmäßigkeit ausgeht.

930 Siehe hierzu exemplarisch, jeweils m.w.N.: Roxin, NStZ 2016, Weigend/Hoven, ZIS 10/2016, 681 (688f.); Oglakcioglu in: v. Heintschel-Heinegg (Hrsg.), Beck´scher Online Kommentar, StGB, Stand: 01.12.2016, Rn. 24f.; Gaede, JuS 5/2016 385 (389); Eidam, medstra 1/2016, 17 (20f.);

(a) Einschränkung des Täterkreises auf hauptberufliche Sterbehelfer

Weigend/Hoven verfolgen einen engen Interpretationsansatz bezogen auf alle Merkmalen des § 217 Abs. 1. Hinsichtlich des Merkmales der Geschäftsmäßigkeit präferieren sie die Beschränkung des Täterkreises auf hauptberufliche Sterbehelfer. Da § 217 Abs. 1 kein Sonderdelikt ist, kommen folglich zunächst einmal alle Menschen als Täter in Betracht. Eine Ausnahme von der Strafbarkeit trifft § 217 Abs. 2 für die Angehörigen des Suizidwilligen sowie diesem sonst nahe stehende Personen.

(aa) Präzisierungsansatz

Weigend/Hoven[931] reduzieren den Tatbestand auf solche „Einrichtungen und Personen", „die über eine auf Dauer angelegte feste Organisation verfügen und sich ausschließlich oder im Wesentlichen mit Sterbehilfe beschäftigen." Gemeint seien damit Personen, „die die Leistung von Suizidförderung zu einem wiederkehrenden Bestandteil ihrer wirtschaftlichen oder beruflichen Betätigung machen." *Weigend/Hoven* beschränken folglich den Täterkreis auf typischerweise in Sterbehilfevereinen organisierte Sterbehelfer, deren Tätigkeit sich vornehmlich auf die Suizidbegleitung beschränkt. Zur Begründung ihrer Ansicht setzen sie an der dem Tatbestand zugrunde liegenden Differenzierung zwischen altruistischer Einzelfallhilfe und auf Wiederholung gerichteter, eigennützig geleisteter Suizidhilfe an, die nicht notwendig finanziell orientiert sein müsse.[932]

Der Gesetzgeber sehe die mit Wiederholungsabsicht vorgenommene Förderung eines Suizides durch einen Sterbehelfer als Gefahr für die autonome Entscheidung des Suizidenten an. „Die spezifischen Eigeninteressen der Suizidhelfer sollen zu einer Interessenheterogenität der Beteiligten und folglich zu einer besondere[n] Gefährdung der stets prekären freiverantwortlichen Entscheidung am Lebensende führen, wenn der Täter die Wiederholung gleichartiger Taten zum Gegenstand seiner Beschäftigung macht […] bzw. es sich bei der Suizidhilfe um eine planmäßige Betätigung in Form eines regelmäßigen Angebotes handelt."[933]

931 Weigend/Hoven, ZIS 10/2016, 681 (689).
932 Weigend/Hoven, ZIS 10/2016, 681 (687).
933 Weigend/Hoven, ZIS 10/2016, 681 (687).

Der Gesetzgeber vermische laut *Weigend/ Hoven*[934] zwei verschiedene Aspekte, nämlich den Gegensatz zwischen Altruismus und Eigeninteresse des Suizidhelfers und die Unterscheidung zwischen der Hilfe im Einzelfall und der Hilfe mit Wiederholungsabsicht. Der Gesetzgeber beschränke sich auf die Kombination, dass die Einzelfallhilfe stets altruistisch erfolge und die mit Wiederholungsabsicht vorgenommene Hilfe eigennützige Ziele verfolge.[935]

Weigend/ Hoven[936] nennen dies die „Gegenüberstellung der beiden Idealtypen" der „guten" und „bösen" Suizidassistenz. Kritisiert wird von beiden Autoren, dass der Gesetzgeber verkenne, dass sich die Merkmale auch anderes verbinden können, und zwar, dass auch eine im Einzelfall geleistete Suizidhilfe (z.B. eines Angehörigen des Suizidenten) eigennützig motiviert sein könne. Andererseits könne auch „ein altruistisch tätiger Suizidhelfer wiederholt und nachhaltig tätig werden wollen; gerade jemand, der den Suizidenten aus Hilfsbereitschaft bei der Umsetzung ihrer Entscheidung helfen möchte, [...], wenn er mit einem Bedarf konfrontiert wird."[937]

Ein anderer Kritikpunkt der beiden Autoren ist die Frage - die auch andernorts häufig gestellt wird -, wie aus der Absicht der Wiederholung einer Tat eine Strafbarkeit resultieren könne.[938] Alleine aus der reinen Quantität einer Tat könne nicht deren Qualität als Straftat resultieren.

Der Rekurs des Gesetzgebers auf die Vorschriften aus dem TKG und dem PostG wird ebenfalls von beiden Autoren als misslungen betrachtet, da die dort vorhandene Legaldefinition der Geschäftsmäßigkeit „ersichtlich nicht das Geringste mit dem Anbieten von Suizidassistenz zu tun"[939] habe. *Weigend / Hoven* erklären sich diesen von ihnen für verfehlt erachteten Rückgriff auf die Vorschriften des TKG und PostG allein durch den Zusatz, dass „jede wirtschaftliche oder berufliche Konnotation des Begriffs der Geschäftsmäßigkeit [...] bewusst ausgeschlossen [werde], da andernfalls organisierte Handlungsweisen ohne beruflichen oder wirtschaftlichen Kontext unberücksichtigt blieben und die Vorschrift ins Leere liefe."[940] Sie sind ebenfalls der Ansicht, dass der Begriff für Verwirrung sorge, da insbesondere auch der Unterbegriff der Nachhaltigkeit heutzutage anders konnotiert sei als früher.[941]

934 Weigend/Hoven, ZIS 10/2016, 681 (688).
935 Weigend/Hoven, ZIS 10/2016, 681 (688).
936 Weigend/Hoven, ZIS 10/2016, 681 (688).
937 Weigend/Hoven, ZIS 10/2016, 681 (688).
938 Weigend/Hoven, ZIS 10/2016, 681 (688).
939 Weigend/Hoven, ZIS 10/2016, 681 (688).
940 Weigend/Hoven, ZIS 10/2016, 681 (688).
941 Weigend/Hoven, ZIS 10/2016, 681 (688).

Weigend/ Hoven sprechen damit den schon bei den Interpretationsbemühungen zu den Handlungsmodalitäten aufgeworfenen Aspekt an, dass es dem Gesetzgeber mit der Inkriminierung vorwiegend um die Ausschaltung der Tätigkeit der Sterbehilfevereine gegangen sei,[942] besonders um Schließung von Beweislücken.[943]

Daher sei auch die Einbeziehung der Ärzte in die Strafbarkeit de lege ferenda verfehlt, während die gegen deren Strafbarkeit de lege lata angeführten Erwägungen nicht durchzugreifen vermögen.

(bb) Bewertung dieses Präzisierungsansatzes

Weigend /Hoven grenzen den strafbaren Bereich des § 217 im Wesentlichen auf die Tätigkeit von Sterbehelfern ein, deren Hauptaufgabe die Suizidhilfeleistung ist. Eine für ihre Ansicht streitende Stütze verorten sie in der von ihnen zitierten Gesetzesbegründung, wonach: „ein die Autonomie des Suizidenten gefährdendes Eigeninteresse an einer Fortsetzung der entsprechenden Tätigkeit auch dort anzunehmen sei, wo auf den assistierten Suizid spezialisierte Organisationen oder Personen ein Geschäftsmodell entwickeln und kontinuierlich betreiben wollen.“[944]

Ihre Ansicht, dass es dem Gesetzgeber faktisch nur um die Beendigung der Tätigkeit der Sterbehilfevereine gegangen sei, wird tatsächlich von einigen Ausführungen des Gesetzgebers in der Gesetzesbegründung getragen.[945]

Ob der Gesetzgeber tatsächlich den Tatbestand faktisch auf „solche“ Täter reduziert wissen wollte, deren Hauptaufgabe sich in der geschäftsmäßig angebotenen und durchgeführten Suizidassistenz erschöpft, was gleichbedeutend einen Ausschluss aller anderen potenziellen Täter - insbesondere der Ärzteschaft - bedeutet, ist der Gesetzesbegründung nicht klar zu entnehmen, wenn der Gesetzgeber einerseits unterstellt, dass Ärzte in palliativmedizinischen Einrichtungen in der Regel nicht geschäftsmäßig tätig seien und daher nicht dem Tatbestand des § 217 unterfallen, jedoch andererseits besonderen Wert auf die

942 Weigend/Hoven, ZIS 10/2016, 681 (688).

943 Weigend/Hoven, ZIS 10/2016, 681 (688).

944 Weigend/Hoven, ZIS 10/2016, 681 (689).

945 Zum Beispiel: BT – Drucks. 18/5373, S. 2: „Ohne die Verfügbarkeit solcher Angebote [also ohne die Tätigkeit der Sterbehilfevereine] würden sie [die suizidgefährdeten Menschen] eine solche Entscheidung nicht erwägen, geschweige denn treffen.“; S. 9, wo von gesetzlichen Regelungslücken in Deutschland die Rede ist, die es Einzelpersonen oder Sterbehilfevereinen ermöglichen, eine höhere Zahl an Suizidassistenzen zu leisten.

Vermeidung einer beruflichen Konnotation der Tätigkeit wünscht. Nichtsdestotrotz sollen laut Gesetzesbegründung gerade die organisierten, ein Geschäftsmodell errichteten Sterbehelfer eine besondere Bedrohung für die Autonomie und Selbstbestimmung des Sterbewilligen darstellen, da sie ein Eigeninteresse an ihrer Tätigkeit verfolgen würden. Eben dieses hat der Gesetzgeber als abstrakt gefährlich für die zum Schutzzweck der Norm erkorene Autonomie des sterbewilligen Menschen angesehen. Der Gesetzgeber nimmt folglich seinerseits die berufliche Tätigkeit, unabhängig von einer Gewinnerzielungsabsicht, in Bezug.

Kritik erntet die von *Weigend/Hoven* vertretene Ansicht von *Taupitz*, welcher es für verfehlt hält, darauf abzustellen, dass „der Täter das verbotene Verhalten zu seinem Hauptberuf mache bzw. sich hierzu berufen fühle, was auf Suizidvereine meistens zutreffe, für Ärzte und Angestellte im Bereich der Palliativmedizin dagegen nicht."[946] In der von *Taupitz*[947] zitierten Textstelle der Gesetzesbegründung rechtfertigt der Gesetzgeber, warum - im Gegensatz zu einem früheren Gesetzesvorschlag - das Abstellen auf die Gewerbsmäßigkeit aus Sicht des Gesetzgebers zu kurz greife und daher das Merkmal der Geschäftsmäßigkeit bevorzugt wurde. Erkennbar wollte der Gesetzgeber damit die Anknüpfung an die Tatsache der Gewinnerzielungsabsicht vermeiden, da sich diese allzu einfach verschleiern ließe.[948] Die Gesetzesbegründung betont zwar auf Seite 17, dritter Absatz von oben, dass ihr Verständnis der Geschäftsmäßigkeit auf jede wirtschaftliche oder berufliche Konnotation des Begriffs verzichte, woraus *Taupitz*[949] nun folgert, dass der Interpretationsansatz von *Weigend/Hoven* dem gesetzgeberischen Willen zuwiderlaufe.

Dies lässt sich meines Erachtens aber nicht direkt aus der Gesetzesbegründung ableiten. Intention des Gesetzgebers war unter Berücksichtigung der *ratio* der Norm, die regelmäßig wiederkehrende Suizidhilfedienstleistung zu eliminieren, da diese eine Normalität suggerieren könne, die es zur Vermeidung von übereilten Entscheidungen, aus dem Leben zu scheiden, zu verhindern gelte. Die erste Suizidhilfeleistung soll nach dem gesetzgeberischen Willen nur dann strafbar sein, wenn sie als erstes Glied einer auf Fortsetzung ausgerichteten Kette von Suizidhilfeassistenzen geleistet werde. Typischerweise wollte der

---

946 Taupitz, medstra 6/2016, 323 (325).

947 Taupitz, medstra 6/2016, 323 (325), Fn. 39: BT-Drucks. 18/5373, S. 17: „Die Vorschrift liefe [andernfalls] insoweit ins Leere, als organisierte Handlungsweisen ohne beruflichen oder wirtschaftlichen Kontext unberücksichtigt blieben. Erfasst werden soll … gerade auch eine planmäßige Betätigung in Form eines regelmäßigen Angebotes durch Organisationen und Einzelpersonen."

948 BT – Drucks. 18/5373, S. 16.

949 Taupitz, medstra 6/2016, 323 (325).

Gesetzgeber damit meines Erachtens bereits die erste Suizidassistenz durch eine organisierte Sterbehilfevereinigung inkriminieren, um auch den davon betroffenen ersten Sterbewilligen nicht schutzlos zu lassen. Damit lässt sich jedoch auch die Ansicht von *Weigend/Hoven* in Einklang bringen, nämlich dann, wenn der Täter beabsichtigt, die Suizidhilfeassistenz zu seiner Hauptbeschäftigung zu machen, was nicht zwangsläufig auch der Hauptberuf sein muss. *Weigend/Hoven* hatten damit meines Erachtens den Arzt im Sinn, dessen Hauptberuf es gerade nicht ist, Patienten zum Sterben zu verhelfen. Jedoch dann, wenn es sich dieser ärztliche Täter zu eigen mache, auch entgegen seinem eigentlichen Arztberuf, seine Haupttätigkeit in der Assistenz zu Suiziden zu sehen, dann sollte die weite Fassung des § 217 Abs. 1 auch ihn erfassen.

Nicht ganz passend ist diese Ansicht dann, wenn sich ein einzelner Helfer ehrenamtlich nur sporadisch, aber in Wiederholungsabsicht in einer Suizidhilfeorganisation engagiert. Dann dürfte schwerlich zu behaupten sein, dass dieser ehrenamtliche Helfer seine Haupttätigkeit auf Suizidhilfeassistenzen gerichtet hat. In diesem Falle würde eine Strafbarkeit erst durch die weite Fassung der Geschäftsmäßigkeit, das reine Abstellen auf die Wiederholungsabsicht, begründet werden. Präferiert wird vorliegend deshalb eine andere Lösung, die jedoch erst an späterer Stelle vorgestellt werden soll.

Das BVerfG stellt für die Verfassungsmäßigkeit eines Auslegungsverständnisses darauf ab, dass das Verständnis nicht dem gesetzgeberischen Willen zuwiderläuft und die Wortlautgrenze nicht gesprengt wird. Wie gezeigt, ist die Gesetzesbegründung auch für *Weigend/Hoven`s* Ansicht offen, so dass diese trotz verbleibender Restzweifel durchaus als restriktiver Ansatz herangezogen werden kann. Der Wortlaut jedoch verlangt gerade keine Anbindung an eine hauptberufliche Tätigkeit, so dass eine Eingrenzung auf diesen Faktor als zu weitgehend erscheint. Im Ergebnis dürfte es daher nicht verwundern, wenn diese Ansicht als nicht kompatibel mit dem Bestimmtheitsgebot angesehen werden wird. Positiv zu bewerten ist jedenfalls, dass diese Ansicht dazu führt, dass die normale Tätigkeit eines Arztes in palliativmedizinischen Einrichtungen nicht erfasst wird, auch dann nicht, wenn dieser wiederholt Suizidassistenzen in seinem (Berufs-) leben leistet.

(b) Die vorhandene Durchdachtheit des Sterbeverlangens als Ausschlusskriterium

Kubiciel fordert für die Auslegung eine Orientierung an der ratio der Norm, die seiner Ansicht nach den Schutz des Suizidwilligen vor übereilten Entscheidungen als primären Schutzzweck im Auge hat(te). Besteht dahingehend keine Sorge, sei eine Strafbarkeit auch ausgeschlossen.

(aa) Präzisierungsansatz

Kubiciel[950] möchte ebenfalls Ärzte und Angehörige von Pflegeberufen von der Strafbarkeit ausnehmen, da diese in der Regel die rechtlich für die Straffreiheit notwendige Voraussetzung der Freiverantwortlichkeit des Suizidentschlusses des Suizidenten besonders gut einschätzen können.

Er liefert jedoch in der Suizidbeihilfediskussion noch ein weiteres starkes Argument, welches in der Gesetzesbegründung durch eine irreführende Begründung, warum es grundsätzlich nicht beabsichtigt gewesen sei, Ärzte mit in die Strafbarkeit einzubeziehen, verschleiert werde. Ein Arzt, welcher Suizidhilfe leiste und die Einnahme von Medikamenten fördere, die als Nebenwirkung eine Verkürzung von Lebenszeit zur Folge haben können, werde durch § 217 Abs. 1 wegen seiner Gesinnung, seiner Sterbehilfeabsicht, bestraft.[951] *Kubiciel*[952] geht folglich einen anderen Weg zur Erlangung von Straffreiheit: Er knüpft an die Zulässigkeit der indirekten Sterbehilfe an und meint: „An der Durchdachtheit des Sterbeverlangens kann kein objektiver Zweifel bestehen, wenn eine Situation eingetreten ist, in welcher ein Arzt straffrei indirekte Sterbehilfe leisten dürfte. Kommt in einer solchen Situation aber schon keine Strafbarkeit wegen §§ 212, 216 StGB in Betracht, darf ein Helfer auch nicht nach § 217 StGB bestraft werden.“ *Kubiciel* knüpft folglich an die von der Rechtsprechung ausdrücklich als zulässig erachtete Variante der indirekten Sterbehilfe an und begründet damit die Ernsthaftigkeit des Suizidentschlusses, die keine schädliche, gefahrengeneigte Beeinflussung des Suizidenten durch den Sterbehelfer befürchten lasse.[953] Darüber hinaus soll es auch durchaus Situationen geben, die über die der indirekten Sterbehilfe hinausgehen, in denen aber die

950 Kubiciel, ZIS 6/2016, 396 (401).
951 Kubiciel, ZIS 6/2016, 396 (401).
952 Kubiciel, ZIS 6/2016, 396 (401f.).
953 Kubiciel, ZIS 6/2016, 396 (398f; 401ff.).

Durchdachtheit des Suizidwunsches ohne Zweifel anzunehmen sei. Exemplifiziert nennt *Kubiciel*[954]den bekannten Fall des EGMR aus dem Jahr 2012, in welchem eine querschnittsgelähmte Frau mit einer Mindestlebenserwartung von 15 Jahren Betäubungsmittel für die Selbsttötung erhalten wollte. Die Behörde hatte den Antrag der Sterbewilligen abgelehnt, so dass diese sich in der Schweiz das Leben nahm.[955]

Abschließend stellt *Kubiciel*[956] noch auf die (Ausnahme-)Fälle ab, in denen aus „normativen Gründen" nicht an der ausreichenden Reflexion des Sterbewunsches gezweifelt werden dürfe. Dies seien diejenigen Situationen, in denen der Patient die Weiterbehandlung verweigere und die nach heutiger Sicht auch vom Selbstbestimmungsrecht gedeckt seien. Gemeint sind hier wohl die zulässigen Konstellationen des Behandlungsabbruches bzw. der Nichteinleitung einer medizinisch indizierten Behandlung.

Die Regeln für die Zulässigkeit des Behandlunsabbruches bzw. der Nichtaufnahme einer indizierten Behandlung möchte *Kubiciel* auf § 217 Abs. 1 übertragen wissen, und zwar in der Weise, „dass sich derjenige nicht strafbar macht, der dem Patienten bei dessen Abbruch der Behandlung (etwa: dem Abschalten lebenserhaltender Geräte) hilft, selbst wenn er dies, etwa als Arzt oder Pfleger, wiederholt-geschäftsmäßig tut."[957] Die Begründung klingt auch nachvollziehbar: „Denn wer selbst die Behandlung eines anderen (mit tödlichen Folgen) auf dessen Wunsch straffrei unterbrechen darf, kann nicht in den Anwendungsbereich des § 217 Abs. 1 gelangen, wenn er dem Patienten lediglich dabei unterstützt." „In den Fällen eines Behandlungsabbruches entfaltet das Selbstbestimmungsrecht eine Sperrwirkung, die sowohl die §§ 212, 216 StGB als auch den § 217 StGB erfasst."[958]

Ergänzend sei noch erwähnt, dass *Kubiciel* ebenfalls wie *Weigend/Hoven* das Problem sieht, dass insbesondere auch das familiäre Umfeld Anlass bietet, finanzielles Interesse am Ableben des Angehörigen zu argwöhnen, so dass geäußerte Suizidabsichten positiv gestärkt und gefördert werden könnten.

---

954 Kubiciel, ZIS 6/2016, 396 (398f.; 401ff).

955 Die vom BVerwG, Urteil vom 02.03.2017, AZ. 3 C 19.15, getroffene Entscheidung im Jahr 2017 zur Zulässigkeit der Verschreibung von Betäubungsmitteln im Einzelfall geht zurück auf diesen Beispielsfall.

956 Kubiciel, ZIS 6/2016, 396 (401f.).

957 Kubiciel, ZIS 6/2016, 396 (402).

958 Kubiciel, ZIS 6/2016, 396 (401).

(bb) Bewertung des Präzisierungsansatzes

Kubiciel orientiert sich bei seinem Interpretationsverständnis vornehmlich an den bisherigen, rechtlich abgesicherten Möglichkeiten der Sterbehilfeleistung, die sich maßgeblich aus dem Willen des Patienten als Ausdruck seines Selbstbestimmungsrechtes legitimieren.

Übereilungsschutz ist zutreffend tatsächlich dort nicht geboten, wo eine übereilte Entscheidung von vornherein ausgeschlossen ist. Dies gilt etwa dann, wenn die Ernstlichkeit der Entscheidung nicht angezweifelt werden kann, wie in dem Fall, welcher vor dem EGMR verhandelt worden ist. Die Freiverantwortlichkeit des Sterbeverlangens ist auch das maßgebliche Abgrenzungskriterium zwischen § 216 und §§ 211, 212, dem die Ernsthaftigkeit des Sterbewunsches immanent ist, welche die Privilegierung rechtfertigen kann. Daher ist es nicht fernliegend, dieses Kriterium auch im Rahmen des § 217 einzusetzen. Im Rahmen von *Kubiciel's* Ansicht erscheint es möglich, auf die dogmatischen Errungenschaften zum Kriterium der Freiverantwortlichkeit zurückzugreifen.

Trotz des vielversprechenden Ansatzes dürfte dieses Auslegungsverständnis aber nicht der gesetzgeberischen Intention entsprechen. *Kubiciel* richtet den Fokus für eine Strafbarkeit auf die subjektive Vorstellung des Suizidwilligen, die jedoch – genauer betrachtet – im Rahmen des § 217 nur eine untergeordnete Rolle spielt.

Die Strafbarkeit nach § 217 beurteilt sich vielmehr nach der subjektiven Einstellung des Hilfeleistenden und dessen Vorstellungen bei Vornahme der Tathandlung. Es erscheint daher verfehlt, eine Strafbarkeit nach § 217 deswegen abzulehnen, weil der Suizidwillige sich seine Entscheidung reiflich überlegt hat. Sofern man so argumentiert, müsste man unter denselben Voraussetzungen folgerichtig auch die aktive Sterbehilfe nach § 216 legitimieren. Dort reicht die Ernstlichkeit des Sterbeverlangens „nur" für eine Privilegierung, nicht jedoch für einen Strafbarkeitsausschluss.

Zudem besteht nach Ansicht des Gesetzgebers ein gravierender Unterschied zu den Formen der früher als passive Sterbehilfe bezeichneten Maßnahmen und der indirekten Sterbehilfe. Diese sind dem Gesetzgeber zufolge durchaus mit dem Selbstverständnis der medizinischen Berufe und Einrichtungen vereinbar, da der Eintritt des Todes bei ihnen allenfalls unbeabsichtigte Nebenfolge ist. Auch sei der assistierte Suizid nicht kostenersatzfähig.[959]

Zwar ließe sich auch der Suizidassistenz unterstellen, dass diese aus Sicht des Arztes primär zur Leid- und Schmerzerlösung geleistet wird und der Tod des Patienten hier lediglich aufgrund der Handlung des Arztes statt als Folge eines nicht

959 BT – Drucks. 18/5373, S. 18.

(mehr) unterbrochenen, natürlichen Kausalverlaufes eintritt. Dennoch wird gemeinhin ein moral-ethisch erheblicher Unterschied zwischen beiden Handlungsweisen gesehen, so dass ein Abstellen allein auf die jeweilige Ernstlichkeit und Durchdachtheit des Sterbeverlangens nicht als ein verfassungskonformer Auslegungsweg erscheint.

Die von *Kubiciel* vorgebrachten Argumente sind trotzdem nicht von der Hand zu weisen. Sie fördern einen bereits bei der Darstellung der Selbsttötung angesprochenen Konflikt zwischen dem Gesetzeszweck und den sonst allgemein anerkannten Sterbehilfegrundsätzen zutage.

(c) Die ärztliche Suizidbeihilfe als Einzelfallentscheidung

Des Weiteren wird der Ansatz vertreten, dass ärztliche Suizidhilfe stets eine Einzelfallentscheidung sei und daher niemals geschäftsmäßig erfolge.

(aa) Präzisierungsansatz

Oglakcioglu[960] deduziert die Verneinung der Geschäftsmäßigkeit aus der Tatsache, dass „die Suizidassistenz [...] stets eine Einzelfallentscheidung [sei] und schon standesrechtlich nicht zum typischen Pflichtenkreis gehöre[n].“[961]

„Solange sich also Ärzte oder sonstige tätige Personen in diesem Bereich nicht nach außen als professionelle Sterbehelfer gerieren (bzw. Hilfe zum Sterben als Teil ihrer Tätigkeit anbieten), wird nicht anzunehmen sein können, dass der Arzt geschäftsmäßig agiere, auch wenn er regelmäßig mit Sterbenden zu tun und dementsprechend regelmäßig auch gerade mit dieser Einzelfallentscheidung konfrontiert wird.“[962]

(bb) Bewertung des Präzisierungsansatzes

Oglakcioglu greift in der Diskussion einen ganz wichtigen Aspekt auf, den auch die Vertretung der Ärztekammer stets betont, nämlich, dass die gesamte

960 Oglakcioglu in: v. Heintschel-Heinegg (Hrsg.), Beck´scher Online Kommentar, StGB, Stand: 01.12.2016, Rn. 25.

961 Oglakcioglu in: v. Heintschel-Heinegg (Hrsg.), Beck´scher Online Kommentar, StGB, Stand: 01.12.2016, Rn. 25.

962 Oglakcioglu in: v. Heintschel-Heinegg (Hrsg.), Beck´scher Online Kommentar, StGB, Stand: 01.12.2016, Rn. 25.

ärztliche Tätigkeit auf die Lebenserhaltung ausgerichtet sei und die Suizidassistenz dem ärztlichen Leitbild und Ethos zuwiderliefe.[963]

Oglakcioglu knüpft hier an und stellt darauf ab, dass ein Arzt Suizidassistenz rein faktisch schon nur aus einer Konfliktsituation heraus leiste, so dass generell die ärztliche Suizidassistenz eine Einzelfallhilfe darstelle, äußerlich wie innerlich nicht der Geschäftsmäßigkeit unterfallen könne. Eine Stütze findet seine Ansicht auch in der Gesetzesbegründung, die darauf abstellt, dass in palliativmedizinischen Einrichtungen das Merkmal der Geschäftsmäßigkeit typischerweise nicht erfüllt sei, sowie auch in der Einschätzung des Deutschen Ethikrates[964], dass eine im Einzelfall geleistete Suizidhilfe durchaus zulässig sein könne.[965]

Eine andere Frage bleibt bei dem aufgezeigten Interpretationsverständnis gleichwohl offen, nämlich, ab wann nicht mehr von einer Einzelfalltat gesprochen werden kann. Wieviel Suizidassistenzen darf sich ein Arzt erlauben, bevor ihm dann doch ein Strafbarkeitsrisiko droht? Oder meint Einzelfall wirklich nur einen einzigen Fall? *Roxin*[966] hat diese Frage in Bezug auf die Angehörigen gestellt. Ist ein Sohn bereits dann strafbar, wenn er sich vornimmt, nach der Unterstützung seines Vaters auch noch seiner Mutter bei der Selbsttötung Hilfe zu leisten?

Wie verhält es sich mit dem Arzt, welcher innerhalb kurzer Zeit mehr als einmal in die Verlegenheit gerät, einem Patienten Suizidassistenz zu leisten? Muss der Arzt sich zukünftig nunmehr entscheiden, wem er beim Suizid assistieren will und eine Abwägung im Sinne einer rechtfertigenden Pflichtenkollision vornehmen? Wie ist ein solches Verständnis mit dem Gleichheitssatz aus Art. 3 I GG zu vereinbaren? Es sind also zur Bewertung dieses Interpretationsansatzes noch viele Einzelheiten zu klären. Sofern *Oglakcioglu* darauf abstellt, dass grundsätzlich jede ärztliche Suizidassistenz als Konflikttat gewertet wird, unabhängig davon, wie oft sie der Arzt in welcher Zeitspanne leistet, mag diese Interpretation begrüßenswert sein, insbesondere in Bezug auf die aus der Normierung resultierende Rechtsunsicherheit; inwiefern das Merkmal der Geschäftsmäßigkeit selbst aber dadurch präzisiert wird, ist nicht erkennbar.

An ihre Grenzen stößt diese Betrachtung ferner dann, wenn - wie vom Gesetzgeber auch gesehen - ein Arzt eine sehr hohe Zahl an Suizidassistenzen (die

963 Hierzu ausführlich mit Nachweisen, S.

964 Deutscher Ethikrat, Infobrief 01/15, S. 9, abrufbar unter: http://www.ethikrat.org/dateien/pdf/infobrief-01-15.pdf; letzter Abruf am 30.07.17.

965 BT – Drucks. 18 /5373, S. 17/18.

966 Insbesondere Roxin, NStZ 4/2016, 185 (189).

in Bezug genommene Person rühmte sich einer Zahl von mehr als 200) geleistet hat. Qualitativ als auch quantitativ stößt diese Betrachtung dann an ihre eigene Grenze.

Im Hinblick auf den Bestimmtheitsgrundsatz lässt sich folgendes feststellen: Während der von *Oglakcioglu* präferierte Ansatz darauf abzielt, die ärztliche Suizidassistenz von der Strafbarkeit gänzlich ausnehmen, wollte der Gesetzgeber zumindest die einzelne Suizidassistenz, nicht nur eines Arztes, von der Strafbarkeit ausgenommen wissen.

Da dem Gesetzgeber jedoch offenkundig war, dass von der intendierten Strafbarkeit auch Ärzte erfasst sein werden, spricht mehr dafür, dass die Gewährung von Straffreiheit zumindest dann nicht mit dem Willen des Gesetzgebers in Einklang zu bringen ist, wenn der Suizidbeihilfe leistende Arzt sich die wiederholte Förderung von Suiziden zur Aufgabe gemacht hat. Darauf, dass eben genau solche Fälle erfasst werden, kam es dem Gesetzgeber auch an. Ob durch das ärztliche Verhalten der mit der Norm bezweckte Schutz gefährdet wird, ist eine andere Frage. Dies dürfte jedenfalls dann zu verneinen sein, wenn der Arzt sich gewissenhaft und nach reiflicher Abwägung zur Suizidhilfe entschlossen hat.

(d) Strafbarkeitsausschluss nach Abs. 2 auch für Ärzte und Angehörige anderer Heilberufe für im Einzelfall geleistete Suizidhilfe

Zur Reduzierung von Rechtsunsicherheit schlägt *Jäger* die Einfügung eines klarstellenden neuen Abs. 2 vor, welcher ausdrücklich die Tatbestandslosigkeit unter Einhaltung bestimmter Voraussetzungen für Ärzte vorsieht.

(aa) Präzisierungsansatz

Jäger[967] wählt einen Weg der Mitte. Grosso modo geht *Jäger*[968] mit der Inkriminierung geschäftsmäßiger Suizidhilfe konform, sieht jedoch nicht unerhebliche Strafbarkeitsrisiken für insbesondere palliativmedizinisch tätige Ärzte, da diese seiner Ansicht nach gewiss regelmäßig geschäftsmäßig tätig seien.

---

967 Jäger, Der Arzt im Fadenkreuz der juristischen Debatte um assistierten Suizid, JZ 18/2015, 875 (883).

968 Jäger, JZ 18/2015, 875 (882).

Jäger[969] favorisiert eine liberalere Haltung der Bundesärztekammer gegenüber der gegenwärtig uneingeschränkten Verbotshaltung in Bezug auf ärztliche Suizidhilfe. Diese ist seiner Ansicht zufolge nicht als „unethisch“ zu verurteilen, wenn sie eine Hilfe im nicht mehr zu lindernden Einzelfall ist. *Jäger*[970] fordert daher eine Erweiterung bzw. Veränderung des Abs. 2, die die Straflosigkeit einer solchen Einzelfalltat wie folgt vorsieht:

> „Der Tatbestand des Abs. 1 ist nicht verwirklicht, wenn Ärzte und Angehörige anderer Heilberufe Personen, welche an einer unerträglichen, unheilbaren und mit palliativmedizinischen Mitteln nicht ausreichend zu lindernden Krankheit leiden, in Einzelfällen auf deren Bitte hin ein tödliches Medikament überlassen und das Handeln Ausdruck eines engen Vertrauens- und Fürsorgeverhältnisses ist.“

Jäger[971] betont, dass es ihm wichtig ist, zum Ausdruck zu bringen, dass die ärztliche Suizidassistenz dem Grunde nach nicht legitimiert werde. Er verweigere sich den prozeduralisierten Ansätzen, die einer grundsätzlichen Billigung und Legalisierung der ärztlichen Suizidassistenz verhaftet seien. Zudem vertrage die Suizidassistenz als Einzelfallhilfe keine vorgeschriebenen Strukturen. Überdies lehnt er auch die Eröffnung eines solchen Regelangebotes als medizinische Dienstleistung ab. Gleichwohl ist *Jäger* der Ansicht, dass die ärztliche Gewissensentscheidung, im Einzelfall Suizidassistenz zu leisten, der Inkriminierung der Geschäftsmäßigkeit Grenzen setze.[972]

(bb) Bewertung des Präzisierungsansatzes

Die Ansicht von *Jäger* ist eine Kombination aus mehreren Interpretationsmöglichkeiten zur Einschränkung des Tatbestandes und Ausdruck verfassungsrechtlicher Werte wie der Gewissensfreiheit des suizidhilfeleistenden Arztes. Berufsrechtliche Sanktionen wären danach fehl am Platze.[973]

---

969 Jäger, JZ 18/2015, 875 (883).
970 Jäger, JZ 18/2015, 875 (883).
971 Jäger, JZ 18/2015, 875 (884).
972 Jäger, JZ 18/2015, 875 (885).
973 Jäger, JZ 18/2015, 875 (884).

Positiv zu werten ist *Jäger's*[974] Plädoyer, dass die ärztliche Suizidassistenz in eng begrenzten Einzelfällen ausdrücklich erlaubt sein soll und nicht als unethisch verurteilt werden darf. Der privilegierte Personenkreis des § 217 Abs. 2 wird durch *Jäger's* vorgeschlagene Neuregelung erweitert. Den Ausschluss der Angehörigen und sonst nahe stehenden Personen von der Teilnehmerstrafbarkeit hält *Jäger*[975] grundsätzlich für eine kluge Entscheidung des Gesetzgebers, die beibehalten werden sollte. Seine Argumentation ist nachvollziehbar, wenn er betont, dass der Angehörige des Suizidwilligen sich ohne einen solchen Strafbarkeitsausschluss strafbar mache, wenn er den Suizidwilligen ins Ausland zu einer Sterbehilfeorganisation fahre, deren Tätigkeit dort nicht strafrechtlich sanktioniert ist.[976] Die Begründung des Gesetzgebers für die Notwendigkeit dieser Regelung des § 217 Abs. 2, dass Angehörige altruistisch und im Umkehrschluss ohne ein gefahrgeneigtes Eigeninteresse handeln, kann jedoch nicht überzeugen. Es ist durchaus vorstellbar, dass gerade der gesetzliche oder gewillkürte Erbe des Suizidwilligen in den Konfliktsituationen nicht ohne ein Eigeninteresse handelt, das gefährlichen Einfluss auf die Autonomie des Suizidenten nehmen könnte. Es dürfte gerade der Angehörige sein, welcher die Macht besitzt, den Willen des Suizidenten mit selbstschädigenden Auswirkungen zu beeinflussen. Daher erscheint es auch eher lebensfremd, dass sich ein Suizident von einem ihm fremden Dritter mehr beeinflussen lassen könnte als von einem ihm nahe stehenden Angehörigen oder sonstigen Personen, wie es der Gesetzgeber jedoch annimmt.

Der Vorschlag von *Jäger* dürfte einen enormen Gewinn an Rechtssicherheit für die Ärzteschaft bringen. Nicht unbeachtet bleiben sollte jedoch, dass sich an diesen Vorschlag noch weitere zu klärende Fragen anreihen.

Wie soll geklärt werden, wann der Patient an einer unerträglichen, unheilbaren und mit palliativmedizinischen Mitteln nicht ausreichend zu lindernden Krankheit leidet? Ist dies aus Sicht des behandelnden Arztes, welcher auch bereit wäre, die Suizidhilfe zu leisten, oder wie in den Niederlanden mittels eines weiteren Konsilarztes zu beurteilen?

Weiterhin müsste der Gesetzgeber auch noch eine Änderung des BtMG und AMG umsetzen, damit ein Arzt überhaupt legal die letalen Medikamente verschreiben kann, um im Einzelfall seiner Gewissensentscheidung frei folgen zu können. Es ist jedoch durchaus vorstellbar, dass es eine prozeduralisierte

974 Jäger, JZ 18/2015, 875 (882f.).
975 Jäger, JZ 18/2015, 875 (883).
976 Jäger, JZ 18/2015, 875 (883f.).

Änderung des BtMG und vor allem des AMG geben könnte, die allgemein Voraussetzungen normiert, wann ein Arzt legal letale Medikamente verschreiben und überreichen darf.[977]

Im Hinblick auf das Bestimmtheitsgebot ist *Jäger's* Vorschlag mit dem Willen des Gesetzgebers vereinbar. Zwar hat dieser nicht ausdrücklich eine Straflosigkeit der ärztlichen Suizidhilfe im Einzelfall in den § 217 aufnehmen wollen.[978] Die Gründe dürften jedoch weniger im entgegenstehenden Willen des Gesetzgebers liegen[979], sondern darin, dass befürchtet wurde, dass eine solche Regelung gegen den Willen der Bundesärztekammer[980] verstoßen hätte. In Bezug auf den Bestimmtheitsgrundsatz und die bestehenden Unsicherheiten für Ärzte und Patienten ist jedoch einzig auf den Willen des Gesetzgebers abzustellen.

In *conclusio* stellt diese tatbestandliche Klarstellung für *Jäger*[981] daher „eine in der Literatur bereits anerkannte Umschreibung der ärztlichen Gewissensentscheidung im Rahmen der Suizidbeihilfe" dar und ist ein durchaus zu begrüßender Vorschlag. Im Übrigen würde die weite Fassung der Geschäftsmäßigkeit als Tatbestandsmerkmal aufrechterhalten bleiben. Im Unterschied zu dem Vorschlag von *Oglakcioglu* geht Jäger von einem im Gesetz zu statuierenden weiteren Strafbarkeitsausschluss aus, während *Oglakcioglu* eine wertende Betrachtung vornimmt. Normative Betrachtungen sind jedoch von vornherein sehr stark einzelfallabhängig und ohne die Aufstellung weiterer Bestimmungskriterien schwierig zu handhaben.

(e) Ausschluss der Strafbarkeit durch rechtfertigende Einwilligung

Ebenfalls nicht mehr als Interpretationsansatz zur Geschäftsmäßigkeit, jedoch zur Einschränkung der durch dieser begründeten Strafbarkeit schlägt *Hilgendorf* vor, dass der Suizident wirksam in seine eigene Gefährdung einwilligen könne.

---

977 Näheres Jäger, JZ 18/2015, 875 (884).

978 BT – Drucks. 18 /5373, S. 14, 19.

979 Jäger, JZ 18/2015, 875 (884).

980 Jäger, JZ 18/2015, 875 (884).

981 Jäger, JZ 18/2015, 875 (883).

(aa) Präzisierungsansatz

Hilgendorf[982] geht einen anderen Weg: Zur Eingrenzung der durch den weiten Tatbestand verursachten Strafbarkeit möchte er die Grundsätze rechtfertigenden Einwilligung heranziehen. Dogmatisch gehört dieser Prüfungspunkt auf die Ebene der Rechtswidrigkeit, so dass *Hilgendorf* ähnlich wie *Jäger* keine direkte Eingrenzung des Tatbestandsmerkmals mittels einschränkender Auslegung der Geschäftsmäßigkeit kreiert, sondern einen anderen Weg zur Vermeidung der Strafbarkeitsrisiken wählt.

Dem ersten Anschein nach steht diesem Verständnis möglicherweise die fehlende Disponibilität des Rechtsguts Leben für den Rechtsgutsträger entgegen.[983] Diese folge aus der Inkrimierung durch § 216, welcher zeige, dass das Leben generell nicht zur Disposition stehe, obwohl es sich um ein Individualrechtsgut handelt. Jedoch – so *Hilgendorf*[984] – beziehe sich die fehlende Disponibilität des Rechtsgutes nur auf Verletzungsdelikte, welches § 217 als abstraktes Gefährdungsdelikt gerade nicht sei; in Gefährdungen des Lebens könne der Suizident dagegen wirksam einwilligen. *Hilgendorf* begründet dies verfassungsrechtlich: „Für dieses Ergebnis spricht auch, dass § 217 n.F. nach dem Willen des Gesetzgebers neben dem Leben des Betroffenen auch dessen Entscheidungsfreiheit schützt. Noch wesentlich schwerer wirkt der Umstand, dass das Grundgesetz in Art. 1 und 2 Abs. 1 die Freiheit, über das eigene Lebensende zu entscheiden, garantiert.

Dies wird auch in der Gesetzesbegründung anerkannt und mehrfach hervorgehoben (BT-Drucksache 18/5373, S. 13). Es wäre deshalb nicht nur verfassungswidrig, sondern geradezu widersprüchlich, dem Betroffenen die Entscheidung über eine Einwilligung in die eigene Lebensgefährdung zu versagen."[985]

(bb) Bewertung des Präzisierungsansatzes

Der Ansatz von *Hilgendorf* führt im Ergebnis dazu, dass eine Strafbarkeit nach § 217 Abs. 1 praktisch stets ins Leere liefe, da der Suizident wirksam in seine

---

982 Hilgendorf, Gesetz zur geschäftsmäßigen Sterbehilfe: Eine Norm für die Wissenschaft, Legal Tribune Online, abrufbar unter: http://www.lto.de/recht/hintergruende/h/gesetzgebung-sterbehilfe-tatbestandsmerkmale-analyse/, letzter Abruf am: 24.05.2017.

983 Hilgendorf, Fn. 982, S. 2.

984 Hilgendorf, Fn. 982, S. 2.

985 Hilgendorf, Fn. 982, S. 2.

eigene Gefährdung einwilligen könnte. Dies dürfte vom Gesetzgeber nicht gewollt gewesen sein.

Die Existenz des § 216 zeigt, dass eine Einwilligung in das Rechtsgut Leben nicht möglich ist, woraus nach allgemeiner Meinung eine Einwilligungssperre in die eigene Tötung durch fremde Hand resultiert.[986] Dieser Rechtsgedanke lässt sich systematisch auch auf § 217 übertragen, so dass aus der Einwilligungssperre auch die rechtliche Unwirksamkeit der Einwilligung in die Suizidassistenz im Sinne von § 217 gefolgert werden muss.

Hilgendorf[987] argumentiert jedoch, dass es sich bei § 217 um ein abstraktes Gefährdungsdelikt und nicht um ein Verletzungsdelikt handelt, so dass der Suizident sehr wohl wirksam in eine abstrakte Lebensgefährdung einwilligen könnte. Allerdings gibt es Stimmen in der Literatur, die mit nicht von der Hand zu weisenden Argumenten vertreten, dass § 216 ebenfalls als abstraktes Gefährdungsdelikt einzustufen sei, welches vorrangig auch dem Übereilungsschutz zu dienen bestimmt sei.[988] Die aus § 216 einhellig abgeleitete Einwilligungssperre müsste systemgerecht auch auf § 217 übertragen werden. Neben der bereits benannten systematischen Erwägung und der widerstreitenden gesetzgeberischen Intention dürften auch normative Erwägungen sowie die Einheit der Rechtsordnung für die Übertragung der Einwilligungssperre auch auf § 217 sprechen.

Die durchaus dogmatisch interessante Frage soll jedoch an dieser Stelle nicht weiter vertieft werden. Festzuhalten ist vorliegend, dass ein solches strafbarkeitsausschließendes Verständnis etliche Fragen aufwirft und konkret auch keine Früchte für das Verständnis der Geschäftsmäßigkeit bietet.

(f) Zielgerichtete Rückbindung an die Ratio der Norm

Die Straflosigkeit einer subsidiären Suizidhilfe im Konfliktfall soll durch eine Rückbindung auf den Telos der Norm zur Einschränkung des Merkmals der Geschäftsmäßigkeit zu erreichen sein.

986 Statt vieler: S /S - Eser -, § 216 Rn. 13, m.w.N..
987 Hilgendorf, Fn. 982, S. 2.
988 So z.B. Kubiciel, ZJS 5 /2010, 656 (660), dort Fn. 32.

(aa) Präzisierungsansatz

Gaede[989] sieht ebenfalls das Problem der verfassungswidrigen Unbestimmtheit der Norm, dadurch dass der Gesetzgeber die praktisch wichtigste Fallgruppe der ärztlichen Suizidassistenz nicht klar geregelt habe.

Gaede[990] vertritt ähnlich wie *Weigend/Hoven* und *Okglaciglu* die Ansicht, dass die Suizidassistenz eine in jedem einzelnen Fall individuell getroffene Entscheidung ist, die gerade „nicht als Ausdruck einer normalen Dienstleistung gegenüber jedermann" zu bewerten sein könne.[991] *Gaede*[992] betont daher, dass Patienten kein Recht auf eine solche Dienstleistung hätten. Hierin liegt auch der bezeichnende Unterschied zu den anderen ärztlichen (Dienst-) Leistungen: Der Arzt einzig und allein entscheidet, ob er dem Patienten Suizidhilfe leistet oder nicht, während er im Übrigen einen Versorgungsauftrag durch eine ärztliche Behandlungspflicht zu erfüllen hat, der er sich nicht einfach entziehen kann. Die ärztliche Suizidhilfe im Einzelfall zu inkriminieren, entsprach nicht der Intention des Gesetzgebers.[993] Daher hält *Gaede*[994] es für richtig, das „überschießende"[995] Merkmal der Geschäftsmäßigkeit an die Ratio zurückzubinden. Bei *Gaede* heißt es dazu: „Richtet man den Blick auf die vom Gesetzgeber verfolgte Ratio, muss das Merkmal der Geschäftsmäßigkeit einschränkend ausgelegt werden, weil die zu vermeidende Situation im gewachsenen Arzt-Patienten – Verhältnis gerade nicht gegeben ist."[996]

Als Charakteristika, die Ärzte besser absichern sollen, schlägt *Gaede*[997] Fallgruppen vor, die die Strafbarkeit begrenzen sollen. So solle bei Sterbehilfevereinen das „Geschäftsmodell gerade dazu [dienen], die Gelegenheit zum Suizid zu unterbreiten." Ärzte, die auch wiederholt Suizidbeihilfe leisten, würden sich von anderen Ärzten unterscheiden, die „Fallzahlen erreichen, welche den assistierten Suizid als normale, für den Arzt profilbildende Leistung erscheinen lassen."[998] *Gaede* fordert daher für die Geschäftsmäßigkeit, dass die Suizidbeihilfe entweder die Hauptaufgabe des Geschäfts darstelle oder sie so geleistet werde, dass sie nicht mehr als *ultima ratio* auftrete. „Geschäftsmäßiges Handeln scheidet folglich aus, wenn ärztliches Wirken in erster Linie auf

989 Gaede, medstra 2/2016, 65 (65f.).
990 Gaede, medstra 2/2016, 65 (66).
991 Gaede, medstra 2/2016, 65 (66).
992 Gaede, medstra 2/2016, 65 (66).
993 BT – Drucks. 18/5373, S. 18.
994 Gaede, medstra 2/2016, 65 (66).
995 Gaede, medstra 2/2016, 65 (66).
996 Gaede, JuS 5/2016, 385 (389).
997 Gaede, JuS 5/2016, 385 (390).
998 Gaede, JuS 5/2016, 385 (390).

Heil-und Palliativleistungen ausgerichtet bleibt und die geleistete Suizidassistenz eine zahlenmäßig begrenzte, fern jeder Routine erbrachte persönliche Hilfe in schwierigen Konfliktsituationen darstellt."[999]

Auch *Magnus*[1000] steht dem Merkmal der Geschäftsmäßigkeit kritisch gegenüber, obwohl sie dem Grunde nach eine derartige Regelung befürwortet. Sie kritisiert insbesondere, dass nicht transparent sei, was eine „straflose altruistische Hilfe im Einzelfall" von dem „strafbaren erstmaligen Angebot einer Tätigkeit, die auf Fortsetzung gerichtet ist", unterscheide. Offen sei auch, „wann genau ein Arzt die wiederholte Suizidbeihilfe zum Gegenstand seiner Beschäftigung" mache und wann ein Eigeninteresse des Sterbehelfers vorliege.[1001] Es seien daher in praxi Abgrenzungsschwierigkeiten vorprogrammiert, die sich auch nicht per „Verweis auf die ansonsten geleisteten zulässigen Sterbehilfeformen" relativieren lassen. Denn damit könnten Ärzte nicht alle hilfebedürftigen Sterbewilligen erfassen; es verbliebe eine Anzahl an Fällen, denen nur mit Suizidbeihilfe geholfen werden könne.

Im Einklang mit *Gaede* fordert *Magnus* daher, dass der Begriff der Geschäftsmäßigkeit im Hinblick auf die Ratio der Norm einschränkend interpretiert werde, so „dass die wiederholte Suizidhilfe entweder die Hauptaufgabe des Geschäfts darstellt oder auf eine Art und Weise geleistet wird, die sie nicht mehr nur als *ultima ratio* innerhalb einer gewachsenen Patientenbeziehung ausweist."[1002] „Geschäftsmäßiges Handeln scheidet damit aus, wenn ärztliches Wirken nicht planmäßig auf die Suizidhilfe, sondern in erster Linie auf die Erbringung der ärztlich Heil – und Palliativleistungen ausgerichtet bleibt und die geleistete Suizidassistenz eine zahlenmäßig begrenzte, fern jeder Routine erbrachte persönliche Hilfe in schwierigen persönlichen Konfliktsituationen darstellt."[1003]

(bb) Bewertung des Präzisierungsansatzes

Die Ansicht von *Gaede*, welcher sich auch *Magnus* im Wesentlichen angeschlossen hat, stellt insbesondere darauf ab, dass es nicht im Sinne des Gesetzgebers gewesen sei, die individuell, im Rahmen eines gewachsenen Arzt-Patientenverhältnisses geleistete Suizidhilfe im Konfliktfall zu inkriminieren.

999 Gaede, JuS 5/2016, 385 (390).

1000 Magnus, Gelungene Reform der Suizidbeihilfe? Medstra 4/2016, 210 (213, 215).

1001 Magnus, (Fn. 1000), S. 214.

1002 Magnus, (Fn. 1000), S. 215 mit Verweis auf Gaede: medstra 2016, 65 (66).

1003 Gaede, medstra 2/2016, 65 (66).

Er fordert daher konform mit benannten Ansichten, dass Ärzte nur dann strafbar seien, wenn sich ihre Tätigkeit so stark vom normalen Typus der ärztlichen Tätigkeit einerseits und der ausgehend von der Gewissensentscheidung des Arztes im Einzelfall geleisteten Suizidassistenz andererseits unterscheidet, dass hier eine strafwürdige auf Wiederholung ausgerichtete Tätigkeit vorliegt, und zwar deswegen, weil sie entweder den Hauptberuf darstelle oder nicht mehr als *ultima ratio* - Hilfe geleistet werde.

Ein Arzt, welcher Suizidhilfe als massives Regelangebot leiste, handelt nicht konform mit seinem Berufsverständnis und besonders nicht in Erfüllung (s)eines Versorgungsauftrages und seines Pflichtenkataloges. Kein Arzt dürfte es sich zu einer leichten Entscheidung machen, Suizidhilfe überhaupt für einen Menschen zu leisten, auch dann nicht, wenn dieser nachvollziehbare Gründe für diesen Wunsch hat.

Entschließt sich ein Arzt dennoch einmal zu einer solchen Tat, so wäre es lebens-und berufsfremd, dass der dann geleistete Akt eine „normale Dienstleistung“, die im „Eigeninteresse“ des Arztes erbracht werde, sein soll. Welches Eigeninteresse soll dieser Arzt mit seiner Tat verfolgen? Durch Suizidassistenz an einem (langjährigen) Patienten beschneidet sich jeder Arzt seiner eigenen wirtschaftlichen und existenziellen Grundlage. Zudem ist es nach Gesprächen mit Ärzten nicht vorstellbar, dass ein Arzt Suizidassistenz von sich aus anbietet, ohne dass diesem Ansinnen eine Äußerung seitens des Patienten vorausgegangen ist. Sollte die Suizidassistenz tatsächlich so etabliert sein, wie dies vor Normierung des § 217 befürchtet worden ist, so würde sie tatsächlich zu einem ärztlichen Regelangebot zählen, welches folgerichtig im Rahmen der ärztlichen Aufklärungspflicht dem Patienten unterbreitet werden müsste. Dem ist aber nicht so.

Auch *Gaede* hält es daher für berufsfremd, dass ein Arzt, welcher ein auf „die Lebensbewahrung“ ausgerichtetes Ethos vertrete, sich auf Suizidassistenzen, die ernsthaft ein Risiko für die Selbstbestimmung darstellen könnten, spezialisieren würde.[1004]

Unabhängig davon entstehen auch an der suggerierten, einfachen Umsetzbarkeit einer einem Regelangebot gleichkommenden Suizidhilfe rein pragmatisch Zweifel, da der Arzt die notwendigen Medikamente nicht einfach beschaffen und an die Suizidwilligen verteilen kann. In Deutschland bestehen für den Arzt erhöhte Anforderungen (Genehmigungspflicht) an die Verordnung von Medikamenten, die dem Betäubungsmittelgesetz unterliegen.

Die aus seiner Interpretation resultierenden Beweisschwierigkeiten nimmt *Gaede* als unvermeidlich hin und bietet zur Orientierung Entscheidungshilfen

1004 Gaede, medstra 2/2016, 65 (66).

an. Geschäftsmäßiges Handeln des suizidhilfeleistenden Arztes liege dann nicht vor, wenn dieser den Vorrang der palliativmedizinischen Therapie wahre, um erst subsidiär dem Wunsch des Patienten nach Suizidhilfe in dem gefestigten Arzt-Patienten-Verhältnis zu entsprechen.[1005]

Im Umkehrschluss schließt dies auch aus, dass ein Suizidwilliger den leistungswilligen Arzt nur zum Vollzug der Suizidassistenz aufsuche. Ähnlich der Regelung in den Niederlanden, die im Übrigen ein gewachsenes Arzt – Patientenverhältnis als prozedurale Voraussetzung fordert, ist damit der direkte Zugang zur ärztlichen Suizidassistenz ausgeschlossen. Allein deshalb besteht und bestand schon nicht die Besorgnis eines ärztlichen Regelangebotes an Suizidassistenz, mit oder ohne die Regelung des § 217.

Gaede's Ansicht ist daher konform mit der Ansicht des Gesetzgebers[1006], dass der Arzt typischerweise nicht geschäftsmäßig handele, wenn er Suizidassistenz leiste. Die Definition des Begriffes der Geschäftsmäßigkeit erschöpft sich in der Absicht der Wiederholung der Suizidbeihilfehandlung. Ärztliche Suizidbeihilfe sei jedoch typischerweise nicht auf Wiederholung angelegt, sondern stets eine anspruchsvolle, schwierige ärztliche Entscheidung, die kein Arzt leichtfertig treffen werde. Ein anderes Verständnis ärztlicher Suizidhilfe wäre abstrus.

(3) Zwischenergebnis zu den Auslegungsansätzen

Den unterschiedlichen Auslegungsansätzen ist im Wesentlichen als Kernaussage zu entnehmen, dass die amtierende Fassung des § 217 sowohl in der Verwendung der Begriffe zur Umschreibung der Tathandlungsmodalitäten als auch hinsichtlich des subjektiven, strafbegründenden Merkmals der Geschäftsmäßigkeit zu weit geraten ist.

Noch prekärer wird es, wenn man sich vergegenwärtigt, dass selbstverständlich auch noch eine Teilnahme am verselbstständigten Teilnahmedelikt[1007] - § 217 - möglich ist und der Kreis der nunmehr strafbaren (Vorbereitungs-) Handlungen noch weiter gezogen werden kann.[1008]

Es drängt sich daher die anfangs bereits aufgeworfene Frage zur Beantwortung auf, ob die Norm durch die Verwendung der ausufernden Begrifflichkeiten wegen Verstoßes gegen das Bestimmtheitsgebot verfassungswidrig ist. Zur

1005 Gaede, JuS 5/2016, 385 (390); ders., medstra 2/2016, 65 (66).
1006 BT – Drucks. 18/5373, S. 18.
1007 Gaede, JuS 5/2016, 385 (390); Herzberg, ZIS 7/2016, 440 (441).
1008 Gaede, JuS 5/2016, 385 (390).

Beantwortung ist es indessen hilfreich, sich noch einmal zu vergegenwärtigen, wann das BVerfG einen Verstoß gegen das Bestimmtheitsgebot annimmt, nämlich nur dann, wenn sich der Sinn eines Straftatbestandes nicht mehr durch Auslegung der entsprechenden Merkmale ermitteln lasse.[1009]

Die vorigen Ausführungen haben gezeigt, dass zulässige Interpretationsansätze zur Geschäftsmäßigkeit vorhanden sind. Die weitere Entwicklung wird aller Wahrscheinlichkeit nach weitere Interpretationen mit sich bringen. Aus hiesiger Sicht ist zumindest hinsichtlich der Möglichkeit der Präzisierung ein Einklang mit dem Bestimmtheitsgebot gem. Art. 103 Abs. 2 GG anzunehmen.

Die Problematik des Begriffes der Wiederholungsabsicht ist damit alleine aber nicht behoben. Der Gesetzesbegründung ist nämlich zu entnehmen, dass auch schon die erste Hilfehandlung strafbar sein kann, wenn sich der Arzt nur vorstellt, seine Handlung nochmals wiederholen zu wollen.

Im Umkehrschluss müsste dies jedoch auch bedeuten, dass straflos bliebe, wer sich die Wiederholung bei der Suizidhilfe eben gerade nicht vorstellt, aber tatsächlich möglichweise mehrere Suizidassistenzen in seinem Leben leistet.

Ein so konzipierter Straftatbestand stößt offensichtlich schnell an seine Grenzen. Ein objektiv feststellbarer Tatumstand ist nicht vorhanden; die Frage der Strafbarkeit erschöpft sich im Kern auf subjektiver Ebene, in der inneren Einstellung des Täters. Daher wird auch zu Recht kritisiert, dass sich ein unzulässiges Gesinnungsstrafrecht abzeichnet. Hinzu treten rein pragmatische Erwägungen der Beweisbarkeit und andererseits der Verschleierungsmöglichkeit durch fehlende Dokumentation der Fallzahlen. Bevor ein eigenes Interpretationsverständnis vorgestellt werden soll, werden in gebotener Kürze weitere zur Geschäftsmäßigkeit vertretene Ansichten vorgestellt, die jedoch keine eigene Präzisierung des Begriffes enthalten.

7. Weitere Ansichten ohne Konkretisierung der Geschäftsmäßigkeit

Die Stimmen in der Literatur, welche sich zur Normierung der Geschäftsmäßigkeit als auch zum Tatbestand des § 217 an sich geäußert haben, sind zahlreich. Dies verwundert nicht, denn der Gedanke des Gesetzgebers, einen neuen Verbotstatbestand zu schaffen, um im Kern den Sterbehilfevereinen die Tätigkeit abzuschneiden, existiert bereits seit nunmehr über 10 Jahren. Um einige der Argumente für die hiesige Argumentation noch fruchtbar machen zu können, sollen einzelne Stimmen kurz vorgestellt werden.

1009 BVerfGE 45, 363 (371); Schiemann, S. 18.

a) Ablehnende Haltungen

Gavela[1010] hält eine Normierung des Merkmals der Geschäftsmäßigkeit für eine rechtspolitisch bedenkliche Lösung, wenn sie auch vom Grundsatz her ähnlich wie *Jäger* eine Normierung eines verselbstständigten Teilnahmeunrechtes für nicht ausgeschlossen hält. Ihrer Ansicht nach sei jedoch kriminalpolitisch die Inkriminierung gewerbsmäßiger Suizidbeihilfe vorzugswürdig, während der Geschäftsmäßigkeit als Bestrafungsgrund diverse Probleme anhafteten.

Die von *Gavela*[1011] angeführten dogmatischen Schwachpunkte sind erheblich: Es fehle an einem tragfähigen Rechtsgut für die Inkriminierung, die abstrakte Gefährdung führe zu einer unangemessenen Ausdehnung der (Vorfeld-) Strafbarkeit einerseits und einer zu eingeengten Bestrafung andererseits; Einzelpersonen und Angehörige seien von der Bestrafung ausgenommen.[1012] Die nur teilweise Legimitierung der Suizidbeihilfe sei aus verfassungsrechtlicher und strafrechtsdogmatischer Sicht besonders begründungslastig, welcher der Gesetzgeber mit den Reformbestrebungen zu § 217 (heute Gesetzesrealität) nicht genügt habe.

Roxin hat sich mehrfach in den vergangenen Jahren offen gegen eine Einführung des nunmehr amtlichen Tatbestandes des § 217 ausgesprochen. *Roxin*[1013] sieht in dem Merkmal der Geschäftsmäßigkeit drei Problemschwerpunkte: erstens die fehlende Verhältnismäßigkeit des Verbotes der geschäftsmäßigen Suizidförderung, zweitens die Geschäftsmäßigkeit sei ungeeignet zur Erfassung der eigentlichen strafwürdigen Fälle und drittens drohe die Regelung Art. 103 II GG im Hinblick auf die ärztliche Suizidassistenz zu verletzen.

Während die Punkte eins und drei an anderer Stelle aufgegriffen werden sollen, soll hier ein Blick auf *Roxin´s* Argumentation zu Kritikpunkt zwei geworfen werden. *Roxin* kritisiert zutreffend, dass allein aus der Absicht der Wiederholung eines Verhaltens kein strafrechtliches Unrecht folge könne, insbesondere dann nicht, wenn sich diese Absicht auf ein rechtlich legitimes Verhalten beziehe.[1014] Des Weiteren rekurriert er auf die auftretenden Beweisschwierigkeiten bei der Feststellung der Geschäftsmäßigkeit, besonders in Bezug auf die Möglichkeit, dass auch eine erstmalige Hilfeleistung mit Wiederholungsabsicht strafbar sein könne.[1015] Schließlich verfehle das Gesetz seine eigentliche Intention: Die Vermeidung von Suizidanreizen, die bei Ausbleiben

---

1010 Gavela, Ärztlich assistierter Suizid und organisierte Sterbehilfe, S. 265, 276.

1011 Gavela, S. 251ff..

1012 Gavela, S. 265.

1013 Roxin, NStZ 4/2016, 185 (187).

1014 Roxin, NStZ 4/2016, 185 (189).

1015 Roxin, NStZ 4/2016, 185 (189).

zu einem Weiterleben des Suizidenten geführt hätten, und zwar, weil es für die Vorbereitung einer wiederholten Suizidförderung bei voller Einsichtsfähigkeit des Suizidenten keinen ausreichenden Verbotsgrund gebe.[1016]

Abgesehen von den seiner Ansicht nach verfehlten Schutzzweckerwägungen und den erheblichen Schwächen des Begriffes der Geschäftsmäßigkeit, offeriert *Roxin* auch noch eine andere frappante tatbestandliche Schwäche, bei welcher sich die Frage stellt, ob der Regelungsinhalt tatsächlich vom Gesetzgeber so gewollt gewesen sein kann. Der Angehörige ist wie auch jeder andere nach § 217 Abs.1 strafbar, wenn er erst dem Vater Suizidhilfe anbietet und sich dabei vorstellt, künftig auch für seine Mutter so handeln zu wollen. Per definitionem ist die Strafbarkeit zu bejahen, da das Merkmal der Geschäftsmäßigkeit erfüllt ist, so dass nicht kumulativ beide Voraussetzungen des Strafausschließungsgrundes des § 217 Abs. 2 gegeben sind.

Taupitz[1017] sieht noch ein ganz anderes Problem des Begriffes der Geschäftsmäßigkeit. Unter Berücksichtigung des Ursprungs des Begriffes aus dem TKG und dem PostG bestehe die Möglichkeit, dass ein und demselben Suizidwilligen, geschäftsmäßig immer wieder die gleiche Förderungshandlung angeboten werde. Dies sei de facto nicht ausgeschlossen, denn nach der Gesetzesbegründung ist es nicht erforderlich, dass der Suizident seinerseits auch zur Suizidtat schreitet. Dennoch kann sich laut *Taupitz* die Geschäftsmäßigkeit des Handelns nicht schon aus dessen Wiederholung gegenüber demselben Suizidwilligen ergeben. Zur Begründung zieht *Taupitz* § 206 Abs. 1 heran: „Der vom Gesetzgeber zum Vergleich herangezogene § 206 Abs. 1 StGB, in dem der Begriff der Geschäftsmäßigkeit ebenfalls verwendet wird, bezieht denn auch die Geschäftsmäßigkeit nicht auf die konkrete Tathandlung:[…]“ , so dass im Ergebnis die Strafandrohung ins Leere liefe. Eine Wiederholung der gleichen Tathandlung könne nur im Falle der Erfolglosigkeit des ersten Suizidversuches desselben Suizidenten tatbestandsmäßig sein. Eine Vereinbarkeit mit dem Bestimmtheitsgebot bezweifelt *Taupitz* folglich, zu groß sei die durch § 217 hervorgerufene Rechtsunsicherheit für Ärzte und anderes medizinisches Personal. Ebenfalls sei ein wiederholtes Angebot an denselben Sterbewilligen nicht geeignet, dessen Freiverantwortlichkeit zu gefährden, so dass es an dem intendierten Rechtsgüterschutz mangele. *Taupitz* erwartet gespannt, wie die Rechtsprechung dieses Problem in den Griff zu bekommen vermag.

Eine Strafnorm, die mit einem subjektiven Kriterium zur Bestimmung und Begrenzung der Strafbarkeit im objektiven Tatbestand arbeitet, verursacht weitere Schwierigkeiten bei der Beweisbarkeit des Tatbestandsmerkmals in der

1016 Roxin, NStZ 4/2016, 185 (189).
1017 Taupitz, medstra 6/2016, 323 (326).

Praxis. Die „innere Vorstellung“[1018] des Täters ist schon schwierig zu ermitteln und beweisen. Ein Merkmal, mit dem die Strafbarkeit „steht und fällt“, sollte jedoch, um überhaupt eine verurteilungsfähige Basis zu bieten, objektiv beurteilbare Kriterien bereitstellen und nicht nur „Verwirrung“[1019] hinterlassen.

b) Ansicht von *Jox /Borasio*

Jox/ Borasio[1020] stehen dem Begriff der Geschäftsmäßigkeit ebenfalls skeptisch gegenüber. Ihrer Ansicht nach wird die Auslegung des Begriffes zu „gerichtlichen Auseinandersetzungen“ führen. Bis dahin bestehe eine Rechtsunsicherheit für Ärzte, die, selbst wenn sie höchstrichterlich beseitigt werden könnte, doch dazu führen dürfte, dass Ärzte infolge des restriktiven Betäubungsmittel-und Standesrechtes keine Suizidassistenz (mehr) leisten würden. Schwierigkeiten sehen die Autoren auch für die Palliativmedizin, nämlich dann, wenn ein Arzt, wohl wissend um die Suizidgedanken seines Patienten, schmerzstillende und sedierende Medikamente verabreiche.[1021] Verdeutlicht werde das praktische Problem durch die Suizidförderungshandlung des Sterbefastens, welches nach *Jox/Borasio*[1022] einer gängigen Methode entspreche, sein Leben zu beenden und nun nicht mehr straffrei „empfohlen“ werden dürfe. Durch die neue Strafvorschrift drohe dem Arzt nunmehr ein Strafbarkeitsrisiko.

c) Ansicht von Rissing – van Saan

Rissing-van Saan[1023] sieht dagegen in ihrer Stellungnahme während des Gesetzgebungsverfahrens keine wesentlichen Strafbarkeitsrisiken für den Arzt. Zur Begründung nimmt sie Rekurs auf das Arzt-Patientenverhältnis: „Solange der Arzt/die Ärztin sich seinem/ihrem Heilauftrag und ärztlichen Gewissen

---

1018 Oglakcioglu in: v. Heintschel-Heinegg (Hrsg.), Beck´scher Online Kommentar, StGB, Stand: 01.12.2016, Rn. 24, der die Geschäftsmäßigkeit ausdrücklich als subjektives Merkmal bezeichnet.

1019 Roxin, NStZ 4/2016, 186 (189).

1020 Jox/ Borasio in: Assistierter Suizid: Der Stand der Wissenschaft, Kommentar zum Gesetz zur Strafbarkeit der geschäftsmäßigen Förderung der Selbsttötung aus medizinischer Sicht, S. 139.

1021 Jox/Borasio, Fn. 1020, S. 139.

1022 Jox/Borasio, Fn. 1020, S. 139.

1023 Rissing – van Saan, Stellungahme zum Thema Sterbebegleitung, abrufbar unter: https://www.bundestag.de/blob/387620/d86b50a3fe9d9b834127889ce5da3677/rissing_van-saan-data.pdf; letzter Abruf am 28.07.2017, S. 10f.

verpflichtet fühlen und entsprechend ihre Patienten behandeln, kommt ein strafbares Verhalten i.S.d. des vorgeschlagenen Straftatbestands nicht in Betracht, selbst wenn in Ausnahmesituationen –„im Einzelfall"- eine Gewissensentscheidung des Arztes/der Ärztin dazu führt, einem schwerleidenden Patienten bei dem Wunsch behilflich zu sein, einen für ihn nicht mehr erträglichen Leidenszustand zu beenden."[1024] Anders sähe dies nur dann aus, wenn der Arzt mehrfach solche „Gewissensentscheidungen" treffen würde.

d) Die Stellungnahme des Wissenschaftlichen Dienstes des Bundestages

Der Wissenschaftliche Dienst des Bundestages hat sich ebenfalls mit dem Entwurf von *Brand/Griese* et.al. näher befasst und gelangt zu dem Ergebnis, dass hinsichtlich der Bestimmtheit des Begriffes der Geschäftsmäßigkeit verfassungsrechtliche Bedenken bestehen, da auf Grund der Formulierung „geschäftsmäßig, [...], eine Straflosigkeit von Suizidhilfe leistenden Ärzten wohl nicht hinreichend klar" sichergestellt sei.[1025]

Aus ärztlicher/palliativmedizinischer Sicht sei nicht vorhersehbar, wann im Rahmen ihrer Tätigkeit eine strafbare Handlung vorliege.[1026] Die Gesetzesbegründung hierzu sei jedenfalls argumentativ nicht überzeugend. Dass ärztliche Suizidhilfe typischerweise nicht geschäftsmäßig vorgenommen werde, da sie nicht zum ärztlichen Berufsverständnis gehöre und nicht abgerechnet werden könne, bleibe im Hinblick auf die Bestimmtheit des Strafbarkeitsausschlusses zweifelhaft.[1027]

e) Professorale Stellungnahme[1028]

Vehement trat die Stellungnahme deutscher Strafrechtslehrerinnen und Strafrechtslehrer gegen die Inkriminierung der Suizidbeihilfe an.

1024 Rissing – van Saan, Fn. 1023, S. 11.

1025 Wissenschaftliche Dienste des Bundestages, WD – 3 – 3000-188/15, S. 11.

1026 WD des Bundestages, WD – 3 – 3000-188/55, S. 10f., abrufbar unter: https://www.bundestag.de/blob/405550/92dd7bcf5c9ca2b2ea34991083e898ce/wd-3-188-15-pdf-data.pdf; letzter Abruf am 28.07.2017.

1027 WD des Bundestages, Fn. 1026, S. 10f..

1028 Stellvertretend für sämtliche Unterstützer: Hilgendorf und Rosenau, Stellungnahme deutscher Strafrechtslehrinnen und Strafrechtslehrer zur geplanten Ausweitung der Strafbarkeit der Sterbehilfe, medstra 3/2015, 129.

In der von insgesamt 151 Rechtslehrern unterzeichneten Stellungnahme wurde das Gesetzesvorhaben stark kritisiert. Dem Gesetzgeber wurde vorgeworfen, Systembruch durch die „Ausweitung der Strafbarkeit der Sterbehilfe“ zu begehen und zu konterkarieren, was zuletzt durch das Patientenverfügungsgesetz aus dem Jahr 2009 so gestärkt worden war, nämlich das Selbstbestimmungsrecht des Menschen über die Art und Weise des eigenen Sterbens. Die aus § 217 resultierende Belastung mit einem Strafbarkeitsrisiko belaste das Arzt-Patientenverhältnis zu sehr, ärztliche Gewissensentscheidungen, die ethisch zulässig seien, dürften nicht konterkariert werden.

8. Ergebnis, eigener Interpretationsansatz und Vorschlag eines neuen Tatbestandes des § 217

Das Merkmal der Geschäftsmäßigkeit bereitet, obwohl es bereits aus anderen Normen bekannt ist, bei der Auslegung im Rahmen des § 217 Schwierigkeiten. Generell sollte der Blick jedoch nicht zu sehr auf das Merkmal der Geschäftsmäßigkeit verengt werden, da auch die übrigen Merkmale des Tatbestandes Abgrenzungsprobleme aufweisen.

Bei der Erarbeitung eines neuen Interpretationsansatzes muss darauf geachtet werden, dass der Wortlaut, der gesetzgeberische Wille sowie der Schutzzweck des Gesetzes nicht konterkariert werden. Der Gesetzgeber hat sich bewusst und den „Warnungen“ der Wissenschaft und des Wissenschaftlichen Dienstes des Bundestages zum Trotz in Kenntnis des über der Ärzteschaft und dem medizinischen Personal schwebenden Damoklesschwertes der Strafbarkeit für die Verwendung dieses Begriffes entschieden.

a) Verletzung des Bestimmtheitsgrundsatzes bei § 217

Die Frage, ob durch die gegenwärtige Fassung des § 217 der Bestimmtheitsgrundsatz des Art. 103 Abs. 2 GG verletzt wird, wurde bereits kurz angerissen und soll nun näher erörtert werden.

Die Verletzung des Art. 103 Abs. 2 GG kann sich, wie bereits erwähnt, auf zweierlei Art und Weise verwirklichen. Es kann ein einzelnes Tatbestandsmerkmal und ein seitens eines Gerichtes getroffenes Auslegungsergebnis zu unbestimmt im Sinne von Art. 103 Abs. 2 GG sein. Ist keine verfassungskonforme Auslegung möglich, dann ist die Norm verfassungswidrig.

Das BVerfG vertritt die Ansicht, dass zunächst eine Konkretisierung des Merkmals mit Hilfe der üblichen Auslegungsmethoden vorzunehmen ist (Präzisierungsgebot), wobei der Schwerpunkt eindeutig auf der grammatikalischen Auslegung im Einklang mit dem Willen des Gesetzgebers liegen soll.[1029] Das Bundesverfassungsgericht nimmt eine Verfassungswidrigkeit der Norm dann an, wenn eine Norm keine verfassungsgemäße Interpretation ermöglicht, wenn es also nicht möglich ist, durch Auslegung ein Merkmal so weit zu konkretisieren, dass dem Bestimmtheitsgrundsatz hinreichend Rechnung getragen wird.[1030] Wegen der Verletzung des „lege certas - Grundsatzes“[1031] auf Grund der Unbestimmtheit der Norm wurde etwa § 43a, die Vermögensstrafe, kassiert. Kritisiert hat das BVerfG[1032] in dieser Entscheidung insbesondere: „Dem Gesetzgeber ist es nicht gelungen, das verfassungsrechtliche Minimum an gesetzlicher Vorausbestimmung zur Auswahl und Bemessung dieser Strafe bereitzustellen. Dadurch wird es dem von der Vermögensstrafe Betroffenen in rechtlich nicht mehr hinnehmbarer Weise erschwert, Art und Maß der Sanktion vorherzusehen, die er als staatliche Reaktion auf seine Straftat zu erwarten hat.“ Der Gesetzgeber habe keine klare Grenze gezogen, von wo bis wo die Vermögensstrafe reiche und wie diese im Einzelnen zu bemessen sei. Zwar stehe gerade im Bereich der Strafzumessung dem Richter ein Ermessensspielraum zu, da kein Fall dem anderen gleiche und nur er auf Grund seines Tatrichterprivilegs den konkret zu entscheidenden Sachverhalt einzuschätzen vermöge; dennoch müsse – so das BVerfG[1033]- der Richter inhaltliche Vorgaben an der Hand haben, an denen er sich bei der Urteilsfindung orientieren könne.

Schiemann[1034] bringt es anschaulich auf den Punkt: „Trotz der generellen Auslegungsfähigkeit einer Strafnorm ist die Grenze zulässiger Auslegung durch das Gericht regelmäßig dann überschritten, wenn gegen den Wortlaut der Norm, gegen deren Zweck, Ziel oder Sinn sowie konträr der systematischen

---

1029 Leitsatz der Entscheidung: Zitiervorschlag:
BVerfG, Beschluss des Zweiten Senats vom 23. Juni 2010, - 2 BvR 2559/08 - Rn. (1-160), abrufbar unter: http://www.bverfg.de/e/rs20100623_2bvr255908.html.

1030 Kuhlen, Fn. 560, S. 1, 5.

1031 Messer, Die Verständlichkeit multilingualer Normen, S. 69; abrufbar im Internet unter: https://univerlag.uni-goettingen.de/bitstream/handle/3/isbn-978-3-86395-080-4/Messer.pdf?sequence=1&isAllowed=y; letzter Abruf am 30.07.2017.

1032 BVerfG, Urteil des Zweiten Senats vom 20. März 2002, - 2 BvR 794/95 - Rn. (1-145), abrufbar unter: http://www.bverfg.de/e/rs20020320_2bvr079495.html; letzter Abruf am 12.06.2017, Rn. 63.

1033 BVerfG, Urteil des Zweiten Senats vom 20. März 2002, - - 2 BvR 794/95 - Rn. (1-145), abrufbar unter: http://www.bverfg.de/e/rs20020320_2bvr079495.html; Schiemann, S. 43f..

1034 Zitiert nach Schiemann, S. 44.

Zusammenhänge und Gesetzesgeschichte und -materialien entschieden wird.“ Zudem muss bei allen Überlegungen bedacht werden, dass der Gesetzgeber bisweilen, tendenziell zunehmend, bewusst weit gefasste Formulierungen zum Inhalt eines Tatbestandes macht und die Konkretisierung der Rechtsprechung überlässt.[1035] Laut *Messer*[1036] geschieht dies als „gesetzgeberisches Instrument“ zur Erreichung des Regelungsziels, was auch seitens des BVerfG als zulässig erachtet werde und daher auch bei aller Einschränkung als gesetzgeberischer Wille Berücksichtigung finden müsse. Daher solle eine Norm als Minimalkonsens leisten, dass der Bürger ihr das „Risiko einer Bestrafung“ entnehmen könne und das durch Anwendung der „üblichen Auslegungsmethoden“.[1037]

Ausgehend vom Wortlaut der Norm ist zunächst – sofern vorhanden - eine gesetzliche Legaldefinition als bindend heranzuziehen.[1038] Es gilt, den Wortlaut der Norm bzw. dessen Grenzen abzustecken, da das Erfordernis der Bestimmtheit auch fordert, keine Interpretation zulasten des Täters über den Wortsinn hinaus zuzulassen.[1039] Nach Ansicht des BVerfG ist hierbei auch der konventionelle Sprachsinn zu berücksichtigen.[1040] „Maßgebend für die Auslegung einer Gesetzesbestimmung ist der in der Norm zum Ausdruck gekommene objektivierte Wille des Gesetzgebers, so wie er sich aus dem Wortlaut der Vorschrift und dem Sinnzusammenhang ergibt, in dem sie steht.“[1041]

Es wurde bereits festgestellt, wie der Gesetzgeber den Begriff der Geschäftsmäßigkeit verstanden wissen will. Dieser hat sich ausdrücklich auf die Erkenntnisse zu anderen Tatbeständen sowie die Legaldefinition aus dem PostG und dem TKG bezogen, jedoch nicht eigens eine Definition im Text des § 217 statuiert.

Geschäftsmäßigkeit bedeutet nach dem Willen des Gesetzgebers:

„Geschäftsmäßig im Sinne der Vorschrift handelt daher, wer die Gewährung, Verschaffung oder Vermittlung der Gelegenheit zur Selbsttötung zu einem dauernden oder wiederkehrenden Bestandteil seiner Tätigkeit macht, unabhängig von einer Gewinnerzielungsabsicht und unabhängig von einem Zusammenhang mit einer wirtschaftlichen oder beruflichen Tätigkeit.“[1042]

1035 Messer, S. 61.

1036 Messer, S. 61.

1037 St. Rspr.: BVerfGE 73, 206 <234>; 75, 329 <340>; 78, 374 <381 f.>; Messer, S. 66.

1038 Felix, S. 205ff.

1039 Z.B. BVerfGE 105, 135 (157); Schiemann, S. 34.

1040 Stellvertretend für viele weitere Entscheidungen des BVerfG: BVerfG, NJW 2006, 3050; 2008, 3627; 2010, 754.

1041 BVerfG, (Fn. 1033), Rn. 18.

1042 BT – Drucks. 18/5373, S. 17.

Als problematisch wurde bereits angedeutet, dass der umgangssprachliche Wortsinn des Begriffes der Geschäftsmäßigkeit von dem juristischen abweicht und zur Bestimmung des Wortsinns auf den Empfängerhorizont des Bürgers als Normadressatem abzustellen ist.[1043] Es ist vornehmlich der Adressat der Norm, welcher deren Strafandrohung erfassen können muss.[1044] *Dannecker* betont zu Recht, dass es nicht auf die subjektive Sicht des einzelnen Bürgers ankomme, sondern auf den allgemeinen Sprachgebrauch, welcher notfalls mithilfe von Wörterbüchern zu ermitteln sei. Wie gesehen, ist der Begriff nach seiner lexikalischen Bedeutung als „im Rahmen von Geschäften, geschäftlich, auf das Geschäftliche bezogen"[1045] zu verstehen.

Felix[1046] interpretiert die Rechtsprechung des BVerfG dahingehend, dass jede Auslegung „an der sprachlichen Welt des Normadressaten anzusetzen" habe, so dass der „rein umgangssprachliche Gehalt von Begriffen zu ermitteln" sei.[1047]

In Bezug auf § 217 besteht nun eine Diskrepanz der Wortbedeutungen, die durchaus geeignet erscheint, nachhaltig für Verwirrung zu sorgen. Der umgangssprachliche Begriff „geschäftsmäßig" suggeriert zwar einen bestimmten Sinn, geradezu zwingend legt er ihn jedoch nicht nahe. Aus normativer Betrachtung ist es durchaus möglich, dem umgangssprachlichen Begriff der Geschäftsmäßigkeit auch eine Absicht der Wiederholung der Tätigkeit zu entnehmen. Geschäftliche Tätigkeiten sind in der Regel auf Dauer angelegt. Der Begriff „geschäftlich" ist selbst interpretationsfähig und eröffnet mehrere Verständnisvariationen.[1048] Die Gesetzessprache kann – wie *Felix* auch konzediert – nicht stets Rücksicht auf die lexikalische Bedeutung eines Begriffes bei der Abfassung eines Tatbestandes nehmen.[1049] Die Rechtssprache ist auch Fachsprache, deren Diktion sich üblicherweise dem gemeinen Bürger nicht auf Anhieb erschließe und es auch nicht müsse.[1050]

Der legislative Wille postuliert ein Verständnis des Begriffs der Geschäftsmäßigkeit, für das der Gesetzgeber eigens auf eine tradierte Rechtsprechung und Gesetzesmaterie rekurriert und welches damit im Einklang mit der Einheit

---

1043 Schiemann, S. 35; 47f.; Felix, S. 205.

1044 Felix, S. 195f..

1045 Duden, Stichwort: geschäftsmäßig; abrufbar unter: http://www.duden.de/rechtschrei bung/geschaeftsmaeszig; letzter Abruf am 28.07.17.

1046 Felix, S. 205.

1047 Felix, S. 205.

1048 Felix, S. 222.

1049 Felix, S. 206.

1050 Messer, S. 60f..

der Rechtsordnung steht. Die Auslegung kann somit nicht einfach am umgangssprachlichen Wortsinn verhaften, denn dem legislatorischen Ermessen sind bei der Festlegung der Begriffe und der Schutzgüter weite Grenzen gesetzt, die auch respektiert werden müssen.[1051] Dies ist auch eine Folge aus der Akzessorietät des Strafrechts zur übrigen Rechtsordnung. Zudem wäre es nicht möglich, die Normensprache stets nur mit den Wertungen aus der Gemeinsprache zu füllen.[1052] Beide sprachlichen Verständnismöglichkeiten können gleichwertig nebeneinander treten.[1053] Das Merkmal muss an sich bestimmt sein und kann es folglich nicht erst durch die Auslegung werden.[1054] Die Auslegung als wertende Betrachtung der Gesetzesbegriffe kann durchaus zu unterschiedlichen Ergebnissen gelangen, von denen nicht eines richtig und die anderen falsch sein müssen.[1055] Wird nun rezipiert, was das BVerfG im Hinblick auf die Bestimmtheit eines Tatbestandsmerkmals vertritt, so wird schnell deutlich, dass das Merkmal der Geschäftsmäßigkeit in Art und Umfang der Unbestimmtheit nicht mit dem der erheblichen Ruhestörung gleichzusetzen ist.

Das Tatbestandsmerkmal der Geschäftsmäßigkeit gleicht nicht gänzlich einer leeren Worthülse, die erst seitens des Richters ohne jegliche Vorgaben mit Inhalt gefüllt werden muss. Anhand der Motive zu der noch jungen Norm lässt sich eine durchaus handhabbare Definition der Geschäftsmäßigkeit eruieren; der lexikalische Wortsinn steht zwar nicht im Einklang mit dem legislativen Verständnis des Begriffes, steht diesem jedoch auch nicht diametral entgegen. Nach dem Willen des Gesetzgebers soll die Geschäftsmäßigkeit des Handelns eben dann vorliegen, wenn der Täter die Suizidassistenz zu einem dauernden und wiederkehrenden Bestandteil seiner Beschäftigung macht. Durch den Rekurs auf § 206 Abs. 1 sowie die Kommentierungen dazu lassen sich gesetzliche Vorgaben zur näheren Bestimmung des Merkmals aufgreifen. Es erscheint daher nicht per se ausgeschlossen, dass der Richter für eine Falllösung ausreichend Substanz zur Normkonkretisierung an der Hand hat. Der Begriff „geschäftsmäßig“ ist für sich betrachtet daher nicht zu unbestimmt, obwohl eine klarstellende, Rechtssicherheit schaffende knappe Legaldefinition im Tatbestand durchaus wünschenswert erscheint.[1056]

1051 Roxin, Strafrecht AT I, § 2 Rn. 31.
1052 Messer, S. 46.
1053 Messer, S. 47.
1054 Schiemann, S. 59.
1055 Messer, S. 54.
1056 So auch Magnus, Gelungene Reform der Suizidbeihilfe, medstra 4/2016, 210 (214f.), die grundsätzlich die Regelung des Gesetzgebers befürwortet, jedoch den Begriff der Ge schäftsmäßigkeit für zu weitgehend hält.

Unbestimmt wird er jedoch durch die Verwendung im Normkontext. Es treten schwierige Abgrenzungsprobleme in der praktischen Falllösung auf. Der Gesetzgeber wollte bewusst nicht die singuläre Einzelfallhilfe unter Strafe stellen, es sei denn, dass diese den Beginn einer auf Fortsetzung angelegten Handlung darstellt.[1057] Hierin liegt die nächste Schwierigkeit begründet, nämlich die der tatsächlichen Feststellung der Innenperspektive des Sterbehelfers. Eine noch andere Frage bezieht sich darauf, für welche zeitliche Spanne die Geschäftsmäßigkeit des Täters festgestellt werden soll. Muss sich der Hilfeleistende zur Erlangung von Straffreiheit „nur“ vorstellen, gegenwärtig keine Wiederholung seiner Tat anstreben zu wollen, oder muss er sich dies für den Rest seines Lebens vornehmen?

Kubiciel[1058] fordert daher zur Eingrenzung des Tatbestandes einen ungeschriebenen Unmittelbarkeitszusammenhang zwischen der strafbaren Förderungshandlung und dem beabsichtigten Suizid. Der Gesetzgeber selbst hat hierzu nicht konkret Stellung bezogen, so dass wegen der im Übrigen vorherrschenden Weite des Tatbestandes ebenso in diesem Punkt eine weite Fassung angedacht gewesen sein wird. Da die Geschäftsmäßigkeit an sich aussagt, dass der Sterbehelfer beabsichtigt, wiederholt Suizidassistenzen zu leisten, fällt von vornherein als Täter heraus, wer nach seiner allgemeinen Grundeinstellung abstrakt die Wiederholung einer Suizidassistenz per se ausgeschlossen hat. Die grundsätzlich liberale Einstellung eines Menschen oder Arztes zur Leistung von Suizidassistenz kann angesichts der grundrechtlich statuierten Gewissensfreiheit nicht bereits als solche mit Strafe bedroht sein. Da vorliegend genau dies der Fall ist, erscheint die gegenwärtige Fassung des Tatbestandes als missglückt. Eine solche weite Pönalisierung ist auch vom Schutzzweck nicht geboten. Eine im Einzelfall geleistete Suizidbeihilfe beeinträchtigt die Autonomie des Suizidwilligen nicht stärker dadurch, dass sich der Sterbehelfer abstrakt vorgestellt hat, in nicht näher konkretisierter Zukunft erneut Suizidbeihilfe zu leisten.

Daher sollten alle Sterbehelfer, deren äußeres Erscheinungsbild nicht offenkundig auf eine Wiederholung der Beihilfehandlung ausgerichtet ist, von der Strafbarkeit ausgenommen werden. Offenkundig ist eine Wiederholungsabsicht beispielsweise dann, wenn der Sterbehelfer bereits eine größere Zahl

---

1057 BT – Drucks. 18 /5373, S. 17.

1058 Kubiciel, ZIS 6/2016, 396 (402); ähnlich argumentierend am Beispiel des § 246 Abs.1: Jahn, Gesetzgebung im Putativnotwehrexzess – Zur verfassungskonformen Auslegung des § 246 n.F., S. 15ff.; im Internet abrufbar unter: https://www.jura.uni-frankfurt.de/55029858/Strafgesetzgebung.pdf; letzter Abruf am 13.06.2017.

an Suizidassistenzen geleistet hat oder Inhaber bzw. Mitglied einer auf Suizidbeihilfe spezialisierten Organisation ist.[1059] Ärzte bleiben bei einer solchen Betrachtungsweise grundsätzlich straflos, da in der Regel nicht davon auszugehen ist, dass sich ein Arzt die Begehung konkret absehbarer, wiederholter Suizidassistenzen vorgenommen hat. Es kann jedoch nicht nur auf das äußere Erscheinungsbild der Tat abgestellt werden. Die „Geschäftsmäßigkeit" ist ein objektives Merkmal mit subjektiver Komponente, so dass sich, zur Eingrenzung der Strafbarkeit, der Wiederholungswille des Sterbehelfers in der Außenwelt manifestiert haben muss. Wie eine solche Manifestation der Wiederholungsabsicht in strafbarer Weise nach außen in Erscheinung treten muss, ist eine Frage des Einzelfalls. Meines Erachtens sollte hier eine sehr enge Auffassung vertreten werden. Für ein geschäftsmäßiges Handeln nach § 217 Abs. 1 muss sich die Wiederholungsabsicht (wenn der Sterbehelfer nicht Mitglied einer Sterbehilfeorganisation ist, denn dann ist die Wiederholungsabsicht offenkundig) so in der Außenwelt manifestiert haben, dass bei Beginn der Tätigkeit des Sterbehelfers sowohl wenigstens zwei Suizidwillige als auch die Zeitpunkte der in Bezug auf sie geplanten Tathandlungen konkret feststehen. Andernfalls handelt es sich um eine (straflose) Einzelfalltat, bei der die bloß abstrakt vorhandene Wiederholungsabsicht des Sterbehelfers mangels eines Außenweltbezuges nach hiesiger Ansicht unschädlich ist.

Als Beispiel: Das Merkmal der Geschäftsmäßigkeit ist nach dem hiesigen restriktiven Verständnis dann erfüllt, wenn der Sterbehelfer Arzt A dem Patienten B bei seinem Suizid assistiert und für ihn bei der Vornahme der Suizidassistenzhandlung feststand, dass er auch dem Patienten C zu einem späteren Zeitpunkt t Suizidbeihilfe leisten will. Es muss also feststehen: 1. die Person des Sterbehelfers (hier A), 2. die Person der ersten Suizidassistenz (hier B), 3. die Person der zweiten Suizidassistenz (hier C) und 4. die zeitliche Komponente t. Haben A und C bloß unverbindlich (abstrakt) vereinbart, dass A Suizidassistenz bei C zu einem nicht näher bestimmten Zeitpunkt t in der Zukunft leisten wird, dann ist nach dem hier vertretenen, sehr engen Interpretationsverständnis die Geschäftsmäßigkeit des Handelns nicht erfüllt. Ein solches, sehr enges Interpretationsverständnis steht weder dem Wortlaut noch dem gesetzgeberischen Willen entgegen, denn der Gesetzgeber wollte bewusst nicht die im Einzelfall geleistete Suizidhilfe kriminalisieren, sondern auf Dauer und Wiederholung ausgelegte Handlungen – wie auch die Verwendung des Begriffes „geschäftsmäßig" zeigt.[1060] Meines Erachtens reicht die bloße abstrakte Absicht einer möglichen künftigen Wiederholung nicht, um den vom Gesetzgeber

---

1059 In Anlehnung an den noch aufzuzeigenden Gesetzesvorschlag.

1060 BT – Drucks. 18/5373, S. 2, 3.

befürchteten „fatalen Anschein einer Normalität" und den „Gewöhnungseffekt an organisierte Formen des assistierten Suizides" in der Gesellschaft zu erzeugen.[1061] Denn erst wenn der nächste Patient (D) weiß, dass A bereits B geholfen hat und auch C helfen wird, kann in D die Vorstellung entstehen, dass A auch bereit ist, ihm (D) beim Suizid zu helfen. Erst dann hat sich meines Erachtens der Wiederholungswille des Sterbehelfers ausreichend in der Außenwelt manifestiert. Dieses enge Verständnis des Begriffes der Geschäftsmäßigkeit wird auch von der systematischen Stellung des § 217 im Gefüge der Fremdtötungsdelikte unterstützt. Abgesehen davon, dass § 217 verselbstständigtes Teilnahmeunrecht darstellt, ist keiner anderen Norm aus dem Abschnitt der Straftaten gegen das Leben immanent, dass eine Strafbarkeit davon abhängt, dass der Täter mit der Absicht der Wiederholung einer solchen Tat handelt.

Die gegenwärtige Strafbedrohung für die abstrakte Wiederholungsabsicht des Täters ist ebenfalls nicht mit dem intendierten Lebensschutz zu vereinbaren. Das von der ersten Suizidbeihilfe betroffene Leben ist zunächst nicht „schutzbedürftig", es sei denn, der Täter hegt bei seiner Hilfeleistung die Absicht der Wiederholung. Dies wird zutreffend heftig kritisiert. Eine solche Betrachtungsweise droht auch in Konflikt mit dem Gleichheitsgrundsatz des Art. 3 I GG zu geraten. Denn ein sachgerechter Grund, warum nur dem ersten Suizidenten geholfen werden darf und dem nächsten nicht mehr, ist nicht erkennbar. Im Hinblick auf den Schutz der Autonomie ist ein solches Verständnis eher möglich, da einem auf Wiederholung ausgerichteten Täter durchaus eine andere Gefährlichkeit beigemessen werden kann als einem Einzelfalltäter. Inwiefern dies jedoch mit dem Lebensschutzgedanken kompatibel ist, ist fraglich. Wie *Merkel*[1062] zudem betont, eignet sich ein solches Verständnis nur zur Strafschärfung, nicht jedoch zur Strafbegründung. Ernst gemeinter Lebensschutz sollte keine Ausnahmen dulden. Wenngleich die Effektivität der teleologischen Auslegung in der Literatur vereinzelt in Frage gestellt wird[1063], so ist festzustellen, dass auch diese das hiesige enge Verständnis der Geschäftsmäßigkeit stützt.

In Bezug auf die Tathandlungsvarianten des § 217 Abs. 1 sollte die Auslegung ebenfalls sehr restriktiv erfolgen. Die strafbaren Förderungshandlungen des § 217 Abs. 1 sollten nur Verhaltensweisen des Sterbehelfers erfassen, die generell dazu geeignet sind, die zu schützenden Rechtsgüter des § 217 – das Leben und die Autonomie des Suizidwilligen – überhaupt zu gefährden. Rein

---

1061 Zitate nach BT – Drucks. 18/5373, S. 2f., 11.

1062 Merkel, Stellungnahme im Gesetzgebungsverfahren, S. 3f..

1063 Hierzu z.B.: Walz, Das Ziel der Auslegung und die Rangfolge der Auslegungskriterien, ZJS 4/2010, 482 (488f.), abrufbar im Internet unter: http://www.zjs-online.com/dat/artikel/2010_4_348.pdf, letzter Abruf am 11.01.2018; Schiemann, S. 35ff.

administrative Verhaltensweisen, die keinen Bezug zur Suizidtat aufweisen und sich objektiv als „normale Alltagshandlungen“ darstellen, wie das Anlegen einer Kundenkartei, fallen damit aus der Strafbarkeit von vornherein raus. Die Frage, ob die jeweilige Handlung des Täters überhaupt geeignet ist, eine Rechtsgutsgefährdung herbeizuführen, muss dann im Einzelfall beantwortet werden.

Nach alledem hat sich gezeigt, dass es viele Fragen und Schwierigkeiten aufwirft, die Merkmale des Tatbestandes, insbesondere die Geschäftsmäßigkeit, kontextbezogen auszulegen. Es wird daher in der praktischen Falllösung schwierig sein, die positiven Fälle, die sich unzweifelhaft unter die Norm subsumieren lassen, und im Gegensatz dazu die negativen Fälle, die eindeutig als straflose Handlung nicht unter die Norm subsumierbar sind, von den zweifelhaften Fällen abzugrenzen.[1064] Je mehr von diesen Wackelkandidaten vorhanden sind, desto unbestimmter ist nach *Felix*[1065] der Begriff. Daher ist ein einschränkendes Verständnis der Geschäftsmäßigkeit unabdingbar. Der gesetzgeberische Schutzgedanke hinter dem Tatbestand des § 217 greift ersichtlich zu weit, wenn durch den Begriff der Geschäftsmäßigkeit auch medizinische Alltagshandlungen in palliativmedizinischen Einrichtungen und vergleichbaren Konstellationen mit Strafe bedroht werden.[1066] Dies ist ein nicht tragbares Resultat einer Strafnorm.

Unter Berücksichtigung dessen, dass das BVerfG nur selten zu dem Ergebnis gelangt, dass eine Norm als zu unbestimmt zu bewerten ist, und tendenziell eine Aufweichung des Bestimmtheitsgrundsatzes hinnimmt, halte ich es für unwahrscheinlich, dass das BVerfG die Norm für nichtig erklären wird. Wie gesehen, werden bereits einige Vorschläge zur einschränkenden Auslegung der Merkmale vertreten. Die Entscheidung des BVerfG bleibt jedoch mit Spannung abzuwarten.

Zur Vermeidung der aufgezeigten Probleme und Auslegungsschwierigkeiten schlage ich eine gesetzliche Änderung des Tatbestandes des § 217 Abs. 1 vor. Dieser Vorschlag eines Tatbestandes soll im Folgenden vorgestellt werden. In Anlehnung an § 206 Abs. 1 muss ein anderer Bezugspunkt der Geschäftsmäßigkeit gewählt werden.

In § 206 Abs. 1 bezieht sich die geschäftsmäßig vorgenommene Handlung des Täters nicht auf sein eigenes Internum, sondern auf die übergeordnete Rechtspersönlichkeit, in welcher der Täter tätig ist.

Übertragen auf § 217 Abs.1 müsse sich folgerichtig die Geschäftsmäßigkeit auf den Sterbehilfeverein als übergeordnete Vereinigung mit eigener

1064 Felix, S. 197.
1065 Felix, S. 197.
1066 So auch die als herrschend zu bezeichnende Literatur zu § 217.

Rechtspersönlichkeit beziehen, welche es sich zur Aufgabe gemacht hat, geschäftsmäßig Suiziddienstleistungsangebote zu erbringen. Dies hätte zur Folge, dass die von deren einzelnen Mitarbeitern oder sonstigen mitwirkenden Personen erbrachten Suizidhilfeleistungen, und zwar in Form des Gewährens, Verschaffens oder Vermittelns einer Gelegenheit zur Selbsttötung, strafbar wären. So betrachtet wäre jede dieser Handlungsvarianten zur Eröffnung einer Suizidgelegenheit strafbar, auf die Wiederholungsabsicht des Einzelnen käme es aber nicht in der Weise an, dass der Einzelne selbst diese Absicht aufweisen müsste, sondern in der Weise, dass er sich in eine Organisationsstruktur eingegliedert haben müsste, welche ihrerseits darauf ausgelegt ist, geschäftsmäßig zu agieren.

Der Tatbestand des § 217 Abs. 1 müsste parallel zum Tatbestand des § 206 Abs.1 abgeändert werden:

> „Wer als Organ, Beschäftigter oder Beauftragter in einer Vereinigung, die geschäftsmäßig Suizidhilfeleistungen erbringt, einem anderen absichtlich eine Gelegenheit zur Selbsttötung verschafft, gewährt oder vermittelt, wird mit Freiheitsstrafe bis zu 3 Jahren oder mit Geldstrafe bestraft."

b) Bewertung des eigenen Tatbestandes

Eine solche Fassung des Tatbestandes hätte den Vorzug, dass die von einer Einzelperson im Einzelfall erbrachte Suizidhilfeleistung nicht strafbar ist, folglich käme es für die Bewertung einer Strafbarkeit auch nicht auf die Wiederholungsabsicht des Hilfeleistenden an.

Die zahlreichen Probleme bei der Subsumtion unter das Merkmal der Geschäftsmäßigkeit, wie sie dezidiert zuvor aufgezeigt worden sind, würden gar nicht erst entstehen, da zwar der Hilfeleistende strafbar ist, jedoch nur dann, wenn er die Suizidbeihilfe als „Mitwirkender" einer Vereinigung erbringt. Die „Geschäftsmäßigkeit" des Handelns als Tatbestandsmerkmal bezieht sich auf die übergeordnete Vereinigung, die bewusst alle Arten von Zusammenschlüssen von Personen zu einer gemeinsamen Zweckausübung erfassen soll. Das Merkmal der Vereinigung rekurriert auf das weitgehend deckungsgleich verwendete Begriffsverständnis aus unterschiedlichen Rechtsbereichen. Verwendung findet der Begriff der Vereinigung beispielsweise in § 129 oder auf verfassungsrechtlicher Ebene in Art. 9 Abs. 1 GG. Eine einfachgesetzliche Begriffsbestimmung der Vereinigung findet sich in § 2 Abs. 1 VereinsG, welches vorliegend zur Definition herangezogen werden kann.[1067] Zur inhaltlichen Bestimmung, welche Personen unter den Begriff „Organ" zu subsumieren sind, kann auf die Ausführungen zur gleichnamigen Begriffsverwendung in § 14 Abs. 1 verwiesen werden.[1068] Das Merkmal „Beschäftigter" wird in unterschiedlichen Rechtsbereichen legaldefiniert, hinzuweisen ist insbesondere auf die Legaldefinition des § 6 Abs. 1 AGG.[1069] Vorliegend sollen davon alle „internen Sterbehelfer" der Vereinigung, also alle weisungsgebundenen Mitarbeiter oder Mitglieder, erfasst werden, wohingegen durch das Merkmal „Beauftragter" alle „externen Sterbehelfer" in die Strafbarkeit einbezogen werden sollen, also jene Sterbehelfer, die nicht „abhängig beschäftigt" in die Organisationsstruktur der Vereinigung integriert sind.[1070] Das Merkmal „Beauftragter" versteht sich folglich als Auffangmerkmal.

Dieser Vorschlag zur Neufassung des Tatbestandes erfasst jedoch nicht sämtliche Möglichkeiten zur Regelung der Strafbarkeit der geschäftsmäßig erbrachten Suizidassistenz. Einzelpersonen, die eine Vielzahl an Suizidassistenzen geleistet haben, wären nach dieser Tatbestandsfassung nicht nach § 217 strafbar. Jedoch ließe sich dieses Ergebnis durch eine ergänzende berufsrechtliche Regelung korrigieren, da nicht vorstellbar ist, dass ein nicht medizinisch geschulter Mensch in die Verlegenheit gerät, eine höhere Anzahl an Suizidassistenzen zu leisten.

Für Ärztinnen und Ärzte, welche es sich zu ihrer „Hauptaufgabe" gemacht haben, Suizidassistenzen nicht aus einer Konfliktsituation heraus im Einzelfall zu leisten, sind berufsrechtliche Sanktionen bis hin zum Entzug der Approbation möglich. Die Problematik verlagert sich dadurch zwar in den Bereich des

1067 § 2 Abs. 1 VereinsG lautet: Verein im Sinne dieses Gesetzes ist ohne Rücksicht auf die Rechtsform jede Vereinigung, zu der sich eine Mehrheit natürlicher oder juristischer Personen für längere Zeit zu einem gemeinsamen Zweck freiwillig zusammengeschlossen und einer organisierten Willensbildung unterworfen hat.

1068 Zu den Organen juristischer Personen zählen beispielsweise die vertretungsberechtigten Personen des Organs, z.B. der Geschäftsführer einer GmbH oder der Vorstand eines Vereins, siehe hierzu die Ausführungen bei S / S - Perron -, § 14 Rn. 15ff..

1069 § 6 Abs. 1 AGG lautet: (1) Beschäftigte im Sinne dieses Gesetzes sind 1. Arbeitnehmerinnen und Arbeitnehmer, 2. die zu ihrer Berufsbildung Beschäftigten, 3. Personen, die wegen ihrer wirtschaftlichen Unselbstständigkeit als arbeitnehmerähnliche Personen anzusehen sind; zu diesen gehören auch die in Heimarbeit Beschäftigten und die ihnen Gleichgestellten. Als Beschäftigte gelten auch die Bewerberinnen und Bewerber für ein Beschäftigungsverhältnis sowie die Personen, deren Beschäftigungsverhältnis beendet ist.

1070 Ein „Beauftragter" ist beispielsweise, wer auf selbstständiger Basis als Sterbehelfer in der Vereinigung, vergleichbar mit einem freien Mitarbeiter in einem Unternehmen, tätig ist.

Berufsrechtes, aber das Kernstrafrecht erscheint jedenfalls nicht geeignet, die Tätigkeit nur einzelner Personen (bislang zwei bekannter Personen) zu untersagen. Hier scheinen verwaltungsrechtliche Maßnahmen bzw. Strafandrohungen im Nebenstrafrecht vorzugswürdig.

Dieser Ansatz dürfte auch auf Zustimmung in der Ärzteschaft stoßen, da es dadurch möglich bleibt, die grundsätzliche Situation beizubehalten, dass Suizidbeihilfe nicht zu den ärztlichen Aufgaben zählt. Gleichwohl wäre es den Ärzten erlaubt im Konfliktfall Suizidassistenz zu leisten. Da ich aus einzelnen Gesprächen mit Ärzten die Erkenntnis erlangt habe, dass der Ruf nach Suizidassistenz ein absoluter Einzelfall ist, ja sogar einer Vielzahl an Patienten - wie dies sehr häufig betont wird - mit palliativmedizinischen Mitteln ausreichend geholfen werden kann, erscheint dieser Ansatz auch praxistauglich. Parallel dazu sollte aus Gründen der Rechtssicherheit für die Ärzteschaft eine Vereinheitlichung der Berufsordnungen der Landesärztekammern angestrebt werden. Denn die aktuelle Studie von *Zenz* et.al.[1071] hat gezeigt, dass hier im Hinblick auf § 217 noch große Unsicherheit herrscht. Schließlich kann ein solcher Vorschlag auch den Grundsatz der Einheit der Rechtsordnung für sich in Anspruch nehmen.

9. Grundrechtsorientierte Auslegung

Zum Abschluss der Erörterungen zur Auslegung des Tatbestandes des § 217 Abs. 1 soll noch ein kurzer Blick auf die Methode der grundrechtsorientierten Auslegung gewagt werden. Dies drängt sich auf, wenn wie vorliegend Rechtsgüter von besonderer verfassungsrechtlicher Bedeutung tangiert werden.

Mit der Methode der grundrechtsorientierten Auslegung hat sich *Kudlich*[1072] näher beschäftigt.

Nach *Kudlich*[1073] nehme die grundrechtsorientierte Auslegung als „Verfassungsgemäßheit der konkreten Rechtsanwendung" in der „verfassungsrechtlichen Diskussion eine „eigenständige Rolle" ein. Insbesondere da das BVerfG im Hinblick auf die Einschätzungsprärogative des Gesetzgebers eine eher zurückhaltende Rechtsprechung ausübe, halte er die grundrechtsorientierte Auslegung für zukunftsträchtig.[1074] Zwar könne – wie *Kudlich* betont – „die Verfassung i.d.R. bei einem konkreten einfachgesetzlichen Auslegungsproblem die Entscheidung nicht determinieren", dennoch ist auch die Erkenntnis, wie

1071 Studie von Zenz et. al, Fn. 530.

1072 Kudlich, Grundrechtsorientierte Auslegung im Strafrecht, JZ 3/2003, 127 ff..

1073 Kudlich, JZ 3/2003, 127.

1074 Kudlich, Fn. 1072, 127.

ein Auslegungsergebnis auf keinen Fall aussehen darf, „zur Minimierung verfassungsrechtlicher Risiken […]“ hilfreich.[1075]

Die Grundrechte spielen bei der Untersuchung einer Strafrechtsnorm stets eine wichtige Rolle, da auf der einen Seite mit der strafrechtlichen Verhaltensnorm ein bestimmtes Rechtsgut vor äußerlicher Beeinträchtigung geschützt werden soll, was jedoch auf der anderen Seite zur Folge hat, dass andere grundrechtsrelevante Freiheitsbetätigungen eingeschränkt werden. Hier ein angemessenes Verhältnis zu finden, ist keine leichte Aufgabe. § 217 tangiert jedoch nicht nur die Vereinigungsfreiheit der geschäftsmäßig handelnden Sterbehelfer und, sofern die Tätigkeit eines Sterbehelfers auch als „Beruf“ im grundgesetzlichen Verständnis aufgefasst wird, zudem die Berufsfreiheit, sondern beschneidet ebenso die Tätigkeit der Ärzte und des medizinischen Personals, indem berufliche Alltagshandlungen durch die weite Fassung des Tatbestandes mit einer Strafbarkeit bedroht sind. Zudem wird durch die Norm das Selbstbestimmungsrecht des Suizidenten partiell beschnitten.

Die Frage nach der verfassungsrechtlichen Überprüfung sowohl des § 217 als auch der oben dargelegten Auslegungsvarianten ist ohne Zweifel eine intensive Auseinandersetzung wert, nicht zuletzt deshalb, weil der Grundsatz der Verhältnismäßigkeit insbesondere im grundrechtsintensiv ausgestalteten Strafrecht eine übergeordnete Rolle einnimmt.[1076]

Vorliegend soll jedoch nicht die verfassungsrechtliche Problematik um die Norm erörtert werden, sondern es soll abschließend eine knappe Würdigung des eigenen Gesetzesvorschlages auf Gewährleistung des Verhältnismäßigkeitsgrundsatzes angestellt werden. Alles andere würde den gesetzten Rahmen der Arbeit überschreiten.

Der Gesetzesvorschlag lautet:

> „Wer als Organ, Beschäftigter oder Beauftragter in einer Vereinigung, die geschäftsmäßig Suizidhilfeleistungen erbringt, einem anderen absichtlich eine Gelegenheit zur Selbsttötung verschafft, gewährt oder vermittelt, wird mit Freiheitsstrafe bis zu 3 Jahren oder mit Geldstrafe bestraft.“

Der vorstehend präferierte, abgeänderte Tatbestand des § 217 Abs. 1 verlagert den Anknüpfungspunkt der Geschäftsmäßigkeit von der die Gelegenheit der Selbsttötung ermöglichenden Person auf die übergeordnete Vereinigung

1075 Kudlich, Fn. 1072, 127 (128f.).
1076 Kudlich, Fn. 1072, 127 (130).

mit eigener Rechtspersönlichkeit. In der Praxis ist dies in der Regel der Sterbehilfeverein.

Diese tatbestandliche Modifizierung des Normtextes bietet auch aus grundrechtlicher Sicht einige Vorteile, gleichwohl, und das soll nicht bestritten werden, auch Nachteile. Was überwiegt, hängt erkennbar von der gewollten Zwecksetzung ab.

Der Gesetzgeber verfolgt mit der Norm den Schutzzweck, dass das Leben des Suizidenten sowie dessen Autonomie vor Fremdbeeinflussung und daraus resultierenden, übereilten Suizidtaten geschützt werde.[1077] Die Einschätzungsprärogative des Gesetzgebers, die es ihm erlaubt, Rechtgüter mit einer Strafbewehrung zu schützen, muss als existent anerkannt werden, auch wenn die Gefahreneinschätzung des Gesetzgebers in Bezug auf § 217 nach einer Vielzahl der Autoren auf keiner empirisch gesicherten Basis stehe und daher ernsthafte Zweifel an deren Berechtigung bestünden.[1078] Ohne sich intensiv mit der Tauglichkeit der Norm zur Verfolgung des gesetzgeberisch vorgegebenen Schutzzwecks auseinanderzusetzen, kann nach obiger summarischer Prüfung das statuierte Ziel, der Schutz des Suizidenten, als verfassungsrechtlich verankerter Schutzzweck anerkannt werden.[1079] Dieser Schutzzweck bleibt auch bei diesem Tatbestandsverständnis erhalten, da nicht der Normgehalt in seinem Kern verändert wird, sondern lediglich der Anknüpfungspunkt der Geschäftsmäßigkeit.

Laut *Kudlich*[1080] setzt die Geeignetheit des Mittels voraus, dass das Mittel den Zweck fördert. *Kudlich*[1081] verweist insoweit auf die großzügige Betrachtungsweise des BVerfG, was die Zwecktauglichkeit des Mittels angeht. Seiner Ansicht nach müssten bei der Beurteilung der Zwecktauglichkeit alle Bedenken hinreichender empirischer Begründungsdichte zurückstehen; hypothetische Erwägungen zu Alternativen müssten gleichwohl angestellt werden.[1082]

Bleiben empirische Erwägungen bei der Beurteilung außer Betracht, so ist es durchaus vorstellbar, dass durch die Angebote eines Sterbehilfevereines ei-

---

1077 Hecker, Das strafrechtliche Verbot geschäftsmäßiger Förderung der Selbsttötung (§ 217 StGB), GA 2016, 455 (464, 467).

1078 Siehe hierzu die Ausführungen bei z.B. Roxin, NStZ 4/2016 185 (186ff.); Hecker, GA 2016, 455 (464f.), die der Ansicht sind, dass es nicht empirisch belegt sei, dass ein geschäftsmäßiges Angebot von Suizidassistenz, die vom Gesetzgeber befürchteten Auswirkungen auf das bezeichnete Rechtsgut haben soll.

1079 So bestätigt auch z.B. Hecker, GA 2016, 455 (470), dass es unter Berücksichtigung bestimmter dogmatischer Strukturen durchaus möglich ist, dass das vom Gesetzgeber statuierte Ziel, verfassungsrechtlich legitim sei.

1080 Kudlich, JZ 3 /2003, 127 (130).

1081 Kudlich, JZ 3 /2003, 127 (131).

1082 Kudlich, JZ 3 /2003, 127 (131).

nem suizidgefährdeten Menschen ein einfacher und schmerzloser Weg aus seinem Leid suggeriert wird, der den Suizidenten dazu bewegen könnte, diese Hilfeleistungsangebote in Anspruch zu nehmen, statt alternativ über andere, möglicherweise abschreckendere Arten des Suizides nachzudenken. Die Aussicht auf einen einfachen und unkomplizierten Tod dürfte daher in der psychisch schwer belasteten Situation des Suizidenten ihre Anreize haben. Zwar wäre es sinnvoll die bislang fehlenden, statistischen Erhebungen durchzuführen, um solche Zusammenhänge zu be- oder widerlegen, da solche Belege aber vorliegend nicht gegeben sind, bleibt es bei der (gesetzgeberischen) Einschätzung, dass das Angebot von Sterbehilfevereinen abstrakt geeignet erscheint, die Willensbildung des Suizidenten zu beeinflussen, so dass ein Verbot der Tätigkeit von Sterbehilfevereinen durchaus geeignet im Sinne des Verhältnismäßigkeitsgrundsatzes ist.

Mildere Maßnahmen, wie sie bereits im Zusammenhang mit der geltenden Fassung diskutiert werden, sind hier wie dort mit vergleichbaren Argumenten zu erörtern. Hinsichtlich des angeführten Werbeverbotes[1083] kann nicht von einem gleich effektiven Mittel gesprochen werden. Auch ohne offensive Werbung geschieht Werbung im Stillen. Allein durch die bloße Existenz eines Sterbehilfevereines geschieht stillschweigend Werbung. Ein einfaches Beispiel für stille Werbung ist die Mundpropaganda. Es wird über den Verein und dessen Tätigkeit gesprochen, auch ohne dass dieser aktiv Werbung betreiben müsste. Wie Mundpropaganda verboten und damit vermieden werden soll, ist nicht ersichtlich. Die Effektivität stiller Werbung mag aus unternehmerischer Sicht anders zu beurteilen sein, betriebswirtschaftliche Gesichtspunkte müssen jedoch bei dieser Begutachtung außer Acht bleiben, zumal § 217 zu einem Zeitpunkt in Kraft getreten ist, als die Tätigkeit der Sterbehilfevereine auch in Deutschland schon längst in der Bevölkerung als existent etabliert war. Ein Werbeverbot hätte daher allenfalls zur Folge, dass sich die Tätigkeit der Sterbehilfevereine nicht weiter in dem Maße bzw. nicht mit steigender Tendenz verbreitet wie bei einer offensiven Werbung. Inwiefern dann ein Werbeverbot bei unterstellter Schutzzwecktauglichkeit gleich geeignet sein soll, ist nicht nachvollziehbar.

Alternativ bestehende Möglichkeiten wie berufsrechtliche Maßnahmen oder ein Vereinsverbot, die gerne als mildere Mittel in Betracht gezogen werden, sind meiner Ansicht nach nicht per se milder und damit weniger einschneidend als die Anordnung einer Strafe. Ein berufsrechtliches oder vereinsrechtliches Verbot wirkt für die Betroffenen in seiner grundrechtlichen Ausprägung eher

---

1083 BT – Drucks. 18 /5373, 14.

partiell (zwar nicht für den Sterbehilfeverein in seiner Eigenschaft als Rechtspersönlichkeit, diese wird ihm durch ein Vereinsverbot gänzlich genommen) und nicht wie eine Freiheitsstrafe als ein unter Umständen völliger Entzug der freiheitlichen Betätigung. Dennoch wirkt es nicht selten lebenslang und dadurch oft nicht weniger einschneidend für den Betroffenen. Ein Sterbehilfeverein, dem wie gegenwärtig durch die Strafbewehrung die Ausübung seiner Tätigkeit genommen wird, bleibt immerhin zunächst existent; ein Vereinsverbot käme seinem „Todesurteil" gleich. Daher können auch berufsrechtliche und vergleichbare Maßnahmen nicht uneingeschränkt als mildere Mittel angesehen werden.

Die Möglichkeit, prozedurale und verwaltungsrechtliche Maßnahmen zu statuieren, die die Maßnahmen und Standards für die geschäftsmäßige Suizidassistenz näher bestimmen, wie dies der Entwurf von *Künast et.al.* vorgeschlagen hat, mag von *Hecker*[1084] durchaus als milderes Mittel in Betracht gezogen werden, hat jedoch eine völlig andere Botschaft zum Inhalt, die der Gesetzgeber meines Erachtens im Einklang mit der Ärzteschaft vermeiden wollte: nämlich, dass die Suizidassistenz in Deutschland aufgrund ihrer ausdrücklichen gesetzlichen Legalisierung als ein mögliches Wahlangebot neben den gewöhnlichen Therapiemaßnahmen begriffen werden könnte und dadurch eine staatlich-legitimierende Wirkung auf den Bürger erzeugt werden könnte.[1085] Die Gesetzesbegründung spricht insofern von einem „Gütesiegel staatlicher Kontrolle".[1086]

Hecker[1087] kritisiert insoweit, dass die Gesetzesbegründung verfassungsrechtlich im Hinblick auf die Erforderlichkeit zu schwach argumentiere, dennoch muss zumindest berücksichtigt werden, dass ein derartiges Gesetz den Bürgern eine bestimmte Botschaft suggeriert und es daher eine völlig andere Qualität hat, eine konkrete ärztliche Leistung zu tolerieren als sie unter – wenn auch möglich engmaschiger Aufsicht und Kontrolle – zu legalisieren.

Im Übrigen muss laut *Kudlich*[1088] auf der Prüfungsstufe der Geeignetheit und der Erforderlichkeit eines Mittels stets die Einschätzungsprärogative des Gesetzgebers berücksichtigt werden, so dass dem Gesetzgeber hier keine allzu hohen Hürden gestellt sind.

1084 Hecker, GA 2016, 455 (467).

1085 Siehe hierzu die Ausführungen in den Motiven zu § 217, BT – Drucks. 18/5373, S. 13, „Mildere Maßnahmen wie dem strikten strafrechtlichen Verbot vorgelagerte Kontrollmaßnahmen sind kein gleichermaßen geeignetes Mittel." Damit würde, „der Tendenz, die Suizidhilfe als normale Dienstleistung zu verstehen, Vorschub geleistet [würde], weil diese Angebote mit dem Gütesiegel staatlicher Kontrolle versehen würden."

1086 BT – Drucks. 18 /5373, S. 13.

1087 Hecker, GA 2016, 455 (466f.)

1088 Kudlich, JZ 3 /2003, 127 (130ff.).

Die anspruchsvollste Prüfung ist die der Verhältnismäßigkeit im engeren Sinne, folglich die Überprüfung der Angemessenheit des eingesetzten Mittels im Hinblick auf den verfolgten Zweck.[1089] An dieser Stelle spielen die von der Strafandrohung betroffenen Grundrechte eine besondere Rolle.

Mit der Angemessenheit des Mittels im Hinblick auf den mit § 217 verfolgten verfassungsrechtlichen Schutzzweck hat sich *Hecker* näher befasst. Er gelangt zu dem Ergebnis, dass die geltende Fassung des § 217 Abs. 1 nicht angemessen sei.[1090] Im Rahmen seiner Abwägung stellt *Hecker* zunächst darauf ab, welche Grundrechtsbeeinträchtigungen durch die Einführung des § 217 erfolgen. Anschließend stellt er fest, dass „die von ihm [§ 217] ausgehende Grundrechtsbeeinträchtigung den Zuwachs an Rechtsgüterschutz überwiegt, so dass der Einsatz des Schutzmittels als unangemessen erscheint."[1091]

Seine Ansicht begründet er im Wesentlichen damit, dass die „Wertigkeit der beeinträchtigten Grundrechtspositionen" sehr hoch anzusetzen sei, da sie lediglich durch verfassungsimmanente Schranken zu begrenzen seien.[1092] Dies seien zum einen die „Selbstbestimmung der Sterbehilfevereine" gem. Art. 9 I GG, denen durch das strafrechtliche Verbot ein „existenzieller Kernbereich der satzungsgemäß festgelegten Vereinstätigkeit"[1093] entzogen wurde, zum anderen die der suizidgeneigten Mitglieder des jeweiligen Sterbehilfevereins, denen durch das strafrechtliche Verbot ein Teil ihrer Selbstbestimmung aus Art. 2 I i.V.m. 1 I GG genommen worden sei, indem sie nunmehr die ihnen nach Maßgabe der Vereinssatzung in Aussicht gestellte Suizidassistenz [nicht mehr] in Anspruch [...] nehmen" könnten.[1094] Anschließend begründet *Hecker*[1095] unbestritten sehr anschaulich den hohen Rang und die hohe Wertigkeit des Selbstbestimmungsrechtes in unserer Verfassung, welches durch das abstrakte Verbot der geschäftsmäßigen Förderung der Selbsttötung aufgrund ungesicherter, empirischer Vermutungen eingeschränkt werde und sich davon abkehre, dass diese seit 140 Jahren nicht grundlos straffrei gestellt gewesen sei.[1096] Diese partielle Missachtung der Wertigkeit des Selbstbestimmungsrechtes durch die

---

1089 Kudlich, JZ 3 /2003, 127 (130ff.).

1090 Hecker, GA 2016, 455 (468ff.); der der Meinung ist, dass § 217 zwar bei Verständnis des § 217 als ein verselbstständigtes Teilnahmedelikt ein verfassungsrechtlich legitimes Ziel verfolge, des Schutzes des Suizidenten vor übereilten Entscheidungen, welches jedoch keinesfalls mit einem geeigneten, erforderlichen und angemessenen Mittel, dem strafrechtlichen Verbot der geschäftsmäßigen Selbsttötung, geschützt werden solle.

1091 Hecker, GA 2016, 455 (468).

1092 Hecker, GA 2016, 455 (468).

1093 Hecker, GA 2016, 455 (463).

1094 Hecker, GA 2016, 455 (463).

1095 Hecker, GA 2016, 455 (468ff.).

1096 Hecker, GA 2016, 455 (469f.).

Verweigerung des Zuganges zur organisierten Suizidhilfe gegenüber der partiellen Preisgabe des Lebensschutzes innerhalb der Eigenverantwortung eines Einzelnen sei für ihn nicht mehr verhältnismäßig im engeren Sinne.[1097] Es sei nicht nachvollziehbar, dass es dem Einzelnen auf der einen Seite durch die §§ 1901a ff. BGB ermöglicht werde, unter Umständen viele Jahre im Voraus in einer Patientenverfügung über medizinische Behandlungsarten zu entscheiden, er aber andererseits durch die Neufassung des § 217 ein Stück weit seiner Autonomie beraubt werde.[1098]

Im Hinblick auf die Frage der Verfassungsmäßigkeit des § 217 ist zu beachten, dass auch eine Verletzung des Art. 3 I GG in Betracht zu ziehen ist, und zwar dadurch, dass durch die Verwendung des Merkmales der Geschäftsmäßigkeit nunmehr ein Ungleichgewicht unter allen suizidwilligen Menschen entstehen kann, wenn berücksichtigt wird, dass der Sterbehelfer, in der Regel der Arzt, sich zur Vermeidung einer Strafbarkeit nunmehr wird entscheiden müssen, welchem Patienten er einmal Hilfe leistet, da er für sich – wegen der Strafbewehrung – die Wiederholung dieser Hilfeleistung ausgeschlossen hat. Sofern für den Suizidassistenten klar ist, dass es eine einmalige Hilfe sein wird, entsteht infolgedessen eine Ungleichbehandlung aller suizidwilliger Patienten, die den Suizidassistenten in eine missliche Situation drängt, die mit der Situation der rechtfertigenden Pflichtenkollision zu vergleichen ist. Freilich geht es nicht um die Frage, wem der Arzt Suizidassistenz leisten darf, sondern darum, dass er selbst genötigt ist, sich in dieser schwierigen Situation zu entscheiden. Obwohl Vergleiche immer hinken, kann die sich daraus ergebende Wertung auf die dargestellte Situation übertragen werden. In dieser Not wird es nicht verwundern, wenn der Arzt aus Angst vor einer Strafbarkeit sogar die Entscheidung trifft, keinem zu helfen.

In Bezug auf den hier vertretenen modifizierten Normtext lassen sich nun folgende verfassungsrechtliche Überlegungen anstellen.

Die weite Strafbarkeitsdrohung durch die derzeitige Fassung des § 217 wird stark eingeschränkt und auf die Tätigkeit der Sterbehilfevereine fokussiert. Medizinische Alltagshandlungen in palliativmedizinischen Einrichtungen fallen aus der Strafandrohung des § 217, da palliativmedizinische Vereinigungen nicht das Ziel der geschäftsmäßigen Anbietung von Suizidhilfeleistungen verfolgen. Überdies bleibt es möglich, dass Ärzte in palliativmedizinischen Einrichtungen und Stationen im Einzelfall Suizidassistenz leisten, wenn sie dies mit ihrem subjektiven Berufsverständnis und Gewissen vereinbaren können.

1097 Hecker, GA 2016, 455 (469f.).
1098 Hecker, GA 2016, 455 (470).

Die meines Erachtens auch mit der Einschätzungsprärogative des Gesetzgebers nur schwer zu rechtfertigende Betrachtungsweise, dass eine im Einzelfall geleistete, nicht strafwürdige Tat allein durch die Wiederholungsabsicht zu einer strafwürdigen und nunmehr auch strafbaren Tat avanciert, entfällt. Die Geschäftsmäßigkeit bezieht sich nicht mehr auf die einzelne Helferperson, sondern auf die Vereinigung. Nimmt innerhalb der Vereinigung nun jemand eine der benannten Tathandlungen vor, ist er strafbar, auch ohne die Absicht der Wiederholung. Zwar wird damit die erste Hilfeleistung unter Strafe gestellt, aber zum einen hat der Gesetzgeber dies selbst für möglich gehalten und zum anderen, macht sich der Täter nur dann strafbar, wenn er in Form einer der im Tatbestand genannten „Subjekte" handelt.

Vor allem, wenn man sich vergegenwärtigt, dass von der weiten Fassung des § 217 Abs. 1 auch bereits solche Handlungen erfasst werden, die noch in keinem unmittelbaren Zusammenhang mit der Selbsttötung stehen und für sich betrachtet als gewöhnliche Alltagshandlungen erscheinen, ist ein einschränkendes Verständnis bereits aus Gründen der Sozialadäquanz geboten.

Einzelfallhilfeleistungen durch Ärzte sind und sollten erlaubt sein. Zur Statuierung von mehr Rechtssicherheit ist eine klarstellende Regelung, wie *Jäger*[1099] sie für „seinen" § 217 Abs. 2 vorgeschlagen hat oder alternativ im Berufsrecht verankert, opportun.

Freilich – und das soll nicht verkannt werden – besteht bei Zugrundelegung dieser Fassung die Möglichkeit, dass einzelne Ärzte eine Vielzahl an Suizidassistenzen leisten, die sodann nicht mehr von der Strafbarkeit nach § 217 Abs. 1 erfasst werden, da diese Einzelpersonen sich nicht zwingend einer juristischen Struktur zuordnen lassen können. Das war jedoch auch schon vor Inkriminierung der geschäftsmäßigen Suizidassistenz so und beschränkte sich bislang auf die bekannten zwei Einzelfälle. Es ist vielmehr so, dass ungefähr 2/3 der befragten Ärzte das ärztliche Berufsverständnis als für sich verbindlich anerkennen. Da dieses auf Leidlinderung und Lebenserhaltung angelegt ist, besteht meines Erachtens nicht ernsthaft die Sorge, dass in Zukunft eine Vielzahl an ärztlichen Sterbehelfern auftreten wird. Dazu hat die eigene, zwar nicht repräsentative Studie[1100] hilfreiche Tendenzen aufgezeigt, die noch an späterer Stelle in die Diskussion einbezogen werden.

Ergänzend kann der Tätigkeit solcher ärztlichen Sterbehelfer mit berufsrechtlichen Sanktionen begegnet werden. Diese können, wie gezeigt, auch durchaus eine vergleichbare Eingriffsintensität wie eine Strafrechtsnorm errei-

---

1099 Jäger, JZ 18/2015, 875 (883)

1100 Die Ergebnisse der durchgeführten Studie werden im 6. Kapitel vorgestellt.

chen, da der Entzug der ärztlichen Approbation oder ein vergleichbares Berufsverbot den Betroffenen dauerhaft partiell einschränkt, während eine Strafe vorübergehender Natur ist.[1101]

Das Selbstbestimmungsrecht des Suizidwilligen aus Art. 2 I GG i.V.m. Art. 1 I GG wird partiell im Hinblick auf eine bestimmte Form der Suizidassistenz, die Inanspruchnahme der Suizidhilfeleistungen eines Sterbehilfevereines, beschnitten und nicht, was im Rahmen des Gesetzgebungsverfahrens als eigenständiger Entwurf erörtert wurde, gänzlich beseitigt, indem jede Suizidbeihilfe verboten worden wäre. Zudem wird dem Suizidenten durch die vorgeschlagene Lösung der Weg in die ärztliche Suizidassistenz eröffnet, die meines Erachtens und auch nach Ansicht vieler Autoren auf Grund der Kompetenzen eines Arztes vorzugswürdig ist.

Da, wie die überwiegende Zahl der Autoren vertritt, die versteckte Intention des Gesetzgebers zu § 217 darin besteht, die Tätigkeit der Sterbehilfevereine zu beschneiden, ist auch dieses Ziel mit der vorgeschlagenen modifizierten Tatbestandsfassung erreicht.

Die Kritik von *Hecker*, welcher maßgeblich auf die Einschränkung der Grundrechte der Sterbehilfeorganisationen und deren Mitgliedern abstellt, bleibt zwar auch bei Zugrundelegung dieser Tatbestandsfassung erhalten.

Immerhin entfallen aber nicht unerhebliche Risiken auf Seiten des medizinischen Personals und der Ärzte. Sie genießen zumindest aus strafrechtlicher Sicht dadurch eine ungestörte Berufsausübung und können frei nach ihrem Gewissen entscheiden, ob sie zukünftig eine oder mehrere Suizidassistenzen innerhalb ihres (Berufs-) Lebens leisten möchten. Sofern auf die Einschränkung des Grundrechtes aus Art. 9 I GG abgestellt wird, muss auch berücksichtigt werden, dass es sich um eine Vereinigung handelt, die sich speziell mit der Leistung von Suizidassistenz auseinandersetzt. Wenngleich *Hecker*[1102] zutreffend die Vorteile einer fachkundigen Betreuung eines Suizidpatienten aufzeigt, so dürfte doch die Spezialisierung auf Unterstützungsleistungen zur Selbsttötung bei einer Vielzahl an Menschen auf moralische Vorbehalte stoßen.

Die angesprochene partielle Einschränkung des Selbstbestimmungsrechtes wiegt nach *Hecker* so schwer, dass sie für ihn zur Unangemessenheit des verhängten strafrechtlichen Verbotes führt. Dabei muss jedoch berücksichtigt werden, dass seine Kritik sich gegen die geltende Fassung wendet. Den zahlreichen Stimmen aus der Literatur[1103] ist zu entnehmen, dass nicht das Verbot

1101 Ähnlich argumentierend: Jäger, JZ 18/2015, 875 (883).

1102 Hecker, GA 2016, 455 (466).

1103 Siehe beispielsweise: Duttge, NJW 3/2016, 120 (122f.); Eidam, medstra 1/2016, medstra 1/2016, 17 (20); Magnus, medstra 4/2016, 210 (215); die allesamt auf die Risiken, die der Ärzteschaft durch § 217 drohen abstellen.

der Tätigkeit der Sterbehilfevereine Kern der Kritik an § 217 ist, sondern die Oktroyierung von Strafbarkeitsdrohungen bei Suizidassistenzen durch ärztliche Hand. Diese würden damit entfallen. Da durch diesen Vorschlag auch eine partielle Rücknahme der Beschneidung des Selbstbestimmungsrechtes erfolgt, dürfte dieser Vorschlag möglicherweise auch nach Ansicht von *Hecker* die Angemessenheit im engeren Sinne wahren.

Wie *Hecker*[1104] zudem gezeigt hat, fand in den letzten Jahren auch kein markanter Anstieg der Suizidassistenzen weder in Deutschland noch im Ausland statt. Berücksichtigt werden sollte bei der Beurteilung der Entwicklung auch, dass auf Grund des demographischen Wandels die Zahl der Mitglieder der Altersgruppe, die laut Gesetzesbegründung am ehesten suizidgefährdet ist - vorwiegend die alten und kranken Menschen -, angestiegen ist und tendenziell auch in Zukunft weiter steigen wird.[1105]

Der Schutz vor fremdbeeinflussten, übereilten Suizidentschlüssen wird von *Hecker*[1106] als verfassungsrechtlich legitimer Schutzzweck anerkannt. Das menschliche Leben zählt laut *Antoine*[1107] zu den höchstrangigen Rechtsgütern unserer Verfassung; die Selbstbestimmung des Menschen und damit auch die der Sterbewilligen tritt diesem Lebensschutz in vergleichbar hoher Wertigkeit gegenüber. Aus der verfassungsrechtlichen Stellung folgt jedoch keine Absolutheit des Lebensschutzes.[1108] Der Einzelne sollte in einem modernen Rechtsstaat die Möglichkeit besitzen, seinem Leben ein Ende setzen zu dürfen, ohne damit anderen durch einen, wie *Rosenau/Sorge* sagten, „Brutalsuizid“ zu schaden.[1109] Ein Anspruch auf staatliche Unterstützung bei der Umsetzung des Sterbewunsches lässt sich zwar nach allgemeiner Meinung nicht aus der Verfassung ableiten und auch moralisch nur schwer begründen. Dennoch sollte es zum Schutz des Lebens des Einzelnen, der Gemeinschaft und zur Bewahrung der Würde des Suizidenten Aufgabe des Staates sein, sich in solchen Situationen schützend an die Seite des Suizidenten zu stellen, diesen zu begleiten und zu stützen bei seiner gewiss für ihn schwierigen Entscheidung, Auswege durch offene Gesprächsbereitschaft versierter und erfahrener Personen im richtigen

1104 Hecker, GA 2016, 455 (465).
1105 BT – Drucks. 18/5373, S. 8f..
1106 Hecker, GA 2016, 455 (469).
1107 Antoine, Aktive Sterbehilfe in der Grundrechtsordnung, S. 161ff..
1108 Hecker, GA 2016, 455 (469).
1109 Rosenau / Sorge, NK – 2/2013, 108 (116).

Zeitpunkt anzubieten und nicht Handlungsoptionen zu verbieten, die den Suizidenten anschließend dazu verurteilen, auf „brutale“[1110], einsame und entwürdigende Weise aus dem Leben scheiden zu müssen.

III. Zusammenfassendes Ergebnis

Am Ende des Jahres 2015 scheiterte der Antrag auf Erlass einer einstweiligen Anordnung durch das BVerfG[1111], angestoßen von zwei Sterbehelfern, die sich auf die Einschränkung ihrer Grundrechte durch den neuen § 217 beriefen. Derzeit steht die Hauptsacheentscheidung des Bundesverfassungsgerichtes zur Verfassungsmäßigkeit des § 217 noch aus.

In der Wissenschaft wird vielfach befürchtet, dass das Bundesverfassungsgericht § 217 nicht wegen Verstoßes gegen die Verfassung für nichtig erklären wird. Gemessen an der bisherigen Handhabungspraxis des Bestimmtheitsgrundsatzes durch das BVerfG dürften diese Zweifel nicht unberechtigt sein.1112

Die „Handlungsanweisung“ an den Gesetzgeber bewertet das BVerfG anders als die „Handlungsbegrenzung“ für den Rechtsanwender.[1113]

Das BVerfG verwirft eher eine strafgerichtliche Auslegung als nicht verfassungsgemäß, während es dem Gesetzgeber einen weiten Beurteilungsspielraum hinsichtlich dessen, welches Verhalten er sanktioniert und welches Rechtsgut er geschützt wissen will, einräumt.[1114] Bislang hat das BVerfG erst drei Tatbestände bzw. deren Interpretation als zu unbestimmt verworfen.[1115] Der Prüfung nicht standgehalten haben die Verwendung des Merkmals „in einer die Menschenwürde verletzenden Weise“ in § 131[1116], die begriffliche Auslegung der „Gewalt“ in § 240[1117] sowie die Vermögensstrafe nach § 43a[1118].

Nach hiesiger Sicht ist nicht davon auszugehen, dass das BVerfG die Norm des § 217 kassieren wird, auch wenn dies meiner Ansicht nach notwendig wäre.

1110 Rosenau / Sorge, NK – 2/2013, 108 (110).

1111 BVerfG, Beschluss der 2. Kammer des Zweiten Senats vom 21. Dezember 2015, -2 BvR 2347/15- Rn. (1-22), http://www.bverfg.de/e/rk20151221_2bvr234715.html.

1112 Kuhlen, Fn. 560, S. 17ff..

1113 BVerfG, NJW 2002, 1779 (1780); sowie die beispielsweise sehr ausführliche Darstellung bei: Kuhlen, Fn. 560, S. 52ff.; Schiemann, S. 37 ff.

1114 BVerfGE 120, 224 (240ff.); Gaede, JuS 5/2016, 385 (387).

1115 Kuhlen, Unbestimmtheit und unbegrenzte Auslegung des Strafrechts, S. 22.

1116 BVerfGE 87, 209.

1117 BVerfGE 92, 1 (11ff..).

1118 BVerfG, NJW 2002, 1779.

Die aus ihm in der gegenwärtigen Fassung resultierenden, umfangreich dargestellten Nachteile überwiegen den mit der Norm allenfalls erreichbaren Schutzeffekt um einiges, zumal, wie gesehen, auch ein gering veränderter Tatbestand den Schutzzweck wahrt, jedoch bestehende erhebliche Risiken für die Ärzteschaft eliminiert. Die Befürchtung, in Zukunft mehr ärztliche Sterbehelfer anzutreffen, ist meines Erachtens unberechtigt. Die Ärzteschaft nimmt ihr Berufsverständnis sehr ernst. Dies haben die zahlreichen Gespräche mit Ärzten und die durchgeführte Studie offenbart. Auch – so wurde glaubhaft dargestellt – ist der „echte Sterbewunsch", der den Patienten tatsächlich zur Selbsttötung bewegen könnte, in der Palliativmedizin nicht so verbreitet, wie dies in literarischen Aufsätzen gerne suggeriert wird. Die meisten Patienten stellen sich ihrem Schicksal und ertragen es bis der Tod von alleine eintritt.

Dennoch dürfte es für die Selbstbestimmung des Bürgers von enormer Relevanz sein als letzten Ausweg Hilfe erlangen zu können. Es ist eher der psychische Effekt: „ich könnte, wenn ich wollte", der eine Rolle spielen wird. Eine Strafvorschrift, die offenkundig darauf abzielt, die Tätigkeit von spezialisierten Vereinigungen zu beschneiden, sollte nicht dazu führen, dass dem kranken und leidenden Menschen nicht mehr aus dem Leben geholfen werden darf. Der Gesetzgeber sollte das Pferd nicht von hinten aufzäumen.

Dies sind jedoch eher moralische als rein rechtliche Aspekte. Genau deshalb ist es wünschenswert, dass § 217 in der geltenden Fassung kassiert wird. Bestärkt durch die Entscheidung des BVerwG im März 2017[1119], wonach in einer extremen Notlage im Rahmen einer schweren und unheilbaren Krankheit ein Anspruch darauf besteht, Mittel für die Selbsttötung zu erhalten, die zwar im Ergebnis meines Erachtens verfehlt - in der Begründung jedoch zutreffend ist, dürfte die Entscheidung des BVerfG nicht mehr allzu lange auf sich warten lassen.

1119 BVerwG, Urteil vom 02.03.2017 - 3 C 19.15-, abrufbar unter: [ECLI:DE:BVerwG:2017:020317U3C19.15.0]; letzter Abruf am 16.06.2017.

C. Teil 3: Der ärztlich assistierte Suizid – Strafbarkeit nach dem BtMG

I. Allgemeines

Der ärztlich assistierte Suizid unterliegt zunächst denselben legislativen Bestimmungen wie jede andere Art der Beihilfe. Kernstrafrechtlich existiert keine gesonderte Behandlung des ärztlich assistierten Suizides. Dies gilt auch im Hinblick auf § 217.

Erstmals deutlich wurde dies in der *Hackethal - Entscheidung* des OLG München[1120], welches eigens betonte, dass die Arzteigenschaft des Angeklagten keinen Einfluss auf die Frage der Strafbarkeit des Geschehens genommen hatte. Bei der Beurteilung der Strafbarkeit des Unterlassens von Rettungshandlungen zur Abwendung des Erfolges im Sinne von § 13 nach einem freiverantwortlichen Suizid ist es umstritten, ob den Arzt eine zur Rettung verpflichtende Garantenstellung kraft einer Behandlungsübernahme trifft. Die Rechtsprechung tendiere eher dazu, den Arzt als Garanten zu Rettungsmaßnahmen verpflichten zu wollen, so dass eine Strafbarkeit aus Unterlassen in Betracht komme, während die Literatur jegliche Garantenpflicht des Arztes von vornherein ablehne.[1121]

Dies gilt jedoch nicht nur für den Arzt, sondern auch für jeden anderen Beteiligten eines Suizides.[1122]

Leistet ein Arzt Suizidassistenz kann ihn gleichwohl – unabhängig von einer Strafbarkeit nach § 217 – eine Strafbarkeit nach den Arzneimittel- oder Betäubungsmittelvorschriften ereilen.[1123] Gelegentlich erweckt es den Eindruck, dass eine Strafbarkeit nach diesen Vorschriften, insbesondere denen aus dem BtMG, für den Fall der Suizidassistenz eines Arztes zu Unrecht eine eher untergeordnete Rolle als quasi „nur" nebenstrafrechtliches Delikt einnimmt. Dabei ist ein Verstoß gegen § 29 Abs. 1 BtMG mit einem Strafrahmen von bis zu 5 Jahren oder Geldstrafe belegt.[1124] Möglich ist des Weiteren noch die Verwirklichung von Regelbeispielen mit einer im Mindestmaß erhöhten Freiheitstrafe gem. § 29 Abs. 3 BtMG, zu denen weitere ungeschriebene besonders

---

1120 OLG München NJW 1987, 2940 (2942).

1121 Gavela, S. 52f., mit weiteren Ausführungen.

1122 Gavela, S. 53.

1123 Gavela, S. 46 verweist auf einen Fall des BGH JZ 2002, 150, in welchem der angeklagte Freitodbegleiter wegen Verstoßes gegen § 29 BtMG verurteilt worden ist.

1124 Körner/Patzak/Volkmer, - Patzak -, § 29 BtMG, Rn. 58.

schwere Fälle hinzutreten.[1125] Im Vergleich dazu droht bei einer Zuwiderhandlung gegen § 217 Abs. 1 eine Freiheitsstrafe von bis zu 3 Jahren oder Geldstrafe.

Für den Suizidhilfe leistenden Arzt werden insbesondere die §§ 29 Abs. 1 Nr. 6, 6a, 30 Abs. 1 Nr. 3 BtMG relevant, wenn er entgegen § 13 Abs. 1 BtMG[1126] Betäubungsmittel entweder verschreibt, verabreicht (Nr. 6 lit. a) oder zum unmittelbaren Verbrauch überlässt (lit. b). Zu solchen verschreibungspflichtigen Betäubungsmitteln zählt beispielsweise das Natrium – Pentobarbital (NaP), welches in der Regel von Sterbehilfevereinen zur Selbsttötung eingesetzt wird.[1127] Bedeutung kann in der Diskussion ebenfalls § 30 BtMG als erfolgsqualifiziertes Delikt erlangen.[1128]

Daher sollen die den Arzt im Falle einer Suizidassistenz betreffenden Vorschriften der Vollständigkeit halber im Nachfolgenden in gebotener Kürze vorgestellt werden.

1125 Körner/Patzak/Volkmer, - Patzak -, § 29 BtMG, Rn. 59ff..

1126 In § 13 Abs. 1 S. 1, 2 BtMG heißt es: „Die in Anlage III bezeichneten Betäubungsmittel dürfen nur von Ärzten, Zahnärzten und Tierärzten und nur dann verschrieben oder im Rahmen einer ärztlichen, zahnärztlichen oder tierärztlichen Behandlung einschließlich der ärztlichen Behandlung einer Betäubungsmittelabhängigkeit verabreicht oder einem anderen zum unmittelbaren Verbrauch oder nach Absatz 1a Satz 1 überlassen werden, wenn ihre Anwendung am oder im menschlichen oder tierischen Körper begründet ist. Die Anwendung ist insbesondere dann nicht begründet, wenn der beabsichtigte Zweck auf andere Weise erreicht werden kann. Die in Anlagen I und II bezeichneten Betäubungsmittel dürfen nicht verschrieben, verabreicht oder einem anderen zum unmittelbaren Verbrauch oder nach Absatz 1a Satz 1 überlassen werden."

1127„Pentobarbital ist ein Wirkstoff aus der Gruppe der Barbiturate, der früher als Beruhigungsmittel und Schlafmittel verabreicht wurde. Da eine Überdosis lebensgefährlich ist und zu einem Atem- und Herzstillstand führen kann, wird Pentobarbital heute in der Humanmedizin kaum mehr eingesetzt. Sterbehilfeorganisationen verwenden Natriumpentobarbital für das Herbeiführen des Todes schwerstkranker Menschen." Zitiert nach PharmaWiki, Stichwort: Pentobarbital, abrufbar unter: http://www.pharmawiki.ch/wiki/index.php?wiki=Pentobarbital; letzter Abruf am: 13.07.2017.

1128 § 30 (1) BtMG: Mit Freiheitsstrafe nicht unter zwei Jahren wird bestraft, wer

1. Betäubungsmittel unerlaubt anbaut, herstellt oder mit ihnen Handel treibt (§ 29 Abs. 1 Satz 1 Nr. 1) und dabei als Mitglied einer Bande handelt, die sich zur fortgesetzten Begehung solcher Taten verbunden hat,
2. im Falle des § 29a Abs. 1 Nr. 1 gewerbsmäßig handelt,
3. Betäubungsmittel abgibt, einem anderen verabreicht oder zum unmittelbaren Verbrauch überläßt und dadurch leichtfertig dessen Tod verursacht oder
4. Betäubungsmittel in nicht geringer Menge unerlaubt einführt."

(2) In minder schweren Fällen ist die Strafe Freiheitsstrafe von drei Monaten bis zu fünf Jahren.

1. Strafbarkeit des Arztes nach § 29 Abs. 1 Nr. 6 lit. a / b; Nr. 6a iVm § 13 Abs. 1 BtMG

Die Vorschrift des § 29 BtMG „dient der Gesundheit des einzelnen Menschen, aber auch der Gesundheit des gesamten Volkes und der Aufrechterhaltung der Sicherheit und Ordnung im Betäubungsmittelverkehr".[1129] Laut *Patzak*[1130] soll durch die Sanktion der Gesundheitsschutz der Bevölkerung dahingehend sichergestellt sein, dass Betäubungsmittel der Anlage III nur dann in der ärztlichen Therapie eingesetzt werden, wenn diese im Falle „unumgänglicher Notwendigkeit, zum Zwecke der Heilung, zur Schmerzlinderung oder zur Lebenserhaltung verschrieben, verabreicht, zum Verbrauch überlassen werden." Zu den Betäubungsmitteln sind nicht nur die strafbarkeitsrelevanten der Anlage III zu zählen, sondern auch die der Anlagen I und II zum BtMG.[1131]

Die inkriminierten Handlungsweisen des § 29 Abs. 1 BtMG sind sinnvoll nur in Verbindung mit § 13 Abs. 1 Nr. 3 zu lesen, da § 13 Abs. 1 die Voraussetzungen des Inverkehrbringens von Betäubungsmitteln zu ärztlichen therapeutischen Zwecken im Hinblick auf die Verschreibungsfähigkeit von Betäubungsmitteln der Anlage III beinhaltet.[1132] Für die Betäubungsmittel der Anlage I und II bestimmt § 13 Abs. 1 S. 2 BtMG überdies, dass diese nicht verschrieben, verabreicht oder anderweitig überlassen werden dürfen.

Die Verschreibungsformalitäten sind dabei sehr streng vorgegeben. Exemplifiziert ist es gem. § 2 Abs. 1 lit. a BtmVV nur erlaubt, innerhalb von 30 Tagen zwei Betäubungsmittel unter Einhaltung der ebenfalls engmaschig geregelten Höchstmengen zu verschreiben.[1133] Zudem ist ein umfangreiches Formblatt mit detaillierten Angaben auszufüllen, in dem nicht nur der Name und die Anschrift des Patienten und des Arztes, sondern auch konkrete Angaben zur intendierten Betäubungsmittelverschreibung angegeben werden müssen.[1134] Das BfArM wacht über die Einhaltung der Vorschriften und kann beim „begründeten Verdacht" des Normverstoßes eine Erlaubniserteilung gem. § 8 Abs. 2 S. 2 BtMVV versagen.[1135] Jeglichem Missbrauch von Betäubungsmitteln soll durch die strikten Regelungen vorgebeugt werden.[1136]

1129 Körner/Patzak/Volkmer - Patzak -, § 29 BtMG, Rn. 1.
1130 Körner/Patzak/Volkmer - Patzak -, § 29 BtMG, Rn. 1.
1131 Körner/Patzak/Volkmer, - Patzak -, § 29 BtMG, Rn. 5.
1132 Körner/Patzak/Volkmer, - Patzak -, § 13 BtMG, Rn. 2, 31.
1133 Körner/Patzak/Volkmer, - Patzak -, § 13 BtMG, Rn. 31; MüKo StGB Bd. 6, § 13 BtMG Rn. 1.
1134 Körner/Patzak/Volkmer, - Patzak -, § 13 BtMG, Rn. 32f., 46.
1135 Körner/Patzak/Volkmer, - Patzak -, § 13 BtMG, Rn. 32f..
1136 MüKo StGB Bd. 6/Kotz, § 13 BtMG, Rn. 4.

Allein das streng reglementierte Procedere der Substitutionsbehandlung von Substitutionspatienten zeigt, dass es auch für einen Arzt in Deutschland nicht einfach möglich ist, an Betäubungsmittel zu gelangen. Dies gilt nicht weniger für die Überlassung von Betäubungsmitteln an Palliativpatienten nach § 13 Abs. 1a BtMG, wenngleich der Palliativpatient das Medikament auch zur freien Verfügung erhalten kann; dann gilt jedoch, der „Dreitagesbedarf“ darf dabei vom Arzt nicht überschritten werden.[1137]

Strafbare Handlungen im Sinne des § 29 Abs. Abs. 1 BtMG sind Verstöße gegen die Verschreibungsbedingungen des § 13 Abs. 1 BtMG, welcher die rechtlichen Rahmenbedingungen für eine korrekte Verschreibung von Betäubungsmitteln vorgibt. § 29 BtMG ist ein abstraktes Gefährdungsdelikt und kein Sonderdelikt, da er sich auch an Nichtärzte richtet, wenngleich er den gegenteiligen Eindruck zunächst suggeriert.[1138]

2. Strafbarkeit gem. § 30 Abs. 1 BtMG

Bei § 30 Abs. 1 BtMG handelt es sich um ein erfolgsqualifiziertes Delikt; alle Tathandlungen setzen folglich einen Erfolg voraus.[1139] Schutzgut des § 30 Abs. 1 Nr. 3 ist neben der Volksgesundheit auch die Gesundheit des Einzelnen.[1140]

Der Tod des Patienten muss leichtfertig durch eine der benannten Tathandlungsvarianten verursacht worden sein. In diesem Kontext wird insbesondere das Prinzip der Eigenverantwortlichkeit der Selbstgefährdung des Einnehmenden relevant, da es grundsätzlich jedem selbst überlassen sein muss, wenn dieser sich bewusst und freiwillig dem Risiko der Konsumierung von Betäubungsmitteln und Drogen aussetzt. Einschränkungen bestehen im Gegensatz zu den Fällen der Suizidassistenz nach dem StGB im Bereich des Betäubungsmittelstrafrechts per se.[1141] Die Rechtsprechung hat hier im Hinblick auf den Schutzzweck des Gesetzes - die Volksgesundheit - strenge Maßstäbe vorgegeben. Die Begründung der Rechtsprechung[1142] zielt darauf ab, dass insbesondere die BtM-Vorschriften dem Schutz kollektiver Interessen, des Gemeinwohls sowie der generellen Volksgesundheit, dienen, so dass aufgrund des abstrakten Risikos des Konsums von Drogen und Betäubungsmitteln der Grundsatz der

1137 Körner/Patzak/Volkmer, - Patzak- § 13 BtMG, Rn. 122.
1138 MüKo StGB Bd. 6/Kotz, § 29 BtMG, Rn. 1265.
1139 MüKo StGB Bd. 6/Rahlf, § 30 BtMG, Rn. 135 ff.
1140 MüKo StGB Bd. 6/Rahlf, § 30 BtMG, Rn. 137f.
1141 MüKo StGB Bd. 6/Rahlf, § 30 BtMG, Rn. 159f.
1142 MüKo StGB Bd. 6/Rahlf, § 30 BtMG, Rn. 162.

Selbstgefährdung eingeschränkt werden müsse. Bei der Beurteilung der Tathandlungen als unerlaubt riskant sei bereits die Selbstgefährdung berücksichtigt worden, so dass über diesen Grundsatz keine Normeinschränkung gerechtfertigt werden könne. Kritik hat die Rechtsprechung insbesondere aus Individualschutzgesichtspunkten erfahren.[1143]

Zudem verstoße diese Ansicht nach *Rahlf*[1144] auch gegen die generelle Systematik des BtMG, welches von der Möglichkeit der straflosen Selbstschädigung ausgehe. Zumindest im Hinblick auf die Überlassung von Betäubungsmitteln zum Suizid sei von der Rechtsprechung[1145] laut *Rahlf*[1146] die Leichtfertigkeit und damit die Strafbarkeit verneint worden.

3. Verwaltungsrechtliche Maßnahmen bei Verstößen gegen das BtMG

Neben den strafrechtsspezifischen Sanktionen existieren auch diverse verwaltungsrechtliche Sanktionsmaßnahmen bei Verstößen gegen das Betäubungsmittelrecht.

Zunächst besteht gem. § 22 BtMG die Möglichkeit der Verwaltungsbehörde, Überwachungsmaßnahmen gegen den Arzt anzuordnen; ein völliges Verschreibungsverbot verstieße jedoch gegen den Verhältnismäßigkeitsgrundsatz und hat deswegen zu unterbleiben.[1147] Im schlimmsten Fall kann die Approbation des Arztes widerrufen oder alternativ - weniger einschneidend - ruhend gestellt werden. Dies ermöglichen § 5 Abs. 2 S. 1 iVm § 6 Abs. 1 BÄO.[1148] Zudem kann die Ärztekammer ein berufsgerichtliches Verfahren einleiten, Bußgelder verhängen und den Arzt für berufsunwürdig erklären.[1149] Das Verwaltungsgericht Berlin zeigte mit seinem Urteil vom 30.03.2012, Az. 9 K 63.09, deutlich die Grenzen des ärztlichen Berufsrechtes auf. Klargestellt hat das Verwaltungsgericht Berlin, dass es der zuständigen Ärztekammer zwar grundsätzlich möglich sei, die Einhaltung des Berufsrechtes durch Untersagungsverfügungen anzuordnen.[1150] Das Verwaltungsgericht Berlin hat jedoch

1143 MüKo StGB Bd. 6/Rahlf, § 30 BtMG, Rn. 162.

1144 MüKo StGB Bd. 6/Rahlf, § 30 BtMG, Rn. 162.

1145 BGHSt 46, 279.

1146 MüKo StGB Bd. 6/Rahlf, § 30 BtMG, Rn. 163.

1147 Körner/Patzak/Volkmer, - Patzak -, § 29 BtMG, Rn. 77.

1148 Körner/Patzak/Volkmer, - Patzak -, § 29 BtMG, Rn. 78.

1149 Körner/Patzak/Volkmer, - Patzak -, § 29 BtMG, Rn. 80.

1150 Verwaltungsgericht Berlin vom 30.03.2012, Az.: 9 K 63.09, Leitsatz 2 der Entscheidung; abrufbar im Internet unter: https://openjur.de/u/428212.html; letzter Abruf am 14.07.2017.

als wichtiges Statement postuliert, dass zumindest nach dem Berliner Heilberuferecht einem Arzt die Leistung von Suizidassistenz durch Überlassung von Betäubungsmitteln nicht völlig untersagt werden kann, da dieses kein ausdrückliches Verbot vorsehe.[1151] Auch ein Rekurs auf die Generalklausel reiche bei verfassungsrechtlicher Abwägung nicht aus.

II. Strafbarkeit des Suizidhilfe leistenden Arztes

Die sich nach den vorigen Ausführungen stellende Frage, ob der Arzt legal ein Betäubungsmittel zum Suizid verschreiben, verabreichen oder überlassen kann, soll nun abschließend geklärt werden.

Richtschnur ist insoweit § 13 Abs. 1 BtMG, welcher die Verschreibungsfähigkeit von Betäubungsmitteln der Anlagen I – III regelt. Pentobarbital findet sich zumindest in der Anlage III zum BtMG wieder, die die „verkehrsfähigen und verschreibungsfähigen Betäubungsmittel" listet. § 13 Abs. 1 BtMG regelt – wie gesehen – die Voraussetzungen, unter denen eine Verschreibung und Abgabe auf Verschreibung zulässig ist. Voraussetzung ist nach § 13 Abs. 1 S. 1, letzter Hs., dass „ihre Anwendung am oder im menschlichen [...] Körper begründet ist."

Gavela[1152] hat hierzu instruktiv herausgearbeitet, dass dieses Begründungserfordernis sich zunächst nicht mit Hilfe der Vorschriften der Betäubungsmittelverschreibungsverordnung (BtMVV) klären lasse, da diese zu einer Mittelüberlassung für den Suizid keine Angaben enthalte. Daher seien die Voraussetzungen für das Begründungserfordernis des § 13 Abs. 1 S. 1 durch Auslegung zu ermitteln.[1153] Zu berücksichtigen sei bei der Auslegung die nach „Art. 103 Abs. II GG gebotene[n] Bestimmtheit" im Hinblick auf die allgemeine

1151 Entscheidend ist insoweit Leitsatz 4 d.E.: „Das Berliner Heilberuferecht enthält kein aus drückliches Verbot der ärztlichen Beihilfe zum Suizid. Ein solches Verbot lässt sich al lenfalls auf die gesetzliche Generalklausel zur gewissenhaften Berufsausübung in Verbindung mit der Generalklausel zur Beachtung des ärztlichen Berufsethos in der als Satzung erlassenen Berufsordnung der Ärztekammer Berlin stützen. Dies genügt aber unter Berücksichtigung der verfassungsrechtlich geschützten Freiheit der Berufsausübung und der Gewissensfreiheit des Arztes nicht als Rechtsgrundlage, um einem Arzt die Weitergabe todbringender Mittel an Sterbewillige generell zu untersagen. Der ärztlichen Ethik lässt sich kein klares und eindeutiges Verbot der ärztlichen Beihilfe zu Suizid in Ausnahmefällen entnehmen, in denen der Arzt einer Person, zu der er in einer lang andauernden, engen Arzt-Patient-Beziehung oder einer längeren persönlichen Beziehung steht, auf deren Bitte hin wegen eines unerträglichen, unheilbaren und mit palliativmedizinischen Mittel nicht ausreichend zu lindernden Leidens ein todbringendes Medikament verschreibt.]"

1152 Gavela, S. 55f. (Zitat S. 56)

1153 Gavela, S. 56.

„Aufgabe des Arztes, wobei Inhalt und Zweck aller für das Verschreiben eines Betäubungsmittels geltenden Beschränkungen“ besonders gewürdigt werden müssten.[1154] Letztendlich gelangt *Gavela*[1155] zu dem Schluss, dass sich die ärztliche Suizidassistenz nicht mit dem Zweck des Gesetzes, dem Schutz der Volksgesundheit, vereinbaren lasse. Eine ähnliche Argumentation liefert der Präsident der Bundesärztekammer, warum ärztliche Suizidassistenz unärztlich und unethisch sei.[1156] *Montgomery*[1157] als Präsident der Bundesärztekammer sieht in dem Ruf nach „humaner Sterbehilfe“ „einen Freiheitsgrad zur Selbstentscheidung und – verwirklichung“, die darin münde, dass „sich das selbstbestimmte Ich ja geradezu ab[schaffe]“. Es werde oft die „Abschaffung des Leidenden mit der Abschaffung des Leids“ verwechselt.[1158] Der Suizid diene demnach gerade nicht dem Schutz der menschlichen Gesundheit. Unterstützt wird diese Beurteilung auch von der gegenwärtigen Rechtslage: Die Bundesärztekammer hat ihre Vorgabe hinsichtlich des ärztlich assistierten Suizides im Jahr 2011 dahingehend verschärft, dass die ärztliche Suizidassistenz nunmehr nicht nur „keine ärztliche Aufgabe“ ist, sondern „verboten“. Während mit der vorigen Formulierung zumindest noch berufsrechtlicher Freiraum für eine ärztliche Gewissensentscheidung suggeriert wurde, wirkt ein berufsrechtliches Verbot sehr strikt, wenngleich es laut *Montgomery*[1159] bewusst nicht den Grad eines strafrechtlichen Verbotes erreichen solle.

Hinzu tritt seit Ende 2015 die Strafbewehrung des § 217 Abs. 1. An der Einschätzung von *Gavela*[1160], dass die ärztliche Suizidassistenz sich nicht mit der geltenden Rechtslage im Betäubungsmittelrecht vereinbaren lasse, dürfte sich durch die neue Strafnorm nichts verändert haben. Vielmehr zeigt die Inkriminierung der geschäftsmäßigen Suizidassistenz in Verbindung mit den legislativen Motiven und dem ärztlichen Standesrecht, dass die ärztliche Suizidbeihilfe - wenn überhaupt - eine absolute Ausnahme sein soll. Im Falle einer geschäftsmäßigen Suizidassistenz wäre diese ebenfalls nicht mit dem Schutz der Volksgesundheit zu vereinbaren, da die geschäftsmäßige Mittelüberlassung an Suizidenten eine im Sinne des Betäubungsmittelstrafrechtes strafwürdige Handlung darstellt. Der selbst herbeigeführte Tod durch Beihilfe eines Arztes kann nur in Ausnahmefällen eine vorzugswürdige Lösung gegenüber dem

1154 Gavela, S. 56.
1155 Gavela, S. 56.
1156 Ausführlicher hierzu ab S. 210.
1157 Montgomery, Wir brauchen keine ärztlichen Sterbehelfer, medstra 2/2015, 65 (66).
1158 Montgomery, medstra 2/2015, 65 (66).
1159 Montgomery, medstra 2/2015, 65 (66).
1160 Gavela, S, 57.

Weiterleben darstellen. Wenngleich, wie *Gavela*[1161] betont, im Rahmen der strafrechtlichen Beurteilung möglicherweise Rekurs auf die Rechtfertigungs- und Entschuldigungsgründe des StGB genommen werden kann, so fragt sich doch, ob nicht aus dem Aspekt der Rechtssicherheit für Ärzte und Patienten gleichermaßen eine ergänzende Regelung genau für diese Ausnahmefälle ins BtMG aufgenommen werden sollte.[1162]

Nach derzeitiger Rechtslage dürfte es einem Arzt regelmäßig verboten sein, Betäubungsmittel in ausreichender Dosierung zum Suizid bereitzustellen. Unabhängig von den betäubungsmittelrechtlichen Hindernissen, die einem Arzt, welcher im Einzelfall aus Gewissensgründen Suizidassistenz leisten möchte, in den Weg gestellt werden, soll an späterer Stelle noch erläutert werden, ob nicht *de lege ferenda* eine klarstellende Regelung für diesen Fall Eingang ins Gesetz finden sollte. [1163]

1161 Gavela, S. 58.
1162 So auch Jäger, JZ 18/2015, 875 (883).
1163 Unten S. 274.

5. Kapitel: Eine medizinethische Betrachtung der aktiven Sterbehilfe und der ärztlichen Suizidassistenz

A. Legitimation oder Unwerturteil von Sterbehilfehandlungen durch die Medizinethik?

I. Allgemeines zur Medizinethik

„Die philosophische Ethik beschäftigt sich als akademische Disziplin mit der Frage, wie soll ich handeln?“[1164]

Bereits daraus wird schnell deutlich, dass die Beurteilung medizinischer Sterbehilfe gleich welcher Art vernünftigerweise nicht ohne ethische und moralische Aspekte auskommen kann.[1165] Die Frage zu beantworten, wie Menschen in Würde sterben können, ist weniger eine rechtliche als eine medizinethische Entscheidung.[1166] Sie zu beantworten, ist schon seit Jahrhunderten eine schwierige Unternehmung.[1167] Im Laufe der Zeit haben sich differente Strömungen und Traditionen entwickelt, die zu verschiedenen Moraltheorien geführt haben.[1168] Als gängig hat sich die Unterscheidung zwischen deontologischer Ethik, konsequentialistischer Ethik und Tugendethik erwiesen, die jedoch in der Argumentation nicht streng voneinander getrennt werden, sondern kumulativ Anwendung finden.[1169] Der deontologischen Ethik (griech. *deon* für Pflicht) geht es um Handlungen als solche, die als in sich moralisch gut oder schlecht gelten können.[1170] Bekanntester Anhänger der deontologischen Ethik war Immanuel Kant, welcher mit dem „kategorischen Imperativ“ bis heute nachhaltig die Ethik geprägt hat.[1171]

1164 Wiesing in: Ethik in der Medizin, Ein Studienbuch, S. 23.

1165 Maio, Mittelpunkt Mensch: Ethik in der Medizin, S. 1ff..

1166 Maio, zitiert aus dem Geleit von Prof. Dr. Vossenkuhl sowie aus dem Vorwort (ohne Seitenzahl).

1167 Wiesing, Fn. 1164, S. 23.

1168 Wiesing, Fn. 1164, S. 23.

1169 Wiesing, Fn. 1164, S. 25.

1170 Wiesing, Fn. 1164, S. 26f.; Maio, Fn. 1165, S. 24f..

1171 Wiesing, Fn. 1164, S. 26f.; Maio, Fn. 1165, S. 24.

In konsequentialistischen Ethiktypen wird ausschließlich auf die Folgen (Konsequenzen) einer Handlung geachtet.[1172] Sind die Folgen moralisch wünschenswert, ist dies auch die Handlung.[1173] Im Unterschied zur deontologischen Ethik, wo die Gesinnung des Handelnden entscheidend ist, zählt im Konsequentialismus das Ziel der Handlungen. Bedeutender Utilitarist war der Engländer John Stuart Mill.[1174] In der Tugendethik steht der Handelnde selbst im Mittelpunkt der Beurteilung. Die Tugendethik stellt keine Gebote oder Verbote für gutes Handeln auf, sondern betont, dass sich richtiges Handeln aus den Einstellungen und persönlichen Haltungen ergibt.[1175] Nach *Maio*[1176] geht die klassische Tugendethik davon aus, „dass sich die gute Handlung dann ergibt, ja sich sogar dadurch definiert, dass sie von einem tugendhaften Menschen vollzogen wird." Geläufige Tugenden sind Klugheit, Gerechtigkeit, Tapferkeit oder Besonnenheit, die als Kardinaltugenden bezeichnet werden.[1177] Bekannteste Vertreter der Tugendethik waren Aristoteles und Platon.[1178]

Die Medizin blickt folglich auf eine lange, traditionsreiche Entstehungsgeschichte zurück, deren antike medizinethische Grundgedanken noch heute nachhaltig das Selbstverständnis der Ärzte prägen und Einfluss auf gegenwärtige medizinethische Entscheidungsprozesse nehmen.[1179]

1. Hippokratischer Eid

Werden vor Beginn des menschlichen Lebens, in dessen Verlauf oder am Lebensende ärztliche Grenzsituationen erreicht, die den Arzt vor die Hürde stellen, wie er nun handeln soll, wird vielfach Rekurs genommen auf den Normenkodex des Hippokratischen Eides und dessen medizinethische Prinzipien.[1180]

1172 Maio, Fn. 1165, S. 37 ff.; Wiesing, Fn. 1164, S. 28 f..

1173 Maio, Fn. 1165, S. 37ff.; Wiesing, Fn. 1164, S. 28f..

1174 Maio, Fn. 1165, S. 39.

1175 Wiesing, Fn. 1164, S. 29f..

1176 Maio, Fn. 1165, S. 49.

1177 Wiesing, Fn. 1164, S. 29f..

1178 Maio, Fn. 1165, S. 50ff..

1179 Maio, Fn. 1165, S. 86f.; Wiesing, Fn. 1164, S. 24.

1180 Maio, Fn. 1165, S. 94.

Der Hippokratische Eid[1181] stammt aus dem 4. Jahrhundert v. Chr. und ist Teil des *Corpus Hippocraticum*.[1182] Wie *Maio*[1183] eingehend schildert, wurde der Eid seit dem ausgehenden Mittelalter als Promotionseid an medizinischen Fakultäten geschworen, später soll er als Pflichtlektüre integraler Bestandteil im Curriculum gewesen sein. Nachdem er anschließend wenigstens nur noch mit der Promotionsurkunde übergeben worden sein soll, ist er heute vielen Medizinstudenten im Wortlaut nicht einmal mehr bekannt.[1184]

Zu finden ist der Eid nach *Maio*[1185] noch in veränderter Form in der Einleitung zur Musterberufsordnung der Bundesärztekammer in der Fassung des „Genfer Ärztegelöbnis".

Als „Grundpostulate" für die heutige Tätigkeit des Arztes gelten nach *Maio*[1186]:

- Der Vorrang des Patientenwohls vor allen anderen Gesichtspunkten
- Ärztliches Tötungsverbot
- Anerkennung der Grenzen ärztlichen Handelns
- Betonung der notwendigen Integrität als Person

Der Hippokratische Eid wird vielfach auch in der medizinethischen Diskussion um die Legitimität des ärztlichen Schwangerschaftsabbruches argumentativ herangezogen, da auch der ärztliche Schwangerschaftsabbruch früher unter Rekurs auf den Eid als standeswidrig erachtet wurde.[1187]

2. Die vier medizinethischen Prinzipien

Gegenwärtig wird in der Medizin bei ethischen Fragestellungen vornehmlich auf vier tragende medizinethische Prinzipien rekurriert, die gegeneinander abzuwiegen seien.[1188] Diese sind das Prinzip der Gerechtigkeit, der Fürsorge, des Nicht – Schadens und der Autonomie:

1181 Eine Ausformulierung des Hippokratischen Eides sowie des heute geltenden Genfer Ärztegelöbnis, wie sie sich bei Maio, Fn. 1165, S. 98f.; 100 finden, ist in der Anlage abge druckt.

1182 Maio, Fn. 1165, S. 94.

1183 Maio, Fn. 1165, S. 94ff.

1184 Maio, Fn. 1165, S. 95.

1185 Maio, Fn. 1165, S. 100.

1186 Maio, Fn. 1165, S. 100f.

1187 Gavela, S. 240.

1188 Maio, Fn. 1165, S. 119.

a) Prinzip der Gerechtigkeit

Das Prinzip der Gerechtigkeit im Hinblick auf Fragen der Gesundheitsversorgung spielt insbesondere dort eine Rolle, wo es um die Verteilung von begrenzten Ressourcen geht, wie beispielsweise bei der Organspende.[1189] Dabei lässt sich das Prinzip der Gerechtigkeit laut *Maio*[1190] in verschiedene Arten von Gerechtigkeit unterteilen wie beispielsweise die Individualgerechtigkeit oder Sozialgerechtigkeit einer medizinischen Handlung.

b) Prinzip der Fürsorge

Das Prinzip der Fürsorge wird bei Fragestellungen relevant, in denen das Wohl des Patienten durch die ärztliche Fürsorgepflicht gefördert werden soll. Im Kern geht es um die Frage, ob die ärztliche Handlung gemessen am Patientenwohl zur „Verhinderung oder Beseitigung von Schäden“ geeignet ist.[1191] Diese Pflicht wird auch als „positive Tugendpflicht“ dargestellt.[1192]

c) Prinzip des Nicht – Schadens

Das Pendant zum Prinzip der Fürsorge ist das Prinzip des Nicht – Schadens, da dieses Prinzip eine negative Unterlassungspflicht statuiert. Eng verbunden ist es mit dem Prinzip der Autonomie, da es laut *Maio*[1193] darauf angelegt ist, die Grundrechte des Patienten zu wahren.

d) Prinzip der Autonomie

Das Prinzip der Autonomie entwickelte sich erst seit den 1960er Jahren.[1194] Zuvor herrschte in der Medizin eine paternalistische Einstellung, die laut *Maio*[1195] die Abwehrreaktion der Autonomiebewegung hervorrief. *Maio* sieht jedoch noch einen weiteren Grund, warum das Prinzip der Autonomie heutzutage so viel Einfluss nimmt, und zwar wegen des Wertepluralismus unserer

---

1189 Wiesing, Fn. 1164, S. 34f.
1190 Maio, Fn. 1165, S. 131.
1191 Wiesing, Fn. 1164, S. 34; Maio, Fn. 1165, S.125ff..
1192 Maio, Fn. 1165, S. 126.
1193 Maio, Fn. 1165, S.124.
1194 Maio, Fn. 1165, S.121.
1195 Maio, Fn. 1165, S.121.

Gesellschaft, der es nur schwerlich ermöglicht, konsensfähig festzulegen, was gutes und schlechtes Leben und Sterben bedeutet. Daher solle es dem Einzelnen überlassen bleiben, die Werte für sich festzulegen. Unsere Gesellschaft mache „das Prinzip der Autonomie zum Garanten einer für alle akzeptablen Ethik.“[1196]

Das Verständnis der Autonomie ist keinesfalls einheitlich, sondern variiert, je nachdem, welche philosophische Konzeption zu Grunde gelegt wird.[1197] Das utilitaristische Verständnis der Autonomie sei ein anderes als das Verständnis von Kant. Während die utilitaristische Strömung die Autonomie als Alleinherrschaft des Individuums über sich selbst begreife, stelle Kant vorwiegend auf, „die Selbstgesetzlichkeit des Menschen“, den „Selbstzweck“, ab, der es verbiete, einen Menschen als sittliches Subjekt in den Dienst anderer zu stellen.[1198] Daraus folge laut Kant eine „Rückbindung an die Vernunft und damit die Abstraktion von persönlichen Vorlieben.“[1199] Autonomie im Sinne Kants soll die „reflektierte Distanzierung von rein sinnlichen Wünschen und Begierden“ bedeuten.[1200]

e) Ärztlicher Paternalismus

Erwähnung fand bereits der Begriff des ärztlichen Paternalismus als Auslöser der Autonomiebewegung. Laut *Maio*[1201] soll dies auf die Bedeutung des wohlwollenden Vaters zurückgehen, der für seine unmündigen Kinder zu deren Wohle entscheidet. Grundlage des heutigen Verständnisses sei die „Vorstellung, dass der Arzt besser wisse, was für den Patienten gut ist, als dieser selbst.“[1202]

Innerhalb des ärztlichen Paternalismus werden unterschiedliche Strömungen vertreten. Es wird zwischen mildem und hartem Paternalismus differenziert, welcher sich noch in den schwachen und starken unterteilt. Der eigene Wille des Patienten findet mehr oder weniger starke Berücksichtigung. Der milde Paternalismus, welcher eher Empfehlungen, Ratschläge und Hinweise beinhaltet, ist im medizinischen Alltag vorzugswürdig.[1203]

1196 Maio, Fn. 1165 S.121.
1197 Maio, Fn. 1165, S. 122.
1198 Maio, Fn. 1165, S. 122f.
1199 Maio, Fn. 1165, S. 123.
1200 Maio, Fn. 1165, S. 123.
1201 Maio, Fn. 1165, S.156f.
1202 Maio, Fn. 1165, S.157.
1203 Maio, Fn. 1165, S.162.

f) Narrative Medizinethik

Die narrative Medizinethik findet alternativ bzw. in Ergänzung zu den vier benannten medizinethischen Prinzipien als Orientierungshilfe Anwendung. Im Rahmen der narrativen Medizinethik steht der individuelle Patient im Fokus, dessen Lebens- und Krankengeschichte interpretiert werden soll.[1204] Des Weiteren sind noch die Fürsorgeethik und die kasuistische Medizinethik bekannt.[1205]

g) Zwischenergebnis

Die heute noch Geltung beanspruchenden Prinzipien der Medizinethik blicken auf eine lange Tradition zurück. Wohl kaum eine Entstehungsgeschichte ist so ausgeprägt wie die der Medizin (-ethik). Nicht verwunderlich ist es daher, dass die Prinzipien fortwährend als Argumentationsmittel in Legitimierungsdiskussionen eingesetzt werden. Besonderes die Beachtung der Autonomie ist in den Sterbehilfedebatten das legitimierende Kernargument. Ferner wurde deutlich, dass die Medizinethik eng verknüpft mit der Philosophie ist und sich beide allgemeinen geistigen Strömungen gegenseitig bereichern und ergänzen. Daher kann die Medizinethik nicht losgelöst von der Philosophie insgesamt betrachtet werden.

II. Ethische Fragen am Lebensende im Hinblick auf die aktive Sterbehilfe und die ärztliche Suizidassistenz

Die ethischen Fragen, die sich am Lebensende stellen, orientieren sich an den differenten Problemkreisen der möglichen Sterbehilfeleistungen, die in vier Komplexe eingeteilt werden können.

Seit dem Putz – Urteil des BGH wird nicht mehr zwischen den Begrifflichkeiten der passiven, aktiven und indirekten Sterbehilfe und dem assistierten Suizid unterschieden, sondern zwischen Abbruch bzw. Verzicht auf lebensverlängernde Maßnahmen, der aktiven Sterbehilfe, indirekten Sterbehilfe und dem assistierten Suizid. Die frühere begriffliche Einteilung wurde der Situation nicht gerecht, dass es durchaus Maßnahmen gab, die sich nach ihrem äußeren

1204 Maio, Fn. 1165, S.138.
1205 Maio, Fn. 1165, S.139.

Erscheinungsbild als aktive Handlung darstellten, wie das Ausschalten der künstlichen Beatmung, dennoch nicht unter die strafbedrohte Form der aktiven Sterbehilfe zu subsumieren waren, sondern zu den Möglichkeiten der passiven Sterbehilfe zählten. Dies sorgte regelmäßig für Verwirrung, insbesondere bei den Ärzten und dem medizinischen Personal, die sich vor rechtliche Probleme gestellt sahen, die sich aus der begrifflichen Einteilung ergaben.

Da diese Arbeit sich vorliegend nicht mit den rechtlichen und ethischen Fragestellungen zum Behandlungsabbruch bzw. –verzicht und der indirekten Sterbehilfe beschäftigt, werden diese zur Reduzierung des Umfangs auch nicht erörtert. Sie finden nur Erwähnung, sofern dies für das Verständnis der hiesigen Erläuterungen zwingend notwendig erscheint. Der Einfachheit halber wird an den überholten Begrifflichkeiten festgehalten.

1. Ethische Aspekte der aktiven Sterbehilfe

Die aktive Sterbehilfe war bis zum Inkrafttreten des § 217 die einzige Sterbehilfeform, die mit einer Strafe belegt war. Als direkte Tötung auf Wunsch des Patienten fällt sie unter die Norm des § 216 Abs. 1.

Die aktive Sterbehilfe wird von den übrigen Sterbehilfehandlungen mittels der Intention des behandelnden Arztes abgegrenzt.[1206] Danach soll die aktive Sterbehilfe dann einschlägig sein, wenn der Arzt es mit dolus directus 1. Grades darauf angelegt hat, den Tod des Patienten herbeizuführen.[1207] Er setzt folglich absichtlich die Ursache für den Tod des Patienten.[1208]

a) Ethische Argumente für die aktive Sterbehilfe

Es ist nach den vorigen Erläuterungen offenkundig, dass sich die aktive Sterbehilfe zu ihrer ethischen Legitimation, wenn überhaupt, vorwiegend auf das Prinzip der Autonomie berufen kann.

1206 Maio, Fn. 1165, S. 344.
1207 Maio, Fn. 1165, S. 344.
1208 Maio, Fn. 1165, S. 344.

aa) Autonomieargument

Der Wille des Patienten, der bei der Zulässigkeit des Behandlungsabbruches bzw. des Behandlungsverzichtes eine zentrale Rolle spielt und zur obersten Leitprämisse avanciert, droht bei Fragen zur Zulässigkeit der aktiven Sterbehilfe an seine Grenzen zu stoßen, da bei der aktiven Sterbehilfe das Fremdtötungstabu durchbrochen wird.[1209] Ferner lässt auch nicht jedes Verständnis der Autonomie zu, dass durch sie die aktive Fremdtötung gerechtfertigt werden kann. Laut *Maio*[1210] treten bei der Verwendung des Autonomieargumentes vier Problemkreise auf, die es bei dieser Frage zu berücksichtigen gilt:

bb) Unterschiedliche Autonomiekonzeptionen

Wie bereits angedeutet, wird innerhalb des Prinzips der Autonomie zwischen den verschiedenen Strömungen differenziert. Der utilitaristische Gedanke wäre laut *Maio* durchaus in der Lage, die aktive Sterbehilfe zu legitimieren, da dieser einzig auf die persönliche Präferenz rekurriert. Die Lehre *Kants* dagegen lehnt die Selbsttötung als Pflichtenverstoß gegen sich selbst ab, woraus *Maio* auch ein moralisches Verbot des Tötungsverlangens ableitet.[1211]

cc) Autonomie als Alleinrechtfertigungsmöglichkeit

Maio[1212] fragt des Weiteren danach, ob die Autonomie für sich allein ein moralisch taugliches Rechtfertigungskriterium sein kann. Dazu zieht er vergleichend die Rechtslage in den Niederlanden heran, wo die aktive Sterbehilfe legal ist. Aber auch in den Niederlanden sei die Autonomie nicht einziges Kriterium zur Rechtfertigung, was sich daran zeige, dass zur autonomen Entscheidung noch weitere Voraussetzungen hinzutreten müssten.

dd) Qualifizierung des Verlangens

Als schwierig zu handhaben, sieht *Maio* ferner die Qualifizierung des Merkmales des Verlangens an: Wie müsse das Verlangen ausgestaltet sein und festgestellt werden, damit die „Freiheit und Souveränität der Entscheidung“ des

1209 Maio, Fn. 1165, S. 358.
1210 Zitiert nach Maio, Fn. 1165, S. 358 – 361.
1211 Maio, Fn. 1165, S. 358.
1212 Maio, Fn. 1165, S. 359.

Patienten gesichert sei? Die rechtlichen Schwierigkeiten, die diese Fragestellung mit sich bringt, zeigen sich anschaulich an der breiten Diskussion zur rechtlichen Qualifizierung des Verlangens gem. § 216 und zur Freiverantwortlichkeit in der Beihilfediskussion. *Maio*[1213] selbst fragt danach, ob nicht bereits der Wunsch, sterben zu wollen, als „Extremsituation" angesehen werden muss, „in der es an Souveränität als Grundlage für eine autonome Entscheidung fehlt". Erklärlich wird dies, wenn der Sterbewunsch als Ausdruck von Schwäche verstanden wird, die die Souveränität der Entscheidung in Frage stellt.

ee) „Zwang zu leben"

Schließlich werde laut *Maio*[1214] der Wunsch nach Legitimation von aktiver Sterbehilfe deswegen geäußert, weil viele Menschen ohne eine solche Möglichkeit einen Zwang zu leben verspüren würden. Die Möglichkeit, sich legal töten zu lassen, wenn es denn gewünscht sei, werde als Ausdruck von Autonomie und Selbstbestimmung gewertet. Ein Lebenszwang könne laut *Maio*[1215] jedoch nur dann bestehen, wenn die Menschheit eine Alternative zum Leben hätte. Das Leben sei dann als „Resultat der persönlichen Entscheidung" anzusehen, was eng verbunden mit der christlichen Diskussion um die Unverfügbarkeit gottgegebenen Lebens ist.

(1) Verhinderung unerträglichen Leids

Maio[1216] macht in diesem Zusammenhang noch auf einen weiteren Aspekt aufmerksam, nämlich auf das häufig anzutreffende Argument der Verhinderung unerträglichen Leides. Unerträgliches Leid könne nach *Maio*[1217] auf zwei unterschiedliche Arten empfunden werden: Leid auf Grund von starkem Schmerz oder körperliches und seelisches Leid, frei von körperlichem Schmerz. Diese Arten von Leid seien einer allgemeinen Definition nicht zugänglich, da jeder Mensch Leid auf unterschiedliche Art und Weise empfinde. Vielfach sei es auch die persönliche Einstellung und Sache des Umfeldes, die darüber entscheide, ob der Einzelne das Leben als unerträgliches Leid empfinde. Jedenfalls sei die Verhinderung unerträglichen Leides eine wichtige Anforderung in

1213 Maio, Fn. 1165, S. 359f.
1214 Maio, Fn. 1165, S. 360.
1215 Maio, Fn. 1165, S. 360.
1216 Maio, Fn. 1165, S. 361.
1217 Maio, Fn. 1165, S. 361.

der ärztlichen Behandlung von Menschen, so dass das Argument recht schwer in der Diskussion um die Rechtfertigung der aktiven Sterbehilfe wiege.[1218]

Gleichwohl zieht *Maio*[1219] die Effektivität des Argumentes in Zweifel. Er sieht zwar, dass die Verweigerung aktiver Sterbehilfe einerseits eine gewisse Bevormundung in der Art des ärztlichen Paternalismus bedeute, andererseits jedoch durch eine solche Hilfe das Leben beendet werde, wodurch keine Besserung bzw. Linderung mehr verschafft werden könne.

(2) Das Argument des menschenwürdigen Sterbens

Schließlich wird in der ethischen Rechtfertigungsdiskussion noch Rekurs genommen auf die Idee des menschenwürdigen Sterbens.[1220] Die Frage, was unter einem menschenwürdigen Tod zu verstehen ist, dürfte ebenso schwer zu beantworten sein, wie die Frage, was unter unerträglichem Leid zu verstehen sein könnte. *Maio*[1221] jedenfalls betont, dass es an sich „gar keinen menschenunwürdigen Zustand“ geben könne, sondern nur menschenunwürdige „Umstände“. Daher könne dieses Argument seiner Meinung nach nicht zur Legitimation herangezogen werden. Denn „es ist nicht der Zustand des Sterbens für sich genommen, der dem Menschen seine Würde raubt, sondern ein bestimmtes Denken und Handeln, das dieses Sterben umgibt.“[1222] *Ach*[1223] zeigt, dass unter „Verweis auf die Menschenwürde gefordert [werde], der Tod müsse mit dem Selbstbild des Betroffenen vereinbar sein; dies müsse auch die selbstbestimmte Entscheidung über den Modus des eigenen Sterbens einschließen, gegebenenfalls auch die aktive Sterbehilfe. Es sei menschenunwürdig, Patienten in qualvollen Situationen ohne Hoffnung auf Besserung gegen ihren Willen am Leben zu erhalten, auch wenn dies technisch möglich sei.“

Himstedt[1224] verweist darauf, dass bereits die inhaltliche Klärung des Begriffes der Menschenwürde sehr facettenreich ist und sowohl im juristischen als auch philosophischen Kontext lebhaft diskutiert werde, da unklar sei, was genau die Menschenwürde ausmache. Einen diskussionsfähigen Minimalkonsens zu finden, dürfte folglich schwierig sein. *Himstedt* selbst beschränkt sich

---

1218 Maio, Fn. 1165, S. 361.

1219 Maio, Fn. 1165, S. 362.

1220 Siehe hierzu die ausführliche Erörterung des Begriffes der Menschenwürde bei Himstedt, Kann Suizid mit ärztlicher Assistenz moralisch erlaubt sein?, S. 30ff.

1221 Maio, Fn. 1165, S. 362f..

1222 Maio, Fn. 1165, S. 363.

1223 Ach/Wiesing/Mackmann, Sterbehilfe, in: Ethik in der Medizin – ein Studienbuch, S. 238.

1224 Himstedt, S. 31f.

darauf, die Menschenwürde sehr weit zu verstehen und wie viele andere Autoren auch eine Verbindung zum Selbstbestimmungsrecht des Menschen sowie zum Lebensschutz herzustellen. Konkret heißt es dazu bei *Himstedt*: „die Würde einen Letzt-und Selbstwert darstellt, der weder nach Gesichtspunkten des Nutzens noch in einer anderen Güterabwägung verrechenbar ist und allen Menschen in gleicher Weise unverlierbar zukommt sowie das Recht auf Hilfe, Gesundheitsfürsorge und Pflege derjenigen nicht infrage gestellt wird, die in ihrer Persönlichkeit schwerst beeinträchtigt sind."[1225]

Es erscheint sinnvoll – ohne die Diskussion um die Inhaltsfüllung des Begriffes zu eröffnen –, auf einen bedingungslosen Grundanspruch des Menschen auf Fürsorge und Pflege abzustellen, der Bezug nimmt auf die Wahrung der Selbstbestimmung im Einklang mit dem Lebensschutz als Voraussetzung der Menschenwürde, vergleichbar mit der Ansicht von *Maio*[1226], der unterstreicht, dass die Umstände menschenunwürdig seien und nicht der Zustand des Menschen selbst.

b) Ethische Argumente gegen die aktive Sterbehilfe

Gleichwohl werden erhebliche Argumente gegen die Ausübung aktiver Sterbehilfe vorgebracht. *Maio*[1227] stellt anschaulich dar, welche Argumente in der Diskussion vertreten werden.

aa) Töten als in sich schlechte Handlung

Maio[1228] betont zunächst, das das Töten eine für sich gesehen schlechte Handlung ist, die grundsätzlich moralisch schwer zu rechtfertigen ist. Auch in diesem Zusammenhang nimmt er Bezug auf die unterschiedlichen ethischen Betrachtungsweisen. Aus utilitaristischer Sicht gebe es keine an sich schlechte Handlung, während die kantsche Lehre durchaus auch moralisch schlechte Handlungen kenne, und zwar unabhängig vom persönlichen Willen des Betroffenen. Eine Legitimation ist demnach abhängig von der subjektiven Einstellung zur Thematik.

1225 Himstedt, S. 35.
1226 Maio, Fn. 1165, S. 362f.
1227 Maio, Fn. 1165, S. 363ff.
1228 Maio, Fn. 1165, S. 363.

bb) Soziale Folgen der aktiven Sterbehilfe

Ein konsequentialistisches Argument, welches gegen die Ausübung aktiver Sterbehilfe vorgetragen wird, ist die Berücksichtigung der mit deren Legitimation einhergehenden sozialen Folgen in der übrigen Bevölkerung.[1229] Betroffen seien von diesen negativen sozialen Folgen primär die ausübenden Ärzte und das medizinische Personal, aber auch andere Mitglieder der Gesellschaft.

Bezug genommen wird im Rahmen dieser Argumentation überwiegend auf das Risiko der „Entsolidarisierung" der schwachen und kranken Menschen[1230] aus der Gesellschaft, ein Argument, auf welches auch wesentlich die Inkriminierung durch § 217 gestützt wird.

cc) Autonomie des Arztes

Ferner wird gegen die Legalisierung der aktiven Sterbehilfe eingewandt, der Arzt müsse autonom entscheiden können, ob er aktive Sterbehilfe leisten möchte oder nicht. Durch das legale Angebot aktiver Sterbehilfe könne sich laut *Maio* in der Bevölkerung eine Erwartungshaltung einstellen, dass ein Anspruch auf ärztliche aktive Sterbehilfe existiere.[1231] Ein solcher Anspruch widerspreche dem ärztlichen Standesethos.[1232] *Maio*[1233] selbst lehnt dies als ungeeignetes Argument gegen die aktive Sterbehilfe ab, da aus der Legalisierung von aktiver Sterbehilfe nicht schon folge, dass ein Arzt diese auch zu erbringen habe. Ein Arzt könne nicht wider sein Gewissen und Berufsverständnis gezwungen werden, aktive Sterbehilfe zu leisten. Im Übrigen, sei unter Rekurs auf *Birnbacher*, auch eine „Neudefinition der ärztlichen Rolle, nach der der Arzt nicht mehr nur Heiler und Lebenserhalter, sondern auch Helfer ist, der seine Hilfe nicht nur nach selbst gesetzten, sondern auch nach den jeweils individuellen Maßstäben des Patienten bemisst", durchaus erwägenswert.[1234]

1229 Gavela, S. 238.
1230 Maio, Fn. 1165, S. 364.
1231 Maio, Fn. 1165, S. 364.
1232 Ach/Wiesing/Mackmann, Fn. 1223, S. 238f.; Maio, Fn. 1165, S. 364f.
1233 Maio, Fn. 1165, S. 365.
1234 Maio, Fn. 1165, S. 364f.

dd) Unwerturteil über aktive Sterbehilfe

Schließlich führt *Maio*[1235] noch als Argument auf, dass mit der Ausübung der aktiven Sterbehilfe „ein Unwerturteil über den Zustand des Sterbewilligen" einhergehe. *Maio*[1236] rekurriert auf den „symbolischen Gehalt", der aus der Fremdtötung des Patienten resultiere. Das Töten des Patienten avanciere zu einer ärztlichen Behandlungsindikation, die nahelege, dass der Arzt die Entscheidung des Patienten mittrage. Es entstehe der Eindruck, dass es einen menschlichen Gesundheitszustand gebe, der eine Tötung rechtfertigen und implizieren könne.[1237] „Es käme dazu, dass der Lebenswert an der Zumutbarkeit für andere gemessen werde und dass die Interessen anderer darüber entschieden, ob ein Mensch überhaupt noch leben dürfe."[1238]

ee) Geschichtliche Vorbelastung durch die Euthanasiepraktiken

Der Rekurs auf die Euthanasiepraktiken in der Zeit des Nationalsozialismus wird häufig als Gegenargument für die aktive Sterbehilfe eingesetzt, da befürchtet wird, dass sich die Gräueltaten der NS – Zeit früher oder später durch die Legalisierung der aktiven Sterbehilfe als „Vernichtung lebensunwerten Lebens" wiederholen könnten.[1239]

ff) slippery – slope oder das Argument der schiefen Ebene

Eng mit dem NS - geschichtlichen Argument ist das Argument der „Schiefen Ebene" bzw. das Dammbruchargument verbunden. Dieses ist in der Diskussion zur Ablehnung der aktiven Sterbehilfe sehr häufig zu lesen. Darunter ist zu verstehen, dass „eine bestimmte, an sich moralisch akzeptable Handlung mit der Begründung, sie sei der erste Schritt auf einer schiefen Ebene", abgelehnt werde.[1240] *Merkel*[1241] bezeichnet dies auch als „Fernwirkungen" aus einer einzelnen moralisch diskutablen Handlung bzw. als „Sekundärargument anderweitiger böser Folgen".

1235 Maio, Fn. 1165, S. 365.

1236 Maio, Fn. 1165, S. 365f.

1237 Maio, Fn. 1165, S. 365f.

1238 Himstedt, S. 91.

1239 Ach/Wiesing/Marckmann, Fn. 1223, S. 241f.; Wolf in: Ethik in der Medizin, Ein Studien buch, Sterben, Tod und Tötung, 263 (266).

1240 Ach/Wiesing/Mackmann, Fn. 1223, S. 239f.

1241 Merkel in: Grenzen des Paternalismus, Ethik im Diskurs, Hrsg.: Wilhelm Vossenkuhl, S. 285.

Innerhalb dieser Begründungsströmung wird in der Regel Rekurs genommen auf die Sterbehilfepraxis der Niederlande. Es stehe zu befürchten, dass wenn die aktive Sterbehilfe erst einmal partiell unter engen Voraussetzungen erlaubt sei, sich ein regelrechter Boom aktiver Sterbehilfepraxis entwickeln könnte.[1242]

gg) Unverfügbarkeit des Lebens /Lebenspflicht

Religiös motiviert wird im Kontext der Diskussion als Gegenargument die Unverfügbarkeit des menschlichen Lebens vorgebracht, die konsekutiv eine Lebenspflicht statuiere.[1243]

Das Leben sei ein Geschenk Gottes, welches es verbiete, von sich aus darüber zu verfügen.[1244] Gleichwohl sei dieses Gebot nicht ausnahmslos angelegt, was sich laut *Hoerster*[1245] sogar biblisch begründen lasse. Die Evangelische Kirche sei von dem strikten Verbot abgerückt, was auch auf die Einstellung zur medizinischen Sterbehilfe durchschlage.[1246] Die Katholische Kirche verfolge dagegen den strengeren Unverfügbarkeitsgrundsatz weiter, mit Ausnahme des Theologen *Küng*[1247], der offen und direkt dafür eintritt, die aktive Sterbehilfe zu legalisieren.

Himstedt[1248] selbst betont unter Verweis auf zahlreiche weitere Autorenmeinungen, dass die Unverfügbarkeit des Lebens kein taugliches Argument in der Diskussion sei. Nimmt man die Unverfügbarkeit menschlichen Lebens dogmatisch ernst, so dürfte eine Vielzahl an medizinischen Behandlungen, Operationen mit bestehendem Lebensrisiko und auch die Einstellung medizinischer Behandlung am Lebensende nicht legitimierbar sein, da die Verfügung über das Lebensende fremdbestimmt wird. Das Argument kann daher nicht ernsthaft als striktes Gegenargument verwendet werden, sondern allenfalls im Rahmen einer Abwägung, bis wohin Dispositionen über das menschliche Leben noch als legitim gelten können.

1242 Merkel, Das Dammbruchargument in der Sterbehilfedebatte, in: Ehtik im Diskurs, Grenzen des Paternalismus, S. 285.

1243 Himstedt, S. 35ff.; Hoerster in: Medizin und Ethik, Tötungsverbot und Sterbehilfe, S. 287.

1244 Hoerster, Fn. 1243, 287.

1245 Hoerster, Fn. 1243, 286 ff.

1246 Himstedt, S. 35 ff..

1247 Küng, Menschenwürdig sterben, in Walter Jens/Hans Küng, Menschenwürdig sterben; Ein Plädoyer für Selbstverantwortung, S. 66ff., der es für medizinisch und ethisch konse quenter und transparenter halte, gesetzliche Kriterien festzulegen als Umwege über den übergesetzlichen Notstand zur Einzelfallrechtfertigung zu nehmen.

1248 Himstedt, S. 287f.

2. Ethische Aspekte des ärztlich assistierten Suizides

Ein weiterer Problemschwerpunkt im Rahmen der Sterbehilfediskussion ist der ärztlich assistierte Suizid. Nicht nur in der rechtlichen Diskussion um die Zulässigkeit der Suizidassistenz, sondern auch in der der ethischen müssen deren doch wesentliche Unterschiede zur aktiven Sterbehilfe berücksichtigt werden. Gleichwohl können viele der bisher genannten Pro - und Contra Argumente auch in der hiesigen Debatte fruchtbar gemacht werden, da sie sich im Wesentlichen decken.

Nicht nur rechtlich, sondern auch im rein faktischen Ablauf zeigen sich signifikante Unterschiede zur aktiven Sterbehilfe, die eine differenzierte Bewertung ermöglichen. Der zum Tod führende Akt wird bei dem assistierten Suizid vom Suizidenten selbst ausgeführt, während bei der aktiven Sterbehilfe der Arzt dies übernimmt.[1249] Der Suizident selbst besitzt bei ersterem die „Herrschaft über den letzten Akt", während bei der aktiven Sterbehilfe diese der Arzt innehat.

Zunächst sei auf die Ausführungen von *Maio*[1250] Bezug genommen, welcher darauf abstellt, ob die Suizidassistenz tatsächlich als Hilfe deklariert werden könne, da der Suizident seinen Tod durch eigene Handlung herbeiführt, bei der die Mittel zur Verfügung stellende Arzt nicht einmal anwesend sein muss. Die Verantwortung trage der Patient selbst. Gleichwohl, so argumentiert *Maio*, muss berücksichtigt werden, dass der Arzt Teil der Kausalkette ist, ohne dessen Tätigkeit – die Zurverfügungstellung des den Tod herbeiführenden Medikamentes – der Patient die präferierte Art des Suizides nicht durchführen kann.[1251] Ersatzursachen dürften nicht hinzugdacht werden. Des Weiteren rekurriert *Maio* auf ein Argument, welches er auch bereits in der Diskussion zur ethischen Zulässigkeit der aktiven Sterbehilfe aufgeworfen hat, nämlich dass der Arzt durch seine Handlung implizit sein Einverständnis mit dem Sterbewunsch des Patienten erkläre, so dass sich „etwaige Zweifel des Suizidenten an der Ausführung seiner Selbsttötung angesichts einer Gesinnungsgemeinschaft zerstreuen würde[n]."[1252]

Maio befürchtet also, dass der Arzt durch seine Bereitschaft und Konformität dem Patienten indirekt vermittelt, dass sein Wunsch zur Selbsttötung eine medizinisch respektable und gangbare Lösung sei, statt dass der Arzt auf Grund seiner Kompetenz und des möglichen Einflusses, den er in seiner Position ausüben könne, diesem Auswege aufzeige.

1249 Maio, Fn. 1165, S. 347.
1250 Maio, Fn. 1165, S. 346ff.
1251 Maio, Fn. 1165, S. 347.
1252 Himstedt, S. 91; Maio, Fn. 1165, S. 348.

Schließlich sei in der Diskussion zu bedenken, dass ein erheblicher Anteil der Suizide aus einer defizitären psychischen Konstitution heraus gewünscht bzw. vollzogen werde, der nicht zwangsläufig eine schwere Grunderkrankung zu Grunde liegen müsse.[1253] Kritiker behaupten deshalb, dass auf Grund der psychischen Störung die Urteilsfähigkeit der Suizidenten eingeschränkt sei, so dass auch ihre Fähigkeit zur Selbstbestimmung eingeschränkt sei.[1254] Die Entscheidung zum Suizid resultiere laut *Maio*[1255] auch nicht selten aus der Reflexion des Suizidenten über diejenigen Probleme, die sich aus seiner negativen Umwelt ergeben und sich damit als deren Resultat darstellen. *Maio* meint daher, dass die notwendige Hilfe in der Verbesserung der Lebenssituation des Suizidenten bestehen müsse. Zudem rekurriert er auf eine Studie, die ergeben habe, dass ein Hauptmotiv vieler Suizidenten zu ihrer Tat darin begründet liege, dass sie anderen nicht zur Last fallen wollen.[1256] *Himstedt*[1257] bringt zum Ausdruck, dass das Motiv der Suizidenten, anderen nicht zur Last fallen zu wollen, bei diesen einen Leidensdruck verursache, der „aufgrund der psychosozialen Konsequenzen“ für die Angehörigen der Suizidenten entstehe. Diese Patienten seien nicht selten palliativmedizinisch optimal versorgt, sehnen sich jedoch aus einem häufig stark ausgeprägten Altruismus heraus nach Suizidhilfe, um den Angehörigen nicht durch ihre Pflege und Versorgung zur Last fallen zu müssen.[1258] Gleichwohl erkennt *Maio*[1259] an, dass hieraus auch das Risiko der paternalistischen Bevormundung zu resultieren drohe, so dass „diese Gratwanderung zu meistern“ das zentrale ethische Ansinnen sein solle.

In der Diskussion zur moralischen Rechtfertigung der ärztlichen Suizidassistenz wird ebenfalls eingewandt, dass die Legalisierung ärztlicher Suizidassistenz soziale und gesellschaftliche Konsequenzen nach sich ziehen könne, die nicht gewollt seien.[1260] Aus der Freigabe der aktiven Sterbehilfe wie der ärztlichen Suizidassistenz könne eine „gesellschaftliche Akzeptanz“ resultieren, „die bis zu einem sozialen Druck auswachsen könnte, der auch ökonomisch bedingt sei, und dann ggf. verschiedene Formen der Ausweitungen der Suizidassistenz [und auch der aktiven Sterbehilfe] nach sich ziehen könnte.“[1261] Diskutiert werde dies häufig unter Anführung des Dammbruch – Arguments,

1253 Himstedt, S. 58ff.
1254 Himstedt, S. 59, m.w.Nw..
1255 Maio, Fn. 1165, S. 348.
1256 Maio, Fn. 1165, S. 348.
1257 Himstedt, S. 72f.
1258 Himstedt, S. 72.
1259 Maio, Fn. 1165, S. 348.
1260 Himstedt, S. 77 ff.
1261 Himstedt, S. 77.

welches zwar die Hilfeleistung an sich nicht verurteile, jedoch die sich daraus möglicherweise ergebenden Konsequenzen.[1262]

Himstedt[1263] verweist in diesem Kontext noch auf einen wichtigen Punkt, auf welchen die Gesetzesbegründung zur Legitimation der Strafbegründung zu § 217 Bezug nimmt, nämlich den sog. „Werther – Effekt".

„Mit dem Werther – Effekt wird der Wirkzusammenhang zwischen Modell – Suizid und Nachahmungstat beschrieben, was auch als Imitationshypothese [...] bezeichnet wird."[1264] Der Begriff wird zurückgeführt auf den Briefroman Goethes über die Leiden des jungen Werther, dessen Suizid eine zweistellige Zahl an Imitatoren gefunden haben soll, die alle den Roman bei sich getragen hätten.[1265] „Das Phänomen der Imitation ereignet sich mit anderen Vorbildern in verschiedenen Variationen bis heute, gilt inzwischen als gesichert und es wird nach entsprechenden Studien mit großer Wahrscheinlichkeit davon ausgegangen, dass aufgrund dieses Effekts Menschen zu Tode kommen, die normalerweise keinen Suizid begehen würden."[1266] *Himstedt*[1267] betont: „Die Gefahr des Werther – Effekts besteht dabei darin, dass eine (zu weitreichende und nicht reglementierte) Legitimierung des assistierten Suizides zu einer Normalität [sic] führt, die aufgrund entsprechender Vorbilder Nachahmungen nach sich zieht, an deren Selbstbestimmtheit stark gezweifelt werden muss, wenn, wie oben bereits erwähnt, davon ausgegangen werden muss, dass diese ohne ein entsprechendes Vorbild nicht stattgefunden hätte[n]." Zur Begrenzung des Werther – Effekts schlägt *Himstedt*[1268] vor, Suizidassistenz nur einem bestimmten Personenkreis zu gewähren, wobei sie gleichfalls betont, dass dadurch der grundrechtliche Gleichheitssatz aus Art. 3 I GG verletzt sein könnte. Alternativ könne auch eine Beschränkung des Personenkreises der Suizidassistenten vorgenommen werden. *Himstedt*[1269] erkennt das Bestehen eines Werther – Effekts und die Risiken, die daraus resultieren, an und erklärt, dass die in der Gesetzesbegründung in Bezug genommene organisierte Suizidassistenz tatsächlich das Risiko und die Gefahr berge, dass durch ein leicht zugängliches und verlässlich organisiertes Angebot eine Normalität entstehen könne, die eine Entstehung sozialen Drucks und die Steigerung der Suizidrate als durchaus plausibel erscheinen lasse und realiter nach sich ziehen könne. Im

1262 Himstedt, S. 77.
1263 Himstedt, S. 78.
1264 Himstedt, S. 78.
1265 Himstedt, S. 78.
1266 Himstedt, S. 78.
1267 Himstedt, S. 79.
1268 Himstedt, S. 79.
1269 Himstedt, S. 80f., 83.

Übrigen sei nach *Himstedt*[1270] zu beachten, dass durch die generelle Enthemmung der Suizidproblematik ein sozialer Druck erwachsen könne, der zu einer moralischen Verpflichtung des Erkrankten avanciere, den Angehörigen und der Gesellschaft den nicht unerheblichen Aufwand an Pflege zu ersparen. Studien hätten gezeigt, dass 89 % der Ärzte hierin eine Gefahr sehen und dass vor allem viele amerikanische Ärzte (mehr als die niederländischen Ärzte) die Suizidassistenz für gerechtfertigt halten würden, „wenn bei einem Patient mit Krebs im Endstadium und adäquater Schmerzkontrolle dieses Motiv im Vordergrund steht."[1271] *Himstedt*[1272] vermutet als Motiv für die Entscheidung der Ärzte den enormen finanziellen Aufwand für die Pflegeleistung in den USA, der zu den Hauptgründen für eine Privatinsolvenz in den USA gehöre.

3. Zwischenergebnis

a) Zusammenfassung

Die vorigen Ausführungen haben gezeigt, dass sich sowohl nachvollziehbare Argumente für als auch gegen die Legalisierung der diskutierten benannten ärztlichen Sterbehilfeleistungen vertreten lassen. Partiell zeigen sich die Argumente flexibel in beide Richtungen einsetzbar, wie das Argument der Unverfügbarkeit des Lebens zeigen wird. Ziel des Dialoges sollte die Erreichung eines Minimalkonsenses sein, wenngleich klar ist, dass man sowohl der ärztlichen Suizidassistenz als auch der aktiven Sterbehilfe wahlweise positiv, negativ oder neutral gegenüberstehen kann, denn dafür – wie *Maio* schon betont hat - ist die eigene subjektiv geprägte Lebensphilosophie des jeweiligen Individuums zunächst richtungsweisend.

Die aktive Sterbehilfe überschreitet juristisch wie auch ethisch die klar gezogene Grenze des Fremdtötungsverbotes, so dass eine partielle Legitimation meines Erachtens zwingend höheren Legitimierungsanforderungen genügen müsste, als es bei der ärztlichen Suizidbeihilfe der Fall ist. Bei der ärztlichen Suizidbeihilfe muss der das tödlich wirkende Medikament verabreichende Arzt bei der Einnahme nicht anwesend sein. Bei der aktiven Sterbehilfe sieht dies ganz anders aus. Das Ergebnis der Handlung ist dasselbe, der Tod des Menschen, der Unwert der vollzogenen Handlung ist jedoch jeweils ein anderer.[1273]

1270 Himstedt, S. 84.

1271 Himstedt, S. 84.

1272 Himstedt, S. 84, mit weiteren Nachweisen zu Daten und Fakten zur Situation und zur voraussichtlichen Entwicklung der Bevölkerung und der Gesundheitsausgaben, S. 85ff.

1273 Gavela, S. 242, die ebenfalls eine ethische Abstufung zwischen der Tötung auf Verlangen und der Suizidbeihilfe annimmt.

Das aktive Töten eines anderen Menschen löst zudem stets Unbehagen aus, da die Fremdtötung durch den Begriff des Tötens von vornherein negativ konnotiert ist. Dieses Unbehagen verschwindet auch dann nicht gänzlich, wenn dieser Handlung das vorherige eindeutige Verlangen des Menschen vorausgegangen ist. Den Kritikern ist daher durchaus zuzustimmen, dass es einen Unterschied mache, ob jemand den letzten Akt selbst kausal in Gang setze oder durch einen Dritten setzen lasse.[1274] Zwar wird dem Patienten in beiden Fällen sehr klar sein, welche Konsequenz aus der verlangten Handlung folgt, nämlich sein eigener Tod, aber die Überwindung, diesen selbst – möglicherweise sogar allein - herbeizuführen, dürfte eine andere sein als diejenige, auf den Tod passiv zu warten und einen anderen gewähren zu lassen.

Im Rahmen einer sachlich orientierten Diskussion sollten jedoch subjektive Empfindungen keine übergeordnete Rolle spielen. Richtigerweise – und so sieht es auch der *Deutsche Ethikrat*[1275] – sind durchaus Extremsituationen und Ausnahmefälle denkbar, die moralisch und medizinisch gerechtfertigt nach Sterbehilfe verlangen, und zwar über diejenigen Patienten hinaus, denen mit einem Behandlungsabbruch bzw. Behandlungsverzicht geholfen werden kann. Die Hilfe am Lebensende sollte nicht davon abhängig gemacht werden, ob nun der Hilfsbedürftige zufällig an einer irreversiblen Erkrankung leidet, die mittels eines Behandlungsabbruches bzw. -verzichtes beendet werden kann.

Das Argument der Verhinderung unerträglichen Leids ist durchaus eine nachvollziehbare und lobenswerte Intention, doch ist der Begriff des unerträglichen Leidens aufgrund seiner facettenreichen Ausgestaltung sehr schwer zu konkretisieren und eignet sich daher nur wenig als Voraussetzung für eine legale Sterbehilfeleistung.[1276] Die Entscheidung, was unter einem unerträglichen Leid zu verstehen ist, entzieht sich grundsätzlich einer Beurteilung durch Außenstehende und ist auch für den Arzt, der gewiss über eine andere Sichtweise nach längerer Praxiserfahrung verfügt, nicht einfach zu treffen.[1277] Dem Arzt

---

1274 Statt vieler: Birnbacher in: Ethik in der Medizin, Ein Studienbuch, Tun und Unterlassen, 256 (257); ders. In: Aktive und Passive Sterbehilfe, Die ärztliche Beihilfe zum Suizid in der ärztlichen Standesethik, 117ff., der aus naturalistischer Sicht durchaus die Unterschiede anerkennt, diese Betrachtung jedoch im Hinblick auf die passive Sterbehilfe ablehnt, da sich passive Sterbehilfehandlungen häufig auch in einem Tun erschöpfen und die normative Zuordnung zum Unterlassen daher verfehlt sei.

1275 Deutscher Ethikrat, Selbstbestimmung und Fürsorge am Lebensende, S. 78f.; Ad – hoc – Stellungnahme zur Suizidbeihilfe, S. 1f.

1276 Bormann, Die Ethik und ihre Herausforderungen in einer pluralistischen Gesellschaft, 85 (87).

1277 Tolmein, Selbstbestimmung zum Sterben – Fürsorge zum Leben: Widerspruch für die Rechtsordnung, 75 (76), der insbesondere die Übertragung der Entscheidungsgewalt auf

wird zu viel Verantwortung aufgebürdet, wenn er darüber zu entscheiden hat, ob der Patient Zugang zur ärztlichen Suizidassistenz erhält oder nicht. Der Arzt, der auch bereits früh im Studium lernt, dass die Patientenautonomie bei allen Maßnahmen zu achten ist, droht durch den aus seiner Alleinentscheidungsbefugnis resultierenden Erwartungsdruck des Patienten in seiner ärztlichen Unabhängigkeit und Neutralität psychisch zu stark belastet zu werden.[1278]

Zudem betont *Bormann*[1279] zu Recht, dass „die Idee eines leidfreien Sterbens [...] einfach eine Illusion [ist], die nicht auf Gesetzeswegen irgendwie herbeigeführt werden kann.“ Der Tod, frei von jeglicher Art von Leid, ist schwer vorstellbar.

Eine Einschränkung der ärztlichen Autonomie wird vorliegend nicht in in einer Legitimation der Suizidassistenz und der aktiven Sterbehilfe gesehen. Die in der Berufsordnung in § 7 Abs. 2 MBO statuierte Behandlungspflicht bezieht sich nur auf Notfälle oder auf besondere rechtliche Beziehungen, ansonsten ist der Arzt frei, eine Behandlung abzulehnen.[1280] Aus der bloßen Eröffnung einer Möglichkeit folgt auch im Umkehrschluss nicht zwingend, dass Patienten einen Anspruch auf diese ärztliche Leistung speziell durch einen einzelnen Arzt hätten.[1281] Wenngleich vielfach in der Bevölkerung der Eindruck besteht, dass es einen Anspruch auf Durchführung einer Abtreibung gebe, ist dies rechtlich nicht der Fall.[1282] Die Abtreibung steht nur dann nicht unter Strafe, wenn die normierten Voraussetzungen der §§ 218 ff. eingehalten worden sind.

Gleichwohl fragt sich, ob die im Sinne der konsequentialistischen Argumentationsweise vertretene partielle Aufhebung des Fremdtötungsverbotes tatsächlich die befürchteten Missbräuche, die unter dem Stichwort der Dammbruchgefahr diskutiert werden, sowie die damit verbundenen negativen sozialen Folgen nach sich ziehen würde.

In diesem Zusammenhang verweist *Himstedt*[1283] auf die Staaten, in denen aktive Sterbehilfe oder auch die ärztliche Suizidassistenz legal praktiziert werden. Nicht von der Hand zu weisen ist, dass in den Niederlanden durchaus Fälle

---

den Arzt bei Verwendung unbestimmter Rechtsbegriffe sehr kritisch ansieht. Diese werden zu „machtvollen Gutachtern“, die an Einfluss und Position gewinnen (S.77).

1278 Gavela, S. 243.

1279 Bormann, Fn. 1276, 85 (87).

1280 Musterberufsordnung der Bundesärztekammer, § 7 Abs. 2 MBO, abrufbar unter: http://www.bundesaerztekammer.de/fileadmin/user_upload/downloads/pdf-Ordner/MBO/MBO_02.07.2015.pdf; letzter Abruf am 28.07.2017.

1281 Wiesing in: Assistierter Suizid: Der Stand der Wissenschaft, Die Ethik und ihre Herausforderung in einer pluralistischen Gesellschaft, 85 (89).

1282 Gavela, S. 242.

1283 Himstedt, S. 95ff..

aktiver Sterbehilfe ohne Verlangen (0,4 %) vorgekommen sind und aktive Sterbehilfe ebenfalls bei Patienten geleistet wurde, die an einer psychischen Erkrankung wie Depression litten.[1284]

In den Niederlanden führte ein Präzedenzfall, der des Psychiaters *Chabot*[1285], zudem dazu, das seitdem die Möglichkeit zur aktiven Sterbehilfeleistung auch für psychiatrisch erkrankte Patienten mit nicht infauster Prognose erlaubt ist.[1286]

Diese Entwicklung sowie die Tatsache, dass in den Niederlanden auch minderjährige Patienten ärztliche aktive Sterbehilfe in Anspruch nehmen können, verleiten die Kritiker der hiesigen Diskussion dazu ihre Besorgnis des Missbrauches der Sterbehilfeleistung, wenn sie denn auch hier erst einmal legal verfügbar wäre, kundzutun.[1287]

Der in der Literatur häufig zu findende Hinweis auf die gesellschaftsstrukturellen Defizite in der pflegerischen und medizinischen Versorgung Kranker und älterer Menschen unterstützt diese Sorge um Missbrauch zudem. [1288] Gerade auch die Sorge des Betroffenen selbst, dass seine Erkrankung als Last empfunden werde, und zwar sowohl von den Angehörigen als auch von der Gesellschaft im Allgemeinen, wird von vielen Autoren sowie von in Studien befragten Ärzten als real vorhandene Befürchtung gesehen.[1289]

Himstedt[1290] betont, dass der Werther – Effekt sowie die negativen sozialen Folgen einer Legitimierung der ärztlichen Suizidassistenz durchaus feststellbar seien. Ihrer Ansicht nach sei jedoch eine frühzeitige, streng kontrollierte Eingrenzung der Tötungshandlungen auf einzelne Krankheitsbilder durchaus geeignet, die befürchteten Dammbruchkonsequenzen auf ein Minimum zu reduzieren.[1291] Zur Beurteilung der Wahrscheinlichkeit des Eintritts stützt sich

1284 Borasio in: Assistierter Suizid: Der Stand der Wissenschaft, Stand 2017, S. 3.

1285 Siehe hierzu: Kapitel, S.

1286 Gavela, S. 244.

1287 Bormann, Fn. 1276, 85 (86); Himstedt, S. 95ff., jeweils m.w.N.; De Ridder, Wie wollen wir sterben?, S. 266ff..; Allgemeines zur Rechtslage in den Niederlanden als auch in Oregon: Gavela, S. 107ff. und S. 145ff.; zur ethischen Diskussion der Argumente: S. 242, m.w.N..

1288 Taupitz/Tolmein, Selbstbestimmung zum Sterben – Fürsorge zum Leben: Widerspruch für die Rechtsordnung? in: Assistierter Suizid: Stand der Wissenschaft, 75 (76f.).

1289 Siehe hierzu auch das Ergebnis der Befragung des IfD, Folie 15; wonach sowohl Befür worter (83%) als auch Gegner (92%) einer Legalisierung der Suizidassistenz, die Gefahr sehen, dass sich bei der Legalisierung Betroffene um eine Suizidassistenz bemühen, weil sie sich als Belastung für Familie und Gesellschaft fühlen, abrufbar unter: http://www.bundesaerztekammer.de/fileadmin/user_upload/downloads/Sterbe hilfe1.pdf; letzter Abruf am 30.07.2017 .

1290 Himstedt, S. 96.

1291 So auch Gavela, S. 244.

Himstedt[1292] auf die real anzutreffende Situation in Deutschland sowie in Oregon und in den Beneluxstaaten, in denen der assistierte Suizid legal praktiziert werde.[1293] Diese Beispiele zeigen, so *Himstedt*[1294], dass zwar ein Anstieg der Suizidassistenz seit der Leglisierung zu verzeichnen ist, dass jedoch die Dammbruchgefahr kontrollierbar sei.

Gleichwohl sieht sie die Übertragbarkeit auf die Situation in Deutschland kritisch. Hierzulande müsse auch die zunehmende Alterung der Bevölkerung berücksichtigt werden.[1295] *Himstedt* verweist auch noch auf einen anderen Punkt: Den Deutschen fehlten häufig die juristischen Kenntnisse, um die Rechtslage der Suizidassistenz korrekt bewerten zu können. Viele Bürger meinten, dass die Suizidassistenz strafbar sei (was sie zumindest seit Kurzem auch für bestimmte Fälle gem. § 217 ist).[1296] Auf dieses Problem der Fehleinschätzung der Rechtslage verweist auch *Rissing van – Saan.*[1297] Wiederum vertritt *Wiesing*[1298] die Ansicht, dass es bei einer gut regulierten ärztlichen Suizidassistenz überhaupt keinen Dammbruch gäbe, da keinerlei empirische Evidenz dafür spreche oder befürchten lasse, dass der ärztlich assistierte Suizid dem Arzt-Patienten-Verhältnis schaden würde, vielmehr sei eine Evidenz dahingehend vorhanden, dass auch die richtigerweise vorgesehene Ausweitung der Palliativmedizin nicht das „Problem der Suizidassistenz" beseitigen könne. Insgesamt hält *Wiesing*[1299] die Dammbruchargumente für „unlogisch". Denn es wird gesagt: „Wenn wir den assistierten Suizid erlauben, dann gibt es Veränderungen in der Gesellschaft und die sind schlecht. Das kann ich aber nur behaupten, wenn ich den ärztlich assistierten Suizid ablehne, und ihn nicht als eine Selbstverständlichkeit akzeptiere. Das muss man erst mal moralisch ausweisen und das geht ja überhaupt nicht mehr allgemein verbindlich in einer pluralen Gesellschaft und deswegen sind diese Argumente meiner Meinung nach unlogisch."

Die Betrachtungsweisen sind vielfältig und könnten gegensätzlicher nicht sein. Richtigerweise wird in den Diskussionen daher der Schwerpunkt der Pro

---

1292 Himstedt, S. 96ff.; Gavela, S. 244.

1293 So auch Gavela, S. 242 ff., Gavela geht davon aus, dass die Begrenzung auf die engmaschig geregelte Suizidbeihilfe nach dem Vorbild von Oregon weniger Dammbruchpotenzial biete, als die rechtlich geregelte aktive Sterbehilfe, S. 244.

1294 Himstedt, S. 100.

1295 Himstedt, S. 97ff..

1296 Himstedt, S. 100.

1297 Rissing - van Saan, Stellungnahme Anhörung zum Thema Sterbebegleitung, S. 3.

1298 Wiesing, Fn. 1281, 85 (88); so auch Ostgathe, Sind Suizidassistenz und Palliativmedizin miteinander vereinbar? in: Assistierter Suizid: Stand der Wissenschaft, 95 (96)., 95 (101).

1299 Wiesing, Fn. 1281, 85 (88).

– und Contra Argumentation wegen deren fehlender Evidenz nicht mehr auf Dammbruchargumente gelegt.

Die ebenfalls im Kontext der Suizidassistenz diskutierte „Unverfügbarkeit des menschlichen Lebens“ vermag im Ergebnis ebenfalls nicht zu überzeugen, da das Argument der Unverfügbarkeit des Lebens zwei konträre Betrachtungsweisen ermöglicht.

Die Unverfügbarkeit des Lebens kann einerseits argumentativ so ausgelegt werden, dass dem Menschen sein Leben von Gott geschenkt worden ist und er deshalb nicht darüber verfügen darf. Er konnte ja schließlich auch nicht selbst darüber entscheiden, ob er geboren wird, also liegt es nicht fern, ihm auch die Entscheidungsbefugnis im Hinblick auf seinen eigenen Tod zu entziehen.[1300] Erstgenannte Entscheidung oblag, wenn überhaupt, zuvörderst den Eltern, die sich zur Zeugung eines Kindes entschlossen hatten, sowie, theologisch betrachtet, in der Hand Gottes. Ob ein Mensch tatsächlich geboren wird, lässt sich auch heute noch nicht gänzlich durch medizinische Möglichkeiten determinieren, vieles ist vom biologischen Zufall abhängig, den noch kein Mensch gänzlich steuern kann.

Andererseits kann die fehlende Entscheidungsmöglichkeit über die eigene Menschwerdung auch argumentativ dafür eingesetzt werden, dass der Mensch zwar nicht über seine eigene Geburt entscheiden könne, ihm aber gerade deswegen zumindest die Entscheidungshoheit über die Beendigung seines eigenen Lebens verbleiben müsse.

Dürfte der Mensch weder über seine Geburt noch über seinen Tod entscheiden, dann käme dieses einer absoluten Lebenspflicht gleich, die erst dann ein Ende finde, wenn der Sterbeprozess ende. Diese Betrachtungsweise müsste jedoch konsequenterweise auch Maßnahmen der passiven Sterbehilfe in Frage stellen, da es dann um Lebenserhaltung um jeden Preis ginge.

Es besteht in der Gesellschaft Einigkeit darüber, dass alle Handlungsweisen, die unter dem Stichwort der vormals „passiven Sterbehilfe“ diskutiert werden, moralisch, medizinethisch sowie rechtlich gerechtfertigt und gewünscht

1300 Bormann, Fn. 1276, 85 (89), der dieses „Geschöpflichkeitsargument“ als klassisches re ligiöses Argument bezeichnet. Es besagt nach Bormann, dass „der Lebensanfang dem Zugriff des Einzelnen und seinem Selbstbestimmungsrecht entzogen ist, so ist es auch das Lebensende. Das ist allein Gottes Vorrecht.“

sind.[1301] *Ostgathe*[1302] vertritt gemeinsam mit *Schulz*[1303] die Ansicht, dass das Sterben durch die moderne Medizin viel zu selten noch zugelassen werde. *Ostgathe*[1304] kritisiert: „Wir leben in einer Zeit, in der es ein unheimliches Heilsversprechen der modernen Medizin gibt, dass alles medizinisch Machbare getan wird, um das Leben zu verlängern. Wenn das nicht mehr greift, erscheint plötzlich der Tod als Lösung aus dieser sich unmenschlich entwickelnden Medizin."

Auch *De Ridder*[1305] verschließt sich den Dammbruch- und Missbrauchsargumenten und kritisiert die teilweise Verlängerung des Lebens in den Krankenhäusern, indem er ausspricht: „Ich kenne aus meiner eigenen Erfahrung die Missbrauchsanreize in den derzeitigen Fallpauschalen, die eine inadäquate Intensivbehandlung gerade von geriatrischen Patienten fördern. Und wenn ich mit Ihnen heute über die Berliner Intensivstationen gehen würde und wir würden Visite machen und sehen, was hier passiert, wer mit welchen Methoden und Mitteln wie lange am Leben erhalten wird, dann würden wir ganz abgesehen vom Willen des Patienten nur unter Indikationsgesichtspunkten große Zweifel haben. Deshalb meine ich auch, dass die Befürchtung derer, die sagen, wir öffnen mit der Suizidhilfe eine Tür in Richtung Dammbruch und „Entsorgung" von alten und chronisch kranken Pflegebedürftigen, unzutreffend ist. Wir sind heute eher in einer gegenteiligen Situation: allzu oft lassen wir das Sterben, wie Sie [Herr Ostgathe] richtig sagen, nicht zu, geschweige denn, dass wir es in einer adäquaten Weise palliativ begleiten."

Dieses Zitat verdeutlicht nun zweierlei: Der Forderung nach Ausweitung und Stärkung der Palliativmedizin ist noch nicht hinreichend genüge getan worden und die Anerkennung und Respektierung des eigentlichen natürlichen Todeszeitpunktes des Menschen wird allzu gern außer Acht gelassen sowie darüber hinaus in fragwürdiger Weise zugunsten der modernen Medizin verlängert.

Im Kern der Abwägung um die Legitimierung und Legalisierung der ärztlichen Suizidassistenz verbleiben daher als widerstreitende Grundrechtspositionen die Selbstbestimmung des Menschen einerseits sowie der Lebensschutz

---

1301 Siehe hierzu auch die umfangreiche Dissertationen von: Sahm, Sterbebegleitung und Patientenverfügung; Ärztliches Handeln an den Grenzen von Ethik und Recht; Thias, Möglichkeiten und Grenzen eines selbstbestimmten Sterbens durch Einschränkung und Abbruch medizinischer Behandlung, S. 148ff.

1302 Ostgathe, Fn. 1298, 95 (96).

1303 Schulz, Diskussion mit dem Fachpublikum: Die interdisziplinäre Pluralität der Meinungen, in: Assistierter Suizid: Stand der Wissenschaft, 103 (111).

1304 Ostgathe, Fn. 1298, 95 (101).

1305 De Ridder, Sind Suizidassistenz und Palliativmedizin miteinander vereinbar? in: Assistierter Suizid: Stand der Wissenschaft, 95 (101f.).

als Ausdruck des paternalistisch geprägten Fürsorgeprinzips andererseits, beides unter dem Deckmantel des menschenwürdigen Sterbens.[1306] Welche überwiegt, ist, wie gezeigt, eine grundsätzliche Frage, der vorliegend nicht weiter nachgegangen werden soll.

b) Möglichkeit zur Regelung – der informed consent

In der Literatur werden viele Möglichkeiten zur rechtlichen Regelung der Suizidassistenz vorgeschlagen.[1307] Vorgestellt werden soll der von *Himstedt*[1308] publizierte Vorschlag, da dieser einen handhabbaren und vernünftigen Inhalt bietet. Ausgangspunkt ist das Ergebnis von *Himstedt*[1309]: Ein Verbot ärztlicher Suizidassistenz lasse sich durch keines der vorgebrachten Argumente in der Debatte moralisch rechtfertigen.

Himstedt[1310] liefert dazu eine konstruktive Lösung des Konfliktes unter Rückgriff auf die von *Maio* aufgestellten Kriterien einer autonomen Entscheidung des Patienten, wann eine Suizidassistenz als Ausdruck der Selbstbestimmungsfähigkeit moralisch gerechtfertigt sein könnte. Dies wird medizinisch als informed consent bezeichnet. Nach *Maio*[1311] beinhaltet der informed consent, also jede autonome, aufgeklärte Einwilligung des Patienten vor einer ärztlichen Maßnahme, vier Voraussetzungen, die nachfolgend näher vorgestellt werden.

aa) Urteilsfähigkeit (Kompetenz)

Als erste Voraussetzung benennt *Maio*[1312] die Urteilsfähigkeit des Patienten. Dieser müsse das Ausmaß und die Tragweite der Entscheidung in Bezug auf

---

1306 Taupitz/Tolmein, Fn. 1288, S. 75ff.; die die beiden Grundrechtspositionen anschaulich argumentativ gegeneinander in der Podiumsdiskussion abwägen und nur dahingehend ei nen Konsens sahen, dass der Staat ärztliche Suizidbeihilfe nicht anbieten müsse; der Dis sens läge bei der Frage, ob er es unter Berücksichtigung der vorgetragenen grundrechts basierten Aspekte nicht sollte, S. 83.

1307 Schöch/Verrel, Alternativ – Entwurf Sterbebegleitung, GA 2005, 553; weitere Vor schläge finden sich anschaulich in der Dissertation von Kuschel, Ärztlich assistierter Su izid, S. 101 ff.

1308 Himstedt, S. 118ff.

1309 Himstedt, S. 118.

1310 Himstedt, S. 118.

1311 Maio, Fn. 1165, S. 143-148.

1312 Maio, Fn. 1165, S. 145f..

die beabsichtigte ärztliche Behandlungsmaßnahme hinreichend beurteilen können. Der Patient müsse die relevanten Informationen des Aufklärungsgesprächs auffassen und verarbeiten können. Diese Fähigkeit kann laut *Maio* auch nur graduell vorhanden sein, wie beispielsweise bei einem Alzheimer– und Demenzpatienten, welchem im Verlauf seiner Erkrankung diese Fähigkeit typischerweise zunehmend abhanden kommt. Zudem müsse die Urteilsfähigkeit des Patienten immer in Bezug auf die jeweils konkret erörterte Maßnahme überprüft werden, da es der Urteilsfähigkeit immanent sei, dass sie auch partiell eingeschränkt vorliegen könne oder schlimmstenfalls sogar gar nicht.

bb) Verstehen (Aufgeklärtheit)

Das Merkmal des Verstehens, der Aufgeklärtheit des Patienten über die beabsichtigte medizinische Maßnahme, ist nach *Maio*[1313] nicht einfach zu charakterisieren. Zum Verstehen sei es notwendig, dass alle Elemente und Umstände der beabsichtigten Behandlungsmaßnahme im Aufklärungsgespräch Berücksichtigung finden. Der Arzt beschränke sich im Aufklärungsgespräch in der Regel auf die medizinisch relevanten Informationen zum vorgesehenen Eingriff, nicht selten auch durch Verwendung des Fachjargons - während der Patient vornehmlich die für ihn in Folge der Maßnahme relevanten Umstände und Einschränkungen bei seiner Entscheidungsfindung berücksichtige und den medizinischen Fachjargon nur schwer umsetzen könne. Erst wenn alle Hintergründe und Umstände vom Patienten ausreichend reflektiert worden seien, könne von einer gelungenen Aufklärung des Patienten ausgegangen werden.

cc) Freiwilligkeit

Sind die beiden vorstehenden Voraussetzungen erfüllt, dann kann auch von der Freiwilligkeit der Entscheidung ausgegangen werden, weil der Patient sich schließlich nur dann freiwillig zu einer Maßnahme entscheiden könne, wenn er deren Tragweite und Ausmaß auch ausreichend verstanden habe.[1314] Freiwilligkeit bedeute aber auch, dass der Patient frei von Einflüssen Dritter und völlig autonom entscheide. Eine Überredung des Patienten müsse ausgeschlossen sein.[1315]

1313 Maio, Fn. 1165, S. 146.
1314 Maio, Fn. 1165, S. 147.
1315 Maio, Fn. 1165, S. 147.

dd) Wohlüberlegtheit (Authentizität)

Das letzte Kriterium der Authentizität der Entscheidung ist laut *Maio*[1316] besonders tückisch. Die richtige Mitte zwischen der nicht bevormundenden Einschätzung des behandelnden Arztes und der nach eigenen Wertvorstellungen getroffenen Entscheidung des Patienten zu finden, sei eine Gratwanderung. Gleichwohl dürfe der Arzt Entscheidungen des Patienten, die er für unvernünftig halte, nicht einfach unbeachtet lassen. Die Autonomie des Patienten genieße Vorrang, sofern denn der Arzt davon ausgehen könne, dass die Entscheidung des Patienten kompetent, aufgeklärt und freiwillig getroffen worden sei.

c) Resümee und Ausblick

Die vorstehenden Ausführungen haben gezeigt, dass hinsichtlich der Klärung der Frage, ob die ärztliche Suizidassistenz moralisch legitimierbar sein kann, viele konträre Argumente vertreten werden. Jedes ist gut nachvollziehbar. Der Schwerpunkt der Debatte liegt meines Erachtens jedoch eindeutig auf der Abwägung der Autonomie des Patienten einerseits und des Lebensschutzes andererseits, wobei die Diskussion stets um die Aspekte des menschenwürdigen Sterbens angereichert wird.

Wie *Himstedt*[1317] anschaulich erläutert hat, lassen sich auf Basis der Kriterien des informed consent stichhaltige und handhabbare Indizien für die Feststellung eines reiflich durchdachten Entschlusses zum Suizid statuieren. Man muss sich jedoch vor Augen führen, dass auch bei Anwendung dieser Kriterien nicht auszuschließen ist, dass Restzweifel an der Ernsthaftigkeit des Sterbewunsches verbleiben. Ist durch den informed consent die Selbstbestimmung konkretisierbar geworden, so muss noch darüber entschieden werden, ob die Autonomie des Patienten tatsächlich moralisch so weit reichen darf, dass er sein Leben mithilfe eines Suizidassistenten beenden darf. Der informed consent statuiert ein Abwehrrecht des Patienten gegenüber ärztlichen Behandlungsmaßnahmen und dient damit als Grundlage für den Behandlungsabbruch und -verzicht.[1318] Er vermittelt jedoch keinen Anspruch auf eine medizinische Behandlung, selbst dann nicht, wenn der Arzt der Überzeugung ist, dass der Patient im Sinne des informed consent die Entscheidung selbstbestimmt getroffen hat.[1319]

1316 Maio, Fn. 1165, S. 148.
1317 Himstedt, S. 118ff.
1318 Himstedt, S. 50.
1319 Maio, Fn. 1165, S. 143ff.

Zur Begrenzung des Missbrauchspotenzials, zur Reduzierung der sozialen Folgen wie des Werther – Effekts, aber auch zur Vermeidung der befürchteten Normalität der Suizidassistenz bei älteren und/oder kranken Menschen sollte die ärztliche Suizidassistenz eine Einzelfallentscheidung bleiben.

Diese Argumentation ist nachvollziehbar, wenn man sich vergegenwärtigt, was *Jox*[1320] beschrieben hat: Deutsche Studien hätten gezeigt, dass die körperliche Behinderung, die Symptomlast der Krankheit, ein betagtes Alter, die soziale Unterstützung des Menschen oder das Herkunftsland keinen Einfluss auf den Wunsch nach Lebensverkürzung nehmen, wohingegen Faktoren wie Einsamkeit, das Gefühl, für andere eine Last zu sein, sowie eine geringe Religiosität durchaus einen nicht unerheblichen Einfluss auf den Sterbewunsch haben. Gespräche mit Ärzten, die häufig ältere oder kranke Menschen behandeln, bestätigen, dass die Sorge, seinen Angehörigen zur Last zu fallen, durchaus realiter latent vorhanden ist.

Die Sorgen vor einer Beeinflussung suizidgeneigter Menschen sind zumindest nicht gänzlich unbegründet, wenngleich – wie häufig im Rahmen der Debatte zur Verfassungsmäßigkeit des § 217 vertreten wird – ein empirischer Beleg für die Erhöhung der Suizidrate durch das Angebot der Suizidassistenz von Sterbehilfevereinen bislang nicht vorgelegt werden konnte.

Himstedt[1321] schlägt vor, dass zur Begrenzung der sozialen Folgen und zur Eindämmung der Missbrauchsgefahr an das Kriterium des krankheitsbedingten, irreversiblen und unerträglichen Leides des Patienten angeknüpft wird. Dieses Kriterium sollte jedoch stets kritisch hinterfragt werden, da es einen großen Beurteilungsspielraum eröffnet. Zudem sollte die Begleitung eines Suizides nur durch einen ärztlichen Helfer erfolgen. Menschen, bei denen die Selbstbestimmungsfähigkeit nicht hinreichend sicher feststellbar ist, also jenen, die an einer psychischen Erkrankung leiden, sollte aus paternalistischen Gründen kein Zugang zum assistierten Suizid gewährt werden.[1322] Dies ist auch richtig, denn die Suizidassistenz sollte aus Gründen und zur Wahrung des Lebensschutzes eine absolute Ausnahme bleiben. Die Gefahr, dass Menschen einen Ausweg im Tod suchen, denen alternativ auch noch geholfen werden könnte, ist im Hinblick auf die Irreversibilität der Entscheidung zu groß.

Selbstverständlich kann auf diese Weise Rechtssicherheit für Patienten und Ärzte geschaffen und die Missbrauchsanfälligkeit reduziert werden, wenn mit-

1320 Jox in: Assistierter Suizid: Stand der Wissenschaft, Perspektiven deutscher Patienten und Bürger auf den assistierten Suizid, S. 54 ff., m.w.N.

1321 Himstedt, S. 96 ff.; 118 ff..

1322 Himstedt, S. 118.

tels konkreter und prozeduraler Kriterien festgelegt ist, wann eine ärztliche Suizidassistenz überhaupt in Frage kommt.[1323] Gleichwohl, so viel sei vorweg gesagt, wird dieser Lösungsansatz für nicht empfehlenswert gehalten.

Im Ergebnis fordert *Himstedt* zu Recht, dass der Paternalismus im Rahmen der ärztlichen Suizidassistenz nur so weit reichen darf, wie auch die Selbstbestimmungsfähigkeit des Patienten eingeschränkt ist. Andernfalls wäre dies eine nicht zu begründende, zu stark bevormundende Fürsorge und Einschränkung des Patientenwohls und der menschlichen Selbstbestimmung.[1324]

Hinsichtlich der Person des Suizidassistenten bevorzugt *Himstedt*[1325] den ärztlichen Helfer gegenüber den Angehörigen des suizidwilligen Menschen. Einzig der Arzt besitze die Kompetenz zur Beurteilung der Voraussetzungen des informed consent, speziell der Aufgeklärtheit.

Die Feststellung der Urteilsfähigkeit sollte laut *Himstedt*[1326] ein Psychiater vornehmen, bevorzugt ein berufserfahrener Psychiater, da die kompetente Feststellung der Ernsthaftigkeit eines Suizidwunsches auch viel Berufserfahrung voraussetze.

Hinsichtlich der verbleibenden Kriterien des informed consent fordert sie den Einsatz eines interdisziplinär tätigen Teams, welches Alternativen mit dem Patienten erörtern soll, andererseits soll dieses Team aber auch dem Patienten nahe stehenden Personen einbeziehen. Dem kann vorbehaltlos zugestimmt werden.

Nach Durchführung dieses aufwendigen Verfahrens sei eine ärztliche Suizidassistenz dann moralisch gerechtfertigt und stehe nicht im Widerspruch zum ärztlichen Ethos.[1327] Ein generelles Verbot ärztlicher Suizidassistenz hält *Himstedt*[1328] für die moralisch schlechtere Lösung, „da dann entweder selbstbestimmte Interessen ungerechtfertigt verletzt oder Ärzte im Stich gelassen sowie Möglichkeiten der Suizidprävention nicht in Anspruch genommen werden."

1323 So auch: Schildmann/Vollmann, Die assistierte Selbsttötung als Teil ärztlicher Hand lungspraxis am Lebensende in Deutschland, in: Assistierter Suizid: Der Stand der Wis senschaft, 61 (71), die vor dem Kontext einer ärztlichen Befragung, wonach nur eine Min derheit ein berufsrechtliches Suizidassistenzverbot befürworte, die Festlegung prozedura ler Kriterien für besser geeignet halten, ethisch angemessen auf eine Hilfe im Einzelfall zu reagieren als ein berufsrechtliches Verbot, welches einen professionellen Handlungs rahmen am Lebensende verhindere.

1324 Himstedt, S. 118.

1325 Himstedt, S. 120.

1326 Himstedt, S. 106; 120.

1327 Himstedt, S. 118ff.

1328 Himstedt, S. 121.

4. Der Arzt als Sterbehelfer?

Eng verknüpft mit der Thematik, ob die Suizidassistenz sowie die aktive Sterbehilfe moralisch legitimiert werden können, ist die Beantwortung der Frage, ob der Arzt die geeignete Person dafür ist. Ein kurzer Abriss über die wichtigsten Argumente, die in der Diskussion vertreten werden, sollen nachfolgend dargeboten werden.

a) Der Standpunkt der Deutschen Ärzteschaft

Der Vertreter der deutschen Ärzteschaft, *Montgomery*[1329], lehnt in seiner Position als Vorsitzender der Deutschen Bundesärztekammer sowohl die Suizidassistenz als auch die aktive Sterbehilfe entschieden ab.
Die Suizidassistenz ist den deutschen Ärzten seit dem 114. Ärztetag im Jahr 2011 in Kiel in der Berufsordnung verboten.[1330]

> *§ 16 MBO*[1331] lautet seitdem wie folgt:
>
> *Beistand für Sterbende*
> *Ärztinnen und Ärzte haben Sterbenden unter Wahrung ihrer Würde und unter Achtung ihres Willens beizustehen. Es ist ihnen verboten, Patientinnen und Patienten auf deren Verlangen zu töten. Sie dürfen keine Hilfe zur Selbsttötung leisten.*

Bis dato war die Suizidassistenz in der Musterberufsordnung als keine ärztliche Aufgabe deklariert, ein ausdrückliches Verbot, wie es die aktuelle Fassung vorsieht, war jedoch nicht statuiert.[1332]

1329 Montgomery, Wir brauchen keine ärztlichen Sterbehelfer, medstra 2/2015, 65.

1330 Montgomery, medstra 2/ 2015, 65.

1331 § 16 der Musterberufsordnung der Bundesärztekammer, Stand: in der Fassung des Be schlusses vom 118. Deutschen Ärztetag Frankfurt a.M., 2015; abrufbar unter: http://www.bundesaerztekammer.de/fileadmin/user_upload/downloads/pdf-Ord ner/MBO/MBO_02.07.2015.pdf; letzter Abruf am: 26.06.2016.

1332 Siehe die Erläuterungen zu den Novellierungen der Berufsordnung in dem Deutschen Ärzteblatt, 2011, 108(38), abrufbar im Internet unter: https://www.aerzteblatt.de/ar chiv/106362/(Muster-)Berufsordnung-fuer-die-in-Deutschland-taetigen-Aerztinnen-und-Aerzte-MBO-Ae-1997-in-der-Fassung-der-Beschluesse-des-114-Deutschen-Aerzteta ges-2011-in-Kiel, letzter Abruf am 26.06.2017.

Die Bundesärztekammer hat damit den bislang vermittelnden Pfad verlassen und die Vorgaben für die deutschen Ärztinnen und Ärzte verschärft. *Montgomery*[1333] war sich durchaus im Verlauf der Debatte bewusst, dass sich 37% der Deutschen Ärzte hätten vorstellen können, ihren Patienten Suizidassistenz zu leisten. Die Mehrheit der anwesenden Mitglieder des 114. Deutschen Ärztestages in Kiel hat jedoch für ein berufsrechtliches Verbot gestimmt.[1334] Bei einer Befragung, die von *Schildmann/Vollmann*[1335] im Mai und Juli 2012 durchgeführt wurde, sprachen sich 33,7 % der befragten Ärzte gegen ein solches berufsrechtliches Verbot aus, nur 25% befürworteten dieses und 41,4 % waren unentschieden. Von einem mehrheitlich mit der Kieler Beschlussfassung übereinstimmenden Meinungsbild der Deutschen Ärzte kann daher nur eingeschränkt gesprochen werden.[1336]

Ein strafrechtliches Verbot lehnt *Montgomery*[1337] jedoch gegenüber dem berufsrechtlichen Verbot der Suizidassistenz als zu weitgehend ab, auch wenn dieses gegenüber dem strafrechtlichen Verbot weniger durchsetzungsfähig sei. *Montgomery*[1338] möchte jedoch diese Fragestellungen nicht mit einer Strafandrohung sowie der Belastung durch staatsanwaltliche Ermittlungen beantwortet wissen. So schreibt er: „Insbesondere im Bereich der Palliativmedizin und der Intensivtherapie entstünden alte Ängste neu. Der gerade begonnene Forstschritt in effektiver Schmerztherapie und palliativer Sedierung wäre gefährdet, wenn sich Ärztinnen und Ärzte bei jeder Handlung mit strafrechtlichem Rechtfertigungsdruck konfrontiert sähen, das Unterlassen einer Handlung dagegen risikoärmer wäre.“

Die berufsrechtliche Verschärfung der ärztlichen Verhaltensregelung für die Suizidassistenz begründet *Montgomery* unter Bezugnahme auf den Eid des Hippokrates, der in der gegenwärtigen Fassung der Berufsordnung der Ärzte wie folgt anklinge: „Aufgabe des Arztes ist es, das Leben zu erhalten, die Gesundheit zu schützen und wiederherzustellen, Leiden zu lindern, Sterbenden Beistand zu leisten und an der Erhaltung der natürlichen Lebensgrundlagen im

---

1333 Montgomery, Fn. 1329, 65 (65), mit Verweis auf eine repräsentative Umfrage des Institutes für Demoskopie Allensbach, IfD – Umfrage 5265, August 2009); Ergebnisse abrufbar unter: http://www.bundesaerztekammer.de/fileadmin/user_upload/downloads/Sterbehilfe1.pdf; letzter Abruf am 26.06.2017.

1334 Montgomery, Fn. 1329, 65 (65); Schildmann/Vollmann in: Assistierter Suizid: Der Stand der Wissenschaft, 61 (62).

1335 Schildmann/Vollmann, Fn. 1334, 61 (67), m.w. N. zur durchgeführten Studie.

1336 Gavela, S. 241, die vor dem Kontext der Studie von einem fehlenden Gehorsam eines nicht unbedeutenden Teils der Ärzte spreche; Gavela fordert daher eine Änderung der Satzung.

1337 Montgomery, Fn. 1329, 65 (66).

1338 Montgomery, Fn. 1329, 65 (66).

Hinblick auf ihre Bedeutung für die Gesundheit der Menschen mitzuwirken.“[1339]

Als begrüßenswert sieht *Montgomery* die Entwicklung an, dass sich der Paternalismus aus der Medizin zugunsten eines selbstbestimmten Patientenwillens zurückgezogen habe, welcher es durchaus rechtfertigen könne, ärztliche Behandlungen abzulehnen bzw. einzustellen.[1340]

Dieser Wille exkulpiere jedoch keinesfalls, dass der Arzt auch Suizidassistenz leiste, denn Ärzte verfolgten eine besondere Haltung, hätten sich zudem Rechte und Pflichten auferlegt, zu denen besonders die Pflicht zähle, „Leben zu erhalten“.[1341] Ferner sei die Frage ethisch nicht konfliktfrei zu beantworten, ob der Arzt Suizidassistenz leiste.[1342] Der freie ärztliche Beruf fordere eine anspruchsvolle Qualitätssicherung, während die Verabreichung des von Sterbehilfeorganisationen verwendeten „Tötungsrezept[es] eher dem archaischen Giftbecher des Sokrates“ entspreche als der modernen Medizin. Aus medizinischer Sicht wäre eine andere Methode vorzugswürdig, eine, die die Grenzen zur aktiven Sterbehilfe verwische, da in einem solchen Fall die Injektion bzw. Infusion des Medikamentes vorzunehmen sei.[1343] Der „klinisch saubere“ Selbstmord sei daher von der Euthanasie nicht mehr zu trennen, was einer humanen Medizin fremd sei.

Auch den Rekurs auf die Selbstbestimmung des Patienten hält *Montgomery* für widersinnig, da sich das Individuum durch die Selbsttötung abschaffe und damit „jede Form von Selbstbestimmung ausgelöscht“ werde.[1344] Ferner würden viele Patienten nach Erfahrung der Ärzte wieder von ihrem Wunsch zu sterben Abstand nehmen. Es seien vornehmlich die Angehörigen bzw. das Umfeld des Patienten, welche das Leiden des geliebten Menschen nicht mehr ertragen könnten.[1345] Insgesamt fordert *Montgomery*[1346] daher einen verstärkten Ausbau der palliativmedizinischen Strukturen und der Schmerztherapie.

1339 Montgomery, Fn. 1329, 65 (65); von Montgomery zitiert nach der Fassung der Hamburger Berufsordnung für Ärztinnen und Ärzte.
1340 Montgomery, Fn. 1329, 65 (65).
1341 Montgomery, Fn. 1329, 65 (66).
1342 Montgomery, Fn. 1329, 65 (66).
1343 Montgomery, Fn. 1329, 65 (66).
1344 Montgomery, Fn. 1329, 65 (66).
1345 Montgomery, Fn. 1329, 65 (66).
1346 Montgomery, Fn. 1329, 65 (66).

b) Die Rolle des Arztes aus moralphilosophischer Sicht

In der moralethischen Diskussion wird die Rolle des Arztes dagegen differenzierter beurteilt. Während die einen den Arzt insoweit für völlig ungeeignet halten[1347], würden ihn insbesondere die Juristen aufgrund seiner weitreichenden Kompetenzen einerseits als auch wegen seines besonderen Status als Vertrauensperson des Patienten andererseits gerne als Suizidassistenten auf freiwilliger Basis einsetzen.[1348]

Wiesing[1349] erklärt, warum stets der Berufsstand der Ärzte in den Fokus gerate, nämlich deshalb, weil Ärzte über weitreichende Kenntnisse in der Pharmakologie, der Schmerztherapie, der Feststellungen der Kriterien des informed consent, bei psychiatrischen Erkrankungen und in der palliativmedizinischen Behandlung verfügen sowie die Fähigkeit besitzen, die vom Patienten als subjektiv nicht mehr (er-) tragbar empfundene Situation einschätzen zu können. Man könne fast sagen, der Arzt ist die „eierlegende Wollmilchsau" bei der Feststellung und Unterstützung eines ernsthaften Suizidwunsches – dies insbesondere, wenn das Arzt – Patientenverhältnis über Jahre zu einem engen Vertrauensverhältnis gewachsen ist und der Arzt seinen Patienten auch persönlich sehr gut einschätzen kann. *Gavela*[1350] geht davon aus, dass mit der Zulassung des ärztlich assistierten Suizides noch eine Stärkung des Verhältnisses zwischen dem Arzt und dem Patienten einhergehen könne, da der Patient wisse, dass der Arzt ihn auch bei dieser schwierigen Gewissensentscheidung nicht allein lassen werde. Das Argument des drohenden Vertrauensverlustes hält sie dagegen für verfehlt. Ferner wird die Diskussion um das Argument bereichert, dass der Arzt nach einem erfolgreich durchgeführten Suizid unterstützend tätig sein könnte und dies die Transparenz der formalen Feststellung unnatürlicher Todesursachen erhöhe. In den Niederlanden ist der Arzt aktiv an dem formalen Procedere nach Leistung von Sterbehilfe beteiligt. Dort wird ähnlich argumentiert.

1347 Siehe hierzu: Bormann, Fn. 1276, 85 (86), der keine Vereinbarkeit mit dem Standesethos sieht, weil er nicht sehe, wie die wissenschaftlichen Kriterien einer validen Indikations stellung gelangen will und einen Interessenkonflikt mit negativen Folgen für das Arzt-Patientenverhältnis sieht;

1348 Siehe hierzu die Erörterungen bei Himstedt, S. 103ff., m.w.N.; Statt vieler: Taupitz/ Wie sing, Diskussion mit dem Fachpublikum: Die interdisziplinäre Pluralität der Meinungen, in: Assistierter Suizid: Der Stand der Wissenschaft, 103 (107/105); Jäger, JZ 18/2015, 875 (882).

1349 Wiesing, Diskussion mit dem Fachpublikum: Die interdisziplinäre Pluralität der Meinun gen, in: Assistierter Suizid: Der Stand der Wissenschaft, 103 (105); so auch Schild mann/Vollmann, Fn. 1334, 61 (71); Himstedt, S. 103ff.; Taupitz, Fn. 1348, 103 (107).

1350 Gavela, S. 243.

Überzeugend argumentiert auch *Schuss*[1351], wenn er den Einsatz eines „multiprofessionellen Teams“, vergleichbar mit der Zusammensetzung eines Ethikkomitees, fordert. Dies bedeutet eine Entlastung des Arztes von seiner Alleinentscheidungsbefugnis, sichert den Qualitätsstandard bei der Feststellung der Selbstbestimmungsfähigkeit als Ausdruck der Patientenautonomie und fördert die Erörterung von alternativen Möglichkeiten anstelle des ärztlich begleiteten Suizides. Insgesamt dürfte eine eher offene Einstellung des Vertrauensarztes gegenüber einem Suizidansinnen des Patienten stärker zur Prävention beitragen als ein empathieversagendes Verhalten des Arztes, welches aus der Angst vor Strafbedrohung oder berufsrechtlichen Sanktionen resultiert.

Die Gegner des ärztlich assistierten Suizides berufen sich dagegen auf die Übertragung einer zu großen Verantwortung auf den Arzt, zwischen Leben und Sterben zu entscheiden, folglich eine Indikation für oder gegen die Suizidassistenz zu stellen. So wird besonders von *Bormann*[1352] vertreten, dass nicht erkennbar sei, wie eine wissenschaftlich valide Indikationsstellung für oder gegen die Suizidasssitenz herbeigeführt werden könne. *Wiesing*[1353] gibt demgegenüber zwar zu, dass es in dieser Sache schwierig sei überhaupt eine Indikation zu stellen, dass derartige Schwierigkeiten in der Medizin aber üblicherweise beständen und daher nicht als Abwehrargument taugten, weil sonst die Hälfte der Medizin abgeschafft werden müsste.

Ferner wird noch ein deontologisches Argument vorgebracht. Es bestehe immer noch ein breiter Konsens in der Gesellschaft, dass die ärztliche Suizidbeihilfe eine „unethische Handlung“ sei. Diese Aussage wird gestützt auf die seit der Antike bis zur Aufklärung geltenden ärztlichen Traditionen, die nicht einfach „aufgekündigt“ werden dürften.[1354] Es herrsche eine „moralische Tugendpflicht, sein Leben so lange zu bewahren, wie man Möglichkeiten zum personalen Selbstvollzug hat.“ [1355] Zwar könne diese Tugendpflicht durchaus eine Ausnahme erfahren, jedoch gelte es den gravierenden Unterschied zwischen der Beteiligung Dritter am eigenen Suizid oder dem alleinigen Selbstvollzug zu erkennen und zu wahren.[1356] Das ärztliche Ethos sei aber durchaus

---

1351 Schuss in: Assistierter Suizid, Der Stand der Wissenschaft, Diskussion mit dem Fachpub likum, Die interdisziplinäre Pluralität der Meinungen, 103 (104).

1352 Bormann, Fn. 1276, 85 (86); Wiesing, Fn. 1281, 85 (91), der darauf verweist, dass ihm sehr viele Autoren bekannt seien, „die sagen, es gibt überhaupt keine vernünftigen Argu mente dafür, warum unter bestimmten Bedingungen assistierter Suizid nicht zu den ärzt lichen Aufgaben gehört.“

1353 Wiesing, Fn. 1281, 85 (89).

1354 Bormann, Fn. 1276, 85 (91f.).

1355 Bormann, Fn. 1276, 85 (91f.).

1356 Bormann, Fn. 1276, 85 (91f.); Gavela, S. 242.

fähig und verpflichtet, sich zu wandeln und den gesellschaftlichen Veränderungen der Zeit anzupassen. *Gavela*[1357] weist in diesem Kontext darauf hin, dass das ärztliche Ethos „keine ein für alle Mal festgelegte Größe unwandelbaren Inhaltes“ sei. Hierzu nimmt *Gavela*[1358] Rekurs auf die ärztliche Beteiligung am Schwangerschaftsabbruch, welche früher auch als standeswidrig angesehen wurde und nunmehr von der Ärzteschaft geduldet werde, ja sogar darüber hinaus von den Ärzten mittlerweile als regelmäßig vorkommende, alltägliche ärztliche und abrechenbare Leistung, für die die Qualitätssicherung gleichermaßen gelte, praktiziert werde. Daher gelangt auch *Taupitz*[1359] zu dem Ergebnis: „Ebenso wenig wie die Tötung ungeborenen Lebens das ärztliche Berufsethos unterminiert hat, ebenso wenig untergräbt die ärztliche Suizidbeihilfe das ärztliche Berufsethos.“

c) Stellungnahme

Der Vertreter der Deutschen Ärzteschaft und Vorsitzende der Bundesärztekammer vertritt den mehrheitlichen Standpunkt der Mitglieder und Teilnehmer des 114. Deutschen Ärztestages in Kiel. Dieser Standpunkt hat sich gegenüber dem aus der nunmehr veralteten Fassung der Musterberufsordnung verschärft, in der ein eindeutiges Verbot nicht vorgesehen war. Vor dem Kontext der wiederkehrenden Debatten des Bundestages bildete diese Verschärfung zu diesem Zeitpunkt ein klares Signal an den Gesetzgeber. Zugegebenermaßen sind die Argumente von *Montgomery* nicht von der Hand zu weisen, dennoch bieten sie durchaus auch Anlass zur kritischen Auseinandersetzung. Der Verweis auf den Hippokratischen Eid wirkt inkonsequent, wenn berücksichtigt wird, dass der Hippokratische Eid in seiner ursprünglichen Fassung auch ein Verbot des Schwangerschaftsabbruches für Ärzte vorsah. Der Schwangerschaftsabbruch ist jedoch heutzutage ein fester Bestandteil im medizinischen Leistungsapparat.

Ferner wird der Patientenautonomie, insbesondere bei Behandlungsverzichten und Behandlungsabbrüchen am Lebensende, höchste Wertschätzung eingeräumt, die so weit reicht, dass der Bürger viele Jahre bis Jahrzehnte vor dem eigentlichen „Einsatz“ in einer Patientenverfügung verbindlich festlegen kann, welche medizinischen Behandlungen er sich für den Fall seiner eigenen Entscheidungs-und / oder Einwilligungsunfähigkeit wünscht oder nicht wünscht.

1357 Gavela, S. 240.
1358 Gavela, S. 240.
1359 Zitiert nach Gavela, 242, m.w.N.

Nicht selten gelangen Patientenverfügungsmuster aus dem Internet zum Einsatz, die eine verbindliche Festlegung von Behandlungsoptionen vorsehen und von Bürgern schlimmstenfalls ohne vorherige Beratung durch einen Hausarzt oder fachkundigen Juristen ausgefüllt werden.

Es ist stark zu bezweifeln, ob der ausfüllende Bürger überhaupt verstanden und innerlich bedacht hat, welche Auswirkungen es für ihn haben könnte, wenn er in seiner Patientenverfügung leichtfertig angibt, dass er nicht an medizinische Geräte angeschlossen werden möchte, eine medizinische Versorgung durch „Schläuche" ablehne oder Wiederbelebungsmaßnahmen in jedem Falle ausschließe. Vielen Patienten ist – nach meiner Erfahrung aus Diskussionsrunden - überhaupt nicht bewusst, dass bereits ein Pulsmess- oder EKG - Gerät per definitionem ein medizinisches Gerät ist oder die nasale Sauerstoffversorgung unter den Ausschluss der „Versorgung mit medizinischen Schläuchen" in der Patientenverfügung zu subsumieren ist. Diese Maßnahmen werden bei einer Vielzahl an medizinischen Notfällen geradezu standardmäßig angewandt, dürften es eigentlich bei solchen Festlegungen in einer Patientenverfügung aber gar nicht mehr.

Zweifelsohne besteht hier noch größerer Aufklärungsbedarf in der Bevölkerung, der gemessen an der im Fall der Einwilligungsunfähigkeit ebenfalls bestehenden Irreversibilität der Entscheidung meines Erachtens unterschätzt wird.[1360]

Dies ist insbesondere dann riskant, wenn man sich die Argumentation von *Montgomery*[1361] vergegenwärtigt: seiner Einschätzung nach (die auf Erfahrung vieler praktizierender Ärzte beruhe) würden sich viele Patienten, je näher der Tod rücke, sich diesen umso weniger wünschen und je weiter der Tod entfernt liege, desto radikaler werden die Lebensbeendigungsvorstellungen der Menschen.

Ostgathe[1362] verweist in diesem Kontext auf eine Studie von *Rosenberg*, die festgestellt habe, dass der Wunsch, tatsächlich zu sterben, in den letzten Wochen stark volatil sei. Die Ernsthaftigkeit eines Sterbewunsches könnte damit von der Tagesform des Patienten abhängig sein, so dass dessen Ernsthaftigkeit und Dauerhaftigkeit durchaus fraglich erscheint. *Müller – Busch* liefert

1360 Eine Beratungspflicht einzuführen, so dass ohne eine solche keine verbindliche Patien tenverfügung existiert, lehnt De Ridder, Wie wollen wir sterben?, S. 209, zu Recht ab. D er Schwerpunkt sollte daher eher auf einem besseren Zugang zu gut informierten, kosteng günstigen Stellen gelegt werden.

1361 Montgomery, Fn. 1329, 65 (66).

1362 Ostgathe, Assistierter Suizid: Der Stand der Wissenschaft, 95 (96).

zur Volatilität des Sterbewunsches und eines möglichen Dilemmas ein frappantes Beispiel[1363]:

„Frau B. litt unter einem weit fortgeschrittenen, vermutlich diffus metastasierten Brustkrebskarzinom und wurde mit starker Dyspnoe ins Krankenhaus eingeliefert. Ihr Ehemann war kurz zuvor plötzlich verstorben. In ihrer Patientenverfügung hatte sie jegliche intensivmedizinischen Maßnahmen abgelehnt. Dennoch empfahlen die Ärzte eine Sedierung sowie eine intensivmedizinische Behandlung, der Frau B. zustimmte. Sie wolle sich noch von ihrer Familie verabschieden. Nach einigen Tagen konnte sie auf eine Palliativstation verlegt werden und äußerte auf die Frage, warum sie von ihrer Patientenverfügung Abstand genommen habe, sich dahingehend: „man merkt ja erst, wie kostbar das Leben ist, wenn man es verliert – ich war noch nicht bereit und brauchte ja noch Zeit zum Abschied von meinen Kindern und Enkelkindern, das hat mein Mann versäumt. Es muss doch stimmig sein."

Hätten in dieser Situation die Ärzte „blind" die Anweisungen der Patientenverfügung befolgt, wäre Frau B. diese Möglichkeit genommen worden.

Das Dilemma, in welcher Situation insbesondere die Ärzte stecken, die die medizinische Erstversorgung leisten müssen, zeigt anschaulich auch das Beispiel von *Dieter T.* [1364]:

„*Dieter T.* war aus einem Fenster in die Tiefe gestürzt. Er war bewusstlos und atmete nicht. Der junge Arzt ordnete Maskenbeatmung an, Stabilisierung der Halswirbelsäule und die Anlegung eines EKG´s. Er entschied sich – nicht leichtfertig - zur Reanimation. Im Krankenhaus bestätigte sich sein Verdacht, Hirnblutung mit Einbruch in die Hirnkammern, Quetschung des oberen Rückenmarks. Nach 14 Tagen im Koma werden in der Regel alle Medikamente nach Angaben des fachkundigen Autors abgesetzt. Erst jetzt zeige sich der eigentliche Erfolg der Wiederbelebung. Den behandelnden Ärzten von Dieter T. stellte sich in diesem Moment die Frage: ist Dieter T. hirntot, vielleicht ein lebender Organspender oder ist er zu rehabilitieren?"

1363 Zitiert nach: Müller – Busch, Abschied braucht Zeit, Palliativmedizin und Ethik des Ster bens, S. 172f., wurde vorliegend verkürzt dargestellt.

1364 Zitiert nach De Ridder, Wie wollen wir sterben?, S. 42ff.

Hätte Dieter T. verfügt, dass er den Ausschluss jeglicher intensivmedizinischer Maßnahmen gewollt hätte, hätte er dem erstversorgenden Notarzt als auch dem späteren Behandlungsteam eine gewisse Sicherheit geben können.

Ohne Zweifel sind die gesetzlichen Regelungen zu den Statuten der Patientenverfügung sowie die generelle Stärkung der Patientenrechte im Arzt – Patientenverhältnis insgesamt zu begrüßen. Die beiden Beispiele verdeutlichen aber anschaulich, welche Bedeutung einer Patientenverfügung zu teil werden kann und wie „lebensgefährlich“ die einmal getroffenen Festlegungen für den Fall der Entscheidungsunfähigkeit sein können - das Dilemma eines Arztes, welcher sich innerhalb kürzester Zeit unter enormen Stress zwischen einem fürsorgenden Lebensschutz, der Beachtung des Patientenwillens und der Einhaltung des ärztlichen Ethos entscheiden muss, einmal außen vor gelassen.

Abgesehen von den kommerziellen Hilfsangeboten, die bei der Bewältigung der Schwierigkeiten bei der korrekten Ausfüllung einer Patientenverfügung zur Seite stehen, verbleiben dem Bürger nur wenig Möglichkeiten, sich fachgerecht über die möglichen Inhalte einer Patientenverfügung aufklären zu lassen. Der Hausarzt, der gewinnbringend dazu beitragen könnte, hat in seinem Praxisalltag in der Regel keine Zeit für eine ausführliche Beratung und erhält diese überdies nicht einmal vergütet. Die Anreize, hier seinen Patienten sinnvoll zu unterstützen, sind daher gering. Zur Entlastung des Hausarztes bestehen an diesem Punkt durchaus noch Erweiterungsmöglichkeiten.

Der Jurist kann umfassend über die rechtlichen Probleme einer Patientenverfügung aufklären, hinsichtlich der invasiven medizinischen Inhalte kann er in der Regel jedoch keine kompetente Beratung liefern. Im Ergebnis bleibt festzustellen, dass der Lebensschutz in diesem Punkt partiell zu kurz greift.

Vor dem Kontext des Lebensschutzes ist es durchaus sinnvoll, dass eine doppelte Beratung stattfindet, wobei diese z.B. auch durch einen besonders geschulten Notar erfolgen kann, wenn dieser dann für die Erstellung einer Patientenverfügung - die dann beurkundungspflichtig sein müsste - auch die Beurkundungshoheit genießen würde.

Andererseits wird unter Verweis auf den allgemeinen Lebensschutz dem Patienten die Möglichkeit des aufgeklärten, freiwilligen Suizides versagt. Diese Argumentation ist inkonsequent und widersprüchlich, was der Situation am Lebensende und dem Stellenwert des menschenwürdigen Sterbens nicht gerecht wird.

Schulz[1365] verweist in diesem Zusammenhang noch auf das „zentrale Paradigma“ in der Palliativmedizin, das „Non-Abandonment“, das sich auch für die hiesige Diskussion fruchtbar machen lässt. „Non – Abondonment“ besagt, dass

1365 Schulz, in: Assistierter Suizid: Der Stand der Wissenschaft, 103 (111).

der Arzt seinen Patienten in Extremsituationen nicht alleine lassen soll. Genau dies passiere jedoch, wenn der Arzt den Patienten nicht im Suizid begleiten dürfte, er betriebe „Abandonment".

Schulz[1366] formuliert es direkt: „Ich lasse die Person vor meinen Augen sterben und sorge dafür, dass der Körper weiterlebt, bis es halt irgendwann zu Ende ist. Und das ist im Übrigen das, was wir heute auch schon dürfen, nämlich die palliative Sedierung. Ich möchte darauf hinweisen, dass die palliative Sedierung am Ende nichts anderes bedeutet, als dass ich einen Menschen schlafen lege und warte, bis er endlich verhungert ist."

Es drängt sich der Eindruck auf, dass der rechtspolitisch statuierte Lebensschutz eher fragmentarischer als absoluter Natur ist und okkasionell zum bloßen Argumentationsmittel degradiert wird. Nicht zuletzt zeigt sich dies auch an dem wenig gelungenen Tatbestand des § 217, der vielerlei Schwächen aufweist, die den Lebensschutz in Frage stellen.

Zu Recht rekurriert *Montgomery* auf die ärztliche Verpflichtung, Leben zu erhalten; dies sei oberste Prämisse des ärztlichen Handelns. Dennoch fragt sich, ob es nicht durchaus Lebenssituationen gibt, in denen die Lebenserhaltung nicht mehr oberste Prämisse des ärztlichen Heilauftrages sein muss. Der Deutsche Ethikrat[1367], wenngleich nicht einheitlich, sieht dies jedenfalls so. Zudem sieht die von *Montgomery* zitierte Fassung der Präambel der Berufsordnung zwar vor, Leiden zu lindern und Sterbenden Beistand zu leisten, dies schließt nach dem reinen Wortlaut jedoch nicht zwingend die ärztliche Leistung von Suizidassistenz aus. Es entspringt jedenfalls einer nicht einheitlichen Auffassung wie auch die durchgeführte Studie - die an späterer Stelle näher vorgestellt wird[1368]- belegt, dass das Standesrecht die ärztliche Suizidassistenz zu untersagen habe. Nicht selten wird ein berufsrechtliches Umdenken gefordert, da sich auch medizinische Handlungsweisen am Lebensende verändert hätten. Krankheiten, die es vor hundert Jahren noch nicht gegeben habe, sowie die pharmakologischen und technischen Möglichkeiten der Medizin, nicht nur der Intensivmedizin, die Anpassung der Lebens- und Ernährungsweise, der Hygiene und der Bildung haben alle dazu beigetragen, dass sich die durchschnittliche Lebenserwartung quasi verdoppeln konnte.[1369] Ein Festhalten an archaischen Traditionen und Denkweisen kann daher Stillstand bedeuten, Stillstand in einer Wissenschaft, die von Fortschritt und neuen Erkenntnissen lebt.

1366 Schulz in: Assistierter Suizid: Der Stand der Wissenschaft, 103 (111).

1367 Deutscher Ethikrat, Beihilfe zur Selbsttötung, Infobrief 01/15, S. 9.

1368 Die Vorstellung der Ergebnisse der durchgeführten Studie erfolgt im 6. Kapitel.

1369 So Müller-Busch, S. 55.

5. Chancen der Palliativmedizin am Lebensende

Ein fortwährendes Ansinnen aus der Ärzteschaft sowie ein gesamtgesellschaftliches Anliegen ist eine flächendeckende, bundesweite Verbesserung und Verstärkung der palliativmedizinischen Versorgung am Lebensende.[1370] Dazu gehören nicht nur der Ausbau und die Erweiterung von palliativmedizinischen Angeboten in den Krankenhäusern oder die Forderung nach Eröffnung weiterer Hospize, sondern auch die Qualitätssicherung durch Fort – und Weiterbildung des medizinischen Personals und der Ärzteschaft.

Ostgathe[1371] hat hervorgehoben, dass in Deutschland erst 3% der Ärzte über die Zusatzbezeichnung „Palliativmedizin" verfügen würden. Insgesamt sei die Struktur der Palliativversorgung - auch im internationalen Vergleich - mangelhaft.[1372]

Ziel der Palliativmedizin sei laut *Müller – Busch*[1373] eine Verbesserung der Lebensqualität und die Erreichung der Symptomkontrolle ohne gezielte Lebensverlängerung. Vielfach werde laut *De Ridder*[1374] die Palliativmedizin immer noch zu Unrecht in den Kontext der schwerst Erkrankten und Sterbenden gebracht, was der Bandbreite der Palliativmedizin nicht gerecht werde. Die Palliativmedizin decke viel mehr ab, als nur die Schmerz-und Symptomkontrolle bei Patienten im Terminalstadium.

Im Übrigen werde laut *De Ridder*[1375] häufig verkannt, dass eine Vielzahl an Krankheiten bereits der palliativen Behandlung zuzuschreiben seien, da sie nicht mehr kurativ behandelt werden könnten. Dazu gehören typische Volkskrankheiten wie chronische Gefäßerkrankungen, Diabetes mellitus, Erkrankungen des Bewegungsapparates, des Nervensystems oder auch die Osteoporose.

De Ridder[1376] fordert eine Erweiterung der Palliativmedizin und eine Veränderung des ärztlichen Berufsverständnisses, welches das Sterben nicht mehr aus dem medizinischen Heilauftrag ausgrenzt, insbesondere dann nicht, wenn der Patient austherapiert ist. Die pflegerische und medizinische Unterstützung

---

1370 Hans Küng, Sterbehilfe? Thesen zur Klärung, in: Walter Jens/Hans Küng, Menschenwür dig sterben, S. 216, der keinen Widerspruch zwischen Palliativmedizin und Sterbehilfe sieht, sondern einen Gleichlauf fordert.

1371 Ostgathe, Assistierter Suizid: Der Stand der Wissenschaft, 95 (101).

1372 Statt vieler: Müller-Busch, Abschied braucht Zeit Palliativmedizin und Ethik des Ster bens, S. 34, der Deutschland im Gegensatz zu Großbritannien als Entwicklungsland be zeichnet, De Ridder, S. 213 ff..

1373 Müller-Busch, S. 48.

1374 De Ridder, S. 213ff..

1375 De Ridder, Wie wollen wir sterben?, S. 213f..

1376 De Ridder, Wie wollen wir sterben?, S. 213ff.

dieser Patienten müsse mehr in den Fokus der Medizin rücken. Dies gelte insbesondere gegenüber Patienten, die „Opfer" der modernen Medizin seien, da sie nur wegen medizintechnischer Möglichkeiten noch weiter am Leben gehalten werden (können). *De Ridder* nennt speziell Patienten mit „hoher Querschnittslähmung" sowie die „Locked – in" Patienten.[1377] In solchen Situationen halte er es für nachvollziehbar, wenn diese Patienten auch durch bestmögliche palliative Versorgung keinen Lebenswillen mehr aufbrächten und einen Ruf nach Suizidassistenz verlautbaren.[1378] *De Ridder*[1379] fordert daher, dass nicht die Patienten der Standesethik gerecht werden sollen, „sondern umgekehrt: Die Standesethik hat den (veränderten) Bedürfnissen der Patienten zu folgen."

6. Gespräch mit einem Lehrstuhlinhaber für Medizinethik

a) Gesprächsskizzierung nach Gedächtnisprotokoll

Anfang Juli 2017 wurde ein Gespräch mit einem Medizinethiker und Mitglied des Nationalen Ethikrates geführt. Ziel des Gespräches war es, einen Einblick in die Einstellung einer fachkundigen und kompetenten Person zur ärztlichen Suizidassistenz zu erhalten. Der Verlauf des Gespräches wird nachfolgend zusammengefasst dargestellt. Die Kernaussagen des Gespräches werden anhand des Gedächtnisprotokolls vorgestellt:

Zu Beginn wurde der von einem Autor in der juristischen Literatur polemisch formulierte Begriff des „Brutalsuizids", in welchen suizidwillige Menschen nunmehr durch die Inkriminierung der geschäftsmäßigen Suizidbeihilfe gedrängt würden, zur Stellungnahme aufgeworfen. Es wurde gefragt, wie dieser Vorwurf aus medizinethischer Sicht zu beurteilen sei.

„Sofern sich dieser Vorwurf tatsächlich bewahrheiten würde, wenn sich die Situation tatsächlich so entwickeln würde, wäre es aus ethischer Sicht nicht zu akzeptieren, dass sich Ärzte von ihren Patienten abwenden. Dasselbe gilt, wenn die hiesige Strafnorm dazu führt, dass das Arzt – Patientenverhältnis belastet würde, dass nunmehr keine Suizidassistenzmöglichkeiten mehr gemeinsam erörtert werden könnten und der Arzt aus Angst vor Strafe nicht mehr beratend tätig sein könnte. Die Begrifflichkeit „Brutalsuizid" sei aus Sicht der befragten Person jedoch sehr weit hergeholt und bewusst provokant formuliert. „Wenn es tatsächlich dazu käme, wäre dies allerdings katastrophal."

1377 De Ridder, wie vor, S. 293.

1378 So auch Hans Küng, S. 216, der anerkennt, dass es Menschen gibt, die sterben möchten, ohne dass sie nicht behandelbaren Schmerzen leiden würden.

1379 De Ridder, Wie wollen wir sterben?, S. 293.

Anschließend wurden allgemeine ethische Aspekte zur Möglichkeit der ärztlichen Suizidassistenz erörtert.

„Aus ethischer Sicht ist Suizidassistenz nicht per se als nicht vereinbar mit dem ärztlichen Ethos anzusehen, vielmehr besteht durchaus die Möglichkeit, dass ärztliche Suizidbegleitung Teil der ärztlichen Fürsorge und Fürsorgepflicht sein und zur Schadensvermeidung dienen könnte." Es wurde bestätigt, dass die Frage nach ärztlicher Suizidassistenz nur Einzelfälle betreffen würde, dass diese Einzelfälle nunmehr keine Chance auf Unterstützung hätten. „Eine solche Unterstützung ist aus ethischer Sicht jedoch durchaus zu befürworten, wenn dies an enge Kriterien – wie die Regelung in Oregon – rückgebunden wird. Vielmehr ist Suizidassistenz grundsätzlich vereinbar mit dem ärztlichen Ethos, wobei grundsätzlich als fundamental zu verstehen ist. Es ist zudem zu berücksichtigen, dass vielfach Menschen betroffen sind, die erst durch die Medizin in diese Lebenssituation geraten sind. Früher wären diese schwerst Kranken verstorben, heute werden sie von der Medizin künstlich am Leben erhalten. Es sind Fälle, die durch die Medizin geschaffen worden sind, und es ist aus ethischer Sicht durchaus vertretbar, dass Ärzte in den von ihnen hervorgerufenen Situationen Auswege durch Suizidassistenz begleiten. Die Norm des § 217 ist auch aus ethischer Sicht sehr unglücklich. Zu befürworten ist aber, dass die Sterbehilfevereine sowie das Handeln bekannter Einzelpersonen nunmehr verboten sind. Die Geschäftsmäßigkeit sollte jedoch nicht so weit führen, dass Einzelfallhilfe nicht mehr geleistet werden darf. Dass ein Arzt in die Verlegenheit gerät, mehrfach Suizidassistenz zu leisten, ist – wenn überhaupt - auf wenige Fälle begrenzt. Ein Verbot ab der ersten Suizidassistenz, weil der Arzt für sich nicht ausgeschlossen hat, dass er in seinem Leben nochmals Suizidhilfe leistet, ist unnötig weit geraten."

Ferner wurde der Aspekt erörtert, dass in der juristischen Wissenschaft häufiger der Arzt als zur Suizidassistenz geeignete Person benannt werde.

„Der Arzt ist ideal geeignet für die Leistung von Suizidhilfe. Er verfügt über die notwendigen profunden Kenntnisse, ist zur Fürsorge und Schadensminimierung verpflichtet. Aus meiner Sicht widerspricht die engmaschige, an Kriterien rückgebundene Suizidassistenz nicht der ärztlichen Tätigkeit."

Vielfach werden seit längerem in Legitimierungsdiskursen Dammbruchargumente gegen eine Legitimierung eingewandt. Es wurde besprochen, wie diese aus ethischer Sicht einzuschätzen seien.

„Die in der Diskussion häufig vorgebrachten Dammbruchargumente können mich zumindest partiell nicht überzeugen. Die aktive direkte Sterbehilfe muss verboten bleiben, weil hier die Sorge vor Missbrauch berechtigt ist. Die aktive Sterbehilfe droht, Ärzte in Interessenkonflikte zu versetzen und tatsächlich den Missbrauch von vulnerablen Patienten zu ermöglichen."

Hinsichtlich der Suizidassistenz wird jedoch eine andere Ansicht vertreten. Es wird Rekurs genommen auf die Langzeitbeobachtungen in Oregon, die zu keinem nennenswerten Anstieg der Fallzahlen geführt hätten. Rein statistisch sei die Zahl derer, die sich über die Suizidassistenz informieren zwar hoch, die Zahl derer, die tatsächlich mit Hilfe eines Suizidhelfers versterben, aber äußert gering.

„Meiner Einschätzung nach hilft und entlastet es die Menschen zu wissen, dass es am Lebensende, wenn es denn notwendig wird, die Möglichkeit der Suizidassistenz gäbe."

Am Ende des Gespräches wurde noch das aktuelle Urteil des BVerwG[1380] besprochen. Das Urteil des BVerwG ist dahingehend verfehlt, dass eine staatliche Behörde bzw. deren Mitarbeiter keinesfalls eine Entscheidung darüber treffen dürfen, wer Zugang zu tödlichen Substanzen erhält und wer nicht. Die Botschaft aus dem Urteil ist klar, nämlich dass das BVerwG hat bestätigen wollen, dass es möglich sein müsse, dass Patienten in Ausnahmefällen infolge der Einnahme eines Betäubungsmittels versterben. Aus meiner Sicht darf diese irreversible und schwerwiegende Entscheidung jedoch keinesfalls dem Staat überlassen werden. Darüber ist sich auch der Ethikrat einig gewesen."

Es sei noch erwähnt, dass der Gesprächspartner im Verlauf des Gespräches mehrfach betonte, dass ihm die Stärkung der Suizidprävention und Palliativmedizin ein besonderes Anliegen sei.

b) Ergebnis des Gespräches

Resultat des skizzierten Gespräches ist, dass sich ärztliche Suizidassistenz und ärztliches Ethos nicht zwingend widersprechen, sondern aus ethischer Sicht durchaus vereinbar sein können.

Sofern die neue Strafvorschrift allerdings zur Konsequenz hätte, dass eine im Konfliktfall geleistete Einzelfallhilfe nun nicht mehr möglich sei, dann sei dieses Ergebnis aus ethischer Sicht nicht zu befürworten.

1380 BVerwG – 3 C 19.15 - vom 02.03.2017, aao.

7. Gespräch mit einem palliativmedizinisch tätigen Arzt

a) Gesprächsskizzierung

Im Juli 2017 fand ebenfalls noch ein Gespräch mit einem Arzt statt, welcher die Zusatzbezeichnung „Palliativmediziner“ führt, seit mehr als 10 Jahren Hospizarbeit leistet und in eigener Niederlassung als Facharzt für Allgemeinmedizin tätig ist. Nachfolgend soll der Inhalt des geführten Gespräches anonymisiert nach Gedächtnisprotokoll wiedergegeben werden, da die von diesem Arzt benannten Aspekte zur Diskussion um die Erlaubnis ärztlicher Suizidassistenz in hohem Maße aussagekräftig sind.

1. These: Ist die Palliativmedizin am Lebensende ausreichend?

Zu Beginn des Gespräches wurde die Frage aufgeworfen, ob er im Rahmen seiner Berufserfahrung eine praktische Notwendigkeit für die Ausübung ärztlicher Suizidassistenz sehe, und zwar einerseits aus Sicht eines Arztes und andererseits aus Sicht der Patienten.

Die Antwort des Arztes war ein promptes „Ja“. Die vielfach in der Öffentlichkeit aufgestellte These, die palliativmedizinische Versorgung decke am Lebensende alles ab und sei ausreichend, könne er aus seiner Lebens– und Berufserfahrung nicht bestätigen. Es gebe trotzdem nicht zu lindernde Leidenszustände, er führte u.a. das Beispiel eines ALS[1381] - Patienten an, die mit Progredienz der Erkrankung durch eine Lähmung der Atemmuskulatur eine Atemsuppression erfahren und im Verlauf in der Regel ersticken. Zudem sei nicht allein die Schmerzbehandlung am Lebensende problematisch, sondern vielfach auch die Behandlung der die Krankheit begleitenden Symptome des Moribunden. Auf der anderen Seite habe er es in seinem bisherigen Berufsleben immer wieder erlebt, dass Patienten sehr autonom und bestimmt auftreten und sich dahingehend äußern, dass sie es als sehr belastend empfänden, an ihrem Lebensende nicht frei bestimmen zu können, wann sie gerne gehen möchten, sondern den Tod passieren lassen müssen. Diese Patienten seien auch nicht

1381 ALS ist die Abkürzung für Amiytrophe Lateralsklerose. „Die Amyotrophe Lateralskle rose ist eine chronisch-degenerative Erkrankung des zentralen Nervensystems. In ihren Symptomen ähnelt die Amyotrophe Lateralsklerose anderen neurodegenerativen Krank heiten: Sie ist durch den sichtbaren Schwund der Muskulatur zuerst an den Extremitäten, später auch im Gesicht und am übrigen Körper gekennzeichnet“; Definition von Netdok tor: abrufbar unter: http://www.netdoktor.de/krankheiten/amyotrophe-lateralsklerose/; letzter Abruf am 29.09.2017.

dadurch zufrieden zu stellen, dass ihnen umfangreiche palliativmedizinische Möglichkeiten aufgezeigt werden.
Er berichtet von einem ALS – Patienten, welcher den Wunsch nach Suizidassistenz mehrfach nachvollziehbar geäußert habe, er habe ihn aber darauf verweisen müssen, dass er ihm legal nicht helfen dürfe und ihm (dem Arzt) die Hände gebunden seien. Meinem Eindruck nach war diese Zurückweisung des Patientenwunsches auch für den Arzt im Ergebnis unbefriedigend. Gleichwohl hat er in diesem Zusammenhang aufgezeigt, dass das sog. Sterbefasten durchaus ein gangbarer Weg für Patienten sei und er dies auch schon begleitet habe. Es bedarf jedoch eines ausgeprägten und ernsthaften Sterbewillens, durch Sterbefasten seinen Tod herbeizuführen, da sich dieser Prozess in der Regel einige Tage hinzieht. Zudem verunsichert ihn die neue Strafvorschrift, da er nicht weiß, ob er sich mit der Empfehlung des Sterbefastens als Suizidmöglichkeit strafbar mache.

2. These: Palliativmedizin und ärztliche Suizidassistenz seien nicht miteinander vereinbar

Im Folgenden wurde die ebenfalls häufig in der öffentlichen Debatte geäußerte These erörtert, nach der Palliativmedizin und ärztliche Suizidassistenz sich widersprechen bzw. nicht vereinbaren lassen. Aus seiner Sicht ist diese These nicht haltbar. Auch die effektivste palliativmedizinische Versorgung könne nicht alle Patienten zufrieden stellen. Er selbst ist moralisch wertfrei gegenüber allen Patienten, die sich suizidieren möchten. Die Entscheidung treffe jeder allein und es gebe Krankheitssituationen – dies betonte er mehrfach –, die diesen Wunsch tragen.

3. These: Fühlen Sie sich durch die neue Strafvorschrift des § 217 StGB in ihrer medizinischen Arbeit beeinträchtigt?

Zunächst wurden die rechtlichen Aspekte der verschiedenen Sterbehilfearten besprochen. Es zeigte sich, dass er als Palliativmediziner profunde rechtliche Kenntnisse im Bereich der Sterbehilfe hat. Er teilte jedoch mit, dass die neue Strafvorschrift ihn stark verunsichere und ihn auch in seinem täglichen medizinischen Arbeitsalltag belaste, da er nicht wisse, wie er beratend und helfend tätig sein dürfe. Diese Verunsicherung bestehe zwar auch im Hinblick auf Sterbehilfearten wie den Behandlungsabbruch oder die indirekte Sterbehilfe, sie werde aber durch die neue Strafvorschrift, deren praktische Anwendung noch unanabsehbar sei, erheblich gesteigert.

Aus Sorge vor einer Bestrafung werde er nunmehr jegliches Suizidansinnen seiner Patienten brüsk mit dem Hinweis zurückweisen, dass ihm jegliche Hilfeleistung als nicht legal verwehrt sei. Inzwischen orientiere er sich bei sämtlichen Fragestellungen am Lebensende, insbesondere auch bei den Möglichkeiten eines Behandlungsabbruches, nicht mehr an seinem ärztlichen Gewissen, sondern an dem Ergebnis der Rechtsfolgenabschätzung. Dies belaste seine ärztliche Arbeit im Hospiz zunehmend und sei auch für die Patienten misslich.

Insgesamt empfand der Arzt die rechtliche Situation vor Inkrafttreten der neuen Strafvorschrift als erheblich weniger belastend. Damals habe er bei Fragestellungen im Terminalstadium zumindest beratend tätig sein können und frühzeitig vollumfänglich über Risiken von Medikamenten und deren Effekten aufklären können. Er benannte speziell einen an Diabetes erkrankten Patienten, welcher auf relativ einfache Art seinen Tod durch eine medikamentös verursachte Hyperglykämie selbst herbeiführen könne. Bereits solche Hinweise würden ihm nunmehr schwer fallen.

Er verhalte sich zudem neuerdings auch deshalb sehr passiv, weil er Angst vor einem Ermittlungsverfahren habe. Diese Belastung und die verbundenen negativen Konsequenzen habe er bereits bei einem Kollegen miterlebt. Er selbst habe hinsichtlich der Leistung von Suizidassistenz keine moralischen Bedenken, jedoch Bedenken hinsichtlich der öffentlichen Wahrnehmung seiner Person, sollte es einmal zu einem Ermittlungsverfahren wegen der Leistung von Suizidassistenz kommen.

4. These: Was halten Sie von prozeduralen Kriterien, die festlegen, unter welchen Voraussetzungen Suizidassistenz geleistet werden darf?

Zur Beantwortung dieser Frage nimmt er Bezug auf die Beispiele des europäischen Auslandes. Diese Regelungen halte er für nicht sinnvoll. Er betonte mehrfach, dass er es nicht begrüßen würde, wenn ein Rechtsanspruch auf eine ärztliche Suizidassistenz bestände. Keinesfalls wolle er in die Situation geraten, dass ein Patient von ihm Suizidassistenz verlange, weil der Patient wisse, dass er auch einem anderen Patienten Suizidassistenz geleistet habe. Die Suizidassistenz müsse stets eine höchstpersönliche Gewissensentscheidung des

Arztes bleiben, die er selbstverständlich mit allen, insbesondere auch den Angehörigen und dem Pflegeteam abstimmen wollte, sollte er einmal in eine solche Situation geraten. Es sei ihm durchaus bekannt, dass im Ausland häufiger die Aussagen von Patienten anzutreffen seien, dass diese nicht mehr ihren Angehörigen zur Last fallen möchten. Häufig seien seiner Kenntnis nach auch monetäre Gründe für ein Suizidansinnen ausschlaggebend. Eine solche Konsequenz müsse unter allen Umständen vermieden werden, daher halte er eine Regelung wie sie in den Niederlanden anzutreffen sei, für verfehlt. Auch an dieser Stelle äußerte er, dass ärztliche Suizidassistenz unbedingt eine Einzelfallentscheidung bleiben müsse.

5. These: Besteht für Sie als Arzt überhaupt der Zugang zu Arzneimitteln, die sicher den Tod herbeiführen könnten?

Diese Frage verneinte er vehement. Dies sei auch vor Einführung der neuen Strafvorschrift schwierig gewesen. Er wisse persönlich nicht, wie er in einem hypothetischen Fall Zyankali für einen Suizid bereitstellen können sollte. Die Hindernisse für eine solche Beschaffung wären sehr hoch. Aus diesem einzigen Grund befürworte er die Tätigkeit der Sterbehilfevereine. Diese könnten medizinisch fachkundig Suizidassistenz leisten, was er für sich als Arzt in Abrede stellte. Er verfüge nicht über die notwendigen medizinischen Kenntnisse zur Durchführung eines erfolgreichen Suizides. Was er allerdings als „no go“ empfinde, sei, wenn Suizide heimlich vollzogen werden, zum Beispiel mit der versteckten Waffe im Schrank. Solche insbesondere für die Hinterbliebenen schwer zu ertragenden Suizide hätte er in seinem ärztlichen Berufsleben auch schon gesehen. Als sehr schlimm empfinde er auch die Situationen, in denen der Suizidversuch gescheitert sei. Er habe es auch schon miterlebt, dass sich ein Familienvater in suizidaler Absicht vor den Zug gestellt habe. Dies war auch für ihn ein sehr schlimmes Ereignis, welches er um jeden Preis den Angehörigen ersparen wollte. Der Schaden, den die Hinterbliebenen durch diese Art der heimlichen Suizide nehmen, sei nicht unerheblich und gerate allzu häufig in Vergessenheit.

Er persönlich empfinde es als sehr bedenklich, dass es jährlich mehr als doppelt so viele Suizide wie Verkehrstote gebe, dass jedoch für die Vermeidung Letzterer sehr viel mehr getan werde als für die Suizidprävention. Daher sei es ihm auch ein besonderes Anliegen, dass die Suizidprävention in der Gesellschaft gestärkt werde.

6. These: Ist Suizidassistenz mit dem ärztlichen Ethos aus Ihrer Sicht vereinbar? Was halten Sie davon, dass Ärzte sich auf den Eid zur Verweigerung der Suizidassistenz als „unärztliche Handlung“ berufen, aber gleichwohl Schwangerschaftsabbrüche vornehmen?

Zunächst betonte er, dass er moralisch wertfrei gegenüber den Patienten sei, er selbst habe es in der Regel so erfahren, dass die daran Beteiligten durch die Vornahme des Schwangerschaftsabbruches selbst emotional stark belastet seien, so dass er als Arzt nicht noch mit moralischen Aspekten aufwarten möchte.

So wie er moralisch wertfrei Patienten gegenübertreten könne, die einen Schwangerschaftsabbruch wünschten, könne er auch moralisch unbefangen Menschen gegenübertreten, die sich suizidieren möchten. Er glaube, wenn Ärztevertreter in der Öffentlichkeit postulierten, dass sie keine Suizidassistenz leisten wollten, weil dies unärztlich sei, dann sei dies mehr ein politisches als ein persönliches Statement.

b) Weitere Aspekte

In dem Gespräch wurden zudem weitere Aspekte aufgeworfen, die keiner hier behandelten These zuzuordnen sind, die jedoch Eingang in die Arbeit finden sollen, weil sie interessant sind.

Der Arzt berichtete, dass es auch Kollegen oder andere medizinische Helfer in einem Team gebe, welche sogar Maßnahmen des Behandlungsabbruches ablehnten. Es komme immer wieder vor, dass ein Kollege aus dem medizinischen Personal oder ein Angehöriger – trotz eindeutiger Patientenverfügung – nicht mit dem geplanten Behandlungsabbruch konform gehe. Ihm sei es in seiner Arbeit ein wichtiges Anliegen, dass alle Beteiligten diese Entscheidung emotional gemeinsam mittragen, nicht nur der Patient alleine. Er könne es durchaus verstehen, wenn ein Mitarbeiter des Pflegepersonals oder ein Kollege den Behandlungsabbruch, nicht mit seinem Verständnis von medizinischer Pflege und Versorgung vereinbaren könne. In Zweifelsfällen müsse dann ein Gericht entscheiden. Es sei durchaus auch in seinem medizinischen Alltag vorgekommen, dass ein Dissens zwischen den Beteiligten bestand und ein Gericht den Behandlungsabbruch als zulässig habe bestätigen müssen.

Ferner erlebe er bei der Begleitung von Patienten im Terminalstadium häufig auch Verzweiflungsäußerungen von Angehörigen, dass sie den Patienten nicht weiter leiden sehen möchten.

Es sei nicht selten auch eine emotionale Erlösung für die Hinterbliebenen, wenn der geliebte Mensch verstorben sei und sein Leiden ein Ende habe.

B. Abschließende Stellungnahme

Am Ende des Kapitels zur Suizidassistenz soll an dieser Stelle ein Fazit gezogen werden.

Rückblickend hat sich im Laufe der Erörterungen der Blickwinkel hinsichtlich der einstigen Einschätzung der Sach- und Rechtslage zugegebenermaßen verändert. Der Vorschlag, dass ein ärztlich assistierter Suizid moralisch und rechtlich durch prozedurale Verfahrensregelungen, ähnlich denen in den Niederlanden oder der §§ 1901 a ff. BGB für die Bewertung der Einwilligungsunfähigkeit, Eingang ins Gesetz finden sollte, kann nicht (mehr) bedenkenlos befürwortet werden.

Die Änderung dieser einstigen Prämisse der Arbeit beruht weniger auf der Überzeugung, dass durch eine solche Regelung dem Missbrauch „Tür und Tor" geöffnet werden könnte, wenngleich nicht zu verkennen ist, dass die von vielen Seiten beklagten Missstände in der Versorgung alter und kranker Menschen latent vorhanden sind und durchaus Anlass zur Sorge und dringender Verbesserung geben. Dies zu ändern, ist jedoch vornehmlich eine rechtspolitische Aufgabe und keine des Strafrechtes.

Die neu gewonnene Einsicht resultiert vielmehr aus der Erwägung, dass zur prozeduralen Festlegung von Suizidassistenzvoraussetzungen wie sie der Gesetzentwurf von *Hintze et.al.* aufstellt, keine faktische Notwendigkeit besteht. Die Rechtslage vor Inkriminierung des § 217 war grundsätzlich gut.

Die Sorgen und Argumente der Gegner verdienen uneingeschränkt Anerkennung. Es muss unbedingt vermieden werden, dass sich der Betroffene aufgrund seines Leidens als Last für die Familie und die Gemeinschaft wahrnehmen und hieraus womöglich seine eigene Lebenssinnlosigkeit ableiten könnte.

Die von Familienangehörigen oder Außenstehenden kundgegebenen Äußerungen, dass sie „das Leid" nicht mehr ertragen könnten, welches ihrem Angehörigen widerfahren würde, sind in dieser Situation völlig fehl am Platze. *Müller – Busch* und *Montgomery* haben zu Recht zu bedenken gegeben, dass vielfach die „Unerträglichkeit der Situation des Erkrankten" nicht von diesem selbst geäußert werde, sondern von den Angehörigen. Hinzu tritt ein empirisches Argument: Derzeit besteht gesamtgesellschaftlich ein geringer Bedarf nach Ausübung ärztlicher Suizidassistenz. Dies zeigen auch die von *Müller - Busch*[1382] vorgestellten Zahlen aus Oregon offenkundig.

Keinesfalls darf aber der Eindruck entstehen, dass es diesen Menschen verwehrt sein sollte, Möglichkeiten der ärztlichen Suizidassistenz wahrnehmen zu können, wenn sie dies wünschen, nur, weil eine geringe Prävalenz dieser Fälle besteht.

Nach gegenwärtiger Rechtslage kann ein Arzt nur dann Suizidassistenz leisten, wenn die Interpretation des § 217 restriktiv erfolgt oder die Norm anhand des noch vorzustellenden Gesetzvorschlages abgeändert wird.[1383] Die gegenwärtige Rechtslage hat jedenfalls eine große Verunsicherung im medizinischen Bereich hervorgerufen.[1384]

Nach Abänderung der Norm des § 217 sollte zusätzlich eine einheitliche für alle Landesärztekammern verbindliche, berufsrechtliche Klarstellung nachfolgen, so dass Suizidassistenz nach reiflicher und sorgfältiger Prüfung der Selbstbestimmungsfähigkeit des Patienten, im Einzelfall angstfrei von einem Arzt geleistet werden kann. Die Festschreibung formaler Kriterien, z.B. die Koppelung an eine irreversible Grunderkrankung mit einem unerträglichen Leidenszustand des Patienten über einen längeren Zeitraum, wird nicht als notwendig angesehen. Sofern es dennoch für erforderlich erachtet wird, materiell – rechtliche Voraussetzungen aufzustellen, sollte dies durch eine Integration in das Betäubungsmittelstrafrecht als Ausnahmetatbestand geschehen. Suizidassistenz soll damit nicht zu einem normalisierten Regelangebot werden, sondern soll eine in einer Ausnahmesituation geleistete, besondere ärztliche Hilfe bleiben.

Die meisten Ärzte nehmen ihr Berufsverständnis sehr ernst, so dass eine kernstrafrechtliche Sanktion wegen der weitreichenden Risiken und Rechtsunsicherheiten - wie das Beispiel des § 217 eindringlich zeigt - als unverhältnismäßig angesehen wird.

Abgesehen von der Inkriminierung durch § 217 wären geringfügige Modifikationen der Rechtslage - wie die Einfügung einer Ausnahmeregelung in das BtMG - aus hiesiger Sicht ausreichend.

Es steht zudem nicht zur Diskussion, dass dringend in die Verbesserung medizinischer, insbesondere palliativmedizinischer Betreuung investiert werden muss, aber nicht nur im Bereich der Pflege durch Aufstockung von Personal, sondern auch durch Qualifikation der Ärzteschaft. Gerade viele Ärzte, die sich mit der Versorgung moribund erkrankter Menschen befassen, betrachten

---

1382 De Ridder, Wie wollen wir sterben?, S. 266ff..

1383 Der Vorschlag einer abgeänderten Fassung der Norm wird unter dem nachfolgenden Punkt 8 vorgestellt.

1384 Dies belegt anschaulich auch die von Zenz et.al. durchgeführte Studie, Fn. 530.

sich als Einheit mit dem medizinischen Personal, so dass eine gute Patientenbetreuung nur sinnvoll geleistet werden kann, wenn in allen Bereichen nachgebessert wird.

Die Reduzierung der ärztlichen Partizipation bei sämtlichen Handlungen am Lebensende durch zu weitreichende Strafbarkeitsrisiken ist nicht nur aus ethischer Sicht kontraindiziert.

Craig Ewert[1385] hat in dem Dokumentarfilm über seinen begleiteten Suizid in der Schweiz gesagt, was wohl auf die meisten ernsthaften Suizidwünsche zutreffen dürfte:

> „I´m not tired of living, i´m tired of this disease. I would like to continue my life, but i can not.“

Kaum ein Mensch dürfte sich wirklich freiwillig den Tod wünschen. Menschen, die für eine Suizidassistenz und auch für die aktive Sterbehilfe in Frage kommen, sind Opfer ihrer Erkrankung und sollten nicht noch Opfer des Rechtssystems werden. Diese Menschen sehen – wie *Craig Ewert* – für sich keine sinnvolle Alternative des Weiterlebens mehr. Sich dieser Einsicht zu stellen, bedarf eines besonderen Mutes und sollte nicht per se moralisch verurteilt werden. So betrachtet, erscheint auch die ärztliche Hilfe zum Suizid zur Beseitigung der physischen und psychischen Leiden des Menschen gegenüber der maximalen Lebenserhaltung nicht mehr als moralisch verwerfliche Handlung. Unterstützung findet diese Ansicht auch von dem *Deutschen Ethikrat*[1386], für den es durchaus Situationen im Leben gibt, in denen die Suizidassistenz moralisch gerechtfertigt sein kann.

Die Legitimierung und Legalisierung der aktiven Sterbehilfe ist dagegen von einem anderen Gewicht und kann vorliegend nicht als gangbarer Lösungsansatz postuliert werden.

Zu groß ist die Sorge vor den Konsequenzen der Legalisierung im Hinblick auf die Irreversibilität der Entscheidung. Im Gegensatz zur Suizidassistenz ist

---

1385 Craig Ewert lebte in England, war Informatikprofessor und an ALS erkrankt. Mit Progre ienz seiner Erkrankung entschloss er sich zum Suizid. Sein medial verfolgter Suizid mit tels eines Sterbehilfevereines stieß auf stark konträre Emotionen in der Gesellschaft. Der Stern berichtete am 10.12.2008 darüber: abrufbar unter: http://www.stern.de/pano rama/gesellschaft/sterbehilfe-selbstmord-zur-besten-sendezeit-3746720.html; letzter Abruf am 29.07.2017. Das Video seines Suizides „the Suicide tourist“ ist anzuse hen untter: https://www.youtube.com/watch?v=EzohfD4YSyE; letzter Abruf am 29.07.17.

1386 Deutscher Ethikrat, Stellungnahme Selbstbestimmung, S. 86ff.

es bei der aktiven Sterbehilfe durchaus möglich, dass das ausdrückliche Verlangen des Patienten zu sterben, durch ein vom Bevollmächtigten bzw. Betreuers nur gemutmaßtes oder behauptetes Verlangen substituiert werden kann.

Bei der Suizidassistenz ist der Patient zwar auf die Hilfe und Unterstützung von Dritten bei der Umsetzung seines Sterbewunsches angewiesen, aber er alleine steuert und entscheidet darüber, ob und wann er gehen möchte. Der Helfer ist in dieser Situation auf die aktive Mithilfe des Patienten angewiesen. Dies unterscheidet die Suizidassistenz meines Erachtens ganz wesentlich von der aktiven Sterbehilfe, bei der die völlige körperliche Passivität ausschlaggebend ist.

Für alle anderen Patienten, die nicht mehr selbst aktiv werden können, wie beispielsweise die an ALS erkrankten Menschen, wird die Medizintechnik Lösungen entwickeln können.

C. Aktuelle Rechtsprechung

Jüngst wurde ein höchstrichterliches Urteil aus der Verwaltungsgerichtsbarkeit zur Thematik der Suizidassistenz verkündet. Wegen der Relevanz der Entscheidung für die Arbeit als auch wegen des Sachzusammenhanges mit ihr soll dieses Urteil in gebotener Kürze vorgestellt werden.

I. Urteil des BVerwG, Az.: - 3 C 19.15 - vom 02. März 2017 zur rechtlichen Beurteilung der Selbsttötung

1. Entscheidungsinhalt

Am 02. März 2017 hat sich das BVerwG zur Erlangung einer verwaltungsrechtlichen Erlaubnis für den Erwerb verschreibungspflichtiger tödlicher Substanzen geäußert und damit die Diskussion erneut entfacht. Das Urteil bietet in mehrfacher Hinsicht interessante Aspekte.

Das BVerwG sprach sich in der Entscheidung dafür aus, dass einem „schwer und unheilbar erkrankten Menschen“ ausnahmsweise in einer „extremen Notlage“ tödliche Substanzen zugänglich gemacht werden müssen. In den Leitsätzen[1387] der Entscheidung heißt es dazu:

„1. Der Erwerb eines Betäubungsmittels zum Zweck der Selbsttötung ist grundsätzlich nicht erlaubnisfähig.

2. Das allgemeine Persönlichkeitsrecht aus Art. 2 Abs. 1 i.V.m. Art. 1 Abs. 1 GG umfasst auch das Recht eines schwer und unheilbar kranken Menschen, zu entscheiden, wie und zu welchem Zeitpunkt sein Leben enden soll, vorausgesetzt, er kann seinen Willen frei bilden und entsprechend handeln.

3. Im Hinblick auf dieses Grundrecht ist § 5 Abs. 1 Nr. 6 BtMG dahin auszulegen, dass der Erwerb eines Betäubungsmittels für eine Selbsttötung mit dem Zweck des Gesetzes ausnahmsweise vereinbar ist, wenn sich der suizidwillige Erwerber wegen einer schweren und unheilbaren Erkrankung in einer extremen Notlage befindet.

4. Eine extreme Notlage ist gegeben, wenn – erstens - die schwere und unheilbare Erkrankung mit gravierenden körperlichen Leiden, insbesondere starken Schmerzen verbunden ist, die bei dem Betroffenen zu einem unerträglichen Leidensdruck führen und nicht ausreichend gelindert werden können, - zweitens - der Betroffene entscheidungsfähig ist und sich frei und ernsthaft entschieden hat, sein Leben beenden

zu wollen und ihm - drittens - eine andere zumutbare Möglichkeit zur Verwirklichung des Sterbewunsches nicht zur Verfügung steht.“

Dem vom BVerwG zu entscheidenden Fall lag die Sachverhaltskonstellation zu Grunde, dass der Ehemann der Antragstellerin, die vor Erlass des Widerspruchsbescheides in der Schweiz begleitet in den Tod gegangen war, auf Feststellung geklagt hatte, dass das Bundesinstitut für Arzneimittel und Medizinprodukte (BfArM) verpflichtet gewesen sei, der Antragstellerin den Erwerb des begehrten Pentobarbital zur Selbsttötung zu ermöglichen.[1388] Die Klage des Ehemannes war letztinstanzlich als zulässig zu beurteilen und hatte Erfolg vor dem BVerwG. Zunächst scheiterte der Ehemann der Antragstellerin jedoch erst – und zweitinstanzlich vor der Verwaltungsgerichtsbarkeit, da ihm die Klagebefugnis versagt worden war. Der EuGH gestand ihm jedoch das Recht zu, dass die Begründetheit der Klage zu prüfen sei. Das BVerwG argumentierte im Wesentlichen folgendermaßen: „Ein ausnahmsloses Verbot, Natrium – Pentobarbital zum Zwecke der Selbsttötung zu erwerben, greift in das grundrechtlich geschützte Recht schwer und unheilbar kranker Menschen ein, selbstbestimmt

1387 BVerwG, Urteil vom 02.03.2017 - 3 C 19.15, abrufbar unter: http://www.bverwg.de/entscheidungen/entscheidung.php?ent=020317U3C19.15.0; letzter Abruf am 02.07.2017.

1388 BVerwG, Fn. 1387, Rn. 3ff..

darüber zu entscheiden, wie und zu welchem Zeitpunkt ihr Leben enden soll.“ [1389] Rekurs nahm das BVerwG auf das Selbstbestimmungsrecht aus Art. 2 I GG iVm Art. 1 I GG, welches jedem Einzelnen eine autonome Entscheidung über sein eigenes Lebensende ermögliche. Immanent sei diesem Recht auch die Möglichkeit, über sich selbst zu verfügen als Ausdruck der persönlichen Autonomie.[1390] Medizinische Heilbehandlungen dürften daher vom Patienten abgelehnt werden. Grundrechtlichen Schutz genieße auch das selbstbestimmte Sterben schwer und unheilbar erkrankter Menschen im Wege der Selbsttötung, was auch von der Rechtsprechung des EuGH anerkannt sei.[1391] Das BVerwG hielt durch die verwaltungsrechtliche Versagung der Erlaubnis zum Erwerb der tödlichen Arznei mittelbar das benannte Grundrecht für beeinträchtigt. In der Begründung dazu heißt es: „Die ausnahmslose Beschränkung des Zugangs zu einem Betäubungsmittel der Anlage III auf die Anwendung zu therapeutischen Zwecken im engeren Sinne verhindert, dass ein Mittel wie Natrium – Pentobarbital zur Selbsttötung zur Verfügung steht. Von diesem Zugangsverbot werden auch schwer und unheilbar kranke Menschen betroffen, die wegen der von ihnen als unerträglich empfundenen Leidenssituation frei und ernsthaft entschieden haben, ihr Leben zu beenden, und dazu ein Betäubungsmittel verwenden möchten, dessen Wirkungen ihnen eine schmerzlose und sicherere Selbsttötung ermöglicht. Der fehlende Zugang zu einem solchen Betäubungsmittel kann zur Folge haben, dass sie ihren Sterbewunsch nicht oder nur unter unzumutbaren Bedingungen realisieren können.“[1392]

Besonders interessant war jedoch die vom BVerwG vorgenommene grundrechtliche Abwägung, dessen Ergebnis die grundrechtskonforme Auslegung des § 5 Abs. 1 Nr. 6 BtMG maßgeblich beeinflusst hat.[1393]

Das BVerwG statuierte, dass das dem § 5 Abs. 1 Nr. 6 BtMG zu entnehmende Verbot zwar dem Ziel des Schutzes von Menschen in vulnerablen Situationen vor Missbrauch diene, insbesondere solchen, die voreilig und ggf. unfreiwillig Suizidwünsche umsetzen könnten. Die staatliche Schutzpflicht müsse jedoch ausnahmsweise zurücktreten, wenn sich der Erwerber in einer extremen Notlage (Leitsatz Nr. 4) befinde[1394]; dies sei auch bereits für die Fälle

1389 BVerwG, Fn. 1387, Rn. 22.

1390 BVerwG, Fn. 1387, Rn. 22.

1391 BVerwG, Fn. 1387, Rn. 25 mit Verweis auf die Entscheidung des EGMR zum Fall Diane Pretty, EGMR, Urteil vom 29.04.2002 - in welchem der EuGH entschieden hatte, dass Art. 8 Abs. 1 EMRK ein Recht auf Selbstbestimmung gewähre, welches es ermögliche, dass ein Mensch darüber entscheiden könne, wie und zu welchem Zeitpunkt sein Leben beendet werden soll, sofern er zur freien Willensbildung in der Lage sei.

1392 BVerwG, Fn. 1387, Rn. 26.

1393 BVerwG, Fn. 1387, Rn. 26ff.

1394 BVerwG, Fn. 1387, Rn. 31.

des Behandlungsabbruches allgemein anerkannt.[1395] Das BVerwG spricht insofern davon, dass der Erwerber seiner „Krankheit ausgeliefert“ sei und die Einnahme der letalen Dosis die einzig zumutbare Möglichkeit sei, den Sterbewunsch umzusetzen.[1396]

Im Lichte dieses grundrechtlichen Verständnisses sei § 5 Abs. 1 Nr. 6 BtMG so auszulegen, „dass der Erwerb eines Betäubungsmittels für eine Selbsttötung mit dem Zweck des Gesetzes, die notwendige medizinische Versorgung der Bevölkerung sicherzustellen, ausnahmsweise vereinbar ist, wenn sich der suizidwillige Erwerber wegen einer schweren unheilbaren Erkrankung in einer extremen Notlage befindet.“[1397]

Hervorzuheben ist ebenfalls, dass das BVerwG nicht Bezug nimmt auf die ärztliche Suizidbeihilfe. Deren Voraussetzungen seien gegenwärtig nicht abschließend erklärt; dies gelte sowohl für das Strafrecht als auch für das ärztliche Berufsrecht.[1398]

Das BVerwG hält eine Vorlage an das BVerfG für entbehrlich, da es eine Möglichkeit zur verfassungskonformen Auslegung des § 5 Abs. Nr. 6 BtMG gebe. Das zuvor dargestellte Verständnis des BVerwG widerspreche weder dem Wortlaut noch dem gesetzgeberischen Willen, da das BVerwG zu der Erkenntnis gelangt, dass ausnahmsweise die Anwendung der letal wirkenden Arznei auch therapeutischen Zwecken dienen könne, wenn sie die einzige Möglichkeit sei, die Leidenssituation des Betroffenen zu beenden.[1399]

Zwar ergebe sich dies nicht ausdrücklich aus den Gesetzesmaterialien, aber es fehlten auch Hinweise darauf, dass es nicht ausnahmsweise doch möglich sein könne, hiervon in begründeten Ausnahmefällen wie dem zur Entscheidung vorliegenden abzuweichen.[1400]

Eine andere Ansicht ergebe sich auch nicht aus der im Dezember in Kraft getretenen Vorschrift des § 217. Mit § 217 „solle der potenzielle Suizident vor einer abstrakt das Leben und die Autonomie des Einzelnen gefährdenden Handlung in Form einer geschäftsmäßigen Förderung der Selbsttötung geschützt werden.“[1401] Die Motivationslage zu § 217 beinhaltet nach Ansicht des *BVerwG*[1402] keine Hinweise darauf, dass „es dem gesetzgeberischen Willen entspricht, eine betäubungsmittelrechtliche Erwerbserlaubnis zur Selbsttötung

1395 BVerwG, Fn. 1387, Rn. 33.
1396 BVerwG, Fn. 1387, Rn. 31.
1397 BVerwG, Fn. 1387, Rn. 28.
1398 BVerwG, Fn. 1387, Rn. 35.
1399 BVerwG, Fn. 1387, Rn. 37ff.
1400 BVerwG, Fn. 1387, Rn. 38.
1401 BVerwG, Fn. 1387, Rn. 38.
1402 BVerwG, Fn. 1387, Rn. 38.

ohne Rücksicht auf die genannte extreme Notlage schwer und unheilbar erkrankter Menschen ausnahmslos zu verbieten." Zudem erlaube die behördliche Erteilung dieser Einzelfallerlaubnis nicht einen Vergleich mit einem privaten Suizidhelfer im Sinne des § 217.[1403] „Das BfArM verfolgt keine Eigeninteressen, […]" heißt es in der Urteilsbegründung.[1404]

Abschließend stellt das BVerwG klar, dass es sich hierbei auch nicht um ein „staatliches Angebot assistierten Suizides" handelt, „sondern dem grundgesetzlich geforderten Schutz des Selbstbestimmungsrechts schwer und unheilbar kranker Menschen Rechnung getragen" werden soll.[1405] Die daraus resultierende schwierige Entscheidungslast des BfArM erkennt das *BVerwG*[1406] durchaus an, dies sei jedoch hinzunehmen. Schließlich treffen Patienten, Ärzte oder Betreuer unter Umständen vergleichbar schwere Entscheidungen hinsichtlich eines Behandlungsabbruches. Das BfArM könne sich sachkundiger Hilfe bedienen, so dass auch ohne verfahrensrechtliche Regelungen eine grundrechtskonforme Entscheidung möglich sei.

2. Kommentar des Deutschen Ethikrates zur Entscheidung des BVerwG vom 02.03.17

Der *Deutsche Ethikrat*[1407] steht der Entscheidung des BVerwG gespalten gegenüber.

Aus der Empfehlung zur Suizidbeihilfe vom 01.06.2017 geht hervor, dass die Mehrheit der Mitglieder die Entscheidung des BVerwG ablehne, da sie nach Ansicht des *Deutschen Ethikrates* nicht mit den Grundwertungen des parlamentarischen Gesetzgebers zu vereinbaren sei. Kritisiert wird insbesondere, dass das BVerwG eine Verbindung zwischen dem Betroffenen, welcher seiner krankheitsbedingten Situation nicht hilflos ausgesetzt sein sollte, und der Möglichkeit des staatlichen Erwerbes von Betäubungsmitteln unter dem Deckmantel staatlicher Legitimation, herstelle. Es werde sozusagen eine neue Instanz

1403 BVerwG, Fn. 1387, Rn. 38.
1404 BVerwG, Fn. 1387, Rn. 38.
1405 BVerwG, Fn. 1387, Rn. 38.
1406 BVerwG, Fn. 1387, Rn. 39ff.
1407 Empfehlung des Deutschen Ethikrates zur Suizidbeihilfe vom 01.06.17, abrufbar unter: http://www.ethikrat.org/dateien/pdf/empfehlung-suizidpraevention-statt-suizidunterstuetzung.pdf, letzter Abruf am 03.07.2017, S. 2.

staatlicher Suizidassistenz geschaffen.[1408] Des Weiteren werde durch die Festlegung materieller Kriterien, also unter welchen Voraussetzungen ausnahmsweise eine Suizidassistenz erlaubt sein könne, die Entscheidung des Gesetzgebers sowie die des Deutschen Ethikrates unterlaufen. Die Festlegung materieller Kriterien sei nach mehrheitlicher Auffassung gerade nicht gewollt, da eine solche Festlegung der moralischen Einzelfallentscheidung der Suizidassistenz nicht gerecht werde.[1409] Es werde damit aus Sicht des Deutschen Ethikrates die „ethische Leitidee der staatlichen Neutralität gegenüber Lebenswertvorstellungen" aufgegeben.[1410] Der staatlichen Instanz werde aufoktroyiert, eigenständig zu beurteilen, ob dem jeweiligen Antrag eine genehmigungsfähige Ausnahmekonstellation zugrundeliegen könnte.[1411]

Schließlich sieht der Deutsche Ethikrat durch das Urteil auch die zu stärkende Suizidprävention als gefährdet an. Suizidwünsche im Status irreversibler Erkrankung beruhten eben oft nicht auf reflektierten oder bilanzierenden Erwägungen.[1412] Zu wenig durchdachte Suizidwünsche resultieren aus Sicht des Deutschen Ethikrates vielfach aus der defizitären, palliativmedizinischen und psychotherapeutischen Versorgung gefährdeter Menschen.[1413]

Demgegenüber begrüßt eine Minderheit der Mitglieder des Rates die Entscheidung des BVerwG. Die Argumente der Minderheit zielen auf die moralethische Notstandspflicht ab, „in existenziellen Grenzfällen ein generell begründbares Verbot nicht zum Gebot der Unmenschlichkeit werden zu lassen."[1414] Die Entscheidung des BVerwG eröffne „die Möglichkeit, in „extremen" Notsituationen der zwangsrechtlichen Ausnahmslosigkeit der Strafregelung des § 217 zu begegnen." Eine staatliche Verpflichtung zur Unterstützung von Suiziden werde dadurch nicht begründet, da die Nichtblockade einer Hilfe durch Dritte nicht gleichzusetzen sei mit einer aktiven Unterstützung.[1415] Die Notstandserwägung, die eigentlicher Kern des Urteils sei, solle nach Meinung der Minderheit der Ratsmitglieder Eingang in das BtMG in Form einer klarstellenden Regelung finden.[1416]

1408 Deutscher Ethikrat zur Suizidbeihilfe, wie vor, S. 2.
1409 Deutscher Ethikrat zur Suizidbeihilfe, S. 2.
1410 Deutscher Ethikrat zur Suizidbeihilfe, S. 2.
1411 Deutscher Ethikrat zur Suizidbeihilfe, S. 2.
1412 Deutscher Ethikrat zur Suizidbeihilfe, S. 3.
1413 Deutscher Ethikrat zur Suizidbeihilfe, S. 3.
1414 Deutscher Ethikrat zur Suizidbeihilfe, S. 3.
1415 Deutscher Ethikrat zur Suizidbeihilfe, S. 3.
1416 Deutscher Ethikrat zur Suizidbeihilfe, S. 3.

Einigkeit innerhalb des Rates besteht jedenfalls dahingehend, dass die Suizidprävention, die palliative Versorgung im ambulanten und stationären Bereich sowie die generelle Versorgung betagter und kranker Menschen gefördert werden müsse und dass kein Anspruch auf staatliche Unterstützung beim Suizid bestehen könne, generell müsse aber ein Suizidwunsch aus verfassungsrechtlichen Erwägungen respektiert werden.

Abschließend betont der Deutsche Ethikrat nochmals, dass an dem „legislativ bekräftigten ethischen Grundgefüge festzuhalten und nicht der gebotenen Achtung individueller Entscheidungen über das eigene Lebensende eine staatliche Unterstützungsverpflichtung zur Seite zu stellen“ sei.[1417]

3. Stellungnahme

Das Urteil des BVerwG bringt neues Diskussionspotenzial in die Sterbehilfedebatte in Deutschland. Medienberichten zufolge, stößt die Entscheidung des BVerwG nicht nur bei dem Deutschen Ethikrat auf Kritik, sondern auch bei Politikern und Patientenschützern.[1418]

Seit dem Urteilsspruch sind laut *heute.de* (Stand 1. Juni 2017) knapp 30 Anträge auf Erhalt einer tödlichen Medikamentendosis gestellt worden; ein schnelles Handeln des Gesetzgebers im Hinblick auf die klarstellende Regelung im BtMG, wie sie der Deutsche Ethikrat fordert, sei nun gefragt. Auch der Präsident der Deutschen Ärztekammer, *Montgomery*, hat sich zu Wort gemeldet und wünscht sich, dass der Staat nicht zur „Ausgabestelle für Tötungsmittel“ werde.[1419] Inwiefern sich nun etwas durch das Urteil des BVerwG verändert, ist derzeit nicht abzuschätzen, aber es ist Bewegung in die Debatte gekommen. Dabei zeigt das BVerwG anschaulich mehrere wichtige Aspekte zum begleiteten Suizid auf. Zunächst bestätigt es, dass es durchaus Lebens– und Leidenssituationen gibt, die ein Verlangen nach letalen Substanzen zur Verwendung zum Suizid auch verfassungsrechtlich rechtfertigen können. Wie das BVerwG ausgeführt hat, kann das grundrechtliche Selbstbestimmungsrecht über den eigenen Todeszeitpunkt bestimmen zu können, in begründeten Ausnahmefällen der staatlichen Pflicht zum Lebensschutz vorgehen. Dies sieht im

---

1417 Deutscher Ethikrat zur Suizidbeihilfe, S. 3.

1418 Siehe hierzu den Beitrag in ZDF/ heute.de vom 01.06.2017, abrufbar im Internet unter: http://www.heute.de/suizidbeihilfe-ethikrat-fordert-eingreifen-des-staates-nach-urteil-des-bundesverwaltungsgerichtes-47289800.html; letzter Abruf am 03.07.2017; bis zum Frühjahr 2018 sind es nunmehr 104 Anträge, siehe hierzu deutsches Ärzteblatt, abrufbar unter: https://www.aerzteblatt.de/nachrichten/101190/Aerzte-gegen-Verkauf-von-Suizidmitteln-fuer-Schwerkranke; letzter Abruf am 25.02.2019.

1419 Aussage von Montgomery gegenüber heute.de, Fn. wie vor.

Grunde auch der Deutsche Ethikrat so. Zustimmung fand auch der Gedanke, dass die staatliche Gemeinschaft den Suizidwilligen in seiner Situation nicht alleine lassen und ihn nicht auf andere, möglicherweise weniger effektive und schmerzhaftere Möglichkeiten des Suizides verweisen dürfe.[1420] Hauptkritikpunkt des Deutschen Ethikrates war, dass das BVerwG einer staatlichen Behörde nicht die belastende Aufgabe der Beurteilung einer Notstandssituation aufbürden darf, was letztlich auch dem hohen Anspruch und der besonderen Sensibilität der Situation nicht gerecht werde. Diese Kritik ist meines Erachtens auch berechtigt. Keinesfalls können Mitarbeiter des BfArM die Situation des Betroffenen hinreichend einschätzen und trotz fehlender Sach- und Menschenkenntnis darüber befinden, ob dem Wunsch des Antragstellers auf den erlaubnisfähigen Erhalt letal wirkender Substanzen entsprochen werden darf.

Dies käme ein Stück weit einer befürchteten partiellen Freigabe des Lebensschutzes gleich. Dennoch verdeutlicht das Urteil des BVerwG einen wichtigen Aspekt. In der Regel empfindet der Mensch seine Handlungsunfähigkeit gegenüber dem herannahenden Tod als negativ. Gleichwohl gibt es Situationen im Leben, in denen der Betroffene den früheren, unnatürlichen Tod als sein Schicksal angenommen hat und daher auch das Recht haben sollte, seinen Wunsch umzusetzen. Aber das BVerwG wollte (und kann) die Ärzteschaft natürlich nicht zur Suizidassistenz verpflichten. Vielmehr wollte es meines Erachtens die prekäre Situation für die moribund Erkrankten abmildern, die nach der gegenwärtigen Rechtslage einer faktischen Verunmöglichung der Inanspruchnahme von Suizidassistenz nahe steht. Für hilfeleistungswillige Ärzte bestehen nach gegenwärtiger Rechtslage bekanntermaßen zu viele Risiken, die das BVerwG in der Urteilsbegründung eigens betont hat.

Zutreffend wird auch die Forderung nach materiellen Kriterien im Gesetz vom BVerwG abgelehnt, da diese ein falsches Signal sendeten, welche überdies nicht benötigt werden.

Die Intention, die § 217 zugrunde liegt, ist klar, dennoch kam es dem Strafgesetzgeber gerade nicht darauf an, ein Totalverbot der Suizidassistenz zu statuieren. Ein solches wurde von einem anderen Gesetzentwurf gefordert. Dieser erlangte jedoch keine Mehrheit. Ist ein Totalverbot offenkundig nicht gewünscht, muss es auch legale Möglichkeiten geben, dass Suizidbeihilfe geleistet werden kann, insbesondere auch von Ärzten. Ist der Zugang zu der letal wirkenden Dosis des Nartium – Pentobarbital die einzige, zumutbare Möglichkeit für einen Menschen, sein Leben zu beenden, ist auch die Argumentation des BVerwG nachvollziehbar, dass in diesem Fall der Zugang zu dieser Substanz für den Betroffenen verfassungsrechtlich gewährleistet sein muss. Dies

1420 BVerwG, Fn. 1387, Rn. 27.

gebietet - wie das BVerwG überzeugend begründet hat - die grundrechtskonforme Auslegung des normierten Erlaubnisvorbehaltes. Es sollte in einer pluralistischen, weltoffenen und modernen Gesellschaft nicht notwendig sein, dass der Einzelne, der sich weder leichtfertig noch als Ausweg aus einer defizitären Versorgungssituation seinen baldigen Tod wünscht, auf weit weniger erfolgversprechende Suizidmethoden - die möglicherweise für ihn gar nicht umsetzbar sind - zurückgreifen muss, wenn doch medizinisch effektivere Möglichkeiten des sanften Todes vorhanden sind.

Die Entscheidungshoheit über den Suizid eines Menschen infolge der Einnahme eines letal wirkenden Medikamentes darf keinesfalls einer „anonymen" staatlichen Behörde überlassen werden, die der Höchstpersönlichkeit dieser schwierigen Entscheidung naturgemäß keinesfalls gerecht werden kann. Wenn dies das rechtliche Ergebnis einer neuen Strafnorm, gepaart mit der Haltung der Ärzteschaft ist, dann unterliegt die dadurch geschaffene Rechtslage hinsichtlich ihrer Verfassungskonformität erheblichen Bedenken.

II. Die Entscheidung des OLG Hamburg vom 08.06.2016

1. Sachverhalt

Im Jahr 2016 hat sich das OLG Hamburg[1421] mit der Strafsache *R. Kusch* auseinandergesetzt.

Die Entscheidung betrifft den Kontext der Sterbehilfe durch Bereitstellung von Betäubungsmitteln sowie die Frage einer Strafbarkeit durch unterlassene Hilfeleistung nach einem freiverantwortlichen Suizid. Der Anklage lag laut *Miebach*[1422] der Vorwurf zugrunde, dass der Angeschuldigte K. und ein Facharzt für Psychiatrie *Dr. S* gegenüber zwei betagten Frauen eine gemeinschaftliche Tötung in mittelbarer Täterschaft begangen hätten, indem sie die beiden Rentnerinnen zu ihrem Selbsttötungsentschluss mit einer unrichtigen Gutachtenerstellung durch Dr. S bewegt hätten. Die Anklage hatte jedoch nur teilweise Erfolg.[1423] Der Strafsenat hat mit Beschluss vom 8. Juni 2016 die Entscheidung

---

[1421] Hanseatisches Oberlandesgericht, 1. Strafsenat, Az.: 1 Ws 13/16, Beschluss vom 08.06.2016, zitiert nach juris.

[1422] *Miebach*, Zur Strafbarkeit des Unterlassens von Rettungsmaßnahmen bei einem freiverantwortlichen Suizid nach zuvor aktiv geleisteter Beihilfe, NStZ 2016, 530ff..

1423 Miebach, NStZ 2016, 530 (530).

des Landgerichts vom 11. Dezember 2015 bestätigt, dass das Hauptverfahren gegen den Angeschuldigten Dr. K. wegen des Verdachts des Totschlags im Zusammenhang mit der Tätigkeit eines Sterbehilfevereines nicht eröffnet wird. Die Anklage gegen Dr. S. hat der Senat dagegen wegen des Verdachts der versuchten Tötung auf Verlangen durch Unterlassen und eines Betäubungsmitteldelikts zur Hauptverhandlung zugelassen.[1424]

Hintergrund der Entscheidung war folgender, stark verkürzter Sachverhalt: Die beiden – bislang trotz des fortgeschrittenen Alters noch rüstigen – später durch Selbsttötung verstorbenen Rentnerinnen litten an multiplen Erkrankungen, die ihnen zunehmend Beschwerden bereiteten. Ihre finanzielle Situation war als wohlhabend einzustufen, sämtliche zukünftigen Lebensgestaltungen empfanden sie aber als für sich nicht vorstellbar und lehnten sie ab.[1425] Im Rahmen eines Gespräches mit einem Bridge – Partner sei der Name des Arztes und Vorsitzenden des bekannten Sterbehilfevereines gefallen, von dem sie jedoch keine näheren Auskünfte zu dem Sterbehilfeverein erhielten.[1426] Zu einem späteren Zeitpunkt traten sie dem Verein bei. Nach erfolgter Gutachtenerstellung durch den Facharzt für Neurologie und Psychiatrie, dessen Tätigkeit entgeltlich honoriert wurde, verfassten beide Abschiedsbriefe und erklärten, dass es ihr ausdrücklicher Wille sei ohne Rettungsmaßnahmen nach der Medikamenteneinnahme zu versterben. Die Verschaffung der tödlichen Medikamente erfolgte letztlich ohne Unterstützung des Sterbehilfevereins allein durch Dr. S..[1427] Am 10.11.12 nahmen die beiden Rentnerinnen - wie geplant - die tödliche Dosis der Medikamente ein. Zuvor hatten sie dem Arzt Dr. S schriftlich jegliche Rettungsversuche nach Eintritt der Bewusstlosigkeit untersagt, woran dieser sich auch hielt.[1428] Ungefähr anderthalb Stunden später stellte Dr. S. den Tod der beiden Verstorbenen fest.[1429]

1424 So die Mitteilung der Pressestelle des Hanseatischen Oberlandesgerichtes vom 15.Juni 2016, abrufbar im Internet unter: http://justiz.hamburg.de/oberlandesgericht/6362648/pressemeldung-2016-06-15-olg-01/; letzter Abruf am 15.01.2018.

1425 OLG Hamburg, Az. 1 Ws 13/16, Fn. 1421, Rn. 41.

1426 OLG Hamburg, Fn. 1421, Rn. 8.

1427 OLG Hamburg, Fn. 1421, Rn. 17ff.

1428 OLG Hamburg, Fn. 1421, Rn. 15.

1429 OLG Hamburg, Fn. 1421, Rn. 19.

2. Eingruppierung des Beschlusses in den Kontext der aktuellen Sterbehilfediskussion

Um den Beschluss des Strafsenates in den Kontext der aktuellen Sterbehilfedebatte vor dem Hintergrund des § 217 einzuordnen, sind zunächst die tragenden Gründe der Entscheidung in gebotener Kürze zu referieren.

a) Rechtliches Prüfungsergebnis des Senates

Das OLG entschied, dass sich allein Dr. S wegen einer versuchten Tötung auf Verlangen durch Unterlassen sowie wegen eines Betäubungsmitteldeliktes strafbar gemacht habe.[1430] Es stufte den Suizid der beiden Verstorbenen als freiverantwortlich und wohlerwogen ein, weswegen eine strafbare Beihilfehandlung zum Totschlag mangels tatbestandsloser Haupttat infolge des Grundsatzes der limitierten Akzessorietät ausschied.[1431] Dem Angeschuldigten K. konnte keine strafbare Handlung nachgewiesen werden.

Den Anklagevorwurf der gemeinschaftlich verwirklichten Tötung in mittelbarer Täterschaft in zwei Fällen sah das OLG als nicht hinreichend erwiesen an[1432], da vorliegend von Freiverantwortlichkeit und Mangelfreiheit des ernstlichen Suizidwillens der Verstorbenen auszugehen sei. Zudem hätte der suizidhilfeleistende Dr. S bei der Erstellung des Gutachtens lege artis gehandelt, so dass der Täuschungsvorwurf gegenüber den Verstorbenen nicht aufrechterhalten werden könne. Eine Beratungspflicht im Sinne einer Aufklärungspflicht des Dr. S könne nicht statuiert werden, da den Dr. S als Gutachter keine Beratungspflicht treffe.[1433] Das OLG kam nach reiflicher Auseinandersetzung zu dem Schluss, dass der Selbsttötungsentschluss von „innerer Festigkeit und Zielstrebigkeit" getragen war, so dass beide Verstorbenen vollverantwortlich gehandelt hätten.[1434] Eine Tötung auf Verlangen durch Unterlassen lehnte das Gericht mangels Vorliegens der notwendigen hypothetischen Kausalität für den Tötungserfolg ab.[1435] Unter Bezugnahme auf die Vermeidbarkeitstheorie ist das OLG davon ausgegangen, dass Rettungsmaßnahmen den Erfolgseintritt nicht mit an Sicherheit grenzender Wahrscheinlichkeit hätten verhindern können.[1436] Gleichwohl bejahte das OLG im Ergebnis zumindest den Versuch einer

1430 Miebach, Fn. 1422, 530 (532).
1431 OLG Hamburg, Fn. 1421, Rn. 27.
1432 OLG Hamburg, Fn. 1421, Rn. 28ff.
1433 OLG Hamburg, Fn. 1421, Rn. 44.
1434 OLG Hamburg, Fn. 1421, Rn. 55, 59.
1435 OLG Hamburg, Fn. 1421, Rn. 61.
1436 OLG Hamburg, Fn. 1421, Rn. 62.

Tötung auf Verlangen durch Unterlassen nach §§ 216, 13, 22, da Dr. S. nach Ansicht des OLG Hamburg entgegen der von der Rechtsprechung angenommenen Erfolgsabwendungspflicht bei Unterlassungsdelikten keinerlei Rettungsmaßnahmen unternommen hatte, obwohl ihm diese durchaus möglich erschienen.[1437] Das OLG begründete dies damit, dass der Dr. S. sich als Garant der Verstorbenen zumindest für rettungspflichtig gehalten habe, und zwar deshalb, weil sich aus einem „Leitfaden“ namens „Weissbuch“ des Sterbehilfevereins, in dessen Veröffentlichung Dr. S. involviert gewesen sei, ergebe, dass bei der Suizidassistenz das Risiko einer Unterlassungstrafbarkeit aus einem Tötungsdelikt gegeben sei.[1438] Zudem ergebe sich eine solche Rettungspflicht aus vergleichbaren Umständen, wie sie der BGH einst in der „Wittig“ – Entscheidung im Jahr 1984 angenommen hatte.[1439] Ohne dies vorliegend weiter auszuführen, sei erwähnt, dass das OLG eine Garantenstellung des Dr. S. ohne nähere Erörterung annahm, nach welcher Dr. S. verpflichtet gewesen sei, nach Eintritt der Bewusstlosigkeit alles Erforderliche und Zumutbare zu unternehmen, um das Leben der Suizidentinnen zu retten. Diese Rechtsprechung sei bis heute nicht ausdrücklich aufgegeben worden.[1440]

Abschließend gelangte das OLG zu dem Schluss, dass Dr. S. auch eine strafbare Betäubungsmittelüberlassung gem. § 29 Abs. 1 Nr. 6b BtMG begangen habe, da er den beiden Verstorbenen das tödlich wirkende Mittel zum Verbrauch entgegen § 13 Abs. 1 BtMG überlassen habe.[1441]

b) Stellungnahme

Der Beschluss des OLG Hamburg ist nicht ohne Kritik geblieben. Das OLG Hamburg rekurriert in seiner Entscheidung auf die seit langem in der Rechtsprechung - in den Einzelheiten - umstrittene Ansicht, dass zwar die Teilnahme an einer freiverantwortlichen Selbsttötung nicht strafbar sei, jedoch mit Eintritt der Bewusstlosigkeit für den Garanten die Situation eintrete, zur Erfolgsabwendung verpflichtet zu sein.[1442]

Während in der früheren Rechtsprechung[1443] eine sehr weit gefasste und noch vor der Schwelle der Bewusstlosigkeit eintretende Garantenpflicht zur

1437 OLG Hamburg, Fn. 1421, Rn. 65ff.
1438 OLG Hamburg, Fn. 1421, Rn. 70.
1439 OLG Hamburg, Fn. 1421, Rn. 71.
1440 OLG Hamburg, Fn. 1421, Rn. 74.
1441 OLG Hamburg, Fn. 1421, Rn. 77ff.
1442 Thias, S. 95ff.
1443 Siehe hierzu die ausführliche Darstellung bei Gavela, S. 37, m.w.N.

Beseitigung des Erfolgseintritts mit daraus resultierender Unterlassungstäterschaft angenommen wurde, milderte sich diese Härte und Strenge der Rechtsprechung des BGH im Verlauf der Zeit ab. Während der BGH[1444] zwischenzeitlich auf den Täterwillen zur Abgrenzung von einer bloßen Teilnehmerhandlung abstellte, betrachtet er dieses Kriterium später als ungeeignet und tauschte es im Wittig – Urteil[1445] gegen das Kriterium der Tatherrschaft ein, das letztendlich auch das OLG anwendete.[1446]

Als Folge dieser Rechtsprechung entsteht jedoch die paradoxe Situation, dass zunächst eine straflose Beihilfe zu einem Suizid geleistet werden kann, dass diese aber mit dem Wechsel der Tatherrschaft, also dem Verlust der Kontrolle des Suizidenten über seine eigene Situation, welche regelmäßig mit dem Eintritt der Bewusstlosigkeit angenommen wird, in eine strafbare täterschaftliche Unterlassung von möglichen Rettungsmaßnahmen umschwenke.[1447] *Gavela*[1448] bezeichnet diese Konstruktion des BGH als absurd. Davon einmal abgesehen, dass die bis vor kurzem uneingeschränkt geltende Straflosigkeit der Suizidteilnahme durch eine solche Konstruktion völlig unterlaufen wird, verpflichtet dies auch den Hilfeleistenden, den ausdrücklichen Wunsch des Suizidenten nach Lebensbeendigung ignorieren zu müssen und Rettungsmaßnahmen einzuleiten, die von diesem aller Wahrscheinlichkeit nach nicht gewollt wären.[1449] Die körperlichen Konsequenzen, die für den Suizidenten aus der nicht gewollten Rettungsaktion resultieren können, werden von einer solchen Rechtsprechung völlig außer Acht gelassen. *Gavela* verweist daher auf die mittlerweile vorherrschende Ansicht in der Literatur, die die Straflosigkeit der Suizidteilnahme auch nach Eintritt der Bewusstlosigkeit fortführt. Dogmatisch ist dieser Ansatz konsequent, denn eine ausdrücklich tatbestandslose Suizidteilnahme kann nicht durch Umgehungsgestaltungen, wie die Konstruktion einer Unterlassungstäterschaft zu einer strafwürdigen Unrechtshandlung avancieren. Gestützt wird diese Ansicht – wie auch das OLG erkennt – durch den immer stärker zu berücksichtigenden Einfluss der Selbstbestimmung und Autonomie des Suizidwilligen, welche sowohl verfassungsrechtlich als auch ethisch abgesichert sind.[1450] In dem vom OLG zu entscheidenden Fall hatten die beiden Verstorbenen vor ihrem Tod ausdrücklich und schriftlich festgehalten, dass sie keine Rettungsversuche wünschen. Mittlerweile ist auch von der

1444 BGHSt 13, 162.
1445 BGHSt 32, 367.
1446 Gavela, S. 38.
1447 Gavela, S. 40.
1448 Gavela, S. 40.
1449 Gavela, S. 40.
1450 Saliger, Selbstbestimmung bis zuletzt, S. 24 ff..

höchstrichterlichen Rechtsprechung anerkannt, dass eine medizinische Behandlung, also auch ein Rettungsversuch, nicht gegen den Willen des Patienten vorgenommen werden darf. Gesetzlich verankert ist dies nunmehr in den §§ 1901a ff. BGB. Andernfalls bestünde auch die zur Beihilfe zum Suizid konträre Situation, dass gewünschte Maßnahmen des Therapieabbruches zunächst zulässig wären, letzlich jedoch in eine Garantenpflicht zur (versuchten) Lebensrettung umschlagen würden.[1451]

Wilhelm[1452] betont daher zu Recht, dass ein nur wenige Minuten vor dem Verlust der Tatherrschaft zum Ausdruck gekommener Wille nicht weniger verbindlich sein kann als eine möglicherweise Jahre zurückliegende Willensentscheidung in einer Patientenverfügung. *Wilhelm*[1453] bringt aber noch einen weiteren, für die gegenwärtige Diskussion sehr wichtigen Aspekt in Spiel, und zwar die Wertungen aus der neuen Strafnorm des § 217, der eine Beihilfehandlung zum Suizid inkriminiert. Die bislang generell bestehende Straflosigkeit der Beihilfe zu einem Suizid, die vornehmlich intrasystematisch aus der Tatbestandslosigkeit der Selbsttötung hergeleitet wurde[1454], ist nun nicht mehr ausnahmslos gegeben. Der Gesetzgeber hat damit – möglicherweise unbewusst – der Diskussion um eine mögliche Strafbarkeit wegen unterlassener Rettung eines Suizidenten eine neue Dimension verliehen. Denn wie *Wilhelm*[1455] treffend argumentiert, „verstieße es gegen das Gesetzlichkeitsprinzip“ und damit gegen dessen Funktion, Rechtsicherheit für den Bürger zu schaffen, wenn daneben die Rechtsprechung eine Ausdehnung der Strafbarkeit über ein unechtes Unterlassungsdelikt – immerhin hinsichtlich eines Tötungsdeliktes – vornehme. Diese Rechtsprechung, die auch nicht geschäftsmäßig handelnde Suizidgehilfen mit einer Strafbarkeit wegen ihres anschließenden Unterlassens bedroht, kann daher aus dogmatischen Gründen - *de lege lata* - erst recht nicht mehr aufrechterhalten werden. Der Gesetzgeber hat mit der Inkriminierung der geschäftsmäßigen Förderung der Selbsttötung zum Ausdruck gebracht, dass er diese Art der Suizidassistenz – nämlich die der geschäftsmäßigen – missbilligt. Im Umkehrschluss hat der Gesetzgeber in den Motiven jedoch betont, dass Einzelfallunterstützungen in der Regel nicht erfasst sein sollen. Der Wille des Gesetzgebers würde andernfalls konterkariert.[1456]

1451 Wilhelm – Beihilfe zum Selbstmord und § 217 StGB -, HRRS Februar 2017 (2/2017), 68 (70).

1452 Wilhelm, Fn. 1451, 68 (70).

1453 Wilhelm, Fn. 1451, 68 (70).

1454 Kämpfer, Die Selbstbestimmung Sterbewilliger, S. 55.

1455 Wilhelm, Fn. 1451, 68 (70).

1456 Wilhelm, Fn. 1451, 68 (70).

Auch die Bestimmung des § 217 Abs. 2 erzeugt nach *Wilhelm*[1457] eine zu berücksichtigende Bewertung. Ihm zufolge hat der Gesetzgeber damit für die Angehörigen und die nicht geschäftsmäßig handelnden Sterbehelfer eine Bestimmung dahingehend getroffen, dass diese grundsätzlich bei kumulativem Vorliegen der Voraussetzungen des § 217 Abs. 2 straffrei Suizidbeihilfe leisten können. Diese Wertung könne auch nicht durch eine Erfolgsabwendungspflicht nach dem Tatherrschaftswechsel unterlaufen werden, da dies gegen Art. 103 Abs. 2 GG verstieße.[1458]

3. Ergebnis

Die auf das Fehlen einer rechtswidrigen Haupttat gestützte Straflosigkeit der Beihilfehandlung hatte in der Vergangenheit durch die Rechtsprechung bereits stark an faktischer Wirksamkeit verloren. Konstruktionen wie die Unterlassungstäterschaft nach Eintritt der Bewusstlosigkeit, die Einordnung des Suizids als Unglücksfall im Sinne des § 323c sowie die Strafvorschriften des Arznei – und Betäubungsmittelrechts zeigen, dass die gänzliche Straffreiheit, insbesondere auch der ärztlichen Suizidbeihilfe, mehr Makulatur war als eine tatsächliche Rechtslage.

Zur Stärkung des Selbstbestimmungsrechtes des Patienten traten im vergangenen Jahrzehnt relevante Gesetzesänderungen in Kraft; unterstützend urteilte die Rechtsprechung in verschiedenen bekannten Urteilen zur Sterbehilfe. Aktuell hat das BVerwG mit einem von vielen Seiten kritisierten Urteil Aufsehen erregt. Dem BVerwG kam es meines Erachtens darauf an, eine in der im Fluss befindlichen Diskussion Deklaration abzugeben.

§ 216 und § 217 sind paternalistische Tatbestände[1459], die das Tabu gegen alle Tötungen, gleich, ob durch fremde oder durch eigene Hand, mit Unterstützung eines anderen, unter dem Deckmantel des Selbstbestimmungsrechts und zum Schutz potenziell gefährdeter Opfer aufrechterhalten.[1460]

Damit erklärt sich auch, dass die lebensgefährliche Körperverletzung trotz Einwilligung, die geschäftsmäßige Unterstützung beim Suizid sowie die Tötung auf Verlangen verboten sind. Im Grunde genommen stellt sich jedoch die

---

1457 Wilhelm, Fn. 1451, 68 (70).

1458 Wilhelm, Fn. 1451, 68 (70).

1459 Hinsichtlich des § 216 sei exemplifiziert auf die Erörterungen verwiesen von: Neumann, Der Tatbestand der Tötung auf Verlangen (§216 StGB) als paternalistische Strafbestim mung, in: Ethik im Diskurs, Grenzen des Paternalismus, 245.

1460 Fateh-Moghadam, Ethik im Diskurs, Blinde Flecken der liberalen Paternalismuskritik, 21 (22f.; 28 ff).

Frage, ob ein derartiges Tabu – bis auf wenige Ausnahmen – noch zeitgemäß ist. Zwar gibt der Staat vor, mit diesen Tatbeständen einzig den Schutz des Suizidenten, des zu Tötenden und des Einwilligenden zu bezwecken, und vor Entscheidungen zu schützen, die rationaler Durchdachtheit entbehren. Dieser Ansatz mag zutreffend sein, die Umsetzung erscheint eher rückschrittlich und moralisch verfehlt.

Der BGH sieht in dem Suizid einen Unglücksfall gem. § 323c, der jedoch auf Grund des Selbstbestimmungsrechtes respektiert wird. Ob an diesem tradierten Grundverständnis in Zukunft noch festgehalten werden kann, bleibt abzuwarten. Ein gewisser Wertungswiderspruch ergibt sich daraus jedoch: Der Sterbehelfer soll zwar nach § 217 strafbar sein, da er einem anderen trotz dessen autonomer Entscheidung den Suizid ermöglicht hat. Andererseits wird er dann aber von der Strafbarkeit wegen unterlassener Hilfeleistung gem. § 323c freigesprochen, weil eine Rettung nach Überschreitung der Versuchsschwelle dem Selbstbestimmungsrecht des Suizidenten widerspreche. Warum es dann, um das Selbstbestimmungsrecht des Suizidenten zu schützen, einerseits verboten sein soll, den Suizid zu fördern, andererseits geboten sein soll, ihn zu dulden, überzeugt nicht.

Vielmehr stellt sich doch die abschließende Frage, ob nicht die unterlassene (Bei-) Hilfe zur Tötung eines sich den Tod wünschenden Menschen moralisch als unterlassene Hilfeleistung zu werten ist.

D. Ausblick de lege ferenda

Zum Abschluss soll noch ein kurzer Ausblick auf mögliche Regelungsszenarien geworfen werden. Eine gelegentlich aufkommende Forderung ist die nach der Fixierung von prozeduralen Voraussetzungen im Gesetz. Im Hinblick auf die Feststellung des Patientenwillens bei insbesondere fehlender Einwilligungsfähigkeit des Patienten ist auf die Regelungen der §§ 1901a ff. BGB zu verweisen. Die Niederlande haben ebenfalls Prozeduralisierungsnormen aufgestellt, die vorgeben, unter welchen Voraussetzungen ein aktive Sterbehilfe oder Suizidassistenz leitender Arzt straffrei bleibt.[1461]

Eine vergleichbare Regelung sah der Gesetzesantrag von *Hintze, Lauterbach et.al* vor, zudem existieren weitere Vorschläge in der Literatur.[1462]

1461 Eine Erörterung der Rechtslage der Niederlande findet im 7. Kapitel statt.

1462 Siehe hierzu die Vorschläge bei Kuschel, Ärztlich assistierter Suizid, S. 101 ff..

Vorliegend wird jedoch bewusst davon abgesehen, einen eigenen Vorschlag für einen Katalog materiell- rechtlicher Kriterien aufzustellen, die eine ärztliche Suizidassistenz legitimieren können. Es würden Abgrenzungsschwierigkeiten und Akzessorietätsprobleme ähnlich dem Verhältnis zwischen §§ 1901a BGB und § 216 entstehen. Andererseits böte eine solche Regelung aus Sicht des Suizidassistenz leistenden Arztes eine Orientierungs- und Entscheidungshilfe bei der Beurteilung der „Rechtmäßigkeit" seines Handelns. Dies fördere unweigerlich die derzeit nicht gegebene Rechtssicherheit.

Es ist zwar anzuerkennen, dass eine Prozeduralisierungsnorm viele Vorteile in sich vereinen würde, warum jedoch vorliegend eine solche Vorgehensweise nicht präferiert wird, wurde bereits an früherer Stelle ausführlich aufgezeigt.[1463] Im Ergebnis bin ich nach intensiver Auseinandersetzung mit der Materie und den skizzierten Gesprächen zu der Auffassung gelangt, dass eine solche Regelung nicht notwendig wäre, wenn sich ein restriktives Verständnis des § 217 durchsetzt, die Ärzteschaft berufsrechtlich von ihrer strikten Verbotshaltung abrückte, so dass ärztliche Suizidassistenz berufsrechtlich sanktionslos geleistet werden könnte und schließlich noch eine Änderung des Betäubungsmittelrechtes hinzuträte.[1464] Denn ein Arzt, der sich aus innerer Überzeugung und im Einklang mit seinem ärztlichen Gewissen entscheidet, Suizidbeihilfe zu leisten, wird die dafür zu erfüllenden materiellen Kriterien bereits nach seinem ärztlichen Selbstverständnis beachten.

Die Festlegung prozeduraler Kriterien erweckt den Anschein der Legitimität der ärztlichen Handlung einerseits und eines nicht wünschenswerten gewohnheitsrechtlichen Anspruchs andererseits. Eine ärztliche Suizidassistenz entspringt jedoch stets einer im Einklang mit dem Gewissen vorzunehmenden Abwägung gegenläufiger Interessen, deren besondere Bedeutung sich einer starren prozeduralen Regelung entzieht.

1463 Oben S. 234.

1464 Vorschläge zur Änderung des Betäubungsmittelrechtes finden sich exemplifiziert bei: Jäger, JZ 2015, 875 (877), m.w.N.; Miebach, NStZ 2016, 536 (538).

4. Kapitel: Empirische Erhebung zur aktiven Sterbehilfe und zur ärztlichen Suizidassistenz

A. Bericht über die eigene Umfrage

I. Einleitung

Die Anregung zur Untersuchung der prinzipiellen Einstellung zur aktiven direkten Sterbehilfe und ärztlichen Suizidassistenz unter Ärztinnen und Ärzten sowie unter Patientinnen und Patienten in Schleswig - Holstein resultierte aus dem Gedanken, das Endergebnis der Arbeit nach einer umfassenden Diskussion und eigenen Meinungsbildung unter Einbeziehung ethischer Aspekte zusätzlich auf ein heterogenes Meinungsbild stützen zu können.

Es stellte sich die Frage, wie Ärztinnen und Ärzte, die in ihrem Arbeitsalltag täglich schwer kranke Patientinnen und Patienten behandeln, und im Vergleich dazu Patientinnen und Patienten über die ärztliche aktive Sterbehilfe / ärztliche Suizidassistenz denken, wenn sie dazu schriftlich und anonym befragt werden.

Unterliegt das ärztliche Ethos vom „Arzt als reinem Heiler" einem Wandel? Lehnen die praktizierenden Ärztinnen und Ärzte die ärztliche aktive Sterbehilfe genauso rigoros als nicht mit dem Berufsethos vereinbar ab, wie dies von Montgomery in der Öffentlichkeit postuliert wird? Wie stark fühlen sich die heutigen Ärztinnen und Ärzte überhaupt noch vom Berufsethos in ihrem Handeln beeinflusst? Wie viele Ärzte können sich die Ausübung aktiver Sterbehilfe durch eigene Hand vorstellen? Wie fällt die Zustimmung zur Legalisierung generell aus?

Zur Klärung dieser und anderer Fragen[1465] wurde eine eigene empirische Untersuchung angestellt, deren Ergebnisse im Folgenden dargestellt werden.

1465 Die versandten und ausgelegten Fragebögen sind zusätzlich im Anhang abgedruckt.

II. Ziel der Befragung

Ziel der Befragung war es zu erheben, wie ambulant tätige Ärztinnen und Ärzte in der hausärztlichen Versorgung und Patientinnen und Patienten allgemeinmedizinisch oder internistisch ausgerichteter Praxen über die Legalisierung der ärztlichen aktiven direkten Sterbehilfe denken.

Von entscheidender Bedeutung war dabei nicht, Details zu denkbaren Mindestanforderungen einer gesetzlichen Regelung abzufragen, sondern einzig, die innere Grundeinstellung des jeweiligen Teilnehmers als entweder grundsätzlich befürwortend oder grundsätzlich ablehnend zu erfassen.

Zur Befragung wurden eigens erstellte Fragebögen an Ärztinnen und Ärzte, welche internistisch und allgemeinmedizinisch, zum Teil mit der Zusatzbezeichnung Palliativmedizin, in Schleswig – Holstein tätig sind, auf dem Postweg zur freiwilligen und anonymen Beantwortung versendet. Parallel dazu wurden in zwei allgemeinmedizinisch und internistisch ausgerichteten Arztpraxen vergleichbare und teils identische Fragebögen zur freiwilligen und anonymen Beantwortung ausgelegt.

Die Auswertung der Umfrage erhebt nicht den Anspruch darauf eine repräsentative, stichprobenartig durchgeführte verallgemeinerungsfähige Umfrage zum Thema aktive direkte Sterbehilfe und ärztliche Suizidassistenz darzustellen. Es hat schon eine erhebliche Anzahl repräsentativer Umfragen[1466] gegeben und wird sie anlässlich der Aktualität des Themas immer wieder erneut geben. Aktuell findet sich laut Pressemitteilung[1467] der Pressestelle der DAK –Gesundheit aus Hamburg eine breite Zustimmung unter den Deutschen für eine gesetzliche Regelung der Sterbehilfe. 70% der Deutschen gaben in dieser Umfrage an, dass sie im Falle einer schweren Erkrankung selbst die Möglichkeit haben möchten, zum Beispiel auf ärztliche Hilfe bei der Selbsttötung zurückgreifen zu können.

Ohne die Resultate der vorliegenden Befragung vorwegzunehmen, ließ sich daraus eine Vielzahl an klaren Tendenzen ablesen. Das Ergebnis der Studien und der damit verbundene Erkenntnisgewinn sollen vorwiegend zur Überprüfung der vorangegangenen Argumentation beitragen.

Die ausschlaggebende Anregung war die zum Zeitpunkt der Befragung parallel geführte Debatte des Bundestages zur ärztlichen Sterbehilfe und Sterbebegleitung, insbesondere unter Beachtung des ärztlich assistierten Suizides.

1466 Umfrage der Forsa im Erhebungszeitraum: 13./14. Januar 2014, 1.005 Befragte im Auf trag des DAK zum Thema Sterbehilfe, abrufbar unter: http://www.dak.de/dak/down load/Forsa-Umfrage_zur_Sterbehilfe-1358250.pdf?; letzter Abruf am 18.03.2016.

1467 Pressemitteilung vom 16.01.2014 der DAK Gesundheit in Hamburg, abrufbar unter: http://www.dak.de/dak/download/Pressemitteilung_Umfrage_zur_Sterbehilfe-1358240.pdf?; letzter Abruf am 18.03.2016.

Diese begann am 13.11.2014 und schloss mit vier verschiedenen Gesetzesvorschlägen ab, von denen letztlich die jetztige Fassung des § 217 eine Mehrheit fand.

III. Methodik, Erläuterung der Vorgehensweise

1. Zielgruppe 1

Befragt wurden insgesamt 200 allgemeinmedizinisch und internistisch im ambulanten Bereich tätige Ärztinnen und Ärzte, teils mit der Zusatzbezeichnung Palliativmedizin, im Bundesland Schleswig – Holstein im Zeitraum ab Oktober 2015 bis ungefähr Ende Januar 2016.

Die Rücksendung der vorgefertigten Rückumschläge sollte so einfach und zeitsparend wie möglich gestaltet werden. Zu diesem Zweck wurden die Fragebögen mit einem kurzen personenbeschreibenden Anschreiben versehen und zusammen mit einem an die Rechtsanwaltskanzlei Steller adressierten und frankierten Rückumschlag auf dem Postwege versandt. Die für die Versendung und Rücksendung verwendeten DIN – A5 Briefumschläge waren gleichartig. Dies hatte zur Folge, dass sogar der Fragebogen bereits in der richtigen Form gefaltet war und sich ohne Aufwand für die Rücksendung eintüten ließ.

Die Teilnahme an der Umfrage war freiwillig und die Datenerhebung anonym. Das Fehlen einer Rückschlussmöglichkeit auf die Identität der Befragten sollte die möglichst unbefangene Beantwortung der gestellten Fragen gewährleisten.

An der Umfrage haben 97 Ärzte teilgenommen; die Rückläuferquote liegt bei 48,5 %.

Für die Befragung wurde die quantitative Datenerhebung gewählt. Die quantitative Datenerhebung unternimmt den Versuch, den ausgewählten Gegenstandsbereich durch Klassifizieren, Messen, Tabellieren und die Anwendung statistischer Methoden zu erfassen.[1468]

Die erhaltenen Daten in Form der ausgefüllten Fragebögen wurden gesammelt, ausgewertet und anschließend tabellarisch mit dem Tabellenkalkulationsprogramm EXCEL erstellt und in Diagramme umgewandelt. Statistisch handelt es sich um eine einfache deskriptive, beschreibende Darstellung.

Eine Totalerhebung der in Schleswig – Holstein im allgemeinmedizinisch und internistischen Bereich tätigen Ärzte wäre zwar optimal und durchaus erreichbar gewesen, dies hätte aber außer Verhältnis zum Ziel und Zweck der Studie für die vorliegende Arbeit gestanden. Daher wurde für die Statistik die

1468 Meier, Kriminologie, § 4 II. Rn. 5.

Teilerhebung in Form einer Stichprobe gewählt. „Eine Stichprobe ist eine Auswahl an Personen oder Objekten, die stellvertretend für eine Grundgesamtheit Auskunft gibt. Von den Befragten einer Stichprobe wird auf die gesamte Grundgesamtheit geschlossen."[1469]

Bei der Auswahl der Empfänger der Fragebögen wurde darauf geachtet, möglichst flächendeckend vorzugehen, um jeden Kreis Schleswig - Holsteins abzudecken.

Die zufällige Auswahl der Empfänger des Fragebogens erfolgte mit Hilfe des Arztsuchdienstes „Arztfindex" der Ärztekammer Schleswig – Holstein. Auf dieser von der Ärztekammer Schleswig - Holstein geführten Internetseite wurden alle Anschriften von Mitgliedern der Ärztekammer, die mit einer Veröffentlichung ihrer Daten einverstanden waren, bekanntgegeben. Diesen Arztsuchservice im Internet hat die Ärztekammer zugunsten anderer Suchdienste aus ökonomischen Gründen leider mittlerweile eingestellt.[1470]

2. Zielgruppe 2

Zum Vergleich mit der Befragung unter Ärztinnen und Ärzten wurden Patientinnen und Patienten allgemeinmedizinscher und internistischer Praxen in Schleswig - Holstein im selben Zeitraum zum Thema aktive direkte Sterbehilfe und ärztlich assistierter Suizid anonym und freiwillig befragt. Die Patientenbefragung lief folgendermaßen ab:

Es wurde ebenfalls ein Anschreiben zur kurzen Vorstellung der Person und des Ziels der Befragung erstellt. Dieses Anschreiben sowie die erstellten, zweiseitigen Fragebögen wurden zur freiwilligen Beantwortung zusammen mit einer Umfragebox in den jeweiligen Arztpraxen ausgelegt. Der dahinterstehende Gedanke war, dass die Patientinnen und Patienten die Wartezeit im Wartezimmer zur Beantwortung des Fragebogens nutzen können, so dass eine möglichst hohe Rückläuferquote erzielt wird.

Im Umfragezeitraum wurden insgesamt 300 Fragebögen ausgelegt; 200 ausgefüllte Fragebögen konnten erfasst werden. Dies entspricht einer Rückläuferquote von 66,6 %.

Der Fragebogen für die befragten Patientinnen und Patienten war umfangreicher und detaillierter ausgearbeitet. Dies hatte den Hintergrund, dass die Pa-

1469 Abrufbar unter: http://de.statista.com/statistik/lexikon/definition/128/stichprobe/; letzter Abruf am 10.01.2018.

1470 Siehe Hinweis auf der Seite der Ärztekammer Schleswig – Holstein, abrufbar unter: http://www.arztfindex.de/index.html; letzter Abruf am 13.04.2016.

tientinnen und Patienten mehr Zeit für die Beantwortung der Fragen zur Verfügung hatten und die Motivation zur Beantwortung auf eigenem Antrieb und Interesse an der Thematik beruht und nicht auf fremdveranlasster Aufforderung zur Ausfüllung eines zugesandten Fragebogens.

Der überwiegende Teil der Fragen ist identisch formuliert, damit ein Vergleich der Ergebnisse durchgeführt werden konnte.

B. Ergebnisse der Befragung

1. Allgemeines

a) Der Fragebogen

In Teil I des Fragebogens wurden das Alter der Teilnehmer sowie deren religiöse Einstellung abgefragt. Damit sollte untersucht werden, ob ein Zusammenhang zwischen dem Glauben einer Person und der Ablehnung der aktiven Sterbehilfe bestehen könnte.

In Teil II des Fragebogens wurden Fragen zur inneren Einstellung der Patienten zur ärztlichen aktiven Sterbehilfe und in Abgrenzung dazu zur ärztlichen Suizidbeihilfe gestellt. Dabei wurden im Patientenfragebogen zusätzlich verschiedene Leidenssituationen des Patienten aufgegriffen, verbunden mit einer anschließenden Fragestellung. Absicht dieser Befragung war es zu erforschen, ob der Befragte nach der Leidenssituation des die aktive Sterbehilfe Verlangenden hinsichtlich seiner inneren Einstellung differenziert.

Die Fragen wurden so formuliert, dass es den Befragten nur möglich war, „Ja / Nein“; „Dafür oder Dagegen“ oder zusätzlich „ Einzelfallentscheidung“ anzukreuzen.

Eine Freitextantwortmöglichkeit wurde nur bei Frage 6 des Patientenbogens gewählt sowie im Arztfragebogen bei Frage 3 hinsichtlich der Stärke des Einflusses des ärztlichen Berufsethos auf das ärztliche Handeln. Hier konnte auf einer Skala von 1-6 mit einer Zahl geantwortet werden.

b) Zwischenfazit

Insgesamt konnte eine positive Resonanz auf die Befragung festgestellt werden. Die ärztliche aktive direkte Sterbehilfe ist ein kontrovers diskutiertes Thema, welches zum Teil bewegte Emotionen bei den befragten Patienten hervorgerufen hat. Bei persönlicher Leerung der Umfrageboxen konnten anregende Gespräche, insbesondere mit den Mitarbeitern der Arztpraxen, geführt werden, zum Teil fanden sich handschriftliche Anmerkungen auf den ausgefüllten Fragebögen.

Für einige Teilnehmer hätte der Fragebogen noch ausführlicher und umfangreicher sein dürfen. Manche Teilnehmer hätten sich gerne noch Fragen zur passiven Sterbehilfe gestellt, ältere Teilnehmer teilten mit, dass sie gerne noch gefragt worden wären, ob sie früher anderes geantwortet hätten als heute. Andere hatten Probleme mit der juristischen Unterscheidung zwischen aktivem Handeln einerseits und dem Unterlassen andererseits, da zur Erläuterung auf den Fragebögen mitgeteilt wurde, dass das Abstellen des Gerätes eine aktive Handlung sei, die jedoch der passiven Sterbehilfe zuzuordnen sei.

Die Thematik der Sterbehilfe bewegt die menschlichen Emotionen; nicht zuletzt bietet sie deswegen ein weitgespanntes kontroverses Diskussionspotenzial.

Um jedoch einer Ausuferung entgegenzuwirken und das Ziel der vorliegenden Befragung nicht aus den Augen zu verlieren, wurde der jeweilige Fragebogen auf dreizehn Fragen begrenzt.

Zu viele Fragen hätten dazu geführt, dass sich kaum ein Arzt und Patient noch Zeit für die Beantwortung genommen hätte. Ein zu langer Fragebogen wirkt abschreckend.

Anzumerken ist ebenfalls noch, dass im Rahmen der Ärztebefragung statt eines ausgefüllten Fragebogens zwei Antwortbriefe zurückgesendet worden sind, die natürlich nicht ausgewertet werden konnten, jedoch zeigten, dass die aktive Sterbehilfe auch für Ärzte ein besonders bewegendes Thema ist.

2. Erläuterung zur Darstellung der Ergebnisse

Es folgt die Darstellung der Ergebnisse der Auswertung der Fragebögen im Einzelnen. Dazu wird jede einzelne gestellte Frage darauf untersucht, was mit ihrer Fragestellung erforscht werden sollte, welche Antwortmöglichkeiten zur Verfügung standen, warum bei einigen Fragen eine Altersdifferenzierung vorgenommen wurde. Zudem erfolgt die graphische Darstellung des statistischen Ergebnisses. Die Prozentzahlen sind der Übersichtlichkeit halber gerundet und ohne Nachkommastelle abgebildet.

Zunächst findet eine Auswertung der Daten der stichprobenartigen Befragung der Ärzteschaft statt. Anschließend erfolgt die Auswertung und Darstellung der Daten der Patientenbefragung. Abschließend werden die Ergebnisse der Befragungen miteinander verglichen und zur Diskussion gestellt.

3. Die Ergebnisse der befragten Ärztinnen und Ärzte

Die Erläuterung folgt dem Aufbau des versandten Fragebogens in der Reihenfolge der Fragen.

a) 1. Frage: Daten zur Person

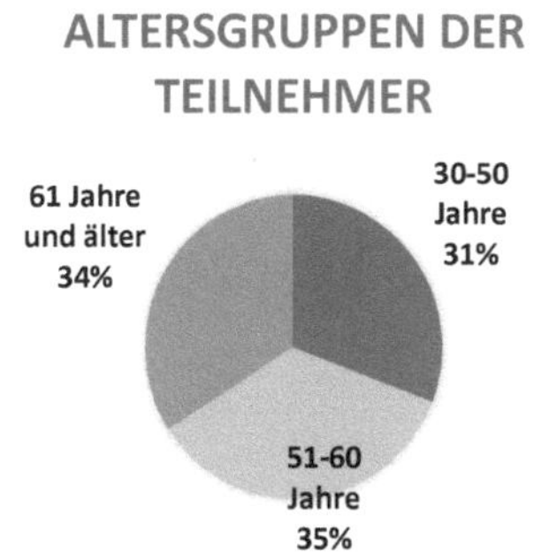

aa) Fragestellung

Die Teilnehmer wurden zunächst um die Angabe ihres Alters gebeten. Dies hatte den Zweck, bei einigen Fragen und deren Antworten nach Altersgruppen differenzieren zu können. Es sollte dadurch die Möglichkeit geschaffen werden festzustellen, ob ein altersbedingter Unterschied in der subjektiven Einstellung der Teilnehmer vorhanden ist. Die Teilnehmer wurden in drei Altersgruppen eingeteilt.

Die erste Altersgruppe betrifft die jungen Ärztinnen und Ärzte zwischen 30 – 50 Jahren, jüngere Teilnehmer waren nicht vorhanden. In die zweite Altersgruppe fallen Ärztinnen und Ärzte mittleren Berufsalters von 51-60 Jahren und in die dritte und letzte Gruppe wurden Teilnehmer ab 61 Jahren mit fortgeschrittener Berufserfahrung eingeordnet.

bb) Auswertung

Im Ergebnis lässt sich festhalten, dass jede Altersgruppe annähernd gleich stark vertreten ist. Dadurch lässt sich eine gute Vergleichbarkeit erreichen.

Auf die erste Altersgruppe entfällt ein Anteil von 31 %, auf die zweite ein Anteil von 35 % und auf die letzte ein Anteil von 34%. Am stärksten vertreten ist also die Gruppe mittleren Berufsalters.

b) 2. Frage: Sind Sie gläubig und beeinflusst dies Ihre Entscheidungen?

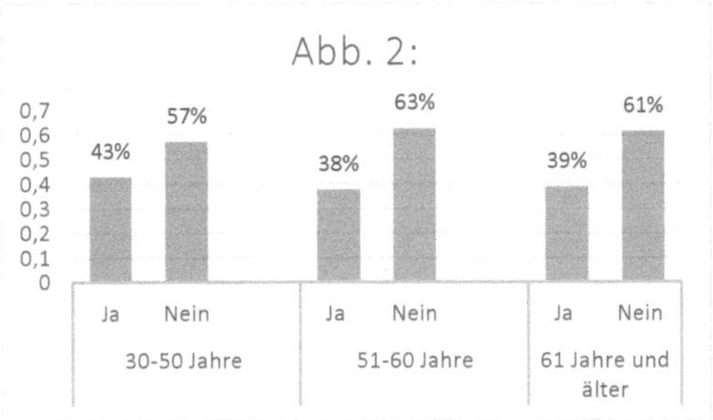

aa) Fragestellung

Die Frage zielte auf die Erfassung der religiösen inneren Haltung des Teilnehmers und deren Einflussnahme auf zu treffende Entscheidungen ab.

bb) Auswertung

In der Entwurfsversion des Fragebogens war dies eine zweigeteilte Frage, und zwar: Sind Sie gläubig? Beeinflusst dies Ihre Entscheidungen? Dies wurde jedoch auf Anraten in die nunmehr gestellte einteilige Frage geändert, da es für das Ziel der Studie nicht relevant sei, ob der Teilnehmer sich selbst als gläubig einschätze. Als ausschlaggebend wurde stattdessen angesehen, ob sich der Glaube des Teilnehmers auf dessen Entscheidungen auswirkt. Diese Änderung auf Empfehlung hat sich im Nachhinein als nachteilig herausgestellt. In mehr als der Hälfte der ausgefüllten Fragebögen (überwiegend beim Patientenfragebogen) wurde angemerkt, dass der Teilnehmer gläubig sei, dass dieses jedoch keinen Einfluss auf seine Entscheidungen nehme.

Diese Anmerkungen zeigen, dass es den Teilnehmern wichtig gewesen wäre klarzustellen, dass sie durchaus gläubig seien, dass dies aber keinen Einfluss ihre Entscheidungen nehme.

Im Ergebnis wurde die Frage - zum Teil mit Anmerkung - von allen beantwortet. Die Verteilung des Ergebnisses war unabhängig von den verschiedenen Altersgruppen jeweils ähnlich.

In jeder Altersgruppe hat die knappe Mehrheit die Frage mit „Nein“ beantwortet.

In der ersten Altersgruppe beantworteten 57 % der Teilnehmer die gestellte Frage mit „Nein“, in der zweiten Altersgruppe 63 % und in der dritten Altersgruppe 61%.

43 % der ersten Altersgruppe lassen sich dagegen von ihrem Glauben bei Entscheidungen beeinflussen; 38 % in der zweiten und 39 % in der dritten Altersgruppe.

c) 3. Frage: Beeinflusst das ärztliche Berufsethos Ihr Handeln?

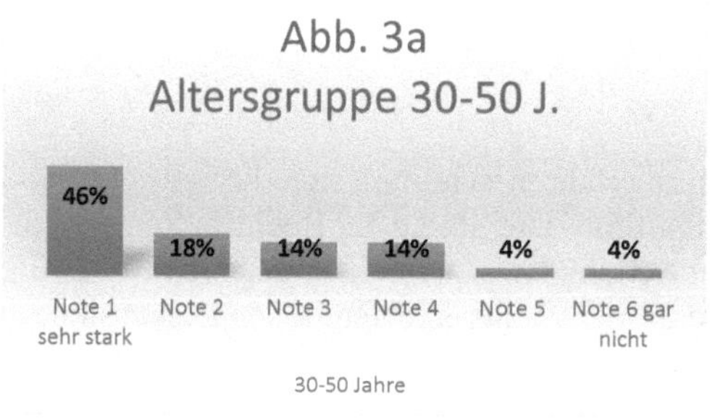

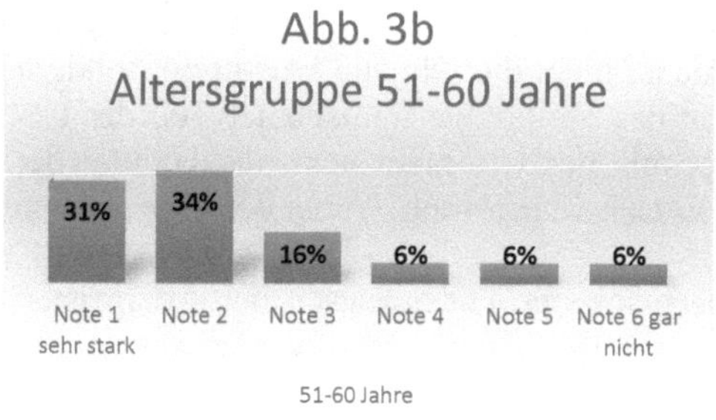

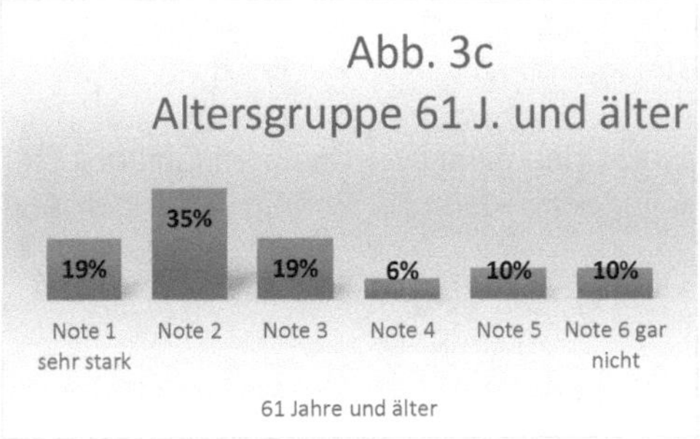

aa) Fragestellung

Die gestellte Frage zielte darauf ab zu erfahren, wie stark sich die befragte Ärzteschaft vom Berufsethos beeinflusst fühlt. Die Stärke der Beeinflussung sollte - vergleichbar mit dem System der Schulnoten – als Zahl angegeben werden.

Das ärztliche Berufsethos wird immer wieder in öffentlichen Diskussionen als Argument gegen die Legalisierung der ärztlichen aktiven direkten Sterbehilfe angeführt. Der Präsident der Bundesärztekammer, *Montgomery*, betont kontinuierlich, dass ärztliche aktive direkte Sterbehilfe als strafbare Tötung auf Verlangen rigoros abzulehnen sei.[1471] In einem mit *Zeit online* geführten Interview am 21.01.2014 gab er aus Anlass der Veröffentlichung von Umfrageergebnissen[1472] zur aktiven direkten Sterbehilfe an: „Es ist nicht [menschen]würdig, weggespritzt zu werden. Würde ist nicht die schnelle Exekution, sondern sein Leben zu Ende zu leben, denn das Sterben ist immanenter Teil des Lebens.“[1473] Ihn überrasche das Ergebnis der Umfrage nicht, da dahinter der Wunsch stehe, sich möglichst viel Entscheidungsfreiheit über den eigenen Tod zu bewahren.

Nach Angaben von *Montgomery* soll der Todeswunsch bei den meisten todkranken Patienten nach 24 Stunden vollkommen verschwunden sein, wenn man ihnen die Angst vor dem Sterben und die Schmerzen genommen habe,

1471 Angaben gegenüber Zeit Online vom 21.01.2014; abrufbar unter: http://www.zeit.de/politik/deutschland/2014-01/Sterbehilfe-Reaktionen; letzter Abruf am 18.03.2016.

1472 Umfrage des Meinungsforschungsinstitutes YouGov im Auftrag von Zeit online vom 21.01.2014, abrufbar unter: http://www.zeit.de/politik/deutschland/2014-01/Sterbehilfe-YouGov-Umfrage#comments; letzter Abruf am: 10.01.2018.

1473 Angaben gegenüber Zeit Online vom 21.01.2014; abrufbar unter: http://www.zeit.de/politik/deutschland/2014-01/Sterbehilfe-Reaktionen; letzter Abruf am 18.03.2016.

was man bei fast allen Patienten könne. *Montgomery* verwies dazu auf § 16 Musterberufsordnung aus 2015.[1474]

bb) Auswertung

Für die Beantwortung der Frage wurden die Teilnehmer in drei Altersgruppen unterteilt, die zuvor bereits dargestellt worden sind. Die Einteilung verfolgte den Zweck festzustellen, ob und welche Unterschiede sich bei der Beantwortung der Frage zwischen den Altersgruppen ergeben.

Denn kaum eine Berufsgruppe ist durch das berufsspezifische Ethos in ihrem Handeln und ihren Entscheidungen so starkt geprägt und gebunden wie die Ärzteschaft. Gerade im Rahmen der Sterbehilfediskussion gewinnt das ärztliche Ethos an besonderer Bedeutung.

Festzustellen ist, dass zwischen den einzelnen Altersgruppen in der Verteilung keine markanten Unterschiede bestehen. In der Berufsgruppe der jungen Ärzte sind knapp die Hälfte der Befragten, 46 %, sehr stark (Note 1) von dem Berufsethos beeinflusst. Die Note 2 vergaben 18 %, 3 und 4 jeweils 14 %, sehr wenig bis gar nicht (Note 5 und 6) vergaben nur 4 %. Die jungen Ärzte fühlen sich folglich sehr stark bis mittelmäßig vom Berufsethos beeinflusst.

In der zweiten Altersgruppe, den Ärzten im mittleren Berufsalter, fällt die Beurteilung nicht mehr ganz so eindeutig aus. Die Note 1 für sehr stark vergaben 31 %, die Note 2: 34 %, mittelmäßig beeinflusst fühlen sich noch 16 %, die Note 4 – 6 für wenig bis gar nicht beeinflusst vergaben 6 %. In der dritten Altersgruppe fällt die Verteilung ähnlich aus, jedoch ist ein geringer Anstieg in der Notengruppe wenig bis gar nicht zu verzeichnen. Mit Note 1 antworteten nur noch 19 %, mit Note 2 noch 35 %, mit 3: 19 %, Note 4: 6 %, Note 5 und 6 immerhin jeweils 10 %.

cc) Vergleich der Altersgruppen untereinander

Der Vergleich der Altersgruppen untereinander zeigt, dass die jungen Ärzte sich insgesamt stark am Berufsethos des Arztes orientieren und sich davon beeinflussen lassen.

Die Beeinflussung nimmt mit steigendem Berufsalter tendenziell ab. In der ersten Altersgruppe waren es noch 46 % die mit 1 antworteten, in der zweiten Altersgruppe immerhin noch 31 %. Ein deutlicher Abstieg ist jedoch in der

---

1474 Musterberufsordnung der in Deutschland tätigen Ärztinnen und Ärzte in der Fassung des Beschlusses des 118. Deutschen Ärztetages 2015; http://www.bundesaerztekammer.de/fileadmin/user_upload/downloads/pdf-Ordner/MBO/MBO_02.07.2015.pdf; letzter Abruf am 18.03.2016.

dritten Altersgruppe zu erkennen. Dort votierten noch 19 % der Befragten mit 1.
Die Beeinflussung durch das ärztliche Ethos nimmt generell nur wenig ab, die Note 5 und 6 erfuhr nur in der dritten Altersgruppe einen marginalen Anstieg von 6 % auf 10%, was in Relation gesehen immer noch einen geringen Anteil der Befragten ausmacht. In der ersten Altersgruppe waren es nur 4 % der Befragten, in der zweiten 6 %. Die mittlere Beeinflussung ist in allen drei Altersgruppen verhältnismäßig ähnlich.

d) 4. Frage: Sind Sie persönlich schon ernsthaft um aktive Beendigung des Lebens gebeten worden?

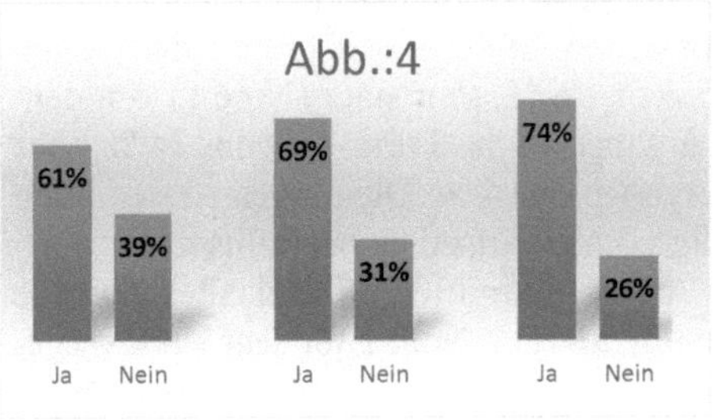

aa) Fragestellung

Die Frage zielte darauf ab, in Erfahrung zu bringen, ob der Teilnehmer bereits in seinem Berufsalltag mit der Bitte oder dem Wunsch nach aktiver Beendigung des Lebens konfrontiert worden ist. Persönliche Erfahrungen mit einer solchen Lebenssituation können zu einer anderen Beantwortung der Fragestellung führen.

bb) Auswertung

Die prozentuale Verteilung fällt auch hier in den jeweiligen Altersgruppen relativ ähnlich aus. Markant ist jedoch, dass in jeder Altersgruppe mehr als die Hälfte bis ¾ der Befragten mit „Ja" antworteten und damit der Wunsch nach aktiver Beendigung des Lebens schon an einen großen Teil der Befragten herangetragen worden ist. Diesen Wunsch als Einzelfallerscheinung zu deklarieren, fällt nach diesem Ergebnis schwer.

In der ersten Altersgruppe votierten mit „Ja" 61 %, in der zweiten Altersgruppe 69 %, in der dritten 74 % der Befragten.

Der prozentuale Anstieg beruht vermutlich auf dem fortschreitenden Berufsalter und der zunehmenden Zahl der im Berufsleben behandelten Patienten.

e) 5. Frage: Sind Sie persönlich schon um die Beihilfe zu einem Suizid z.B. durch Medikamentenüberlassung gebeten worden?

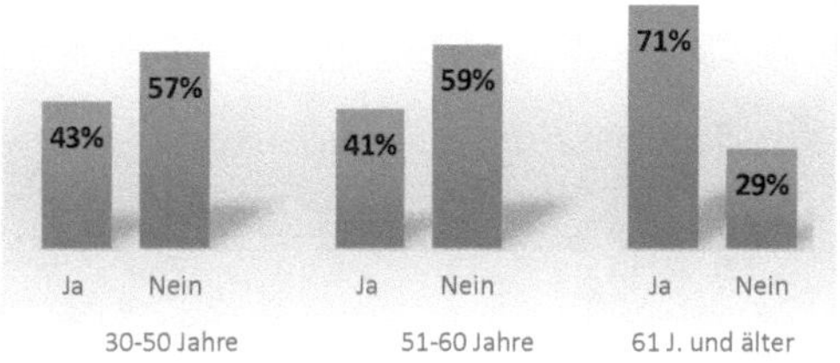

aa) Fragestellung

In Ergänzung und zur Abgrenzung, insbesondere vor dem Kontext der politischen Diskussion, wurden Fragen zum ärztlich assistierten Suizid aufgenommen.

bb) Auswertung

Vorliegend stellt sich das Ergebnis etwas anders dar als zuvor bei der Frage nach der aktiven Beendigung des Lebens. In der ersten Altersgruppe antworteten mit Ja 43 %, in der zweiten 41 %, in der dritten dagegen 71 %. Die erste und zweite Altersgruppe sind ähnlich verteilt: Jeweils die Mehrheit beantwortete die gestellte Frage mit „Nein". In der dritten Altersgruppe waren es dagegen nur noch ungefähr 1/3 der Befragten, die mit „Nein" antworteten.

Es zeigt sich, dass der Wunsch nach aktiver Beendigung des Lebens häufiger an den Arzt herangetragen wird als der Wunsch nach einem ärztlich begleiteten Suizid. Die Gründe dafür lassen sich nur vermuten.

f) 6. Frage: Haben Sie persönlich schon einmal Suizidbeihilfe durch Medikamentenüberlassung geleistet?

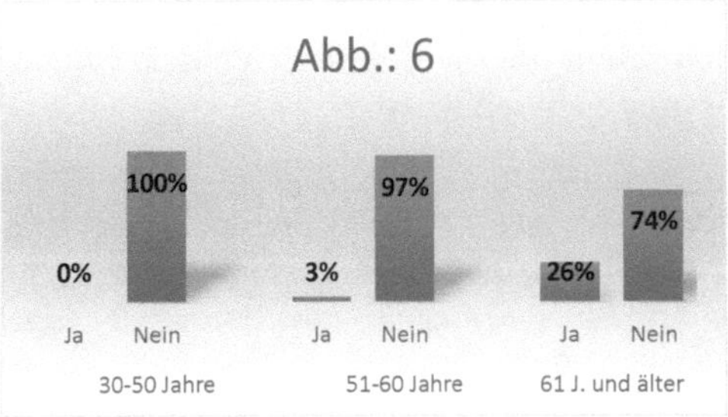

aa) Fragestellung
Die gestellte Frage ist eine heikle Frage, die möglicherweise trotz der Anonymität dazu verlockt, nicht wahrheitsgemäß beantwortet zu werden. Dies basiert jedoch nur auf eigener Einschätzung, keinesfalls ließen sich hierzu Hinweise finden.

bb) Auswertung
Die Auswertung der gestellten Frage ist sehr aussagekräftig. So lässt sich ein prozentualer Anstieg verzeichnen, je älter der Teilnehmer ist.

In der ersten Altersgruppe derjenigen, die sich auch nach eigenen Angaben entsprechend stark vom ärztlichen Berufsethos beeinflusst fühlen, wurde die Frage zu 100% mit „Nein" beantwortet. Alle Teilnehmer gaben an, bis dato keine ärztliche Suizidbeihilfe geleistet zu haben.

In der zweiten Altersgruppe waren es noch 97 % der Befragten, welche mit „Nein" antworteten, in der dritten Altersgruppe dagegen nur noch 74 %.

Auch hier hätte sich eine weiterführende Befragung dahingehend angeboten, worin die befragten Teilnehmer die Ursache die Veränderung mit zunehmendem Berufsalter sehen. Vermutlich und zunächst naheliegend offerierte sich einer Ärztin oder einem jungen Arzt mit geringem Berufsalter noch nicht die Situation, um Medikamentenüberlassung für einen Suizid gebeten zu werden. Einige Patienten, die diesen Wunsch in sich tragen, hegen möglicherweise auch eine gewisse Scheu, diesen Wunsch an einen jungen Arzt heranzutragen.

g) 7. Frage: In den Grundsätzen der Bundesärztekammer zur ärztlichen Sterbebegleitung wird darauf hingewiesen, dass die Beihilfe zu einem Suizid keine ärztliche Aufgabe sei. Stimmen Sie diesem zu?

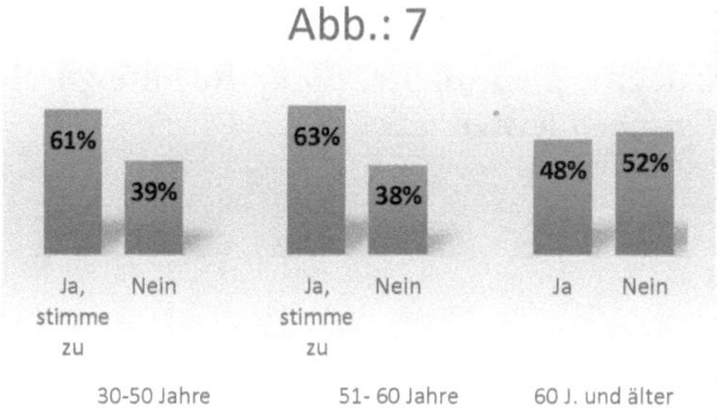

aa) Fragestellung

Die Frage nimmt Bezug auf die Klausel zum Thema Sterbehilfe in der Musterberufsordnung (MBO) der deutschen Ärzteschaft.[1475] In der ärztlichen MBO ist seit 2015 ein Verbot der Beihilfe zum Suizid statuiert.
Mit der Frage sollte eruiert werden, ob die Einstellung der praktisch tätigen Ärzte im Bereich der Allgemein –und Palliativmedizin konform zur Festlegung in der MBO ist.

bb) Auswertung

Die gestellte Frage war entweder mit „Ja, dem stimme ich zu“ oder mit „Nein, ich halte einen ärztlich assistierten Suizid für vorstellbar“ zu beantworten.

Die Auswertung der gestellten Frage fällt – zumindest für die erste Altersgruppe - anders als zu Beginn der Untersuchung erwartet aus. Denn die erste Altersgruppe gab an, sich stark vom ärztlichen Ethos beeinflusst zu fühlen. Dennoch geben immerhin 39 % der befragten Ärztinnen und Ärzte an, dass sie dieser Aussage nicht zustimmen und damit ärztliche Suizidbeihilfe für vorstellbar halten. In der zweiten Altersgruppe sind es 38 %, in der dritten Altersgruppe sogar 52 %, also die knappe Mehrheit der Befragten. Eine Ursache für

1475 Musterberufsordnung der in Deutschland tätigen Ärztinnen und Ärzte in der Fassung des Beschlusses des 118. Deutschen Ärztetages 2015; http://www.bundesaerztekammer.de/fileadmin/user_upload/downloads/pdf-Ordner/MBO/MBO_02.07.2015.pdf; letzter Abruf am 18.03.2016.

das Ergebnis könnte die im schnellen Lesen schnell misszuverstehende Formulierung der Frage sein. Die Frage wurde jedoch - bezugnehmend auf die Formulierung in der Berufsordnung – bewusst so gestellt.

h) 8. Frage: Finden Sie, dass jeder Arzt frei und unabhängig von der Berufsordnung entscheiden sollen dürfte, ob er Beihilfe zu ei nem Suizid eines Menschen leisten möchte?

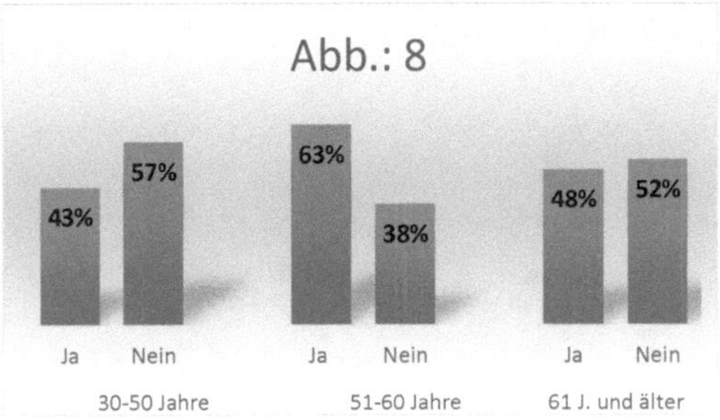

aa) Fragestellung
Die achte Frage nimmt erneut Bezug auf die zuvor angesprochene MBO der deutschen Ärzteschaft.
Zwar ist die Suizidbeihilfe dem Arzt nicht nach dem deutschen Strafrecht versagt, aber die MBO untersagt den Ärztinnen und Ärzten die Suizidbeihilfe. Infolgedessen sind berufsrechtliche Sanktionen möglich.

Die Teilnehmer wurden dazu befragt, ob sie für eine freie Entscheidungsmöglichkeit des Arztes hinsichtlich der Beihilfe zum Suizid plädieren.

bb) Auswertung
Die Frage wurde relativ ausgeglichen beantwortet. Es gibt kein eindeutiges Pro- oder Contra- Ergebnis.

In der ersten Altersgruppe sind 43 % der Befragten für die freie Entscheidungsmöglichkeit des Arztes, 57 % dagegen. In der zweiten Altersgruppe beantworten die Frage mit Ja 63 %, mit Nein 38 %. In der dritten Altersgruppe hält sich das Verhältnis ungefähr die Waage. Mit 52 % ist die knappe Mehrheit gegen die freie Entscheidungsmöglichkeit, ob ein Arzt Suizidbeihilfe leisten darf.

i) 9. Frage: Sehen Sie ein reales Bedürfnis hinsichtlich der Ausübung aktiver Sterbehilfe?

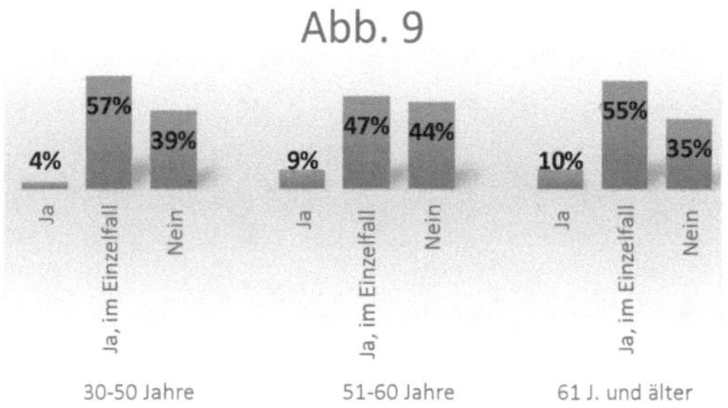

aa) Fragestellung

Die gestellte Frage versuchte zu eruieren, ob der Teilnehmer der Ansicht ist, dass überhaupt eine Notwendigkeit zur Ausübung aktiver direkter Sterbehilfe in der Praxis besteht. Diese Frage ist insbesondere deswegen interessant, weil häufig in der Sterbehilfeliteratur das Argument vertreten wird, dass es bei Verbesserung der palliativmedizinischen Versorgung kein praktisches Bedürfnis für die Ausübung aktiver direkter Sterbehilfe mehr gäbe.

bb) Auswertung

Die Auswertung der gegebenen Antworten zeigt jedoch, dass in jeder Altersgruppe der höchste prozentuale Anteil bei der Antwort: „Ja, im Einzelfall" gegeben ist.

Die unbedingte Wahlantwort „Ja" wurde nur selten gegeben. In allen drei Altersgruppen liegt der Anteil bei maximal 10 %. In der dritten Altersgruppe ist der Anteil mit 10% am höchsten, in der ersten Altersgruppe mit 4 % am niedrigsten. Die zweite Altersgruppe votierte mit 9 % für „Ja".

Besonders interessant ist, dass die knappe Mehrheit der befragten Ärztinnen und Ärzte dennoch ein reales Bedürfnis nach aktiver direkter Sterbehilfe sehen, jedoch beschränkt auf den Einzelfall. Die Verteilung sieht wie folgt aus: in der ersten Altersgruppe liegt der prozentuale Anteil bei 57 %, in der zweiten Altersgruppe bei 47 % und in der dritten Altersgruppe bei 55 %.

Für „Nein" stimmen immerhin in der ersten Altersgruppe 39 %, in der zweiten Altersgruppe 44 % und in der dritten 35 %.

j) 10. Frage: Halten Sie ärztliche aktive direkte Sterbehilfe für berufsethisch verwerflich?

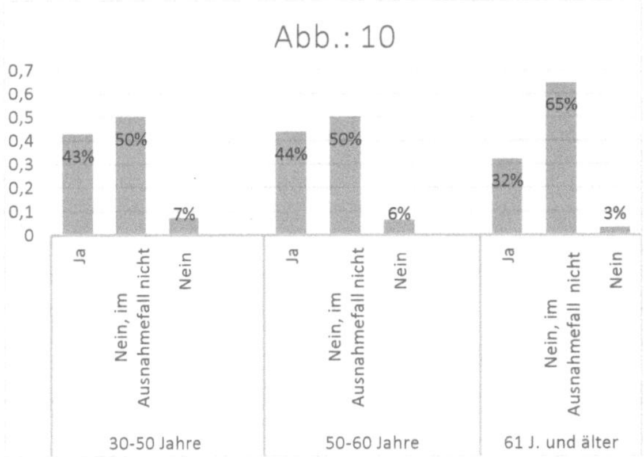

aa) Fragestellung

Frage 10 nimmt erneut Bezug auf die Berufsethik. Die Frage zielte darauf ab, in Erfahrung zu bringen, ob die praktisch tätigen Ärztinnen und Ärzte die aktive direkte Sterbehilfe aus berufsethischen Gründen ablehnen und für verwerflich halten.

bb) Auswertung

Die Frage war mit folgenden Wahlantworten zu beantworten: „Ja", „Nein, wenn diese auf strenge Ausnahmefälle beschränkt ist" und mit „Nein".

Die prozentuale Verteilung der gegebenen Antworten sieht wie folgt aus: In der ersten Altersgruppe stimmten 43 % mit Ja; 50 % halten die aktive direkte Sterbehilfe für berufsethisch nicht verwerflich, wenn sie auf den streng geregelten Ausnahmefall beschränkt ist, 7% haben uneingeschränkt keine berufsethischen Bedenken gegen die aktive direkte Sterbehilfe.

In der zweiten Altersgruppe stimmen 44 % mit Ja, 50 % haben bei dem streng geregelten Ausnahmefall keine Bedenken berufsethischer Art und 6 % stimmten mit Nein.

In der dritten Altersgruppe hegen 32 % berufsethische Bedenken, 65 % haben keine Bedenken im Ausnahmefall und nur 3 % stimmen uneingeschränkt mit Nein. Die Auswertung zeigt, dass knapp die Hälfte bis 2/3 der befragten

Ärzte im Ausnahmefall keine berufsethischen Bedenken hinsichtlich der Ausübung aktiver direkter Sterbehilfe haben. Die erste und zweite Altersgruppe bewertet die Frage ähnlich, die dritte Altersgruppe ist erneut liberaler hinsichtlich der Ausübung ärztlicher aktiver Sterbehilfe eingestellt.

Das Ergebnis verdeutlicht die These, dass mit steigendem Berufsalter des Befragten die Ablehnung der ärztlichen aktiven Sterbehilfe sinkt. Insgesamt überraschte das Ergebnis.

k) 11. Frage: Wären Sie für oder gegen eine Legalisierung der aktiven direkten Sterbehilfe?

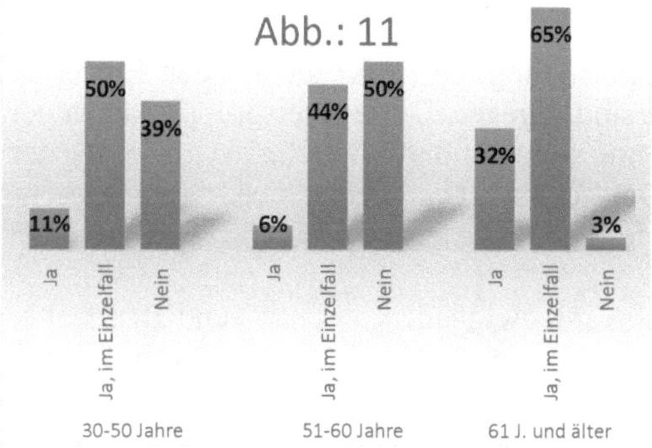

aa) Fragestellung

Diese Frage ist die bedeutungsvollste des Fragebogens. Sie fragt gezielt nach der Legalisierung der aktiven direkten Sterbehilfe, auch in Deutschland. Bei der häufigen Abänderung und Kürzung des Fragebogens hat sich bei dieser Frage eine sprachliche Ungenauigkeit eingeschlichen. Die Frage zeigt zwei Alternativen auf, und zwar „für" bzw. „gegen" eine Legalisierung der aktiven direkten Sterbehilfe. Die Antwortmöglichkeit wurde versehentlich mit „Ja" statt mit „Dafür", bzw. mit „Nein" statt mit „Dagegen" herausgegeben.

Dies führte im Ergebnis jedoch dazu, dass sich alle Teilnehmer mit dieser Frage näher auseinandersetzen und diese gewissenhaft lasen und beantworteten. Es lässt sich festhalten, dass die sprachliche Fehlformulierung keine negativen Auswirkungen auf das Ergebnis der Befragung hatte. Denn die aufgeworfene Alternativmöglichkeit in der Frage wurde durch Umkreisen bzw. Unterstreichen mit der jeweiligen Antwortmöglichkeit kombiniert. Teilweise wurde sogar eine Anmerkung bzw. Klarstellung dazu geschrieben.

bb) Auswertung

Auch bei dieser Frage gab es wieder drei mögliche Antworten: das uneingeschränkte „Ja“, „Nein“ und das „auf den strengen Einzelfall begrenzte Ja“. In der ersten Altersgruppe stimmten für die Legalisierung 11 % mit „Ja“, 50% sind für die Legalisierung im streng geregelten Einzelfall und 39% sind gegen eine Legalisierung (Nein). Trotz des starken berufsethischen Einflusses spricht sich über die Hälfte der Befragten (61%) für die Legalisierung aus.

In der zweiten Altersgruppe sind für eine Legalisierung 6%, 44% für die Legalisierung auf den strengen Einzelfall begrenzt und 50% sind gegen die Legalisierung. Insgesamt lässt sich in dieser Altersgruppe feststellen, dass die Hälfte der Befragten für die Legalisierung der aktiven direkten Sterbehilfe stimmt.

In der dritten und bislang am liberalsten eingestellten Altersgruppe sind 32 % für eine uneingeschränkte Legalisierung, 65 % für die auf den Einzelfall begrenzte Legalisierung, nur 3 % sind dagegen. Diese Altersgruppe hält an der bisherigen liberalen Haltung fest und stimmt mit 97% für die Legalisierung der aktiven direkten Sterbehilfe in Deutschland. Damit zeigt sich, dass insbesondere die Ärztinnen und Ärzte der fortgeschrittenen Berufsaltersgruppe (ab 61J.) für die Legalisierung sind.

Hier bestätigt sich erneut, dass mit steigendem Lebens– und Berufsalter Ärztinnen und Ärzte immer freier in ihrer Grundhaltung zur aktiven direkten Sterbehilfe sind.

Eine Prägung der inneren Einstellung älterer Teilnehmer durch die Taten des Nationalsozialsmus erscheint daher vorliegend als unwahrscheinlich.

l) 12. Frage: Können Sie sich vorstellen, selbst aktive Sterbehilfe zu leisten, wenn diese legal und straflos wäre?

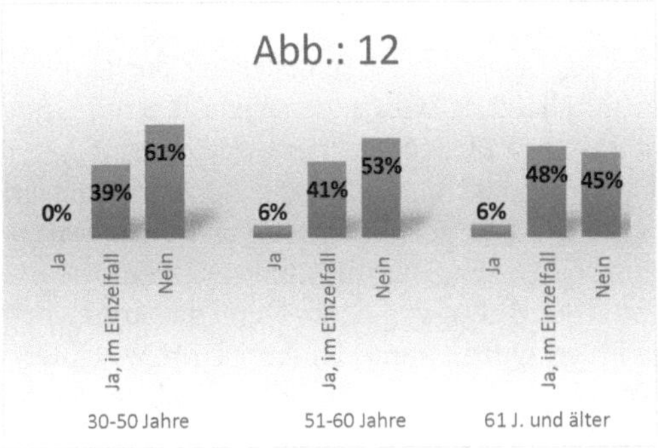

aa) Fragestellung
Diese Frage sollte eruieren, wie viele Ärztinnen und Ärzte sich selbst vorstellen könnten, aktive direkte Sterbehilfe zu leisten.

bb) Auswertung

In der ersten Altersgruppe konnte sich niemand uneingeschränkt vorstellen, selbst aktive direkte Sterbehilfe zu leisten. 39 % wären jedoch im Einzelfall dazu bereit, für 61 % kommt dies jedoch nicht in Frage. In der zweiten Altersgruppe könnten sich immerhin 6 % vorstellen, selbst aktive direkte Sterbehilfe auszuüben, 41 % im Einzelfall und 53 % gar nicht. In der dritten Altersgruppe sind ebenfalls nur 6 % für die unbegrenzte aktive Sterbehilfe, 48 % würden dies im Einzelfall tun, 45 % könnten sich dies nicht vorstellen.

m) 13. Frage: Im Strafrecht wird hinsichtlich der Strafbarkeit des Arztes zwischen aktivem Handeln einerseits und Unterlassen andererseits unterschieden. Als Beispiel: Ein Arzt, welcher seinen Patienten sterben lässt (z.B. durch Abstellen von Geräten), handelt straflos. Ein Arzt, welcher aktiv das Leben seines Patienten beendet, begeht eine grundsätzlich strafbare Tötung auf Verlangen.

a) Halten Sie diese Unterscheidung hinsichtlich der Strafbarkeit des Arztes für gerecht?

Abb.: 13a

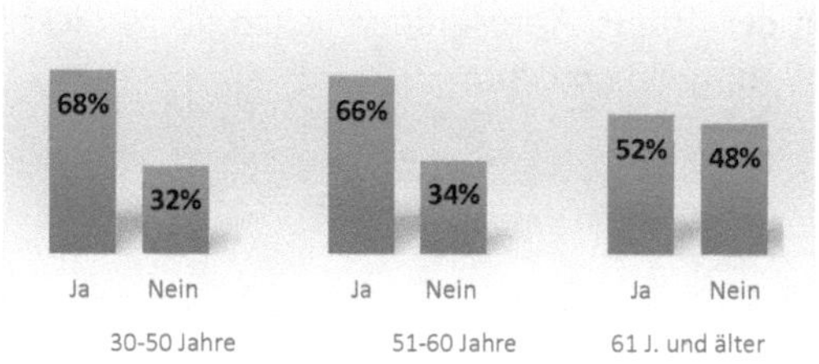

b) Sollte diese Differenzierung hinsichtlich der Strafbarkeit des Arztes aufgehoben werden?

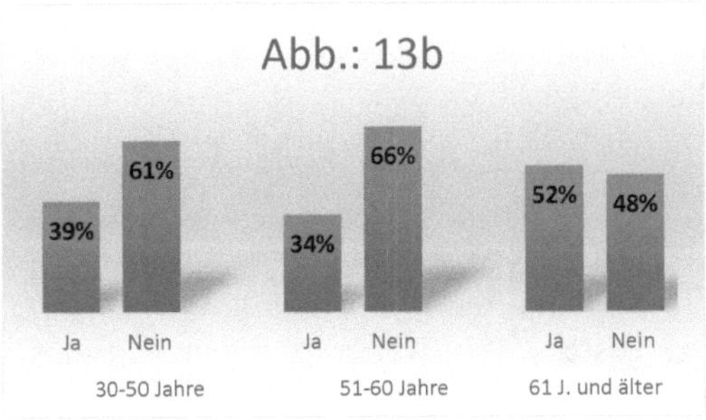

aa) Fragestellungen

Die beiden letzten Fragen des Fragebogens nehmen abschließend Bezug auf die Strafbarkeit des Arztes. In der Fragestellung selbst findet zum besseren Verständnis eine sehr kurze Erläuterung der rechtlichen Sachlage statt.

bb) Auswertung

Die erste Alternative der Fragestellung fragt danach, ob diese Differenzierung nach der Handlungsweise für gerecht gehalten wird. Damit sollte das Gerechtigkeitsempfinden des Befragten angesprochen werden.

Die zweite Alternative nimmt in der Folge darauf Bezug, ob diese Differenzierung nach der Handlungsweise hinsichtlich der strafrechtlichen Folgen aufgehoben werden sollte. Dies wird zum Teil im Rahmen der Diskussion um die Legalisierung der aktiven Sterbehilfe von den Befürwortern gefordert.

cc) Ergebnis Abb.: 13a)

In der ersten Altersgruppe halten diese Differenzierung 68% für gerecht; 32 % dagegen nicht.

In der zweiten Altersgruppe sehen 66 % dies als gerecht an und demensprechend 34 % als nicht gerecht. In der dritten Altersgruppe halten 52 % diese Differenzierung für gerecht, 48 % für nicht gerecht.

dd) Ergebnis Abb. 13b)

Diese Frage geht einen Schritt weiter und fragt danach, ob diese Differenzierung nach der Handlungsweise für die Strafbarkeit aufgehoben werden sollte.
In der ersten Altersgruppe sind 39 % für und 61% gegen die Aufhebung.
In der zweiten Altersgruppe sind 34 % für die Aufhebung und 66 % für die Beibehaltung.
In der dritten Altersgruppe wollen 52 % diese Differenzierung aufgehoben wissen, 48 % möchten daran festhalten.

4. Die Ergebnisse der Erhebung der zur aktiven direkten Sterbehilfe befragten Patientinnen und Patienten

Im Folgenden wird der Fragebogen für Patientinnen und Patienten ausführlich vorgestellt. Die Fragen sind überwiegend zwecks Vergleichbarkeit der zwei Typen von Fragebögen gleich gestellt. Die errechneten Prozentzahlen sind gerundet und beziehen sich immer auf die Gesamtheit der 200 befragten Teilnehmer. Bei einigen Antworten wurde zusätzlich nach Altersgruppen unterschieden. Hier sollte untersucht werden, ob die jüngere Generation die Frage prozentual anders beantwortet als die ältere Generation.

a) 1. Frage: Der Anteil der Altersgruppen der Teilnehmer:

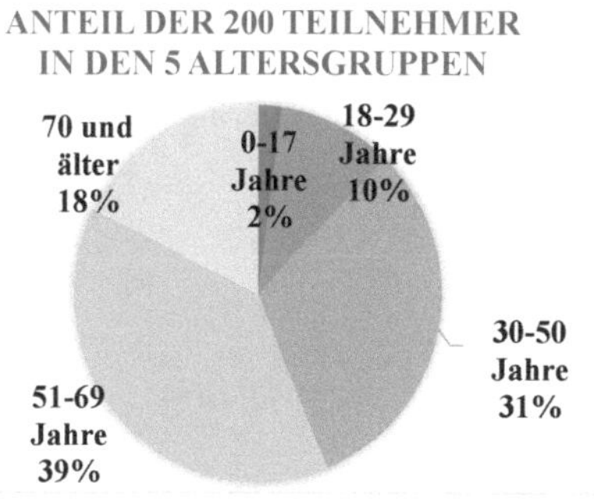

Die 200 Teilnehmer der Befragung wurden in fünf Altersgruppen aufgeteilt:

- 1. Altersgruppe: 0- 17 Jahre, Minderjährige
- 2. Altersgruppe: 18-29 Jahre, junge Erwachsene
- 3. Altersgruppe: 30 – 50 Jahre, Erwachsene mittleren Alters
- 4. Altersgruppe: 50 – 69 Jahre, Erwachsene fortgeschrittenen, mittleren Alters
- 5. Altersgruppe: 70 Jahre und älter, Senioren

Die Darstellung zeigt den prozentualen Anteil der Teilnehmer der jeweiligen Altersgruppe. Der Anteil der Teilnehmer der ersten Altersgruppe beträgt 2%, in der zweiten Altersgruppe liegt der Anteil bei 10%, in der dritten Altersgruppe beträgt er 32 %, in der vierten 39 % und in der fünften Altersgruppe 18%.

Ziel der Aufteilung der Befragten in Altersgruppen war es festzustellen, ob Unterschiede hinsichtlich der inneren Einstellung in Abhängigkeit vom Alter bestehen. Auf diesen Aspekt wird, wo eine solche Auswertung der Antwort anhand der Altersgruppen vorgenommen wurde, jeweils gesondert eingegangen.

b) 2. Frage: Sind Sie gläubig und beeinflusst dies Ihre Entscheidungen?

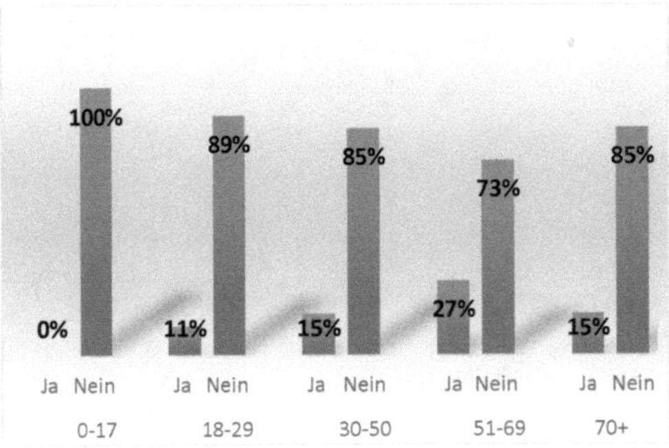

aa) Zur Fragestellung

Die Fragestellung beabsichtigte festzustellen, ob der Glaube des Befragten einen Einfluss, gleich welcher Stärke, auf im Leben zu treffende Entscheidungen nimmt. Hinsichtlich der Formulierung dieser Frage gilt das oben Gesagte zu dieser Frage des Arztfragebogens entsprechend.

bb) Auswertung

Die gestellte Frage war mit Ja oder Nein zu beantworten. Im Rahmen der Auswertung der gegebenen Antworten wurden die Teilnehmer bei der vorliegenden Fragestellung in fünf Altersgruppen unterteilt.

In der ersten Altersgruppe (0-17J.) geben alle (100%) Teilnehmer an, dass der Glaube keinen Einfluss auf ihre Entscheidungen nehme. In der zweiten Altersgruppe (18-29 J.) ist dies bei 89% der Teilnehmer der Fall, bei den restlichen 11% der Befragten nimmt der Glaube Einfluss auf ihre Entscheidungen. Die dritte (30-50 J.) und fünfte (70 +) Altersgruppe verhalten sich beide identisch: 85% haben die gestellte Frage mit Nein beantwortet, 15 % mit Ja, in der vierten Gruppe haben 27% der Befragten mit Ja und 73 % mit Nein geantwortet.

Insgesamt nimmt der Glaube – unabhängig vom Alter - keinen herausragenden Einfluss auf zu treffende Entscheidungen.

c) 3. Frage: Sind Sie Mitglied in einer Religionsgemeinschaft?

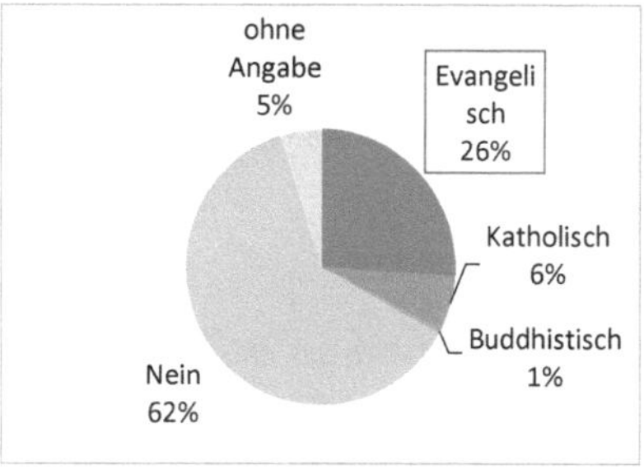

aa) Zur Fragestellung

Gefragt wurde nach der Mitgliedschaft in einer Religionsgemeinschaft. Wurde die Frage bejaht, so sollte angegeben werden, in welcher.

bb) Auswertung

62 % der Teilnehmer gaben an, kein Mitglied in einer Religionsgemeinschaft zu sein. 26 % sind Mitglied in der evangelisch-lutherischen Gemeinschaft, 6% in der katholischen. Ein Teilnehmer (1%) ist Buddhist. 5 % haben zu der Frage keine Angaben gemacht.

d) 4. Frage: Sind Sie im Besitz einer individualisierten, schriftlichen Patientenverfügung?

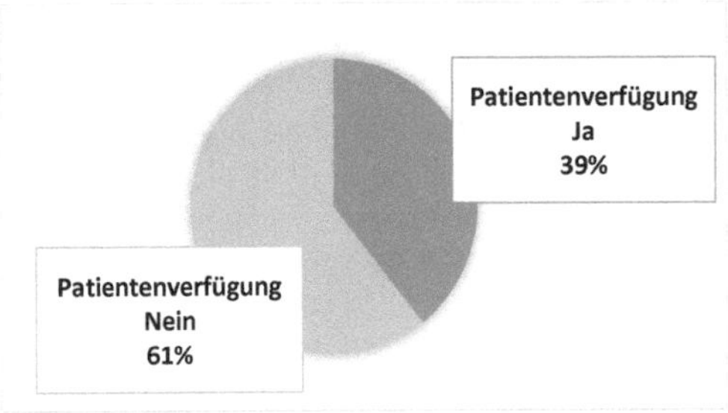

aa) Zur Fragestellung

Die vierte Frage beabsichtigte zu erfahren, wie viele der Teilnehmer sich schon bei der Anfertigung einer Patientenverfügung mit medizinischen Behandlungsoptionen, deren Möglichkeiten und Grenzen für den Fall von Krankheit oder sonstiger fehlender Einwilligungsfähigkeit auseinandergesetzt haben.

bb) Auswertung

Bei der Auswertung der Frage stellte sich heraus, dass 61% der befragten Teilnehmer nicht im Besitz einer individualisierten, schriftlichen Patientenverfügung sind. Dieses Ergebnis war so nicht erwartet worden, da eine Patientenverfügung in Zeiten der zunehmenden Verrechtlichung der Medizin, insbesondere auch zur Gewährleistung des eigenen Selbstbestimmungsrechtes im Falle von Krankheit oder generell am Lebensende, an Bedeutung gewinnt.

e) 5. Frage: Sollte der ärztlich unterstützte Suizid Ihrer Meinung nach gesetzlich geregelt werden?

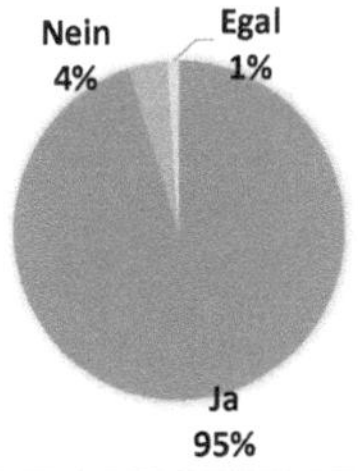

aa) Zur Fragestellung

Diese Fragestellung bezog sich auf die subjektive Einstellung des Befragten, und zwar zum ärztlich unterstützten Suizid. Dabei zielte die Frage darauf ab, die allgemeine Grundhaltung als positiv oder negativ im Hinblick auf den ärztlich unterstützten Suizid festzustellen.

bb) Auswertung

Das Ergebnis der Frage ist relativ eindeutig: 95 % der Teilnehmer geben an, dass ihrer Meinung nach der ärztlich unterstützte Suizid gesetzlich geregelt werden sollte.

**f) 6. Frage: Nach den Grundsätzen der Bundesärztekammer zur ärztlichen Sterbebegleitung ist die Unterstützung des Arztes beim Suizid keine ärztliche Aufgabe.
Stimmen Sie diesem zu?**

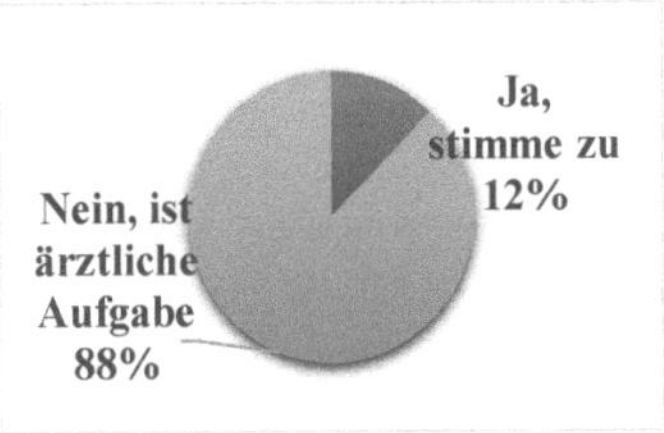

aa) Fragestellung
Diese Frage ist vollumfänglich identisch mit der Frage 7 des Arztfragebogens.

bb) Auswertung
Die Auswertung zeigt, dass 88 % der befragten Teilnehmer der Ansicht sind, dass die Suizidbeihilfe durchaus auch zu den ärztlichen Aufgaben gehöre. Lediglich 12% gehen mit der Bundesärztekammer konform und stimmen nicht zu.

g) Frage 6a: Ergänzung bei JA, stimme zu:

aa) Fragestellung
Die vorstehende Abbildung präsentiert als Einzige der Umfrage eine qualitative Datenerhebung. Teilnehmer, welche die Frage 6 mit „Ja, stimme zu“ beantwortet haben, sollten angeben, aus welchem Grund bzw. welchen Gründen sie der Meinung sind, dass der ärztlich assistierte Suizid keine ärztliche Aufgabe sei. Zu beantworten war im Vorwege, ob die Ablehnung aus berufsethischen Gründen erfolgt. Den Teilnehmern wurde zudem ermöglicht, im Freitext weitere Gründe anzugeben.

bb) Auswertung
36 % der Teilnehmer geben an, dass die fehlende Zustimmung aus berufsethischen Gründen resultiert, 7 % beantworten die Frage mit „Nein“. Im Gegensatz dazu geben 57 % an, dass die Ablehnung aus anderen Gründen erfolgt.

h) 7. Frage: Die Unterstützung beim Suizid ist dem Arzt untersagt. Sollte jeder Arzt frei nach seinem Gewissen entscheiden dürfen, ob er Suizidbeihilfe leisten möchte?

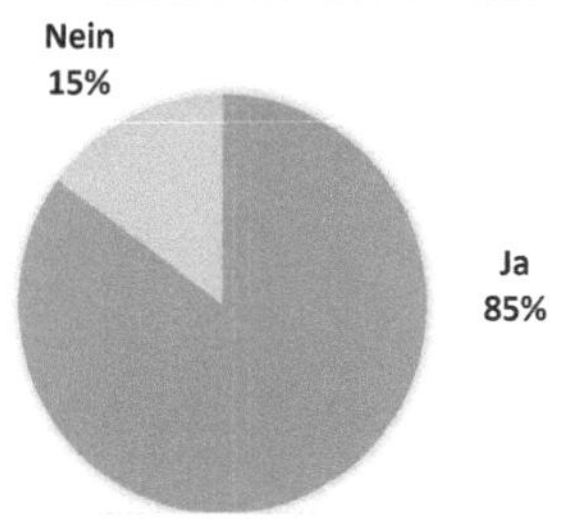

aa) Zur Fragestellung
Diese Frage ist identisch mit der Frage 8 des Arztfragebogens.

bb) Auswertung

Die Auswertung der gestellten Frage zeigt, dass 85 % der Teilnehmer dafür plädieren, dass Ärztinnen und Ärzte frei und ohne die restriktiven Vorgaben in der Berufsordnung entscheiden können sollen, ob sie Suizidbeihilfe aus eigener ethischer und sittlicher Gewissensüberzeugung leisten möchten. Die Ärztin bzw. der Arzt sollen nach Meinung der Teilnehmer nach ihrer eigenen, persönlichen Einschätzung und Vorstellung für sich abwägen dürfen, ob sie durch z.B. Medikamentenüberlassung bei einem Suizid assistieren möchten.

Dies widerspricht den derzeit strengen Vorgaben der Berufsordnung der Bundesärztekammer, die jede Form der Suizidbeihilfe ablehnt. Zudem hat sich durch das Inkrafttreten des § 217 auch die strafrechtliche Rechtslage verändert. Eine Suizidassistenz ist nunmehr allenfalls noch im ersten Einzelfall möglich. Das Interview mit einem allgemeinmedizinisch und palliativmedizinisch tätigen Arzt hat überdies gezeigt, dass wegen der bestehenden Rechtsunsicherheit in Bezug auf § 217 für viele Ärzte selbst die erste Suizidassistenz ausgeschlossen sein wird.

i) 8. Frage: Wenn ein dem Arzt vertrauter, unheilbar kranker Patient mit starken Schmerzen seinen Wunsch nach einem ärztlich unterstützten Suizid äußert, wären Sie dann für einen ärztlich assistierten Suizid?

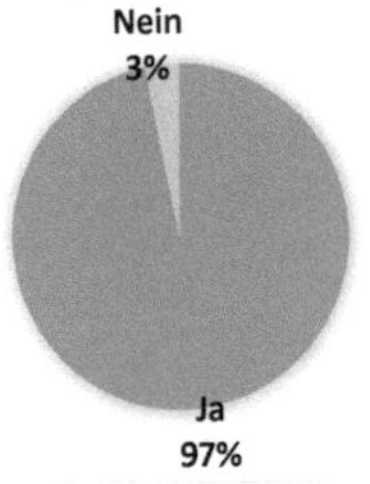

aa) Fragestellung

Diese Frage konkretisiert die Konstitution des Patienten. Die Frage beinhaltet konkretisierungsbedürftige Begrifflichkeiten wie die Formulierung der starken Schmerzen.

bb) Auswertung

Das Ergebnis der Frage ist offenkundig und bedarf keiner weiteren Erläuterung: 97 % der befragten Teilnehmer befürworten in der geschilderten Situation einen ärztlich assistierten Suizid.

j) 9. Frage: Stellen Sie sich bitte folgende Situationen vor: Ein unheilbar erkrankter, dem Tod nah stehender und dem Arzt vertrauter Patient:

9a) ...äußert dem Arzt gegenüber den ernsthaften und länger anhaltnden Wunsch nach aktiver Beendigung seines Lebens durch Gabe eines todbringenden Medikamentes. Wären Sie für oder gegen eine Befolgung seines Willens?

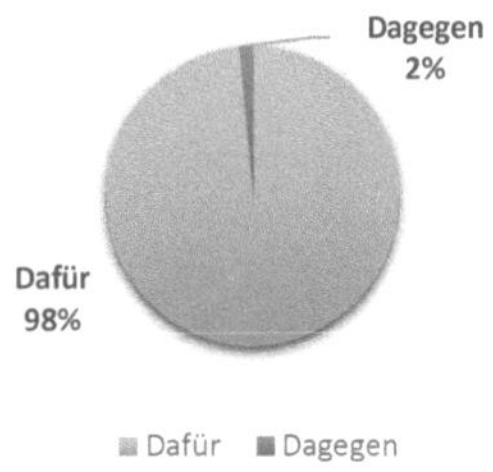

aa) Fragestellung
Die erste Variante der Frage 9 knüpft wie Frage 8 an die Krankheitssituation des Patienten an. Die folgenden zwei Varianten sollen abfragen, für welche Lebens– bzw. Krankheitssituation des Patienten der Teilnehmer sowohl aktive direkte Sterbehilfe als auch den ärztlich assistierten Suizid für einen gangbaren Lösungsweg hält oder ablehnt.

Wichtig war dabei, dass die aktive Sterbehilfe stets nur auf ausdrücklichen und anhaltenden Wunsch des Patienten in Betracht zu ziehen ist. Dabei wird zum einen an das Selbstbestimmungsrecht des Patienten angeknüpft, zum anderen soll damit eindeutig eine Abgrenzung zum Missbrauch getroffen werden.

bb) Auswertung

Das Ergebnis der Frage zeigt, dass nur 2 % der Teilnehmer aktive direkte Sterbehilfe für den vorgestellten Patienten ablehnen. 98 % befürworten daher die Möglichkeit der aktiven direkten Sterbehilfe.

Eine derart breite Zustimmung ist ebenfalls nicht erwartet worden, offenbart jedoch, dass die individuelle Selbstbestimmung ex ante für den Krankheitsfall einen besonderen Stellenwert einnimmt.

9b) ...ist nicht mehr fähig, seinen Willen zu äußern, hat aber in seiner Patientenverfügung festgelegt, dass er in dieser konkreten Lebens situation aktive Sterbehilfe wünsche. Wären Sie für oder gegen die Befolgung seines Willens nach aktiver Beendigung des Lebens?

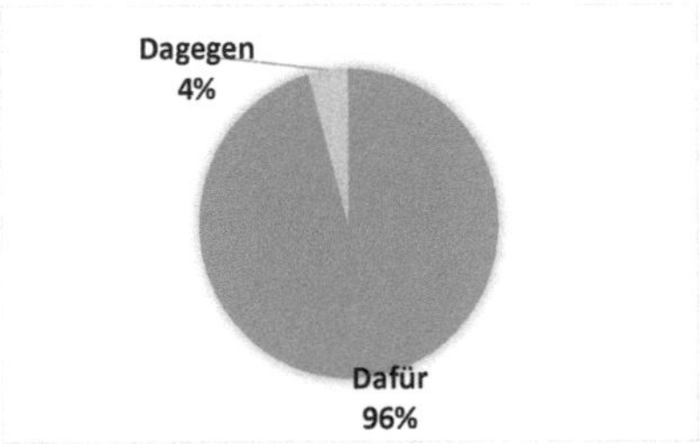

aa) Fragestellung

Diese Abwandlung betrifft Patienten, die nicht mehr in der Lage zur freien Artikulation ihres gegenwärtigen Willens sind, aber zu einem früheren Zeitpunkt die Ausübung der aktiven direkten Sterbehilfe für diese Lebenssituation in einer Patientenverfügung festgelegt haben. Eine Patientenverfügung dient der Regelung der medizinischen Behandlungswünsche für den Fall der eigenen Einwilligungsunfähigkeit. Hierbei wird auf verschiedene Lebens- und Krankheitssituationen Bezug genommen.

bb) Auswertung

Die Auswertung der vorstehenden Frage zeigt eindeutig, dass 96 % der Befragten auch für die Ausübung aktiver direkter Sterbehilfe sind, wenn dies von einem nunmehr artikulations-und einwilligungsunfähigen Patienten in einer Patientenverfügung bestimmt worden ist. Dies zeigt, dass auch das schriftlich zu einem früheren Zeitpunkt als in der gegenwärtigen Krankheitssituation ausgeübte Selbstbestimmungsrecht des Patienten Beachtung finden soll. Dies untermauert die These von *Wilhelm*, der dem in einer möglicherweise Jahre zuvor erstellten Patientenverfügung deklarierten Sterbewunsch die gleiche Wertigkeit beimisst wie einem in der gegenwärtigen Krankheitssituation gebildeten Sterbewillen. Das Risiko, dass sich dieser Wille möglicherweise in der Zwischenzeit geändert haben könnte, wird anscheinend von den Befragten in Kauf genommen oder es war den befragten Teilnehmern nicht bewusst. Eine tiefergehende Befragung der Teilnehmer hätte sich hier vorliegend erneut angeboten.

9c) ...ist nicht mehr handlungs-und bewegungsfähig, leidet nicht not wendig an unerträglichen Schmerzen, ist aber auf Grund anderer Krankheitserscheinungen einem unerträglichen Leidenszustand ausgesetzt (z.B. Atemnot) und äußert den ernsthaften und langan haltenden Wunsch

aa) Teil 1: nach aktiver Beendigung seines Lebens durch Verabreichung todbringender Medikamente.

Wären Sie für oder gegen die Befolgung seines Willens?

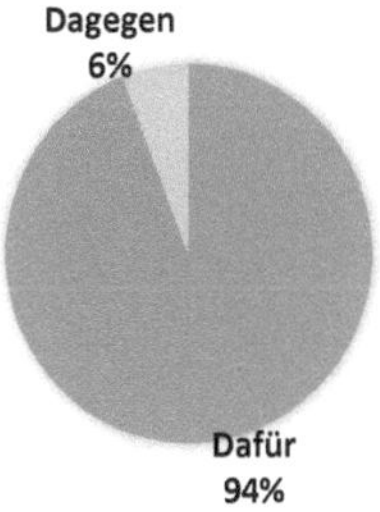

aa) Fragestellung

Die letzte Abwandlung der Frage 9 differenziert zwischen der aktiven direkten Sterbehilfe und dem ärztlich assistierten Suizid. Es erschien bei dieser Fragestellung wichtig, in Erfahrung zu bringen, ob die Teilnehmer unter Zugrundelegung der zuvor dargestellten Ausgangssituation deutlich zwischen der aktiven direkten Sterbehilfe einerseits und dem ärztlich assistierten Suizid andererseits differenzieren. In dieser Abwandlung wird ein Patient vorgestellt, der auf der einen Seite nicht mehr handlungs- und bewegungsfähig ist, aber andererseits nicht notwendig an unerträglichen Schmerzen, sondern auf Grund anderer Krankheitssymptome (beispielhaft an Dyspnoe) leidet. Die Handlungs- und Bewegungsunfähigkeit soll Patienten mit einbeziehen, die zu einem Suizid nicht mehr ohne fremde Hilfe körperlich in der Lage sind. Damit wird auf Patienten (beispielsweise Querschnittsgelähmte oder an ALS, COPD, MS erkrankte Menschen) Bezug genommen, die sich nicht in unmittelbarer Todesnähe befinden, sondern chronisch erkrankt sind und - je nach Verlauf der Erkrankung - unter Umständen noch eine längere Lebenserwartung haben.

bb) Auswertung

Das Ergebnis ist ebenfalls eindeutig. Trotz der markanten Unterschiede der geschilderten Situationen zueinander sind 94% für die aktive direkte Sterbehilfe, wenn dies der Wille des Patienten ist. Unerträglicher Schmerz beziehungsweise die Gesamtkrankheitssituation scheint daher nicht ausschlaggebend zu sein für die Befürwortung der aktiven direkten Sterbehilfe.

Oberste Priorität genießen wiederum die Patientenautonomie und das Selbstbestimmungsrecht.

b) Teil 2: nach einem ärztlich unterstützten Suizid. Wären Sie für oder gegen die Befolgung seines Willens?

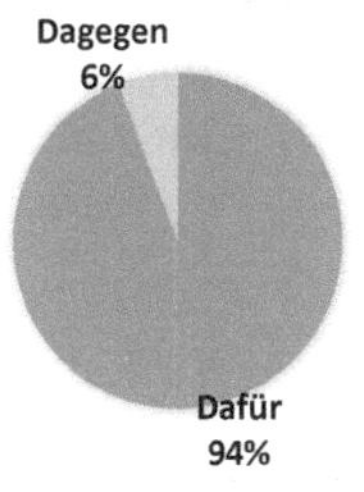

aa) Fragestellung

Diese Frage nimmt Bezug auf dieselbe Ausgangssituation des Patienten, jedoch wünscht sich dieser nun den ärztlich begleiteten Suizid.

bb) Auswertung

Die Auswertung zeigt, dass die Teilnehmer nicht zwischen der aktiven direkten Sterbehilfe und dem ärztlich assistierten Suizid differenzieren. Auch hier sind 94 % für die Befolgung des Patientenwillens. Diese Auswertung verdeutlicht erneut, welchen hohen Stellenwert das Selbstbestimmungsrecht des Menschen genießt.

k) 10. Frage: Im Strafrecht wird hinsichtlich der Strafbarkeit des Arztes zwischen aktivem Handeln einerseits und Unter lassen andererseits unterschieden. Als Beispiel: Ein Arzt, welcher seinen Patienten sterben lässt (z.B. durch Abstellen von Geräten), handelt straflos. Ein Arzt, welcher aktiv das Leben seines Patienten beendet, beginge eine strafbare Tötung auf Verlangen.

a) Halten Sie diese Unterscheidung für die Strafbarkeit des Arztes für gerecht?

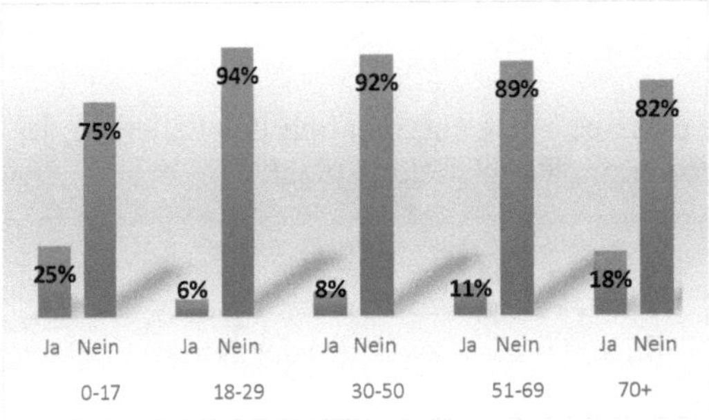

aa) Fragestellung

Diese Frage nimmt Bezug auf die rechtliche Bewertung der juristischen Einteilung in Begehen und Unterlassen, welche im Rahmen der Sterbehilfeproblematik zur Differenzierung zwischen aktiver direkter und passiver Sterbehilfe führt.

Sie verdeutlicht den Teilnehmern den Unterschied zwischen aktivem Handeln einerseits und Unterlassen andererseits als Handlungsmodalitäten, die im Rahmen der Sterbehilfeproblematik unterschiedliche Rechtsfolgen nach sich ziehen. Zur Veranschaulichung und zum besseren Verständnis wurde ein Kurzbeispiel eingefügt.

bb) Auswertung

Im Rahmen der Auswertung wurde zur Ermittlung von Bewertungsunterschieden bewusst in Altersgruppen unterteilt. Das Ergebnis zeigt jedoch, dass keine markanten Unterschiede zwischen den Altersgruppen vorhanden sind. In jeder Altersgruppe empfindet die deutliche Mehrheit eine Strafbarkeit des Arztes als nicht gerecht. In der ersten Altersgruppe sind es 75%, in der zweiten sogar 94 %, in der dritten 92 %, in der vierten 89 % und in der fünften Altersgruppe 82 %.

b) Sollte diese Differenzierung hinsichtlich der Strafbarkeit aufgehoben werden?

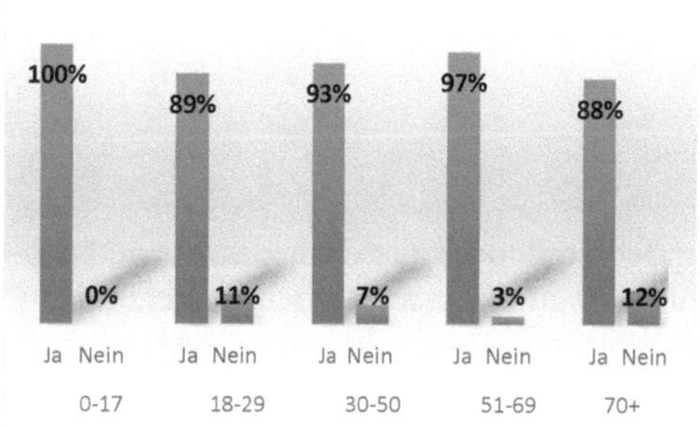

aa) Fragestellung

In Anknüpfung an die vorherige Frage wurde als Alternative danach gefragt, ob diese Einteilung für die Strafbarkeit des Arztes nach Meinung der Studienteilnehmer aufgehoben werden sollte.

bb) Auswertung

Die auch hier vorgenommene Differenzierung nach dem Alter zeigt ebenfalls keine markanten Meinungsdifferenzen zwischen Jung und Alt. Die Mehrheit plädiert für die Abschaffung dieser Einteilung hinsichtlich der Strafbarkeit des Arztes. In der ersten Altersgruppe sind alle Teilnehmer für die Aufhebung, in der zweiten Altersgruppe sind es 89 %, in der dritten 93 % und in der vierten 97%. In der Gruppe der Senioren stimmten 88 % für die Aufhebung.

l) 11. Frage: Halten Sie ärztliche aktive Sterbehilfe (Gabe todbringender Medikamente) für moralisch verwerflich?

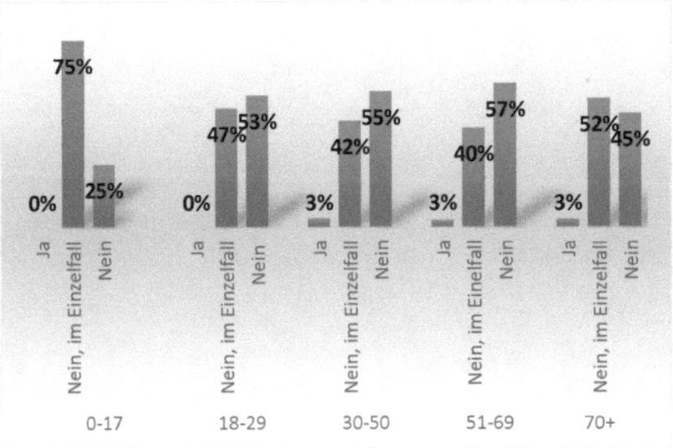

aa) Fragestellung

Frage 11 nimmt Bezug auf die Moralvorstellungen der Teilnehmer und beabsichtigt, die ethische Einstellung zur aktiven direkten Sterbehilfe abzubilden. Ethische, insbesondere medizinethische, Grundsätze bilden die unverzichtbare Basis der Sterbehilfediskussion.

bb) Wahlantworten

Die Frage konnte mit drei verschiedenen Antwortmöglichkeiten beantwortet werden: das uneingeschränkte „Ja“, das uneingeschränkte „Nein“ sowie vermittelnd die „Begrenzung auf den Einzelfall“.

cc) Auswertung

In der Auswertung zeigt sich, dass nahezu alle Teilnehmer, gleichgültig welchen Alters, die aktive direkte Sterbehilfe für moralisch nicht verwerflich halten. Das Verhältnis zwischen „Beschränkung auf den Einzelfall“ und dem bedingungslosen „Nein“ ist ausgeglichen und differiert nicht maßgeblich zwischen den Altersgruppen.

Zu den Ergebnissen im Einzelnen:

In der ersten Altersgruppe, den Minderjährigen, halten 75 % die aktive Sterbehilfe im Einzelfall für nicht moralisch verwerflich, 25 % sehen keine Einschränkung. Für „Ja" hat in dieser Altersgruppe kein Teilnehmer gestimmt. In der zweiten Altersgruppe votierte ebenfalls kein Teilnehmer mit „Ja", die Beschränkung auf den Einzelfall wünschen 47 %, das „Nein" wurde von 53 % der Teilnehmer angekreuzt. In der dritten Altersgruppe stimmen 3 % für Ja, 42 % für die Einzelfallmöglichkeit, 55 % für das uneingeschränkte Nein. Die vierte Altersgruppe votierte ähnlich: Auch hier stimmen 3 % für Ja, 40 % für den Einzelfall und die Mehrheit mit 57% für Nein.

m) 12. Sehen Sie ein reales Bedürfnis hinsichtlich der Ausübung ärztlicher aktiver Sterbehilfe?

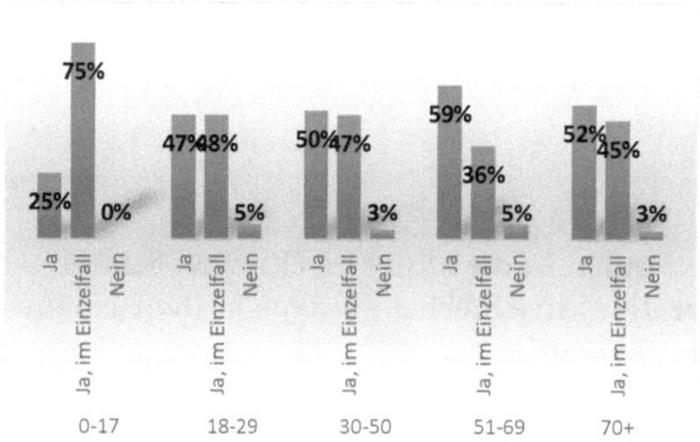

aa) Fragestellung

Frage 12 erkundet, ob der Teilnehmer, fernab von den theoretischen Möglichkeiten, auch ein praktisches, real existierendes Bedürfnis nach Ausübung der aktiven direkten Sterbehilfe sieht. Denn dies zählt ebenfalls zu den zu berücksichtigenden Aspekten in der Sterbehilfediskussion.

bb) Antwortmöglichkeiten
Die möglichen Antworten entsprechen denen der Frage 11.

cc) Auswertung
Die Auswertung ist ebenfalls vergleichbar mit der Auswertung zu Frage 11. Nur ein geringer prozentualer Anteil der Teilnehmer, gleichgültig welcher Altersgruppe, sieht kein reales Bedürfnis für die Ausübung der aktiven direkten Sterbehilfe. Die Optionen „Beschränkung auf den Einzelfall“ und das uneingeschränkte „Ja“ pendeln mehr oder weniger stark um die Mitte, mit Ausnahme der ersten Altersgruppe. Dort stimmten 75 % für den Einzelfall und 25 % für das bedingungslose Ja.

In der zweiten Altersgruppe sehen 5 % kein reales Bedürfnis, 48% im Einzelfall und 47 % generell ein reales Bedürfnis. In der dritten Altersgruppe sehen 3 % kein Bedürfnis, 47 % im Einzelfall und 50% ein uneingeschränktes Bedürfnis. Die vierte Altersgruppe beantwortet die Frage wie folgt: 59 % stimmen für „Ja“, 36 % beschränken sich auf den Einzelfall und 5 % sehen kein Bedürfnis und kreuzen „Nein“ an. Die Altersgruppe der Senioren verhält sich ähnlich: 3 % stimmten für Nein, 45 % für das Einzelfallbedürfnis und 52 % für unbedingten Bedarf.

n) 12. Frage: In den Niederlanden ist die aktive direkte Sterbehilfe erlaubt. Sollte die aktive Sterbehilfe auch in Deutschland gesetzlich erlaubt werden?

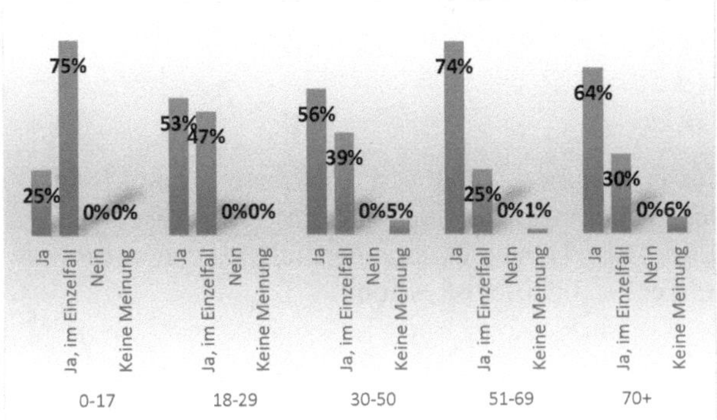

aa) Fragestellung

Die Frage unterrichtet den Teilnehmer zunächst darüber, dass in den Niederlanden die aktive Sterbehilfe gesetzlich erlaubt ist. Anschließend wird der Teilnehmer danach gefragt, ob er auch für eine Legalisierung in Deutschland ist. Die Frage konnte mit vier Antwortmöglichkeiten beantwortet werden. Die erste Antwortmöglichkeit ist das uneingeschränkte Ja, die zweite befürwortet die Legalisierung nur im Einzelfall. Schließlich war die Frage noch mit Nein oder mit Enthaltung zu beantworten.

bb) Auswertung

Im Rahmen der Auswertung der Antworten wurde erneut nach Altersgruppen unterschieden. Zunächst zeigte sich, dass sich insgesamt nur wenige Teilnehmer ausdrücklich gegen eine Legalisierung aussprachen. In der ersten Altersgruppe beantworteten 25 % die Frage mit „Ja"; 75 % mit der Beschränkung auf den Einzelfall. In dieser Altersgruppe votierte niemand mit Nein, Enthaltungen gab es ebenfalls keine. Damit ergab sich ein Konsens für die Legalisierung der aktiven direkten Sterbehilfe. In der zweiten Altersgruppe stimmen 53% mit „Ja", 47 % mit „Ja, im Einzelfall". Auch in dieser Altersgruppe stimmte niemand gegen die Legalisierung oder enthielt sich. Damit befürwortet in dieser Altersgruppe jeder Teilnehmer die Legalisierung. In der dritten Altersgruppe enthalten sich 5 % der Teilnehmer, 56 % votieren mit „Ja", 39 % wünschen sich die Legalisierung für den Einzelfall. 1 % gibt an, dazu keine Meinung zu haben. Die vierte Altersgruppe stimmt wie folgt ab: 64 % plädieren für „Ja", 30 % stimmen für die Einzelfalllegalisierung und 6 % enthalten sich. Jeweils lässt sich eindeutig eine hohe Zustimmung für die Legalisierung unter den Teilnehmern feststellen. Prozentual enthalten sich mehr Teilnehmer, als das sie mit einem bedingungslosen „Nein" anworten. Des Weiteren sind in der ältesten Altersgruppe mehr als die Hälfte der Teilnehmer uneingeschränkt für die aktive Sterbehilfe, knapp 1/3 stimmen für die Einzelfalllegalisierung.

Am stärksten sprechen sich die Menschen mittleren bis fortgeschrittenen Alters (Altersgruppe 4) mit 74 % für die uneingeschränkte Legalisierung aus. In der ältesten Altersgruppe (Altersgruppe 5 der 70 – Jährigen und älter) plädiert mit immerhin 64 % noch ein großer Anteil der Teilnehmer für die uneingeschränkte Legalisierung.

Mit steigendem Alter der Teilnehmer nehmen diese, jedenfalls nach der hiesigen Statistik, keine ablehnendere Haltung zur Legalisierung ein als die jüngeren Teilnehmer.

5. Zusammenfassung und Gesamtbetrachtung der Studienergebnisse

Die ermittelten Ergebnisse und die daraus abgeleiteten Wertungen und Thesen erheben wie erwähnt keinen Anspruch auf Allgemeingültigkeit und Repräsentanz. Sie dienen vornehmlich dazu aktuelle Meinungstrends bei der Diskussion zur aktiven Sterbehilfe und ärztlichen Suizidassistenz im abgefragten Zeitraum in Schleswig – Holstein aufzuzeigen.

Bei der Befragung hat sich gezeigt, dass die Ablehnung der ärztlichen aktiven direkten Sterbehilfe unter den befragten Ärztinnen und Ärzten nicht so eminent ausgefallen ist wie zunächst angenommen. Ungefähr die Hälfte der Teilnehmer der ärztlichen Sterbehilfestudie spricht sich für die ärztliche aktive Sterbehilfe aus und nehmen eine positive Grundhaltung zu ihr ein.

Viele Teilnehmer (ungefähr 1/3) gehen sogar so weit, dass sie generell bereit wären, selbst aktive direkte Sterbehilfe am Patienten zu leisten. Dies hat sehr überrascht. Dass die befragte Ärzteschaft in Schleswig – Holstein nach eigenem Bekunden stark vom ärztlichen Berufsethos geprägt ist, erstaunte vor diesem Kontext ebenfalls. Dies ist als positiv zu bewerten, da die Ausführungen gezeigt haben, dass die Medizin eine traditionsreiche Wissenschaft ist und sich nicht nur in der Bewältigung medizinischer Aufgaben erschöpft, sondern auch ethischen Fragenstellungen ausgesetzt ist. Gerade die jüngeren, noch unerfahrenen Ärzte fühlen sich vom ärztlichen Ethos sehr stark beeinflusst. Dies zeugt von einem starken Idealismus in jungen Jahren, welcher jedoch, und dies hat die Befragung auch offenbart, mit zunehmendem Lebensalter abnimmt. Die Gründe dafür können nur vermutet werden. Entweder nimmt der starke Idealismus mit der Dauer der Berufsausübung ab oder der Arzt ernüchtert auf Grund der beruflichen Umstände. Zu berücksichtigen ist ferner, dass die befragte Teilnehmergruppe aus Ärzten bestand, die in der Allgemeinmedizin (partiell mit Zusatzbezeichnung Palliativmedizin) tätig sind.

Als Fazit ist festzuhalten, dass knapp die Hälfte der Teilnehmer im Einzelfall die aktive direkte Sterbehilfe als berufsethisch nicht verwerflich empfinden und ebenso viele eine Legalisierung befürworten. Die Patientenstudie zeigte sogar ein noch deutlicheres Ergebnis.

Es lässt sich mutmaßen, dass die praktizierenden Ärztinnen und Ärzte, aktive direkte Sterbehilfe als nicht zwangsläufig unvereinbar mit ihrem ärztlichen Habitus, insbesondere dem *nil nocere – bonum facere,* ansehen. Immerhin wäre sogar knapp die Hälfte der Teilnehmer bereit, im Einzelfall selbst aktive Sterbehilfe zu leisten. Gleichwohl sehen die meisten Teilnehmer kein praktisches Bedürfnis nach aktiver Sterbehilfe.

Im Hinblick auf die ärztliche Suizidassistenz hat sich gezeigt, dass über die Hälfte der Teilnehmer für eine freie Gewissensentscheidung des Arztes plädiert. Dennoch wird sie von der Mehrheit nicht als ärztliche Aufgabe anerkannt. Dies zeigt, dass sich Ärzte grundsätzlich eine freie Gewissensbetätigung wünschen, ihnen jedoch bewusst zu sein scheint, dass die Suizidassistenz nicht zu den ärztlichen Aufgaben zählt und daher eher der Sparte des seltenen Einzelfalls zuzuordnen ist.

Das Ergebnis der parallel durchgeführten Patientenstudie überraschte nicht wirklich. Insgesamt votierten die Teilnehmer der Patientenstudie deutlich zustimmender, die Ärzteschaft verhielt sich erwartungsgemäß zurückhaltender. Dies ist nicht verwunderlich, sind es doch die Ärzte, die sich stets im Spannungsfeld zwischen Patientenautonomie, ärztlicher Verantwortung und Heilauftrag befinden.

Die Patienten sind dagegen stark von dem Wunsch nach Selbstbestimmung geprägt. Schließlich betreffen diese Fragen in erster Linie auch das eigene Denken und das eigene Leben der teilnehmenden Patienten. Sie sind nicht diejenigen, die von außen versuchen hineinzublicken, sondern diejenigen, die sich drinnen befinden.

Viele Teilnehmer der Patientenstudie sehen ein Bedürfnis nach Ausübung der aktiven direkten Sterbehilfe im Einzelfall und wünschen sich folgerichtig auch die Legalisierung für streng geregelte Einzelfälle.

Vor der Untersuchung war erwartet worden, dass gerade die älteren Teilnehmer auf Grund der Ereignisse aus der Zeit des Nationalsozialismus eine eher ablehnende Haltung gegenüber der aktiven Sterbehilfe einnehmen könnten. Dies hat sich jedoch nicht bestätigt. Ob junge Sorglosigkeit im Umgang mit dem Tod oder stetig näher rückende Todesnähe, beides scheint keinen Einfluss auf die Zustimmung zur Legalisierung der aktiven direkten Sterbehilfe zu nehmen.

Zudem zeigen sich zwischen den Altersgruppen insgesamt keine signifikanten Unterschiede. Die Vermutung, dass sich eher die jüngeren Teilnehmer für eine Legalisierung aussprechen als die älteren Teilnehmer, hat sich damit ebenfalls nicht bestätigt.

Die Antworten zum Themenkomplex des ärztlich assistierten Suizides zeigen keine signifikanten Unterschiede in der Bewertung im Vergleich zu den Antworten zur aktiven direkten Sterbehilfe. Zumeist waren die Ergebnisse weitgehend ähnlich. Überwiegend gehört aus Sicht der Patienten die Suizidbeihilfe zu den ärztlichen Aufgaben und sollte legalisiert werden. Der Arzt sollte daher aus Patientensicht eine freie Gewissensentscheidung über die Möglichkeit der Leistung ärztlicher Suizidbeihilfe treffen dürfen, statt von Vorgaben der ärztlichen Berufsordnung in seinem Handeln reglementiert zu sein.

Die mehrheitliche Zahl der Teilnehmer der Patientenstudie differenziert nicht zwischen der Leidens-und Krankheitssituation des Patienten im Hinblick auf die aktive direkte Sterbehilfe oder die ärztliche Suizidassistenz. Aus Patientensicht erfährt sowohl die aktive direkte Sterbehilfe als auch die Suizidbeihilfe eine breite Zustimmung wie die eindeutigen Ergebnisse der Befragungen hinsichtlich beider differenter Patientensituationen zeigen. Dies erscheint unter der Prämisse des Selbstbestimmungsrechts absolut konsequent.

Logischerweise empfindet auch die überwiegende Mehrheit der Teilnehmer der Patientenstudie die strafrechtliche Einteilung in die Handlungsmodalitäten aktiv und passiv sowie deren unterschiedliche Rechtsfolgen als nicht gerecht und kassationsbedürftig. Die Ärzte votierten bei dieser Frage dagegen zurückhaltender. Dort spricht sich die Mehrheit gegen die Aufhebung aus, diese Einteilung wird nicht als sehr ungerecht empfunden.

Die Frage nach der Legalisierung der aktiven direkten Sterbehilfe in Deutschland fand ein eindeutiges Ergebnis. Die Mehrzahl der Teilnehmer der Patientenstudie stimmte für die Legalisierung, wenn auch vornehmlich für den Einzelfall. Altersbedingte markante Unterschiede waren nicht festzustellen.

Im Gegensatz dazu votierten die Ärzte zurückhaltender, dennoch war das Resultat homogen verteilt und aussagekräftig. Eine deutliche Ablehnung gegen die Legalisierung hat sich gleichfalls nicht ergeben. Die Mehrheit der Ärzte kann sich, insbesondere für den Einzelfall, durchaus eine partielle Legalisierung vorstellen.

Zwar erheben die vorigen Darstellungen nicht den Anspruch auf repräsentative Relevanz, gleichwohl lässt sich ihnen ein gewisses Meinungsbild entnehmen und eine Tendenz ablesen. Die Ergebnisse der Studie tragen zumindest im Hinblick auf die Suizidassistenz das präferierte Endergebnis der Arbeit, da deutlich wurde, dass ärztliche Suizidbeihilfe Ausdruck des Selbstbestimmungsrechtes des Patienten ist, eine solche Hilfe im Einzelfall durchaus moralisch gerechtfertigt sein kann und auch Sicht der befragten Ärzte nicht zwingend im Widerspruch zum Berufsethos steht. Damit zählt sie zwar nicht zu den ärztlichen Aufgaben, aber ihre Legitimierung würde dem Arzt die Möglichkeit eröffnen, eigenverantwortlich eine freie Gewissensentscheidung über die Leistung von Suizidassistenz treffen zu können.

5. Kapitel: Darstellung der Rechtslage in den Niederlanden

A. Einleitung

Die strafrechtliche Beurteilung der aktiven Sterbehilfe ist in Deutschland seit Einführung des StGB im Jahre 1871 unverändert. Aus der Unantastbarkeit des absoluten Lebensschutzes folgt das strafgesetzliche Verbot der aktiven direkten Sterbehilfe. Dass sich hieran nicht ändern soll, wurde jüngst vom Parlament im Rahmen der Sterbehilfedebatten des Bundestages in den Jahren 2014 und 2015 bestätigt.

Dennoch werden sporadisch Forderungen nach einer reformierten positivrechtlichen Regelung sowohl der aktiven direkten Sterbehilfe als auch der ärztlichen Suizidassistenz erhoben.

Laut einer von *Zeit online* im Jahr 2014 veröffentlichten Umfrage sprechen sich 65% der Deutschen dafür aus, dass die aktive direkte Sterbehilfe und die ärztliche Suizidassistenz erlaubt werden sollen.[1476]

Drei europäische Länder (Niederlande, Belgien und Luxemburg) haben eine solche Regelung tatsächlich vor einiger Zeit umgesetzt.

Zwischen den drei Ländern besteht keine gleichlautende legislative Regelung der ärztlichen Sterbehilfe und der ärztlichen Suizidbeihilfe, die nachfolgenden Erläuterungen widmen sich aber zur Begrenzung des Umfangs einzig der niederländischen Regelung.

Die Niederlande gelten in der Weltgemeinschaft als liberal und offen im Umgang mit der aktiven direkten Sterbehilfe und werden nicht nur in der juristischen Literatur häufig als Paradebeispiel für eine positivrechtliche Regelung dieser Problematik benannt.[1477]

Interssant sind die Niederlande deswegen, weil dort die ärztliche aktive Sterbehilfe und die ärztliche Suizidassistenz seit mindestens vier Jahrzehnten praktiziert und von der niederländischen Regierung geduldet werden.[1478] Die

---

1476 Umfrage der Zeit online zum Thema Sterbehilfe im Jahr 2014; Umfrageergebnisse und weitere Hinweise abrufbar unter: http://www.zeit.de/politik/deutschland/2014-01/Sterbe hilfe-YouGov-Umfrage; letzter Abruf am 21.06.2016.

1477 Grundmann, Das niederländische Gesetz über die Prüfung von Lebensbeendigung auf Verlangen Beihilfe zur Selbsttötung, S. 15.

1478 Zusammenfassend: FAQ Sterbehilfe des niederländischen Ministeriums für auswärtige Angelegenheiten, abrufbar unter: http://www.minbuza.nl/binaries/content/assets/min buza/de/import/de/die_niederlande/die_niederlande_auf_einen_blick/gesellschaftspoliti sche_themen/qa-euthanasie-duits-2011.pdf; letzter Abruf am 30.05.2016; Jacob, Aktive

prozeduralen Voraussetzungen wurden jedoch erst vor fünfzehn Jahren kodifiziert.[1479]

I. Die gesetzliche Regelung in den Niederlanden

Seit dem 12. April 2002 ist positivrechtlich im Sterbehilfegesetz festgeschrieben, unter welchen Voraussetzungen die aktive Sterbehilfe und die Suizidassistenz für Ärzte straffrei bleiben.[1480] In das niederländische Strafgesetzbuch wurde ein Strafausschließungsgrund speziell für Ärzte eingefügt.

Keineswegs sollte damit dem Selbstbestimmungsrecht des Patienten mit der gesetzlichen Regelung zu mehr Nachdruck verholfen werden.[1481] *Reuter*[1482] geht sogar davon aus, dass durch die gesetzliche Festschreibung der Sterbehilfe die Autonomie der niederländischen Ärzteschaft geschützt werden sollte. Die niederländische Literatur ist sich zudem nicht darüber einig, ob das Sterbehilfegesetz eine bloße Kodifikation des *status quo* oder ein „Mehr" an Rechtssicherheit für die sterbehilfeausübenden Ärzte beinhaltet.[1483] Dessen ungeachtet, haben die Niederlande einen Weg beschritten, der nicht nur innereuropäisch, als „bahnbrechend" angesehen werden kann.

Die lange Entstehungsgeschichte des Gesetzes, die jahrzehntelang geduldete Ausübung der Sterbehilfe in der Praxis sowie umfangreich publizierte statistische Daten erlauben einen ausgezeichneten Einblick in die Sterbehilfethematik.[1484]

Sterbehilfe im Rechtsvergleich und unter der Europäischen Menschenrechtskonvention, S. 106f.

1479 Eine sehr ausführliche Darstellung der Entstehungsgeschichte des Sterbehilfegesetzes und eine deutsche Übersetzung finden sich u.a. bei: Reuter, Die gesetzliche Regelung der aktiven ärztlichen Sterbehilfe des Königreichs der Niederlande – ein Modell für die BRD?.

1480 Dazu mehr ab Seite 326.

1481 Reuter, S. 40.

1482 Reuter, S. 40.

1483 Jacob, S. 105, m.w.N..

1484 Grundmann, S. 15f., 34f.

1. Kurzer entstehungsgeschichtlicher Abriss

Die Niederlande blicken auf eine lange Phase der Entwicklung des Sterbehilfegesetzes zurück.

Die öffentlichen Sterbehilfedebatten sollen in den siebziger Jahren begonnen haben.[1485] Zu diesem Zeitpunkt fand in der niederländischen Gesellschaft ein Umdenken statt. Selbstbestimmung und autonome Handlungsoptionen rückten stärker in den Fokus.[1486] Anlass zum Umdenken gaben laut *Grundmann*[1487] die aufkommenden Möglichkeiten und Errungenschaften der modernen Medizin, die es fortan ermöglichten, präfinalen Patienten eine Lebensverlängerung zu bieten, die jedoch nicht stets positiv bewertet werde. Ähnliche Tendenden zu einem Wandel in der Denkweise der Menschen zeigen sich verstärkt auch in den letzten zehn Jahren in der deutschen Gesellschaft. Förderlich für die Sterbehilfebewegung wirkte zu diesem Zeitpunkt auch die Veröffentlichung des Buches des Psychiaters und Neurologen *van den Berg.*[1488] Dieser konfrontierte die niederländische Bevölkerung mit Fragen zur Sinnhaftigkeit der Lebensverlängerung dank technischer Möglichkeiten.[1489] Laut *Kinsma/van Leeuwen*[1490] befand sich die niederländische Bevölkerung damit in der ersten Phase der Entwicklung der Euthanasie, der „Konfrontation". Juristisch begleitet wurde diese durch das bekannt gewordene Urteil über die Ärztin Dr. Geertruida Postma.[1491] Ob dieses Urteil den entscheidenden Wendepunkt in der Rechtsprechung markiert oder ob dieser erst später eintrat, ist umstritten, vorliegend jedoch nicht weiter von Bedeutung.[1492] Das Besondere an diesem Urteil war aber, dass das Gericht in einer Art *obiter dictum* erstmalig feststellte, unter welchen (straf-) rechtlichen Voraussetzungen sich ein Arzt erfolgreich auf den rechtfertigenden Notstand in Form der Pflichtenkollision zur Erlangung von

---

1485 Grundmann, S. 34ff. sieht den Beginn bereits in den sechziger Jahren.

1486 Grundmann, S. 34.

1487 Grundmann, S. 34.

1488 Van den Berg, Medische Macht en medische ethiek, S. 19 und 47f..

1489 So die Schilderung bei Grundmann, S. 34ff..

1490 Kimsma /Van Leeuwen, S. 276; die die Euthanasiedebatte in den Niederlanden in 3 Phasen einteilen. Die erste Phase ist die Konfrontation der Gesellschaft mit der Frage, ob medizinisch assistiertes Töten erlaubt werden solle, in der zweiten Phase der Schaffung rechtlicher und medizinischer Akzeptanz für autonome Entscheidungen am Lebensende und schließlich die dritte Phase der Integration, welche mit Kodifikation des Gesetzes endete.

1491 Jacob, S. 89.; Gavela, S. 114; Reuter, S. 16ff.; Rechtbank Leeuwarden - Urteil vom 21.2.1973, NJ 1973, 183.

1492 Näheres ist nachzulesen bei: *Grundmann*, S. 37f; *Jacob*, S. 89ff..

Straffreiheit berufen konnte.[1493] Diese erstmalig von einem Gericht aufgestellten Kriterien wurden im weiteren Verlaufe fortwährend von der Rechtsprechung fortgeschrieben und konkretisiert. Heutzutage finden sie sich im Wesentlichen in der gesetzlichen Regelung zur aktiven Sterbehilfe und der Beihilfe zur Selbsttötung, dem Sterbehilfegesetz, wieder.[1494]

Das erkennende Gericht[1495] sah die Konfliktsituation, in welcher sich die Ärzte vor der Ausübung aktiver direkter Sterbehilfe befanden. Die ärztliche Pflicht fordere einerseits die unbedingte Lebenserhaltung, andererseits gebiete sie auch eine maximale Leidminderung zugunsten des Moribunden.[1496] Wenn sich auch die damals angeklagte Ärztin Postma nicht mit Erfolg auf den Notstand berufen konnte, so wurde sie dennoch zu einer vergleichsweise milden Strafe verurteilt.[1497]

Im jahrzehntewährenden, entstehungsgeschichtlichen Vorlauf zum Sterbehilfegesetz wurden weitere für die Sterbehilfepraxis relevante Urteile ausgesprochen, in welchen die Gerichte die heutigen Sorgfaltsanforderungen zur Ausübung der aktiven direkten Sterbehilfe weiterentwickelten.[1498] Diese Kritieren ermöglichten es den aktive Sterbehilfe leistenden Ärzten sich auf die Notstandsregelungen des niederländischen Strafgesetzbuches zur Erlangung von Straffreiheit zu berufen.[1499]

Parallel dazu wurde das Thema auch in der Gesellschaft, der Ärzteschaft und der Politik debattiert und dazu Stellung bezogen, sogar die niederländischen Kirchen waren in der Sterbehilfediskussion vertreten.[1500]

Beachtlich ist, dass auch die niederländische Ärzteschaft, insbesondere deren Standesorganisation, die KNMG, an der Legalisierungsdebatte teilnahm und ihren Beitrag zur Freigabe der aktiven direkten Sterbehilfe leistete. Dies geschah zwar zunächst sehr zurückhaltend und uneinheitlich, dennoch bildeten sich innerhalb der niederländischen Ärzteschaft Vereinigungen mit konträren

1493 Siehe Grundmann, S. 37f., Jacob, S. 89 f., Oduncu /Eisenmenger, MedR 2002, S. 237; dazu eher kritisch: Reuter, S. 19

1494 Artikel 2 „Sorgfaltskriterien" des Sterbehilfegesetzes.

1495 Wie auch 1972 bereits der Gesundheitsrat, in seinem Gutachten zur Euthanasie, Gezond heidsraad, Advies 1972. Der Gesundheitsrat ist ein die Regierung in Gesundheitsfragen beratendes Gremium.

1496 Näheres bei: Jacob, S. 90; Grundmann, S. 26, 37f..

1497 Näher bei Grundmann, S. 37.

1498 Siehe dazu Grundmann, S. 44ff., Reuter, S. 32ff.; Die Wegweisenden: Das Rotterdamer Urteil vom 01.12.1981; Schoonheim: das „erste Sterbehilfeurteil des Hoge Raad vom 27.11.1984"; das „zweite Sterbehilfeurteil vom Hoge Raad vom 21.10.1986"; Chabot: das dritte Sterbehilfeurteil des Hoge Raad vom 21.6.1994

1499 Jacob, S. 106ff..

1500 Grundmann, S. 35ff, m.w.N..

Auffassungen.[1501] Diese traten offen für ihre Ansichten ein und leisteten damit einen wesentlichen Beitrag auf dem Weg zur Freigabe und Akzeptanz ärztlicher aktiver Sterbehilfe.[1502]

In den Folgejahren erschienen zunehmend Veröffentlichungen zur Euthanasieproblematik. Eine von der KNMG beauftragte Arbeitsgruppe erarbeitete einen Arbeitsbericht zur Euthanasie[1503], der Gesundheitsrat überarbeitete 1975 und 1982 sein Gutachten zur Sterbehilfeproblematik[1504], die KNMG entwickelte 1984 ihren „vorläufigen" Standpunkt von 1973 zu einem „endgültigen" Standpunkt fort und präzisierte die 1973 im Gutachten eingeführte Terminologie zur Euthanasie in den Niederlanden. Die Euthanasie umfasste nunmehr ein „Handeln, welches darauf gerichtet ist, das Leben eines anderen auf dessen ausdrückliches Verlangen hin zu beenden."[1505] Die aktive Sterbehilfe wurde damit zum Kern der eigentlichen Euthanasiedefinition, wie dies bis heute noch der Fall ist. Ergänzend gab die ärztliche Standesorganisation KNMG ärztliche Verhaltensweisen vor, die *per definitionem* nicht zur Euthanasie zählen. Dies waren Maßnahmen vergleichbar der passiven und indirekten Sterbehilfe in Deutschland, also „der Abbruch und die Nichtaufnahme einer aus ärztlicher

1501 Grundmann, S. 39.

1502 Besonders die NVVE, Homepage: https://www.nvve.nl/uber-nvve, Grundmann, S. 38f., Jacob, S. 91.

1503 KNMG – Werkgroep Euthanasie MC 1975, deutsche Übersetzung bei Grundmann, S. 42ff., deren wesentlicher Inhalt war: wurde zunächst die Euthanasie definiert, die die Ar beitsgruppe so verstand: „das vorsätzliche Unterlassen, das Leben eines Patienten zu ver längern, das vorsätzliche Verkürzen oder Beenden des Lebens eines Patienten, dies alles ausschließlich im Interesse des Patienten" (zitiert nach Grundmann, S. 42.). Weiter un terschied damals die Arbeitsgruppe zwischen aktiver und passiver Sterbehilfe und zwi schen im und außerhalb des Sterbeprozesses befindenden Patienten. Aktive Sterbehilfe wurde innerhalb der Sterbephase für zulässig gehalten, sofern der Patient diese verlangt und der Arzt keine andere Möglichkeit zur Linderung des Leidens sieht. Eine gesetzliche Regelung wurde als nicht notwendig erachtet, da das WvSr ausreichende Regelungen beinhalte (zitiert nach Grundmann, S. 42f..).

1504 Gezondheidsraad, Advies 1975; Gezondheidsraad, Advies 1982 . In seinem Gutachten aus dem Jahr 1975 beschäftigte sich der Gesundheitsrat ausschließlich mit der Sterbehilfe bei Neugeborenen. „Das Gutachten aus dem Jahr 1982 befasste sich im Wesentlichen mit Fragestellungen rund um die praktischen Probleme der Sterbehilfeausübung und der Bei hilfe zur Selbsttötung. Die Euthanasiedefinition wurde gefügig abgewandelt und wurde nunmehr definiert als: Handlungen, die darauf gerichtet sind, vorsätzlich das Leben eines anderen auf dessen Verlangen oder in dessen Interesse zu beenden oder zu verkürzen, sei es aktiv oder passiv. Beihilfe zur Selbsttötung wird ausdrücklich miteinbezogen." Zitiert nach Grundmann, S. 45f..

1505 Grundmann, S. 47.

und medizinischer Sicht sinnlosen Behandlung, die Nichtaufnahme einer ärztlichen Behandlung auf Verlangen des Patienten und die Schmerzbekämpfung mit eventuell einhergehender Lebensverkürzung."[1506]

1984 fällte das höchste Gericht der Niederlande, der Hoge Raad, ein Urteil zur Sterbehilfe, über dessen Auswirkungen in den Niederlanden bis heute keine Einigkeit besteht.[1507] Unabhängig davon, ob dies den Präzedenzfall zur aktiven Sterbehilfe markierte, wurde im Ergebnis der Hausarzt *Schoonheim* von dem Vorwurf der Tötung auf Verlangen seiner 95 – jährigen Patientin wegen rechtfertigenden Notstands freigesprochen.[1508]

Auf parlamentarischer Seite waren erste zarte Gesetzesbestrebungen 1984 durch einen Gesetzentwurf der Abgeordneten Wessel – Tunistra zur Regelung der aktiven Sterbehilfe und der Beihilfe zur Selbsttötung zu verzeichnen. Dessen Anlass war insbesondere die vorherrschende Rechtsunsicherheit in der Bevölkerung und in der Ärzteschaft.[1509] 1985 wurde der Bericht der Staatskommission Euthanasie[1510] veröffentlicht, welcher zur Aufgabe hatte, „die Regierung im Hinblick auf deren zukünftige Haltung zur Sterbehilfe zu beraten unter besonderer Berücksichtigung von Gesetzgebung und Gesetzesanwendung."[1511] Zusammenfassendes Ergebnis dieser Beratungen war, dass die Staatskommission ein „Tätigwerden des Gesetzgebers als dringend notwendig erachtete."[1512] Dabei schlug die Kommission strafgesetzliche Änderungsvorschläge vor und führte den Begriff der „aussichtslosen Notsituation" in die Diskussion ein.

Der 1984 vorgestellte Gesetzentwurf von Wessel-Tuinstra wurde 1986 überarbeitet und in wesentlichen Punkten ergänzt; parallel dazu wurde ein Probeentwurf der Regierung für ein Gesetz zur Sterbehilfe in das Parlament eingebracht. Durchsetzen konnten sich diese Entwürfe zu jener Zeit allerdings nicht.[1513] 1986 urteilte auch der Hoge Raad[1514] ein weiteres Mal über einen Fall der ärztlichen aktiven Sterbehilfe. Der Hoge Raad und die Vorinstanzen konkretisierten die Voraussetzungen, unter welchen sich ein Arzt mit Erfolg auf den rechtfertigenden Notstand nach Leistung von aktiver Sterbehilfe berufen

1506 Zitiert nach Grundmann, S. 48.

1507 Hoge Raad, NJ 1985 Nr. 106; nachlesbar u.a. bei Scholten in Eser/Koch, Materialien zur Sterbehilfe, S. 476; Grundmann, S. 51ff., Reuter, S. 28ff., Jacob, S. 97.

1508 Sehr ausführliche Urteilsbesprechung bei Reuter, S. 32ff.

1509 Kamerstukken TK 1983-1984, 18 331, Nr. 3; dazu auch Reuter, S. 74ff., Jacob, S. 97f..

1510 Staatscommissie Euthanasie, Rapport 1985; siehe auch Grundmann, S. 52ff., Jacob, S. 98ff.

1511 Grundmann, S. 52.

1512 Grundmann, S. 52ff.

1513 Näheres dazu bei Reuter, S. 81ff.

1514 Urteil des Hoge Raad vom 21.10.1986, NJ 1987, Nr. 607; Grundmann, S. 59ff.

könne. Des Weiteren ergänzte der Hoge Raad seine Ausführungen um weitere Aspekte medizinischer und psychologischer Art.[1515]

Letztlich scheiterten sämtliche Ansätze zu Gesetzentwürfen bis die amtierende Regierung sich zu guter Letzt im Jahr 1986 noch auflöste.[1516] Nach den Neuwahlen wurde die Abstimmung vertagt, da „nicht ausreichend Informationen über die Art und Weise sowie den Umfang der Sterbehilfepraxis in den Niederlanden vorlagen."[1517] Im weiteren Verlauf wurden mehrere empirische Studien im Auftrag der Regierung durchgeführt.[1518] Die empirischen Untersuchungen zur Häufigkeit von Sterbehilfe und Beihilfe zur Selbsttötung zeigten laut *Grundmann*[1519], dass die niederländische Ärzteschaft grundsätzlich verantwortungsvoll mit Sterbehilfe umgehe, dass jedoch einiges an Nachbesserungsbedarf am zu diesem Zeitpunkt noch ohne formelle Grundlage durchgeführten Meldeverfahren zur Erhöhung der Meldequote von Sterbehilfefällen bestehe.[1520] Daher sah sich die Regierung gut zehn Jahre vor Inkrafttreten des Sterbehilfegesetzes veranlasst, dem bislang informellen Meldeverfahren für die Fälle von aktiver Sterbehilfe durch Änderung des Bestattungsgesetzes eine gesetzliche Grundlage zu verschaffen.[1521] Ergänzt wurde dieses Gesetz um eine Rechtsverordnung, welche die konkreten Voraussetzungen des Meldeverfahrens erläuterte. Beides trat zum 1.6.1994 in Kraft. Laut *Grundmann*[1522] erfolgten damit eine „rein verfahrensrechtliche Festschreibung der Meldevoraussetzungen, die u.a. zwingend zur Erlangung von Straffreiheit eingehalten werden müssen und daher nicht im Sinne einer materiell-rechtlichen Legalisierung der aktiven Sterbehilfe zu sehen" seien. Insgesamt war die Erhöhung der Meldebereitschaft zur besseren Kontrolle der Sterbehilfefälle einerseits und zur Schaffung von Rechtssicherheit für Ärzte andererseits einer der entscheidenden Beweggründe für die Kodifikation des heutigen Sterbehilfegesetzes und gerade nicht die Festschreibung der Autonomie.[1523]

Die Normen zur Regelung des Meldeverfahrens wurden in das Bestattungsgesetz eingefügt, weil in den Niederlanden der sterbehilfeausübende Arzt

1515 Reuter, S. 33, 50, 111.

1516 Grundmann, S. 62; Reuter, S. 88.

1517 Grundmann, S. 62.

1518 Näheres findet sich hierzu zum Beispiel bei Grundmann, S. 76 ff..

1519 Grundmann, S. 76ff..

1520 Abdruck der Tabelle zur landesweiten empirischen Studie zur Sterbehilfe 1995 /1996 bei Grundmann, S. 77. Grundmann zufolge lag die Meldequote 1990 bei nur 18 %, 1995 sol len es immerhin 41 % gewesen sein. Sie geht jedoch davon aus, dass dies keine ausrei chende Quote zur Kontrolle von Sterbehilfefällen sei (Grundmann, S. 77).

1521 Ausführungen dazu bei Jacob, S. 100ff., Grundmann, S. 63f.,70ff..

1522 So Grundmann, S. 72.

1523 Grundmann, S. 77ff., 83.

die Praktizierung aktiver Sterbehilfe in Form der nicht-natürlichen Todesursache dem gemeindlichen Leichenbeschauer mitzuteilen hat. Den ordnungsgemäßen Ablauf dieses Verfahrens stellt *Grundmann*[1524] wie folgt dar: „Der die Sterbehilfe ausübende Arzt muss in einem Fragenkatalog[1525] einen ausführlichen Bericht über den Fall abfassen und diesen dem gemeindlichen Leichenbeschauer zur Verfügung stellen." „Der Leichenbeschauer führt sodann die Leichenschau durch und informiert die Staatsanwaltschaft, um zum einen eine Bestattungsgenehmigung zu erhalten und zum anderen den Verstoß gegen Art. 293 und 294 WvSr zu melden." Die Staatsanwaltschaft überprüft sodann die Einhaltung der Sorgfaltskriterien, welche von der Rechtsprechung entwickelt worden sind, und entscheidet anschließend, ob Anklage gegen den Arzt zu erheben ist oder das Verfahren eingestellt wird.

Grundmann[1526] zufolge soll sich gerade in dem Meldeverfahren die niederländische Duldungspolitik („gedogen") manifestieren. Diese wiederum sei, so *Grundmann*, „Ausprägung des die niederländische Rechtskultur bestimmenden informellen Pragmatismus, welcher sich darin äußere, dass Vorschriften nicht um ihrer selbst willen durchgesetzt werden, sondern ihre Durchsetzung einem höheren Ziel diene."[1527] Dieses höhere Ziel sei die Verhinderung von Auswüchsen bei Sterbehilfefällen in Krankenhäusern und die Sicherung der Kontrollierbarkeit ärztlichen Handelns.[1528]

Abschließend ist noch auf das dritte wichtige Urteil des Hoge Raad zur Sterbehilfe vom 21.6.1994[1529] hinzuweisen. Dieses Mal war es ein „Psychiater [Herr Chabot], [der] Beihilfe zur Selbsttötung seiner 50-jährigen Patientin leistete. Seine Patientin litt nicht an körperlichen Erkrankungen, sondern an einer depressiven Stimmung mit psychotischen Anzeichen in Zusammenhang mit einem komplexen Trauerprozess."[1530] Der Psychiater soll eine Therapie der Patientin zwar für möglich gehalten haben, aber diese habe die Patientin vehement abgelehnt.[1531] Von den Instanzgerichten wurde der Psychiater wegen Notstands freigesprochen, der Hoge Raad hingegen sprach Chabot der Beihilfe zur Selbsttötung schuldig. Eine Strafe oder Maßregel erhielt er jedoch nicht.[1532]

1524 Grundmann, 71f..
1525 Abgedruckt in Deutsch bei Grundmann, S.225ff..
1526 Grundmann, S. 73.
1527 Grundmann, S. 73.
1528 Grundmann, S. 73.
1529 Hoge Raad, NJ 1994, Nr. 656; ausführliche Besprechung auch bei Reuter, S. 163ff..
1530 Grundmann, S. 74.
1531 Grundmann, S. 74.
1532 Grundmann, S. 74.

Der Hoge Raad betonte, dass „die Ursache des Leidens nichts am Ausmaß ändere, in dem dieses Leiden (vom Patienten) erfahren werde, und dass das Fehlen von körperlichem Leiden und das Nichtvorliegen der Sterbephase die erfolgreiche Berufung auf Notstand im Sinne einer Pflichtenkollision nicht ausschließen würde.“[1533] „Es müsse jedoch in derartigen Situationen die Bitte um den Tod mit besonderer Sorgfalt und Vorsicht auf deren Freiwilligkeit und Ernsthaftigkeit überprüft werden.“ [1534] Nach diesem Urteil stand fest, dass ein körperliches Leiden keine zwingende Voraussetzung für die Leistung von aktiver Sterbehilfe ist.

In den neunziger Jahren bis zum endgültigen Inkrafttreten des Sterbehilfegesetzes war noch viel Bewegung in der niederländischen Sterbehilfedebatte zu verzeichnen, auf die vorliegend mangels Relevanz für diese Arbeit nicht weiter eingegangen werden soll.

Die Debatten abschließend, ist das niederländische „Gesetz über die Prüfung von Lebensbeendigung auf Verlangen und Beihilfe zur Selbsttötung“[1535] am 28.11.2000 vom niederländischen Abgeordnetenhaus angenommen worden und am 01.04.2002 in Kraft getreten.

Zuvor wurde 2001 das niederländische Strafgesetzbuch dahingehend abgeändert, dass der rechtfertigende Notstand in den Art. 293 WvSr als neuer Abs. 2 eingefügt wurde.

Insgesamt lässt sich feststellen, dass die niederländische Ärzteschaft auf die Entwicklung der gegenwärtigen Euthanasiepraxis einen nicht unerheblichen Einfluss genommen hat, was in Deutschland wohl auch zukünftig völlig undenkbar ist.

2. Aktuelle Gesetzeslage

In gebotener Kürze soll die gegenwärtige gesetzliche Regelung der ärztlichen aktiven Sterbehilfe vorgestellt werden, da diese in den Niederlanden hauptsächlich praktiziert wird. Die ärztliche Suizidassistenz findet in der Literatur kaum Erwähnung, da sie praktisch seltener vorkommt. Zuvor sei erwähnt, dass in den Niederlanden nicht der Begriff der Sterbehilfe verwendet wird, sondern der Terminus der Euthanasie.[1536] Dort gilt letzterer als unbelastet. Er bezieht

1533 Zitiert nach Grundmann, S. 74.

1534 Grundmann, S. 74.

1535 Übersetzt von der Verfasserin; die niederländische amtliche Bezeichnung des Gesetzes lautet: „Wet toetsing levensbeëindiging op verzoek en hulp bij zelfdoding“

1536 Grundmann, S. 17.

sich vornehmlich auf die Handlungen der aktiven Sterbehilfe. [1537] Tatbestandlich wird diese wie auch in Deutschland als Tötung auf Verlangen bezeichnet und ist in Art. 293 Abs.1 WvSr (Wetboek van Strafrecht) geregelt. Damit ist klargestellt, dass auch in den Niederlanden die aktive direkte Sterbehilfe grundsätzlich eine strafbare Handlung ist. Anders als in Deutschland ist jedoch die Regelung der Suizidassistenz. Diese wird strafgesetzlich der Tötung auf Verlangen gleichgestellt (siehe Art. 293 WvSR) und ist somit ebenfalls strafbar.[1538] Zusätzlich regeln die Niederlande den Abbruch oder die Nichtaufnahme einer medizinisch sinnlosen Behandlung, die der Medizinethiker *van den Berg* folgendermaßen hergeleitet hat: „Die Vornahme einer nach medizinischer Erkenntnis sinnlosen Behandlung würde gegen Art. 7:453 BW [Bürgerliches Gesetzbuch] verstoßen, der den Arzt verpflichtet, die Sorgfalt eines gewissenhaften Arztes walten zu lassen.“[1539] Laut *Grundmann*[1540] ist eine „medizinische Behandlung sinnlos, wenn voraussehbar ist, dass sie keinerlei positive Wirkung mehr entfalten wird.“ Dies sei aus objektiver Sicht zu bestimmen, Einigkeit über die anzusetzenden Kriterien bestehe aber nicht.[1541] Die palliativmedizinische Betreuung und Behandlung von präfinalen Patienten gilt auch in den Niederlanden als verbesserungsbedürftig.[1542]

Kritiker der Euthanasiepolitik der Niederlande bemängeln die im Vergleich zu anderen europäischen Ländern verzögerte Entwicklung der Palliativmedizin und der Hospizidee, insbesondere mit dem nicht von der Hand zu weisenden Argument, dass der mangelhafte Stand der palliativen Entwicklung und Hospizbewegung für die ausgeprägte Euthanasiepolitik verantwortlich sei.[1543]

1537 Jacob, S. 99.

1538 Jacob, S. 86. siehe auch die Übersetzungen der beiden relevanten Normen des Strafge setzbuches.

1539 Referiert von Grundmann, S. 22.

1540 KNMG Standpunt Hoofdbestuur 1995, S. 9; Grundmann, S. 22.

1541 Siehe dazu: Grundmann, S. 22.

1542 Jordan, Hospizbewegung in Deutschland und den Niederlanden, S. 16.

1543 Jordan, S. 50ff, 57 m.w.N..

a) Das niederländische Sterbehilfegesetz

Die Niederlande gingen am 01.04.2002 in Europa einen bislang einzigartigen Weg, als in ihrem Land erstmals ein Gesetz zur Sterbehilfe in Kraft trat.[1544]

Dass im niederländischen Sprachgebrauch als „Sterbehilfegesetz" bezeichnete Gesetz vom 12. April 2001 nennt sich amtlich: „Wet toetsing levensbeëindiging op verzoek en hulp bij zelfdoding", was auf Deutsch übersetzt heißt: „Gesetz über die Kontrolle der Lebensbeendigung auf Verlangen und der Hilfe bei der Selbsttötung."[1545] Ziel des Gesetzes war die Erhöhung der Meldebereitschaft der Ärzte nach Ausübung von Euthanasie.[1546]

Die gesetzliche Regelung der Sterbehilfe in den Niederlanden ist nicht, wie zunächst viele Menschen annehmen mögen, liberal und tolerant oder gar konträr zu der deutschen strafgesetzlichen Regelung.

Die strafrechtlichen Regelungen in Deutschland und den Niederlanden weisen auch viele Parallelen auf. Wie in Deutschland gibt es auch in den Niederlanden „kein Recht auf den Tod."[1547] Laut *Grundmann*[1548] bestehe für Patienten lediglich die Rechtssicherheit, dass ihr „Wunsch [nach Sterbehilfe] als solcher moralisch nicht als verwerflich angesehen wird." Wobei sie zu Recht kritisch anmerkt, dass in diesem Fall „Moral und strafgesetzliche Erlaubnis zur Tötung gleichgesetzt"[1549] werden.

Die strafgesetzlichen Änderungen des niederländischen Gesetzgebers beschränken sich auf die Einfügung eines speziellen Strafausschließungsgrundes in Art. 293 Abs. 2 WvSr für Ärzte. Systematisch handelt es sich hierbei um einen Rechtfertigungsgrund wegen Pflichtenkollision.[1550]

1544 Niederländische Fassung des Gesetzes über die Kontrolle der Lebensbeendigung auf Ver langen und der Hilfe bei der Selbsttötung, abrufbar unter (aktuelle Fassung vom 15.2.2014): http://wetten.overheid.nl/BWBR0012410/2014-02-15 ; deutsche Überset zung des kompletten Gesetzestextes findet sich bei Grundmann, S. 217 ff..

1545 Grundmann, S. 217ff..

1546 Kammerstukken TK 2000-2001, 26 691, Nr. 22, S. 58; Kammerstukken TK 2000-2001, 26 691, Nr. 22, S. 58; zitiert nach Grundmann, S. 83.

1547 Grundmann, S. 83.

1548 Grundmann, S. 84

1549 Grundmann, S. 84.

1550 Grundmann, S. 85f.

b) Die Tötung auf Verlangen

aa) Art: 293 Abs. 1 WvSr , Tötung auf Verlangen:

„Wer vorsätzlich das Leben eines anderen auf dessen ausdrückliches und ernsthaftes Verlangen hin beendet, wird mit Freiheitsstrafe bis zu zwölf Jahren oder mit Geldstrafe der fünften Kategorie bestraft.“ [1551]

bb) Art: 293 Abs.2 WvSr:

„Eine Tat nach Abs. 1 ist nicht strafbar, wenn sie von einem Arzt begangen wird, der dabei den Sorgfaltsanforderungen gem. Art. 2 des Gesetzes über die Prüfung von Lebensbeendigung auf Verlangen und Beihilfe zur Selbsttötung genügt und dies dem gemeindlichen Leichenbeschauer in Übereinstimmung mit Artikel 7 Abs. 2 des Bestattungsgesetzes mitteilt.“

c) Die Beihilfe zum Suizid

aa) Art. 294 Abs. 1 WvSr, Beihilfe zum Suizid:

„Wer einen anderen vorsätzlich zur Selbsttötung antreibt, wird, wenn die Selbsttötung folgt, mit Freiheitsstrafe bis zu drei Jahren oder mit Geldstrafe der vierten Kategorie bestraft.“

1551 Die Übersetzung der Normen findet sich bei Grundmann, S. 222.

bb) Art. 294 Abs. 2 WvSr:

„Wer einem anderen vorsätzlich bei der Selbsttötung behilflich ist oder ihm die dazu erforderlichen Mittel verschafft, wird, wenn die Selbsttötung folgt, mit Freiheitsstrafe bis zu drei Jahren oder mit Geldstrafe der vierten Kategorie bestraft. Art. 293 Abs. 2 gilt entsprechend.“

d) Das niederländische Sterbehilfegesetz im Einzelnen

aa) Gliederung

Das Sterbehilfegesetz[1552] ist wie folgt gegliedert:

(1) Einleitung

Das Sterbehilfegesetz ist mit einer Einleitung versehen, die den Strafausschließungsgrund für den Arzt vorstellt, welcher dann erfüllt ist, wenn die gesetzlich festgelegten Sorgfaltskriterien für eine Lebensbeendigung auf Verlangen oder für die Hilfe bei der Selbsttötung eingehalten worden sind. Zu diesem Zweck wurde ein gesetzliches Melde – und Überprüfungsverfahren festgelegt.

(a) 1. Kapitel

Es erfolgt im ersten Kapitel die Klärung der Begrifflichkeiten (Begripsomschrijvingen).[1553] Für die vorliegende Arbeit erscheinen folgende Legaldefinitionen als wertvoll (nicht abschließend):

(aa) die „Hilfe bei der Selbsttötung: die einer anderen Person vorsätzlich erwiesene Hilfe bei der Selbsttötung bzw. das Verschaffen der dazu erforderlichen Mittel im Sinne von Artikel 294 Abs. 2 Satz 1 Strafgesetzbuch“
(bb) „Arzt [im Sinne des Sterbehilfegesetzes]: der Arzt, der gemäß der Meldung über die Lebensbeendigung das Verlangen ausgeführt bzw. Hilfe bei der Selbsttötung geleistet hat.“
(cc) der „konsultierte Arzt: der Arzt, der bezüglich des Vorhabens eines Arztes, Lebensbeendigung auf Verlangen auszuführen oder Hilfe bei der Selbsttötung zu leisten, konsultiert worden ist“

1552 Eine deutsche Übersetzung findet sich bei: Grundmann, S. https://www.uni-muenster.de/NiederlandeNet/nl-wissen/soziales/vertiefung/sterbehilfe/index.html
1553 https://www.dgpalliativmedizin.de/images/stories/pdf/euthanasie.pdf

(dd) die „Kommission: eine Regionale Kontrollkommission im Sinne von Kapitel 3 [des Sterbehilfegesetzes].“

(b) 2. Kapitel

Im zweiten Kapitel des Sterbehilfegesetzes werden in Artikel 2 Nr. 1 die Sorgfaltskriterien aufgelistet, die der Arzt zwingend zur Erlangung von Straffreiheit einzuhalten hat.

Straffreiheit kann der sterbehilfeausübende Arzt erlangen, wenn er bei der verlangten Lebensbeendigung bzw. der Hilfe zur Selbsttötung

- zu der Überzeugung gelangt ist, dass die Bitte des Patienten freiwillig und nach reiflicher Überlegung erfolgte,
- zu der Überzeugung gelangt ist, dass der Zustand des Patienten aussichtlos und sein Leiden unerträglich war,
- den Patienten über seinen Zustand und dessen Aussichten informiert hat,
- gemeinsam mit dem Patienten zu der Überzeugung gelangt ist, dass es in seinem Krankheitsstadium keine andere angemessene Lösung gab,
- mindestens einen weiteren unabhängigen Arzt hinzugezogen hat, welcher den Patienten gesehen haben muss. Der konsultierte Arzt muss zusätzlich sein schriftliches Urteil über die zuvor dargestellten Sorgfaltskriterien abgegeben haben,
- schließlich sorgfältig, also lege artis, vorgegangen ist.

In Artikel 2 Nr. 2, 3 des Gesetzes ist der Fall geregelt, dass der sterbehilfeverlangende Patient 16 Jahre oder älter und nicht mehr in der Lage ist, seinen Willen zu äußern, diesen Willen jedoch zu einem früheren Zeitpunkt wirksam geäußert hat.[1554]

Artikel 2 Nr. 4 regelt die Voraussetzungen für minderjährige Patienten zwischen 12 und 16 Jahren.

(c) 3. Kapitel

(1) Artikel 3, Art. 3 WTL (SterbehilfeG)

Das dritte Kapitel ist den Regionalen Kontrollkommissionen gewidmet. Die fünf[1555] Regionalen Kontrollkommissionen (Regionale Toetsingscommissies Euthanasie) wurden bereits vor dem Inkrafttreten des Sterbehilfegesetzes von

1554 Gegenstand der vorliegenden Arbeit ist nicht die Sterbehilfe von Minderjährigen, die in den Niederlanden ebenfalls legal ist.

1555 Die Anzahl und der jeweilige Sitz der Kommission wird in einer Rechtsverordnung fest gelegt, deren Rechtsgrundlage in Art. 19 SterbhilfeG zu finden ist.

der Regierung geschaffen.[1556] Die Kommissionen sollen die Einhaltung der Sorgfaltskriterien bei der Ausübung von ärztlicher Euthanasie überprüfen, also sowohl bei der Lebensbeendigung auf Verlangen als auch bei der Hilfe zur Selbsttötung. Die Kommissionen sind stets gleich besetzt, und zwar mit einem Juristen, welcher den Vorsitz einnimmt, einem Mediziner und einem Medizinethiker. Dies ist in Artikel 3 festgelegt.

(2) Art. 4

Art. 4 des Sterbehilfegesetzes regelt u.a. die Amtszeit der jeweiligen Kommissionen. Diese beträgt sechs Jahre und kann nur einmal verlängert werden.

(3) Art. 5 – 7

Die Artikel 5 – 7 regeln Gründe für eine Entlassung der Kommissionsmitglieder, wie z.B. die Untauglichkeit des Mitgliedes. Des Weiteren wird auch die Besoldung für die Tätigkeit in der Kommission geregelt, die einerseits Urlaubsgeld und andererseits eine Kostenerstattung für Fahrt – und Aufenthaltskosten umfasst. Dadurch ist sichergestellt, dass kein lukrativer Anreiz zur Ausübung der Mitgliedschaft in der Kommission besteht.

(4) Art. 8 – 13

In den Artikeln 8 bis 13 ist das Kernstück der Kommissionsarbeit geregelt, deren Aufgaben und Befugnisse. Es beginnt in Art. 8 mit der Erläuterung der Aufgaben. Die Kontrollkommissionen übernehmen die Prüfung der Sterbehilfefälle, die der Tätigkeit der Staatsanwaltschaften vorgeschaltet ist.[1557] Der Arzt ist nach dem Gesetz über das Leichen– und Bestattungswesen verpflichtet, über den Euthanasiefall Bericht zu erstatten. Die Kommission überprüft diesen Bericht darauf, ob der Arzt in Übereinstimmung mit den Sorgfaltskriterien bei der Euthanasieausübung gehandelt hat (Art. 8 Nr.1). Dazu ist sie befugt, von dem Arzt eine schriftliche oder mündliche Ergänzung seines Berichtes über den Hergang der Euthanasie einzuholen (Art. 8 Nr. 2). Ebenfalls ist die Kommission berechtigt, von dem kommunalen Leichenbeschauer, dem Konsultationsarzt oder von sonstigen Hilfeleistenden weitere Informationen, die sie zur Beurteilung des Falles benötigt, einzuholen. Im Anschluss an den Erhalt der Berichte hat die Kommission innerhalb von sechs Wochen ihr Urteil (mit einfacher Stimmenmehrheit, Art. 12) zu fällen; eine Verlängerung ist nur einmal um den gleichen Zeitraum möglich (Art. 9). Das Urteil ist zu verkün-

1556 Wissenswertes über die Tätigkeit und Struktur der Kommissionen ist nachzulesen auf: http://www.euthanasiecommissie.nl/, letzter Abruf am 18.01.2018.

1557 Jacob, S. 128f..

den. Zugleich besteht für die Kommission auch eine Rechenschaftspflicht gegenüber der Staatsanwaltschaft (Art. 10), alle Sterbehilfefälle sind zu melden und müssen registriert werden.

(5) Art. 14-16
Die Artikel 14 – 16 regeln die Geheimhaltungspflicht sowie die Möglichkeit der Ablehnung eines Kommissionsmitgliedes wegen Befangenheit. Des Weiteren untersagt Art. 16 die Vorabprüfung eines Sterbehilfefalles durch die Kommission auf die Einhaltung der Sorgfaltsanforderungen für die beabsichtigte Sterbehilfeleistung. Die Kommission wird erst nach Leistung der ärztlichen Sterbehilfe tätig.

(6) Art. 17 – 19
Artikel 17–19 regeln administrative Pflichten der Kommissionsmitglieder.

(d) 4. Kapitel
Die Artikel 20 und 21 des vierten Kapitels des Sterbehilfegesetzes regeln weitere gesetzliche Formalitäten nach Durchführung der Sterbehilfe, die durch den Arzt zur Erlangung von Straffreiheit notwendig einzuhalten sind. Dazu wird unter anderem auf das Leichen- und BestattungsG als Rechtsgrundlage für weitere Rechtsverordnungen Bezug genommen, die ebenfalls zu berücksichtigen sind.[1558]

(e) 5. Kapitel
In den Artikeln 22–24 des Sterbehilfegesetzes finden sich noch eine weitere verwaltungsrechtliche Gesetzesänderung sowie die Schlussbestimmungen des Gesetzes. [1559]

bb) Die Sorgfaltskriterien des Sterbehilfegesetzes

Die Sorgfaltskriterien bilden die Voraussetzung für das Eingreifen des Strafausschließungsgrundes zugunsten des Arztes.[1560] Ist eine der Sorgfaltskriterien nicht erfüllt, fällt die zuständige Regionale Kommission das Urteil „nicht sorg-

1558 Näheres hierzu bei Grundmann, S. 217ff..
1559 Vertiefend bei Grundmann, S. 224.
1560 Art. 293 Abs. 2 WvSr.

fältig“ und der Sterbehilfefall wird zur weiteren Überprüfung an die Staatsanwaltschaft weitergeleitet. Die Aufzählung der Sorgfaltskriterien ist abschließend und soll in gebotener Kürze wegen deren Relevanz für die Straffreiheit des hilfeleistenden Arztes vorgestellt werden.[1561]

(1) Freiwillige und wohlüberlegte Bitte des Patienten

Vergleichbar mit den Merkmalen der Tötung auf Verlangen in Deutschland muss das Ersuchen des Patienten um Sterbehilfe freiwillig und wohlüberlegt sein.

Grundmann[1562] merkt kritisch an, dass diese Sorgfaltsanforderung nach ihrem Wortlaut neben dem Tatbestand des Art. 293 Abs. 1 WvSr keine eigenständige, sondern lediglich eine klarstellende Bedeutung haben kann. Betrachtet man die Bitte gegenüber dem Verlangen, fällt bereits vom Wortlaut her auf, dass die Bitte eine schwächere Form darstellt als das Verlangen. Eine Bitte beinhaltet eine gewisse Unsicherheit in der Forderung nach dem Gewünschten, während das Verlangen Stärke und Entschlossenheit vermittelt. Genau dies korrespondiert mit einem weiteren Kritikpunkt *Grundmanns*[1563]: Sie sieht die Formulierung, dass „der Arzt zu der Überzeugung gelangt sein muss [...]“ sehr kritisch, da diese Formulierung eine schwierig zu überprüfende Einschätzungsprärogative des Arztes eröffne und ihm zusätzlich eine starke Verantwortung aufbürde.[1564]

Die Kritik erscheint durchaus angebracht. An diesem Punkt besteht kaum eine Kontrollmöglichkeit durch die Kommission, wie sie an und für sich vor der Sterbehilfeleistung, also zu einem Zeitpunkt, zu welchem die Entscheidung des Sterbewilligen noch reversibel ist, angemessen wäre.

Die niederländischen Minister sehen dagegen die Verantwortung des Arztes nur für das Vorliegen der wirksamen Einwilligung des Patienten, so dass die Kontrollkommissionen auch lediglich die Vertretbarkeit der ärztlichen Entscheidung prüfen müssen.[1565] Die Entscheidung des Patienten wird dagegen – anders als die des Arztes und des Konsilararztes – von der Kommission nicht in Frage gestellt.

1561 Ausführlich Grundmann, S. 87.

1562 Ausführlich Grundmann, S. 88f..

1563 Grundmann, S. 88f..

1564 Grundmann, S. 89.

1565 Zitiert nach Grundmann, S. 89.

(2) Aussichtsloses und unerträgliches Leiden des Patienten

Bei diesem Sorgfaltskriterium findet sich erneut die „Überzeugung des Arztes von der Aussichtslosigkeit und Unerträglichkeit des Patientenleidens." „Aussichtslosigkeit des Leidens soll vorliegen, wenn sich der Zustand des Patienten nicht mehr verbessern lasse." „Gibt es noch eine reale Behandlungsperspektive, so ist das Leiden nicht aussichtslos."[1566] Laut *Grundmann*[1567] soll damit ärztliche Machtlosigkeit gegenüber der Krankheit des Patienten gefordert werden. Die Konkretisierung des Kriteriums der Aussichtslosigkeit durch den Arzt soll vor dem Kontext und mithilfe der Grundsätze der KNMG zur Akzeptanz lebensbeendender Behandlung vorgenommen werden.[1568] Jenes sodann vom Arzt gefällte Urteil über die Aussichtslosigkeit der Patientensituation sei ein medizinisches, objektives Urteil. Die „Unerträglichkeit des Leidens kann, so eingestehend der Gesetzgeber, nur rein subjektiv bewertet werden."[1569] *Grundmann*[1570] kritisiert auch hier zu Recht, dass die Erfüllung dieses Kriteriums aus der subjektiven Perspektive des Arztes beurteilt werde und dieses Urteil faktisch durch die Kontrollkommissionen kaum zu kontrollieren sei. An diesem Merkmal offenbart sich besonders die Möglichkeit des Missbrauches, aber auch, wie wenig transparent die Entscheidung zur Leistung von aktiver Sterbehilfe getroffen werden kann.

(3) Nichtvorhandensein einer vernünftigen anderen Lösung

Laut *Grundmann*[1571] muss „der Arzt gemeinsam mit dem Patienten zu der Überzeugung gelangt sein, dass es für dessen Situation keine vernünftige andere Lösung mehr gibt als das Sterben [...]." Auch dieses Sorgfaltskriterium des Nichtvorhandenseins einer vernünftigen anderen Lösung eröffnet eine weitgehend unkontrollierbare Einschätzungsprärogative des Arztes.

1566 Grundmann, S. 91.
1567 Grundmann, S. 91.
1568 Näheres dazu bei Grundmann, S.. 66ff.
1569 Grundmann, S. 92.
1570 Grundmann, S. 93f..
1571 Grundmann, S. 94.

Der Patient ist nach *Grundmann*[1572] nicht gehalten, jede vernünftige Behandlungsmöglichkeit, die zur Verfügung steht, in Anspruch zu nehmen. Auch wenn der Arzt mit dem Patienten gemeinsam positiv über vernünftige Alternativen befindet, bleibt das Recht zur Verweigerung der Behandlung (Art. 7:450 BW) davon unberührt. Konsequenterweise dürfte die Sterbehilfe bei einer Behandlungsverweigerung durch den Patienten nicht mehr straffrei vom Arzt geleistet werden können, was aber aus Sicht der Regierung nicht richtig ist und anders gehandhabt wird.[1573] Was der Gesetzgeber unter einer vernünftigen anderen Lösung verstanden wissen will, ist nicht leicht festzustellen.[1574] Die Palliativmedizin sollte es - jedenfalls nach den Gesetzesmaterialien[1575] - nicht sein.

Grundmann ist darin zuzustimmen, dass auch dieses Sorgfaltskriterium sehr unbestimmt ist und an einem Mangel an Objektivität und Überprüfbarkeit leidet.

e) Sterbehilfe bei Minderjährigen und psychisch kranken Patienten

Das Sterbehilfegesetz (abgekürzt: WTL) bietet noch Regelungen für Sterbehilfeleistungen besonderer Art. In Art. 2 WTL ist festgelegt, unter welchen Voraussetzungen auch Minderjährige Sterbehilfe in Anspruch nehmen können. Dabei differenziert das Sterbehilfegesetz zwischen Minderjährigen im Alter von 12 – 16 Jahren und Minderjährigen im Alter von 16 – 18 Jahren. Für beide Altersgruppen ist zunächst Voraussetzung, dass der Minderjährige „zu einer vernünftigen Bewertung seiner Interessen in dieser Sache fähig" ist.[1576] Die Altersgruppe der 12-16 - Jährigen benötigt zusätzlich die Zustimmung ihrer gesetzlichen Vertreter (Art. 2 Abs.4 WTL). Ausreichend soll dazu bereits die Zustimmung eines [sic] gesetzlichen Vertreters sein.[1577] Die Altersgruppe der 16–18 - Jährigen benötigt bei eigener Entscheidungsreife keine Zustimmung des gesetzlichen Vertreters für die Inanspruchnahme von Sterbehilfe.

Überdies ist von der niederländischen Regierung grundsätzlich auch die Sterbehilfe für psychisch kranke Patienten erlaubt, welche nicht an einer körperlichen Grunderkrankung leiden.[1578]

1572 Grundmann, S. 94f..

1573 Zitiert nach Grundmann, S. 95f., dort finden sich auch weitergehende Ausführungen.

1574 Grundmann, S. 95.

1575 Kamerstukken TK 1999 – 2000, 26 691, Nr. 6, S. 64, 66 und 67; Kamerstukken EK 2000-2001, 26 691, Nr. 137b, S. 35; Grundmann, S. 95.

1576 Grundmann, S.112.

1577 Grundmann, S. 112.

1578 Jacob, S. 115 m.w.N..

Schließlich ist es in den Niederlanden ebenfalls möglich, seinen Wunsch nach Sterbehilfe, gleich welcher Art, in einer Vorausverfügung (Patientenverfügung) schriftlich für den Fall der eigenen Einwilligungsunfähigkeit verbindlich festzulegen.[1579]

II. Euthanasiefälle in Zahlen

1. Allgemeines

Die Regionalen Kontrollkommissionen führen eine jährliche Statistik über gemeldete Sterbehilfefälle.[1580] Diese wird in einem umfangreichen Bericht, welcher nicht nur die Zahlen liefert, sondern auch einzelne Fälle vorstellt, jährlich auf der Homepage[1581] der Kommissionen veröffentlicht.

Deutschen Medienberichten zufolge soll die Zahl der Sterbehilfefälle in den Niederlanden in den vergangenen Jahren gestiegen sein.[1582] Das DRZE, das Deutsches Referenzzentrum für Ethik in den Biowissenschaften[1583] berichtete jüngst, dass die Sterbehilfefälle tendenziell ansteigen.

Das DRZE verweist zur weiteren Begründung seiner Einschätzung auf die jährlichen Berichte der fünf Regionalen Kontrollkommissionen zu den gemeldeten

---

1579 Näheres dazu bei Grundmann, S. 113ff..

1580 Die jährlichen Statistiken sind im Internet abrufbar unter (für 2015): https://webcache.googleusercontent.com/search?q=cache:_NZa-IoJVXMJ:https://www.euthanasiecommissie.nl/binaries/euthanasiecommissie/documenten/jaarverslagen/2015/april/26/jaarverslag-2015/RTEjaarverslag2015DU-ITS.pdf+&cd=5&hl=de&ct=clnk&gl=de&client=firefox-b, letzter Abruf am 30.07.2017.

1581 Jaarverslagen der Kommission (auf Niederländisch), abrufbar unter: http://www.euthanasiecommissie.nl/de-toetsingscommissies/jaarverslagen; letzter Abruf am 19.08.2016.

1582 Beispielsweise: Artikel Studien zur Sterbehilfe von Spiegel online Gesundheit vom 11.08.2015, abrufbar unter: http://www.spiegel.de/gesundheit/diagnose/sterbehilfe-studien-bilanz-der-todeswuensche-in-belgien-und-holland-a-1047585.html; letzter Abruf am 18.08.2016; Artikel vom Deutschlandfunk, Sterbehilfegesetz auf dem Prüfstand vom 20.10.2014, abrufbar unter: http://www.deutschlandfunk.de/niederlande-sterbehilfegesetz-auf-dem-pruefsand.886.de.html?dram:article_id=300791; letzter Abruf am 18.08.2016; Artikel von Der Zeit, Nr.18: Ein Hausarzt, der sterben hilft vom 29.04.2015; http://www.zeit.de/2015/18/sterbehilfe-liberalisierung-niederlande-hausarzt; letzter Abruf am 18.08.2016.

1583 Näheres abrufbar unter: http://www.drze.de/im-blickpunkt/sterbehilfe/module/steigende-tendenz-der-sterbehilfe-faelle-in-den-niederlanden; letzter Abruf am 18.08.2016.

Sterbehilfefällen[1584], also auf jene Zahlen, die auf den von den Ärzten gemeldeten Sterbehilfefällen beruhen. Laut DRZE[1585] lag die Zahl der gesamten Sterbehilfefälle[1586] im Jahr 2014 bei *5306*, im Vorjahr 2013 noch bei *4829*. 2009 sollen es dagegen „nur" *2636* gemeldete Fälle gewesen sein.

„Die Zahlen bestätigen eine Tendenz, die sich bereits seit 2002 abzeichnet."[1587] Dieser Trend betreffe laut DRZE vor allem Patienten mit Krebsleiden, da mehr als 70% der Anträge von solchen gestellt werden. Die Zahl der getöteten Demenzpatienten habe sich 2013 verdoppelt (auf 100), die Zahl der psychisch Kranken sogar verdreifacht (auf 42).

Das DRZE sieht als Grund für den Anstieg der Meldebereitschaft die Veröffentlichung einer Richtlinie, durch welche der Unterschied zwischen Palliativmedizin und Sterbehilfe deutlicher hervorgetreten sei.

Eine 2005 durchgeführte Studie zur Meldebereitschaft der Ärzte nach Leistung von Sterbehilfe zeigte nach Ansicht des DRZE, dass die Meldebereitschaft im Jahr 2005 angestiegen sei und bei geschätzten 80% für Suizidhilfe gelegen habe. Die übrigen 20% beträfen Fälle von Morphinverabreichungen.

2. Zahlen und Fakten (2002 bis 2016)[1588]

Zur besseren Veranschaulichung des Ausmaßes von Sterbehilfe in den Niederlanden wurde nachfolgende Statistik erstellt.[1589] Die Darstellung beginnt erst

---

1584 Die jährlichen Berichte der Kontrollkommissionen in niederländischer Sprache, abrufbar unter:
http://www.euthanasiecommissie.nl/de-toetsingscommissies/jaarverslagen; letzter Abruf am 18.08.2016.

1585 Steigende Tendenz der Sterbehilfefälle in den Niederlanden, abrufbar unter: http://www.drze.de/im-blickpunkt/sterbehilfe/module/steigende-tendenz-der-sterbe hilfe-faelle-in-den-niederlanden, Letzter Abruf am 19.08.2016.

1586 Gemeint sind damit Fälle sowohl der Tötung auf Verlangen als auch der Hilfe bei der Selbsttötung durch Ärztehand.

1587 DRZE Bericht, Fn. 1585.

1588 Sterbehilfe in Zahlen auf Niederländisch; abrufbar unter: http://www.euthanasiecommis sie.nl/uitspraken/publicaties/infographic/infographic-knmg/infographic-knmg/euthana sie-in-cijfers; letzter Abruf am 20.04.2016.

1589 Die Darstellung vollzieht sich vorliegend bewusst lückenhaft. Die vorgestellten Daten sollen lediglich einen Überblick und eine Orientierung über das Ausmaß der Sterbehilfe fälle in den Niederlanden seit 2002 bis 2015 geben. Die Auswahl der Jahre erfolgte zu fällig. Weiterführende und vertiefende Hinweise zu Studien aus Jahren vor der Kodifika tion und Vorstellung weiterer Fälle finden sich zum Beispiel bei Grundmann, S. 191ff..; eine gute Übersicht findet sich auch auf der Homepage der Universität Münster, abrufbar unter:https://www.uni-muenster.de/NiederlandeNet/nl-wissen/soziales/vertiefung/ster behilfe/index.html; letzter Abruf am 19.08.2016.

ab dem Jahr 2002[1590], in welchem das Sterbehilfegesetz in Kraft trat. Die Auswahl der Jahrgänge erfolgte zufällig.

a) Übersicht zu der Anzahl an Sterbehilfefällen in den Niederlanden verschiedener Jahre[1591]

Die weiter unten stehende erste Tabelle zeigt eine Übersicht über die Anzahl gemeldeter Sterbehilfefälle im jeweiligen Jahr. In der ersten Spalte findet sich die Gesamtzahl der Fälle praktizierter Sterbehilfe. Die zweite Spalte stellt die Anzahl an Fällen der Ausübung aktiver Lebensbeendigung auf Verlangen im jeweiligen Jahr dar.

Die dritte Spalte bezieht sich auf die Zahl der Fälle der Hilfeleistung zum Suizid.

Die vierte Spalte zeigt Fälle, in denen eine Mischung aus beiden Arten der Sterbehilfe angewandt wurde. Dies sollen Fälle sein, in welchen der Beihilfeversuch gescheitert ist und der Arzt anschließend die aktive Lebensbeendigung vollzogen hat.[1592]

Die letzte Spalte nimmt Bezug auf das Urteil der Kommission, die zu beurteilen hat, ob der „Arzt in Übereinstimmung mit den Sorgfaltsanforderungen gehandelt hat."[1593] Die jeweilige Zahl gibt die von der Kommission als „nicht sorgfältig" beurteilten Fälle wieder. Die Gründe für dieses Urteil der Kommission sind vielfältig. Nach *Grundmann*[1594] wird das Urteil „nicht sorgfältig" in den meisten Fällen wegen eines Defizites bei dem Konsultationserfordernis ausgesprochen. Dieses mit einfacher Stimmenmehrheit gebildete Urteil ist schriftlich zu begründen. Ist die Kommission der Ansicht, dass der Arzt die gesetzlichen Sorgfaltsanforderungen eingehalten hat (Urteil: sorgfältig), ist der Fall beendet.[1595] Als Folge des Urteils „nicht sorgfältig" wird der Fall an die Staatsanwaltschaft sowie an die Ärzte- und Gesundheitsaufsicht weitergeleitet.[1596] Diese entscheiden dann jeweils anhand eigener Sachkompetenz, wie der

1590 Studienergebnisse vor 2002 finden sich bei Grundmann.

1591 Die Daten aus den abgebildeten Jahren sind aus verschiedenen Quellen zusammengetra gen und wurden, soweit notwendig, von der Verfasserin übersetzt. Die jeweilige Jahres zahl wurde zur besseren Übersicht mit einem Hinweis auf die jeweilige Quellenangabe versehen.

1592 Siehe die Erläuterungen von Grundmann, S. 201.

1593 Grundmann, S. 201.

1594 Grundmann, S. 202.

1595 Grundmann, S. 106.

1596 Jacob, S. 127.

Fall rechtlich zu behandeln ist: Die Staatsanwaltschaft prüft, ob Anklage erhoben wird. Die Ärzteaufsicht entscheidet über disziplinarrechtliche Maßnahmen) gegen den Arzt nach dem Gesetz über die Berufe in der persönlichen Gesundheitspflege (Wet BIG).[1597]

Das in Art. 12 der niederländischen Strafprozessordnung niedergelegte Strafverfolgungsmonopol der Staatsanwaltschaft soll durch die Arbeit und Befugnisse der Kontrollkommissionen nicht eingeschränkt werden.[1598] *Grundmann* zufolge prüfen die Kontrollkommissionen nicht, ob der Rechtfertigungsgrund des Art. 293 Abs. 2 WvSr greift, sondern nur, ob der Arzt die Sorgfaltsanforderungen des Art. 2 Abs. 1 SterbehilfeG erfüllt hat. Die Beurteilung der Strafbarkeit des Arztes verbleibt der Staatsanwaltschaft, der Schuldspruch obliegt dem Richter. Unberücksichtigt bleibt dabei, dass das Sterbehilfegesetz in seiner Gesamtheit darauf zugeschnitten ist, eine Prüfung möglichst aller Sterbehilfefälle durch die Regionalen Kontrollkommissionen herbeizuführen, so dass de facto dennoch Aufgaben der Staatsanwaltschaft von den Kommissionen warhgenommen werden.[1599]

Abschließend sei noch im Hinblick auf die Fallzahlen angemerkt, dass beispielsweise im Jahr 2014 der Anteil der durch Sterbehilfe gestorbenen Patienten an den gesamten Todesfällen im Land 3,8% betrug.[1600] 2012 lag der Anteil bei 2,8%.[1601] Im Jahr 2016 sind 5856 Menschen durch aktive Euthanasie verstorben, 216 durch Suizidbeihilfe und 19 Menschen durch Kombination beider Methoden.[1602]

1597 Grundmann, S. 106f., Reuter, S. 63.

1598 Grundmann, S. 109.

1599 Grundmann, S. 108.

1600 Übersicht Euthanasie in cijfers (übersetzt v. Verf.: Euthanasie in Zahlen), S. 4, abrufbar unter: http://www.euthanasiecommissie.nl/uitspraken/publicaties/infographic/infographic-knmg/infographic-knmg/euthanasie-in-cijfers, letzter Abruf am 22.08.2016.

1601 Artikel vom 11.07.2012 im Deutschen Ärzteblatt, Mehr Todesfälle in den Niederlanden, abrufbar unter: http://www.aerzteblatt.de/nachrichten/50847, letzter Abruf am 22.08.2016.

1602 Regionale toetsingscommissies euthanasie, jaarverslag 2015, S.7f., 17ff., abrufbar unter: https://www.euthanasiecommissie.nl/de-toetsingscommissies/uitspraken/jaarverslagen/2016/april/12/jaarverslag-2016; letzter Abruf am 30.07.2017.

	2002[1603]	2006[1604]	2010[1605]	2013[1606]	2015[1607]	2016[1608]
Gesamtzahl Sterbehilfefälle	1882	1923	3136	4829	5516	6091
Euthanasie (aktive Sterbehilfe)	1672	1765	2910	4501	5277	5856

1603 Regionale toetsingscommissies euthanasie, jaarverslag 2002; zitiert nach Grundmann, S. 201ff..

1604 Regionale toetsingscommissies euthanasie, jaarverslag 2006, Seite 12, abrufbar in englischer Version unter: https://www.euthanasiecommissie.nl/binaries/euthanasiecommissie/documenten/jaarverslagen/2006/nl-en-du-fr/nl-en-du-fr/jaarverslag-2006/annual-report-2006-45.pdf; letzter Abruf am 19.08.2016.

1605 Regionale toetsingscommissies euthanasie, jaarverslag 2010, S. 58, abrufbar unter: http://www.euthanasiecommissie.nl/de-toetsingscommissies/jaarverslagen; euthanasie in cijfers (übersetzt v. Verf.: Euthanasie in Zahlen), S. 2ff., abrufbar unter: http://www.euthanasiecommissie.nl/uitspraken/publicaties/infographic/infographic-knmg/infographic-knmg/euthanasie-in-cijfers, S. 2ff., letzter Abruf am 19.08.2016.

1606 Regionale toetsingscommissies euthanasie, jaarverslag 2013, S. 58f., abrufbar unter: http://www.euthanasiecommissie.nl/de-toetsingscommissies/jaarverslagen; euthanasie in cijfers (übersetzt v. Verf.: Euthanasie in Zahlen), S. 2ff., abrufbar unter: http://www.euthanasiecommissie.nl/uitspraken/publicaties/infographic/infographic-knmg/infographic-knmg/euthanasie-in-cijfers, letzter Abruf am 19.08.2016.

1607 Regionale toetsingscommissies euthanasie, jaarverslag 2015, S.7f., 17ff., abrufbar unter: http://www.euthanasiecommissie.nl/de-toetsingscommissies/jaarverslagen; euthanasie in cijfers (übersetzt v. Verf.: Euthanasie in Zahlen), S. 2ff., abrufbar unter: http://www.euthanasiecommissie.nl/uitspraken/publicaties/infographic/infographic-knmg/infographic-knmg/euthanasie-in-cijfers, letzter Abruf am 19.08.2016.

1608 Regionale toetsingscommissies euthanasie, jaarverslag 2015, S. 10ff.; Ausgabe in Deutsch abrufbar unter: https://www.euthanasiecommissie.nl/uitspraken/jaarverslagen/2016/april/12/jaarverslag-2016; letzter Abruf am 15.01.2018.

Hilfe zur Selbsttötung	184	132	182	286	208	216
Kombination aus beiden Möglichkeiten	26	26	44	42	31	19
Fälle mit Urteil: „nicht sorgfältig"	5	0	9	5	4	10

b) Arten der zu Grunde liegenden Erkrankungen

Die folgende Tabelle zeigt, welchen Anteil die Art der Erkrankung an der Gesamtheit der Sterbehilfefälle hatte, an welcher der Patient litt. Dabei ist eindeutig erkennbar, dass die Patienten, die um Sterbehilfe baten, am häufigsten an Krebs (gleich welcher Art) litten. Unter dem Begriff der sonstigen Erkrankungen wurden beispielsweise Lungenerkrankungen, außer Krebs, psychische Erkrankungen oder Demenz zusammengefasst, soweit sich diese aus der jeweiligen Statistik ergaben.

Jahr / Erkrankung	2002	2006	2010	2013	2015	2016
Krebserkrankung	1652	1656	2548	3588	4000	4137
Herz- und Gefäßerkrankungen	28	55	75	223	233	315
Störungen des Nervensystems	61	105	158	294	311	411
Sonstige Erkrankungen	135	107	355	724	972	1228

B. Fazit

Das niederländische Sterbehilfegesetz ist einerseits bahnbrechend und wird andererseits scharf - nicht nur von internationaler Seite aus - kritisiert.

Ob das Gesetz hält, was sich der niederländische Gesetzgeber davon versprochen hat, wird bezweifelt. *Grundmann* stellt zu Recht in Frage, ob das Gesetz wirklich zu einer Erhöhung der Meldebereitschaft nach Leistung ärztlicher Sterbehilfe geführt hat. Die Motivation, sich nach Leistung von aktiver Sterbehilfe selbst anzuzeigen, dürfte auch nach Einführung einer gesetzlichen Regelung nicht unbedingt gestiegen sein.

In Anbetracht des hohen Stellenwertes menschlichen Lebens, wirkt es höchst befremdlich, dass die Sterbehilfeleistung eines Arztes erst im Nachhinein auf die Einhaltung der normierten Sorgfaltskriterien überprüft wird, und zwar auch nur dann, wenn der Arzt freiwillig seinen Fall zur Prüfung bei den Regionalen Kommissionen gemeldet hat. Dass diese gesetzliche Regelung von Lebensschützern heftig kritisiert wird, ist vor diesem Kontext nicht verwunderlich.

Das niederländische Sterbehilfegesetz bietet dem Arzt eine großzügig bemessene Einschätzungsprärogative, die im Anbetracht der Irreversibilität der

Entscheidung des Patienten durchaus kritisch bewertet werden darf. Zwar sind Leitlinien, an denen sich der Arzt bei seiner Einschätzung orientieren kann, vorhanden, ob der Arzt diese realiter aber auch befolgt, ist eine ganz andere Frage. Den niederländischen Ärzten wird generell viel Vertrauen entgegengebracht und eine weitreichende Entscheidungsbefugnis eingeräumt, und zwar von allen Seiten. Es ist daher zu wünschen, dass sich die niederländischen Ärzte ebenso wie die deutschen Ärzte stark ihrem ärztlichen Ethos verbunden fühlen und nicht leichtfertig ein Sorgfaltskriterium bejahen.

Die gesetzliche Regelung kann meines Erachtens nicht auf Deutschland übertragen werden. Wenngleich die strafrechtliche Situation in den Niederlanden im Vergleich zu Deutschland in Bezug auf die Suizidasistenz strenger ist, ist es hierzulande kaum vorstellbar, dass bei einer solch wichtigen Entscheidung wie der Leistung von Sterbehilfe so wenig staatliche bzw. administrative Kontrolle stattfinden soll. Davon einmal abgesehen, ist auch die gesellschaftliche Denkweise nicht deckungsgleich. Zusammenfassend betrachtet, sollte eine vergleichbare gesetzliche Regelung für Deutschland unter den gegenwärtigen Umständen nicht in Betracht gezogen werden.

Kapitel 8.: Schlussbetrachtung

Zum Abschluss der vorliegenden Arbeit drängt sich noch eine Frage auf. Hat sich durch die Einführung des § 217 in das Gefüge der Tötungsdelikte eine Verschiebung der Verhältnisse ergeben?

Wilhelm hat es bereits angedeutet: Durch die Inkriminierung der geschäftsmäßigen Förderung der Selbsttötung wurde die generelle Möglichkeit strafloser Suizidteilnahme aufgehoben, und zwar von einer Norm, die stark konkretisierungsbedüftig ist. Ihre Wertung muss jedoch zukünftig bei der Abgrenzung der bislang straflosen Beihilfe zum Suizid und der strafbaren Tötung auf Verlangen berücksichtigt werden.

Von einer Verschiebung der Wertverhältnisse kann jedoch nicht gesprochen werden. Die gesetzlichen Regelungen der § 216 und § 217 sind *de lege lata* aus Sicht des Gesetzgebers dogmatisch durchaus systemgerecht und konsequent. § 216 inkriminiert die Tötung auf Verlangen; nach § 217 macht sich strafbar, wer geschäftsmäßig den Suizid eines anderen fördert. Daraus wird deutlich, dass der Gesetzgeber naturalistisch betrachtet, grundsätzlich die „aktive Beteiligung“ an dem Tod eines Dritten missbilligt und bestraft wissen will.

Ein derart einheitliches und klares Bild bietet sich in der juristischen Literatur (bislang) nicht. Die vertretenen Meinungen sind so facettenreich wie konträr, die moralischen inneren Einstellungen variieren je nach Sachgebiet - der Ethik und Philosophie, der Religion, der Jurisprudenz und nicht zuletzt auch der Medizin - auffällig. Gerade deswegen muss, zumindest gegenwärtig, die Entscheidung des Gesetzgebers respektiert werden. Und dies kann sie auch, wenn die Rechtsprechung bei der Anwendung der Norm entsprechend einschränkend verfährt.

Ein anderer zu berücksichtigender Punkt sind die vielfach beklagten Missstände in der Versorgung alter, kranker oder pflegebedürftiger Menschen sowie die strukturellen Defizite in den Krankenhäusern. Diese sind nicht zuletzt auch, wie *Müller – Busch* und *De Ridder* in ihren Werken über viele Seiten referierten, ursächlich beteiligt an dem Sterbewunsch vieler Menschen. Dennoch wird auch eine wünschenswerte Verbesserung dieser Situation nichts an dem Sterbewunsch einiger Menschen verändern.

Nur wenn in die Verbesserung dieser Umstände investiert wird, können sich ärztlich assistierter Suizid und Palliativmedizin nicht mehr als Oxymoron, sondern als gleichwertige Alternativen gegenüberstehen.

Die aktive direkte Sterbehilfe dagegen überschreitet nicht nur eine rechtliche, sondern vornehmlich auch eine ethische Grenze. Ärzte und auch andere als Sterbehelfer fungierende Menschen sollten fremdes Leben nicht aktiv beenden. Denn es kann nicht mit hundertprozentiger Sicherheit festgestellt werden, ob der Sterbewillige nicht doch in letzter Sekunde seine eigene Handlung abgebrochen hätte. Die Eindeutigkeit eines ernsthaften Sterbewillens ist für alle Beteiligten schwer einschätzbar, die einmal getroffene Entscheidung nach Vollzug irreversibel und der Wert des Lebens zu hoch, um dieses Risiko einzugehen.

Für die prozentual wenigen Suizidwilligen, die nicht selbst aktiv aus dem Leben scheiden können, kann die Medizintechnik Mittel und Wege zur Substitution entwickeln.

Losgelöst von dem Wert der Palliativmedizin sollte in der Gesellschaft anerkennt werden, dass es Lebens– und Gesundheitssituationen gibt, die einen ernsthaften Sterbewunsch tragen können - nämlich bei Menschen, deren physische Konstitution einen zeitnahen natürlichen Tod nicht erlaubt, die jedoch schwer erkrankt sind und für sich entschieden haben, so nicht weiter leben zu wollen.

Gewiss wird es sich prozentual um Ausnahmen handeln, dennoch und gerade deswegen sollte der ärztlich assistierte Suizid in diesen Ausnahmefällen moralisch, berufsrechtlich und strafrechtlich erlaubt sein. Diesen Menschen sollte nicht weniger geholfen werden dürfen als jenen Menschen, denen die Möglichkeit des Behandlungsabbruchs zur Verfügung steht. Am Lebensende sollte ein Arzt nicht Abandonment betreiben (müssen). Daran ändert auch die Volatilität eines Sterbewunsches in der letzten Phase nichts.

Richtigerweise ist Sterben ein Prozess, der auch erlebt und durchlebt werden muss, durch den sterbenden Menschen selbst und seine Angehörigen. Dennoch sollte die Gesellschaft nicht die Augen verschließen vor jedem einzelnen Opfer der modernen Medizin, zu dem jeder werden kann. Die Maxime der maximalen Lebenserhaltung wird, wie *De Ridder* oder *Müller - Busch* überzeugend belegen, allzu oft zu exzessiv befolgt. Das Sterben wird zu wenig, insbesondere von den Angehörigen, erlaubt.

Ist die ärztliche Suizidassistenz eine Lebensbeendigungsoption, sind Kriterien, vergleichbar denen des informed consent, hilfreich und erforderlich, wenn sie als Orientierungshilfe verstanden werden und nicht als Voraussetzungen einer prozeduralen Regelung dienen. Denn davon, sei wiederholend erwähnt, ist abzuraten.

Insgesamt bedürfte es ferner einer Änderung des Berufsrechtes. Ärzte (und auch viele Patienten) wünschen sich die Freiheit, dass sie sich bei Entscheidungen am Lebensende mehr an ihrem Gewissen orientieren können als an rechtlichen Normen, das hat auch die weiter oben vorgestellte Studie gezeigt. Die ärztliche Gewissensfreiheit ist prägend für das ärztliche Berufsethos und auch für das ärztliche Standesrecht. Alle Behandlungsmaßnahmen in der Medizin müssen sich an dem ärztlichen Ethos und dem ärztlichen Standesrecht messen lassen können. Das ärztliche Berufsrecht und Ethos sollte in schwierigen Gewissensfragen leiten und stützen, ohne zu stark zu bevormunden.

Nichts Neues ist auch die folgende Feststellung, dass keine andere Berufsgruppe so viele der notwendigen Fähigkeiten vereint wie die Ärzteschaft, um Menschen am Lebensende durch Suizidbeihilfe angemessen helfen zu können, wenn andere Hilfe nicht mehr hilft.

Zur praktischen Umsetzung der ärztlichen Suizidassistenz müsste neben den strafgesetzlichen Veränderungen eine Ausnahmeregelung in das BtMG aufgenommen werden.[1609]

Denkbar ist die Statuierung einer Ausnahme von dem ärztlichen Verschreibungs– und Überlassungsverbot hinsichtlich der letal wirkenden Substanz zum Zwecke der Selbsttötung in eng begrenzten Ausnahmefällen. Dringend zu vermeiden ist es allerdings, dass die Entscheidung über die Medikamentenfreigabe auf eine staatliche und anonyme Behörde ohne Möglichkeit der Zuwendung delegiert wird.

In Bezug auf § 217 ist nicht zuletzt eine gesetzliche Änderung empfehlenswert, um die bestehende Rechtsunsicherheit, besonders in der Ärzteschaft, zu beseitigen. Die Norm des § 217 verfehlt ihr Ziel und schafft mehr Probleme, als dass sie Probleme löst. Doch dafür ist meines Erachtens ein Umdenken gefordert - denn wie *Einstein*[1610] einst sagte: „Probleme kann man niemals mit derselben Denkweise lösen, durch die sie entstanden sind." Will man die „Probleme" der Norm lösen, ist – zumindest partiell – ein Umdenken gefordert.

Wichtig ist den Menschen in einer modernen, pluralistischen und weltoffenen Gesellschaft doch vornehmlich der psychologische Effekt, der von einer liberalen Regelung der Sterbehilfe ausgeht:

„Ich könnte, wenn ich wollte, aber deswegen will ich (noch) nicht."

1609 So auch Gavela, S. 248ff..
1610 Zitat von Albert Einstein, Physiker 1879 – 1955.

Kapitel 9.: Anhang

I. Fragebogen für Ärzte und Ärztinnen in Schleswig - Holstein

Fragebogen zur Sterbehilfe

I. Daten zur Person

1. Alter: ....

2. Sind Sie gläubig und beeinflusst dies Ihre Entscheidungen? □ Ja □ Nein

3. Beeinflusst das ärztliche Berufsethos Ihr Handeln? Bitte Zahl eintragen ____
(1 sehr stark / 6 sehr wenig)

II. Fragen zum ärztlich assistierten Suizid und zur aktiven direkten Sterbehilfe

4. Sind Sie persönlich schon ernsthaft um aktive Beendigung des Lebens gebeten worden? □ Ja □ Nein

5. Sind Sie persönlich schon um die Beihilfe zum Suizid z.B. durch Medikamentenüberlassung gebeten worden?

□ Ja □ Nein

6. Haben Sie persönlich schon einmal Suizidbeihilfe durch Medikamentenüberlassung geleistet?

□ Ja □ Nein

7. In den Grundsätzen der Bundesärztekammer zur ärztlichen Sterbebegleitung wird darauf hingewiesen, dass die Beihilfe zum Suizid keine ärztliche Aufgabe sei. Stimmen Sie diesem zu?

□ Ja, stimme zu □ Nein, ich halte einen ärztlich assistierten Suizid für vorstellbar

8. Finden Sie, dass jeder Arzt frei und unabhängig von der Berufsordnung entscheiden sollen dürfte, ob er Beihilfe zum Suizid eines Menschen leisten möchte? □ Ja □ Nein

9. Sehen Sie ein reales Bedürfnis hinsichtlich der Ausübung aktiver Sterbehilfe?

□ Ja □ Ja, aber nur für Einzelfälle □ Nein

10. Halten Sie ärztliche aktive direkte Sterbehilfe für berufsethisch verwerflich? □ Ja □ Nein, wenn diese auf strenge Ausnahmefälle beschränkt ist □ Nein

11. Wären Sie für oder gegen eine Legalisierung der aktiven direkten Sterbehilfe?

□ Ja □ Ja, aber nur für strenge Einzelfälle □ Nein

12. Können Sie sich vorstellen, selbst aktive Sterbehilfe zu leisten, wenn diese legal und straflos wäre?

□ Ja □ Ja, aber nur für strenge Ausnahmefälle □ Nein

13. Im Strafrecht wird hinsichtlich der Strafbarkeit des Arztes zwischen akti vem Handeln einerseits und Unterlassen andererseits unterschieden. Als Beispiel: Ein Arzt, welcher seinen Patienten sterben lässt (z.B. durch Ab stellen von Geräten), handelt straflos. Ein Arzt, welcher aktiv das Leben seines Patienten beendet, begeht eine grundsätzlich strafbare Tötung auf Verlangen.

a) Halten Sie diese Unterscheidung für gerecht? □ Ja □ Nein

b) Sollte diese Differenzierung hinsichtlich der Strafbarkeit aufgehoben werden? □ Ja □ Nein

Herzlichen Dank für die Beantwortung und Rücksendung des Fragebogens!

II. Fragebogen für Patientinnen und Patienten

Fragebogen zur ärztlichen Sterbehilfe

Wichtiger Hinweis!

Ihre Angaben werden selbstverständlich anonym und vertraulich behandelt. Bitte beantworten Sie daher nachstehende Fragen des beidseitig bedruckten Fragebogens nach Ihrer freien Meinung. Bitte hinterlassen Sie keinen Namen. Eine Veröffentlichung der Studie ist vorgesehen.

I. Daten zur Person

1. Alter: ....

2. Sind Sie gläubig und beeinflusst dies Ihre Entscheidungen?
□ Ja □ Nein

3. Sind Sie Mitglied in einer Religionsgemeinschaft? □ Ja, welche?
.... □ Nein

II. Fragen zum ärztlich unterstützten Suizid und zur aktiven Sterbehilfe

4. Sind Sie im Besitz einer individualisierten, schriftlichen
Patientenverfügung? □ Ja □ Nein

5. Sollte der ärztlich unterstützte Suizid Ihrer Meinung nach gesetzlich erlaubt werden? □ Ja □ Nein
□ Egal

6. Nach den Grundsätzen der Bundesärztekammer zur ärztlichen Sterbebeglei tung ist die Unterstützung des Arztes zum Suizid <u>keine</u> ärztliche Aufgabe. Stimmen Sie diesem zu?
□ Ja, dem stimme ich zu □ Nein, ich finde Beihilfe zum Suizid ist eine ärztliche Aufgabe

→ **Bei JA:** Warum halten Sie den ärztlich begleiteten Suizid für bedenklich?

aus berufsethischen Gründen? □ Ja □Nein

aus anderen Gründen: ____

____

7. Die Unterstützung beim Suizid ist dem Arzt untersagt. Sollte jeder Arzt frei nach seinem Gewissen entscheiden dürfen, ob er Suizidbeihilfe leisten möchte? □ Ja □ Nein

8. Wenn ein dem Arzt vertrauter, unheilbar kranker Patient mit starken Schmerzen seinen Wunsch nach einem **ärztlich unterstützten Suizid** äußert, wären Sie dann für einen ärztlich assistierten Suizid? □ Ja □ Nein

-bitte wenden-

9. Stellen Sie sich bitte folgende Situationen vor: ein unheilbar erkrankter, dem Tod nah stehender und dem Arzt vertrauter Patient:

äußert dem Arzt gegenüber den ernsthaften und länger anhaltenden Wunsch nach **aktiver Beendigung** seines Lebens durch Gabe eines tod bringenden Medikamentes. Wären Sie **für** oder **gegen** eine Befolgung sei nes Willens?

□ Dafür □ Dagegen

a) ist **nicht mehr fähig** seinen Willen zu äußern, hat aber in seiner Patienten verfügung festgelegt, dass er in dieser konkreten Lebenssituation aktive Sterbehilfe wünsche. Wären Sie für oder gegen die Befolgung seines Will lens **nach aktiver Beendigung** des Lebens? □ Dafür □ Dagegen

b) ist nicht mehr handlungs- und bewegungsfähig, leidet nicht notwendig an unerträglichen Schmerzen, ist aber aufgrund anderer Krankheitserschei nungen einem unerträglichen Leidenszustand ausgesetzt (z.B. Atemnot) und äußert den ernsthaften und länger anhaltenden Wunsch

- nach **aktiver Beendigung** seines Lebens durch Verabreichung todbringender Medikamente.

Wären Sie **für** oder **gegen** die Befolgung seines Willens?

□ Dafür □ Dagegen

- nach **einem ärztlich unterstützten Suizid.** Wären Sie **für** oder **gegen** die Befolgung seines Willens? □ Dafür □ Dagegen

10. Im Strafrecht wird hinsichtlich der Strafbarkeit des Arztes zwischen akti ven Handeln einerseits und Unterlassen anderseits unterschieden. Als Beispiel:
Ein Arzt, welcher seinen Patienten *sterben lässt* (z.B. *durch* Abstellen von Geräten*),* handelt straflos. Ein Arzt, welcher *aktiv das Leben* seines Patienten beendet, beginge eine strafbare Tötung auf Verlangen.

    a) Halten Sie diese Unterscheidung für die Strafbarkeit des Arztes für *gerecht*? □ Ja □ Nein

    b) Sollte diese Differenzierung hinsichtlich der Strafbarkeit aufgehoben werden? □ Ja □ Nein

11. Halten Sie ärztliche **aktive Sterbehilfe** (Gabe todbringender Medikamente) für moralisch verwerflich? □ Ja □ Nein, sofern diese nur für gesetzlich geregelte Einzelfälle gilt □ Nein

12. Sehen Sie ein **reales Bedürfnis** hinsichtlich der Ausübung **ärztlicher aktiver Sterbehilfe?**

    □ Ja □ Ja, aber nur für Einzelfälle □ Nein

13. In den Niederlanden ist die aktive Sterbehilfe erlaubt. Sollte die aktive Sterbehilfe auch in Deutsch land gesetzlich erlaubt werden?

    □ Ja □ Ja, aber nur für Einzelfälle, deren Voraussetzungen gesetzlich streng geregelt sein sollten □ Nein □ keine Meinung

Herzlichen Dank für die Beantwortung der Fragen!

Kapitel 10.: Literaturverzeichnis

Ach, Johann S./ Wiesing, Urban/ Marckmann, Georg (Hrsg.): Ethik in der Medizin, Ein Studienbuch, 4. Auflage, Stuttgart 2012.

Aktories, Klaus/ Förstermann, Ulrich/ Hofmann, Bernhard/ Starke, Klaus: Allgemeine und spezielle Pharmakologie und Toxikologie, 9. Auflage, München 2005.

Anschütz, F.: Der unheilbar Kranke und der sterbende Patient, MedR 1985, 17.

Antoine, Jörg: Aktive Sterbehilfe in der Grundrechtsordnung. Berlin 2004.

Arzt, Gunther / Weber, Ulrich / Heinrich, Bernd / Hilgendorf, Eric: Strafrecht, Besonderer Teil, 3. Auflage, Bielefeld 2015 (zitiert: Arzt et.al. – *Bearbeiter* -).

Auer, Alfons/ Menzel, Hartmut / Eser, Albin: Zwischen Heilauftrag und Sterbehilfe, Zum Behandlungsabbruch aus ethischer, medizinischer und rechtlicher Sicht, Köln 1977.

Bade, Ulf: Der Arzt an den Grenzen von Leben und Recht, Würzburg 1986.

Baer – Henney, Juliane: Die Strafbarkeit aktiver Sterbehilfe- ein Beispiel für symbolisches Strafrecht, Aachen 2004.

Bauer, Axel: Suizidbeihilfe durch Ärzte und Angehörige? Auswirkungen und Gefahren des neuen § 217 StGB, ZfL 2/2016, 38.

Baumann, Jürgen/ Bochnik, Hans Joachim/ Callies / Brauneck, Anne – Eva/ Carstensen, Hans – Peter/ Kaufmann, Arthur/ Klug, Ulrich/ Koch, Hans – Georg/ von Lutterotti, Markus / Perels, Michael/ Rolinski, Klaus / Roxin, Claus/ Schöch, Heinz / Schöne, Wolfgang /Schreiber, Hans – Ludwig / Wolfslast, Gabriele/ Zülch, Klaus – - Joachim: Alternativentwurf eines Gesetzes über Sterbehilfe: (AE – Sterbehilfe), Entwurf eines Arbeitskreises von Professoren des Strafrechts und der Medizin sowie ihrer Mitarbeiter, Stuttgart/ New York 1986.

Baumann, Jürgen/ Weber, Ulrich/ Mitsch, Wolfgang: Strafrecht Allgemeiner Teil, 11. Auflage, Bielefeld 2003 (zitiert: Baumann et.al. – *Bearbeiter* -).

Beck'scher Online-Kommentar: Strafgesetzbuch, hrsg. von v. Heintschel-Heinegg, Stand: 1.12.2016.

Benzenhöfer, Udo: Der gute Tod? Euthanasie und Sterbehilfe in Geschichte und Gegenwart, München 1999.

Binding, Karl / Hoche, Alfred Erich: Die Freigabe der Vernichtung lebensunwerten Lebens: Ihr Maß und ihre Form" (1920), Leipzig 1920.

Birnbacher, Dieter:

- Tun und Unterlassen, in: Ethik in der Medizin, Ein Studienbuch, (Hrsg. Urban Wiesing), 4. Auflage, Stuttgart 2012.
- Sterbehilfe – eine philosophische Sicht, in: Aktive und Passive Sterbehilfe, Medizinische, rechtswissenschaftliche und philosophische Aspekte, (Hrsg. Felix Thiele), 2. Auflage, München 2010.
- Die ärztliche Beihilfe zum Suizid in der ärztlichen Standesethik, abrufbar unter: http://www.gkpn.de/birnbacher_suizid.pdf.

Bode, Lorenz: Todeszeitpunt des Menschen – zur Notwendigkeit einer „Neudefinition", ZfL 4/2015, 111.

Borasio, Gian Domenico:

- Kommentar zum Gesetz zur Strafbarkeit der geschäftsmäßigen Förderung der Selbsttötung aus medizinsicher Sicht, in: Assistierter Suizid: Der Stand der Wissenschaft, (Hrsg. Gian Domenico Borasio, Ralf J. Jox, Jochen Taupitz, Urban Wiesing) Heidelberg 2017.
- Diskussion mit dem Fachpublikum: Die interdisziplinäre Pluralität der Meinungen, in: Assistierter Suizid: Der Stand der Wissenschaft, (Hrsg. Gian Domenico Borasio, Ralf J. Jox, Jochen Taupitz, Urban Wiesing) Heidelberg 2017.

Bormann, Franz – Josef: Die Ethik und ihre Herausforderungen in einer pluralistischen Gesellschaft, in: Assistierter Suizid: Der Stand der Wissenschaft, (Hrsg. Gian Domenico Borasio, Ralf J. Jox, Jochen Taupitz, Urban Wiesing) Heidelberg 2017.

Borrmann, Lisa: Die Akzessorietät des Strafrechts zu den betreuungsrechtlichen (Verfahrens-) Regelungen die Patientenverfügung betreffend (§§ 1901a ff. BGB), Berlin 2016.

Brose, Johannes: Ärztliche Beihilfe zur Selbsttötung – rechtswidrig und strafwürdig, ZRP 8/2014, 235.

Bundesärztekammer: Grundsätze der Bundesärztekammer zur Sterbebegleitung, in: DÄBl. Jg. 108, Heft 7, 18.02.2011, S. A 346 ff..

Canaris, Claus – Wilhelm: Systemdenken und Systembegriff in der Jurisprudenz, 2. Auflage, Berlin 1983.

Chong, Hyon – Mi: Sterbehilfe und Strafrecht: ein deutsch – koreanischer Vergleich, Freiburg im Breisgau 1998.

Czerner, Frank:

- Das Euthanasie – Tabu: Vom Sterbehilfediskurs zur Novellierung des § 216 StGB, Berliner Medizinethische Schriften, Mai 2004, Heft 50/51, 107.
- Aktive Sterbehilfe gegenüber Kindern?, Zur Übertragbarkeit der aktuellen Diskussion in den Niederlanden, MedR 2001, 354 – 360.

De Ridder, Michael: Sind Suizidassistenz und Palliativmedizin miteinander vereinbar? in: Assistierter Suizid: Stand der Wissenschaft, Heidelberg 2017.

De Ridder, Michael: Wie wollen wir sterben?, 2. Auflage, München 2010.

Deutscher Ethikrat:

- Beihilfe zur Selbsttötung in: Infobrief, Januar 2015.
- Selbstbestimmung und Fürsorge am Lebensende, Stellungnahme Juli 2006.
- Zur Regelung der Suizidbeihilfe in einer offenen Gesellschaft: Deutscher Ethikrat empfiehlt gesetzliche Stärkung der Suizidprävention, Ad – hoc – Empfehlung vom 19. Dezember 2014.
- Suizidprävention und statt Suizidunterstützung. Erinnerung an eine Forderung des Deutschen Ethikrates anlässlich einer Entscheidung des Bundesverwaltungsgerichts, Ad – hoc Empfehlung vom 01.06.2017.

Dölling, Dieter:

- Gerechtfertigter Behandlungsabbruch und Abgrenzung von Tun und Unterlassen, ZIS 5/2011, 345-348.
- Zulässigkeit und Grenzen der Sterbehilfe, MedR 1987, 6-12.

Dreier, Horst: Grenzen des Tötungsverbotes – Teil 2, JZ 2007, 317 – 326.

Duttge, Gunnar:

- Anmerkung zu BGH v. 25.6.2010, MedR 2011, 36- 38.
- Strafrechtlich reguliertes Sterben, NJW 3/2016, 120 – 125.

Ehrlich, Eugen: Die juristische Logik, Tübingen 1925.

Eidam, Lutz: Nun wird es also Realität: § 217 StGB n.F. und das Verbot geschäftsmäßiger Förderung der Selbsttötung, medstra 1/2016, 17. Frankfurt am Main 2016.

Eisele, Jörg: Strafrecht – Besonderer Teil 1, Straftaten gegen die Person und die Allgemeinheit, 2. Aufl., Stuttgart 2012.

Engisch, Karl:

- Euthanasie und Vernichtung lebensunwerten Lebens in strafrechtlicher Beleuchtung, Stuttgart 1948.
- Die Einheit der Rechtsordnung, Heidelberg 1935.
- Konflikte, Aporien und Paradoxien bei der rechtlichen Beurteilung der ärztlichen Sterbehilfe, in: Festschrift für Eduard Dreher zum 70. Geburtstag : am 29. April 1977, 309.

Eser, Albin:

- Lebenserhaltungspflicht und Behandlungsabbruch in rechtlicher Sicht, in: Auer/Albin/Eser (Hrsg.), Zwischen Heilauftrag und Sterbehilfe, 75 – 146, Köln u.a. 1977.
- Sterbewille und ärztliche Verantwortung, MedR 1985, 6-17.

Fateh – Moghadam, Bijan: Grenzen des Paternalismus – Blinde Flecken der liberalen Paternalismuskritik, in: Ethik im Diskurs, Grenzen des Paternalismus, Bijan Fateh – Moghadam/ Stephan Sellmaier/ Wilhelm Vossenkuhl (Hrsg.), 1. Auflage, Stuttgart 2010.

Fateh- Moghadam, Bijan/ Kohake, Marina: Übungsfall: Selbstjustiz auf der Intensivstation, ZJS 2012, 98 – 105.

Felix, Dagmar: Einheit der Rechtsordnung; Tübingen 1998.

Fink, Udo: Selbstbestimmung und Selbsttötung, verfassungsrechtliche Fragestellungen im Zusammenhang mit Selbsttötungen, Köln 1992.

Fischer, Thomas: Strafgesetzbuch und Nebengesetze, 61. Auflage, München 2014 (zitiert: Fischer - § -).

Frisch, Wolfgang: Voraussetzungen und Grenzen staatlichen Strafens, NStZ 2016, 16 – 25.

Fritsche, Paul: Der Arzt und seine Verpflichtung zur Sterbehilfe, MedR 1993, 126 - 130.

Gaede, Karsten:

- § 217 StGB – Ärzteminderheit am Pranger?, medstra 2/2016, 65.
- Die Strafbarkeit der geschäftsmäßigen Förderung des Suizids - § 217 StGB, JuS 5/2016, 385 – 392.

Gärditz, Klaus Ferdinand:

- Das Verbot der geschäftsmäßigen Sterbehilfe – Anmerkungen zu einem neuen Straftatbestand, ZfL 4/2015, 114.
- Strafbegründung und Demokratieprinzip, in: Der Staat, 331 – 367, 2010.

Gavela, Kallia: Ärztlich assistierter Suizid und organisierte Sterbehilfe, Heidelberg 2013.

Gezondheidsraad,

- Advies inzake euthanasie, Rijswijk 1975.
- Advies inzake euthanasie, Den Haag 1982.

Giesen, Dieter:

- Ethische und rechtliche Probleme am Lebensende, JZ 1990, 929.
- Der Wert des Lebens – wie weit reicht die Verpflichtung, Leben zu erhalten?, in: Hilfe zum Sterben? Hilfe im Sterben!, Hepp (Hrsg.) 10 – 49, Düsseldorf 1992.

Große – Vehne, Vera: Tötung auf Verlangen (§216), „Euthanasie" und Sterbehilfe, Reformdiskussion und Gesetzgebung seit 1870, Berlin 2005.

Gründel, J.: Sterbehilfe aus ethischer Sicht, MedR 1985, 2 - 6.

Grundmann, Antonia: Das niederländische Gesetz über die Prüfung von Lebensbeendigung auf Verlangen Beihilfe zur Selbsttötung, Aachen 2004.

Günzel, Florian: Das Recht auf Selbsttötung, seine Schranken und die strafrechtlichen Konsequenzen, Frankfurt am Main 2000.

Gusy, Christoph: Die Bedeutung des verfassungsrechtlichen Bestimmtheitsgebots im Ausländerrecht, DVBl. 1979, 575.

Habicht, Anne – Kathrin: Sterbehilfe – Wandel in der Terminologie: eine integrative Betrachtung aus der Sicht von Medizin, Ethik und Recht, Frankfurt am Main 2009.

Hager, Johannes: Gesetzes – und sittenkonforme Auslegung von Rechtsgeschäften, München 1983.

Hanack, Ernst Walter: Der Ausgleich divergierender Entscheidungen in der oberen Gerichtsbarkeit, Hamburg 1962.

Hecker, Bernd: Das strafrechtliche Verbot geschäftsmäßiger Förderung der Selbsttötung (§ 217 StGB), GA 2016, 455. Trier 2016.

Hermann, Jan Bela: Begriffsrelativität im Strafrecht und das Grundgesetz: Strafrechtliche Bedeutungsdivergenzen auf dem verfassungsrechtlichen Prüfstand, Bayreuth 2014.

Herzberg, Rolf Dietrich: Strafbare Tötung oder straflose Mitwirkung am Suizid?, ZIS 7/2016, 440 - 449.

Hilgendorf, Eric /Rosenau, Henning: Stellungnahme deutscher Strafrechtslehrerinnen und Strafrechtslehrer zur geplanten Ausweitung der Strafbarkeit der Sterbehilfe, medstra 3/2015, 129.

Hilgendorf, Eric: Gesetz zur geschäftsmäßigen Sterbehilfe: Eine Norm für die Wissenschaft, Legal Tribune Online.

Hillenkamp, Thomas: § 217 n.F.: Strafrecht unterliegt Kriminalpolitik, KriPoZ vom 10.06.2016.

Himstedt, Katharina: Kann Suizid mit ärztlicher Assistenz moralisch erlaubt sein? Hamburg 2015.

Hochgrebe, P.G. Winfried: Legalisierung der aktiven Sterbehilfe in der Bundesrepublik Deutschland?, München 2005.

Hoerster, Norbert:

- Sterbehilfe im säkularen Staat, 2. Auflage, Frankfurt am Main 1998.
- Tötungsverbot und Sterbehilfe, in: Medizin und Ethik (Hrsg. Sass), Stuttgart 1989.

Hohenstein, Anne: Die Einführung der aktiven Sterbehilfe in der Bundesrepublik Deutschland: lässt sich das Recht auf den eigenen Tod verfassungsrechtlich begründen?, Berlin 2003.

Hoven, Elisa: Für eine freie Entscheidung über den eigenen Tod. Ein Nachruf auf die straflose Suizidbeihilfe, ZIS 1/2016, 1 – 9.

Igl, Gerhard /Welti, Felix: Gesundheitsrecht. Eine systematische Einführung, (zitiert: - *Hoyer*-), München 2012.

Ingelfinger, Ralph: Grenzen des Tötungsverbotes, in Eser (Hrsg.): Suizid und Euthanasie, 1976.

Jacob, Nicola: Aktive Sterbehilfe im Rechtsvergleich und unter der Europäischen Menschenrechtskonvention, Marburg 2013.

Jäger, Christian: Der Arzt im Fadenkreuz der juristischen Debatte um assistierten Suizid JZ 18/2015, 875. Erlangen 2015.

Jahn, Matthias: Gesetzgebung im Putativnotwehrexzess – Zur verfassungskonformen Auslegung des § 246 n.F., in: Institut für Kriminalwissenschaften und Rechtsphilosophie (Hrsg.), Irrwege der Strafgesetzgebung, Frankfurt am Main 1999, 195.

Jakobs, Günther: Zum Unrecht der Selbsttötung und der Tötung auf Verlangen, in: Haft/Hassemer/Neumann/Schild/Schroth (Hrsg.), FS für Arthur Kaufmann, Heidelberg 1993, 459 – 472.

Jescheck, Hans – Heinrich / Ruß, Wolfgang/ Willms, Günther (Hrsg.): Leipziger – Kommentar zum StGB, 10. Auflage,

Jescheck, Hans – Heinrich / Weigend, Thomas: Lehrbuch des Strafrechts, Allgemeiner Teil, 5. Auflage, Berlin 1996.

Joecks, Wolfgang / Miebach, Klaus: Münchener Kommentar zum StGB, Band 4, §§ 185 – 262, 2. Auflage, München 2012 (zitiert: MüKo- StGB-).

Jordan, Isabella (2007): Die Hospizbewegung in Deutschland und den Niederlanden. Palliativversorgung und Selbstbestimmung am Lebensende, Campus, Frankfurt/New York, [Kultur der Medizin - Band 22].

Jox, Ralf J./ Borasio, Gian Domenico: Kommentar zum Gesetz zur Strafbarkeit der geschäftsmäßigen Förderung der Selbsttötung aus medizinischer Sicht in: Assistierter Suizid: Der Stand der Wissenschaft, Heidelberg 2017.

Jox, Ralf J.: Perspektiven deutscher Patienten und Bürger auf den assistierten Suizid in: Assistierter Suizid: Stand der Wissenschaft, Heidelberg 2017.

Jurgeleit, Andreas: Sterbehilfe in Deutschland, NJW 37/2015, 2708.

Kamerstukken TK 1983-1984, 18 331, Nr. 3;

Kämpfer, Ulf: Die Selbstbestimmung Sterbewilliger. Berlin 2005.

Katzenmeier, Christian / Lipp, Volker: Arztrecht, 7. Auflage, München 2015.

Kaufmann, Arthur: Euthanasie – Selbsttötung – Tötung auf Verlangen, MedR 1983, 121.

Kimsma, G.K. /Van Leeuwen, E.: Euthanasie und Beihilfe zum Suizid in den Niederlanden, in: Ritzel (Hrsg.) Beihilfe zum Suizid. Ein Weg im Streit um Sterbehilfe. Regensburg 2008.

Kindhäuser, Urs / Neumann, Ulf /Paeffgen, Ulrich (Hrsg.): Strafgesetzbuch, Nomos – Kommentar zum Strafgesetzbuch, 4. Auflage, Baden – Baden 2013 (zitiert: NK – Bearbeiter -).

Kirchhof, Paul: Unterschiedliche Rechtswidrigkeiten in einer einheitlichen Rechtsordnung, Heidelberg 1978.

KNMG (KONINKLIJKE NEDERLANDSE MAATSCHAPPIJ TER),

- Standpunt Hoofdbestuur, 1995 inzake euthanasie.
- Werkgroup Euthanasie, MC 1975.

Koch, Hans – Georg: Inwieweit ist aktive Sterbehilfe strafwürdig?, in: Sterbehilfe Handeln oder Unterlassen?: Referate einer medizinethischen Fortbildung, 137 – 151, Stuttgart 1998.

Kohlhaas, Max: Medizin und Recht, München 1969.

Koller, Thomas: Wechselwirkungen zwischen Eherecht und Steuerrecht – dargestellt anhand zweier ausgewählter Problemkreise, ZfSR Band 109, 1990, 1. Halbband, 41 – 77, Bern 1993.

Körner, Harald Hans /Patzak, Jörn/ Volkmer, Mathias: Betäubungsmittelgesetz, Beck´scher Onlinekommentar, 8. Auflage, 2016 (zitiert: – *Bearbeiter* -).

Kotz, Peter: in MüKo –StGB, Betäubungsmittelgesetz, Beck´scher Onlinekommentar, 2. Auflage 2013.

Krey, Volker: Strafrecht Besonderer Teil, Band 1, 16. Auflage, Stuttgart 2015.

Kubiciel, Michael:

- Entscheidungsbesprechung: Zur Strafbarkeit des Abbruchs künstlicher Ernährung, ZJS 5/2010, 656.
- Neufassung des Mordtatbestands und Kriminalisierung der Suizidbeihilfe, ZRP 7/2015, 194.

– Zur Verfassungskonformität des § 217 StGB, ZIS 6/2016, 396.

Kudlich, Hans / Hoven, Elisa: Muss am deutschen Strafrechtswesen denn unbedingt die Welt genesen? ZIS 6/2016, 345 - 351.

Kudlich, Hans: Grundrechtsorientierte Auslegung im Strafrecht, JZ 3/2003, 127.

Kuhlen, Lothar:

– Die Unbestimmtheit und unbegrenzte Auslegung des Strafrechts, in: Göttinger Studien zu den Kriminalwissenschaften, (Murmann Hrsg.), Göttingen 2011.
– Die verfassungskonforme Auslegung von Strafgesetzen, Heidelberg 2006.

Küng, Hans /Walter, Jens: Menschenwürdig sterben, Ein Plädoyer für Selbstverantwortung, München 2009.

Kuschel, Amelia: Der ärztlich assistierte Suizid: Straftat oder Akt der Nächstenliebe, Göttingen 2005.

Kutzer, Klaus: Sterbehilfeproblematik in Deutschland: Rechtsprechung und Folgen für die klinische Praxis, MedR 2001, S. 77ff..

Lackner, Karl / Kühl, Kristian: Strafgesetzbuch Kommentar, 27. Aufl.. München 2011 (zitiert als *Lackner/Kühl*).

Leipziger Kommentar: Strafgesetzbuch, 11. Aufl. 1992 ff., hrsg. von Jähnke, Burkhard / Laufhütte, Heinrich Wilhelm / Odersky, Walter, 12. Aufl. 2006 ff., hrsg. von Laufhütte, Heinrich Wilhelm / Rissing-van Saan, Ruth / Tiedemann, Klaus.

Leonardy, Helmut: Sterbehilfe, DRiZ 1986, 286.

Lüttig, Frank: Begleiteter Suizid durch Sterbehilfevereine: Die Notwendigkeit eines strafrechtlichen Verbotes, ZRP 2/ 2008, 57.

Magnus, Dorothea, Gelungene Reform der Suizidbeihilfe? Medstra 4/2016, 210. Hamburg 2016.

Maio, Giovanni: Mittelpunkt Mensch: Ethik in der Medizin. Ein Lehrbuch. 1. Auflage, Stuttgart 2012.

Maurach, Reinhart / Schroeder, Friedrich - Christian / Maiwald, Manfred: Strafrecht Besonderer Teil, Teilband 1: Straftaten gegen Persönlichkeits- und Vermögenswerte, 10. Auflage, Heidelberg 2009.

Meier, Bernd – Dieter: Kriminologie, 3. Auflage, München 2007.

Merkel, Reinhard:

- Das Dammbruchargument in der Sterbehilfedebatte, in: Ethik im Diskurs, Grenzen des Paternalismus, 285 -300.
- Stellungnahme für die öffentliche Anhörung am 23. September 2015 im Ausschuss des Deutschen Bundestages für Recht und Verbraucherschutz, Hamburg 2015.

Messer, Jan: Die Verständlichkeit multilingualer Normen, Göttingen 2012.

Miebach, Klaus: Zur Strafbarkeit des Unterlassens von Rettungsmaßnahmen bei einem freiverantwortlichen Suizid nach zuvor aktiv geleisteter Beihilfe, NStZ 2016, 536 -538.

Mikus, Gerd: Ist Morphin anderen Opioiden noch ebenbürtig?, in: Hessisches Ärzteblatt, 3 / 2009, S. 180.

Montgomery, Frank Ulrich: Wir brauchen keine ärztlichen Sterbehelfer, medstra 2/2015, 65.

Müller – Busch, Christoph: Abschied braucht Zeit, Palliativmedizin und Ethik des Sterbens, 3. Auflage, Berlin 2012.

Müller – Schwefe, Gerhard: Morphinverbrauch steigt jetzt auch in Deutschland, Deutsches Ärzteblatt 1999, 96(14): A-896 / B-748 / C-700.

Murmann, Uwe (Hrsg.): Entformalisierung des Strafrechts – Eine erste Annäherung, in: Recht ohne Regeln? Entformalisierung des Strafrechts, Göttinger Studien zu den Kriminalwissenschaften, Göttingen 2011.

Nakamichi, Yuki: Grenzen der Gesetzgebung im Kontext des § 217. Darf man die Beteiligung am Suizid nicht bestrafen?, ZIS 6/2017, 324.

Neumann, Ulf: Der Tatbestand der Tötung auf Verlangen (§ 216 StGB) als paternalistische Strafbestimmung, in: Grenzen des Paternalismus, Vossenkuhl (Hrsg.), 245 – 266, Stuttgart 2011.

Oduncu, Fuat S. /Eisenmenger, Wolfgang: Euthanasie – Sterbehilfe – Sterbebegleitung, eine kritische Bestandsaufnahme im internationalen Vergleich, MedR 2002, Heft 7, 327.

*Oduncu, Fuat S.: D*er Hirntod als Todeskriterium- Biologisch medizinische Fakten, anthropologisch ethische Frage, in: Roxin / Schroth, Handbuch des Medizinstrafrechts, 3. Auflage, Stuttgart 2007.

Oglakcioglu, Mustafa: in v. Heintschel-Heinegg (Hrsg.), Beck´scher Online Kommentar, StGB, Stand: 01.12.2016.

Ostendorf, Heribert: Die strafrechtliche Rechtmäßigkeit rechtswidrigen hoheitlichen Handelns, JZ 1981, S. 165ff..

Ostgathe, *Christoph*: Sind Suizidassistenz und Palliativmedizin miteinander vereinbar? in: Assistierter Suizid: Stand der Wissenschaft, Heidelberg 2017.

Otto, Harro: Die Bedeutung des Bestimmtheitsgrundsatzes für die Auslegung nicht strafrechtlicher Bezugsnormen, in: FS für Manfred Seebode, Bestimmtheitsgrundsatz und allgemeine Grundsätze des Strafrechts, Hendrik Schneider Diethelm Klesczewski Michael Kahlo Heribert Schumann (Hrsg.), Berlin 2008.

Otto, *Harro*: Grundkurs Strafrecht, Allgemeine Strafrechtslehre, Band 2, 7. Auflage, 2004.

Pschyrembel, *Willibald*: Klinisches Wörterbuch, 260. Auflage, Berlin 2004.

Puppe, *Ingeborg*: Kleine Schule des juristischen Denkens, Stuttgart 2014.

Reimer, *Ekkehart:* Suizidbeihilfe: Der verfassungsrechtliche Rahmen bundesgesetzlicher Regelungen, ZfL 3/2015, 66.

Reuter, *Birgit*: Die gesetzliche Regelung der aktiven ärztlichen Sterbehilfe des Königreichs der Niederlande – ein Modell für die Bundesrepublik Deutschland?, 2. Auflage, Frankfurt am Main 2001.

Rissing-van Saan, Ruth:

- Anhörung zum Thema „Sterbebegleitung“ vor dem Ausschuss für Recht und Verbraucherfragen des Deutschen Bundestages, Mittwoch, den 23. September 2015
- Strafrechtliche Aspekte der aktiven Sterbehilfe, ZIS 6/2011, 544 – 551.

Roggendorf, Sophie: Indirekte Sterbehilfe: Medizinische, rechtliche und ethische Perspektive, 2011.

Rosenau, Henning/ Sorge, Igor: Gewerbsmäßige Suizidförderung als strafwürdiges Unrecht? Kritische Anmerkungen zum Regierungsentwurf über die Strafbarkeit der gewerbsmäßigen Förderung der Selbsttötung (§ 217 StGB- E), NK – 25. Jg 2/2013, 2013.

Rosenau, Henning: Aktive Sterbehilfe, in: Festschrift für Claus Roxin zum 80. Geburtstag am 15. Mai 2011, hrsg. von Manfred Heinrich, Christian Jäger, Bernd Schünemann, Berlin 2011, 577 – 591.

Roxin, Claus:

- Die geschäftsmäßige Förderung einer Selbsttötung als Straftatbestand und der Vorschlag einer Alternative, NStZ 4/2014, 185, München 2016.
- Die Mitwirkung beim Suizid – ein Tötungsdelikt?, in: Festschrift für Eduard Dreher zum 70. Geburtstag am 29.4.1977, hrsg. von Hans Heinrich Jescheck und Hans Lüttger, Berlin 1977, 331 – 355.
- Strafrecht Allgemeiner Teil I, Band I Grundlagen, der Aufbau der Verbrechenslehre, München 2006.
- Strafrecht Allgemeiner Teil II, Band II Besondere Erscheinungsformen der Straftat, München 2003
- Zur strafrechtlichen Beurteilung der Sterbehilfe, in: Medizinstrafrecht, Roxin/Schroth (Hrsg.), 2. Auflage, Stuttgart 2001.

Sahm, S.: Sterbebegleitung und Patientenverfügung; Ärztliches Handeln an den Grenzen von Ethik und Recht, 2006.

Saliger, Frank:

- Freitodbegleitung als Sterbehilfe – Fluch oder Segen?, medstra 3/2015, 132 – 138.
- Selbstbestimmung bis zuletzt, Rechtsgutachten zum strafrechtlichen Verbot organisierter Sterbehilfe, B.D. Norderstedt 2015.
- Sterbehilfe ohne Strafrecht? Eine Bestimmung des Anwendungsbereichs von Sterbehilfe als Grundstein für ein interdisziplinäres Sterbehilferecht, in: KritV 2001 (84. Jg.), S. 382ff..

Samson, Erich: Konflikte zwischen öffentlichem und strafrechtlichem Umweltschutz, JZ 1988; S. 800 – 805.

Schiemann, Anja: Unbestimmte Schuldfähigkeitsfeststellungen. Verstoß der §§ 20, 21 StGB gegen den Bestimmtheitsgrundsatz nach Art. 103 II GG, Berlin 2012.

Schier, Jörg – Thomas: Die Bestimmtheit strafrechtlicher Rechtsfolgen, in: Kriminalwissenschaftliche Schriften, Berlin 2012.

Schildmann/Vollmann: Die assistierte Selbsttötung als Teil ärztlicher Handlungspraxis am Lebensende in Deutschland, in: Assistierter Suizid: Der Stand der Wissenschaft, Heidelberg, 2017.

Schmidt, Karsten (Hrsg.): Einheit der Rechtsordnung – Realität? Aufgabe? Illusion?, in: Vielfalt des Rechts – Einheit der Rechtsordnung?, Berlin 1994.

Scholten, Hans - Joseph: Niederlande, in: Eser, Albin/Koch, Hans – Georg, Materialien zur Sterbehilfe 451 – 499, Freiburg im Breisgau 1991.

Schönke, Adolf /Schröder, Horst: Strafgesetzbuch Kommentar, 28. Auflage, München 2010.

Schoppe, Christoph: Der Strafgrund der Tötung auf Verlangen (§ 216), BLJ 2012, 107-113.

Schreiber, Hans – Ludwig, Das Recht auf den eigenen Tod – zur gesetzlichen Neuregelung der Sterbehilfe, NStZ 1986, 337.

Schroeder, Friedrich-Christian: Die Bestimmtheit von Strafgesetzen am Beispiel des groben Unfugs, JZ 1969, 775.

Schulz, Christian: Diskussion mit dem Fachpublikum: Die interdisziplinäre Pluralität der Meinungen, in: Assistierter Suizid: Der Stand der Wissenschaft, Heidelberg 2017.

Schünemann, Bernd: Nulla poena sine lege?, Berlin 1978.

Schumann, Eva: Dignitas – Voluntas – Vita, Überlegungen zur Sterbehilfe aus rechtshistorischer, interdisziplinärer und rechtsvergleichender Sicht, Göttingen 2006.

Schuss, Udo: Diskussion mit dem Fachpublikum: Die interdisziplinäre Pluralität der Meinungen, in: Assistierter Suizid, Der Stand der Wissenschaft, Diskussion mit dem Fachpublikum, Die interdisziplinäre Pluralität der Meinungen, Heidelberg 2017.

Seebode, Manfred: Anmerkung zum Beschluss des BVerfG, v. 21.11.2002, 2 BvR 2202/01 (Strafvereitelung im Amt bei außerdienstlich erlangter Kenntnis von einer Straftat, JZ 2004, 303.

Seibert, Michael: Rechtliche Würdigung der aktiven indirekten Sterbehilfe, Konstanz 2003.

Staatscommissie Euthanasie, Rapport inzake Euthanasie 198, Den Haag 1985.

Strafgesetzbuch – Leipziger Kommentar: Dannecker, Gerhard/ Hilgendorf, Eric/ Schöch, Heinz/ Tiedemann, Klaus/ Vogel, Joachim/ Walter, Tonio/ Weigend, Thomas/ Werle, Gerhard (Hrsg.), Freiburg im Breisgau 2007.

Taupitz, Jochen/ Wiesing, Urban: Diskussion mit dem Fachpublikum: Die interdisziplinäre Pluralität der Meinungen, in: Assistierter Suizid: Der Stand der Wissenschaft, Heidelberg 2017.

Taupitz, Jochen/Tolmein, Oliver: Selbstbestimmung zum Sterben – Fürsorge zum Leben: Widerspruch für die Rechtsordnung? in: Assistierter Suizid: Stand der Wissenschaft, Heidelberg 2017.

Taupitz, Jochen:

- Gesetz zur Strafbarkeit der geschäftsmäßigen Förderung des Suizids – Widerspruch mit sich selbst, medstra 6/2016, 323, Mannheim 2016.
- Das Gesetz der geschäftsmäßigen Förderung der Selbsttötung: Die seit dem 10. Dezember 2015 geltende Rechtslage, in: Assistierter Suizid: Der Stand der Wissenschaft, 115. Heidelberg 2017.

Thias, Axel: Möglichkeiten und Grenzen eines selbstbestimmten Sterbens durch Einschränkung und Abbruch medizinischer Behandlung, Frankfurt am Main.

Thiele, Felix: Aktive Sterbehilfe. Eine kritische Prüfung einiger moralphilosophische Einwände, in: Aktive und passive Sterbehilfe, (Thiele, Hrsg.), München 2010.

Tolmein, Oliver: Überraschende Bündnisse auf ungesicherter Basis – Anmerkungen zu den unterschiedlichen Gesetzesentwürfen zur Regelung der Suizidbeihilfe, in: Sterbehilfe oder Sterbebegleitung? Die Debatte, (Brand Hrsg.), Freiburg im Breisgau 2015.

Van den Berg, Jan H.: Medische Macht en medische ethiek, 1969.

Van der Wal, Gerrit/ van der Maas, Paul J.: Euthanasia and other end – of – life decisions in the Netherlands in 1990, 1995 and 2001, in: Public health, 2003.

Verrel, Torsten / Schöch, Heinz: Alternativ – Entwurf Sterbebegleitung (AE – StB), GA 2005, 553 – 605.

Verrel, Torsten: Der BGH legt nach: Zulässigkeit der indirekten Sterbehilfe, MedR 1997, 248.

Verrel, Torsten: Ein Grundsatzurteil? Jedenfalls bitter nötig!, NStZ 2010, Heft 2, 671.

Von Lutterotti, Markus: Sterbehilfe – Gebot der Menschlichkeit?, Düsseldorf 2002.

Wagner, *Markus*: Die Akzessorietät des Wirtschaftsstrafrechts – zugleich ein Beitrag zu Begriff und Wesen des Wirtschaftsstrafrechts, Juli 2016.

Walter, Tonio: Sterbehilfe: Teleologische Reduktion des § 216 statt Einwilligung!, ZIS 2/2011, 76-82.

Walz, Christian: Das Ziel der Auslegung und die Rangfolge der Auslegungskriterien, ZJS 4/2010, 482 (485).

Wassermann, Rudolf, Das Recht auf den eigenen Tod, DRiZ August 1986, 291.

Weigend, Thomas / Hoven, *Elisa*: § 217 StGB – Bemerkungen zur Auslegung eines zweifelhaften Tatbestandes, ZIS 10 / 2016, 681 ZIS 10/2016, 681.

Wessels, Johannes / Beulke, Werner /Satzger, Helmut: Strafrecht Allgemeiner Teil, 46. Aufl. Heidelberg 2016.

Wessels, Johannes / Hettinger, Michael: Strafrecht Besonderer Teil 1, 40. Auflage, Heidelberg 2016.

Wiesing, Urban: Einführung, in: Ethik in der Medizin, Ein Studienbuch, 4. Auflage, Stuttgart 2012.

Wilhelm, Endrik: Beihilfe zum Selbstmord und § 217 StGB -, HRRS Februar 2017 (2/2017), 68.

Wilms, Heiner /Jäger, *York*: Menschenwürde und Tötung auf Verlangen, ZRP 1988, 44.

Wilms: Die ärztliche Verantwortung in Grenzsituationen des menschlichen Lebens, in: Hermann Hepp (Hrsg.), Hilfe zum Sterben? Hilfe beim Sterben!, Düsseldorf 1992.

Wissenschaftlicher Dienst des Bundestages: Entwurf eines Gesetzes zur Strafbarkeit der geschäftsmäßigen Förderung der Selbsttötung – Brand et al. (BT-Drucks 18/5373) – Gesetzgebungskompetenz des Bundes und Bestimmtheitsgebot Ausarbeitung: WD – 3 – 3000-188/15.

Woellert, Katharina / Schmiedebach, Heinz – Peter: Sterbehilfe, München 2008.

Wolf, Jean-Claude: Sterben, Tod und Tötung, S. 241, in: *Ach/Wiesing/Marckmann* (Hrsg.), Ethik in der Medizin, Ein Studienbuch, Stuttgart 2012.

Wolter, Jürgen (Hrsg.): Systematischer Kommentar zum Strafgesetzbuch, Neuwied (zitiert – SK – Bearbeiter -).

Zenz, Michael: Ärztlich assistierter Suizid – Umfrage zu § 217 StGB, in: Dtsch Med Wochenschr. 2017; 142: 340.

Zimmermann, V.: die Heiligkeit des Lebens – Geschichte der Euthanasie in Grundzügen, in: „Frewer/Eickhoff“ (Hrsg.), 27 – 45, Frankfurt 2000.

Zippelius, Reinhold, Juristische Methodenlehre, 11. Auflage, München 2012

Kolibri 360 GmbH
Ferdinand-Jühlke-Straße 7
99095 Erfurt, Deutschland
produktsicherheit@kolibri360.de